icF 40

MATTHIAS JACOBS

Tarifeinheit und Tarifkonkurrenz

Schriften zum Sozial- und Arbeitsrecht

Band 168

Tarifeinheit und Tarifkonkurrenz

Von

Matthias Jacobs

Duncker & Humblot · Berlin

Die Deutsche Bibliothek – CIP-Einheitsaufnahme

Jacobs, Matthias:
Tarifeinheit und Tarifkonkurrenz / von Matthias Jacobs. –
Berlin : Duncker und Humblot, 1999
(Schriften zum Sozial- und Arbeitsrecht ; Bd. 168)
Zugl.: Mainz, Univ., Diss., 1998
ISBN 3-428-09737-8

Fotoprint: Berliner Buchdruckerei Union GmbH, Berlin
Printed in Germany

ISSN 0582-0227
ISBN 3-428-09737-8

Gedruckt auf alterungsbeständigem (säurefreiem) Papier
entsprechend ISO 9706 ♾

Für Verena

„Kurz also gilt:
Immer anders als beim Gesetz besteht beim Richterrecht die Möglichkeit der *formlosen Kassation kraft besserer Einsicht!*“

Eduard Picker

Vorwort

Die vorliegende Arbeit wurde im Sommersemester 1998 vom Fachbereich Rechts- und Wirtschaftswissenschaften der Johannes Gutenberg-Universität Mainz als Dissertation angenommen. Das Manuskript wurde im Juli 1998 abgeschlossen. Später veröffentlichte Rechtsprechung und Literatur sind überwiegend bis Dezember 1998, aber nur noch in den Fußnoten, berücksichtigt. Die Arbeit wurde mit einem Dissertationspreis der Johannes Gutenberg-Universität Mainz ausgezeichnet.

Mein besonderer Dank gilt zuallererst meinem wissenschaftlichen Lehrer, Herrn Universitätsprofessor Dr. Horst Konzen. Er hat die vorliegende Arbeit angeregt und deren Ausarbeitung während meiner Tätigkeit als wissenschaftlicher Mitarbeiter an seinem Lehrstuhl in vielfältiger Weise unterstützt und nachhaltig gefördert.

Herrn Universitätsprofessor Dr. Alfons Kraft danke ich sehr für die zügige Erstellung des Zweitgutachtens. Herrn Professor Dr. h.c. Norbert Simon von der Verlagsbuchhandlung Duncker und Humblot bin ich zu Dank für die Aufnahme der Arbeit in die Schriften zum Sozial- und Arbeitsrecht verpflichtet.

Großen Dank schulde ich schließlich meiner Großmutter Annelise Jacobs, deren Druckkostenzuschuß ein zügiges Erscheinen der Arbeit ermöglicht hat, meinen Eltern Christa und Peter Jacobs für deren generöse Unterstützung sowie – ganz besonders – meiner Frau Verena für die Geduld und stetige Ermutigung. Ihr Anteil am Gelingen der Arbeit ist beträchtlich.

Mainz, im Januar 1999 *Matthias Jacobs*

Inhaltsverzeichnis

Vierter Teil

Tarifeinheit im Betrieb bei der Bestimmung der Tarifzuständigkeit und des betrieblichen Geltungsbereichs des Tarifvertrags 204

Abkürzungsverzeichnis

a.A.	anderer Ansicht
a.E.	am Ende
ABGB	Allgemeines Bürgerliches Gesetzbuch (Österreich)
abl.	ablehnend(er)
ABl.	Amtsblatt
Abs.	Absatz
abw.	abweichend
AcP	Archiv für die civilistische Praxis
AEntG	Arbeitnehmerentsendegesetz
AfP	Archiv für Presserecht
AFG	Arbeitsförderungsgesetz
AG	Der Arbeitgeber
AiB	Arbeitsrecht im Betrieb
AktG	Aktiengesetz
amtl.	amtliche(r)
Anm.	Anm.
AOG	Gesetz zur Ordnung der Nationalen Arbeit
AP	Arbeitsrechtliche Praxis
AR	Das Arbeitsrecht
AR-Blattei	Arbeitsrechts-Blattei
ArbG	Arbeitsgericht
ArbGG	Arbeitsgerichtsgesetz
ArbRGegwart	Das Arbeitsrecht der Gegenwart, Jahrbuch für das gesamte Arbeitsrecht und die Arbeitsgerichtsbarkeit
ArbVG	Arbeitsverfassungsgesetz (Österreich)
ArbZG	Arbeitszeitgesetz
AT	Amtlicher Teil
Aufl.	Aufl.
AÜG	Arbeitnehmerüberlassungsgesetz
AuR	Arbeit und Recht
BAG	Bundesarbeitsgericht
BArbBl.	Bundesarbeitsblatt
BAT	Bundesangestelltentarifvertrag
BAU	Bauen-Agrar-Umwelt
BayObLG	Bayerisches Oberstes Landesgericht
BB	Betriebsberater
BCE	Bergbau-Chemie-Energie
Bd.	Band
Bearb.	Bearbeitung
BetrAVG	Gesetz zur Verbesserung der betrieblichen Altersversorgung

BetrVG	Betriebsverfassungsgesetz
BGB	Bürgerliches Gesetzbuch
BGBl.	Bundesgesetzblatt
BGHZ	Bundesgerichtshof, amtliche Sammlung in Zivilsachen
Bl.	Blatt
BlfArbR	Blätter für Arbeitsrecht
BlStSozArbR	Blätter für Steuerrecht, Sozialversicherung und Arbeitsrecht
BPersVG	Bundespersonalvertretungsgesetz
BR-Drs.	Bundesrats-Drucksache
BRTV	Bundesrahmentarifvertrag für das Baugewerbe
BSE	Bau-Steine-Erden
BT-Drs.	Bundestags-Drucksache
BUrlG	Bundesurlaubsgesetz
BVerfG	Bundesverfassungsgericht
BVerfGE	Bundesverfassungsgericht, amtliche Sammlung
BVerfGG	Bundesverfassungsgerichtsgesetz
BVerwG	Bundesverwaltungsgericht
bzw.	beziehungsweise
CGB	Christlicher Gewerkschaftsbund Deutschlands
CGM	Christliche Gewerkschaft Metall
CPK	Chemie-Papier-Keramik
DAG	Deutsche Angestellten-Gewerkschaft
DB	Der Betrieb
DBB	Deutscher Beamtenbund
DDR	Deutsche Demokratische Republik
ders.	derselbe
dies.	dieselbe(n)
DJZ	Deutsche Juristen-Zeitung
DÖV	Die öffentliche Verwaltung
DPG	Deutsche Postgewerkschaft
DStR	Deutsches Steuerrecht
DVBl.	Deutsches Verwaltungsblatt
DZWir	Deutsche Zeitschrift für Wirtschaftsrecht
e.V.	eingetragener Verein
EAS	Europäisches Arbeits- und Sozialrecht
EG	Europäische Gemeinschaft
EG-Vertrag	Vertrag zur Gründung der Europäischen Gemeinschaft
EGBGB	Einführungsgesetz zum Bürgerlichen Gesetzbuche
Einl.	Einleitung
ErfKomm	Erfurter Kommentar
EStG	Einkommenssteuergesetz
ETV	Entgelttarifvertrag
EuGH	Europäischer Gerichtshof
EWG	Europäische Wirtschaftsgemeinschaft
EWiR	Entscheidungen zum Wirtschaftsrecht
EzA	Entscheidungssammlung zum Arbeitsrecht
f.	folgende
ff.	fortfolgende
FG	Festgabe
Fn.	Fußnote

FS	Festschrift
GdED	Gewerkschaft der Eisenbahner Deutschlands
GdP	Gewerkschaft der Polizei
gem.	gemäß
gem./Gem.	gemeinsame/Gemeinsame
GenG	Gesetz betreffend die Erwerbs- und Wirtschaftsgenossenschaften
GEW	Gewerkschaft Erziehung und Wissenschaft
GewSchG	Gewerbe- und Kaufmannsgericht, Monatszeitschrift des Verbandes deutscher Gewerbe- und Kaufmannsgerichte
GKÖD	Gesamtkommentar Öffentliches Dienstrecht
GLF	Gartenbau, Land- und Forstwirtschaft
GmbHG	Gesetz betreffend die Gesellschaften mit beschränkter Haftung
GmbHR	GmbH-Rundschau
GMH	Gewerkschaftliche Monatshefte
Grdl.	Grundlagen
grds.	grundsätzlich
GS	Gedächtnisschrift/Großer Senat
GTB	Gewerkschaft Textil-Bekleidung
GTV	Gehaltstarifvertrag
GVG	Gerichtsverfassungsgesetz
GWB	Gesetz gegen Wettbewerbsbeschränkungen
h.M.	herrschende Meinung
HAG	Heimarbeitsgesetz
HAS	Handbuch zum Arbeits- und Sozialrecht
HBdStR	Handbuch des Staatsrechts
HBdTPG	Handbuch der Theorie und Praxis der Grundrechte
HBV	Gewerkschaft Handel, Banken und Versicherung
HBdVerfR	Handbuch des Verfassungsrechts
HessLAG	Hessisches Landesarbeitsgericht
HGB	Handelsgesetzbuch
HRG	Hochschulrahmengesetz
Hrsg.	Herausgeber
Hs.	Halbsatz
HTV	Haustarifvertrag
HzA	Handbuch zum Arbeitsrecht
i.V.m.	in Verbindung mit
IG	Industriegewerkschaft
InkrG	Gesetz über die Inkraftsetzung von Rechtsvorschriften der Bundesrepublik Deutschland in der DDR
insb.	insbesondere
Internat.	Internationales
JAE	Jahrbuch arbeitsrechtlicher Entscheidungen
JR	Juristische Rundschau
JBSozW	Jahrbuch für Sozialwissenschaft
Jura	Juristische Ausbildung
JurAn	Juristische Analysen
JW	Juristische Wochenschrift
JZ	Juristen Zeitung
KassArbR	Kasseler Handbuch zum Arbeitsrecht

KG	Kammergericht
KO	Konkursordnung
KR	Kommentar zum gesamten Kündigungsrecht
krit.	kritisch(e/er)
KritV	Kritische Vierteljahresschrift für Gesetzgebung und Rechtswissenschaft
KTS	Konkurs-, Treuhand- und Schiedsgerichtswesen
LAGE	Entscheidungen der Landesarbeitsgerichte
Ls.	Leitsatz
m.w.N.	mit weiteren Nachweisen
MD	Maunz/Dürig
MDArbGV	Mitteilungen des Deutschen Arbeitsgerichtsverbandes
MitbestG	Gesetz über die Mitbestimmung der Arbeitnehmer
MittBlSchlA.	Mitteilungsblatt des Schlichtungsausschusses Groß-Berlin
MTV	Manteltarifvertrag
MünchKomm	Münchener Kommentar
MünchKommZPO	Münchener Kommentar zur Zivilprozeßordnung
MünchArbR	Münchener Handbuch zum Arbeitsrecht
n.F.	neue Fassung
NAT	Nichtamtlicher Teil
NGG	Gewerkschaft Nahrung, Genuß, Gaststätten
NJ	Neue Justiz
NJW	Neue Juristische Wochenschrift
NJW-RR	NJW-Rechtsprechungsreport Zivilrecht
NRW	Nordrhein-Westfalen
n.v.	nicht veröffentlicht
NZA	Neue Zeitschrift für Arbeitsrecht
NZA-RR	Rechtsprechungsreport der Neuen Zeitschrift für Arbeitsrecht
NZfA	Neue Zeitschrift für Arbeitsrecht
OAG	Oberstes Arbeitsgericht
OGLZ	Entscheidungen der Oberlandesgerichte in Zivilsachen
OT-Mitgliedschaft	Verbandsmitgliedschaft ohne Tarifbindung
ÖTV	Gewerkschaft öffentliche Dienste, Transport und Verkehr
R	Rückseite
RAG	Reichsarbeitsgericht
RArbBl.	Reichsarbeitsblatt
RdA	Recht der Arbeit
Rn.	Randnummer
RGBl.	Reichsgesetzblatt
RGRK	BGB-Kommentar, herausgegeben von Reichsgerichtsräten und Bundesrichtern
RL	Richtlinie
Rspr.	Rechtsprechung
RTV	Rahmentarifvertrag
S.	Seite/Siehe
s.	siehe
SächsLAG	Sächsisches Landesarbeitsgericht
SAE	Sammlung arbeitsrechtlicher Entscheidungen

SchlA.	Schlichtungsausschuß
Schlw	Das Schlichtungswesen
SchwbG	Schwerbehindertengesetz
SocPr	Sociale Praxis und Archiv für Volkswohlfahrt
SozSich	Soziale Sicherheit
Sp.	Spalte
SprAuG	Sprecherausschußgesetz
SpTrUG	Gesetz über die Spaltung der von der Treuhandanstalt verwalteten Unternehmen
st. Rspr.	ständige Rechtsprechung
StPO	Strafprozeßordnung
TOA	Tarifordnung für Angestellte
TreuhänderG	Gesetz über die Treuhänder der Arbeit
TVG	Tarifvertragsgesetz
TVVO	Tarifvertragsverordnung
UmwG	Umwandlungsgesetz
v.	vom
Var.	Variante
vgl.	vergleiche
Vorbem.	Vorbemerkung
VTV	Tarifvertrag über das Sozialkassenverfahren im Baugewerbe
VVaG	Versicherungsverein auf Gegenseitigkeit
WA	Westdeutsche Arbeitsrechtsprechung
WRP	Wettbewerb in Recht und Praxis
WuW	Wirtschaft und Wettbewerb
z.B.	zum Beispiel
ZfA	Zeitschrift für Arbeitsrecht
ZG	Zeitschrift für Gesetzgebung
ZGB	Schweizerisches Zivilgesetzbuch
ZIAS	Zeitschrift für ausländisches und imternationales Arbeits- und Sozialrecht
ZIP	Zeitschrift für Wirtschaftsrecht
ZPO	Zivilprozeßordnung
ZRP	Zeitschrift für Rechtspolitik
ZTR	Zeitschrift für Tarifrecht
zust.	zustimmend

Erster Teil

Einleitung

§ 1 Problemstellung

Tarifeinheit und Tarifkonkurrenz: Sind beide Rechtsinstitute nicht längst dogmatisch aufbereitet und wissenschaftlich ausdiskutiert? Mindestens der erste Eindruck spricht dafür. Seit mehr als siebzig Jahren sind sowohl die Tarifeinheit als auch die Tarifkonkurrenz Gegenstände tarifrechtlicher Debatten. Sie haben nicht wenige Untersuchungen veranlaßt, die sich am Rande gelegentlich auch mit der Tarifeinheit im Arbeitsverhältnis als nahezu unbestrittener Kollisionsnorm befaßt haben, wenn mehrere Tarifverträge im Arbeitsverhältnis aufeinandertreffen (Tarifkonkurrenz). Meist aber haben sie sich mit der Lösung einer solchen Tarifkonkurrenz, die überwiegend nach dem Spezialitätsgrundsatz erfolgt, oder mit der umstrittenen Tarifeinheit im Betrieb, die als Rechtssatz gegen das Nebeneinander verschiedener Tarifverträge im Betrieb (Tarifpluralität) verstanden wird, auseinandergesetzt. Die Tarifeinheit ist darüber hinaus in beiden Varianten genauso wie das Spezialitätsprinzip ständige höchstrichterliche Rechtsprechung. Gleichwohl täuscht der Anschein. Wer meint, Tarifeinheit und Tarifkonkurrenz seien erschöpfend behandelt und lohnten keine weitere Beschäftigung, geht fehl.

Bei der Tarifkonkurrenz ist das vielleicht weniger offensichtlich. Kritik an der Tarifeinheit im Arbeitsverhältnis ist ganz selten, teilweise nicht einmal allgemein zugänglich, und auch der Grundsatz der Spezialität stellt sich auf den ersten Blick als allgemeiner Konsens dar. Ein näheres Hinsehen fördert jedoch Ungereimtheiten zutage und wirft bislang gar nicht oder nur unzureichend erörterte Fragen auf. Diese beziehen sich zunächst mit Blick auf Geltungsgrund und Rechtsfolgen nicht nur auf die Dogmatik der Tarifeinheit im Arbeitsverhältnis, sondern betreffen namentlich deren exakte Reichweite, die bislang nur wenig ausgeleuchtet ist: Gilt die Tarifeinheit im Arbeitsverhältnis gleichermaßen für Inhalts-, Abschluß- und Beendigungsnormen einerseits und betriebliche und betriebsverfassungsrechtliche Normen andererseits? Gilt sie für die zuletzt genannten Normen auch betriebsweit einheitlich? Sind die verschiedenen Normgruppen im Arbeitsverhältnis einheitlich zu behandeln oder können beispielsweise Inhaltsnormen eines Tarifvertrags mit betrieblichen Normen eines anderen Tarifvertrags kombiniert werden? Gilt die Tarifeinheit im Arbeitsverhältnis auch, wenn sich die konkurrierenden Tarifverträge inhaltlich nur teilweise oder sogar überhaupt nicht decken? Ist die Tarifeinheit im Arbeitsverhältnis auch auf das einheitliche Arbeitsverhältnis mit mehreren Arbeitgebern im gemeinsamen Betrieb mehrerer Unternehmen anwendbar? Ebenfalls zu beantworten, wenn auch nur beiläufig, ist im übrigen die Frage nach den immerhin denkbaren Alternativen der Tarifeinheit im Arbeitsverhältnis: Tarifvielfalt und Tarifsperre.

Zwingende Folge der Tarifeinheit im Arbeitsverhältnis ist der Vorrang eines der kollidierenden Tarifverträge. Dessen Ermittlung setzt zunächst eine kritische Überprüfung der bislang vertretenen Lösungsgrundsätze zur Tarifkonkurrenz voraus, die insbesondere den schematisch angewandten Spezialitätsgrundsatz einbeziehen muß, auf dem die h.M. beharrt, obwohl die Kriterien der Spezialität ebenso unklar sind wie dessen methodische Rechtfertigung. Bereits an dieser Stelle sind ungeeignete Lösungswege zu verabschieden. Wichtiger ist im Anschluß die in dieser Deutlichkeit bislang nicht beantwortete Frage, ob sämtliche Fallgruppen der Tarifkonkurrenz überhaupt einheitlich nach gleichen Maßstäben behandelt werden können. Das Gegenteil liegt jedenfalls dann nahe, wenn Tarifkonkurrenzen in verschiedenen Konstellationen entstehen und von unterschiedlichen Voraussetzungen abhängig sein können. Das erfordert allerdings vorab, auch dieses Vorfeld einer Tarifkonkurrenz, auf das bisher kaum geachtet worden ist, eingehend zu untersuchen. Es könnte dann auf der Hand liegen, mit Hilfe der gesetzlichen Wertungen und Funktionszusammenhänge differenzierte Lösungen für die einzelnen Fallgruppen zu entwickeln. Dabei bietet sich an, für Inhalts-, Abschluß und Beendigungsnormen die Grobeinteilung in tarifautonome und staatlich veranlaßte Tarifkonkurrenzen weiter zu verfeinern. Zum Beispiel drängen sich bei der durch Doppelmitgliedschaft der Arbeitsvertragsparteien bedingten Tarifkonkurrenz und vor allem im Zusammenhang mit § 3 Abs. 3 TVG, dessen Anwendungsbereich größer ist, als gemeinhin angenommen wird, neue Maßstäbe auf. Namentlich bei der praktisch bedeutsamen Tarifkonkurrenz unter Beteiligung – allgemeinverbindlicher – Tarifverträge über gemeinsame Einrichtungen der Tarifvertragsparteien (§ 4 Abs. 2 TVG) könnte sich deren Zurücktreten als weniger spezielle Regelung als unrichtig erweisen und ein Umdenken erforderlich sein. Wenig durchdacht sind beispielsweise auch Tarifkonkurrenzen, soweit sie Tarifverträge nach Maßgabe des Arbeitnehmerentsendegesetzes betreffen oder im Zusammenhang mit nachwirkenden Tarifverträgen (§ 4 Abs. 5 TVG) stehen. Auch bei der Konkurrenz betrieblicher und betriebsverfassungsrechtlicher Normen ist wegen deren betrieblichen Bezugs die Entwicklung eigenständiger Lösungswege angezeigt, die freilich wiederum einzelne Fallgestaltungen unterscheiden müßten.

Bei Tarifpluralität ist die Ausgangslage anders. Nur am Rande ergibt sich bei der Ablösung von DGB-Tarifverträgen durch solche kleinerer Konkurrenzgewerkschaften das Problem, ob auch nachwirkende Tarifverträge zu Tarifpluralität führen. Der *4. Senat* des *BAG* hat sich unlängst mit einem Kunstgriff beholfen, das Vorliegen einer Tarifpluralität verneint und ist damit der Frage nach der Tarifeinheit im Betrieb zu Lasten großer DGB-Gewerkschaften ausgewichen. Im Zentrum der Untersuchung steht der heftige Streit um die Tarifeinheit im Betrieb als Kollisionsregel für Tarifpluralität. Daß er immer wieder neu entfacht, überrascht nicht, da die Judikate des *BAG* einen roten Faden nicht stets erkennen und überdies die anhaltende Kritik des Schrifttums bisweilen schroff abprallen lassen. Wie bei der Tarifeinheit im Arbeitsverhältnis ist zunächst die Frage nach der exakten Reichweite der Tarifeinheit im Betrieb zu erörtern: Wie lautet der Betriebsbegriff der Tarifeinheit? Worin bestehen die Rechtsfolgen für diejenigen Arbeitsverhältnisse, die durch die Tarifeinheit im Betrieb tariflos gestellt werden? Gibt es neben der Tarifeinheit im Betrieb auch eine Tarifeinheit im Unternehmen oder im Konzern? Zu erörtern ist, das ist ebenfalls ein Abgrenzungsproblem, ob die Tarifeinheit im Betrieb auch für die Fallgruppen einer „betriebsweiten Tarifkonkurrenz“ – etwa für das (betriebsweite) Zusammentreffen allgemeinverbindlicher Tarifverträge – Kollisionsregel sein kann. Breiteren Raum nehmen die Fragen nach einer Rechtsgrundlage der Tarifeinheit im Betrieb, insbesondere deren Legitimation durch richterliche Rechtsfortbildung, sowie nach deren Verfassungskonformität, namentlich in bezug auf Art. 9 Abs. 3 GG, ein. Bei der Rechtsfortbildung sind vor allem deren Voraussetzungen und Grenzen herauszuarbeiten, an denen die Tarifeinheit im Betrieb viel präziser als bisher zu messen ist. In Betracht kommen im Rahmen gesetzesimmanenter Rechtsfortbildung namentlich die Bildung einer Analogie oder der Rückgriff auf allgemeine Rechtsprinzipien. Die vom *BAG* behaupteten „praktischen Schwierigkeiten“ bei der Anwendung mehrerer Tarifverträge in einem Betrieb könnten aber auch als zwingende Bedürfnisse des Rechtsverkehrs und damit methodisch als gesetzesübersteigende Rechtsfortbildung zu rechtfertigen sein. Bei den „praktischen Schwierigkeiten“ scheint es sich überdies um Normtatsachen zu handeln, woran bislang nicht gedacht worden ist und deren prozessuale Behandlung dem verfahrensrechtlichen Schrifttum einige Schwierigkeiten bereitet. Bei der verfassungsrechtlichen Überprüfung der Tarifeinheit im Betrieb ist besonders zu beachten, daß das *BVerfG* bei der Prüfung von Art. 9 Abs. 3 GG nicht mehr an der Kernbereichslehre festhält. Soweit deren Aufgabe zu Recht erfolgt ist, sind neue grundrechtsmethodische Prüfungsmaßstäbe für die Koalitionsfreiheit zu entwickeln, denen die Tarifeinheit im Betrieb zu unterwerfen ist. Das ist bislang nicht geschehen. Aber auch in bezug auf die unterschiedlichen Schutzrichtungen des Art. 9 Abs. 3 GG, die individuelle und die kollektive Koalitionsfreiheit sowie deren Teilelemente, ist für die Tarifeinheit im Betrieb deutlicher, als es bisher erfolgt ist, zu differenzieren. Praktisch besonders bedeutsam ist die bereits angesprochene Verdrängung von allgemeinverbindlichen Tarifverträgen über gemeinsame Einrichtungen durch vermeintlich speziellere Tarifverträge nach Maßgabe der Tarifeinheit im Betrieb. Sie mag zwar dem wirtschaftlichen Interesse nicht weniger Arbeitgeber entsprechen, die eine Beitragspflicht zu den Sozialkassen als unnötigen Wettbewerbsnachteil verstehen und deshalb vermeiden möchten, läßt aber über einen Grundrechtsschutz der gemeinsamen Einrichtungen, vielleicht in Form eines Grundrechtsreflexes, nachdenken. Auch er ist bislang nirgends angesprochen.

Die Bedeutung der Tarifeinheit im Betrieb beschränkt sich freilich nicht, darauf ist abschließend hinzuweisen, auf die Rolle als Kollisionsregel bei Tarifpluralität. Sie kommt auch bei der Auslegung arbeitsvertraglicher Klauseln, die sich auf Tarifverträge beziehen, zum Zug. Sieht man, wie jüngst der *4. Senat*, den Zweck solcher Bezugnahmeklauseln entgegen ihres eindeutigen Wortlauts in einer Gleichstellung tarifgebundener und nicht tarifgebundener Arbeitnehmer um jeden Preis, gelangt man etwa nach einem Verbandswechsel des Arbeitgebers auch auf diese Weise faktisch zu einer Tarifeinheit im Betrieb. Vor allem aber ist der Tarifeinheit im Betrieb – auch hier nicht als Kollisionsregel für Tarifpluralität zu verstehen – bei der Bestimmung der Tarifzuständigkeit von Mitgliedsgewerkschaften des DGB und des betrieblichen Geltungsbereichs ihrer Tarifverträge einige Bedeutung zuzumessen. Den aktuellen Bezug liefert diesmal die Judikatur des *1. Senats*, der Schiedssprüchen des DGB-Schiedsgerichts nach § 16 DGB-Satzung über die konkurrierende Tarifzuständigkeit einzelner Mitgliedsgewerkschaften des DGB verbindliche Außenwirkung zuspricht, damit auf der Ebene der Tarifzuständigkeit eine Tarifeinheit im Betrieb herbeiführt und auf diese Weise Tarifkonkurrenzen oder Tarifpluralität verhindert.

Die nachfolgende Untersuchung möchte einen Beitrag bei der Suche nach differenzierten Lösungen leisten, die Richter des *BAG* für die Tarifeinheit im Betrieb als Kollisionsregel für Tarifpluralität jüngst anregt haben[1], die sich aber auch auf die Tarifeinheit im Arbeitsverhältnis und besonders auf die Lösung von Tarifkonkurrenzen erstrecken sollte.

---

[1] *Friedrich*, FS Schaub, S. 203; *Schaub*, BB 1995, S. 2005; vgl. auch *Gamillscheg*, Arbeitsrecht, Bd. 1, § 17 III 3 c (2) (c).

§ 2 Gang der Untersuchung

Der Gang der Untersuchung ist durch die Problemstellung mindestens teilweise vorgezeichnet. Er führt im Anschluß an die Einleitung im zweiten Teil der Arbeit zunächst zu den historischen Wurzeln der Tarifeinheit und Tarifkonkurrenz in Gesetzgebung, Rechtsprechung und Literatur, beschreibt die Entwicklung von der Weimarer Republik über die TVVO bis zum TVG und gibt einen ersten Überblick über den heutigen Meinungsstand. Danach widmet sich ein drittes Teilstück den Rechtsinstituten der Tarifkonkurrenz und Tarifpluralität und stellt deren Voraussetzungen und unterschiedliche Entstehungsmöglichkeiten dar. Dabei kommt es mit Blick auf das bereits angesprochene Erfordernis, differenzierte Lösungswege für Tarifkonkurrenzen zu entwickeln, auch auf die Erörterung einer Reihe tarifrechtlicher Standardprobleme an, die eine Tarifkonkurrenz bereits in deren Vorfeld beeinflußen können. Maßgebliche Bedeutung haben in dieser Passage vor allem der tarifvertragliche Geltungsbereich und die Tarifgebundenheit. Die Bestimmung der Tarifzuständigkeit und des betrieblichen Geltungsbereichs des Tarifvertrags gehört systematisch zwar zu den Voraussetzungen von Tarifkonkurrenz und Tarifpluralität. Ihr Bezug zu einer Tarifeinheit im Betrieb, die insoweit nicht als Kollisionsregel von Tarifpluralität zu verstehen ist, rechtfertigt aber deren besondere Behandlung in einem vierten Teil. Die beiden folgenden Abschnitte, die das Zentrum der Untersuchung bilden, widmen sich schließlich der Kollisionsregel Tarifeinheit. Im fünften Teil geht es um die Tarifeinheit im Arbeitsverhältnis und die Lösung von Tarifkonkurrenzen. Zunächst ist auf die Tarifeinheit im Arbeitsverhältnis einzugehen. Im Anschluß an die Untersuchung abstrakter Lösungsgrundsätze für Tarifkonkurrenzen sind die einzelnen Fallgruppen zu diskutieren. Das sechste Kapitel hat Tarifpluralität und die Tarifeinheit im Betrieb als deren Kollisionsregel zum Inhalt. Der Blick ist namentlich auf die Tarifeinheit im Betrieb zu richten. Im Mittelpunkt dieses Teils stehen die Suche nach deren Legitimation durch richterliche Rechtsfortbildung sowie deren verfassungsrechtliche Rechtfertigung. Auch an dieser Stelle sind, soweit es die Prüfung erfordert, methoden- und verfassungsrechtliche Grundsatzfragen zu behandeln. Abschließend sind in einem siebenten Abschnitt die wesentlichen Ergebnisse zusammenzufassen.

Zweiter Teil

Historische Entwicklung der Tarifeinheit und der Tarifkonkurrenz

Ein Grundsatz der Tarifeinheit[1] ist niemals gesetzlich fixiert worden. Die Lehre von der Tarifeinheit hat sich zu dessen Legitimation daher immer wieder – meist in bezug auf die Tarifeinheit im Betrieb – auf deren Herausarbeitung durch Wissenschaft und Rechtsprechung berufen[2]. Die Tarifeinheit habe, wird in der Literatur eher beiläufig bemerkt, schon bisher der „allgemeinen Rechtsauffassung" entsprochen[3], sei eine „grundlegende Wertung"[4], eine der „tragenden Grundsätze unseres Tarifrechts"[5], ein „integraler Bestandteil" des Tarifvertragssystems[6], eine „Rechtsmaxime"[7], ein „gewohnheitsrechtlicher Grundsatz"[8] und seit jeher von Rechtsprechung und Literatur als „geltendes Recht" behandelt worden[9]. Sie sei, hält auch die Judikatur fest, „das das deutsche Tarifrecht beherrschende Prinzip"[10] und ein „allgemeiner Grundsatz des deutschen Arbeitsrechts"[11].

Diese Behauptungen zur Tarifeinheit erfordern eine Nachzeichnung ihrer historischen Entwicklung. Zuerst ist aufzuzeigen, daß die Rechtsinstitute der Tarifkonkurrenz und Tarifpluralität und deshalb auch die Tarifeinheit zu Beginn

---

[1] Früher sprach man auch von der „Einzelheit der Tarife" oder der „Einheit der Tarife".

[2] S. etwa RAG ARS Bd. 5 (1929), S. 86; *Gramm*, AR-Blattei (D), Tarifvertrag XII, A 4; *A. Hueck/Nipperdey*, Bd. II 1, S. 645; *Söllner*, Grundriß, § 16 V 2.

[3] *A. Hueck/Nipperdey*, Bd. II, 6. Aufl., S. 463; *Nipperdey*, Anm. zu RAG vom 29.1.1929, ARS Bd. 5 (1929), S. 87.

[4] *Gamillscheg*, Arbeitsrecht, Bd. 1, § 16 I 6 (1).

[5] *Dutti*, BB 1968, S. 1338.

[6] *Kreuder*, KritV 1994, S. 306.

[7] *G. Müller*, Ablösung, S. 52.

[8] *Söllner*, Grundriß, § 16 V 2; im Ergebnis ebenso *D. Gaul*, S. 273 f.; *ders.*, ZTR 1991, S. 451, 454; *H. Koch*, Rn. 203.

[9] *Söllner*, Grundriß, § 16 V 2.

[10] BAG, Urteil vom 15.2.1984 – 5 AZR 94/84 (n.v.), II 2 b.

[11] LAG Frankfurt a.M., Urteil vom 30.6.1989 – 15 Sa 1566/88 (n.v.), S. 23; ähnlich LAG Berlin, WA 1964, S. 30; OLG Düsseldorf, Urteil vom 19.5.1988 – 2 U 129/87 (n.v.), S. 10.

des Tarifvertragswesens noch keine Rolle spielten, dann aber unter der TVVO im Koalitionspluralismus der Weimarer Republik umso größere Bedeutung erlangten (§ 3). Eine Verfestigung der Tarifeinheit im Betrieb ist unter den Tarifordnungen im Nationalsozialismus zu beobachten (§ 4). Besondere Beachtung verdienen schließlich weniger die Tarifeinheit im Arbeitsverhältnis und die Regeln der Tarifkonkurrenz als vielmehr die Entwicklung der Lehre von der Tarifeinheit im Betrieb unter der Geltung des TVG, die durch das *BAG* ausgebaut worden ist, vom modernen Schrifttum aber abgelehnt wird (§ 5).

§ 3 Tarifeinheit und Tarifkonkurrenz in der Weimarer Zeit

A. Tarifkollision vor der TVVO

Zu Beginn des Tarifvertragswesens war die Tarifgestaltung weitgehend so dezentral, daß es zur Kollision tariflicher Regelungen nicht kam. Bei den ersten Gewerkschaften handelte es sich um lokale Zusammenschlüsse mit kleinräumigen Strukturen[12]. Überregionale Verbindungen und großflächige Tarifverträge im heutigen Sinn waren die Ausnahme[13]. Erst nach der Aufhebung des Koalitionsverbotes 1869 und der Gründung erster gewerkschaftlicher Zentralverbände stieg die Zahl der Tarifverträge rasch an[14]. Die Verbände entwickelten sich zu Massenbewegungen[15]. Firmentarifverträge beherrschten mit etwa 70% der abgeschlossenen Tarifverträge die Tariflandschaft[16]. Tarifkonkurrenzen blieben deshalb selten, auch weil die Allgemeinverbindlicherklärung von Tarifverträgen noch unbekannt war.

Äußerungen in der Folgezeit, der „Nationaltarifvertrag" sei die „fortgeschrittenste" Form der tariflichen Vereinbarung[17], dokumentieren die Tendenz

---

[12] *Limmer*, S. 17 ff.; *Teubner*, S. 43; zu den Vorläufern des modernen Tarifvertrags näher *Dreschers*, S. 16 ff.

[13] Vgl. *Deckers*, S. 13; *Limmer*, S. 18 f.; *Teubner*, S. 44; *Ullmann*, S. 31.

[14] *Deckers*, S. 14 ff.; *H. Mengel*, FS D. Gaul, S. 410 ff.; *Schüren*, Legitimation, S. 97, 109 ff.; *Ullmann*, S. 100 f.

[15] *Adams*, S. 1; *Eickhof*, S. 140; *Kempen/Zachert*, Grundlagen Rn. 19; *Teubner*, S. 44.

[16] *Nikisch*, 1. Aufl., S. 285; *Ullmann*, S. 231 Tabelle 9.

[17] *Mamroth*, zitiert nach *Deckers*, S. 16 Fn. 7; vgl. auch *Adams*, S. 5; *Deckers*, S. 26; *Schüren*, Legitimation, S. 108 ff.

zur Zentralisierung von Tarifverträgen. Nach 1914 sank der Anteil der Firmentarifverträge kontinuierlich bis auf 30%, sie erfaßten überdies nur noch 4% aller Arbeitnehmer[18]. Die räumlichen Geltungsbereiche von Tarifverträgen wurden größer und erfaßten immer mehr Arbeitsverhältnisse. Die großindustrielle Produktion breitete sich aus. Man erkannte, daß der Dienstvertrag des BGB als Modell für den Arbeitsvertrag wenig taugte, da er auf beiden Seiten des Vertrages ein wirtschaftliches Gleichgewicht voraussetzte, das faktisch nicht vorhanden war[19]. Folgerichtig stieg nicht nur der Organisationsgrad der Arbeitnehmer, sondern auch die Zahl der Arbeitgeber- und Arbeitnehmerverbände[20]. Es entstand ein Koalitionspluralismus, der durch die Ausrichtung der Verbände nach dem Berufsverbandsprinzip begünstigt wurde. Die Organisationsform Berufsverband, die in der bis dahin starken Solidarität der Berufsgenossen wurzelte[21], erhielt allerdings bald Konkurrenz durch Industrieverbände, der in den nun vorherrschenden Großbetrieben zweckmäßigeren Verbandsform. Sie erfaßten das ganze gesamte Betriebspotential und entsprachen damit einem in der Praxis verbreiteten Bedürfnis nach betriebseinheitlicher Regelung aller Arbeitsbedingungen[22].

Die Überlagerung der Berufsorganisationen durch Industrieverbände rückte erstmals das Phänomen der Tarifkollision (Tarifkonkurrenz und Tarifpluralität) in das juristische Blickfeld. Das Schrifttum, das sich bislang nur zögerlich mit dem Recht des Tarifvertrags befaßt hatte[23], legte verschiedene Entwürfe für ein Tarifvertragsgesetz vor[24], die meist auch Regelungen über die Tarifkollision enthielten. Der Gesetzgeber der TVVO von 1918 normierte in § 2 Abs. 2 TVVO gleichwohl nur einen Ausschnitt der Kollisionsproblematik, freilich den damals praktisch wichtigsten[25].

---

[18] *Deckers*, S. 199 f.

[19] Der kollektive Tarifvertrag biete im Gegensatz zum individuellen Arbeitsvertrag typischerweise eine „Richtigkeitsgewähr", so die später von *Schmidt-Rimpler*, AcP Bd. 147 (1941), S. 157, geprägte Formulierung.

[20] *Eickhof*, S. 150; *Limmer*, S. 48 f.; *Nikisch*, 1. Aufl., S. 286; *Teubner*, S. 45; vgl. dazu aus zeitgenössischer Sicht *H. Katz*, S. 24 ff.

[21] Vgl. *Bobrowski/D. Gaul*, Bd. 2, M II Rn. 24; *Borsdorf/Hemmer/Martiny*, S. 100 ff.; ferner *Gamillscheg*, Arbeitsrecht, Bd. 1, § 2, 3 a (1), (3).

[22] S. auch unten § 3 D II.

[23] *Kempen/Zachert*, Grundlagen Rn. 22.

[24] Näher zu den Kodifikationsbestrebungen *Dreschers*, S. 58 ff.

[25] Dazu unten § 3 C III.

B. Tarifkollision in einzelnen Gesetzesentwürfen

I. Kollisionsregeln in Entwürfen für ein Tarifvertragsgesetz

1. Entwürfe für „kollektive Arbeitsverträge"

Bereits zu Beginn des 20. Jahrhunderts existierten mehrere Entwürfe für „kollektive Arbeitsverträge"[26], die allerdings keine Regelungen zur Kollision von Tarifverträgen beinhalteten.

2. Erster Entwurf eines Arbeitstarifgesetzes (Sinzheimer)

Der Entwurf eines Arbeitstarifgesetzes von *Sinzheimer*[27], der sich als erster mit der „Mehrheit von Tarifverträgen" befaßt hatte, enthielt Kollisionsregeln in § 12 Abs. 2 und § 44. Maßgebliche Kollisionsregel war das Prioritätsprinzip. § 44 lag die „Einheit des Betriebs"[28], § 12 Abs. 2 die Tarifeinheit im Arbeitsverhältnis zugrunde.

> § 12 Abs. 1-2: „Mitglieder des Tarifvertrags sind alle, die den Vertragsorganisationen angehören oder ihnen während der Geltungsdauer des Tarifvertrags angehört haben. - Die Vertragsmitgliedschaft tritt nicht ein, wenn derjenige, der nach Abschluß eines Tarifvertrags Vertragsmitglied wird, durch einen früheren Tarifvertrag gebunden ist."[29]
>
> § 44: „Gelten in einem Tarifbetrieb mehrere Tarifverträge, so gelten für vertragsfremde Arbeiter die Bestimmungen desjenigen Tarifvertrags, der zuerst abgeschlossen worden ist."[30]

3. Zweiter Gesetzesentwurf für eine Tarifvertragsverordnung aus dem Reichsarbeitsamt

Große Ähnlichkeit mit dem späteren § 2 Abs. 2 TVVO wies § 2 Satz 3 des Zweiten Gesetzesentwurfs für eine Tarifvertragsverordnung aus dem Reichsarbeitsamt vom 9.12.1918 auf. Er enthielt eine Regelung für das Zusammentref-

---

[26] Ausführlich zu den Entwürfen *Hainke*, S. 133 ff.

[27] *Sinzheimer*, Arbeitstarifgesetz, S. 213 ff. (Text).

[28] *Sinzheimer*, Arbeitstarifgesetz, S. 102 f.

[29] Abgedruckt bei *Sinzheimer*, Arbeitstarifgesetz, S. 215.

[30] Abgedruckt bei *Sinzheimer*, Arbeitstarifgesetz, S. 222; *Hainke*, S. 157.

fen mehrerer allgemeinverbindlicher Tarifverträge im Arbeitsverhältnis. Auch ihm lag die Tarifeinheit im Arbeitsverhältnis zugrunde.

§ 2 Satz 3: „Fällt ein Arbeitsvertrag unter mehrere allgemein verbindliche Tarifverträge, so ist, vorbehaltlich einer abweichenden Bestimmung des Reichsarbeitsamts, derjenige von ihnen maßgebend, der für die größere Zahl von Arbeitsverträgen im gleichen Betriebe Bestimmungen enthält."[31]

II. Tarifkonkurrenz in der TVVO

Im Jahr 1918 wurde die Verordnung über Tarifverträge, Arbeiter- und Angestelltenausschüsse und Schlichtung von Arbeitsstreitigkeiten (TVVO) erlassen[32]. Der Teil über Tarifverträge wurde später durch die Verordnung über Tarifverträge in der Fassung vom 1.3.1928[33] ersetzt und in den Rang eines Gesetzes erhoben. Der Gesetzgeber hat in der TVVO nur solche Fragen normiert, deren gesetzliche Regelung unentbehrlich geworden war. Sie enthielt Bestimmungen über die unmittelbare Wirkung und die Unabdingbarkeit von Tarifverträgen sowie die Allgemeinverbindlicherklärung. Die Tarifkonkurrenz wurde, allerdings nur ausschnittsweise, in § 2 Abs. 2 TVVO normiert[34]. Vervollständigung und Weiterentwicklung des Tarifvertragsrechts sollten vorerst Wissenschaft und Rechtsprechung überlassen bleiben[35]: Eine erschöpfende Kodifizierung könne erst durch ein Tarifvertragsgesetz erfolgen, dessen Ausarbeitung begonnen, das aber als Gesetz nicht verabschiedet wurde[36].

III. Weitere Entwürfe für ein Tarifvertragsgesetz und Tarifkonkurrenz

Danach entstanden drei Entwürfe für ein Tarifvertragsgesetz, das die TVVO ablösen sollte.

---

[31] Abgedruckt bei *Hainke*, S. 167.

[32] RGBl. 1918, S. 1456 ff.; mit Übergangsgesetz vom 4.3.1919 (RGBl. 1919, S. 285) durch die deutsche Nationalversammlung bestätigt; Text auch bei *A. Hueck*, Tarifvertrag, S. 196 ff.

[33] RGBl. 1928 I, S. 47 f.

[34] S. unten § 3 C III.

[35] *Nikisch*, 1. Aufl., S. 286.

[36] *Hainke*, S. 120.

1. Zweiter Entwurf eines Arbeitstarifgesetzes (Sinzheimer)

Der Arbeitsausschuß für ein einheitliches Arbeitsrecht verfaßte 1921 auf der Grundlage eines Vorentwurfs von *Sinzheimer* einen weiteren, nicht amtlichen Entwurf eines Arbeitstarifgesetzes[37]. § 7 regelte die Tarifkonkurrenz bei einfachen, § 22 bei allgemeinverbindlichen Tarifverträgen. § 7 löste die Tarifkonkurrenz im Gegensatz zu § 2 Abs. 2 TVVO nach dem Spezialitätsprinzip. § 22 vermied eine Tarifkonkurrenz zunächst durch ein Wirksamkeitserfordernis, ließ diese aber bei fachlich engerem Geltungsbereich zugunsten des nicht allgemeinverbindlichen Tarifvertrags zu. Beiden Normen lag die Tarifeinheit im Arbeitsverhältnis zugrunde.

§ 7: „Fallen Arbeitsverhältnisse in den Geltungsbereich mehrerer Tarifverträge, so geht zunächst der fachlich engere, im übrigen der räumlich oder persönlich weitere Tarifvertrag vor, wenn nicht der vorgehende Tarifvertrag etwas anderes bestimmt."[38]

§ 22: „Durch die Anordnung des Tarifamtes über die allgemeine Verbindlichkeit werden diejenigen Arbeitgeber und Arbeitnehmer, die nach § 11 nicht Tarifangehörige sind, der Tarifsatzung unterworfen, soweit nicht die Anordnung Ausnahmen festsetzt. Bestehen für Nichtangehörige TV., die von der allgemeinverbindlichen Tarifsatzung abweichen, so sind sie, wenn die Anordnung über die allgemeine Verbindlichkeit nicht anderes bestimmt, nur insoweit wirksam, als nach § 14 abweichende Vereinbarungen in Arbeitsverhältnissen zulässig sind oder das Arbeitsverhältnis in einem fachlich engeren Geltungsbereich geregelt wird."[39]

2. Gesetzesentwurf Nipperdeys

Dem Zweiten Entwurf eines Arbeitstarifgesetzes stellte *Nipperdey* 1924 ein Gegenmodell entgegen[40]. § 7 regelte auf Basis der Tarifeinheit im Arbeitsverhältnis und unter Rückgriff auf das Spezialitätsprinzip die Tarifkonkurrenz.

§ 7: „Haben mehrere Tarifverträge zum Teil den gleichen Geltungsbereich, so geht für die Tarifangehörigen zunächst der fachlich engere, im übrigen der räumlich oder persönlich weitere Tarifvertrag vor, wenn nicht der vorgehende Tarifvertrag etwas anderes bestimmt."[41]

---

[37] RArbBl. 1921 (AT), S. 491 ff. mit Begründung. Text auch bei *E. Becker*, S. 51 ff.; *Nipperdey*, S. 186 ff.; vgl. auch *Schulze-Nicolai*, S. 67.

[38] Abgedruckt in RArbBl. 1921 (AT), S. 491.

[39] Abgedruckt in RArbBl. 1921 (AT), S. 492.

[40] *Nipperdey*, S. 186 ff.

[41] Abgedruckt bei *Nipperdey*, S. 136, 189.

3. Referenten-Entwurf des Reichsarbeitsministeriums

Auf Grundlage der beiden vorigen Entwürfe entstand ein Referenten-Entwurf des Reichsarbeitsministeriums, der aber nicht veröffentlicht wurde. § 13 befaßte sich mit der Tarifkonkurrenz zwischen einfachen, § 31 zwischen allgemeinverbindlichen Tarifverträgen. Beiden Normen lag wiederum die Tarifeinheit im Arbeitsverhältnis zugrunde. Die Lösung der Tarifkonkurrenz erfolgte nach dem Spezialitätsprinzip. Dem allgemeinverbindlichen Tarifvertrag war aber unter bestimmten Voraussetzungen der Vorrang vor einem einfachen Tarifvertrag einzuräumen.

§ 13: „Fallen Arbeitsverträge in den Geltungsbereich mehrerer Tarifverträge, so hat zunächst der Tarifvertrag des Betriebszweigs den Vorrang, dem nach seinem wirtschaftlichem Hauptzwecke der Betrieb angehört. Gelten für den gleichen Betriebszweig mehrere Tarifverträge, so findet der für den Betrieb fachlich engste Anwendung. Bestehen nebeneinander mehrere Tarifverträge, von denen keiner nach Abs. 1 oder 2 den Vorrang hat, so geht der persönlich engere dem persönlich weiteren vor. Im übrigen verdrängt der räumlich weitere räumlich engere Tarifverträge. Der hiernach vorgehende Tarifvertrag kann abweichende Bestimmungen treffen."[42]

§ 31: „Durch die Erklärung der Allgemeinverbindlichkeit eines Tarifvertrags werden die Vorschriften des § 13 nicht berührt, es sei denn, daß das Tarifamt bei der Erklärung der Allgemeinverbindlichkeit oder später ein anderes bestimmt. Wird erst nach der Erklärung der Allgemeinverbindlichkeit eines Tarifvertrags ein Tarifvertrag abgeschlossen, der diesem nach § 13 vorgehen würde, und fallen Arbeitsverträge in den Geltungsbereich beider Tarifverträge, so hat der allgemeinverbindliche Tarifvertrag den Vorrang, sofern nicht das Tarifamt bei der Erklärung der Allgemeinverbindlichkeit oder später ein anderes bestimmt. Als nachträglich abgeschlossene Tarifverträge im Sinne dieser Vorschrift gelten jedoch nicht Ergänzungen und Erneuerungen bereits bestehender Tarifverträge."[43]

IV. Ergebnis

Sämtliche Entwürfe für ein Tarifvertragsgesetz beruhten auf der Prämisse, daß nur ein Tarifvertrag als Ganzes auf das Arbeitsverhältnis Anwendung finden könne. Ihnen lag damit, ohne daß das ausdrücklich formuliert wurde, die Tarifeinheit im Arbeitsverhältnis zugrunde. Das zeigt bereits zu diesem frühen Zeitpunkt deren allgemeine Anerkennung als verbindliche Kollisionsregel. Die Lösungsmodelle für eine Tarifkonkurrenz waren dagegen uneinheitlich. Es dominierte das Spezialitätsprinzip. Ein Grundsatz der Tarifeinheit im Betrieb findet sich lediglich in § 44 des Entwurfs *Sinzheimers* für ein Arbeitstarifgesetz.

---

[42] Abgedruckt bei *E. Becker*, S. 53 f.

[43] Abgedruckt bei *E. Becker*, S. 54.

C. Tarifkonkurrenz, Tarifeinheit im Arbeitsverhältnis und TVVO

I. Voraussetzungen der Tarifkonkurrenz unter der TVVO

Ein Tarifvertrag wirkte nur dann normativ auf ein Arbeitsverhältnis ein, wenn die Arbeitsvertragsparteien Tarifbeteiligte waren und das Arbeitsverhältnis in den Geltungsbereich des Tarifvertrags fiel. Eine Tarifkonkurrenz lag nur vor, wenn das Arbeitsverhältnis der normativen Wirkung mehrerer Tarifverträge unterfiel.

1. Tarifbeteiligung

Die normative Wirkung des Tarifvertrags konnte sich nach § 1 TVVO nur für „beteiligte Personen" entfalten, für eine Tarifkonkurrenz war die Bindung an mehrere Tarifverträge erforderlich. Anstelle von Tarifbeteiligung sprach man auch von Tarifangehörigkeit[44], von Tarifunterworfenheit oder – aus heutiger Sicht mißverständlich – vom persönlichen Geltungsbereich[45]. Tarifbeteiligte waren Arbeitgeber und Arbeitnehmer, die Vertragspartner des Tarifvertrags oder Mitglieder der vertragsschließenden Vereinigung waren oder es bei Abschluß des Tarifvertrags gewesen waren oder den Arbeitsvertrag unter Berufung auf den Tarifvertrag abgeschlossen hatten[46]. Die zunächst h.M. maß der arbeitsvertraglichen Bezugnahme wegen des Wortlauts des § 1 Abs. 2 a.E. TVVO normative Wirkung zu[47]. Die Allgemeinverbindlicherklärung des Tarifvertrags erweiterte den Kreis der Tarifbeteiligten auf alle Arbeitnehmer im räumlichen und zeitlichen Geltungsbereich, wenn sie nach der Art der Arbeit unter den Tarifvertrag fielen, § 2 Abs. 1 TVVO[48].

---

[44] *Jacobi*, S. 226.

[45] S. etwa *Sinzheimer*, Grundzüge, S. 259; zur damaligen Abgrenzung zwischen Tarifbeteiligung und persönlichem Geltungsbereich im einzelnen *Knops*, S. 30 ff.

[46] *Ehrenwerth*, S. 74; *Grote*, S. 162; *A. Hueck*, Handbuch, S. 45; *A. Hueck/Nipperdey*, Bd. 2, 1./2. Aufl., S. 192 f.; *Möhring*, S. 3; *Sinzheimer*, Grundzüge, S. 259; kritisch zur Terminologie *Jacobi*, S. 225 f.; *Schulze-Nicolai*, S. 39; eingehend zur Tarifbeteiligung *Knops*, S. 10 ff.

[47] *Erdel*, NZfA 1922, Sp. 79 f.; *Knops*, S. 15 f.; *Kobelt*, S. 23; *G. Kunze*, S. 33 f.; *Möhring*, S. 15; *Sinzheimer*, Grundzüge, S. 259; *Sitzler*, § 1 Anm. 5 c; *Sitzler/Goldschmidt*, § 1 Anm. 6 c; diese Auffassung verlor gegen Ende der Weimarer Republik Einfluß, s. unten § 3 C II.

[48] *E. Becker*, S. 3, 11; *Grote*, S. 170.

2. *Geltungsbereich*

Die normative Wirkung erforderte ferner, daß das Arbeitsverhältnis dem persönlichen, beruflichen, zeitlichen und räumlichen Geltungsbereich des Tarifvertrags unterfiel, für eine Tarifkonkurrenz dem Geltungsbereichen mehrerer Tarifverträge[49]. Überwiegend wurde dabei eine teilweise Kongruenz für ausreichend gehalten[50]. Der berufliche Geltungsbereich[51] richtete sich nach der Art der von den Arbeitnehmern zu verrichtenden Arbeit, wofür meist unter Rückgriff auf den Wortlaut des § 2 Abs. 2 TVVO nicht auf den einzelnen Arbeitnehmer[52], sondern die Eigenart des Betriebs abgestellt wurde[53]: Das Arbeitsverhältnis könne nicht isoliert vom Betrieb betrachtet werden. Ein Tarifvertrag für die im Metallgewerbe beschäftigten Arbeitnehmer galt deshalb auch für Holzarbeiter, die in metallindustriellen Betrieben als berufsfremde Arbeitnehmer beschäftigt waren. Das bedeutete eine Akzentverlagerung vom Fach- zum Industrietarif sowie zur Tarifeinheit im Betrieb und hatte jedenfalls nach h.M.[54] zahlreiche Kollisionen zwischen beiden Tarifvertragsformen zur Folge.

---

[49] *E. Becker*, S. 21; *Bodmann*, AR Bd. 19 (1932), Sp. 507; *Ehrenwerth*, S. 25 f., 68; *Ehrmann*, AR Bd. 18 (1931), Sp. 7; *Grote*, S. 159; *W. Herzog*, S. 62; *A. Hueck*, NZfA 1926, Sp. 388 f.; *ders.*, Handbuch, S. 83; *A. Hueck/Nipperdey*, Bd. 2, 1./2. Aufl., S. 248 f.; *Jacobi*, S. 240; *Knops*, S. 38; *Kobelt*, S. 22 f., 34; *Kronenberg*, S.25; *Kühne*, S. 6; *G. Kunze*, S. 12; *Möhring*, S. 1; *Molitor*, TVVO, Anhang zu § 2 Rn. 1; *ders.*, NZfA 1930, Sp. 203 ff.; *Nipperdey*, S. 135; *Schulze-Nicolai*, S. 45; *Sitzler/Goldschmidt*, § 2 Anm. 8; *Well*, S. 37.

[50] *E. Becker*, S. 21; *Ehrmann*, AR Bd. 18 (1931), Sp. 7; *Grote*, S. 159; *W. Herzog*, S. 62; *Jacobi*, S. 240 f.; *G. Kunze*, S. 12; *Möhring*, S. 1; *Molitor*, TVVO, Anhang zu § 2 Rn. 1; *ders.*, NZfA 1930, Sp. 203; *Nipperdey*, S. 137; *Schulze-Nicolai*, S. 45; *Sitzler*, § 2 Anm. 6 a.

[51] Auch als betrieblicher, fachlicher oder sachlicher Geltungsbereich bezeichnet, vgl. *Knops*, S. 26 f.; *Möhring*, S. 4, jeweils m.w.N.; *Molitor*, TVVO, § 1 Rn. 27.

[52] So aber *Falkenstein*, S. 156; *Günther*, S. 209; *A. Hueck*, Tarifvertrag, S. 132; *ders.*, Handbuch, S. 52; *Kaskel*, 2. Aufl., S. 21; *ders.*, 3. Aufl., S. 33, 46; *F. Koch*, Anm. zu LG Leipzig vom 2.11.1920, JW 1921, S. 354; *Sitzler*, § 2 Anm. 7; *Well*, S. 24 f.; weitere Nachweise bei *E. Becker*, S. 4 Fn. 5; *Jacobi*, S. 231 Fn. 27.

[53] *Anthes*, S. 171; *E. Becker*, S. 3 f.; *Grote*, S. 161; *W. Herzog*, S. 51; *Jacobi*, S. 231; *Knops*, S. 27; *Kobelt*, S. 46; *G. Kunze*, S. 18 f.; *Meissinger*, NZfA 1921, Sp. 138; *ders.*, NZfA 1923, Sp. 36 f.; *ders.*, Anm. zu LG Berlin vom 21.10.1921, JW 1922, S. 324; *ders.*, AG 1927, S. 289; *Möhring*, S. 5 ff.; *Molitor*, TVVO, § 1 Rn. 27 m.w.N. insb. zur Rspr.; *Nikisch*, Arbeitsrecht, S. 114; *Sitzler/Goldschmidt*, § 2 Anm. 6; RAG ARS Bd. 2 (1928), S. 88, 89; S. 99, 100; ARS Bd. 3 (1928), S. 222, 223, S. 226, 227; ARS Bd. 4 (1929), S. 48, 51; ARS Bd. 5 (1929), S. 85, 86, S. 209, 212, S. 274, 276, S. 451, 452; LG Leipzig JW 1921, S. 353; vgl. auch *Molitor*, TVVO, § 1 Rn. 27; a.A. *Kaskel*, 2. Aufl., S. 19; *Sitzler*, § 2 Anm. 7; zum Streitstand näher *Kobelt*, S. 38 ff.

[54] Vgl. aber *A. Hueck/Nipperdey*, Bd. 2, 1./2. Aufl., S. 250 f.; *Schulze-Nicolai*, S. 46: „unechte Tarifkollision"; kritisch demgegenüber *Molitor*, § 1 Rn. 27 a.E., Anhang zu

II. Unechte Tarifkollision

Keine Tarifkonkurrenz war die „unechte Tarifkollision“[55]. Darunter verstand man Tarifpluralität – das Nebeneinander mehrerer Tarifverträge im Betrieb[56] – sowie die Ergänzung oder Ablösung mehrerer Tarifverträge[57]. Das Prinzip der Tarifeinheit und die zur Tarifkonkurrenz entwickelten Grundsätze kamen nicht zur Anwendung. Bei Tarifpluralität galt jeder Tarifvertrag für die jeweils Tarifgebundenen[58]. Gegen Ende der Weimarer Republik schwenkte das Schrifttum um und bezweifelte nunmehr, daß die einzelvertragliche Bezugnahme zu einer echten Tarifkonkurrenz führen könne: Die tarifliche Regelung werde vielmehr Inhalt des Arbeitsverhältnisses, so daß das Günstigkeitsprinzip zur Anwendung komme[59]. Die einzelvertragliche Bezugnahme auf einen Tarifvertrag konnte dann nur eine unechte Tarifkollision bewirken.

III. § 2 Abs. 2 TVVO

Nach § 2 Abs. 2 TVVO durften auf ein Arbeitsverhältnis nicht mehrere allgemeinverbindliche Tarifverträge angewandt werden. Die Rechtsfolge des § 2 Abs. 2 TVVO bestimmte sich nach dem Quantitätsprinzip: Vorrangig war der Tarifvertrag, der die größte Zahl von Arbeitsverhältnissen im Betrieb erfaßte. Die Wendung „im Streitfalle“ bedeutete nach h.M., daß der einvernehmliche Wille der Tarifvertragsparteien § 2 Abs. 2 TVVO vorgehe, etwa wenn ein allgemeinverbindlicher Tarifvertrag sein Zurücktreten anordne[60]. Vereinzelt wur-

---

§ 2 Rn. 1 (Verhinderung einer differenzierten tariflichen Behandlung von Facharbeitern).

[55] Zum Begriff kritisch *Molitor*, TVVO, Anhang zu § 2 Rn. 1.

[56] *E. Becker*, S. 20; *Ehrenwerth*, S. 83; *Grote*, S. 159; *W. Herzog*, S. 64; *A. Hueck/Nipperdey*, Bd. 2, 1./2. Aufl., S. 249 f.; *G. Kunze*, S. 16; *Möhring*, S. 8 f.; *Molitor*, TVVO, § 1 Rn. 20, Anhang zu § 2 Rn. 2; *Sinzheimer*, Arbeitsnormenvertrag, Bd. 2, S. 17.

[57] *Bodmann*, AR Bd. 19 (1932), Sp. 512; *W. Herzog*, S. 63 ff.; *A. Hueck*, Handbuch, S. 83; *A. Hueck/Nipperdey*, Bd. 2, 1./2. Aufl., S. 249; *Kaskel*, 3. Aufl., S. 42; *Kronenberg*, S. 25; *Kühne*, S. 26 f.; *G. Kunze*, S. 15, 25; *Molitor*, NZfA 1930, Sp. 204; *Potthoff*, S. 36; vgl. aber auch *Möhring*, S. 7 f.

[58] *Molitor*, TVVO, § 1 Rn. 20; *Sinzheimer*, Arbeitsnormenvertrag, Bd. 2, S. 17.

[59] *Molitor*, TVVO, § 1 Rn. 52, Anhang zu § 2 Rn. 2; *ders.*, NZfA 1920, Sp. 204; ähnlich *A. Hueck*, Handbuch, S. 47 f.; *ders.*, Tarifvertrag, S. 103; *Jacobi*, S. 229; *Kaskel*, 3. Aufl., S. 39; *Nikisch*, Arbeitsrecht, S. 113 f.; *Potthoff*, NZfA 1928, Sp. 729, 733 f.

[60] *A. Hueck*, NZfA 1926, Sp. 398; *Kronenberg*, S. 25 f.; *Salfeld*, AR Bd. 15 (1928), Sp. 694; *Schulze-Nicolai*, S. 48 f.

de ein Streitfall abgelehnt, wenn einer der Tarifverträge „unzweifelhaft ungünstiger“ als der andere sei: Dann entscheide das Günstigkeitsprinzip[61]. § 2 Abs. 2 TVVO blieb freilich nicht ohne Kritik: Das Abstellen auf den Betrieb bedeute einen Bruch mit dem Wesen des Tarifvertrags, der in seiner Urform eine Vereinbarung zwischen Berufsorganisationen sei, § 2 Abs. 2 TVVO sei deshalb „systemwidrig“[62].

§ 2 Abs. 2 TVVO: „Fällt ein Arbeitsverhältnis unter mehrere allgemeinverbindliche Tarifverträge, so ist im Streitfall, vorbehaltlich einer abweichenden Bestimmung des Reichsarbeitsamtes, derjenige von ihnen maßgebend, der für die größte Zahl von Arbeitsverhältnissen in dem Betrieb oder der Betriebsabteilung Bestimmungen enthält.“[63]

IV. Tarifeinheit im Arbeitsverhältnis außerhalb des § 2 Abs. 2 TVVO

Eine Tarifkonkurrenz konnte außerhalb § 2 Abs. 2 TVVO entstehen, wenn keiner oder nur einer der das Arbeitsverhältnis erfassenden Tarifverträge allgemeinverbindlich war. Insoweit enthielt die TVVO keine Regelung. § 2 Abs. 2 TVVO, der nur die Konkurrenz allgemeinverbindlicher Tarifverträge regelte, war zumindest unmittelbar nicht anwendbar.

1. Tarifeinheit im Arbeitsverhältnis

Nach ganz h.M. konnten gleichwohl auch mehrere einfache Tarifverträge nicht nebeneinander auf ein Arbeitsverhältnis angewandt werden[64]. Der Tarifvertrag sei als einheitliches Ganzes zu verstehen[65]. Seine Einheitlichkeit spiegele das tatsächliche Machtgleichgewicht der Tarifvertragsparteien zum Zeit-

---

[61] *A. Hueck*, NZfA 1926, Sp. 398; *Kronenberg*, S. 25; *Well*, S. 38; ähnlich *Salfeld*, AR Bd. 15 (1928), Sp. 693 (Wahlrecht).

[62] *Schulze-Nicolai*, S. 57 f.

[63] RGBl. 1918, S. 1456.

[64] *Anthes*, S. 167, 170; *E. Becker*, S. 30, 34 ff., 40, 48; *Bodmann*, AR Bd. 19 (1932), Sp. 507; *Dechant*, Kollektivvertrag, S. 177; *ders.*, AR Bd. 11 (1924), Sp. 16; *Grote*, S. 163; *W. Herzog*, S. 99 f.; *A. Hueck*, NZfA 1926, Sp. 394 f.; *A. Hueck/Nipperdey*, Bd. 2, 1./2. Aufl., S. 253 f., 256; *Jacobi*, S. 241; *Kaskel*, 3. Aufl., S. 41 f.; *Kobelt*, S. 63 f.; *Kühne*, S. 30; *G. Kunze*, S. 41 f.; *Lautner*, S. 44; *Möhring*, S. 29; *Molitor*, NZfA 1930, Sp. 201 f., 206, 213 f.; *ders.*, TVVO, Anhang zu § 2 Rn. 5; *Salfeld*, AR Bd. 15 (1928), Sp. 693 f.; *Schulze-Nicolai*, S. 55 f., vgl. aber auch S. 56 f.; *Sinzheimer*, Grundzüge, S. 259; *Well*, S. 39 f.; RAG ARS Bd. 5 (1929), S. 85, 86; ARS Bd. 9 (1930), S. 60, 63 f.; ARS Bd. 10 (1931), S. 242, 247; ARS Bd. 12 (1931), S. 529, 533.

[65] *Anthes*, S. 167 f., 170.

punkt des Vertragsschlusses und damit einen Kompromiß wider. Vorteile der einen Seite seien durch Konzessionen an die andere Seite erkauft. Die Anwendung einzelner günstigerer Bestimmungen aus verschiedenen Tarifverträgen auf das Arbeitsverhältnis benachteilige den Arbeitgeber, da aus seiner Sicht nur die ungünstigen Bestimmungen gelten würden. Diese Erwägungen verböten eine Kombination von Bestimmungen verschiedener Tarifverträge. Das Arbeitsverhältnis erhielte einen „wirtschaftlich unmöglichen Inhalt“[66].

2. *Rosinentheorie*

Dogmatischer Ausgangspunkt der von *A. Hueck*[67] begründeten „Rosinentheorie“, die namentlich *Erdel* und *Kronenberg*[68] aufgriffen, war das Günstigkeitsprinzip zur Lösung der Tarifkonkurrenz. Dabei sollte aber nicht der insgesamt günstigere Tarifvertrag vollständig anwendbar sein. Vielmehr könne sich der Arbeitnehmer aus den auf sein Arbeitsverhältnis anwendbaren Tarifverträgen die jeweils günstigeren Einzelbestimmungen herauszusuchen, so daß Teile des einen und Teile des anderen Tarifvertrags zur Anwendung kämen[69]. Wenn es arbeitsvertraglich möglich sei, durch partielle Vereinbarung einer günstigeren Regelung einzelne Tarifnormen abzudingen und den Gesamtzusammenhang des Tarifvertrags zu zerreißen, könne für das Zusammentreffen zweier Tarifverträge nichts anderes gelten. Zudem wolle der Tarifvertrag nur Mindestarbeitsbedingungen sichern, schon deshalb müsse er nicht zwangsläufig als einheitliches Ganzes behandelt werden[70]. Eine Ausnahme komme nur dann in Betracht, wenn Tarifnormen in Bezug aufeinander vereinbart seien. Dann scheide ein „Zerreissen“ der Regelungen aus. Die Feststellung des inneren Zu-

---

[66] *E. Becker*, S. 34 f.; ebenso *Abel*, Anm. zu RG vom 30.9.1921, JW 1922, S. 101; *Sinzheimer*, Arbeitstarifgesetz, S. 215; vgl. auch *W. Herzog*, S. 99 f. i.V.m. S. 87 ff.

[67] *A. Hueck*, Tarifvertrag, S. 141; *ders.*, Handbuch, S. 84 (bezogen auf die Kollision nicht allgemeinverbindlicher Tarifverträge); später aufgegeben, *ders.*, NZfA 1926, Sp. 394 f.

[68] *Erdel*, S. 37 f.; *ders.*, Schlw Bd. 3 (1921), S. 224, wobei *Erdel* in Schlw Bd. 3 (1921) die „Rosinentheorie“ auf die aufgrund eines Verbandswechsels des Arbeitgebers entstehende Tarifkonkurrenz und im Lehrbuch auf die Konstellation Verbands-/Firmentarifvertrag beschränkte; *ders.*, Kartenauskunftei, Karte Tarifvertrag, Berufskreis (zitiert nach *Schulze-Nicolai*, S. 55 Fn. 149); *Kronenberg*, S. 25 ff.; Gewerbegericht Hamburg, GKG Bd. 25 (1919), S. 100; SchlA. Stuttgart, Schlw Bd. 3 (1921), S. 124; Zürcher Obergericht, GewSchG Zürich 1931, Nr. 4; wohl auch *Abel*, Anm. zu RAG vom 30.9.1921, JW 1922, S. 101; zweifelnd widersprüchlich *Schulze-Nicolai*, S. 56 f.

[69] *A. Hueck*, Handbuch, S. 84; *Kronenberg*, S. 26.

[70] *Kronenberg*, S. 27; *Erdel*, S. 38; vgl. auch *A. Hueck*, Handbuch, S. 84.

sammenhangs sei aber eine Einzelfallentscheidung und gelte nicht grundsätzlich und generell für alle Tarifverträge[71].

V. Lösung von Tarifkonkurrenzen außerhalb § 2 Abs. 2 TVVO

Auch außerhalb des § 2 Abs. 2 TVVO konnte nach h.M. also nur ein Tarifvertrag in seiner Gesamtheit auf das Arbeitsverhältnis Anwendung finden. Welcher der konkurrierenden Tarifverträge vorgehen sollte, war umstritten. Rechtsprechung und insbesondere Literatur diskutierten verschiedene Lösungen.

1. Konkurrenz nicht allgemeinverbindlicher Tarifverträge

Einigkeit bestand darüber, daß bei der seltenen Tarifkonkurrenz zwischen nicht allgemeinverbindlichen Tarifverträgen zuerst der Wille der Tarifvertragsparteien entscheide (Willensprinzip)[72]. Überwiegend wurde anerkannt, daß ein Tarifvertrag nur das Zurücktreten, nicht aber den Vorrang vor einem anderen Tarifvertrag anordnen könne[73]. Nach anderer Ansicht konnte ein Tarifvertrag auch seinen Vorrang bestimmen[74]. Manche Autoren überzeugten beide Ansätze nicht[75]: Die zweite Variante sei unbrauchbar, denn sie scheitere, wenn beide Tarifverträge ihren Vorrang anordneten. Die erste Alternative bedeute eine Einschränkung des sachlichen Geltungsbereichs des Tarifvertrags, so daß es zu einer Tarifkonkurrenz gar nicht komme. Nur vereinzelt wurde auf den Willen der Arbeitsvertragsparteien abgestellt[76].

Ein großer Teil der Literatur befürwortete eine Analogie zu § 2 Abs. 2 TVVO (Quantitätsprinzip). Die Vorschrift gelte auch für die Konkurrenz nicht

---

71 *A. Hueck*, Handbuch, S. 84; *Kronenberg*, S. 26 f.

72 *E. Becker*, S. 48; *Bodmann*, AR Bd. 19 (1932), Sp. 512; *Grote*, S. 165; *W. Herzog*, S. 101 f.; *A. Hueck*, Handbuch, S. 84; *ders.*, NZfA 1926, Sp. 392 f.; *A. Hueck/Nipperdey*, Bd. 2, 1./2. Aufl., S. 252 f.; *Jacobi*, S. 241; *Kaskel*, 3. Aufl., S. 42; *Kobelt*, S. 56 ff.; *Möhring*, S. 26; *Nikisch*, Grundriß, S. 116; *ders.*, Arbeitsrecht, S. 116; *Sitzler/Goldschmidt*, § 2 Anm. 8; *Schulze-Nicolai*, S. 51; wohl auch *Well*, S. 38.

73 *Bodmann*, AR Bd. 19 (1932), Sp. 512; *W. Herzog*, S. 101 f.; *A. Hueck*, NZfA 1926, Sp. 393, 395; *A. Hueck/Nipperdey*, Bd. 2, 1./2. Aufl., S. 252 f.; *Kaskel*, 3. Aufl., S. 42; *Kobelt*, S. 58; *Möhring*, S. 25.

74 *E. Becker*, S. 47 f.; *Grote*, S. 165; *Jacobi*, S. 241.

75 *Molitor*, NZfA 1930, Sp. 205 f.

76 *Potthoff*, Schlw Bd. 12 (1930), S. 68; *Salfeld*, AR Bd. 15 (1928), Sp. 692 f.

allgemeinverbindlicher Tarifverträge[77]. Die Kollision allgemeinverbindlicher Tarifverträge sei vom Gesetzgeber als der praktische, wenn auch nicht juristische Normalfall zutreffend erkannt und deshalb alleine im Gesetz berücksichtigt worden. Zudem sei die TVVO übereilt zusammengestellt worden, so daß der Einwand, § 2 Abs. 2 TVVO sei eine Spezialregelung, nicht überzeuge. Die Norm stelle nach dem Willen des Gesetzgebers einen allgemeinen Grundsatz dar, der auch bei einfacher Tarifkonkurrenz zur Anwendung komme. Die Allgemeinverbindlicherklärung erweitere zwar den Beteiligtenkreis, verändere aber weder den Charakter eines Tarifvertrags noch den einer Tarifkonkurrenz. Die h.M. lehnte die analoge Anwendung des § 2 Abs. 2 TVVO auf eine einfache Tarifkonkurrenz als systemwidrig ab[78]. § 2 Abs. 2 TVVO sei eine Ausnahmevorschrift, die betriebliche Gesichtspunkte aufgreife. Der Tarifvertrag sei aber eine Vereinbarung zwischen Berufsorganisationen, so daß es auf berufliche Gesichtspunkte ankommen müsse.

Andere Autoren vertraten die Auffassung, eine Tarifkonkurrenz sei nach dem Günstigkeitsprinzip zu lösen: Zur Anwendung komme der in seiner Gesamtheit günstigere Tarifvertrag[79]. Die Tarifbestimmungen seien Mindestarbeitsbedingungen, § 1 Abs. 1 Satz 2 TVVO. Was für das Einzelarbeitsverhältnis gelte, sei auch für den Tarifvertrag maßgeblich. Die Ermittlung der günstigeren Regelung war umstritten. Man stellte auf das Kollektivinteresse[80] oder die Interessen der einzelnen Arbeitnehmer[81] ab und bestimmte die Günstigkeit objektiv oder sub-

---

[77] *Anthes*, S. 167, 169 ff., 173; *E. Becker*, S. 30 f., 34 f., 48 f.; *Ehrenwerth*, S. 127; *A. Hueck/Nipperdey*, Bd. 2, 1./2. Aufl., S. 253 f., 257; *Kaskel*, 2. Aufl., S. 19 Fn. 5; *G. Kunze*, S. 45 ff.; *Möhring*, S. 25, 28 f.; *Nipperdey*, Anm. zu RAG vom 30.1.1929, JW 1929, S. 2299; wohl auch *Kühne*, S. 46 f. (Industrie- vor Fachtarif); widersprüchlich *Grote*, bejahend S. 163, abl. S. 160; als allerletzte Möglichkeit *Kobelt*, S. 70.

[78] So ausdrücklich *Grote*, S. 160; *A. Hueck*, NZfA 1926, Sp. 389 f.; *Jacobi*, S. 241; *Kronenberg*, S. 26; *Schulze-Nicolai*, S. 57 f.

[79] *Abel*, JW 1922, S. 101; *Dechant*, AR Bd. 11 (1924), Sp. 15 f.; *ders.*, S. 177; *Erdel*, S. 38; *A. Hueck*, NZfA 1926, Sp. 393 ff.; *ders.*, Handbuch, S. 84; *ders.*, Tarifvertrag, S. 141, *Kobelt*, S. 66-67; *Kronenberg*, S. 26; *Schulze-Nicolai*, S. 55 ff.; *Sitzler*, § 2 Anm. 6 a; *Sitzler/Goldschmidt*, § 2 Anm. 8 c; *Well*, S. 38; Beschluß des Reichsarbeitsministeriums vom 10.7.1920, RArbBl. 1921, S. 94; ebenso RAG ARS Bd. 9 (1930), S. 601, 606; für das Günstigkeitsprinzip als Notlösung *Grote*, S. 165; *Kobelt*, S. 66 f.; *Jacobi*, S. 242; *Nikisch*, Arbeitsrecht, S. 117; in beschränktem Umfang *Anthes*, S. 167, 173.

[80] So aufgrund des Wesens des Tarifvertrags als Kollektivvertrag *E. Becker*, S. 48 f.; *A. Hueck*, Tarifvertrag, S. 119 ff.; *ders.*, NZfA 1926, Sp. 395; *Sitzler*, § 1 Anm. V b.

[81] So wegen des Individualcharakters und des Wortlauts des § 1 Abs. 1 Satz 2 TVVO *Anthes*, S. 167; *A. Hueck/Nipperdey*, Bd. 2, 1./2. Aufl., S. 226; *Möhring*, S. 30 f.; *Nipperdey*, S. 9 f.; *Sitzler/Goldschmidt*, § 2 Anm. 8 b.

jektiv[82]. Gegen das Günstigkeitsprinzip wurde vorgebracht, daß sich § 1 Abs. 1 Satz 2 TVVO nur auf Einzelbestimmungen des Arbeitsvertrags beziehe und somit für die Lösung einer Tarifkonkurrenz keine Stütze sei[83].

Abweichend von § 2 Abs. 2 TVVO stellte ein weiterer Teil des Schrifttums auf das Spezialitätsprinzip ab: Der Tarifvertrag, der die Sachfragen für das Arbeitsverhältnis spezieller regele, sei vorrangig. Nach h.M. ging der fachlich engere dem fachlich weiteren Tarifvertrag vor[84]. Einzelheiten waren streitig. Einige wollten dem persönlich[85] und räumlich[86] engeren, andere dem persönlich[87] und räumlich[88] weiteren Tarifvertrag den Vorrang einräumen. Der fachlich und persönlich engere Tarifvertrag sollte nach einem Teil der Literatur nur vorgehen, wenn nicht ein Industrietarif mit einem Fachtarif kollidierte. Dann gehe immer der Industrietarif vor[89]. Teilweise wurde das Spezialitätsprinzip aus einer Analogie zur Gesetzeskonkurrenz hergeleitet[90].

Schließlich wurde die entsprechende Anwendung von Kollisionsnormen des internationalen Privatrechts befürwortet. Diese Lösung wurde wegen ihres rein räumlichen Bezuges aber abgelehnt[91]. *Molitor* vertrat die Ansicht, es sei ausschließlich auf den Einzelfall Rücksicht zu nehmen[92]. Auf die Sachnähe der ab-

---

[82] Vgl. näher *A. Hueck*, Handbuch, S. 60 ff.

[83] *E. Becker*, S. 35 ff.; *W. Herzog*, S. 98; *A. Hueck/Nipperdey*, Bd. 2, 1./2. Aufl., S. 254; *Möhring*, S. 30 f.; *Molitor*, TVVO, Anhang zu § 2 Rn. 6; *ders.*, NZfA 1930, Sp. 207.

[84] *E. Becker*, S. 30, 49, 54; *Grote*, S. 165; *A. Hueck/Nipperdey*, Bd. 2, 1./2. Aufl., S. 256 f.; *Jacobi*, S. 241 f.; *Kobelt*, S. 59 f.; *Lautner*, S. 44; *Nikisch*, Grundriß, S. 116; *ders.*, Arbeitsrecht, S. 116 f.; RAG ARS Bd. 8 (1930), S. 88, 95; ARS Bd. 9 (1930), S. 88, 94; ARS Bd. 11 (1931), S. 18, 24; ARS Bd. 13 (1932), S. 555, 560; § 7 Entwurf des Arbeitsrechtsausschusses; ebenso § 7 *Nipperdeys* Gegenentwurf; § 13 Referentenentwurf; wenn das Quantitätsprinzip als Lösungsgrundsatz versagte, auch *Ehrenwerth*, S. 113; *Möhring*, S. 33.

[85] *E. Becker*, S. 54; *A. Hueck/Nipperdey*, Bd. 2, 1./2. Aufl., S. 256; *Lautner*, S. 44; *Möhring*, S. 33; § 13 Referentenentwurf.

[86] *A. Hueck/Nipperdey*, Bd. 2, 1./2. Aufl., S. 256 f.; *Möhring*, S. 33.

[87] § 7 Entwurf Arbeitsrechtsausschuß; § 7 *Nipperdeys* Gegenentwurf.

[88] *Anthes*, S. 167 f.; *E. Becker*, S. 43, 49, 54; *Ehrenwerth*, S. 123; *Grote*, S. 164 f.; *Jacobi*, S. 241 f.; *Lautner*, S. 44: *Nikisch*, Arbeitsrecht, S. 117; *Nipperdey*, S. 135 f.; ebenso § 7 Entwurf Arbeitsrechtsausschuß; § 7 *Nipperdeys* Gegenentwurf; § 13 Referentenentwurf.

[89] *E. Becker*, S. 49; *Jacobi*, S. 241 f.

[90] *Grote*, S. 158, 164; *Anthes*, S. 166, 168; vgl. im einzelnen *Kobelt*, S. 26 ff.

[91] Vgl. statt aller *Molitor*, NZfA 1930, Sp. 206.

[92] *Molitor*, NZfA 1930, Sp. 209 f.; *ders.*, TVVO, Anhang zu § 2 Rn. 7.

schließenden Gewerkschaften stellte *Günther* ab[93]. *Bodmann* und *Herzog* lösten die Tarifkonkurrenz wegen des „Gesetzescharakters" des Tarifvertrags nach der Rangfolge der Normgeber[94].

2. Konkurrenz eines allgemeinverbindlichen und eines nicht allgemeinverbindlichen Tarifvertrags

Verbreiteter als die Konkurrenz nicht allgemeinverbindlicher Tarifverträge war wegen der großen Zahl allgemeinverbindlicher Tarifverträge das Zusammentreffen eines einfachen und eines allgemeinverbindlichen Tarifvertrags.

Eine starke Meinung vertrat den Vorrang des allgemeinverbindlichen Tarifvertrags[95]. Als staatlicher Hoheitsakt sei sie dem Willen der Tarifpartner übergeordnet. Staatliches Zwangsrecht gehe privatautonomen Tarifnormen vor. Der allgemeinverbindliche Tarifvertrag sei die stärkere Rechtsnorm, vergleichbar dem Grundsatz „Reichsrecht bricht Landesrecht"[96]. Räume man allgemeinverbindlichen Tarifverträgen nicht generell den Vorrang ein, laufe deren Zweck – die Schaffung einheitlicher Arbeitsbedingungen für alle Arbeitnehmer – leer[97].

Molitor befürwortete eine Analogie zu § 2 Abs. 2 TVVO[98]. Er stützte sich auf Zweckmäßigkeitserwägungen. Diese Lösung werde in der Praxis favorisiert und stehe dem Gesetz am nächsten. Andere Autoren traten mit ähnlicher Begründung wie bei der Konkurrenz einfacher Tarifverträge für das Günstigkeits-

---

[93] *Günther*, S. 202 („welcher vertragsschließende Verband in höherem Maße zur Vertretung der Parteien legitimiert ist").

[94] *Bodmann*, AR Bd. 19 (1932), Sp. 509 f., 514; *W. Herzog*, S. 104 ff.

[95] Beschluß des Reichsarbeitsministeriums vom 10.7.1920, RArbBl. 1922, S. 94; *RGZ* 103, S. 23, 25; weitere Rechtsprechungsnachweise bei *E. Becker*, S. 44 Fn. 178; weiter *Baum*, § 2 Anm. 8; *Bodmann*, AR Bd. 19 (1932), Sp. 509 f., 514; *Dechant*, Kollektivvertrag, S. 179 f.; *ders.*, AR Bd. 11 (1924), Sp. 16 f.; *Grote*, S. 164 f.; *Günther*, S. 212; *Jadesohn*, S. 221; *Kaskel*, 3. Aufl., S. 44; *Sitzler*, § 2 Anm. 6 b; *Stoll*, Schlw Bd. 10 (1928), S. 7; *Well*, S. 39; RG JW 1922, S. 100 f.; LG Berlin, JW 1922, S. 324 f.; vgl. auch *Ehrmann*, AR Bd. 18 (1931), Sp. 10 ff.; *A. Hueck*, NZfA 1926, Sp. 396 ff.; *ders.*, Tarifvertrag, S. 141; *ders.*, Handbuch, S. 85, *G. Kunze*, S. 49 f., soweit nicht einfacher Tarifvertrag günstiger; *Anthes*, S. 172 f. nur bei räumlicher oder zeitlicher Konkurrenz; wohl auch *Falkenstein*, S. 157; *Potthoff*, AR Bd. 16 (1929), Sp. 582 f.; zur ablehnenden Auffassung vgl. nur *Möhring*, S. 20 f. m.w.N. und ausführlicher Begründung.

[96] *Grote*, S. 164 f.; *Kaskel*, 3. Aufl., S. 44.

[97] *A. Hueck*, NZfA 1926, Sp. 396.

[98] *Molitor*, NZfA 1930, Sp. 212 ff.; *ders.*, TVVO, Anhang zu § 2 Rn. 11; *Anthes*, S. 172 f. bei Konkurrenz des beruflichen Geltungsbereiches; insgesamt ablehnend *E. Becker*, S. 30 f.; *Grote*, S. 160; *A. Hueck*, NZfA 1926, Sp. 389 f.

prinzip ein, selbst, wenn der einfache günstiger als der allgemeinverbindliche Tarifvertrag sei[99].

Ein großer Teil der Literatur zog das Spezialitätsprinzip heran[100]. Der generelle Vorrang des allgemeinverbindlichen Tarifvertrags sei nicht haltbar. Die Satzungsautonomie der Tarifverbände sei der vom Gesetzgeber beabsichtigte Normalfall. Die subsidiäre Allgemeinverbindlicherklärung sei nur erforderlich, um einheitliche Arbeitsbedingungen zu schaffen, wo sie nicht bestünden („Notbehelf"). Der Vorrang des einfachen Tarifvertrags wurde schließlich mit dessen mitgliedschaftlicher Legitimation begründet[101].

VI. Ergebnis

Zu einer Tarifkonkurrenz kam es nur, wenn ein Arbeitsverhältnis von den Geltungsbereichen mehrerer Tarifverträge erfaßt wurde und beide Arbeitsvertragsparteien Tarifbeteiligte waren. Von der Tarifkonkurrenz war die unechte Tarifkollision abzugrenzen. § 2 Abs. 2 TVVO regelte die Tarifkonkurrenz für den Sonderfall des Zusammentreffens allgemeinverbindlicher Tarifverträge. Ausgehend von § 2 Abs. 2 TVVO hatte sich die Tarifeinheit im Arbeitsverhältnis über die Vorschrift hinaus als Kollisionsregel für Tarifkonkurrenzen etabliert. Die Lösung der Tarifkonkurrenz war lebhaft umstritten, eine vorherrschende Ansicht gab es nicht.

---

[99] *Abel*, JW 1922, S. 101; *A. Hueck*, NZfA 1926, Sp. 397; *Kobelt*, S. 74 f.; *Sitzler*, § 2 Anm. 6 b; *Sitzler/Goldschmidt*, § 2 Anm. 8 b a.E.; ebenso § 22 Abs. 2 Entwurf Arbeitsrechtsausschuß, vgl. dazu *Nipperdey*, S. 178 f.; zumindest als letzte Möglichkeit *Jacobi*, S. 242.

[100] *Abel*, Anm. zu RG vom 30.9.1921, JW 1922, S. 101; *E. Becker*, S. 46 f.; *A. Hueck/Nipperdey*, Bd. 2, 1./2. Aufl., S. 252, 257, 267 f.; *Kobelt*, S. 75; *Jacobi*, S. 241; *Meissinger*, Anm. zu LG Berlin vom 21.10.1921, JW 1922, S. 324; *Nipperdey*, NZfA 1926, Sp. 284; *ders.*, S. 178 f.; *Schulze-Nicolai*, S. 64 f.; *Sitzler/Goldschmidt*, § 2 Anm. 8 b; § 22 Abs. 2 Entwurf Arbeitsrechtsausschuß; für das österreichische Recht *Dechant*, Kollektivvertrag, S. 180; wenn Günstigkeitsprinzip infolge „Gleichheit" der Tarifverträge nicht anwendbar auch *Molitor*, TVVO, Anhang zu § 2 Rn. 11.

[101] Vgl. *Dechant*, AR Bd. 11 (1924), Sp. 16 m.w.N.; ähnlich *E. Becker*, S. 24; *Lautner*, S. 81; *Meissinger*, NZfA 1923, Sp. 474; *ders.*, AG 1930, S. 372; *Möhring*, S. 20 f. m.w.N.; kritisch RAG ARS Bd. 9 (1930), S. 88, 93.

D. Tarifeinheit im Betrieb als Rechtsgrundsatz

Wurde die Tarifeinheit zunächst fast ausschließlich auf das Arbeitsverhältnis bezogen, mehrten sich Mitte der 1920er Jahre Stimmen, die dessen Ausdehnung auf den Betrieb ausdrücklich forderten oder zumindest für nützlich erachteten.

I. § 2 Abs. 2 TVVO und die Tendenz zum Industrieverbandsprinzip

Tarifpolitisch gewann das Industrieverbandsprinzip weiter Bedeutung. Während der Weimarer Republik verschärften sich die Gegensätze von Beruf und Betrieb. Der Fachtarif verlor gegenüber dem Industrietarif immer mehr Gewicht[102]. Diese Entwicklung ging mit der Konzentration der Produktion in Großbetrieben einher, die die Berufsverbände gegenüber Industrieorganisationen benachteiligte. Die Gewerkschaften mußten, um großen Industrieeinheiten schlagkräftige Organisationen entgegensetzen zu können, darauf zielen, Betriebe einheitlich mit allen Arbeitnehmern zu erfassen[103]. Besonders kontrovers stritt man auf dem 11. Deutschen Gewerkschaftskongreß 1922 in Leipzig um das Industrieverbandsprinzip[104]. Namentlich die Entschließung Walcher und Genossen setzte sich für die Verwirklichung des Grundsatzes „In jedem Betrieb nur ein Verband" ein[105]. Die eingeschlagene Richtung belegen die Entschließung Tarnow[106], die ein freiwilliges Zusammengehen zu Industrieverbänden empfahl, und die Entschließung Dißmann, Paeplow und Genossen[107], die eine Pflicht zum Zusammenschluß zu Industrieverbänden aussprach. Die Richtlinien des 12. Deutschen Gewerkschaftskongresses 1925 in Breslau erneuerten die Forderung nach Industrieverbänden[108].

Das Streben der Praxis griffen Wissenschaft und Rechtsprechung auf. Bei der Festlegung des fachlichen (beruflichen) Geltungsbereichs eines Tarifver-

---

[102] *E. Becker*, S. 27 m.w.N. in Fn. 107; *Limmer*, S. 53-54; *Teubner*, S. 45.

[103] *E. Becker*, S. 27 ff.; *Horneffer*, AG 1923, S. 3; *Rosenstock*, JW 1922, S. 560.

[104] Dazu näher *Borsdorf/Hemmer/Martiny*, S. 111, 127 ff.; vgl. auch *Hiemenz*, Schlw Bd. 3 (1921), S. 221.

[105] Protokoll der Verhandlungen des 11. Kongresses der Gewerkschaften Deutschlands, S. 533 f.

[106] Protokoll der Verhandlungen des 11. Kongresses der Gewerkschaften Deutschlands, S. 35 ff.

[107] Protokoll der Verhandlungen des 11. Kongresses der Gewerkschaften Deutschlands, S. 534 f.

[108] Protokoll der Verhandlungen des 12. Kongresses der Gewerkschaften Deutschlands, S. 31 f.

trags kam es nicht mehr nur, wie dargelegt worden ist[109], auf die Tätigkeit des einzelnen Arbeitnehmers an, sondern auf den Betriebszweck und dessen Gesamtcharakter. Bei einer Tarifkollision zwischen Industrie- und Fachtarifvertrag wurde letzterer darüber hinaus als nachrangig aus dem Betrieb verdrängt, indem auf die Rechtsfolge des § 2 Abs. 2 TVVO abgestellt wurde: Industrietarifverträge erfaßten regelmäßig mehr Arbeitsverhältnisse eines Betriebes[110]. Dem Industrietarif wurde der Weg geebnet. Fachtarifverträge konnten für Facharbeiter, die in berufsfremden Betrieben beschäftigt waren, keine Geltung mehr erlangen.

II. Literaturäußerungen zur Tarifeinheit im Betrieb

Das skizzierte Bedürfnis der Praxis nach betriebseinheitlicher Regelung aller Arbeitsverhältnisse spiegelt sich in Äußerungen des Schrifttums wider. *Lotmar* hatte bereits 1908 die „Einheit des Betriebes" betont[111]. Die Bestimmung des von einem Tarifvertrag betroffenen Personenkreises mache Mühe und verursache Kontroversen. Die wünschenswerte Einfachheit der Ordnung sei nur bei einer Anknüpfung an die Einheit des Betriebes zu erlangen. Anders als der wechselnde Mitgliederbestand der Verbände und die Individualität der Arbeitnehmer sei der Betrieb „etwas Abgeschlossenes und Dauerhaftes"[112]. Daher müsse für alle Arbeitnehmer in einem Betrieb ein Tarifvertrag gelten. Ähnlich hatte sich 1916 *Sinzheimer*, der zunächst ein betriebliches Nebeneinander verschiedener Tarifverträge für möglich gehalten hatte[113], in der Erläuterung zu seinem Entwurf eines Arbeitstarifgesetzes geäußert[114].

Sitzler hatte 1921 die Unannehmlichkeiten hervorgehoben, die ein Übergreifen von Berufstarifverträgen auf einzelne Arbeitnehmer dieses Berufs, die in anderen Gewerbezweigen tätig waren, bedeute. Es erschwere die einheitliche Betriebsleitung und gefährde den Arbeitsfrieden[115]. Nach einer Entscheidung des *Demobilmachungs-Kommissars Berlin* vom 4.4.1922 konnte „die Anwendung von verschiedenen Tarifen in einem Betriebe nicht nur Schwierigkeiten in

---

[109] S. oben § 2 A III 1 b.

[110] „Primat des Industrietarifs vor dem Fachtarif", *Molitor*, NZfA 1930, Sp. 213; vgl. bereits oben § 2 A I und *A. Hueck/Nipperdey*, Bd. 2, 1./2. Aufl., S. 255; *Möhring*, S. 32, *Molitor*, TVVO, § 2 Rn. 12; RAGE 1, S. 191, 194 f. und bereits *Zimmermann*, SocPr 1920, Sp. 405 f.; vgl. auch *Nikisch*, Arbeitsrecht, S. 117.

[111] *Lotmar*, DJZ 1908, Sp. 907.

[112] *Lotmar*, DJZ 1908, Sp. 907.

[113] *Sinzheimer*, Arbeitsnormenvertrag, Bd. 2, S. 17.

[114] *Sinzheimer*, Arbeitstarifgesetz, S. 102 f.

[115] *Sitzler*, § 2 Anm. 5; ebenso *Sitzler/Goldschmidt*, § 2 Anm. 6.

der Organisation, sondern auch Unzufriedenheiten zwischen den einzelnen AN-Gruppen nach sich ziehen“[116].

Becker betonte 1924 die Vorteile, die die Geltung nur eines Tarifvertrags im Betrieb mit sich bringe[117]. So solle „nach kaufmännischen Grundsätzen der Betriebsführung in jedem Betrieb möglichst nur ein einziger Tarifvertrag für alle Arbeitsverträge maßgebend sein“[118]. Der Arbeitgeber müsse andernfalls dauernd die Entwicklung aller für seinen Betrieb in Betracht kommenden Tarifverträge beobachten (Einrichtung eines „Tarifbüros“). Müsse er jeden berufsfremden Arbeitnehmer nach dessen Fachtarif bezahlen, verliere er die Übersicht über den Lohnfaktor seiner Produktionsbedingungen. Beim Nebeneinander von Fach- und Industrietarif seien „Neid und Unfrieden in der Belegschaft“ zu erwarten[119].

Anthes betrachtete es 1927 als wirtschaftliche Notwendigkeit, daß im Betrieb nur ein Tarifvertrag gelte[120]. *Meissinger* forderte im gleichen Jahr bei der Erörterung des beruflichen Geltungsbereiches von allgemeinverbindlichen Tarifverträgen, daß sich „das durch die Tarifpolitik erfahrungsgemäß gebotene und erprobte Gesetz der Tarifeinheit in einem einzelnen Betriebe auch tarifrechtlich ergeben und auswirken“ müsse[121]. Nach *Dragenscheck* wäre „die Vielheit von Tarifen in einem einheitlichen Großbetriebe ... der Ausdruck für das Gegenteil dessen, was die Arbeitnehmer in langem Kampfe erstrebt und erreicht haben: Kollektivierung der Arbeitsverhältnisse“[122].

III. Nipperdeys Forderungen zur Tarifeinheit im Betrieb

Prominentester Befürworter der Tarifeinheit im Betrieb war *Nipperdey*, unter dessen Präsidentschaft das *BAG* die Lehre von der Tarifeinheit im Betrieb unter dem TVG fortgeführt hat[123]. Er forderte dessen Anerkennung als zwingendes

---

[116] Entscheidung des Demobilmachungs-Kommissars für Groß-Berlin vom 4.3.1922, JAE 1922, S. 61 f; vgl. auch eine Entscheidung des Reichsarbeitsministeriums vom 18.11.1919, MittBlSchlA. Berlin, S. 329.

[117] *E. Becker*, S. 22 ff.

[118] *E. Becker*, S. 24.

[119] *E. Becker*, S. 25.

[120] *Anthes*, S. 171.

[121] *Meissinger*, AG 1927, S. 289.

[122] *Dragenscheck*, BlfArbR 1927, Nr. 24, S. 1.

[123] Vgl. BAG AP Nr. 3 zu § 4 TVG Tarifkonkurrenz, Bl. 1R; AP Nr. 4 zu § 4 TVG Tarifkonkurrenz, Bl. 2R f.

Rechtsprinzip. Aus einer Entscheidung des *RAG* vom 19.1.1929 las er heraus, das *RAG* habe „zum ersten Male sich zu der "allgemeinen Rechtsauffassung" von der Einheitlichkeit der Tarife“ bekannt[124]. In einer weiteren Anmerkung *Nipperdeys* heißt es zu § 2 Abs. 2 TVVO: „Nach dieser Vorschrift ist der Grundsatz der Tarifeinheit für die Lösung der Tarifkonkurrenz ausschlaggebend. Es soll immer nur ein Tarifvertrag für das Arbeitsverhältnis und den Betrieb bzw. in einer Betriebsabteilung maßgeblich sein“[125]. Zahlreiche weitere Anmerkungen *Nipperdeys* führten im Wechselspiel mit den besprochenen Entscheidungen zu einer Festigung der Lehre von der Tarifeinheit im Betrieb, freilich ohne dogmatische Fundierung[126].

Weitere Stellungnahmen aus dem Schrifttum im Sinne *Nipperdeys* waren dann selten und weniger verbindlich. Nach *Molitor* sollte „wegen der Gefahr einer Tarifzersplitterung“ „in einem Betrieb möglichst nur ein Tarifvertrag gelten“[127]. Der „Einheitlichkeitsgrundsatz“ habe den „sehr erheblichen Vorteil“, „daß in einem Betriebe oder Betriebsteil nicht mehrere Tarifverträge nebeneinander gelten“[128]. *Schulze-Nicolai* erwähnte die Gefährdung des Arbeitsfriedens und die Erschwerung der Betriebsleitung bei Geltung mehrerer Tarifverträge im Betrieb[129]. Auch *Möhring* war der Ansicht, daß nach dem Grundsatz der Tarifeinheit „in einem Betrieb ... möglichst nur ein Tarifvertrag gelten soll“[130].

IV. Ergebnis

Mit der wachsenden Bedeutung des Industrieverbandsprinzips verschwanden immer mehr Fachtarifverträge. Tarifpolitisch wurde die Geltung nur eines Tarifvertrags im Betrieb angestrebt. Ausgangspunkt für die Verdrängung der Fachtarifverträge aus dem Betrieb war die Rechtsfolge des § 2 Abs. 2 TVVO. Gegen Ende der Weimarer Republik stieß die Lehre von der Tarifeinheit im Betrieb auf wachsende Akzeptanz.

---

[124] *Nipperdey*, Anm. zu RAG vom 19.1.1929, ARS Bd. 5 (1929), S. 87.

[125] *Nipperdey*, Anm. zu RAG vom 3.5.1930, ARS Bd. 9 (1930), S. 268.

[126] Vgl. unten § 4 B.

[127] *Molitor*, NZfA 1930, Sp. 208; vgl. auch *Molitor*, TVVO, Anhang zu § 2 Rn. 7.

[128] *Molitor*, NZfA 1930, Sp. 213.

[129] *Schulze-Nicolai*, S. 32 f.

[130] *Möhring*, S. 31.

E. Zusammenfassung

Die Tarifeinheit im Arbeitsverhältnis lag bereits den ersten Entwürfen für ein Tarifvertragsgesetz zugrunde und ist später nicht mehr ernsthaft bestritten worden. Über die Lösung von Tarifkonkurrenz bestand keine Einigkeit. Die Tarifeinheit im Betrieb war eine wichtige tarifpolitische Zielsetzung im Gefolge des Industrieverbandsprinzips. Das von *Nipperdey* geforderte Rechtsprinzip der Tarifeinheit im Betrieb erfuhr gegen Ende der Weimarer Republik zunehmende Billigung.

§ 4 Tarifeinheit im Nationalsozialismus

Die aufgezeigte Tendenz zur Tarifeinheit im Betrieb verfestigte sich während des Nationalsozialismus, allerdings unter erheblich veränderten rechtlichen Rahmenbedingungen.

A. Tarifordnung und Treuhänder der Arbeit

Die Machtübernahme durch *Hitler* führte 1933 zu einer Auflösung der Koalitionen[131]. Das TreuhänderG von 1933[132] schuf mit dem Amt des „Treuhänders der Arbeit" eine neue Zuständigkeit für die Tarifgestaltung. Dessen überragende Stellung wurde mit dem Gesetz zur Ordnung der nationalen Arbeit von 1934 (AOG)[133] weiter ausgebaut. Die Treuhänder der Arbeit konnten nach freiem Ermessen Tarifordnungen zur Festsetzung von Mindestarbeitsbedingungen zur Regelung von Arbeitsverhältnissen für den ihnen zugewiesenen Bezirk erlassen, wenn sie zum Schutz der Beschäftigten erforderlich und zwingend geboten waren (§ 19 Abs. 1 Satz 2 Nr. 6, § 32 Abs. 2 Satz 1 AOG). Sie waren an Richtlinien und Weisungen des Reichsarbeitsministers gebunden (§ 18 Abs. 2 AOG) und konnten jederzeit abgesetzt werden (vgl. § 4, § 5 TreuhänderG). Die

---

[131] Näher *Deventer*, JuS 1988, S. 13 ff.; *Kranig*, S. 168; *Nikisch*, 1. Aufl., S. 286.
[132] RGBl. I, S. 285; näher *Kranig*, S. 168 ff.
[133] RGBl. I, S. 45 f.

Treuhänder der Arbeit überwachten auch die Durchführung der Tarifordnungen[134].

Die Tarifordnung trat an die Stelle des Tarifvertrags. Sie war eine Rechtsverordnung und galt für die von ihrem Geltungsbereich erfaßten Arbeitsverhältnisse unmittelbar und zwingend (§ 32 Abs. 2 Satz 2 AOG)[135]. Die Mitgliedschaft in einem tarifschließenden Verband als Regulativ zur Rechtsetzungsmacht der Tarifvertragsparteien war nicht erforderlich: Die Tarifordnung galt im ganzen Betrieb für alle Arbeitsverhältnisse, sie war „allgemeinverbindlich"[136].

B. Tarifeinheit während des AOG

Das Amt des Treuhänders der Arbeit war Ausdruck des Ordnungsgedankens. Das Führerprinzip galt auch im Betrieb. Zusammen mit der „Allgemein-Verbindlichkeit" des AOG gab es die Tarifeinheit im Betrieb vor. Die einheitliche kollektive Regelung der Arbeitsverhältnisse entsprach überdies den Konzentrationstendenzen in der Wirtschaft, die auf brancheneinheitliche Lohnkosten abstellte. Auf dieser Grundlage vertrat das *RAG* in ständiger Rechtsprechung die Tarifeinheit im Betrieb als Rechtsgrundsatz[137]. Von ihr ausgenommen waren lediglich selbständige, fachfremde Betriebsabteilungen[138]. Für sie galt die fachlich einschlägige Tarifordnung.

---

[134] *Deventer*, JuS 1988, S. 16; *A. Hueck*, 2. Aufl., S. 153 ff.; *Kranig*, S. 172 ff., 182 f.

[135] Dazu eingehend *Nikisch*, Grundriß, S. 49 ff. sowie *Bogs*, FS Gierke, S. 44; *Deventer*, JuS 1988, S. 16; *Mayer-Maly*, RdA 1989, S. 235 f.; *Monjau/Heimeier*, Einl. Anm. 1.

[136] *A. Hueck*, 2. Aufl., S. 161 f.; *A. Hueck/Nipperdey/Dietz*, AOG, § 32 Rn. 226.

[137] Vgl. RAG ARS Bd. 20 (1934), S. 289, 290; ARS Bd. 26 (1936), S. 249, 251; ARS Bd. 27 (1936), S. 87, 90, S. 241, 245; ARS Bd. 28 (1937), S. 275, 277; ARS Bd. 30 (1937), S. 99, 102; ARS Bd. 31 (1939), S. 270, 271; ARS Bd. 32 (1938), S. 140, 142, S. 373, 374; ARS Bd. 34 (1939), S. 171, 173; ARS Bd. 35 (1939), S. 125, 127; ARS Bd. 37 (1940), S. 13, 16 f.; ARS Bd. 42 (1941), S. 402, 408; ARS Bd. 44 (1942), S. 25, 29; fast alle Entscheidungen mit Anm. *Nipperdey;* vgl. aus der Literatur etwa *A. Hueck/Nipperdey/Dietz*, AOG, § 32 Rn. 157, 229.

[138] RAG ARS Bd. 20 (1934), S. 289, 290; 27 (1936), S. 87, 90, S. 241, 245; ARS Bd. 28 (1937), S. 275, 277; ARS Bd. 31 (1938), S. 270, 271; ARS Bd. 32 (1938), S. 140, 145 f., S. 373, 374; ARS Bd. 34 (1939), S. 171, 173; ARS Bd. 35 (1939), S. 125, 127; ARS Bd. 37 (1940), S. 186, 188 f., S. 307, 312 f.; ARS Bd. 44 (1942), S. 25, 29; fast alle Entscheidungen mit Anm. *Nipperdey*; aus der Literatur etwa *A. Hueck/Nipperdey*, Bd. 2, 3./5. Aufl., S. 228 m.w.N.

Eine „Tarifkonkurrenz" konnte nur entstehen, wenn ein Arbeitsverhältnis unter den Geltungsbereich mehrerer Tarifordnungen fiel[139]. Das war, da es auf eine Tarifbindung nicht ankam, nur geographisch möglich, wenn sich Tarifordnungen verschiedener Treuhänder der Arbeit räumlich überschnitten oder wenn ein Unternehmen in den Geltungsbereich mehrerer Tarifordnungen (etwa Industrie- und Fachtarifordnung[140]) desselben Treuhänders fiel[141]. „Geographische Tarifkonkurrenzen" waren selten, denn Treuhänder der Arbeit konnten Tarifordnungen im Grundsatz nur in ihrem Bezirk erlassen (§ 32 Abs. 2 Satz 2 i.V.m. § 18 Abs. 1 AOG). Kam es zu einer Überschneidung und ging der Geltungsbereich einer Tarifordnung nicht nur unwesentlich über den Bezirk des Treuhänders hinaus, konnte der Reichsarbeitsminister einen Sondertreuhänder bestimmen (§ 33 Abs. 1 Satz 1 AOG). Eine von ihm erlassene Tarifordnung ging anderen Tarifordnungen vor.

Für den eigenen Bezirk konnte der Treuhänder der Arbeit Konkurrenzen durch den Erlaß mehrerer Tarifordnungen vermeiden, indem er den Vorrang einer Tarifordnung anordnete[142]. Andernfalls kam es zu einer „Tarifkonkurrenz", die nach dem Spezialitätsprinzip aufzulösen war[143]. Der Vorrang kam dem Industrietarif zu[144].

C. Zusammenfassung

Das bisher dem freien Kräftespiel der Koalitionen überlassene Tarifsystem war unter *Hitler* einem staatlich verordnetem und kontrolliertem Gebilde zur Regelung der Arbeitsbedingungen gewichen. Durch die neuen rechtlichen Rahmenbedingungen verfestigte sich der Rechtsgrundsatz der Tarifeinheit im Betrieb und wurde insbesondere vom *RAG* in ständiger Rechtsprechung anerkannt.

---

[139] *A. Hueck/Nipperdey/Dietz*, AOG, § 32 Rn. 222; *Mansfeld/Pohl/Steinmann/Krause*, AOG, S. 374 f.

[140] Z.B. eine Buchdruckertarifordnung.

[141] Vgl. etwa RAG ARS Bd. 42 (1941), S. 402 ff.

[142] Vgl. *A. Hueck/Nipperdey/Dietz*, AOG, § 32 Rn. 226, *Nikisch*, Grundriß, S. 51.

[143] *A. Hueck/Nipperdey/Dietz*, AOG, § 32 Rn. 235 f.; *Nikisch*, Grundriß, S. 51; RAG ARS Bd. 30 (1937), S. 150, 152; vgl. auch RAG ARS Bd. 28 (1937), S. 295, 296 f.

[144] RAG ARS Bd. 27 (1936), S. 241, 245; *A. Hueck/Nipperdey/Dietz*, AOG, § 32 Rn. 234.

§ 5 Tarifeinheit und Tarifkonkurrenz in der Bundesrepublik

A. Tarifeinheit, Tarifkonkurrenz und Entstehung des TVG

I. Neuorganisation der Gewerkschaften und Industrieverbandsprinzip

Die Gewerkschaften nutzten nach dem Zweiten Weltkrieg mit Blick auf die Weimarer Republik die Gelegenheit, eine schlagkräftige Arbeitnehmerorganisation zu gründen: Der DGB organisierte sich im Jahr 1949 nach dem Industrieverbandsprinzip („Ein Betrieb – eine Gewerkschaft"). Auf dessen rechtliche Festschreibung wurde allerdings ausdrücklich verzichtet[145]. Die neuen DGB-Gewerkschaften schlossen überwiegend großflächige Tarifverträge ab, sie orientierten sich aus Gründen der Rechtssicherheit an den Tarifordnungen des Dritten Reiches und nicht an den Bezirkstarifen der Weimarer Republik[146]. Die Vormachtstellung der DGB-Gewerkschaften bewirkte, daß der Kollision von Tarifverträgen in der Entstehungsphase des TVG wenig Bedeutung zugemessen wurde, auch wenn die meisten der Entwürfe für ein Tarifvertragsgesetz Regelungen zur Tarifkonkurrenz enthielten. Vor diesem Hintergrund ließ sich die Lehre von der Tarifeinheit im Betrieb faktisch ohne Schwierigkeiten in das neue Rechtssystem übernehmen.

II. Tarifeinheit und Tarifkonkurrenz in den Entwürfen für ein Tarifvertragsgesetz

Die Entwürfe für ein neues Tarifvertragsgesetz knüpften zwar nicht an das AOG an. Sie waren aber bemüht, eine Tarifzersplitterung wie unter der TVVO in der Weimarer Republik zu vermeiden[147].

1. Gesetzesentwurf des Unterausschusses „Arbeitsrecht" beim Länderrat der amerikanischen Besatzungszone

Die vorläufige Fassung des Gesetzesentwurfs des Unterausschusses „Arbeitsrecht" beim Länderrat der amerikanischen Besatzungszone in Stuttgart aufgrund

[145] Näher unten § 12 A II 1.

[146] *Dammann*, S. 193.

[147] Eingehend *Dreschers*, S. 94 ff.

der Beratungen vom 14.3.1947[148] übernahm in § 11 unter dem Vorbehalt einer späteren Nachprüfung § 2 Abs. 2 TVVO.

§ 11: „Fällt ein Arbeitsvertrag unter mehrere allgemeinverbindliche Tarifverträge, so ist im Streitfall, vorbehaltlich einer abweichenden Bestimmung des Arbeitsministers, derjenige von ihnen maßgebend, der für die größte Zahl von Arbeitsverträgen in dem Betriebe oder der Betriebsabteilung Bestimmungen enthält. (Die Frage des Zusammentreffens mehrerer Tarifverträge soll noch näher nachgeprüft werden.)“[149]

2. *Referentenentwurf des Zentralamtes für Arbeit (Lemgoer Entwurf)*

§ 4 Abs. 4 des Referentenentwurfs vom März 1948[150] enthielt eine Kollisionsregel für das Zusammentreffen eines Tarifvertrags mit einer Tarifordnung im Arbeitsverhältnis. Bei einer Kollision hatte die jüngere Regelung Vorrang. Die Tarifordnungen sollten zügig abgelöst werden.

§ 4 Abs. 4: „Fällt ein Arbeitsverhältnis sowohl in den Geltungsbereich einer Tarifordnung wie eines Tarifvertrages, so gelangt nur die jüngere Regelung zur Anwendung.“[151]

3. *Entwurf des Arbeitsrechtsausschusses des Länderrats vom Juli 1948 (Zusmarshausener oder Stuttgarter Entwurf)*

Im Zusmarshausener oder Stuttgarter Entwurf[152] regelte § 8 das Zusammentreffen mehrerer Tarifverträge im Arbeitsverhältnis. Der vorrangige Tarifvertrag wurde nach betrieblichen Gesichtspunkten ermittelt. Der wirtschaftliche Hauptzweck des Betriebes war entscheidend (§ 8 Abs. 1 Satz 1). Hilfsweise wurde auf das Spezialitätsprinzip zurückgegriffen, wenn Tarifverträge des gleichen Wirtschaftszweigs kollidierten (§ 8 Abs. 1 Satz 2) oder wenn nach § 8 Abs. 1 der Vorrang nicht ermittelt werden konnte (§ 8 Abs. 2). Der allgemeinverbindliche Tarifvertrag war dem mitgliedschaftlich legitimierten gleichgestellt (§ 8 Abs. 3).

§ 8 Abs. 1-4: „Fällt ein Arbeitsverhältnis in den Geltungsbereich mehrerer Tarifverträge, so hat zunächst der Tarifvertrag des Wirtschaftszweiges, dem der Betrieb nach seinem wirtschaftlichen Hauptzweck angehört, den Vorrang. Gelten für den gleichen

---

[148] Abgedruckt bei *Nautz*, S. 167 ff.

[149] Abgedruckt bei *Nautz*, S. 169.

[150] Text und Begründung abgedruckt in ZfA 1973, S. 130 ff.

[151] Abgedruckt in ZfA 1973, S. 131.

[152] Abgedruckt in ZfA 1973, S. 138 ff.; *Nautz*, S. 175 ff.

Wirtschaftszweig mehrere Tarifverträge, so findet der für den Betrieb fachlich engste Anwendung. - Hat keiner der Tarifverträge nach Abs. 1 den Vorrang, so findet der Tarifvertrag mit dem engsten persönlichen Geltungsbereich, bei gleichem persönlichen Geltungsbereich der Tarifvertrag mit dem weitesten räumlichen Geltungsbereich Anwendung. - Die Vorschriften des Abs. 1 und 2 finden auch Anwendung, wenn allgemeinverbindliche Tarifverträge untereinander oder mit anderen Tarifverträgen oder Tarifverträge mit Tarifordnungen oder Anordnungen der im § 4 Abs. 1 genannten Art zusammentreffen. - Die Abs. 1-3 finden auf die Tarifnormen über die Betriebsverfassung entsprechend Anwendung."[153]

4. Entwurf eines Tarifvertragsgesetzes des Gewerkschaftsrates der Vereinigten Zonen vom 7.9.1948 (Gewerkschaftsratsentwurf)

Im Gewerkschaftsratsentwurf von 1948[154] und seinen beiden Vorentwürfen regelte § 6 das Zusammentreffen von Tarifordnung und Tarifvertrag. Ein Tarifvertrag konnte eine Tarifordnung abändern, wenn beide Geltungsbereiche sich deckten.

§ 6: „Der Tarifvertrag kann Tarifordnungen und sonstige lohnregelnde Anordnungen abändern oder aufheben, soweit der räumliche, betriebliche oder fachliche Geltungsbereich der Tarifordnung vom Geltungsbereich des Tarifvertrags erfaßt wird."[155]

Eine Regelung über die Kollision von Tarifverträgen hielten die Verfasser für entbehrlich. Tarifkonkurrenzen seien infolge des Industrieverbandsprinzips nicht zu erwarten und könnten durch die Tarifpartner vermieden werden[156]. Ansonsten sei die Konkurrenzfrage durch die Wissenschaft und Rechtsprechung im Sinne des Prinzips der Tarifeinheit zu entscheiden[157].

5. Antrag Herschels in der Sitzung des Ausschusses für Arbeit vom 13.10.1948

In der Sitzung des Ausschusses für Arbeit vom 13.10.1948 hat *Herschel* als Vertreter der Verwaltung für Arbeit beantragt, in den SPD-Entwurf eines Gesetzes über Tarifverträge für das amerikanische und britische Besatzungsgebiet in Deutschland, der selbst eine Regelung der Tarifkonkurrenz nicht enthielt[158],

---

[153] Abgedruckt in ZfA 1973, S. 140.

[154] Abgedruckt in ZfA 1973, S. 144 f. (einschließlich Begründung S. 145 ff.).

[155] Abgedruckt in ZfA 1973, S. 145.

[156] ZfA 1973, S. 146 unter Punkt 3: „wird die Tarifkonkurrenz nur eine geringe Rolle spielen".

[157] ZfA 1973, S. 146 unter Punkt 3; ebenso *Nipperdey*, RdA 1949, S. 87.

[158] Abgedruckt in ZfA 1973, S. 149 f.

eine dem Entwurf des Arbeitsrechtsausschusses des Länderrats vom Juli 1948 (Zusmarshausener oder Stuttgarter Entwurf[159]) nachgebildete Bestimmung aufzunehmen. Sie regelte ebenfalls das Zusammentreffen mehrerer Tarifverträge im Arbeitsverhältnis und ermittelte den vorrangigen Tarifvertrag nach betrieblichen Gesichtspunkten, nur hilfsweise nach dem Spezialitätsprinzip. Die Regelung, die der Ausschuß nicht in den Gesetzesentwurf aufgenommen hat, sollte lauten:

„Fällt ein Arbeitsverhältnis in den Geltungsbereich mehrerer Tarifverträge, so hat, wenn nicht ein Tarifvertrag selbst einem anderen den Vorrang einräumt, zunächst der Tarifvertrag des Wirtschaftszweiges, dem der Betrieb nach seinem wirtschaftlichen Hauptzweck angehört, den Vorrang. Gelten für den gleichen Wirtschaftszweig mehrere Tarifverträge, so findet der für den Betrieb fachlich engste Anwendung. – Hat keiner der Tarifverträge nach Abs. 1 den Vorrang, so findet der Tarifvertrag mit dem engsten persönlichen Geltungsbereich, bei gleichem persönlichen Geltungsbereich der mit dem weitesten räumlichen Geltungsbereich Anwendung. – Die Vorschriften des Abs. 1 und 2 finden Anwendung, wenn allgemeinverbindliche Tarifverträge untereinander oder mit anderen Tarifverträgen oder Tarifverträge mit Tarifordnungen oder Anordnungen der im § 4 Abs. 1 genannten Art zusammentreffen. – Die Abs. 1 bis 3 finden auf die Tarifnormen über die Betriebsverfassung entsprechende Anwendung.“[160]

6. Tarifvertragsgesetz von 1949

Der Wirtschaftsrat für das Vereinigte Wirtschaftsgebiet erließ noch vor der verfassungsrechtlichen Anerkennung der Koalitionsfreiheit und der Tarifautonomie durch Art. 9 Abs. 3 des Grundgesetzes vom 23.5.1949 das TVG, das am 22.4.1949 in Kraft trat. Es enthielt weder Regelungen über Tarifkonkurrenz noch über Tarifpluralität und schwieg auch zur Tarifeinheit.

III. Ergebnis

Die Tarifeinheit im Arbeitsverhältnis wurde, wie den Entwürfen für ein Tarifvertragsgesetz zu entnehmen ist, von deren Verfassern als Rechtsgrundsatz anerkannt. Das spiegeln die Entwürfe zur Tarifkonkurrenz wider. Das gilt nicht für die Tarifeinheit im Betrieb, wie das Fehlen einer entsprechenden Regelung in den einzelnen Entwürfen zeigt und im übrigen durch den Verzicht auf die

[159] S. oben § 5 A II 3.
[160] Abgedruckt in ZfA 1973, S. 153.

Rechtsverbindlichkeit des Industrieverbandsprinzips bestätigt wird. Über die Lösung einer Tarifkonkurrenz bestand wenig Einigkeit.

B. Tarifeinheit und Tarifkonkurrenz in der Judikatur des BAG

Da der Gesetzgeber im TVG auf Regeln über Tarifkonkurrenz und Tarifpluralität verzichtet hatte, mußte sich das *BAG* schon bald nach der Aufnahme seiner Tätigkeit im Jahr 1954 unter seinem Präsidenten *Nipperdey* – einem maßgeblichen Geburtshelfer des Rechtsprinzips der Tarifeinheit im Betrieb[161] – mit deren Entwicklung und Ausformung befassen.

I. Tarifeinheit im Arbeitsverhältnis und die Lösung von Tarifkonkurrenzen

Dabei war der Grundsatz der Tarifeinheit im Arbeitsverhältnis und die Lösung einer Tarifkonkurrenz nach dem Spezialitätsprinzip von Anfang an gefestigte Rechtsprechung des *BAG*[162]. Differenzierungen hat das *BAG* insoweit nicht vorgenommen. Einzelheiten sind deshalb an dieser Stelle nicht näher darzustellen.

II. Tarifeinheit im Betrieb

Relativ uneinheitlich stellt sich die Judikatur des *BAG* zur Lehre der Tarifeinheit im Betrieb dar.

1. Rechtsprechung des 1. Senats

a) Urteil vom 29.3.1957 („Blitzschutzanlagen")

Im Urteil vom 29.3.1957 formulierte der *1. Senat* des *BAG* – damals für Tarifrecht zuständig – ausdrücklich in Anlehnung an *Nipperdey*[163], daß sich das Prinzip der Tarifeinheit nicht nur auf das Arbeitsverhältnis beziehe, sondern

---

[161] S. oben § 3 D III.

[162] Dazu noch unten § 15 C, § 16 A I.

[163] *A. Hueck/Nipperdey*, Bd. II, 6. Aufl., S. 361, 463.

„daß in jedem Betrieb grundsätzlich für alle in diesem Betrieb begründeten Arbeitsverhältnisse nur ein Tarifvertrag anzuwenden ist“ [164]. In einem Mischbetrieb, der sich mit der Herstellung und Anbringung von Blitzschutzanlagen sowie mit Kaminarbeiten befaßte, galt ein allgemeinverbindlicher RTV Bau. Daneben existierte ein TV Blitzschutzanlagen. Zur Feststellung der Tarifbindung der Parteien an diesen Tarifvertrag verwies der *1. Senat* den Rechtsstreit zurück an die Vorinstanz. Bestehe Tarifbindung auch an den TV Blitzschutzanlagen, sei er auch für die nicht tarifgebundenen Arbeitnehmer und damit betriebsweit vorrangig.

b) Urteil vom 26.10.1971 („Spielbanken“)

Im Urteil vom 26.10.1971 hatte sich der *1. Senat* zwar mit arbeitskampfrechtlichen Fragen zu befassen, traf aber gleichwohl Aussagen, die das Verhältnis mehrerer Tarifverträge im Betrieb betreffen[165]. Die HBV bestreikte die Beklagte, die zwei Spielbanken betrieb, um den Abschluß von Anschlußtarifverträgen zu erreichen. Die Beklagte hatte während der Nachwirkung der HBV-Tarifverträge (§ 4 Abs. 5 TVG) neue, im wesentlichen gleiche Tarifverträge mit der DAG abgeschlossen. Bei der Prüfung der Rechtmäßigkeit des Streiks der HBV stützte sich der *1. Senat* unter anderem auf deren Interesse, wegen des Tarifabschlusses der Beklagten mit der DAG ihrerseits ebenfalls eine tarifliche Absicherung für ihre Mitglieder in den Betrieben der Beklagten zu erreichen, da ihre gekündigten Tarifverträge nur noch nachwirkten: Der DAG-Tarifvertrag lasse die Arbeitsverhältnisse der HBV-Mitglieder mit Ausnahme der betriebsverfassungsrechtlichen Tarifnormen nämlich unberührt.

c) Beschluß vom 19.11.1985 („Allfloor“)

1985 hatte der *1. Senat* über Zuständigkeitsüberschneidungen von DGB-Gewerkschaften zu befinden und entschied, ein Betrieb könne in die Zuständigkeit mehrerer DGB-Gewerkschaften fallen[166]. Regelmäßig komme es dann wegen unterschiedlicher Verbandszugehörigkeit der Arbeitnehmer jedenfalls nicht zu einer Tarifkonkurrenz. Entstehe sie gleichwohl, sei dies für die Tarifzuständigkeit bedeutungslos[167]. Eine drohende Tarifkonkurrenz könne eine Gewerk-

---

[164] BAG AP Nr. 4 zu § 4 TVG Tarifkonkurrenz, Bl. 2R f.

[165] BAG AP Nr. 44 zu Art. 9 GG Arbeitskampf, Bl. 7.

[166] BAG AP Nr. 4 zu § 2 TVG Tarifzuständigkeit, Bl. 7 f.

[167] So schon BAG AP Nr. 1 zu § 2 TVG Tarifzuständigkeit, Bl. 3.

schaft nicht hindern, ihre Zuständigkeit zu erweitern. Das Industrieverbandsprinzip sei kein zwingendes Rechtsprinzip, das die Satzungsautonomie einer Gewerkschaft beschränken könne.

d) Beschluß vom 22.11.1988 („Straßenschotter")

Der *1. Senat* bestätigte diese Judikatur drei Jahre später. Die Ausgestaltung der Satzung und des Organisationsbereiches unterliege der Autonomie jedes Berufsverbands. Es bestehe kein Koalitionstypenzwang. Jede Gewerkschaft könne selbst entscheiden, für welche Arbeitnehmer in welchem Gewerbezweig sie tätig werden wolle[168].

e) Beschluß vom 22.3.1994 („Versand- und EDV-Service")

Im Beschluß vom 22.3.1994, der weder zur Veröffentlichung vorgesehen noch mit amtlichen Leitsätzen versehen worden war, hatte der *1. Senat* über die tarifliche Eingruppierung einer Arbeitnehmerin der Abteilung „Versand- und EDV-Service" eines Arbeitgebers zu entscheiden, zu dessen Betrieb ein Verlags- und ein Druckereibereich gehörten[169]. In Streit standen ein GTV Verlag und ein GTV Druck, an beide waren die Arbeitsvertragsparteien tarifgebunden[170]. Der GTV Verlag war nach Inkrafttreten des GTV Druck einzelvertraglich in Bezug genommen worden. Das *BAG* bestätigte seine Judikatur, wonach in Mischbetrieben derjenige Tarifvertrag maßgeblich sei, der der zeitlich überwiegenden Arbeitsleistung der Belegschaft entspreche und verwies den Rechtsstreit an die Vorinstanz zur Feststellung des zeitlichen Gewichts der Tätigkeiten in beiden Bereichen untereinander zurück. In der Begründung, weshalb die Feststellung der größeren Sachnähe eines der beiden Tarifverträge und damit eine abschließende Entscheidung aufgrund der bisherigen Feststellungen des LAG nicht möglich sei, führte der *1. Senat* unter anderem aus, es könne offenbleiben, ob der auf „beachtliche Kritik" gestoßenen Rechtsprechung des *4. Senats* zur Tarifpluralität zu folgen sei. Auch nach dieser Judikatur sei jedenfalls die einzelvertraglich Bezugnahme auf einen sachferneren Tarifvertrag zulässig, wenn sie erst nach und trotz des sachnäheren Tarifvertrags erfolgt sei.

---

[168] BAG AP Nr. 5 zu § 2 TVG Tarifzuständigkeit, Bl. 2R.

[169] BAG EzA § 4 TVG Geltungsbereich Nr. 10, S. 5 ff.

[170] Die Mitgliedschaft der Arbeitnehmerin in der IG Medien wurde freilich erst nach der Zurückverweisung klargestellt, vgl. LAG Köln, Beschluß vom 2.12.1994 – 13 TaBV 8/93 (n.v.), S. 2.

f) Beschluß vom 25.9.1996 („AGFA Gevaert")

In der „AGFA Gevaert"-Entscheidung hatte der *1. Senat* über einen Streit der IG Chemie und der IG Metall über deren konkurrierende Tarifzuständigkeit für einzelne Betriebe eines Konzerns der chemischen Industrie zu entscheiden[171]. Der Arbeitgeber hatte drei Betriebe wegen ihres Gegenstands bisher dem Metallarbeitgeberverband zugeordnet. Mit diesen Betrieben wechselte er in den Arbeitgeberverband der chemischen Industrie. Die IG Metall verlangte nunmehr den Abschluß von Firmentarifverträgen. Der DGB-Schiedsspruch (§ 16 DGB-Satzung) wies der IG Metall die ausschließliche Tarifzuständigkeit zu. Den Kern der Entscheidung bilden die Ausführungen zur Rechtswirkung des Schiedsspruchs. Der *1. Senat* griff seine frühere Judikatur auf, nach der der Schiedsspruch die Tarifzuständigkeit bei DGB-Gewerkschaften auch für Arbeitgeber und deren Verbände verbindlich kläre, und wies Bedenken des Schrifttums zurück. Die Selbstbeschränkung der DGB-Gewerkschaften durch Anerkennung des Schiedsspruchs (keine doppelte Tarifzuständigkeit) diene dem legitimen Interesse der beteiligten Einzelgewerkschaften, durch Zusammenschluß in einem Dachverband möglichst effektive Gewerkschaftsarbeit leisten zu können, und entspreche dem Organisationsgrundsatz des DGB: „Ein Betrieb, eine Gewerkschaft".

g) Beschluß vom 12.11.1996 („Papierverarbeitung")

Im Beschluß vom 12.11.1996, in welchem die IG Medien und die IG Chemie um die Tarifzuständigkeit für einen Betrieb stritten, war ein Schiedsverfahren nach § 16 der DGB-Satzung nicht eingeleitet worden. Gleichwohl sei, so der *1. Senat*, aus der DGB-Satzung zu schließen, daß nicht einmal vorübergehend eine Doppelzuständigkeit geduldet werden könne[172]. Eine doppelte Tarifzuständigkeit könne nur von der Schiedsstelle bejaht werden: Einen gesetzlichen Grundsatz, der eine doppelte Tarifzuständigkeit ausschließe, gebe es nicht. Bis zu einer endgültigen Klärung bleibe die zuerst zuständige Gewerkschaft tarifzuständig.

---

[171] BAG AP Nr. 10 zu § 2 TVG Tarifzuständigkeit, Bl. 4R ff.; gegen den Beschluß ist Verfassungsbeschwerde erhoben worden (Az.: 1 BvR 495/97, 1 BvR 501/97).

[172] BAG AP Nr. 11 zu § 2 TVG Tarifzuständigkeit, Bl. 3 ff.

2. Rechtsprechung des 4. Senats

a) Urteil vom 24.9.1975 („Abbruch“)

Mit Urteil vom 24.9.1975 bestätigte der nunmehr für tarifrechtliche Streitigkeiten zuständige *4. Senat*[173] die Judikatur des *1. Senats*[174] zur Tarifeinheit im Betrieb. Ein Betrieb befaßte sich mit Tiefbauarbeiten und dem Abbruch von Bauwerken. Er wurde von einem Abbruchtarifvertrag, an den der Arbeitgeber tarifgebunden war, und von allgemeinverbindlichen Sozialkassentarifverträgen des Baugewerbes erfaßt. Sämtliche Tarifverträge waren von derselben Gewerkschaft abgeschlossen worden. Für eine Tarifkonkurrenz genüge neben der Tarifbindung des Arbeitgebers die bloße Möglichkeit, daß ein im Betrieb beschäftigter Arbeitnehmer an den Abbruchtarifvertrag tarifgebunden sei. Der speziellere Abbruchtarifvertrag verdränge die Sozialkassentarifverträge nach dem Spezialitätsprinzip aus dem Betrieb.

b) Urteil vom 29.11.1978 („Glasbausteine“)

Im Urteil vom 29.11.1978 schränkte der *4. Senat* seine Aussagen in der „Abbruch“-Entscheidung ein[175]. Die bloße Möglichkeit der Tarifbindung eines Arbeitnehmers genüge jedenfalls dann, wenn die konkurrierenden Tarifverträge von derselben Gewerkschaft abgeschlossen worden seien. Zur Begründung des Prinzips der Tarifeinheit im Betrieb führte der Senat erstmals an, aus einem Nebeneinander mehrerer Tarifverträge im Betrieb folgten rechtliche und tatsächliche Unzuträglichkeiten. Das Abstellen auf die Tarifbindung des Arbeitgebers garantiere eine vom Wechsel der Arbeitnehmer unabhängige betriebseinheitliche Anwendung des spezielleren Tarifvertrags. Im Interesse der Rechtssicherheit und Rechtsklarheit sei es hinzunehmen, daß einzelne Arbeitnehmer aus dem Tarifschutz eines begünstigenden Tarifvertrags verdrängt würden.

---

[173] BAG AP Nr. 11 zu § 4 TVG Tarifkonkurrenz, Bl. 2 ff.; ebenso Urteil vom 14.10.1987 – 4 AZR 342/87 (n.v.), S. 10; Urteil vom 20.1.1988 – 4 AZR 492/87 (n.v.), S. 10 f.

[174] BAG AP Nr. 4 zu § 4 TVG Tarifkonkurrenz, vgl. oben § 3 D II 1 a.

[175] BAG AP Nr. 12 zu § 4 TVG Tarifkonkurrenz, Bl. 3 f.

c) Urteil vom 14.6.1989 („Schlosserei")

In der „Schlosserei"-Entscheidung präzisierte der *4. Senat* seine Rechtsprechung[176]. Er stellte fest, beim Zusammentreffen der allgemeinverbindlichen Sozialkassentarifverträge des Baugewerbes mit einem MTV Metall, an den der Arbeitgeber und eine Teil der Arbeitnehmer tarifgebunden seien, entstehe für diese Arbeitsverhältnisse eine Tarifkonkurrenz. Nach dem Spezialitätsprinzip gehe der MTV Metall vor. Bei den nicht an den MTV Metall gebundenen Arbeitsverhältnissen liege eine Tarifpluralität vor. Das Prinzip der Tarifeinheit im Betrieb stehe auch hier einer Anwendung der allgemeinverbindlichen Tarifverträge auf diese Arbeitsverhältnisse entgegen. Andernfalls komme es zu tatsächlichen Schwierigkeiten bei der Ermittlung der Gewerkschaftszugehörigkeit zur Feststellung der Beitragspflicht zu den Sozialkassen. Es komme wie bei § 87 Abs. 1 Einleitungssatz BetrVG nur auf die Tarifbindung des Arbeitgebers an. Im übrigen sei es unerheblich, ob die kollidierenden Tarifverträge von derselben Gewerkschaft abgeschlossen worden seien. Ein aus dem Tarifschutz herausfallender Arbeitnehmer könne der Gewerkschaft beitreten, die den spezielleren Tarifvertrag abgeschlossen habe.

d) Urteil vom 24.1.1990 („Drainage I")

Im Urteil vom 24.1.1990 bestätigte der *4. Senat* seine Judikatur für Tarifverträge verschiedener Gewerkschaften im Betrieb, stellte aber erneut alleine auf eine Tarifkonkurrenz ab: Für sie genüge bereits die einseitige Bindung des Arbeitgebers an die kollidierenden Tarifverträge[177]. Erstmals betonte der Senat neben den bisherigen Begründungsansätzen, die Verdrängung eines allgemeinverbindlichen Sozialkassentarifvertrags aus dem Betrieb verstoße weder gegen den Schutzzweck des Tarifvertrags noch gegen den der Allgemeinverbindlicherklärung.

e) Urteil vom 5.9.1990 („Redakteur")

In der „Redakteur"-Entscheidung bejahte das *BAG* eine Tarifpluralität in einem Betrieb, der von einem allgemeinverbindlichen Tarifvertrag Altersversorgung und einem MTV Buchhandel erfaßt wurde[178]. Auch den Arbeitnehmern,

---

[176] BAG AP Nr. 16 zu § 4 TVG Tarifkonkurrenz, Bl. 4 ff.

[177] BAG AP Nr. 126 zu § 1 TVG Tarifverträge: Bau, Bl. 3R ff.

[178] BAG AP Nr. 19 zu § 4 TVG Tarifkonkurrenz, Bl. 2R ff.

die nicht an den MTV Buchhandel tarifgebunden waren, seien Leistungen aus dem TV Altersversorgung verwehrt. Das Prinzip der Tarifeinheit gelte für Tarifkonkurrenz und Tarifpluralität. Der speziellere MTV Buchhandel verdränge den TV Altersversorgung aus dem Betrieb. Der *4. Senat* verwies auf die bisherigen Begründungen, präzisierte freilich, daß der Grundsatz der Tarifeinheit im Betrieb nicht mehr im Interesse der Rechtssicherheit und Rechtsklarheit hinzunehmen sei, sondern unmittelbar aus ihnen folge.

f) Urteil vom 20.3.1991 („real-kauf")

Mit Urteil vom 20.3.1991 hatte der *4. Senat* über die Kollision eines Firmentarifvertrags mit einem allgemeinverbindlichen MTV Einzelhandel zu entscheiden[179]. Im Arbeitsvertrag der Klägerin, einer Dekorateurin, die nicht Mitglied der den Firmentarifvertrag schließenden Gewerkschaft war, war vor Abschluß des Firmentarifvertrags auf den MTV Einzelhandel Bezug genommen worden. Die Beklagte war nicht Mitglied des Arbeitgeberverbands, der den MTV Einzelhandel abgeschlossen hatte. Der Senat erweiterte seine Rechtsprechung zum Prinzip der Tarifeinheit im Betrieb: Ein speziellerer Firmentarifvertrag verdränge einen allgemeinverbindlichen Manteltarifvertrag auch dann aus dem Betrieb, wenn dieser vor Abschluß des Firmentarifvertrags einzelvertraglich in Bezug genommen worden sei. Für das Günstigkeitsprinzip nach § 4 Abs. 3 2. Var. TVG sei kein Raum. Das *BAG* fügte der bisherigen Rechtfertigung des Prinzips der Tarifeinheit im Betrieb weitere Argumente hinzu. Es ließ zwar das Kriterium der alleinigen Tarifgebundenheit des Arbeitgebers als Voraussetzung für eine Tarifkonkurrenz fallen. Es sei zwischen Tarifkonkurrenz und Tarifpluralität zu unterscheiden, die auch durch einzelvertragliche Bezugnahme entstehen könnten. Aber das Prinzip der Tarifeinheit gelte für beide Fälle. Die bei der Anwendung von mehreren Tarifverträgen in einem Betrieb zu erwartenden rechtlichen und praktischen Schwierigkeiten seien kaum lösbar. Im TVG bestehe eine Regelungslücke für Tarifkonkurrenz. Dies berechtige, zur Lückenausfüllung auf anerkannte Rechtsprinzipien wie das Prinzip der Tarifeinheit zurückzugreifen. Ein Verstoß gegen Art. 9 Abs. 3 GG liege nicht vor, da das Prinzip der Tarifeinheit nicht bedeute, daß der speziellere Tarifvertrag für alle Arbeitsverhältnisse gelte, sondern nur, daß der verdrängte Tarifvertrag auf keines anwendbar sei. Der Kernbereich der Koalitionsfreiheit der verdrängten Gewerkschaft sei nicht tangiert.

---

[179] BAG AP Nr. 20 zu § 4 TVG Tarifkonkurrenz, Bl. 3 ff.

g) Urteil vom 27.11.1991 („EDV-Anlagen“)

Mit Urteil vom 27.11.1991 entschied der *4. Senat* über die Nachwirkung eines von der DAG und der HBV geschlossenen allgemeinverbindlichen Manteltarifvertrags, der durch einen alleine von der DAG geschlossenen, nicht allgemeinverbindlichen Tarifvertrag abgelöst worden war[180]. Die Ablösung des nachwirkenden Tarifvertrags durch einen neuen Tarifvertrag als andere Abmachung im Sinne des § 4 Abs. 5 TVG müsse hinsichtlich der Tarifgebundenheit vollständig erfolgen. Ansonsten bleibe es für Teile der Belegschaft bei der Geltung des nachwirkenden Tarifvertrags.

h) Urteil vom 4.9.1996 („co op“)

Die „co op“-Entscheidung betraf wie bereits das „real-kauf“-Urteil das Verhältnis vertraglicher Bezugnahmeklauseln zu normativ geltenden Tarifverträgen im Betrieb[181]. Im Arbeitsvertrag der Klägerin, die der HBV angehörte, war die Geltung des zwischen der HBV und der Tarifgemeinschaft der co op-Unternehmen in Niedersachsen vereinbarten Gehalts- und Lohntarifvertrags für die Beschäftigten in den co op-Unternehmen in Niedersachsen in der jeweils gültigen Fassung vereinbart. Später wechselte der Arbeitgeber in den Einzelhandelsverband Hannover, dessen ebenfalls mit der HBV vereinbarter allgemeinverbindlicher Lohn- und Gehaltstarifvertrag für den Niedersächsischen Einzelhandel niedrigere Löhne enthielt. Der *4. Senat* hat der Klägerin eine einzelvertragliche Berufung auf den höheren Lohn des in Bezug genommenen, mittlerweile gekündigten co op-Tarifvertrags nach § 4 Abs. 3 2. Var. TVG versagt und die arbeitsvertragliche Verweisungsklausel im Wege einer ergänzenden Vertragsauslegung als Gleichstellungsabrede verstanden: Die für den Arbeitgeber jeweils geltenden Tarifverträge sollten Anwendung finden, mithin der (neue) Lohn- und Gehaltstarifvertrag für den Niedersächsischen Einzelhandel. Es komme deshalb weder zu Tarifkonkurrenz noch zu Tarifpluralität.

---

[180] BAG AP Nr. 22 zu § 4 TVG Nachwirkung, Bl. 3; vgl. auch AP Nr. 10 zu § 3 TVG, Bl. 1R.

[181] BAG AP Nr. 5 zu § 1 TVG Bezugnahme auf Tarifvertrag, Bl. 2R ff.

i) Urteil vom 28.5.1997 („Eisen- und Stahlindustrie“)

Auch im Urteil vom 28.5.1997 stand eine arbeitsvertragliche Bezugnahmeklausel in Streit[182]. Im Arbeitsvertrag der nicht organisierten Klägerin mit der Rechtsvorgängerin der Beklagten war der Tarifvertrag für die Angestellten der Eisen-, Metall- und Elektroindustrie NRW in Bezug genommen worden. Anläßlich eines Teilbetriebsübergangs kam es zu einer Vereinbarung mit der neuen Arbeitgeberin, derzufolge die Bezugnahme des Metalltarifvertrags zum „sozialen Besitzstand“ gehöre. Nach einem weiteren Arbeitgeberwechsel auf die Beklagte, die die einzelvertraglichen Vereinbarungen mit der Klägerin übernommen hatte, wandte diese auf das Arbeitsverhältnis der Klägerin und mit Hinweis auf eine Betriebsvereinbarung zur Harmonisierung der tariflichen Leistungen die für den Betrieb nunmehr maßgeblichen allgemeinverbindlichen Tarifverträge des Groß- und Außenhandels NRW an, die längere Arbeitszeiten und niedrigere Entgelte vorsahen. Nach Auffassung des *4. Senats* war auf das Arbeitsverhältnis der Klägerin der Metalltarifvertrag anzuwenden, da auf diesen „konstitutiv“ verwiesen worden sei. Die Fortgeltung der in Bezug genommenen Tarifverträge schaffe zwar einen „ähnlichen Zustand wie bei Tarifpluralität“ und widerspreche deshalb dem Grundsatz der Tarifeinheit im Betrieb. Dieser greife aber nicht ein, soweit es sich wie im vorliegenden Fall um eine „konstitutive“ Verweisung handele: Die Arbeitsvertragsparteien hätten zum Ausdruck gebracht, daß die in Bezug genommenen Tarifnormen auch nach einem Wechsel des Tarifbereichs weitergelten sollten („sozialer Besitzstand“).

j) Urteile vom 28.5.1997 („Heizung-Klima-Sanitär“)

Zwei nahezu gleichlautende Entscheidungen vom 28.5.1997 betreffen neben Grundfragen zur Nachwirkung und zur Tarifpluralität ebenfalls die Auslegung einzelvertraglicher Bezugnahmeklauseln[183]. Im Arbeitsverhältnis des Klägers war auf die Vergütungsgruppe eines konkret bezeichneten Tarifvertrags Bezug genommen worden. Der Kläger wurde von der Beklagten zunächst nach einem Entgelttarifvertrag (ETV) zwischen der IG Metall und dem Industrieverband Heizung-Klima-Sanitär Berlin/Brandenburg (IV-HKS-BB) bezahlt, der kraft beiderseitiger Tarifgebundenheit galt (§ 3 Abs. 1 TVG). Die Beklagte beendete ihre Mitgliedschaft im IV-HKS-BB, der sich am 27.1.1994 auflöste, zum 31.12.1993. Der ETV war darüber hinaus von der IG Metall ordentlich zum

---

[182] BAG AP Nr. 6 zu § 1 TVG Bezugnahme auf Tarifvertrag, Bl. 6 f.

[183] BAG AP Nr. 26 zu § 4 TVG Nachwirkung, Bl. 2R ff.; AP Nr. 27 zu § 4 TVG Nachwirkung, Bl. 2R ff.

31.3.1994, von der IV-HKS-BB fristlos am 24.1.1994 gekündigt worden. Ein unter anderem auch von der Beklagten neu gegründeter Industrieverband Heizung-Klima-Sanitär Brandenburg (IV-HKS-B) vereinbarte mit der CGM mit Wirkung ab dem 1.2.1994 einen neuen Tarifvertrag, der eine Entgelttabelle mit niedrigeren Stundenlöhnen – auch für den Kläger – als der ETV enthielt. Der *4. Senat* stellte zunächst im Einklang mit seiner bisherigen Judikatur fest, daß der normative Teil des von einem Verband abgeschlossenen Tarifvertrags bei Verbandsauflösung entfalle und nur noch nach § 4 Abs. 5 TVG nachwirke. Als „andere Abmachung" zur Beendigung der Nachwirkung komme nur eine Vereinbarung in Betracht, die auf das konkrete Arbeitsverhältnis Anwendung finde: Damit sei mangels Tarifbindung die Ablösung eines nachwirkenden IG Metall-Tarifvertrags durch einen CGB-Tarifvertrag für IG Metall-Mitglieder ausgeschlossen. Die Nachwirkung ende auch nicht durch die arbeitsvertragliche Bezugnahmeklausel auf einen konkreten Tarifvertrag. Deren „Wiederaufleben" scheide vorliegend jedenfalls schon deshalb aus, weil ihr nicht eindeutig der Wille der Arbeitsvertragsparteien zu entnehmen sei, daß unabhängig von der durch den letzten nachwirkenden Tarifvertrag erreichten Entgelthöhe eine Rückkehr auf das frühere Niveau beabsichtigt sei. Die konkrete Bezugnahmeklausel sei ferner auch nicht als große dynamische Verweisung und damit nicht als Gleichstellungsabrede zu verstehen, die die – betriebseinheitliche – Geltung der CGM-Tarifverträge bewirken würde: Diese seien seinerzeit noch nicht existent gewesen und zudem von einem anderen Arbeitgeberverband vereinbart worden. Eine Verdrängung des nachwirkenden Tarifvertrags scheitere schließlich auch nicht am Prinzip der Tarifeinheit im Betrieb: Es sei nicht anwendbar, da keine Tarifpluralität vorliege. Eine solche, so der *4. Senat* unter Hinweis auf die "Sonderrolle" und den Zweck des § 4 Abs. 5 TVG, könne durch einen nur nachwirkenden Tarifvertrag nicht bewirkt werden: Die „Beseitigungslast" des Arbeitgebers könne nicht durch das Prinzip der Tarifeinheit im Betrieb überspielt werden.

3. Rechtsprechung des 10. Senats

a) Urteil vom 19.11.1992 („Frachtführer")

Im „Frachtführer"-Fall hatte der *10. Senat* über eine auf den Gleichbehandlungsgrundsatz gestützte Zahlungsklage eines Kraftfahrers zu entscheiden[184]. Der Kläger war der Ansicht, der Gleichbehandlungsgrundsatz gelte auch im

[184] BAG AP Nr. 145 zu § 611 BGB Gratifikation, Bl. 1R.

gemeinsamen Betrieb mehrerer Unternehmen. Das *BAG* verneinte den Anspruch und führte beiläufig aus, aufgrund der rechtlichen und wirtschaftlichen Selbständigkeit der in dem gemeinsamen Betrieb zusammenwirkenden Unternehmen könnten für die Arbeitnehmer der beteiligten Unternehmen verschiedene Tarifverträge im Betrieb gelten.

b) Urteil vom 22.9.1993 („Schreinerei")

Der für Rechtsstreitigkeiten mit gemeinsamen Einrichtungen der Tarifvertragsparteien nunmehr zuständige *10. Senat* hatte im Urteil vom 22.9.1993 über die Kollision eines arbeitsvertraglich in Bezug genommenen MTV Schreinerhandwerk und eines allgemeinverbindlichen Sozialkassentarifvertrags zu entscheiden[185]. Zu einer Verdrängung nach dem Prinzip der Tarifeinheit könne es in Abgrenzung zur Judikatur des *4. Senats*[186] nicht kommen, da die einzelvertragliche Bezugnahme keine normative Wirkung entfalte. Deshalb seien Tarifkonkurrenzen und Tarifpluralität ausgeschlossen.

c) Urteil vom 26.1.1994 („Drainage II")

Im „Drainage II"-Fall trafen ein allgemeinverbindlicher Sozialkassentarifvertrag für Arbeiter und Angestellte und ein nur für Arbeiter geltender RTV Forstwirtschaft zusammen, an den der Arbeitgeber nach § 3 Abs. 1 TVG tarifgebunden war[187]. Für die Arbeiter, über deren Tarifbindung nichts bekannt sei, liege eine Tarifpluralität vor. Es genüge bereits die Möglichkeit der Tarifbindung eines Arbeitnehmers. Die Tarifpluralität sei nach dem Prinzip der Tarifeinheit zugunsten des RTV Forstwirtschaft betriebsweit aufzulösen. Der Rechtsprechung des *4. Senats* sei trotz gewisser Bedenken zu folgen. Die Verdrängung des Sozialkassentarifvertrags sei allerdings nicht mit dem durch Auslegung des Tarifvertrags gewonnenen Willen der Tarifvertragsparteien zu rechtfertigen. Der Sozialkassentarifvertrag wolle auch dann nicht zurücktreten, wenn der Betrieb vom Geltungsbereich eines weiteren, spezielleren Tarifvertrags erfaßt werde. Für die Angestellten liege weder eine Tarifkonkurrenz noch eine Tarifpluralität vor, der Sozialkassentarifvertrag sei anzuwenden.

---

[185] BAG AP Nr. 21 zu § 4 TVG Tarifkonkurrenz, Bl. 3 ff.
[186] BAG AP Nr. 20 zu § 4 TVG Tarifkonkurrenz, Bl. 5.
[187] BAG AP Nr. 22 zu § 4 TVG Tarifkonkurrenz, Bl. 3 ff.

III. Ergebnis

Der Grundsatz der Tarifeinheit im Arbeitsverhältnis entspricht der ständigen Rechtsprechung des *BAG*. Die aufgezeigten Entscheidungen zeigen aber, daß es eine gefestigte und widerspruchsfreie Judikatur zur Tarifeinheit im Betrieb nicht gibt. Die verschiedenen Senate weichen nicht nur in Begründungen und Ergebnissen voneinander ab. Auch die Rechtsprechung innerhalb der Senate ist uneinheitlich. Der *4. Senat* läßt etwa abweichend von seiner sonstigen Rechtsprechung wie der *1. Senat* ein Nebeneinander eines DAG- und eines HBV-Tarifvertrages im Betrieb zu. Auch seine Judikatur zur Tarifeinheit im Betrieb bei einzelvertraglichen Bezugnahmeklauseln ist uneinheitlich. Der *10. Senat* stört sich weder an der Geltung unterschiedlicher Tarifverträge in einem Betrieb für Angestellte und Arbeiter noch an der Anwendung verschiedener Tarifverträge im gemeinsamen Betrieb mehrerer Unternehmen. Der *1. Senat* offenbart zumindest in früheren Entscheidungen bei der Tarifzuständigkeit ein Rechtsverständnis, das mit einem Rechtsprinzip der Tarifeinheit im Betrieb unvereinbar ist. Der fehlende rote Faden betrifft nicht nur die Tarifeinheit im Betrieb, sondern auch die Definitionen von Tarifkonkurrenz und Tarifpluralität. Insbesondere bei der einzelvertraglichen Bezugnahme auf einen Tarifvertrag und bei der Erforderlichkeit der Tarifbindung der Arbeitnehmer sind wesentliche Abweichungen zwischen den Senaten und auch innerhalb der Spruchkörper erkennbar. Der Gedanke an eine Klärung der Probleme durch den *Großen Senat* nach § 45 Abs. 2 oder Abs. 4 ArbGG liegt daher nicht fern.

C. Tarifeinheit und Tarifkonkurrenz in der Judikatur der LAG

I. Tarifeinheit im Arbeitsverhältnis und die Lösung von Tarifkonkurrenzen

Auch die *LAG* vertreten den Grundsatz der Tarifeinheit im Arbeitsverhältnis in ständiger Rechtsprechung[188]. Die Auflösung der Tarifkonkurrenz erfolgt jedenfalls überwiegend nach dem Spezialitätsprinzip[189]. Auf die Darstellung von Einzelheiten kann deshalb auch an dieser Stelle verzichtet werden.

---

[188] Etwa LAG Düsseldorf, BB 1968, S. 1498; LAG Niedersachsen LAGE § 4 TVG Tarifpluralität Nr. 1, S. 3; LAG Frankfurt a.M., Urteil vom 5.10.1976 – 3 Sa 1208/75 (n.v.), S. 11 ff.; Urteil vom 24.10.1988 – 14 Sa 1300/87 (n.v.), S. 16 f., 19; Urteil vom 24.10.1988 – 14 Sa 1450/87 (n.v.), S. 16 f., 19; LAG Köln, Beschluß vom 2.12.1994 – 13 TaBV 8/93 (n.v.), S. 3.

[189] Vgl. näher § 16 A I.

II. Grundsatz der Tarifeinheit im Betrieb

Die ältere Instanzjudikatur folgte der Rechtsprechung des *BAG* zum Prinzip der Tarifeinheit im Betrieb widerspruchslos[190]. Moderne Entscheidungen sehen das Prinzip der Tarifeinheit im Betrieb aber nicht mehr einheitlich und kommen auch bei der Definition von Tarifpluralität zu unterschiedlichen Ergebnissen. Zahlreiche instanzgerichtliche Judikate sind unveröffentlicht und damit nicht ohne weiteres zugänglich. Das rechtfertigt deren vergleichsweise breite Darstellung.

1. Rechtsprechung des LAG Baden-Württemberg

Im Urteil vom 19.12.1989 entschied das *LAG Baden-Württemberg*, daß eine Tarifpluralität wie eine Tarifkonkurrenz zugunsten des spezielleren Tarifvertrags zu lösen sei[191]. Der allgemeinverbindliche Tarifvertrag werde auch für die Arbeitnehmer aus dem Betrieb verdrängt, die nicht an den spezielleren Tarifvertrag tarifgebunden seien. Das gelte jedenfalls dann, wenn der Arbeitgeber – sei es infolge ausdrücklicher einzelvertraglicher Bezugnahme, sei es nach der tatsächlichen, von den Arbeitnehmern nicht beanstandeten Handhabung – den spezielleren Tarifvertrag unterschiedslos und uneingeschränkt auch auf die nicht infolge Gewerkschaftszugehörigkeit an den spezielleren Tarifvertrag tarifgebundenen Arbeitnehmer anwende. In diesen Fällen stelle sich wie bei einer Tarifkonkurrenz das Problem der Anwendung unterschiedlicher Tarifverträge auf ein Arbeitsverhältnis. Finde der allgemeinverbindliche Tarifvertrag auf die nicht nach § 3 Abs. 1 TVG tarifgebundenen Arbeitnehmer Anwendung, stünden diese besser als die an den spezielleren Tarifvertrag tarifgebundenen. Der mittelbare Druck auf die nach § 3 Abs. 1 TVG tarifgebundenen Arbeitnehmer, aus der Gewerkschaft, die den spezielleren Tarifvertrag abgeschlossen hat, auszutreten oder nicht in sie einzutreten, sei mit der positiven individuellen Koalitionsfreiheit unvereinbar.

---

[190] Vgl. OAG Rheinland-Pfalz AP 1951 Nr. 208; LAG Düsseldorf, WA 1951, S. 153; DB 1953, S. 23; SAE 1954, S. 84; DB 1968, S. 1498; LAG Frankfurt a.M., WA 1948, S. 96; AP 1950 Nr. 59; AP 1951 Nr. 232; BB 1951, S. 726; LAG Hamburg, ARSt X. Nr. 689; LAG Hamm, BB 1959, S. 1063; AP 1952 Nr. 212; LAG Kiel, BB 1950, S. 479; BB 1951, S. 82; BB 1953, S. 174; LAG Mannheim, BB 1954, S. 379; LAG Saarbrücken, BB 1963, S. 937; LAG Stuttgart, BB 1955, S. 416; BB 1960, S. 327; vgl. auch ArbG Mosbach, ARSt XI Nr. 110; ArbG Wilhelmshaven, ARSt XI Nr. 483.

[191] LAG Baden-Württemberg, Urteil vom 19.12.1989 – 8 Sa 67/89 (n.v.), S. 8 ff. (Vorinstanz zu BAG AP Nr. 19 zu § 4 TVG Tarifkonkurrenz).

2. *Rechtsprechung des LAG Berlin*

Die *9. Kammer* des *LAG Berlin* hatte über die Anwendung des BAT-West auf das Arbeitsverhältnis des Klägers, eines Hauptmannes der Volkspolizei Berlin, zu entscheiden[192]. Es verneinte dessen Anwendung und lehnte auch die vom Kläger reklamierte Verletzung des Grundsatzes der Tarifeinheit ab; schon deshalb, weil weder Tarifkonkurrenz noch Tarifpluralität vorlägen. Zudem handele es sich bei dem Prinzip der Tarifeinheit nicht um ein Rechtsprinzip, sondern bloß um ein gewerkschaftspolitisches Postulat. Ähnlich hatte sich die *9. Kammer* bereits früher in bezug auf die Anwendbarkeit des Tarifvertrags für Angestellte der Deutschen Bundespost geäußert[193].

3. *Rechtsprechung des LAG Brandenburg*

Die *5. Kammer* des *LAG Brandenburg* sprach in zwei Urteilen vom 17.3.1995 den Klägern Ansprüche aus einem nachwirkenden Tarifvertrag der IG Metall zu, deren Mitglieder die Kläger waren[194]. Die Beklagte war zuvor aus ihrem Arbeitgeberverband, der Vertragspartner der IG Metall war, ausgetreten, noch bevor sich dieser aufgelöst hatte. Der Tarifvertrag war daneben außerordentlich, hilfsweise ordentlich gekündigt worden. Später unterfiel der Betrieb der Beklagten einem neuen Tarifvertrag, den die Christliche Gewerkschaft Metall (CGM) mit einem anderen Arbeitgeberverband abgeschlossen hatte, dessen Mitglied die Beklagte nunmehr war. Das Gericht stellte unter anderem fest, daß es im Betrieb der Beklagten zur Anwendung mehrerer Tarifverträge kommen könne. Nach der Rechtsprechung des *BAG*, wonach die bloße Moglichkeit genüge, daß ein Mitglied der CGM im Betrieb beschäftigt sei, liege eine Tarifpluralität vor. Der nachwirkende Tarifvertrag werde durch den Tarifvertrag der CGM aber nicht aus dem Betrieb verdrängt. Das Prinzip der Tarifeinheit im Betrieb sei abzulehnen, es verletze die grundgesetzlich geschützte Koalitionsfreiheit. Durch eine Verdrängung des weniger speziellen Tarifvertrags aus dem Betrieb entstehe ein „tariffreier Raum“ für die Arbeitnehmer, die nicht an den spezielleren Tarifvertrag tarifgebunden seien. Art. 9 Abs. 3 GG diene auch dem Schutz, einer bestimmten Gewerkschaft anzugehören, so daß der Hinweis des

---

[192] LAG Berlin, ZTR 1994, S. 330.

[193] LAG Berlin LAGE § 256 ZPO Nr. 6, S. 8 f.

[194] LAG Brandenburg LAGE § 4 TVG Nachwirkung Nr. 3, S. 6 ff.; Urteil vom 17.3.1995 – 5 (4) Sa 711/94 (n.v.), S. 12 ff. (Vorinstanzen zu BAG AP Nr. 26 zu § 4 TVG Nachwirkung; AP Nr. 27 zu § 4 TVG Nachwirkung).

BAG[195], die betroffenen Arbeitnehmer könnten durch Übertritt zu der Gewerkschaft, die den spezielleren Tarifvertrag abgeschlossen habe, den unabdingbaren Schutz des Tarifvertrags erlangen, nicht überzeuge. Das Prinzip der Tarifeinheit im Betrieb sei angesichts der massiven Auswirkungen allenfalls durch ebenso schwerwiegende Erfordernisse und übergeordnete Gesichtspunkte zu rechtfertigen. Praktikabilitätserwägungen seien demgegenüber nachrangig. Das gelte insbesondere für den Entgeltbereich. Die betriebseinheitliche Anwendung nur eines Tarifvertrags sei in der betrieblichen Praxis nicht üblich: Angesichts über- und außertariflicher Entgelte würden gerade dort unter Berücksichtigung persönlicher Verhältnisse der Beschäftigten individuelle Verdienstabrechnungen erstellt. Auch Gründe der Rechtssicherheit rechtfertigten eine Auflösung der Tarifpluralität nicht. Eine ausfüllungsbedürftige Lücke im TVG sei ohnedies nicht erkennbar.

4. Rechtsprechung des LAG Bremen

Die *1. Kammer* des *LAG Bremen* kam bei der Kollision eines allgemeinverbindlichen und zugleich arbeitsvertraglich in Bezug genommenen Tarifvertrags mit einem Firmentarifvertrag ebenfalls zu anderen Ergebnissen als das *BAG*[196]. Tarifpluralität und Tarifkonkurrenz seien unterschiedlich zu behandeln. Das Prinzip der Tarifeinheit im Betrieb sei abzulehnen. Es verletze Art. 9 Abs. 3 GG und das Persönlichkeitsrecht (Art. 1 und Art. 2 GG) der aus dem Tarifschutz verdrängten Arbeitnehmer. Der Bestand der aus dem Betrieb verdrängten Gewerkschaft sei gefährdet. Für Arbeitnehmer sei es sinnlos, Mitglied einer bestimmten Gewerkschaft zu sein, wenn deren Tarifverträge aus dem Betrieb gedrängt würden. Werde ein allgemeinverbindlicher Tarifvertrag aus dem Betrieb gedrängt, liege ein Verstoß gegen den Zweck der Allgemeinverbindlicherklärung nahe. Arbeitnehmerrechte würden minimiert.

5. Rechtsprechung des HessLAG[197]

Die *3. Kammer* des *LAG Frankfurt a.M.* meinte im Urteil vom 9.4.1974, die bloße Existenz eines Abbruchtarifvertrages neben allgemeinverbindlichen Sozialkassentarifverträgen führe nicht zu einer Tarifkonkurrenz, wenn nicht fest-

[195] BAG AP Nr. 20 zu § 4 TVG Tarifkonkurrenz, Bl. 4.

[196] LAG Bremen LAGE § 4 TVG Tarifpluralität Nr. 2, S. 4 ff.

[197] Bis 31.12.1992: LAG Frankfurt a.M.

stehe, daß mindestens ein Arbeitnehmer an den Abbruchtarifvertrag tarifgebunden sei[198]. Die einseitige Tarifbindung des Arbeitgebers könne eine Tarifkonkurrenz zum allgemeinverbindlichen Bautarifvertrag nicht begründen. Im Urteil vom 5.10.1976 kam das Gericht zu dem Ergebnis, daß der Betrieb dem fachlichen Geltungsbereich des RTV Glas nicht unterfalle und verneinte deshalb eine Tarifkonkurrenz[199]. Sie stellte aber hilfsweise fest, bei einer Tarifkonkurrenz seien die Sozialkassentarifverträge des Baugewerbes nach dem Spezialitätsprinzip vorrangig.

Die *5. Kammer* nahm im Urteil vom 24.10.1989 eine Tarifkonkurrenz an, da der Arbeitgeber an zwei Tarifverträge gebunden sei, in deren Geltungsbereiche sein Betrieb falle[200]. Auf eine Tarifbindung der Arbeitnehmer komme es jedenfalls dann nicht an, wenn die Tarifverträge von derselben Gewerkschaft abgeschlossen worden seien. Die Tarifkonkurrenz sei auf der betrieblichen Ebene zu lösen. Die betriebseinheitliche Anwendung des sachnäheren Tarifvertrags – das sei nicht der allgemeinverbindliche Sozialkassentarifvertrag – vermeide im Interesse der Rechtssicherheit und Rechtsklarheit tatsächliche Schwierigkeiten bei der Anwendung mehrerer Tarifverträge im Betrieb. Im Urteil vom 12.12.1989 bestätigte das Gericht seine Judikatur, nahm aber für Arbeitsverhältnisse, die nicht an beide im Betrieb konkurrierenden Tarifverträge gebunden waren, eine Tarifpluralität an, die freilich auch auf der betrieblichen Ebene zugunsten des spezielleren Tarifvertrags zu lösen sei[201]. Andernfalls komme es zu der sozialpolitisch unerwünschten Wirkung, daß der Arbeitgeber wegen der zu erwartenden tatsächlichen und rechtlichen Schwierigkeiten entweder nur Gewerkschaftsmitglieder oder nur Außenseiter einstelle; die Frage nach der Organisationszugehörigkeit bei der Einstellung sei aber unzulässig.

Mit Urteil vom 20.10.1988 entschied die *11. Kammer* über die Anwendung von zwei wortgleichen Tarifverträgen für das Bordpersonal bei der Beklagten, die die Tarifverträge zeitgleich mit der DAG und der ÖTV vereinbart hatte[202]. Die Klägerin war Mitglied in beiden Gewerkschaften. Das Gericht stellte zunächst das Vorliegen einer Tarifkonkurrenz fest. Nach dem Prinzip der Tarifeinheit komme grundsätzlich nur einer der konkurrierenden Tarifverträge im Arbeitsverhältnis zur Anwendung. Habe allerdings eine der Arbeitsvertrags-

[198] LAG Frankfurt a.M., Urteil vom 9.4.1974 – 3 Sa 748/72 (n.v.), S. 15 (Vorinstanz zu BAG AP Nr. 11 zu § 4 TVG Tarifkonkurrenz).

[199] LAG Frankfurt a.M., Urteil vom 5.10.1976 – 3 Sa 1208/75 (n.v.), S. 11 ff. (Vorinstanz zu BAG AP Nr. 12 zu § 4 TVG Tarifkonkurrenz).

[200] LAG Frankfurt a.M., Urteil vom 24.10.1989 – 5 Sa 818/88 (n.v.), S. 8 f.

[201] LAG Frankfurt a.M., Urteil vom 12.12.1989 – 5 Sa 1418/88 (n.v.), S. 19 ff.

[202] LAG Frankfurt a.M., Urteil vom 20.10.1980 – 11/3 Sa 491/79 (n.v.), S. 12 ff.

parteien die Tarifkonkurrenz „zu verantworten“, sei die Geltung mindestens eines der konkurrierenden Tarifverträge „rechtlich nicht zwingend“. Der Arbeitsvertragspartei, die die Tarifkonkurrenz „durch eigens unnötiges Verhalten verursacht“ habe, könnten „die Verantwortung und die Folgen ihres Verhaltens durchaus selbst aufgebürdet werden“. Eine durch Doppelmitgliedschaft entstandene Tarifkonkurrenz sei deshalb dahingehend zu lösen, daß „jedenfalls diejenige Arbeitsvertragspartei, die die Tarifkonkurrenz herbeigeführt hat, sich auf keinen von mehreren Tarifverträgen berufen kann. Für das Arbeitsverhältnis gelten dann die allgemeinen Regeln des Arbeitsrechts“.

In zwei Urteilen vom 24.10.1988 ging die *14. Kammer* von einer Tarifkonkurrenz aus, weil mehrere Tarifverträge mit ihren Geltungsbereichen ein Arbeitsverhältnis erfaßten und die Arbeitsvertragsparteien an beide Tarifverträge tarifgebunden seien[203]. Die vom *BAG* in den Entscheidungen vom 24.9.1975[204] und 29.11.1978[205] angenommene Tarifkonkurrenz auf betrieblicher Ebene sei abzulehnen. Es komme dabei nicht darauf an, ob die Tarifverträge von derselben Gewerkschaft abgeschlossen worden seien. Der Ansatz des *BAG*, alleine auf die Tarifbindung des Arbeitgebers abzustellen, verstoße gegen § 3 Abs. 1 TVG. Die Vorschrift knüpfe nicht an das Unternehmen oder den Betrieb, sondern an das einzelne Arbeitsverhältnis an. Die betriebseinheitliche Geltung nur eines Tarifvertrags lasse sich auch nicht durch eine Einstufung der Regelungen der Sozialkassentarifverträge als betriebliche Normen begründen. Die Beitrags- und Leistungspflichten zwischen Bauarbeitgeber und der Zusatzversorgungskasse beruhten auf dem Einzelarbeitsverhältnis. Das Prinzip der Tarifeinheit im Betrieb sei auch im übrigen abzulehnen, da Arbeitnehmer, die nicht an den spezielleren Tarifvertrag gebunden seien, aus jeglicher Tarifbindung und damit aus dem Schutz des sie begünstigenden Sozialkassentarifvertrags herausfielen. Das sei selbst im Interesse der Rechssicherheit und der Rechtsklarheit nicht gerechtfertigt. Das Industrieverbandsprinzip und seine tarifpolitische Bedeutung begründeten ebenfalls keinen Rechtsgrundsatz der Tarifeinheit im Betrieb. Im Ergebnis erkannte das Gericht eine Beitragspflicht für die nicht an den MTV Metall gebundenen Arbeitnehmer an. Der MTV Metall sei gegenüber den Sozialkassentarifverträgen der speziellere und verdränge diese aus den Arbeitsverhältnissen der an den MTV Metall gebundenen Arbeitnehmer. Im Urteil vom 4.9.1989 befand das Gericht, daß es beim Zusammentreffen zweier Tarifverträ-

[203] LAG Frankfurt a.M., Urteil vom 24.10.1988 – 14 Sa 1300/87 (n.v.), S. 16 ff. (Vorinstanz zu BAG AP Nr. 16 zu § 4 TVG Tarifkonkurrenz); Urteil vom 24.10.1988 – 14 Sa 1450/87 (n.v.), S. 16 ff.

[204] BAG AP Nr. 11 zu § 4 TVG Tarifkonkurrenz.

[205] BAG AP Nr. 12 zu § 4 TVG Tarifkonkurrenz.

ge im Betrieb zu Tarifkonkurrenz und Tarifpluralität kommen könne. Auch die Tarifpluralität sei nunmehr nach dem Prinzip der Tarifeinheit zugunsten des spezielleren Tarifvertrags – das sei nicht der allgemeinverbindliche Sozialkassentarifvertrag – aufzulösen[206].

Die *15. Kammer* stellte im Urteil vom 30.6.1989 für die Annahme einer Tarifkonkurrenz alleine auf die Tarifbindung des Arbeitgebers ab[207]. Der Arbeitgeber bestimme den Betriebszweck und damit die Tarifzuständigkeit für seinen Betrieb und den fachlichen Geltungsbereich des Tarifvertrags. Die Tarifbindung des Arbeitnehmers sei erst an zweiter Stelle zu beachten. Die vermeintlich schutzlosen Arbeitnehmer könnten durch Gewerkschaftsbeitritt eine Tarifbindung für ihr Arbeitsverhältnis herbeiführen. Die Tarifeinheit im Betrieb als „allgemeiner Grundsatz des deutschen Arbeitsrechts“ sei mit § 77 Abs. 3, § 87 Abs. 1 Einleitungssatz BetrVG zu begründen. Die Nichtbeachtung der Tarifeinheit im Betrieb könne im Bereich des Tarifvorrangs zu unhaltbaren Ergebnissen führen. Die Sozialkassentarifverträge des Baugewerbes seien die spezielleren Tarifverträge. In drei weiteren Urteilen nahm das Gericht eine Tarifkonkurrenz an, wenn der Arbeitgeber an zwei Tarifverträge, die seinen Betrieb erfaßten, tarifgebunden sei, und die Möglichkeit bestehe, daß auch Arbeitnehmer des Betriebs tarifgebunden seien[208]. Die Tarifkonkurrenz sei nach dem Spezialitätsprinzip zu lösen. Im Urteil vom 9.12.1991 hatte das Gericht über das Verhältnis zwischen einem allgemeinverbindlichen Sozialkassentarifvertrag und einem einzelvertraglich in Bezug genommenen MTV für das Schreinerhandwerk zu entscheiden[209]. Die individualrechtliche Regelung sei grundsätzlich aufgrund der Kollisionsnorm des § 4 Abs. 3 TVG vorrangig. Die zur Tarifkonkurrenz entwickelten Lösungsgrundsätze seien auf die Kollision zwischen normativ wirkendem Tarifvertrag und kraft einzelvertraglicher Bezugnahme geltendem Tarifvertrag nicht anwendbar. Das Günstigkeitsprinzip komme aber gegenüber allgemeinverbindlichen Tarifverträgen über gemeinsame Einrichtungen nicht zur Anwendung. Diese gingen auch dann vor, wenn eine günstigere Regelung nicht ermittelt werden könne. In der Entscheidung vom 14.2.1992 erfaßten allgemeinverbindliche Sozialkassentarifverträge für Arbeiter und Angestellte und

---

[206] LAG Frankfurt a.M., Urteil vom 4.9.1989 – 14 Sa 873/88 (n.v.), S. 9 ff.

[207] LAG Frankfurt a.M., Urteil vom 30.6.1989 – 15 Sa 1566/88 (n.v.), S. 22 ff. (Vorinstanz zu BAG AP Nr. 126 zu § 1 TVG Tarifverträge: Bau).

[208] LAG Frankfurt a.M., Urteil vom 22.7.1988 – 15/14 Sa 309/88 (n.v.), S. 7; Urteil vom 10.2.1989 – 15 Sa 1136/88 (n.v.), S. 11; Urteil vom 17.8.1990 – 15 Sa 1171/89 (n.v.), S. 14.

[209] LAG Frankfurt a.M. LAGE § 4 TVG Tarifkonkurrenz Nr. 1, S. 5 ff. (Vorinstanz zu BAG AP Nr. 21 zu § 4 TVG Tarifkonkurrenz).

ein nur für Arbeiter geltender RTV Forstwirtschaft einen Betrieb[210]. An den RTV Forstwirtschaft war der Arbeitgeber nach § 3 Abs. 1 TVG tarifgebunden. Obgleich über die Tarifbindung der Arbeitnehmer nichts bekannt sei, liege eine Tarifpluralität vor, die nach dem Prinzip der Tarifeinheit zugunsten des RTV Forstwirtschaft trotz „einer Fülle gewichtiger Bedenken" betriebsweit aufzulösen sei. Die Sozialkassentarifverträge würden auch für Angestellte aus dem Betrieb gedrängt: Indem sie erkennen ließen, daß sie Betriebe grundsätzlich nur in ihrer Gesamtheit erfassen wollten („fallen grundsätzlich als ganzes unter diesen Tarifvertrag"[211]), machten sie zugleich deutlich, daß sie bei Tarifpluralität gegenüber einem spezielleren Tarifvertrag zurücktreten wollten. Eine solche Auslegung trage nicht nur dem Willen und den Interessen der Tarifvertragsparteien, sondern auch den andernfalls zu erwartenden praktischen Problemen Rechnung. Art. 9 Abs. 3 GG und der Schutzzweck der Allgemeinverbindlicherklärung würden nicht berührt, da die Auslegung an den Willen der Tarifvertragsparteien anknüpfe.

Die *16. Kammer* nahm im Urteil vom 24.9.1990 eine Tarifkonkurrenz bei Tarifgebundenheit des Arbeitgebers an zwei Tarifverträge, in deren Geltungsbereiche sein Betrieb falle, und der Möglichkeit der Tarifbindung eines Arbeitnehmers im Betrieb an[212]. Der nicht allgemeinverbindliche Tarifvertrag gehe dem Sozialkassentarifvertrag als der speziellere vor. In mehreren Urteilen mußte das Gericht über die Konkurrenz zweier allgemeinverbindlicher Tarifverträge entscheiden[213]. Der Sozialkassentarifvertrag des Baugewerbes trete als der weniger spezielle zurück.

6. Rechtsprechung des LAG Köln

Die *13. Kammer* des *LAG Köln* hatte sich im Beschluß vom 9.7.1993 mit der Ermittlung des einschlägigen Tarifvertrags für einen Mischbetrieb zu beschäftigen[214]. Auf der Grundlage von der Lehre vom Prinzip der Tarifeinheit sei die Frage der Tarifzugehörigkeit danach zu ermitteln, in welchem Bereich des Be-

[210] LAG Frankfurt a.M., Urteil vom 14.2.1992 – 15 Sa 163/89 (n.v.), S. 14 ff. (Vorinstanz zu BAG AP Nr. 22 zu § 4 TVG Tarifkonkurrenz).

[211] § 1 Abs. 2 Abschnitt VI Abs. 2 Satz 1 BRTV/VTV.

[212] LAG Frankfurt a.M., Urteil vom 24.9.1990 – 16 Sa 664/90 (n.v.), S. 18 ff.

[213] LAG Frankfurt a.M., Urteil vom 12.8.1991 – 16 Sa 365/91 (n.v.), S. 22 ff.; Urteil vom 4.5.1992 – 16 Sa 1922/91 (n.v.), S. 27 ff.; HessLAG, Urteil vom 5.9.1994 – 16 Sa 597/94 (n.v.), S. 20 f.

[214] LAG Köln LAGE § 4 TVG Tarifkonkurrenz Nr. Nr. 2, S. 3 ff. (Vorinstanz zu BAG EzA § 4 TVG Geltungsbereich Nr. 10).

triebs von den Arbeitnehmern die überwiegende Arbeitszeit geleistet werde. Nach Zurückverweisung des Beschlußverfahrens durch das *BAG*[215] nahm die *13. Kammer* im Beschluß vom 2.12.1994 eine Tarifkonkurrenz an, die es nach der größeren Sachnähe löste: In Mischbetrieben sei der sachnähere Tarifvertrag derjenige, der der überwiegenden Arbeitszeit der Arbeitnehmer entspreche.[216] Im Urteil vom 18.1.1995 mußte die *2. Kammer* über die Anwendbarkeit allgemeinverbindlicher Sozialkassentarifverträge auf den Betrieb des Beklagten entscheiden[217]. In Mischbetrieben komme es zur Ermittlung des einschlägigen Tarifvertrags darauf an, mit welchen Tätigkeiten die Arbeitnehmer des Betriebs überwiegend beschäftigt würden. Der Geltung der einschlägigen Tarifverträge stehe eine Tarifkonkurrenz mit einem allgemeinverbindlichen MTV Einzelhandel nicht entgegen, da nach dem Prinzip der Tarifeinheit im Betrieb nur ein Tarifvertrag – der speziellere – Anwendung finden könne. Das folge aus den übergeordneten Rechtsprinzipien der Rechtssicherheit und Rechtsklarheit. Nur so ließen sich rechtliche und tatsächliche Unzuträglichkeiten eines Nebeneinanders mehrerer Tarifverträge in einem Betrieb vermeiden („unabweisbare Gründe der Praktikabilität"). Ein Verstoß gegen Art. 9 Abs. 3 GG liege nicht vor.

7. Rechtsprechung des LAG München

In der „AGFA Gevaert"-Entscheidung hatte die *5. Kammer* des *LAG München* über einen Streit der IG Chemie und der IG Metall über deren Tarifzuständigkeit für einzelne Betriebe eines Konzerns der chemischen Industrie zu entscheiden, für die bis zu einer Satzungsänderung der IG Chemie ausschließlich die IG Metall tarifzuständig gewesen war[218]. Das Gericht bejahte die Tarif zuständigkeit beider Gewerkschaften für diese Betriebe. Der DGB-Schiedsspruch (§ 16 DBG-Satzung) könne die Tarifzuständigkeit der IG Chemie nicht ausschließen: Diese ergebe sich auf Grundlage der durch Art. 9 Abs. 3 GG geschützten Satzungsautonomie ausschließlich aus der Satzung der Gewerkschaft. Dasselbe gelte auch für die fehlende Zustimmung der IG Metall und des Bundesvorstands des DGB nach § 15 Nr. 2 DGB-Satzung: Sie betreffe allenfalls das Innenverhältnis der DGB-Gewerkschaften untereinander und ihre Beziehungen zum DGB.

---

[215] BAG EzA § 4 TVG Geltungsbereich Nr. 10.

[216] LAG Köln, Beschluß vom 2.12.1994 – 13 TaBV 8/93 (n.v.), S. 3.

[217] LAG Köln, Urteil vom 18.1.1995 – 2 Sa 1109/95 (n.v.), S. 9 ff.

[218] LAG München LAGE § 2 TVG Tarifzuständigkeit Nr. 1; S. 20 f. (Vorinstanz zu BAG AP Nr. 10 zu § 2 TVG Tarifzuständigkeit).

8. Rechtsprechung des LAG Niedersachsen

Arbeitskampfrechtliche Fragen beschäftigten die *10. Kammer* des *LAG Niedersachsen* im Urteil vom 1.2.1980[219]. Erwähnenswert ist die Entscheidung an dieser Stelle gleichwohl, da das Gericht, das die Rechtmäßigkeit eines Streiks der HBV zur Erzwingung eines Anschlußtarifvertrags und des daraufhin von der Arbeitgeberin angeordneten Notdienstes prüfte, gegen ein betriebliches Nebeneinander eines HBV- und eines DAG-Tarifvertrages, den die Arbeitgeberin später abgeschlossen hatte, nichts einzuwenden hatte: Die Rechtsposition der HBV werde durch den – sogar allgemeinverbindlichen – DAG-Tarifvertrag nicht berührt.

Die *14. Kammer* befaßte sich im Urteil vom 14.6.1990 mit der Judikatur des *BAG* zum Prinzip der Tarifeinheit im Betrieb[220]. Tarifpluralität – nicht Tarifkonkurrenz – liege bei Inhaltsnormen nach § 4 Abs. 1 TVG vor, wenn ein tarifgebundener Arbeitgeber mit verschiedenen Gewerkschaften Tarifverträge abschließe. Auf jedes Arbeitsverhältnis sei der Tarifvertrag derjenigen Gewerkschaft anzuwenden, deren Mitglied der Arbeitnehmer sei. Die Auflösung der Tarifpluralität nach dem Prinzip der Tarifeinheit sei mit § 4 Abs. 1 TVG und Art. 9 Abs. 3 GG unvereinbar. Bei Betriebsnormen nach § 3 Abs. 2 TVG liege zugleich immer eine Tarifkonkurrenz vor, so daß nur ein Tarifvertrag gelten könne.

Mit Urteil vom 8.8.1990 verneinte die *4. Kammer* eine Tarifkonkurrenz, wenn im Arbeitsverhältnis keine mehrfache Tarifbindung bestehe[221]. Eine Tarifpluralität sei nicht nach dem Grundsatz der Tarifeinheit aufzulösen. Dem Prinzip der Tarifeinheit im Betrieb fehle eine Rechtsgrundlage, und es stehe in Widerspruch zur Tarifpraxis, die Betriebe mit Tarifverträgen verschiedener Gewerkschaften kenne.

III. Ergebnis

Die Tarifeinheit im Arbeitsverhältnis wird von der Instanzrechtsprechung anerkannt. Tarifkonkurrenz und Tarifpluralität werden zum Teil abweichend

---

[219] LAG Niedersachsen AP Nr. 69 zu Art. 9 GG Arbeitskampf, Bl. 2R.

[220] LAG Niedersachsen LAGE § 4 TVG Tarifpluralität Nr. 1, S. 2 ff. (Vorinstanz zu BAG AP Nr. 20 zu § 4 TVG Tarifkonkurrenz).

[221] LAG Niedersachsen, Urteil vom 8.8.1990 – 4 Sa 874/90 (n.v.), S. 9 ff. (in der Revisionsinstanz vor dem BAG wurde ein Vergleich auf der Basis BAG AP Nr. 20 zu § 4 TVG Tarifkonkurrenz vereinbart).

definiert. Auch die Auflösung der Tarifkonkurrenz wird nach unterschiedlichen Grundsätzen vorgenommen. Die moderne Judikatur ist hinsichtlich der Lehre von der Tarifeinheit im Betrieb geteilt: Namentlich die nördlichen *LAG* lehnen sie als verbindliche Kollisionsregel ab.

D. Tarifeinheit und Tarifkonkurrenz im Schrifttum

Parallelen zur Judikatur der *LAG* ergeben sich aus der Betrachtung des Schrifttums.

I. Tarifeinheit im Arbeitsverhältnis und die Lösung von Tarifkonkurrenzen

Der Grundsatz der Tarifeinheit im Arbeitsverhältnis wird kaum in Frage gestellt: Die h.M. im Schrifttum ist der höchstrichterlichen Judikatur stets widerspruchslos gefolgt[222]. Abweichende Auffassungen wie die von *Hagemeier*[223] (Rosinentheorie) sind selten. Bei der Lösung einer Tarifkonkurrenz ist der Widerstand gegen das von der herrschenden Literaturmeinung vertretene Spezialitätsprinzip zunehmend erstarkt[224]: Immer wieder wird auf andere Lösungsgrundsätze verwiesen wie etwa von *Däubler* auf das Günstigkeitsprinzip[225] oder von *Löwisch/Rieble* auf das Legitimationsprinzip[226]. Differenzierungen sind aber sowohl bei der Tarifeinheit im Arbeitsverhältnis als auch bei der Lösung von Tarifkonkurrenzen selten.

II. Tarifeinheit im Betrieb

Die Lehre von der Tarifeinheit im Betrieb wurde im Schrifttum zunächst anerkannt, später aber zunehmend abgelehnt.

---

[222] Vgl. die Nachweise unten § 15 C I 1, 2 a, § 16 A I.

[223] *Hagemeier/Kempen/Zachert/Zilius*, § 4 Rn. 114; dazu unten § 15 B I.

[224] Näher dazu unten § 16 A I.

[225] *Däubler*, TVR, Rn. 1493 f.; näher unten § 16 D.

[226] *Löwisch/Rieble*, § 4 Rn. 274 ff.; näher unten § 16 E V.

1. Unkritische Zustimmung

a) Tarifeinheit im Betrieb als Rechtsprinzip

Nach einem Teil der älteren Literatur war die Tarifeinheit im Betrieb rechtsverbindlich[227]. Nach Maßgabe des Industrieverbandsprinzips sei in jedem Betrieb zwingend nur ein Industrietarifvertrag anzuwenden[228]. Dessen betrieblicher Geltungsbereich erfasse auch fachfremde Arbeitsverhältnisse im Betrieb und verdränge den für diesen einschlägigen „schwächeren" Tarifvertrag aus dem Betrieb[229]. Fachfremde selbständige Betriebsabteilungen und Nebenbetriebe würden nur als nach § 3 BetrVG 1952 selbständige Betriebe unter den für sie maßgeblichen Fachtarif fallen[230].

b) Tarifeinheit im Betrieb als tarifpolitische Richtschnur

Namentlich *Dietz* und *Nikisch* äußerten sich zurückhaltend gegenüber der Tarifeinheit im Betrieb als Rechtsprinzip[231]. Die Tarifeinheit sei ein Rechtsgrundsatz nur im Arbeitsverhältnis[232]. Der betriebliche Geltungsbereich eines Tarifvertrags solle zwar möglichst alle Arbeitsverhältnisse eines Betriebs erfassen[233]. Eine Industriegewerkschaft könne den Geltungsbereich ihres Tarifvertrages aber so einschränken, daß er fachfremde Arbeitnehmer nicht erfasse[234].

---

[227] *Gumpert*, Anm. zu BAG vom 22.2.1957, AP Nr. 2 zu § 4 TVG Tarifkonkurrenz, Bl. 4 f.; *ders.*, Anm. zu BAG vom 29.3.1957, AP Nr. 4 zu § 4 TVG Tarifkonkurrenz, Bl. 3R f.; *A. Hueck/Nipperdey*, TVG, 2. Aufl., § 4 Rn. 105, vgl. auch Rn. 16; *dies.*, Bd. II 1, 6. Aufl., S. 361 f., 463; *dies.*, Grundriß, S. 241, 259; *Kaskel/Dersch*, S. 70 („Prinzip des Industrietarifs"); *D. Mann*, BB 1957, S. 549; *Meissinger*, DB 1950, S. 313, 523; *ders.*, RdA 1951, S. 49; *ders.*, DB 1951, S. 230, 446; *ders.*, AuR 1953, S. 99; *ders.*, DB 1954, S. 1104; *ders.*, S. 84; *Schröder*, DB 1957, S. 657; *Waechter*, BlStSozArbR 1951, S. 138.

[228] *Meissinger*, DB 1950, S. 313, 523; *ders.*, RdA 1951, S. 49; *ders.*, DB 1951, S. 230, 446; *ders.*, AuR 1953, S. 99; *ders.*, DB 1954, S. 1104; *ders.*, S. 84; vgl. auch LAG München, Amtsblatt 1950, S. 243, 621, Amtsblatt C 1951, S. 1.

[229] *D. Mann*, BB 1957, S. 549.

[230] *A. Hueck/Nipperdey*, Bd. II 1, 6. Aufl., S. 362, 464.

[231] *Dietz*, FS Nikisch, S. 42; *Nikisch*, Bd. 2, 2. Aufl., S. 479 f.; zurückhaltend auch *A. Hueck/Nipperdey/Tophoven/Stahlhacke*, § 4 Rn. 259, 265.

[232] *Gramm*, AR-Blattei (D), Tarifvertrag XII, A 1; *A. Hueck/Nipperdey/Tophoven/Stahlhacke*, § 4 Rn. 250, 253; *Nikisch*, 1. Aufl., S. 336; *ders.*, Bd. 2, 2. Aufl., S. 480; *Witting*, BArbBl. 1957, S. 544 ff.

[233] *Nikisch*, 1. Aufl., S. 314, 335 f.

[234] Vgl. *Nikisch*, Bd. 2, 2. Aufl., S. 366 f.

Die Tarifeinheit im Betrieb sei jedenfalls nicht zwingend bei sich ergänzenden Tarifverträgen und bei Tarifpluralität[235]. Es sei weder zu vermeiden noch zu beanstanden, daß für verschiedene Arbeitnehmergruppen im Betrieb verschiedene Tarifverträge gelten. Aus dem Prinzip der Tarifeinheit im Betrieb folge deshalb allenfalls, daß zwei Tarifverträge mit verschiedenen betrieblichen Geltungsbereichen nicht nebeneinander im Betrieb angewandt werden dürfen[236]. Die Tarifeinheit im Betrieb als tarifpolitisches Konzept ergebe sich zwar aus der „Natur der Sache". Der Tarifvertrag sei eine Erscheinung des Kollektivrechts und solle für gleichliegende Arbeitsverhältnisse in einem Betrieb einheitliches Recht schaffen[237]. Die Tarifeinheit im Betrieb sei aber kein Dogma, das in aller Starrheit durchgeführt werden müsse[238]. Auch die Abweichung der Tarifvertragspraxis vom Industrieverbandsprinzip zeige, daß der Grundsatz der Tarifeinheit nicht zwingend und ausnahmslos gelte[239].

2. Meinungsumschwung

Nachdem sich zuvor bereits *Mayer-Maly*, *Memminger*, *Schneider* und *Wiedemann* ablehnend geäußert hatten[240], unterzog *Konzen* das Prinzip der Tarifeinheit im Betrieb einer umfassenden und kritischen Analyse und rückte es in ein breiteres rechtswissenschaftliches Blickfeld[241]. Im modernen Schrifttum fand in der Folge ein Umdenken statt. Hervorzuheben sind die Abhandlungen von *Reuter*, *Kraft*, *Hohenstatt*, *Merten*, *Fenn*, *Wiedemann/Arnold* und *Kania*[242], die Anmerkungen von *Wiedemann*, *Wiedemann/Arnold*, *Vogg*, *Salje*, *Hanau/Kania*, *Reichold*, *Wank*, *Kohte* und *Rieble*[243] sowie die Monographien von

---

235 *Dietz*, FS Nikisch, S. 42; *A. Hueck/Nipperdey/Tophoven/Stahlhacke*, § 4 Rn. 253; *Maus*, § 4 Rn. 188.

236 *Nikisch*, Bd. 2, 2. Aufl., S. 479 f.

237 *Dietz*, FS Nikisch, S. 39 f.

238 *Dietz*, FS Nikisch, S. 42.

239 *Gramm*, AR-Blattei (D), Tarifvertrag XII, A 4.

240 *Mayer-Maly*, RdA 1966, S. 203; *Memminger*, S. 16, 31; *Gis. Schneider*, S. 76, 95 f.; *H. Wiedemann/Stumpf*, § 4 Rn. 164; *H. Wiedemann*, Anm. zu BAG vom 24.9.1975, AP Nr. 11 zu § 4 TVG Tarifkonkurrenz, Bl. 5.

241 *Konzen*, RdA 1978, S. 150 ff., kritisch bereits *ders.*, Anm. zu BAG vom 24.9.1975, SAE 1977, S. 61 f.

242 *Reuter*, JuS 1992, S. 106 ff.; *Kraft*, RdA 1992, S. 165 ff.; *Hohenstatt*, DB 1992, S. 1679 ff.; *Ph. Merten*, BB 1993, S. 572 ff.; *Fenn*, FS Kissel, S. 229 ff.; *H. Wiedemann/Arnold*, ZTR 1994, S. 443 ff.; *Kania*, DB 1996, S. 1921 ff.

243 *H. Wiedemann*, Anm. zu BAG vom 29.11.1978, AP Nr. 12 zu § 4 TVG Tarifkonkurrenz, Bl. 3R f.; *H. Wiedemann/Arnold*, Anm. zu BAG vom 14.6.1989, AP Nr. 16 zu

Witzig und *Bruhn*[244]. Auch die neueren Kommentierungen zum TVG von *Kempen/Zachert* und *Löwisch/Rieble*[245] sowie die Handbücher von *Däubler* und *Stein*[246] lehnen die Tarifeinheit im Betrieb ab. Neben methodischen Zweifeln an der Zulässigkeit der Rechtsfortbildung zur Tarifeinheit im Betrieb und den Bedenken, die hinsichtlich der Koalitionsfreiheit durch Art. 9 Abs. 3 GG der betroffenen Arbeitnehmer und Verbänden und des Koalitionspluralismus als wichtigem Ausdruck der Koalitionsfreiheit überhaupt geltend gemacht werden, wird die Umgehung der Allgemeinverbindlicherklärung und die der normativen Wirkung eines Tarifvertrags gleichgestellte Bezugnahmeklausel problematisiert. Die Kritik, die für das Prinzip der Tarifeinheit freilich nicht nach Fallgruppen differenziert, erstreckt sich ferner auf die Gleichsetzung von Tarifkonkurrenz und Tarifpluralität entgegen der im Gesetz angelegten Differenzierung, die Parallelwertung zu § 87 Abs. 1 Einleitungssatz BetrVG sowie die vom *BAG* behauptete Nichtdurchführbarkeit der Abgrenzung von Inhalts-, Abschluß- und Beendigungsnormen einerseits und betrieblichen und betriebsverfassungsrechtlichen Normen andererseits. *Gamillscheg* hält die Kritik für nur schwer widerlegbar, hält ihr aber entgegen, zur Überwindung der tatsächlichen Schwierigkeiten bei der Anwendung mehrerer Tarifverträge im Betrieb nichts beizutragen[247].

Befürworter eines Rechtsprinzips der Tarifeinheit im Betrieb sind selten. Erwähnenswert ist eine Abhandlung von *Säcker* und *Oetker*. Sie bejahen für die Tarifpluralität das Vorliegen einer Lücke im TVG und schließen sie mit dem Prinzip der Tarifeinheit im Betrieb[248]. Teilweise akzeptiert das Schrifttum das Prinzip der Tarifeinheit im Betrieb als Kollisionsregel für die Tarifpluralität mehrerer Tarifverträge einzelner DGB-Gewerkschaften[249]. Vereinzelt wird dem

---

§ 4 TVG Tarifkonkurrenz, Bl. 6 ff.; *Vogg*, Anm. zu BAG vom 20.3.1991, EzA § 4 TVG Tarifkonkurrenz Nr. 7, S. 13 ff.; *Salje*, Anm. zu BAG vom 20.3.1991, SAE 1993, S. 79 ff.; *P. Hanau/Kania*, Anm. zu BAG vom 20.3.1991, AP Nr. 20 zu § 4 TVG Tarifkonkurrenz, Bl. 7 ff.; *Reichold*, Anm. zu BAG vom 22.9.1993, SAE 1995, S. 22 f.; *Wank*, Anm. zu BAG vom 26.1.1994, EzA § 4 TVG Tarifkonkurrenz Nr. 9, S. 15 ff.; *Kohte*, Anm. zu BAG vom 26.1.1994, SAE 1996, S. 14 ff.; *Rieble*, Anm. zu BAG vom 22.3.1994, EzA § 4 TVG Geltungsbereich Nr. 10, S. 12 ff.

244 *Witzig*, Der Grundsatz der Tarifeinheit und die Lösung von Tarifkonkurrenzen (1993); *Bruhn*, Tarifeinheit im Betrieb als Eingriff in die Koalitionsfreiheit (1997).

245 *Kempen/Zachert*, § 2 Rn. 110, § 4 Rn. 119, 125, 128, 130, 137; *Löwisch/Rieble*, § 4 Rn. 290 ff.

246 *Däubler*, TVR, Rn. 1502 ff.; *Stein*, Rn. 111 Fn. 31, Rn. 260 f., 284.

247 *Gamillscheg*, Arbeitsrecht, Bd. 1, § 17 III 3 c (1) (c).

248 *Säcker/Oetker*, ZfA 1993, S. 7 ff.

249 *Kania*, DB 1996, S. 1921, 1923; ebenso *Gamillscheg*, Arbeitsrecht, Bd. 1, § 17 III 3 c (1) (c).

Prinzip der Tarifeinheit im Betrieb, wenn auch meist beiläufig, gewohnheitsrechtliche Geltung attestiert[250].

III. Ergebnis

Die wissenschaftliche Literatur erkennt das Prinzip der Tarifeinheit im Arbeitsverhältnis als Rechtsgrundsatz an. Die Lösung der Tarifkonkurrenz ist trotz einer h.M., die das Spezialitätsprinzip verficht, umstritten. Ein Rechtsprinzip der Tarifeinheit im Betrieb ist nach dem Zweiten Weltkrieg vertreten, aber nicht dogmatisch begründet worden. Fast das gesamte moderne Schrifttum lehnt ein Rechtsprinzip der Tarifeinheit im Betrieb hingegen ab.

E. Zusammenfassung

Die Tarifeinheit im Arbeitsverhältnis ist als Rechtsprinzip von der ganz h.M. anerkannt. Das *BAG* löst die Tarifkonkurrenz nach dem Spezialitätsprinzip. *LAG* und Literatur äußern sich nicht einheitlich. Die Tarifeinheit im Betrieb wurde nach dem Zweiten Weltkrieg von der h.M. als zwingender Grundsatz angesehen. Später wendeten sich namentlich die nördlichen Instanzgerichte und das Schrifttum von der Rechtsprechung des *BAG* ab, dessen Senate überwiegend weiter auf einem Rechtsprinzip der Tarifeinheit im Betrieb beharren.

§ 6 Ergebnis

Das Prinzip der Tarifeinheit ist durch Rechtsprechung und Wissenschaft entwickelt worden. Es hat für das einzelne Arbeitsverhältnis eine Normierung in § 2 Abs. 2 TVVO erfahren. Ansonsten ist es nicht kodifiziert worden. Zunächst bezog es sich auch außerhalb des § 2 Abs. 2 TVVO nur auf das Arbeitsverhältnis. Erst im unerwünschten Koalitionspluralismus der Weimarer Republik wurde es zunehmend auf den Betrieb bezogen. Die Lehre von der Tarifeinheit im Betrieb verfestigte sich systembedingt während des Nationalsozialismus. Nach

---

[250] *D. Gaul*, S. 273 f.; *ders.*, ZTR 1991, S. 451, 454; *H. Koch*, Rn. 203; *Söllner*, Grundriß, § 16 V 2.

dem Zweiten Weltkrieg hielt man am Grundsatz der Tarifeinheit im Arbeitsverhältnis und zunächst auch am Grundsatz der Tarifeinheit im Betrieb fest. In den siebziger Jahren gab es in bezug auf die Tarifeinheit im Betrieb aber einen Meinungsumschwung in der Literatur und in der Rechtsprechung der *LAG*. Vor allem das *BAG* vertritt heute weiterhin ein Rechtsprinzip der Tarifeinheit im Betrieb. Die eingangs genannten Behauptungen[251], die Lehre von der Tarifeinheit habe schon bisher der allgemeinen Rechtsauffassung entsprochen, sei eine grundlegende Wertung, einer der tragenden Grundsätze unseres Tarifrechts, ein integraler Bestandteil des Tarifvertragssystems, eine Rechtsmaxime, ein gewohnheitsrechtlicher Grundsatz und seit jeher von Rechtsprechung und Literatur als geltendes Recht behandelt worden, die Tarifeinheit sei das das deutsche Tarifrecht beherrschende Prinzip und ein allgemeiner Grundsatz des deutschen Arbeitsrechts, haben sich also mindestens in bezug auf die Tarifeinheit im Betrieb nicht bewahrheitet.

---

[251] Oben § 3 vor A.

Dritter Teil

Tarifkonkurrenz, Tarifpluralität und deren Voraussetzungen

Die Lehre von der Tarifeinheit kann nur zur Anwendung kommen, wenn mindestens zwei Tarifverträge miteinander kollidieren. Tarifverträge können im Arbeitsverhältnis zusammentreffen. Dann kommt es zu einer Tarifkonkurrenz. Treffen sie im Betrieb zusammen, ist eine Tarifpluralität möglich. In beiden Fällen bestimmt der Grundsatz der Tarifeinheit, sofern man ihn anerkennt, daß nur einer der Tarifverträge angewandt werden darf[1]. Im folgenden sind die Voraussetzungen von Tarifkonkurrenz und Tarifpluralität aufzuzeigen. Zunächst ist ein erster Blick auf deren Definitionen zu werfen (§ 7). Danach sind die Voraussetzungen von Tarifkonkurrenz und Tarifpluralität näher zu untersuchen. An die Ausführungen zum Tarifvertrag als Kollisionsobjekt (§ 8) schließt sich eine Darstellung der tarifrechtlichen Zentralbegriffe des Geltungsbereichs (§ 9) und der Tarifgebundenheit (§ 10) an.

§ 7 Begriffe der Tarifkonkurrenz und der Tarifpluralität

A. Tarifkonkurrenz

I. Begriff der Tarifkonkurrenz

Eine Tarifkonkurrenz[2] liegt nach jüngerer Rechtsprechung des *BAG*[3], eines Teils der instanzgerichtlichen Judikatur[4] und der ganz h.M. in der Literatur[5]

---

[1] Näher unten § 15 C, § 19 A.

[2] Der Begriff ist an die Gesetzeskonkurrenz angelehnt (ein Sachverhalt wird von mehreren Rechtssätzen erfaßt), vgl. dazu etwa *Larenz*, Methodenlehre, S. 266 ff.; *Larenz/Canaris*, S. 87 ff.; *Schwacke*, 2.2.3; *Zippelius*, § 7.

[3] BAG, AP Nr. 20 zu § 4 TVG Tarifkonkurrenz, Bl. 3; AP Nr. 21 zu § 4 TVG Tarifkonkurrenz, Bl. 3; AP Nr. 22 zu § 4 TVG Tarifkonkurrenz, Bl. 4; AP Nr. 4 zu § 2 TVG

vor, wenn die normativen Bestimmungen mehrerer Tarifverträge Geltung für ein Arbeitsverhältnis beanspruchen. Ein Tarifvertrag gilt, wenn das Arbeitsverhältnis vom Geltungsbereich des Tarifvertrags erfaßt wird und beide Arbeitsvertragsparteien an den Tarifvertrag tarifgebunden sind (§ 3 Abs. 1, Abs. 3, § 4 Abs. 1 Satz 1, § 5 Abs. 4 TVG). Bei betrieblichen und betriebsverfassungsrechtlichen Normen genügt die Tarifbindung des Arbeitgebers (§ 3 Abs. 2, § 4 Abs. 1 Satz 2 TVG). Ist der zeitliche Geltungsbereich des Tarifvertrags abgelaufen, hält § 4 Abs. 5 TVG die unmittelbare Wirkung des Tarifvertrags auf-

---

Tarifzuständigkeit, Bl. 7R; EzA § 4 TVG Geltungsbereich Nr. 10, S. 6; Urteil vom 26.1.1994 – 10 AZR 130/92 (n.v.), II 3 c; wohl auch AP Nr. 1 zu § 2 TVG Tarifzuständigkeit, Bl. 3; vgl. schließlich AP Nr. 2 zu § 2 KSchG 1969, Bl. 2R.

[4] Mit im einzelnen unterschiedlichen Formulierungen LAG Berlin, ZTR 1994, S. 330, 331; LAGE § 256 ZPO Nr. 6, S. 9; LAG Bremen LAGE § 4 TVG Tarifpluralität Nr. 2, S. 4 f.; LAG Frankfurt a.M., Urteil vom 9.4.1974 – 3 Sa 748/72 (n.v.), S. 15; Urteil vom 20.10.1980 – 11/3 Sa 491/79 (n.v.), S. 12; Urteil vom 24.10.1988 – 15 Sa 1450/88 (n.v.), S. 19; Urteil vom 24.10.1988 – 15 Sa 1566/88 (n.v.), S. 19; Urteil vom 12.8.1991 – 16 Sa 365/91 (n.v.), S. 21 f.; LAGE § 4 TVG Tarifkonkurrenz Nr. 1, S. 6; HessLAG, Urteil vom 5.9.1994 – 16 Sa 597/94 (n.v.), S. 20; LAG Köln, Beschluß vom 2.12.1994 – 13 TaBV 8/93 (n.v.), S. 3; Urteil vom 18.1.1995 – 2 Sa 1109/94 (n.v.), S. 12 f.; ArbG Stuttgart, Urteil vom 30.6.1994 – 25 BV 34/94 (n.v.), S. 7; KG Berlin, WRP 1981, S. 276.

[5] Ebenfalls mit im einzelnen unterschiedlichen Formulierungen, *Besgen*, S. 50 f.; *Brox/Rüthers*, Arbeitsrecht, Rn. 294; *Bruhn*, Tarifeinheit, S. 172; *Buchner*, FS Schaub, S. 82; *Danne*, Anm. zu BAG vom 4.9.1996, SAE 1998, S. 112; *Däubler*, TVR, Rn. 1482; HzA-*Dörner*, Rn. 246; KassArbR-*ders.*, Bd. 2, 6.1 Rn. 177; *Etzel*, NZA 1987, Beilage Nr. 1, S. 19; *ders.*, FS Schaub, S. 174; *Gamillscheg*, Arbeitsrecht, Bd. 1, § 17 III 1 b, 3 c (2) (a); *Gerhards*, BB 1995, S. 1291; *Gramm*, AR-Blattei (D), Tarifvertrag XII, A 1; *Hess*, ZfA 1976, S. 55; *Hohenstatt*, DB 1992, S. 1679; *von Hoyningen-Huene*, RdA 1974, S. 149; *Hromadka*, DB 1996, S. 1873; *Hromadka/Maschmann/Wallner*, Rn. 131; *Huber*, Bd. 2, S. 439 f.; *A. Hueck/Nipperdey*, Bd. II 1, S. 641; *Kempen/Zachert*, § 4 Rn. 117; *H. Koch*, Rn. 199; *Konzen*, Anm. zu BAG vom 24.9.1975, SAE 1977, S. 60 f.; *Kraft*, RdA 1992, S. 163 f.; *ders.*, gem. Anm. zu BAG vom 22.9.1993 und 26.1.1994, AuR 1994, S. 391; MünchArbR-*Löwisch*, Bd. 3, § 269 Rn. 1 ff.; *ders.*, Arbeitsrecht, Rn. 284; *Löwisch/Rieble*, § 4 Rn. 274 ff.; *Meik*, DB 1990, S. 2525; *Memminger*, S. 3; *Ph. Merten*, BB 1993, S. 573; *B. Müller*, NZA 1989, S. 449; *Nikisch*, Bd. 2, S. 477; *Hj. Otto*, Arbeitsrecht, Rn. 460; *Salje*, Anm. zu BAG vom 20.3.1991, SAE 1993, S. 79; *Schaub*, AuR 1996, S. 344 f.; *ders.*, BB 1996, S. 2300; *ders.*, Handbuch, § 203 VII 1 a; ErfKomm-*ders.*, § 4 TVG Rn. 98; *Schleusener*, Anm. zu BAG vom 28.5.1997, SAE 1998, S. 12; *Gis. Schneider*, S. 1; *Stein*, Rn. 264; *Vogg*, Anm. zu BAG vom 20.3.1991, EzA § 4 TVG Tarifkonkurrenz Nr. 7, S. 14; *Wank*, Anm. zu BAG vom 26.1.1994, EzA § 4 TVG Tarifkonkurrenz Nr. 9, S. 15; *H. Wiedemann*, Anm. zu BAG vom 24.9.1975, AP Nr. 11 zu § 4 TVG Tarifkonkurrenz, Bl. 5; *H. Wiedemann*, Anm. zu BAG vom 29.11.1978, AP Nr. 12 zu § 4 TVG Tarifkonkurrenz, Bl. 3R f.; *H. Wiedemann/Arnold*, ZTR 1994, S. 400; *H. Wiedemann/Stumpf*, § 4 Rn. 156; *Wieland*, Rn. 206; *Witzig*, S. 3, 12, 70; *Zöllner/Loritz*, § 37 V 1; ungenau *Junker*, RdA 1992, S. 266; *G. Müller*, Ablösung, S. 51.

recht. Im übrigen ist zwischen tarifautonomen und staatlich veranlaßten Tarifkonkurrenzen zu unterscheiden[6].

Eine tarifautonome Tarifkonkurrenz ist etwa gegeben, wenn ein Arbeitgeber oder sein Verband mit mehreren Gewerkschaften Tarifverträge abgeschlossen hat und ein Arbeitnehmer Mitglied in mehreren Gewerkschaften ist oder wenn der Arbeitgeber Mitglied in mehreren Arbeitgeberverbänden ist, die mit einer Gewerkschaft Tarifverträge vereinbart haben. Staatlich veranlaßte Tarifkonkurrenzen können bei der Nachwirkung eines Tarifvertrags nach § 4 Abs. 5 TVG oder dessen Allgemeinverbindlicherklärung (§ 5 Abs. 4 TVG) entstehen.

Die ältere Rechtsprechung des *BAG*[7] – ihr folgend ein anderer Teil der Instanzrechtsprechung[8] – ließ für eine Tarifkonkurrenz auch außerhalb des § 3 Abs. 2 TVG die mehrfache Tarifgebundenheit des Arbeitgebers und die bloße Möglichkeit genügen, daß ein Arbeitnehmer im Betrieb beschäftigt wird, der einer der vertragsschließenden Gewerkschaften angehört. Das gelte zumindest dann, wenn beide Tarifverträge von derselben Gewerkschaft abgeschlossen worden seien[9]. Vereinzelt wird im Schrifttum von einer Tarifkonkurrenz bereits dann gesprochen, wenn mehrere Tarifverträge denselben Sachverhalt regeln[10]. Dafür genüge die Überschneidung der Geltungsbereiche. Das Problem, nach welchen Regeln die Tarifkonkurrenz zu lösen sei, stelle sich allerdings nur, wenn auch Tarifgebundenheit an die konkurrierenden Tarifverträge bestehe[11]. Alle diese Ansätze haben nicht überzeugen können. Sie umschreiben den Zustand einer potentiellen Tarifkonkurrenz. Zu einer aktuellen Tarifkonkurrenz

---

[6] *Löwisch/Rieble*, Grundl. Rn. 35; § 4 Rn. 274 ff., 279 ff.; *Rieble*, Rn. 1803 ff.; ebenso MünchArbR *Löwisch*, Bd. 3, § 269 Rn. 1 ff., 6 ff.

[7] BAG AP Nr. 11 zu § 4 TVG Tarifkonkurrenz. Bl. 3R; AP Nr. 12 zu § 4 TVG Tarifkonkurrenz, Bl. 3; AP Nr. 88 zu § 1 TVG Tarifverträge: Bau, Bl. 3; AP Nr. 120 zu § 1 TVG Tarifverträge: Bau, Bl. 2R, 3R; AP Nr. 126 zu § 1 TVG Tarifverträge: Bau, Bl. 3R; Urteil vom 14.10.1987 – 4 AZR 342/87 (n.v.), S. 10; Urteil vom 20.1.1988 – 4 AZR 492/87 (n.v.), S. 10 f.

[8] LAG Frankfurt a.M., Urteil vom 30.6.1989 – 15 Sa 1566/88 (n.v.), S. 22; Urteil vom 17.8.1990 – 15 Sa 1171/89 (n.v.), S. 14; Urteil vom 24.9.1990 – 16 Sa 664/90 (n.v.), S. 18; ArbG Stuttgart, AfP 1989, S. 691; ArbG Wiesbaden, Urteil vom 3.3.1988 – 4 Ca 4403/85 (n.v.), S. 10; Urteil vom 5.5.1988 – 4 Ca 4180/87 (n.v.), S. 7 ff.; Urteil vom 13.7.1989 – 4 Ca 5025/89 (n.v.), S. 9 ff.; ähnlich ArbG Wilhelmshaven, Urteil vom 7.12.1989 – 5 Ca 1577/88 (n.v.), S. 6 f.

[9] BAG AP Nr. 16 zu § 4 TVG Tarifkonkurrenz, Bl. 4; ebenso ArbG Wiesbaden, Urteil vom 3.3.1988 – 4 Ca 4403/85 (n.v.), S. 10; Urteil vom 5.5.1988 – 4 Ca 4180/87 (n.v.), S. 8; Urteil vom 13.7.1989 – 4 Ca 5025/89 (n.v.), S. 9 ff. Näher dazu *Witzig*, S. 69 f.

[10] Staudinger-*Richardi*, Vorbem. zu §§ 611 ff. Rn. 1057 f.; offenbar auch LAG Köln LAGE § 4 TVG Tarifkonkurrenz Nr. 2, S. 4.

[11] Staudinger-*Richardi*, Vorbem. zu §§ 611 ff. Rn. 1059.

kommt es aber nur bei der Geltung mehrerer Tarifverträge im Arbeitsverhältnis. Daß dafür bei Inhalts-, Abschluß- und Beendigungsnormen neben der Tarifbindung des Arbeitgebers auch die des Arbeitnehmers an die konkurrierenden Tarifverträge erforderlich ist, zeigt § 4 Abs. 1 Satz 1 TVG („beiderseits Tarifgebundene").

II. Teilweise oder vollständige Inkongruenz der konkurrierenden Tarifverträge

Eine vollständige Überschneidung der Geltungsbereiche der konkurrierenden Tarifverträge ist praktisch selten, aber nicht erforderlich: Eine Tarifkonkurrenz liegt auch dann vor, wenn ein Tarifvertrag zu Teilkomplexen Regelungen enthält (etwa zur Probezeit zu Beginn eines Arbeitsverhältnisses), die dem kollidierenden Tarifvertrag fehlen. Das gilt entgegen Bedenken aus dem Schrifttum[12] sogar dann, wenn einer der Tarifverträge einen ganz eigenständigen Regelungsinhalt aufweist: Zu einer Tarifkonkurrenz kann es damit etwa nicht nur zwischen einem MTV Metall und dem Bundesrahmentarifvertrag für das Baugewerbe (BRTV) kommen; in sie ist auch der Tarifvertrag über das Sozialkassenverfahren im Baugewerbe (VTV) einbezogen, dessen betrieblicher Geltungsbereich mit dem des BRTV identisch ist[13] und die beide aufeinander Bezug nehmen[14], der im Metallbereich aber keine Entsprechung findet.

III. Beteiligung einer oder mehrerer Gewerkschaften

Unerheblich für das Vorliegen einer Tarifkonkurrenz ist es, ob die konkurrierenden Tarifverträge von nur einer Gewerkschaft abgeschlossen worden sind, ob Tarifverträge verschiedener Industriegewerkschaften oder ob Tarifverträge einer Industriegewerkschaft und einer Fachgewerkschaft konkurrieren. Entscheidend ist die „Geltung" mehrerer Tarifverträge im Arbeitsverhältnis.

---

[12] *Kohte*, Anm. zu BAG vom 26.1.1994, SAE 1996, S. 17 f.

[13] S. § 1 Abs. 2 BRTV, § 1 Abs. 2 VTV.

[14] Vgl. etwa § 4 Nr. 5.5, § 8 Nr. 11 BRTV, § 2 VTV.

IV. Ergebnis

Von einer Tarifkonkurrenz spricht man, wenn die Tarifnormen mehrerer Tarifverträge, die von derselben oder von verschiedenen Gewerkschaften abgeschlossen worden sein können, auf ein Arbeitsverhältnis Anwendung finden. Eine vollständige Kongruenz der konkurrierenden Tarifverträge ist nicht erforderlich.

B. Tarifpluralität

I. Begriff der Tarifpluralität

Von der Tarifkonkurrenz ist die Tarifpluralität abzugrenzen[15]. Sie ist nach ganz h.M. in Instanzrechtsprechung[16] und Literatur[17] gegeben, wenn die normativen Bestimmungen mehrerer Tarifverträge für verschiedene Arbeitsverhältnisse eines Betriebes Geltung beanspruchen, so daß auf manche Arbeitsverhältnis-

[15] Vereinzelt spricht man von „Tarifmehrheit" oder – wie in Österreich – von „Tarifvielfalt", vgl. *Gamillscheg*, Arbeitsrecht, Bd. 1, § 17 III 1 b; unter der Geltung der TVVO auch als „unechte Tarifnormenkollision" bezeichnet, vgl. oben § 3 C II.

[16] LAG Bremen LAGE § 4 TVG Tarifpluralität Nr. 2, S. 5; LAG Düsseldorf, Beschluß vom 1.3.1996 – 9 TaBV 78/95 (n.v.), S. 11; LAG Frankfurt a.M., Urteil vom 4.9.1989 – 14 Sa 873/88 (n.v.), S. 10; ArbG Stuttgart, Urteil vom 30.6.1994 – 25 BV 34/94 (n.v.), S. 7; vgl. auch LAG Berlin, ZTR 1994, S. 330, 331; ungenau LAG Köln, Urteil vom 18.1.1995 – 2 Sa 1109/94 (n.v.), S. 13.

[17] Mit geringfügig voneinander abweichenden Formulierungen, *Bruhn*, Tarifeinheit, S. 173; *Buchner*, FS Schaub, S. 82 f.; *Danne*, Anm. zu BAG vom 4.9.1996, SAE 1998, S. 112; *Däubler*, TVR, Rn. 1482; HzA-*Dörner*, Rn. 252; KassArbR-*ders.*, Bd. 2, 6.1 Rn. 180; *Gamillscheg*, Arbeitsrecht, Bd. 1, § 17 III 1 b, 3 c (1) (a); *Gerhards*, BB 1995, S. 1291; *Gramm*, AR-Blattei (D), Tarifvertrag XII, A 2; *Hohenstatt*, DB 1992, S. 1679; *Hromadka*, DB 1996, S. 1873; *Hromadka/Maschmann/Wallner*, Rn. 131; *Huber*, Bd. 2, S. 440; *A. Hueck/Nipperdey*, Bd. II 1, S. 643; *Kania*, DB 1996, S. 1921; *Kempen/Zachert*, § 4 Rn. 118; AK-*Kittner*, Bd. 1, Art. 9 Abs. 3 Rn. 75; *H. Koch*, Rn. 199; *Kraft*, RdA 1992, S. 164; MünchArbR-*Löwisch*, Bd. 3, § 269 Rn. 11 f.; *Löwisch/Rieble*, § 4 Rn. 284 f.; *Meik*, DB 1990, S. 2525; *Memminger*, S. 16; *B. Müller*, NZA 1989, S. 449 f., 452; *Nikisch*, Bd. 2, S. 479; *Salje*, Anm. zu BAG vom 20.3.1991, SAE 1993, S. 79; *Stein*, Rn. 265; *van Venrooy*, ZfA 1983, S. 67; *Vogg*, Anm. zu BAG vom 20.3.1991, EzA § 4 TVG Tarifkonkurrenz Nr. 7, S. 14; *Wank*, Anm. zu BAG 26.1.1994, EzA § 4 TVG Tarifkonkurrenz Nr. 9, S. 16; *H. Wiedemann*, Anm. zu BAG vom 24.9.1975, AP Nr. 11 zu § 4 TVG Tarifkonkurrenz, Bl. 5; *H. Wiedemann/Arnold*, ZTR 1994, S. 443; *H. Wiedemann/Stumpf*, § 2 Rn. 26, § 4 Rn. 156, 165; *Wieland*, Rn. 206; *Witzig*, S. 4; *Zöllner/Loritz*, § 37 V 2; ungenau z.B. *Besgen*, S. 51; *Etzel*, FS Schaub, S. 174; *Junker*, RdA 1992, S. 266; *Hj. Otto*, Arbeitsrecht, Rn. 461; *Schaub*, AuR 1996, S. 345; *ders.*, Handbuch, § 203 VII 1 a; ErfKomm-*ders.*, § 4 TVG Rn. 99; *Schleusener*, Anm. zu BAG vom 28.5.1997, SAE 1998, S. 12; *H. Wiedemann*, RdA 1975, S. 79.

se der eine und auf manche der andere Tarifvertrag anzuwenden ist. Auch hier gilt ein Tarifvertrag nur, wenn das jeweilige Arbeitsverhältnis vom Geltungsbereich des Tarifvertrags erfaßt wird und beide Arbeitsvertragsparteien an den Tarifvertrag tarifgebunden sind, § 3 Abs. 1, § 4 Abs. 1 Satz 1, § 5 Abs. 4 TVG. Bei betrieblichen und betriebsverfassungsrechtlichen Normen genügt wieder die Tarifbindung des Arbeitgebers (§ 3 Abs. 2, § 4 Abs. 1 Satz 2 TVG): Da Tarifkonkurrenz und Tarifpluralität an dieser Stelle deckungsgleich sind, ist es freilich präziser, von einer „betriebsweiten Tarifkonkurrenz“ zu sprechen. Es ist erneut unerheblich, welche Gewerkschaften die kollidierenden Tarifverträge abgeschlossen haben.

Eine tarifautonome Tarifpluralität liegt damit etwa vor, wenn ein Arbeitgeber oder sein Verband mit mehreren Gewerkschaften Tarifverträge abgeschlossen haben, oder wenn der Arbeitgeber Mitglied in mehreren Arbeitgeberverbänden ist, die mit einer oder mehreren Gewerkschaften Tarifverträge vereinbart haben, und an jeden der Tarifverträge mindestens ein Arbeitnehmer im Betrieb tarifgebunden ist. Für die einzelnen Arbeitnehmer finden je nach Tarifbindung unterschiedliche Tarifverträge Anwendung. § 5 Abs. 4 TVG kann zu einer staatlich veranlaßten Tarifpluralität führen.

II. Tarifpluralität in der Rechtsprechung des BAG

Weniger einheitlich ist die Rechtsprechung des *BAG*. Nur zum Teil folgt es dem Schrifttum[18]. Manchmal soll es genügen, daß der Arbeitgeber an mindestens zwei Tarifverträge tarifgebunden ist und die bloße Möglichkeit besteht, daß im Betrieb beschäftigte Arbeitnehmer an unterschiedliche Tarifverträge tarifgebunden sind[19]. Auch hier liegt aber nur eine potentielle Tarifpluralität vor[20]: Besteht die bloße Möglichkeit der Tarifbindung, gilt der Tarifvertrag nicht (§ 4 Abs. 1 TVG). Es kommen dann nicht mehrere Tarifverträge nebeneinander im Betrieb zur Anwendung.

Nach Auffassung des *4. Senats* ist eine Tarifpluralität umgekehrt auszuschließen, wenn einer der kollidierenden Tarifverträge nur nachwirkt. Aus der

---

[18] BAG AP Nr. 16 zu § 4 TVG Tarifkonkurrenz, Bl. 4; AP Nr. 18 zu § 4 TVG Tarifverträge: Einzelhandel, Bl. 3R; EzA § 4 TVG Geltungsbereich Nr. 10, S. 6; Urteil vom 26.1.1994 – 10 AZR 130/92 (n.v.), II 3 c.

[19] Vgl. BAG AP Nr. 19 zu § 4 TVG Tarifkonkurrenz, Bl. 2R; AP Nr. 20 zu § 4 TVG Tarifkonkurrenz, Bl. 3; AP Nr. 22 zu § 4 TVG Tarifkonkurrenz, Bl. 4; ebenso LAG Brandenburg LAGE § 4 TVG Nachwirkung Nr. 3, S. 6; LAG Frankfurt a.M., Urteil vom 12.12.1989 – 5 Sa 1418/88 (n.v.), S. 19 ff.

[20] Vgl. LAG Brandenburg LAGE § 4 TVG Nachwirkung Nr. 3, S. 6.

„Sonderrolle" und dem Zweck des § 4 Abs. 5 TVG folge, daß Tarifpluralität nur gegeben sei, wenn an die kollidierenden Tarifverträge Tarifgebundenheit nach § 3 Abs. 1, Abs. 3, § 5 Abs. 4 TVG bestehe[21]. Dagegen spricht, daß eine Normenkollision die zwingende Normwirkung nicht voraussetzt, sondern schon bei bloßer unmittelbarer Geltung vorliegen kann. Die Auffassung des *BAG* zeigt überdies keine Stimmigkeit mit der eigenen Judikatur: In den „Heizung-Klima-Sanitär"-Fällen[22] hat der *4. Senat* das Prinzip der Tarifeinheit im Betrieb als Kollisionsregel von Tarifpluralität zu Lasten einer vergleichsweise schwächeren, nachwirkenden Tarifregelung nicht angewandt. Das überzeugt nicht[23].

III. Ergebnis

Tarifpluralität liegt vor, wenn in einem Betrieb mehrere unterschiedliche Tarifverträge auf verschiedene Arbeitsverhältnisse anzuwenden sind.

C. Abgrenzung

Manchmal gelten mehrere Tarifverträge für ein Arbeitsverhältnis oder für mehrere verschiedene Arbeitsverhältnisse in einem Betrieb, ohne daß Tarifkonkurrenz oder Tarifpluralität vorliegen[24].

I. Ergänzung

Die Auslegung kollidierender Tarifverträge derselben Tarifvertragsparteien kann ergeben, daß sie sich ergänzen sollen. Eine Tarifkonkurrenz kann dann nicht entstehen[25]: Die Tarifverträge beanspruchen nicht für denselben Sachver-

---

[21] BAG AP Nr. 26 zu § 4 TVG Nachwirkung, Bl. 6 ff.; AP Nr. 27 zu § 4 TVG Nachwirkung, Bl. 5R ff.; ebenso *H.-W. Friedrich*, FS Schaub, S. 199 ff.

[22] BAG AP Nr. 26 zu § 4 TVG Nachwirkung, Bl. 6 ff.; AP Nr. 27 zu § 4 TVG Nachwirkung, Bl. 5R ff.

[23] Ebenso *Kania*, Anm. zu BAG vom 28.5.1997, AP Nr. 26 zu § 4 TVG Nachwirkung, Bl. 8R f.

[24] Unter der Geltung der TVVO ebenfalls als „unechte Tarifnormenkollision" bezeichnet, s. oben § 3 C II.

[25] Std. Rspr. des BAG, etwa AP Nr. 19 zu § 1 BetrAVG Ablösung, Bl. 2R; AP Nr. 1 zu § 1 TVG Tarifverträge: Papierindustrie, Bl. 2R; ebenso *H. Wiedemann/Stumpf*, § 4 Rn. 152, 163; vgl. auch MünchArbR-*Löwisch*, Bd. 3, § 269 Rn. 9; *Löwisch/Rieble*, § 4 Rn. 282.

halt Geltung. Freilich ist eine Ergänzung nicht schon bei Inkongruenz der Tarifverträge, sondern erst bei einer planmäßigen Abstimmung anzunehmen. Darauf, ob wirtschaftlich ein „einziger Tarifvertrag" vorliegt, der rechtlich aus mehreren Tarifverträgen besteht, kommt es nicht an[26]. Beispiele für eine planmäßige Ergänzung sind durch Urlaubs- oder Lohntarifverträge flankierte Manteltarifverträge sowie Rahmentarifverträge von Spitzenorganisationen, die durch Tarifverträge ihrer Unterorganisationen ergänzt werden[27].

II. Ablösung

Ein gekündigter oder abgelaufener Tarifvertrag kann von einem neuen Tarifvertrag derselben Tarifvertragsparteien abgelöst werden, selbst wenn dieser schlechtere Arbeitsbedingungen enthält[28]. Eine Tarifkonkurrenz liegt nicht vor[29]. Ob der ablösende Tarifvertrag dieselbe Regelungsbreite wie der abzulösende Tarifvertrag besitzt, ist dabei unerheblich[30]: Die Ablösung durch den neuen Tarifvertrag führt auch zu einer Beendigung derjenigen Sachregelungen, die keine Nachfolgeregelung erfahren haben. Das gilt nur dann nicht, wenn die Kündigung eines Tarifvertrags ausdrücklich bestimmte Regelungsgegenstände ausnimmt, die unmittelbar und zwingend weitergelten[31].

Gesetzlich normiert ist die Ablösung von Tarifverträgen in § 10 TVG, der die Nachfolge von Tarifordnungen des Nationalsozialismus durch Tarifverträge regelt, heute aber weitgehend bedeutungslos ist[32], sowie in § 31 Nr. 3 InkrG, nach dem die geltenden Rahmenkollektivverträge der früheren DDR auch nach

---

[26] So *Witzig*, S. 4 ff.; vgl. zum Problem des inneren sachlichen Zusammenhangs verschiedener Tarifverträge auch *Bieback*, DB 1989, S. 481; *Dutti*, BB 1968, S. 1337 f.

[27] Näher *Delbos*, S. 21; *Meik*, DB 1990, S. 2525; *G. Müller*, Tarifautonomie, S. 202; Staudinger-*Richardi*, Vorbem. zu § 611 ff. Rn. 1058; *Schröder*, DB 1957, S. 632; *H. Wiedemann/Stumpf*, § 4 Rn. 155.

[28] BAG AP Nr. 15 zu § 4 TVG Ordnungsprinzip, Bl. 2 f.; AP Nr. 12 zu § 1 TVG Rückwirkung, Bl. 3; *Däubler*, TVR, Rn. 1441; *Gamillscheg*, Arbeitsrecht, Bd. 1, § 17 IV 2 (1); *Hj. Otto*, FS Stahlhacke, S. 413 f. m.w.N.

[29] MünchArbR-*Löwisch*, Bd. 3, § 269 Rn. 9; *Löwisch/Rieble*, § 4 Rn. 282; *H. Wiedemann/Stumpf*, § 4 Rn. 157; LAG Berlin, Urteil vom 31.1.1994 – 9 Sa 108/93, S. 11 = ZTR 1994, 330 (insoweit nicht abgedruckt).

[30] Vgl. aber *Gamillscheg*, Arbeitsrecht, Bd. 1, § 17 IV 4 c (1).

[31] Vgl. näher BAG AP Nr. 35 zu § 11 BUrlG, Bl. 3 f.

[32] Heute sind noch drei Tarifordnungen im Kraft, vgl. *Löwisch/Rieble*, § 10 Rn. 2; *H. Wiedemann/Stumpf*, § 10 Rn. 6 ff.

Übernahme des Tarifvertragsgesetzes so lange weiter anzuwenden sind, bis sie durch einen (neuen) Tarifvertrag ersetzt werden[33].

III. Ausschluß

Eine Tarifkonkurrenz ist auch zu verneinen, wenn die Tarifvertragsparteien für Mischbetriebe durch eine ausdrückliche Beschränkung des Geltungsbereichs eine Kollision vermeiden und einem anderen Tarifvertrag den Vorrang lassen[34], etwa in § 1 Abs. 2 Abschnitt VI Satz 3, Abschnitt VII BRTV für selbständige Betriebsabteilungen.

Ob eine darüber hinausgehende Überlegung der *15. Kammer* des *LAG Frankfurt a.M.* zutrifft, ist zweifelhaft: Habe der Wille der Tarifvertragsparteien, Betriebe grundsätzlich als Ganzes zu erfassen, im Tarifvertrag einen Niederschlag gefunden – etwa in § 1 Abs. 2 Abschnitt VI Satz 1 BRTV/VTV –, folge daraus dessen Zurücktreten, wenn es durch eine weitere Tarifbindung des Arbeitgebers zu einer Tarifpluralität komme und sich der kollidierende Tarifvertrag als spezieller erweise[35]. Die Verfahrensmechanismen des Tarifvertrags könnten in „tarifvertraglichen Mischsituationen" nicht effektiv arbeiten. Umgekehrt ist mit dem *10. Senat* des *BAG* aus den Anträgen der Tarifvertragsparteien auf Allgemeinverbindlicherklärung des BRTV und des VTV, die Einschränkungsklauseln für bestimmte Betriebe enthalten, auf deren Willen zu folgern, daß die Tarifverträge alle nicht ausgenommenen Betriebe erfassen und auch dann nicht zurücktreten sollen, wenn es zu einer Tarifpluralität mit einem weiteren, spezielleren Tarifvertrag kommt[36].

Die Tarifkonkurrenz wird schließlich vermieden, wenn die Allgemeinverbindlicherklärung eines Tarifvertrags in der bereits angedeuteten Einschrän-

---

[33] Dazu BAG AP Nr. 4 zu § 1 TVG Tarifverträge: Land- und Forstwirtschaft, Bl. 2; *Löwisch/Rieble*, § 10 Rn. 5 ff.; *Schaub*, Handbuch, § 203 II 5 m.w.N.; vgl. auch BAG *AP* Nr. 1 zu § 31 MantelG DDR, Bl. 2 ff.; AP Nr. 33 zu Art. 20 Einigungsvertrag, Bl. 3.

[34] Vgl. *Stein*, Rn. 274; *H. Wiedemann/Arnold*, ZTR 1994, S. 400; *H. Wiedemann/Stumpf*, § 4 Rn. 158; *Witzig*, S. 68, 77; LAG Berlin, ZTR 1994, S. 330; LAGE § 256 ZPO Nr. 6, S. 9; LAG Köln, Beschluß vom 2.12.1994 – 13 TaBV 8/93 (n.v.), S. 5; vgl. auch *Däubler*, TVR, Rn. 1488; ungenau MünchArbR-*Löwisch*, Bd. 3, § 257 Rn. 21; *Löwisch/Rieble*, § 4 Rn. 45; *Schaub*, AuR 1996, S. 345; *ders.*, Handbuch, § 203 VII 2 a: „Lösung" der Tarifkonkurrenz; kritisch *Rieble*, Rn. 1842; *ders.*, Anm. zu BAG vom 22.3.1994, EzA § 4 TVG Geltungsbereich Nr. 10, S. 22 (soweit es sich nicht um Tarifverträge derselben Gewerkschaft handelt): Die von der Geltungsbereichsausnahme betroffenen Arbeitnehmer würden zu „Gastmitgliedern" der eigenen Gewerkschaft.

[35] LAG Frankfurt a.M., Urteil vom 14.2.1992 – 15 Sa 163/89 (n.v.), S. 16 f.

[36] BAG AP Nr. 22 zu § 4 TVG Tarifkonkurrenz, Bl. 3R.

kungsklausel bestimmt, daß der Tarifvertrag für bestimmte Betriebe oder Betriebsabteilungen nicht gelten soll[37].

IV. Kollision schuldvertraglicher Teile

Die Kollision der schuldrechtlichen Teile mehrerer Tarifverträge kann weder zu Tarifkonkurrenz noch zu Tarifpluralität führen[38], denn die schuldrechtlichen Teile von Tarifverträgen entfalten keine Normwirkung (§ 1 Abs. 1 Var. 1 TVG).

V. Einzelvertragliche Bezugnahme

Auch die einzelvertragliche Bezugnahme eines der kollidierenden Tarifverträge – darauf ist noch zurückzukommen[39] – kann weder Tarifkonkurrenz noch Tarifpluralität bewirken: Sie bewirkt keine Tarifgebundenheit im Sinne des § 4 Abs. 1 TVG, so daß es zu einer Normwirkung des in Bezug genommenen Tarifvertrags nicht kommen kann.

VI. Ergebnis

Zu einer Tarifkonkurrenz kann es nicht kommen, wenn sich mehrere Tarifverträge ergänzen, ablösen oder ihr Zurücktreten anordnen. Weder Tarifkonkurrenz noch Tarifpluralität entstehen bei der Kollision der schuldrechtlichen Teile mehrerer Tarifverträge und bei der einzelvertraglichen Bezugnahme eines Tarifvertrags.

---

[37] Vgl. dazu z.B. BAG AP Nr. 88 zu § 1 TVG Tarifverträge: Bau, Bl. 3 f.; AP Nr. 3 zu § 3 TVG, Bl. 1R f.; AP Nr. 20 zu § 4 TVG Tarifkonkurrenz, Bl. 2; NZA 1997, S. 950; Urteil vom 14.10.1987 – 4 AZR 342/87 (n.v.), S. 11; Urteil vom 20.1.1988 – 4 AZR 492/87 (n.v.), S. 11 f.; *Däubler*, TVR, Rn. 1270 ff., 1484; *A. Hueck/Nipperdey*, Bd. II 1, S. 666 Fn. 56; *Kempen/Zachert*, § 5 Rn. 13; *H. Koch*, Rn. 190; MünchArbR-*Löwisch*, Bd. 3, § 261 Rn. 26; *Löwisch/Rieble*, § 5 Rn. 26; *Hj. Otto/Schwarze*, ZfA 1995, S. 690; *H. Wiedemann/Stumpf*, § 4 Rn. 158, § 5 Rn. 24, 75; *Wonneberger*, S. 148; abw. *Rieble*, Rn. 1805 (überflüssig); vgl. auch *Stein*, Rn. 217 f., 275.

[38] Näher *Memminger*, S. 5.

[39] Ausführlich unten § 10 I 1.

D. Zusammenfassung

Bei einer Tarifkonkurrenz kollidieren im Arbeitsverhältnis mehrere Tarifverträge. Bei einer Tarifpluralität treffen verschiedene Tarifverträge, die für unterschiedliche Arbeitsverträge Geltung entfalten, im Betrieb zusammen. Nicht jede Kollisionslage im weiteren Sinn führt aber zu einer Tarifkonkurrenz oder Tarifpluralität.

§ 8 Tarifvertrag als Kollisionsobjekt

Nachdem die Begriffe Tarifkonkurrenz und Tarifpluralität zunächst nur skizziert worden sind, ist im folgenden auf ihre Voraussetzungen näher einzugehen. Eine Kollision von Tarifverträgen (Tarifkonkurrenz und Tarifpluralität) setzt das Vorliegen mindestens zweier Tarifverträge voraus.

A. Begriff und Funktionen des Tarifvertrags

I. Begriff und rechtlicher Charakter

Der Tarifvertrag ist ein privatrechtlicher Kollektivvertrag, der von Vereinigungen von Arbeitgebern oder einzelnen Arbeitgebern mit Vereinigungen von Arbeitnehmern abgeschlossen werden kann. Er enthält neben einem schuldrechtlichen Teil, der nur zwischen den Tarifparteien Rechtswirkungen entfaltet, vor allem normative Bestimmungen über das Arbeitsverhältnis, die unmittelbar und zwingend wie ein Gesetz auf die tarifgebundenen Arbeitsverhältnisse einwirken (§ 4 Abs. 1 TVG). Ob die Verlagerung bestimmter Regelungsgegenstände des normativen Teils des Tarifvertrags in den schuldrechtlichen Teil zulässig ist[40], ist wegen der zu befürchtenden Aushöhlung der normativen Wirkung umstritten[41].

---

[40] Dafür *Heinze*, DB 1996, S. 734; *Löwisch/Rieble*, § 1 Rn. 267 f.

[41] Dagegen *Wank*, NJW 1996, S. 2278: Eine wesentliche Errungenschaft des Tarifvertragssystems ginge verloren.

Der Rechtscharakter des Tarifvertrags ist umstritten. Manche Autoren verstehen ihn rein schuldrechtlich[42] oder sehen ihn als privatautonomen Gesamtvertrag[43]. Die h.M. geht zu Recht von einer staatlichen Delegation der Normsetzungsbefugnis an die Tarifvertragsparteien aus[44]. Zwar ist das durch den Tarifvertrag gesetzte Recht „autonomes" Recht. Es folgt aber nicht aus einer originären Rechtssetzungsgewalt. Diese bleibt dem Staat vorbehalten, aus dessen Kompetenz, objektives Recht schaffen, die Delegationsbefugnis abzuleiten ist. Wegen der staatlichen Delegation der Normsetzungsbefugnis auf die Tarifvertragsparteien ist der normative Teil des Tarifvertrags Gesetz im materiellen Sinne[45]. Nur so ist die unmittelbare und zwingende Wirkung zu erklären, und nur so kann es – in Anlehnung an die Gesetzeskonkurrenz – überhaupt zu Tarifkonkurrenzen und Tarifpluralität kommen.

II. Funktionen

Die klassische Aufgabe des Tarifvertrags ist die Schutzfunktion. Auf der Ebene des Arbeitsverhältnisses besteht typischerweise ein wirtschaftliches Ungleichgewicht, das der Tarifvertrag, der Mindestarbeitsbedingungen für die Mitglieder der Tarifvertragsparteien enthält, auszugleichen versucht[46]. Neben den Schutzzweck tritt die Ordnungsfunktion[47]. Die einheitliche und typisierende

---

[42] *Bötticher*, Gestaltungsrecht, S. 18 ff.; *Jacobi*, S. 276 ff. und passim; *Ramm*, S. 84 ff.

[43] *Rieble*, Rn. 1194 ff.; ähnlich *Bruhn*, Tarifeinheit, S. 109 ff.; *Neuner*, ZfA 1998, S. 84 ff.; *A. Wiedemann*, S. 66 ff.

[44] Mit im einzelnen unterschiedlichen Begründungen etwa BVerfG AP Nr. 15 zu § 5 TVG, Bl. 6; AP Nr. 21 zu § 9 BergmannsVersorgSchein NRW, Bl. 2R; BAG AP Nr. 4 zu Art. 3 GG, Bl. 3R; AP Nr. 16 zu Art. 3 GG, Bl. 5; AP Nr. 18 zu Art. 3 GG, Bl. 2R f.; aus der Literatur etwa *Adomeit*, Rechtsquellenfragen, S. 136 ff.; *Biedenkopf*, S. 103 ff.; *Dörrwächter*, S. 42; *D. Gaul*, ZTR 1991, S. 445; MünchArbR-*Löwisch*, Bd. 3, § 246 Rn. 27 ff.; *Nikisch*, Bd. 2, S. 45; *Säcker*, RdA 1969, S. 297; *Stein*, Rn. 291 ff.; *H. Wiedemann/Stumpf*, § 1 Rn. 25; *Zöllner*, Rechtsnatur, S. 37 f. und passim.

[45] BVerfG AP Nr. 15 zu § 2 TVG, Bl. 2, 5R f.; BAG AP Nr. 4 zu Art. 3 GG, Bl. 3R; AP Nr. 7 zu Art. 3 GG, Bl. 3R; AP Nr. 16 zu Art. 3 GG, Bl. 5; *Galperin*, JZ 1956, S. 105; *Stein*, Rn. 100.

[46] MünchArbR-*Löwisch*, Bd. 3, § 245 Rn. 35; *Löwisch/Rieble*, Grdl. Rn. 4; *Schelp*, FS Nipperdey (1965), Bd. 2, S. 589; *Söllner*, ArbRGegwart Bd. 35 (1998), S. 27 f.; *H. Wiedemann/Stumpf*, Einl. Rn. 2 ff.

[47] *D. Gaul*, ZTR 1991, S. 445; *Herschel*, RdA 1975, S. 336; *A. Hueck/Nipperdey*, Bd. II 1, S. 235 ff.; MünchArbR-*Löwisch*, Bd. 3, § 245 Rn. 36; *Löwisch/Rieble*, Grdl. Rn. 5 f.; *Loritz*, S. 58; *Mayer-Maly*, DB 1965, S. 33; *G. Müller*, DB 1975, S. 207; *Nikisch*, Bd. 2, S. 206, 428; *Siebert*, FS Nipperdey (1955), S. 122; *Söllner*, ArbRGegwart Bd. 35 (1998), S. 28 f.; *H. Wiedemann/Stumpf*, Einl. Rn. 5 ff.; zurückhaltend *Bieden-*

Regelung der Arbeitsverhältnisse durch den Tarifvertrag ermöglicht den Arbeitsvertragsparteien eine sichere Kalkulation für finanzielle Dispositionen. Zu nennen ist schließlich die Kartellfunktion: Der Tarifvertrag reguliert durch eine gleichförmige Fixierung der Arbeitsbedingungen den Wettbewerb zwischen konkurrierenden Arbeitgebern[48]. Da die Kartellfunktion der Grund für eine nicht mehr marktgerechte Entwicklung der Arbeitsbedingungen sein soll, gerät sie zunehmend in die Kritik[49].

III. Ergebnis

Der Tarifvertrag ist ein privatrechtlicher Vertrag kollektiven Rechts. Sein normativer Teil enthält Regelungen, die unmittelbar und zwingend auf die tarifgebundenen Arbeitsverhältnisse einwirken. Aufgaben des Tarifvertrags sind die Schutz-, die Ordnungs- und die Kartellfunktion.

B. Bestandteile und Voraussetzungen des Tarifvertrags

I. Individual- und Kollektivnormen

Der normative Teil des Tarifvertrags kann verschiedene Normtypen enthalten. Das TVG nennt einerseits betriebliche und betriebsverfassungsrechtliche Normen, die sich wegen ihres kollektiven Bezugs zusammenfassend als Kollektivnormen bezeichnen lassen, und andererseits Inhalts-, Abschluß- und Beendigungsnormen, die sich auf das einzelne Arbeitsverhältnis beziehen und deshalb mit dem Oberbegriff der Individualnormen zu erfassen sind (§ 1 Abs. 1 Satz 1, § 4 Abs. 1 TVG). Die Normgruppen stehen nicht streng alternativ zueinander, Tarifvertragsbestimmungen können auch Doppelcharakter haben[50].

---

kopf, S. 78; *Forsthoff*, BB 1965, S. 386; *Hensche*, RdA 1971, S. 15; abl. etwa *Bruhn*, Tarifeinheit, S. 179; *Däubler*, TVR, Rn. 18 (nur faktische Folge der Tarifpraxis); *Reuter*, DZWir 1991, S. 222 ff.; *Witzig*. S. 36.

[48] Vgl. dazu *Gentz*, FS Schaub, S. 207; *Kempen/Zachert*, § 1 Rn. 6; MünchArbR-*Löwisch*, Bd. 3, § 245 Rn. 37; *Löwisch/Rieble*, Grdl. Rn. 6; MünchArbR-*Richardi*, Bd. 1, § 12 Rn. 11; *Rieble*, Rn. 1305 ff.; *Söllner*, ArbRGegwart Bd. 35 (1998), S. 21 ff.; *H. Wiedemann/Stumpf*, Einl. 9.

[49] Statt vieler *Reuter*, ZfA 1995, S. 1 ff. m.w.N.; vgl. auch *Gentz*, FS Schaub, S. 208 f.

[50] BAG AP Nr. 1 zu § 3 TVG Betriebsnormen, Bl. 2R; *Buchner*, S. 71; *Dieterich*, S. 88; *Hentschel*, S. 62; *Hromadka*, Anm. zu BAG vom 17.6.1997, AuA 1998, S. 73 f.; *A. Hueck*, BB 1949, S. 531; *A. Hueck/Nipperdey*, Bd. II 1, S. 259 f.; *Kempen/Zachert*,

Eine Sonderstellung nehmen Tarifnormen über gemeinsame Einrichtungen der Tarifvertragsparteien ein (§ 4 Abs. 2 TVG).

Kollektivnormen unterscheiden sich von Individualnormen dadurch, daß sie zur Normwirkung die einseitige Tarifgebundenheit des Arbeitgebers genügen lassen – sie orientieren sich am Betrieb –, während jene die Tarifgebundenheit beider Arbeitsvertragsparteien voraussetzen, da sie das einzelne Arbeitsverhältnis betreffen. Normen über gemeinsame Einrichtungen der Tarifvertragsparteien beziehen sich ebenfalls auf das Arbeitsverhältnis und sind deshalb mindestens in weiterem Sinn Individualnormen. Zwar haben sie – den Kollektivnormen ähnlich – einen kollektiven Bezug: Gemeinsame Einrichtungen funktionieren nur, wenn alle Arbeitnehmer und Arbeitgeber einer Branche erfaßt werden. Sie betreffen regelmäßig aber Sachverhalte, die auf das einzelne Arbeitsverhältnis bezogen sind (z.B. Urlaub, Zusatzversorgung). Die betriebseinheitliche Wirkung wird anders als bei Kollektivnormen nicht generell durch gesetzliche Anordnung vermittelt, sondern im Einzelfall mit Hilfe der Allgemeinverbindlicherklärung hergestellt (§ 5 Abs. 4 TVG).

Auf die Abgrenzung von Individual- und Kollektivnormen kommt es bei der rechtlichen Bewertung des Prinzips der Tarifeinheit entscheidend an. Individualnormen verschiedener Tarifverträge konkurrieren nur im Arbeitsverhältnis, nicht im Betrieb. Anders ist das bei Kollektivnormen, die auf betrieblicher Ebene kollidieren. Die Abgrenzung hat auch den *4. Senat* des *BAG* beim Prinzip der Tarifeinheit beschäftigt, der für das Vorliegen einer Tarifkonkurrenz wegen der rechtlich und tatsächlich schwierigen Abgrenzung beider Normtypen zeitweilig die mehrfache Tarifgebundenheit des Arbeitgebers hat genügen lassen[51]. Die Rechtsprechung des *BAG* zum Prinzip der Tarifeinheit hat sich darüber hinaus überwiegend mit Tarifverträgen über gemeinsame Einrichtungen befassen müssen[52]. Daher ist eine Abgrenzung der genannten Normgruppen erforderlich.

1. Individualnormen (Inhalts-, Abschluß- und Beendigungsnormen)

Inhalts-, Abschluß- und Beendigungsnormen betreffen nicht den Betrieb, sondern das einzelne Arbeitsverhältnis. Praktisch bedeutsam sind Inhaltsnormen, die den Inhalt von Arbeitsverhältnissen regeln und die Rechte und Pflich-

---

§ 1 Rn. 37; *Schwarze*, S. 345 ff.; *Stein*, Rn. 163; *H. Wiedemann/Stumpf*, § 1 Rn. 117, 247; abl. *Reuter*, DZWir 1995, S. 354; kritisch bereits *Nikisch*, Bd. 2, S. 291.

[51] S. oben § 7 A I.

[52] S. näher oben § 5 B II 2, 3.

ten der Arbeitsvertragsparteien betreffen[53]. Sie enthalten Bestimmungen zur Lohnhöhe, zu Art und Zeitpunkt der Lohnzahlung, zur Bemessung von Zulagen und Prämien sowie zu Fragen des Urlaubs, der Entgeltfortzahlung oder der Haftung des Arbeitnehmers[54]. Abschlußnormen befassen sich mit der Begründung des Arbeitsverhältnisses[55]. Hierzu gehören Formvorschriften oder Abschlußverbote und -gebote. Beendigungsnormen enthalten Regelungen über das „wie" der Beendigung von Arbeitsverhältnissen, etwa Vorschriften über die ordentliche und außerordentliche Kündigung, über deren Form und Fristen oder zur Befristung von Arbeitsverhältnissen[56].

2. *Kollektivnormen (betriebliche und betriebsverfassungsrechtliche Normen)*

Betriebliche und betriebsverfassungsrechtliche Normen zeichnen sich dadurch aus, daß sie für alle Arbeitnehmer in Betrieben tarifgebundener Arbeitgeber gelten. Ihr Wesen ist – anders als bei Individualnormen – notwendigerweise kollektiv[57]. Da die Organisationszugehörigkeit der Arbeitnehmer außer Betracht bleibt, bilden die Kollektivnormen eine Ausnahme vom Erfordernis der das TVG prägenden beiderseitigen Tarifgebundenheit als Voraussetzung für eine Normwirkung und sind insoweit ein Fremdkörper im Gesetz. Die Monopolkommission fordert auch deshalb eine Streichung des § 3 Abs. 2 TVG[58]. Die Möglichkeit, auch Außenseiter in den Geltungsbereich des Tarifvertrags einzu-

---

[53] Näher *Däubler*, TVR, Rn. 170; *Gamillscheg*, Arbeitsrecht, Bd. 1, § 15 V 2; *A. Hueck/Nipperdey*, Bd. II 1, S. 250; *Kempen/Zachert*, § 1 Rn. 27; MünchArbR-*Löwisch*, Bd. 3, § 253 Rn. 1 ff.; *Löwisch/Rieble*, § 1 Rn. 41 ff.; Staudinger-*Richardi*, Vorbem. zu §§ 611 ff. Rn. 957 ff.; *Säcker/Oetker*, Tarifautonomie, S. 120 ff.; *Stein*, Rn. 426 ff.; *H. Wiedemann*, RdA 1997, S. 298 f.; *H. Wiedemann/Stumpf*, § 1 Rn. 150.

[54] Ausführlich MünchArbR-*Löwisch*, Bd. 3, § 253 Rn. 1 ff.; *Löwisch/Rieble*, § 1 Rn. 41 ff.; *H. Wiedemann/Stumpf*, § 1 Rn. 150 ff.

[55] Näher *Buchner*, RdA 1966, S. 208 ff.; *Däubler*, TVR, Rn. 856 ff.; *Gamillscheg*, Arbeitsrecht, Bd. 1, § 15 V 3; *Kempen/Zachert*, § 1 Rn. 28 ff.; MünchArbR-*Löwisch*, Bd. 3, § 253 Rn. 34 ff.; *Löwisch/Rieble*, § 1 Rn. 63 ff.; Staudinger-*Richardi*, Vorbem. zu §§ 611 ff. Rn. 960 ff.; *Säcker/Oetker*, Tarifautonomie, S. 106 ff.; *Stein*, Rn. 400 ff.; *H. Wiedemann*, RdA 1997, S. 299 f.; *H. Wiedemann/Stumpf*, § 1 Rn. 210 ff.

[56] *Kempen/Zachert*, § 1 Rn. 32 ff.; MünchArbR-*Löwisch*, Bd. 3, § 253 Rn. 45 ff.: *Löwisch/Rieble*, § 1 Rn. 73 ff.; *Säcker/Oetker*, Tarifautonomie, S. 127 f.; *Stein*, Rn. 539 ff.; *H. Wiedemann/Stumpf*, § 1 Rn. 227 ff.; abw. *Däubler*, TVR, Rn. 931 ff.; *A. Hueck/Nipperdey*, Bd. II 1, S. 281; *Zöllner/Loritz*, § 35 I 1, die sie den Inhaltsnormen zuordnen.

[57] Zur Geschichte *Dieterich*, S. 2 ff.; *Richardi*, Gutachten, S. B 63 ff.; *Schmidt-Eriksen*, S. 21 ff.

[58] Monopolkommission, Tz. 951.

beziehen, kann zu einer extensiven Auslegung des Kollektivnormenbegriffs verleiten[59].

a) Verfassungsmäßigkeit des § 3 Abs. 2 TVG

Beachtliche Stimmen im Schrifttum gehen demgemäß von der Verfassungswidrigkeit des § 3 Abs. 2 TVG wegen Verstoßes gegen Art. 9 Abs. 3 Satz 1 GG aus, da nichtorganisierte Arbeitnehmer gegen ihren Willen der Rechtssetzungsbefugnis der Tarifvertragsparteien unterworfen würden[60]. Die negative Koalitionsfreiheit umfasse nicht nur das Recht, einer Koalition fernzubleiben, sondern auch die Befugnis, von deren Rechtsetzung verschont zu bleiben. Andere Autoren machen einen Verstoß gegen das Demokratie- und Rechtsstaatsprinzip geltend[61]. Grundlage der Unterwerfung des einzelnen Arbeitnehmers unter die tarifliche Normsetzung sei die Freiwilligkeit seiner Mitgliedschaft in der Koalition. Auch erfolge die Legitimation der tariflichen Willensbildung bereits im Vorfeld der Normsetzung durch Teilhabe der Mitglieder am innerverbandlichen Willensbildungsprozeß. Schließlich wird die Verletzung von Art 12 GG reklamiert[62].

Nach der Rechtsprechung des *BAG*[63], die vom herrschenden Schrifttum gebilligt wird[64], verstößt § 3 Abs. 2 TVG nicht gegen die Verfassung. Dem ist zu-

---

[59] *Lieb*, Arbeitsrecht, Rn. 539.

[60] *Buchner*, S. 67 ff., 99; *ders.*, RdA 1966, S. 208 f.; *Heinze*, NZA 1997, S. 8; *Lieb*, Arbeitsrecht, Rn. 539; *ders.*, RdA 1967, S. 447; Monopolkommission, Tz. 951; *Reuter*, FS Schaub, S. 613 ff.; *Richardi*, Kollektivgewalt, S. 225, 229, 236; *Zöllner*, RdA 1962, 458 f.; *ders.*, RdA 1964, S. 446 f.; *Zöllner/Loritz*, § 8 IV 5 a.E., § 36 II 3; kritisch auch *Biedenkopf*, S. 101; *I. Koller*, ZfA 1978, S. 61 ff.; *Reuter*, DZWir 1995, S. 355 f.; *ders.*, ZfA 1995, S. 45 ff.; MD-*Scholz*, Art. 9 GG Rn. 236; *A. Wiedemann*, S. 87 ff.; offengelassen von *Loritz*, S. 60 f.; näher dazu *Ingelfinger*, S. 161 ff.; *Schmidt-Eriksen*, S. 114 ff., 155 ff.; zu einer immerhin denkbaren Gefährdung der positiven Koalitionsfreiheit der Gewerkschaften *Kempen/Zachert*, § 3 Rn. 19; *Schmidt-Eriksen*, S. 116 ff.

[61] MünchArbR-*Löwisch*, Bd. 3, § 260 Rn. 30 ff.; *Löwisch/Rieble*, § 3 Rn. 63 i.V.m. Rn. 1; *Reuter*, DZWir 1995, S. 357; *Schüren*, RdA 1988, S. 138 ff.; vgl. hierzu auch *Biedenkopf*, S. 47; *Richardi*, Kollektivgewalt, S. 50 f., 214 f.; *Zöllner*, RdA 1962, S. 456 f.; näher *Schleusener*, S. 82 ff.; *Schmidt-Eriksen*, S. 120 ff.

[62] Näher *H. Hanau*, RdA 1996, S. 160 ff. m.w.N.

[63] BAG AP Nr. 57 zu Art. 9 GG, Bl. 7R ff.; AP Nr. 1 zu § 3 TVG Betriebsnormen, Bl. 3R f.; AP Nr. 2 zu § 3 TVG Betriebsnormen, Bl. 2R; zust. LAG Baden-Württemberg, Beschluß vom 26.11.1996 – 8 TaBV 8/96 (n.v.), S. 13 f.; das BVerfG hat die Verfassungsbeschwerde gegen das Urteil BAG AP Nr. 57 zu Art. 9 GG zu qualifizierten Besetzungsregeln in Tarifverträgen der Druckindustrie wegen fehlenden Rechtsschutzbedürfnisses nicht zur Entscheidung angenommen und eine grundsätzliche verfassungsrechtliche Bedeutung der Streitfrage nach § 93a Abs. 2 a) BVerfGG verneint, da

zustimmen. Nach ständiger Rechtsprechung des *BVerfG* haben die Tarifpartner die Aufgabe, durch Abschluß von Tarifverträgen das Arbeitsleben sinnvoll zu ordnen und zu gestalten[65]. Eine so verstandene Koalitionsfreiheit enthält Elemente einer objektiv sozialgestaltenden Funktion, die über die Grenze der Tarifgebundenheit hinausgehen müssen. Ein „gewisses Maß an Drittwirkung" des Tarifvertrags ist in Kauf zu nehmen[66]. Die negative Koalitionsfreiheit darf einem legitimen und sozial adäquatem Druck ausgesetzt werden[67], zumal andernfalls auch die Koalitionsbetätigungsfreiheit des Arbeitgebers und der organisierten Arbeitnehmer wegen der zwingenden Betriebseinheitlichkeit von Kollektivnormen, auf die noch zurückzukommen ist, tangiert wäre. Eine unbegrenzte Normsetzungsbefugnis der Tarifparteien gegenüber Nichtorganisierten folgt daraus allerdings nicht. Die Grenzziehung zwischen verfassungswidriger Beeinträchtigung von Außenseitern und verfassungskonformer Drittwirkung hat durch eine enge Begriffsbestimmung der Kollektivnormen zu erfolgen[68].

Dieses Ergebnis wird zumindest im Ansatz durch die Rechtsprechung des *BVerfG* zur Verfassungsmäßigkeit der Allgemeinverbindlicherklärung[69] und der Heimarbeitsausschüsse[70], die befugt sind, Entgelte und andere Arbeitsbedin-

---

die geltend gemachte Grundrechtsverletzung jedenfalls „nicht so schwerwiegend" sei, AP Nr. 46 zu § 256 ZPO 1977, Bl. 1R f.

[64] *Badura*, ArbRGegwart Bd. 15 (1977), S. 31; *Biedenkopf*, S. 309 f.; *Däubler*, TVR, Rn. 804; *ders.*, FS Kehrmann, S. 250 f.; *Gamillscheg*, Differenzierung, S. 97; *ders.*, Arbeitsrecht, Bd. 1, § 17 I 2 d (2); *Huber*, Bd. 2, S. 437; *A. Hueck/Nipperdey*, Bd. II 1, S. 482 Fn. 20a; *Kempen/Zachert*, § 3 Rn. 17 f., 20; *Kittner*, Anm. zu BAG vom 20.4.1990, EzA § 4 TVG Druckindustrie Nr. 20, S. 25 f.; *Konertz*, S. 87 f.; *Kroll*, S. 40 ff.; *Meik*, S. 145 f., 169; *ders.*, DB 1990, S. 2524; *Nikisch*, Bd. 2, S. 262, 269; *Peters/Ossenbühl*, S. 118; *Reuß*, DB 1964, S. 1412; *Reuter*, ZfA 1978, S. 31; *Rüthers*, FS G. Müller, S. 453 f.; *Säcker*, Gruppenautonomie, S. 331 Anm. 268; *Schleusener*, S. 72 ff.; *ders.*, ZTR 1998, S. 101 ff.; *Stein*, Rn. 162; *H. Wiedemann*, RdA 1969, S. 323, 326; *H. Wiedemann/Stumpf*, § 3 Rn. 67; offengelassen noch in BAG (GS) AP Nr. 13 zu Art. 9 GG, Bl. 5R ff.; differenzierend *H. Hanau*, RdA 1996, S. 160 ff. zu Art. 12 GG.

[65] Vgl. nur BVerfG AP Nr. 1 zu Art. 9 GG, Bl. 3; AP Nr. 15 zu § 2 TVG, Bl. 5R; AP Nr. 15 zu § 5 TVG, Bl. 4 f.; AP Nr. 1 zu § 1 MitbestG, Bl. 24; AP Nr. 117 zu Art. 9 GG Arbeitskampf, Bl. 5.

[66] *Reuter*, ZfA 1978, S. 31 f.; vgl. zur „Gesamtrepräsentationsfunktion" der Gewerkschaften für alle Arbeitnehmer auch *Gamillscheg*, Differenzierung, S. 36 ff.; *I. Koller*, ZfA 1978, S. 59; *Loritz*, S. 56 ff.; *H. Wiedemann*, RdA 1969, S. 327 ff.

[67] BAG AP Nr. 46 zu Art. 9 GG, Bl. 5; AP Nr. 47 zu Art. 9 GG, Bl. 6; AP Nr. 57 zu Art. 9 GG, Bl. 6R f.

[68] S. sogleich § 8 B I 2 b a.E.

[69] BVerfG AP Nr. 15 zu § 5 TVG, Bl. 4R f.; ebenso *Däubler/Hege*, TVR, Rn. 150 Fn. 29; kritisch *Kempen/Zachert*, § 3 Rn. 18; näher dazu unten § 10 F II.

[70] BVerfG AP Nr. 7 zu § 19 HAG, Bl. 3 ff.; vgl. auch AP Nr. 23 zu Art. 9 GG, Bl. 5R ff.; AP Nr. 15 zu § 5 TVG, Bl. 7.

gungen mit normativer Wirkung für Außenseiter festzusetzen, gestützt. Schließlich beschränkt sich auch bei § 3 Abs. 1 TVG die faktische Wirkung des Tarifvertrags keinesfalls nur auf die Mitglieder der Tarifvertragsparteien. Auch für Außenseiter, in deren Arbeitsverträgen Tarifverträge regelmäßig in Bezug genommen sind, ist das Leben im „Monopolschatten" der Tarifvertragsparteien eine sinnvolle Verhaltensweise[71].

b) Begriff der betrieblichen Normen

Die verfassungsrechtlichen Bedenken gegen § 3 Abs. 2 TVG sind durch eine eingrenzende Begriffsbestimmung der betrieblichen Normen auszuräumen. Freilich tun sich Rechtsprechung und Literatur mit einer zweifelsfreien Definition schwer. „Was unter Betriebsnormen zu verstehen ist, ist alles andere als klar"[72]. Der *4. Senat* des *BAG* bezweifelt sogar die trennscharfe Abgrenzbarkeit beider Normgruppen[73].

Früher nahm man eine Abgrenzung zu Individualnormen anhand einer Bildung von Fallgruppen vor, denen der Gedanke zugrunde lag, daß bestimmte Arbeitsbedingungen nur betriebseinheitlich geregelt werden können[74]. Man unterteilte die betrieblichen Normen in Solidarnormen[75], die den Zweck haben, Einrichtungen zugunsten der gesamten Belegschaft zu schaffen (z.B. Arbeitsschutz- oder Sozialeinrichtungen), und Ordnungsnormen[76], die an die Organi-

---

[71] *Reuter*, ZfA 1978, S. 29 ff.

[72] *Gamillscheg*, FS Kehrmann, S. 248.

[73] BAG AP Nr. 16 zu § 4 TVG Tarifkonkurrenz, Bl. 5; vgl. ferner AP Nr. 12 zu § 4 TVG Tarifkonkurrenz, Bl. 3; AP Nr. 19 zu § 4 TVG Tarifkonkurrenz, Bl. 3; AP Nr. 20 zu § 4 TVG Tarifkonkurrenz, Bl. 3R.

[74] „Einheitlichkeitspostulat", vgl. BAG AP Nr. 46 zu Art. 9 GG, Bl. 3R; AP Nr. 47 zu Art. 9 GG, Bl. 4; AP Nr. 57 zu Art. 9 GG, Bl. 6R f.; *A. Hueck/Nipperdey*, Bd. II 1, S. 291; MünchArbR-*Löwisch*, Bd. 3, § 254 Rn. 12 ff.; *Löwisch/Rieble*, § 1 Rn. 88 ff.; *Richardi*, Kollektivgewalt, S. 240; *Säcker/Oetker*, ZfA 1991, S. 142.

[75] Der Begriff geht zurück auf *Sinzheimer*, Arbeitsnormenvertrag, Bd. 1, S. 5; s. ferner *A. Hueck*, BB 1949, S. 530; *Gamillscheg*, Arbeitsrecht, Bd. 1, § 15 VI 2 c; *A. Hueck/Nipperdey*, Bd. II 1, S. 293; *Nikisch*, Bd. 2, S. 302; *Richardi*, Kollektivgewalt, S. 238; Staudinger-*ders.*, Vorbem. zu §§ 611 ff. Rn. 976 f.; *H. Wiedemann/Stumpf*, § 1 Rn. 243.

[76] Ihre Zuordnung zu den betrieblichen Normen erfolgte erstmals durch *Nikisch*, BB 1950, S. 539; *ders.*, Bd. 2, S. 301 ff.; vgl. auch *Buchner* Koalitionsfreiheit, S. 7; *Dieterich*, S. 44; *A. Hueck/Nipperdey*, Bd. II 1, S. 291 f.; *A. Hueck/Nipperdey/Stahlhacke*, § 1 Rn. 65; *Richardi*, Kollektivgewalt, S. 239; Staudinger-*ders.*, Vorbem. zu §§ 611 ff. Rn. 978 f.; *H. Wiedemann/Stumpf*, § 1 Rn. 243.

sationsgewalt des Arbeitgebers anknüpfen (z.B. Rauchverbote oder Torkontrollen).

Erst später kamen Zulassungsnormen, also tarifliche Bestimmungen, bei denen aufgrund besonderer gesetzlicher Ermächtigung von öffentlich-rechtlichen Arbeitsschutzbestimmungen abgewichen werden kann (etwa § 7 ArbZG), und in neuerer Zeit – auch wenn die Qualifikation als betriebliche Norm zum Teil bestritten wird[77] – Arbeitsverteilungsnormen[78], die sich in quantitative und vor allem qualitative Besetzungsregeln, die für bestimmte Arbeitsplätze eine Mindestqualifikation vorschreiben, unterscheiden lassen[79], sowie Regelungen über die wöchentliche Arbeitszeit, die die individuelle Verlängerung für einen bestimmten Prozentsatz der Arbeitnehmer gestatten[80]. Schließlich können nach verbreiteter Auffassung Tarifnormen auch dann betriebliche Normen sein, wenn deren Regelungsmaterie eine nach § 87 Abs. 1 BetrVG mitbestimmungspflichtige Angelegenheit ist[81]. Der Fallgruppenbildung wurde entgegengehalten, sie habe sich nicht bewährt[82]. Daran ist zumindest richtig, daß ein starres Festhalten an einmal gebildeten Tatbeständen die notwendige Fortentwicklung und Anpassung einer Norm an veränderte Umstände blockieren kann. Heute steht deshalb der Versuch einer begrifflichen Fassung der betrieblichen Normen im Vordergrund.

Nach einem weiten Betriebsnormenbegriff ist alles, „was erfahrungsgemäß betriebseinheitlich geregelt wird (Bestimmung der täglichen Arbeitszeit, der Lage der Pausen, der Zeit der Lohnzahlung, Kündigungsgründe und Kündigungsfristen usw.)“ unter den Begriff der betrieblichen Norm zu subsumieren[83]. Das mag praktikabel sein, greift aber in die negative Koalitionsfreiheit (Art. 9 Abs. 3 Satz 1 GG) der Außenseiter ein, ohne sachlich gerechtfertigt zu sein.

---

[77] *Löwisch*, ZfA 1996, S. 314; *Rieble*, Rn. 1523.

[78] *Rieble*, Rn. 1499.

[79] Näher dazu BAG AP Nr. 1 zu § 1 TVG Tarifverträge: Druckindustrie, Bl. 4R ff.; AP Nr. 57 zu Art. 9 GG, Bl. 6 ff.; AP Nr. 67 zu Art. 12 GG, Bl. 4 ff.; *Däubler*, TVR, Rn. 816, 847, vgl. auch Rn. 805; *Reuter*, ZfA 1978, S. 1, 4; *H. Wiedemann/Stumpf*, § 1 Rn. 220, § 3 Rn. 66; ausführlich *Konertz*, S. 150 ff.

[80] BAG AP Nr. 2 zu § 3 TVG Betriebsnormen, Bl. 2 ff.; LAG Baden-Württemberg, Beschluß vom 26.11.1996 – 8 TaBV 8/96 (n.v.), S. 2 f., 14 f.

[81] *Ganter*, S. 46; *Säcker/Oetker*, S. 145 ff.; vgl. auch *Schmidt-Eriksen*, S. 219 ff., jeweils m.w.N.

[82] Z.B. BAG AP Nr. 57 zu Art. 9 GG, Bl. 6R; *Ingelfinger*, S. 55, 70.

[83] *H. Wiedemann/Stumpf*, § 1 Rn. 244; wohl auch *Kittner*, Anm. zu BAG vom 26.4.1990, EzA § 4 TVG Druckindustrie Nr. 20, S. 25; *Rüthers*, FS G. Müller, S. 454; *Schleusener*, S. 68; vgl. jetzt *H. Wiedemann*, RdA 1997, S. 300.

Umgekehrt werden zur Vermeidung der Außenseiterproblematik enge Betriebsnormenbegriffe vertreten, wobei die erforderliche Eingrenzung entweder auf der Tatbestands- oder auf der Rechtsfolgenseite vorgenommen wird. So wird etwa formuliert, nur begünstigende Regelungen seien einer Charakterisierung als betriebliche Norm zugänglich[84], die normative Wirkung der Betriebsnormen sei – das zeige die Formulierung „entsprechend“ in § 4 Abs. 1 S. 2 TVG – auf den Arbeitgeber zu beschränken[85], oder eine weitere einfachgesetzliche Ermächtigungsgrundlage sei neben § 3 Abs. 2 TVG erforderlich, wie es bei Zulassungsnormen oder auch bei betriebsverfassungsrechtlichen Normen ohnehin praktiziert werde[86]. Sämtliche Ansätze lassen sich freilich weder mit dem Wortlaut oder der Systematik des TVG noch mit dem Zweck des § 3 Abs. 2 TVG begründen. Bereits der Blick auf die klassische Fallgruppe der Ordnungsnormen zeigt, daß eine Beschränkung auf Regelungen, die für den Arbeitnehmer günstig sind, dem Sinngehalt des § 3 Abs. 2 TVG widerspricht. Die Normwirkung des § 3 Abs. 2 TVG kann auch nicht auf den Arbeitgeber zu beschränken sein: Das folgt schlicht daraus, daß § 3 Abs. 2 TVG die Tarifbindung auch auf Außenseiter erstreckt und damit – in der Systematik des TVG zwingend – eine Normwirkung herbeiführt[87]. Die Formulierung "entsprechend“ ist das Resultat gängiger Gesetzgebungstechnik und soll umständliche Wiederholungen vermeiden, kann aber keine mindere Normqualität begründen. Die Notwendigkeit ergänzender einfachgesetzlicher Ermächtigungsgrundlagen würde § 3 Abs. 2 TVG überflüssig machen.

Nach dem Ansatz mehrerer Senate des *BAG*[88] und der herrschenden Literaturmeinung[89] sind betriebliche Normen solche Regelungen, deren einheitliche

---

[84] *Lieb*, RdA 1967, S. 441 Fn. 7; *ders.*, Arbeitsrecht, Rn. 539; *Richardi*, Kollektivgewalt, S. 236 f.; *A. Wiedemann*, S. 87 ff.; *Zöllner*, RdA 1962, S. 456 ff.; *Zöllner/Loritz*, § 36 II 3; ähnlich *Schlüter*, FS Lukes, S. 566 Fn. 40; vgl. auch MünchArbR-*Löwisch*, Bd. 3, § 254 Rn. 5; kritisch *Reuter*, DZWir 1995, S. 358 f.

[85] *Ingelfinger*, S. 48; *Richardi*, Kollektivgewalt, S. 224 f., 236; *ders.*, Gutachten, S. B 69; *Zöllner*, RdA 1962, S. 458 f.; *ders.*, RdA 1964, S. 446 f.; *ders.*, Rechtsnatur, S. 21; vgl. auch *Rieble*, Rn. 1509 ff., 1512 (nur „mittelbare faktische Lastwirkung“); dagegen etwa *Dieterich*, S. 93; *A. Hueck/Nipperdey*, Bd. II 1, S. 482 Fn. 20a; *Reuter*, DZWir 1995, S. 357 f.

[86] *Reuter*, DZWir 1995, S. 360 f.; *ders.*, FS Schaub, S. 614.

[87] S. näher unten § 10 E.

[88] BAG AP Nr. 46 zu Art. 9 GG, Bl. 3R; AP Nr. 47 zu Art. 9 GG, Bl. 4; AP Nr. 57 zu Art. 9 GG, Bl. 6R f. (alle 1. Senat); AP Nr. 1 zu § 3 TVG Betriebsnormen, Bl. 2R (3. Senat); AP Nr. 4 zu § 1 BeschFG 1985, Bl. 3R f. (7. Senat); zust. LAG Baden-Württemberg, Beschluß vom 26.11.1996 – 8 TaBV 8/96 (n.v.), S. 12.

[89] *Däubler*, TVR, Rn. 804; *Kempen/Zachert*, § 3 Rn. 13; *I. Koller*, ZfA 1978, S. 62; *Konzen/Weber*, Anm. zu BAG vom 21.1.1987, EzA Art. 9 GG Nr. 42, S. 338d; MünchArbR-*Löwisch*, Bd. 3, § 254 Rn. 12 ff.; *Meik*, S. 145 f.; *ders.*, DB 1990, S. 2524;

Anwendung auf Gewerkschaftsangehörige und nicht gewerkschaftsangehörige Arbeitnehmer im Betrieb in der sozialen Wirklichkeit aus tatsächlichen oder rechtlichen Gründen unumgänglich ist. Eine betriebliche Norm liege deshalb vor, wenn eine Regelung nicht Inhalt einer Individualnorm sein könne[90]. Das ist nach der auf eine Formulierung von *Säcker/Oetker*[91] zurückgehenden Judikatur des *1. Senats* des *BAG*[92], die auch in der Literatur[93] gebilligt wird, dann der Fall, wenn eine individualrechtliche Regelung wegen „evident sachlogischer Unzweckmäßigkeit“ ausscheidet und deshalb eine einheitliche Regelung auf betrieblicher Ebene erforderlich wird. Bloße Praktikabilitäts- und Zweckmäßigkeitserwägungen sollen nicht ausreichen.

Die h.M. muß sich entgegenhalten lassen, daß auch die wenig griffige Formel der „evident sachlogischen Unzweckmäßigkeit“ die Gefahr einer extensiven Auslegung des § 3 Abs. 2 TVG nicht bannen kann: Mit Geschick läßt sich § 3 Abs. 2 TVG auch nach dieser Formulierung als „Schmelztiegel“[94] aller Tarifvertragsnormen überinterpretieren, deren Wirkung nicht an der Grenze der Tarifgebundenheit der Arbeitnehmer enden soll[95]. Das letzte Wort ist insoweit nicht gesprochen. Möglicherweise war die Verabschiedung der klassischen Fallgruppen verfrüht[96]. Der folgenden Untersuchung liegt gleichwohl, da die aufgezeigten Alternativen ebenfalls nicht überzeugen, der Betriebsnormenbegriff der h.M. zugrunde.

Nikisch, Bd. 2, S. 301 ff.; *Reuß*, DB 1964, S. 1411; Staudinger-*Richardi*, Vorbem. zu §§ 611 ff. Rn. 974; ErfKomm-*Schaub*, § 1 TVG Rn. 112 ff.; wohl auch MünchArbR-*Löwisch*, Bd. 3, § 254 Rn. 8; *Löwisch/Rieble*, § 1 Rn. 84; *Loritz*, Anm. zu BAG vom 26.4.1990, SAE 1991, S. 249; ähnlich *Schleusener*, ZTR 1998, S. 105, 109; vgl. aber *Gamillscheg*, BB 1988, S. 555: Zirkelschluß, da die einheitliche Geltung aus der Vorschrift folge und deshalb nicht deren Voraussetzung sein könne.

90 Daß das möglich ist, bezweifelt *Reuter*, DZWir 1995, S. 356; kritisch auch *Richardi*, Gutachten, S. B 67 f.

91 *Säcker/Oetker*, S. 141 ff., 150, 322.

92 BAG AP Nr. 57 zu Art. 9 GG, Bl. 7; AP Nr. 2 zu § 3 TVG Betriebsnormen, Bl. 2 f.; ebenso LAG Köln LAGE § 1 TVG Betriebsnorm Nr. 1, S. 7.

93 *Däubler*, TVR, Rn. 804; *Haußmann*, S. 23 f.; *Kempen/Zachert*, § 3 Rn. 13; *H. Wiedemann*, Anm. zu BAG vom 17.6.1997, AP Nr. 2 zu § 3 TVG Betriebsnormen, Bl. 4R, 5R f.

94 *Konzen/Weber*, Anm. zu BAG vom 21.1.1987, EzA Art. 9 GG Nr. 42, S. 338d.

95 Kritisch ebenfalls insbesondere *H. Hanau*, RdA 1996, S. 168.

96 Ähnlich *Lieb*, Arbeitsrecht, Rn. 542; *Richardi*, Gutachten, S. B 70.

c) Begriff der betriebsverfassungsrechtlichen Normen

Betriebsverfassungsrechtliche Normen sind Normen, die sich mit der Rechtsstellung der Arbeitnehmer im Betrieb und ihrer Organe befassen[97]. Ihre rechtliche Legitimation ist wenig problematisch, da Regelungsgegenstand die Betriebsverfassung ist, bei der es auf die Organisationszugehörigkeit nicht ankommt[98]. Betriebsverfassungsrechtliche Normen dürfen keine tragenden Grundsätze des Betriebsverfassungsrechts abändern oder zu einer betriebsverfassungsrechtlichen Verschlechterung führen[99]. Zu bezweifeln ist, ob Tarifverträge mit Hilfe von betriebsverfassungsrechtlichen Normen die Betriebsverfassung über die in ihr vorgesehenen Regelungsgegenstände hinaus erweitern dürfen[100].

3. Normen über gemeinsame Einrichtungen

Das TVG nennt schließlich in § 4 Abs. 2 Normen über gemeinsame Einrichtungen der Tarifvertragsparteien.

a) Wirkungsweise von Tarifnormen über gemeinsame Einrichtungen

Normen über gemeinsame Einrichtungen wirken wie Inhaltsnormen auf die Arbeitsverhältnisse beiderseits Tarifgebundener ein, wobei die Tarifbindung meist auf der Allgemeinverbindlicherklärung des Tarifvertrags beruht, weisen aber folgende Besonderheit auf: Ihre unmittelbare und zwingende Wirkung geht über die Rechtsbeziehung zwischen Arbeitgeber und Arbeitnehmer hinaus und erstreckt sich auch auf das Rechtsverhältnis zwischen gemeinsamer Einrichtung und Arbeitgeber (Beitrags- oder Finanzierungsverhältnis) und zwischen gemeinsamer Einrichtung und Arbeitnehmer (Leistungs- oder Nutzungsverhält-

---

[97] Ausführlich *Beuthien*, ZfA 1986, S. 131 ff.; *Gamillscheg*, Arbeitsrecht, Bd. 1, § 15 VII; MünchArbR-*Löwisch*, Bd. 3, § 254 Rn. 23 ff., *Spilger*, S. 25 ff.; *Stein*, Rn. 566 ff.; *H. Wiedemann/Stumpf*, § 1 Rn. 248 ff.

[98] Vgl. MünchArbR-*Löwisch*, Bd. 3, § 254 Rn. 25; *Löwisch/Rieble*, § 1 Rn. 102.

[99] Vgl. *von Hoyningen-Huene*, NZA 1985, S. 170; GK-*Kraft*, Bd. 1, § 1 Rn. 57 f.; *Säcker/Oetker*, RdA 1992, S. 18; *H. Wiedemann/Stumpf*, § 1 Rn. 253.

[100] Dafür aber BAG AP Nr. 23 zu § 77 BetrVG 1972, Bl. 7 ff.; AP Nr. 53 zu § 99 BetrVG 1972, Bl. 3 ff.; vgl. näher *Beuthien*, ZfA 1986, S. 131; *Buchner*, NZA 1986, S. 377; *Eichhorn*, S. 139 ff.; *P. Hanau*, NZA 1985, S. 73; *Heinze*, NZA 1989, S. 41; *Konertz*, S. 90 ff.; *Kroll*, S. 35 ff.; *Löwisch*, DB 1984, S. 2457; *Richardi*, NZA 1988, S. 673.

nis)[101]. Dabei werden bestimmte Ansprüche des Arbeitnehmers gegen den Arbeitgeber aus dem Synallagma des Arbeitsvertrages gelöst und auf das Leistungsverhältnis übertragen, mag der Arbeitgeber auch als Zahlstelle fungieren. In der Beitragsbeziehung hingegen ist die gemeinsame Einrichtung Berechtigte, der Arbeitgeber Verpflichteter. Normen über gemeinsame Einrichtung sind deshalb keine Kollektivnormen[102] und innerhalb der Individualnormen auch keine Inhaltsnormen[103], sondern bilden eine eigene tarifliche Normengruppe, da sie nicht wie Inhaltsnormen bereits vorgefundene Rechtsbeziehungen gestalten, sondern neue Rechtsbeziehungen zwischen gemeinsamer Einrichtung auf der einen und Arbeitnehmer und Arbeitgeber auf der anderen Seite schaffen[104].

Bedenken gegen die Zulässigkeit gemeinsamer Einrichtungen, die sich auf eine Gefährdung des arbeitsvertraglichen Synallagmas berufen und die Beseitigung der Identität zwischen Arbeitnehmeranspruch und Arbeitgeberpflicht bemängeln, die einen Schwund der Arbeitnehmerbindung an den Betrieb und eine „Entpersonalisierung" des Fürsorgegedankens bewirke[105], haben sich nicht durchgesetzt.

---

[101] Näher *Däubler*, TVR, Rn. 1126; *Gamillscheg*, Arbeitsrecht, Bd. 1, § 15 IX 4; MünchArbR-*Löwisch*, Bd. 3, § 256 Rn. 21 ff.; *Löwisch/Rieble*, § 1 Rn. 114; *Nikisch*, Bd. 2, S. 306, 408; Staudinger-*Richardi*, Vorbem. zu §§ 611 ff. Rn. 994; *Stein*, Rn. 577; *H. Wiedemann/Stumpf*, § 1 Rn. 286 ff.

[102] So aber ArbG Wiesbaden, Urteil vom 3.3.1988 – 4 Ca 4403/85 (n.v.), S. 11; zumindest teilweise BAG AP Nr. 11 zu § 4 TVG Tarifkonkurrenz, Bl. 3R; kritisch ArbG Wiesbaden, Urteil vom 23.6.1988 – 4 Ca 7278/87 (n.v.), S. 15 f.; Urteil vom 8.9.1988 – 4 Ca 1630/86 (n.v.), S. 13; dagegen etwa *H. Wiedemann*, Anm. zu BAG vom 24.9.1975, AP Nr. 11 zu § 4 TVG Tarifkonkurrenz, Bl. 5R f.

[103] *Kempen/Zachert*, § 4 Rn. 138; *H. Koch*, Rn. 26; anders noch die ältere Literatur, *Ballerstedt*, S. Q 15 f.; *Maus*, § 1 Rn. 165; *Schelp*, FS Nipperdey (1965), Bd. 2, S. 591 f., 597.

[104] Ganz h.M., BAG AP Nr. 12 zu § 5 TVG, Bl. 2R; *Bötticher*, Einrichtungen, S. 28 f., 53 ff., 64 f.; *Däubler*, TVR, Rn. 1152; *Hill*, S. 29; *A. Hueck/Nipperdey*, Bd. II 1, S. 298; *Kempen/Zachert*, § 4 Rn. 138; *H. Koch*, Rn. 26; *Kuhnle*, S. 53 f.; MünchArbR-*Löwisch*, Bd. 3, § 256 Rn. 14; *Löwisch/Rieble*, § 4 Rn. 97; *Nikisch*, Bd. 2, S. 305; Staudinger-*Richardi*, Vorbem. zu §§ 611 ff. Rn. 992; *H. Wiedemann/Stumpf*, § 1 Rn. 260; *Zöllner*, Gutachten, S. G 64 f.; *ders.*, RdA 1967, S. 362 f.; kritisch *Farthmann/Hensche*, ArbRGegwart Bd. 9 (1972), S. 98.

[105] *Zöllner*, Gutachten, S. G 25; *ders.*, BB 1968, S. 597; vgl. auch *Hromadka*, NJW 1970, S. 1444; *Kettner*, ArbRGegwart Bd. 9 (1972), S. 91; dagegen z.B. *Däubler*, TVR, Rn. 1145 f.

b) Begriff und Organisation von gemeinsamen Einrichtungen

Gemeinsame Einrichtungen sind privatrechtliche Institutionen der Tarifvertragsparteien, deren Zweck und Organisationsstruktur letztere in Tarifverträgen mittels Normen über gemeinsame Einrichtungen festlegen können[106]. Die Gründung einer gemeinsamen Einrichtung erfolgt ebenfalls durch Tarifvertrag oder zumindest auf seiner Grundlage. Tarifverträge über gemeinsame Einrichtungen sind praktisch immer Verbandstarifverträge, da Firmentarifverträgen, die gleichwohl zulässig sind[107], in aller Regel der branchenweite Bezug fehlt. Eine gemeinsame Einrichtung muß eine eigene Organisation mit eigenem Vermögen aufweisen[108]. In Frage kommen neben juristischen Personen alle weiteren von der Rechtsordnung zur Verfügung gestellten Organisationsstrukturen (z.B. Stiftung oder Verein)[109]. Die Tarifvertragsparteien müssen ausreichenden Einfluß auf die Geschäftsführung der gemeinsamen Einrichtung besitzen, wobei das Ausmaß der Einwirkungsmöglichkeit – insbesondere das Erfordernis einer paritätischen Verwaltung – streitig ist[110]. Die Aufzählung der Regelungsgegenstände in § 4 Abs. 2 TVG ist nur exemplarisch: Gegenstand einer gemeinsamen Einrichtung kann prinzipiell alles sein, was von der tariflichen Regelungsmacht

---

[106] Vgl. etwa BVerfG AP Nr. 17 zu § 5 TVG, Bl. 1R f.; *Kempen/Zachert*, § 4 Rn. 138; zur historischen Entwicklung *Dreschers*, S. 340 ff.; *Henrich*, Struktur, S. 17 f.; *Hromadka*, NJW 1970, S. 1442; *Sperner/Brocksiepe/Egger/Henrich/Unkelbach*, S. 14 ff., 220 ff., 292 ff.; *Zöllner*, Gutachten, S. G 15 f.

[107] Vgl. *Gamillscheg*, Arbeitsrecht, Bd. 1, § 15 IX 1 (1); MünchArbR-*Löwisch*, Bd. 3, § 256 Rn. 11 f.

[108] *Däubler*, TVR, Rn. 1132; *Gamillscheg*, Arbeitsrecht, Bd. 1, § 15 IX 3 (2); *Martinek*, FS Strasser, S. 431; *Schelp*, FS Nipperdey (1965), Bd. 2, S. 593 f.; *Zöllner*, Gutachten, S. G 31 ff.; *ders.*, RdA 1969, S. 598; abw. MünchArbR-*Löwisch*, Bd. 3, § 256 Rn. 15; *Löwisch/Rieble*, § 4 Rn. 100 (kein eigenes Vermögen erforderlich); zur Satzung im einzelnen MünchArbR-*Löwisch*, Bd. 3, § 256 Rn. 27 ff.; *Löwisch/Rieble*, § 4 Rn. 114 ff.

[109] Vgl. dazu BAG AP Nr. 5 zu § 1 GesamthafensbetriebsG, Bl. 3R; *Bötticher*, Einrichtungen, S. 155; *Däubler*, TVR, Rn. 1138; *Henrich*, Struktur, S. 39 f.; *H. Koch*, Rn. 23, 28 ff.; MünchArbR-*Löwisch*, Bd. 3, § 256 Rn. 15; *Löwisch/Rieble*, § 4 Rn. 100; *H. Wiedemann/Stumpf*, § 1 Rn. 266, 275 f.; *Zöllner*, Gutachten, S. G 31 ff.; kritisch *Kempen/Zachert*, § 4 Rn. 148.

[110] Vgl. *Ballerstedt*, S. Q 13; *Farthmann/Hensche*, ArbRGegwart Bd. 9 (1972), S. 95, 99; *Kuhnle*, S. 69 ff.; *H. Wiedemann/Stumpf*, § 1 Rn. 263: bindende Weisungen ausreichend; strenger BAG AP Nr. 5 zu § 1 GesamthafensbetriebsG, Bl. 3 f.; *Bötticher*, Einrichtungen, S. 129 ff.; *Gamillscheg*, Differenzierung, S. 103; *Henrich*, Struktur, S. 36; *Hromadka*, NJW 1970, S. 1443; *A. Hueck/Nipperdey*, Bd. II 1, S. 299; *Kettner*, ArbRGegwart Bd. 9 (1972), S. 90; *H. Koch*, Rn. 24; *Mayer-Maly*, GS Peters, S. 947; *ders.*, BB 1965, S. 831; *Säcker*, BB 1966, S. 1031; *Schlemmer*, FS Molitor, S. 319; *Zöllner*, Gutachten, S. G 37 ff.: paritätische Trägerschaft allein genüge nicht.

der Tarifvertragsparteien umfaßt wird (Art. 9 Abs. 3 Satz 1 GG)[111] und einen Bezug zum Arbeitsverhältnis aufweist[112].

c) Aufgabenbereiche und Funktionen von gemeinsamen Einrichtungen

Gemeinsame Einrichtungen gibt es wegen der Arbeitsbedingungen – stationäre Produktionsstätten fehlen, Arbeitsplatzwechsel sind häufig, die Witterungsverhältnisse widrig – vor allem im Baugewerbe[113]. Zwar ist die Zahl von Tarifverträge über gemeinsame Einrichtungen niedrig, ihre sozial- und tarifpolitische Bedeutung ist hingegen hoch einzuschätzen[114]. Sie erfüllen im wesentlichen drei Aufgaben: Urlaubskassen sorgen für die Gewährung zusammenhängenden Urlaubs und die Urlaubsvergütung, Lohnausgleichskassen gleichen die mitunter erheblichen Verdiensteinbußen der einzelnen Arbeitnehmer in den auftragsarmen Wintermonaten aus und sichern den Fortbestand der Arbeitsverhältnisse, und Zusatzversorgungskassen wirken einer Rentenminderung aufgrund des häufigen Arbeitsausfalls entgegen[115]. Zukünftige Aufgaben gemeinsamer Einrichtungen liegen in der Berufsbildung oder im Ausgleich von Rationalisierungsmaßnahmen[116].

---

[111] Vgl. *Ballerstedt*, S. Q 24 ff.; *Blomeyer*, ZfA 1980, S. 70 ff.; *Bötticher*, Einrichtungen, S. 147; *Däubler*, TVR, Rn. 1143; *Farthmann/Hensche*, ArbRGegwart Bd. 9 (1972), S. 101 f.; *Gamillscheg*, Differenzierung, S. 101; *Henrich*, Struktur, S. 36; *Hromadka*, NJW 1970, S. 1444; *Kempen/Zachert*, § 1 Rn. 140; *Kuhnle*, S. 55 ff.; *Schelp*, FS Nipperdey (1965), Bd. 2, S. 589 ff.; *H. Wiedemann/Stumpf*, § 1 Rn. 273; *Zöllner*, Gutachten, S. G 13 f., 39; *ders.*, BB 1968, S. 599 f.; vgl. auch *Hj. Otto/Schwarze*, ZfA 1995, S. 652 ff.

[112] Vgl. *Bötticher*, Einrichtungen, S. 12, 15; *Gamillscheg*, Differenzierung, S. 101; *A. Hueck/Nipperdey*, Bd. II 1, S. 299; *Hromadka*, NJW 1970, S. 1443; *Nikisch*, Bd. 2, S. 408; *Schelp*, FS Nipperdey (1965), Bd. 2, S. 592, fordert einen „engen Zusammenhang" zum Arbeitsverhältnis; *Zöllner*, BB 1968, S. 600, verlangt ein „vernünftiges Bedürfnis"; *Ballerstedt*, S. Q 19, stellt auf die „Ordnung der Arbeitsverhältnisse" ab.

[113] Vgl. die Nachweise für andere Branchen bei *Gamillscheg*, Arbeitsrecht, Bd. 1, § 15 IX 2 (1); *Hauck*, FS Schaub, S. 264; *H. Koch*, Rn. 1; *Lütgen*, S. 4 ff.; *Schelp*, FS Nipperdey (1965), Bd. 2, S. 582 ff.; *ders.*, BArbBl. 1964, S. 781 ff.; *Zöllner*, Gutachten, S. G 16 ff.

[114] Darauf weist besonders *Kissel* hin, ZfA 1985, S. 40 f., 44 ff.; vgl. auch *Gamillscheg*, Arbeitsrecht, Bd. 1, § 15 IX 6; *H. Koch*, Rn. 1, 35; *Schlemmer*, FS Molitor, S. 319 f.

[115] Vgl. dazu näher *H. Koch*, Rn. 6 ff.; *von Lucadou*, S. 68 ff.; *Schelp*, FS Nipperdey (1965), Bd. 2, S. 579 ff.; *Sperner/Brocksiepe/Egger/Henrich/Unkelbach*, S. 220, 224, 291 f.; *Zöllner*, Gutachten, S. G 16 f.

Gemeinsame Einrichtungen konkretisieren die Fürsorgepflicht des Arbeitgebers und wirken aktiv bei der Erhaltung und Förderung des sozialen Schutzes des einzelnen Arbeitnehmers mit (Fürsorge- und Sozialfunktion)[117]. Sie bewirken einen sozialen Lastenausgleich zwischen den Arbeitgebern einer Branche durch die Übernahme von Aufgaben des einzelnen Arbeitgebers, die dieser alleine nicht erfüllen kann, weil sie entweder seine Leistungsfähigkeit sprengen oder sinnvoll nur im Verbund aller Arbeitgeber einer Branche wahrgenommen werden können (Ausgleichsfunktion)[118]. Durch eine möglichst gleichmäßige Belastung der erfaßten Unternehmen und eine Angleichung der Rechtspositionen der Arbeitnehmer dieser Unternehmen stabilisieren gemeinsame Einrichtungen schließlich die Sozialordnung und erhalten die Funktionsfähigkeit ganzer Branchen (Stabilitätsfunktion)[119].

II. Tariffähigkeit und Tarifzuständigkeit

Wirksamkeitsvoraussetzungen des Tarifvertrags sind die Tariffähigkeit und die Tarifzuständigkeit.

1. Tariffähigkeit

Tariffähig ist, wer fähig ist, Partei eines Tarifvertrags zu sein. Nach § 2 Abs. 1 TVG sind Gewerkschaften, einzelne Arbeitgeber oder Vereinigungen von Arbeitgebern tariffähig. Auch Spitzenorganisationen können tariffähig sein,

---

[116] Vgl. *Däubler*, TVR, Rn. 1148 ff.; MünchArbR-*Löwisch*, Bd. 3, § 256 Rn. 3 f.; vgl. auch *Schlemmer*, FS Molitor, S. 319; *F. Becker*, AuR 1980, S. 20 (Arbeitnehmerüberlassung); s. ferner *Hj. Otto/Schwarze*, ZfA 1995, S. 639 ff.

[117] BVerfG AP Nr. 17 zu § 5 TVG, Bl. 5R; BAG AP Nr. 5 zu § 1 GesamthafensbetriebsG, Bl. 2R; *Bötticher*, Einrichtungen, S. 12; *A. Hueck/Nipperdey*, Bd. II 1, S. 299; *Nikisch*, Bd. 2, S. 305; *Zeuner*, Anm. zu BAG vom 25.1.1989, AP Nr. 5 zu § 1 GesamthafensbetriebsG, Bl. 6; vgl. auch *Kissel*, ZfA 1985, S. 40.

[118] BAG AP Nr. 5 zu § 1 GesamthafensbetriebsG, Bl. 2R f.; *Bötticher*, Einrichtungen, S. 15; *Däubler*, TVR, Rn. 1146 („Vergemeinschaftung von Arbeitgeberfunktionen"); *Kempen/Zachert*, § 4 Rn. 140; *Kissel*, ZfA 1985, S. 40; *H. Koch*, Rn. 20; *Zöllner*, Gutachten, S. G 22 f. („Gesamtarbeitgeber").

[119] *Hromadka*, NJW 1970, S. 1443; *Kissel*, ZfA 1985, S. 40 ff., 44 ff.; *H. Koch*, Rn. 20.

§ 2 Abs. 2, Abs. 3 TVG[120]. Tariffähig ist ein Verband nach h.M. darüber hinaus nur, wenn er alle Merkmale einer Koalition aufweist[121]. Er muß eine Vereinigung sein, die sich freiwillig und dauerhaft auf privatrechtlicher Basis zusammengeschlossen hat, unabhängig, überbetrieblich, gegnerfrei und körperschaftlich organisiert ist sowie den Zweck der Erhaltung und Förderung der Arbeitsbedingungen verfolgt[122]. Umstritten ist, ob die Tariffähigkeit neben der Bereitschaft zum Abschluß von Tarifverträgen eine Bereitschaft zum Arbeitskampf oder eine soziale Mächtigkeit erfordert[123]. Während das *BVerfG* und das *BAG* auf die Bereitschaft, die tarifvertraglichen Ziele notfalls mit einem Arbeitskampf durchzusetzen, heute verzichten[124], ist die Rechtsprechung zum Erfordernis der sozialen Mächtigkeit weniger eindeutig. Nachdem das *BAG* die Kriterien zur Mächtigkeit einer tariffähigen Koalition zuletzt immer mehr abgeschwächt hat[125], fordert es nun, daß eine Arbeitnehmervereinigung ihre Aufgabe als Tarifpartner sinnvoll erfüllen können muß[126]. Hierzu gehören neben einer gewissen Durchsetzungskraft gegenüber dem sozialen Gegenspieler auch eine leistungsfähige Organisation[127]. Die fehlende Tariffähigkeit einer Tarifvertragspartei bei Tarifvertragsschluß hat die Unwirksamkeit des Tarifvertrags zur Folge[128]. Entfällt sie während der Laufzeit eines Tarifvertrags, hat das auch Auswirkungen auf die tarifvertragliche Normwirkung[129].

---

[120] Näher dazu *H. Wiedemann/Thüsing*, RdA 1995, S. 280 ff.

[121] Näher *Gamillscheg*, Arbeitsrecht, Bd. 1, § 9 II, III; *Kempen/Zachert*, § 2 Rn. 1 ff., 10 ff., 75 ff.; *Lieb*, Arbeitsrecht, Rn. 554 ff., *H. Wiedemann/Stumpf*, § 2 Rn. 13 ff.; *Zöllner/Loritz*, § 8 III, § 34 I.

[122] Näher *Bruhn*, Tariffähigkeit, S. 21 ff.; KassArbR-*Dörner*, Bd. 2, 6.1 Rn. 104 ff.; MünchArbR-*Löwisch*, Bd. 3, § 248 Rn. 1 ff.; *Löwisch/Rieble*, § 2 Rn. 1 ff.; *Stein*, Rn. 34 ff., 57 ff., jeweils m.w.N.

[123] Dazu *Bruhn*, Tariffähigkeit, S. 189 ff.; *Däubler*, TVR, Rn. 49 ff.; MünchArbR-*Löwisch*, Bd. 3, § 248 Rn. 7 ff.; *Löwisch/Rieble*, § 2 Rn. 25 ff.; *Schrader*, S. 89 ff.

[124] BVerfG AP Nr. 15 zu § 2 TVG, Bl. 6 ff.; BAG AP Nr. 30 zu § 2 TVG, Bl. 3R f.; AP Nr. 6 zu § 118 BetrVG 1972, Bl. 2; a.A. AP Nr. 13 zu § 2 TVG, Bl. 3 ff.; vgl. auch *Bruhn*, Tariffähigkeit, S. 185 ff.

[125] BAG AP Nr. 24 zu Art. 9 GG, Bl. 4R ff.; AP Nr. 30 zu § 2 TVG, Bl. 4; AP Nr. 34 zu § 2 TVG, Bl. 4 f.; AP Nr. 36 zu § 2 TVG, Bl. 4 f.; gebilligt durch BVerfG AP Nr. 31 zu § 2 TVG, Bl. 2R ff.

[126] BAG AP Nr. 38 zu § 2 TVG, Bl. 2R; AP Nr. 39 zu § 2 TVG, Bl. 3 f.

[127] Näher dazu *Schrader*, S. 89 ff.; zur Durchsetzungsfähigkeit auch *Gitter*, FS Kissel, S. 264 ff.; LAG Berlin, AuR 1997, S. 38 f.

[128] MünchArbR-*Löwisch*, Bd. 3, § 248 Rn. 76 f.; *Stein*, Rn. 29; vgl. auch BAG AP Nr. 4 zu § 3 TVG, Bl. 2R.

[129] Vgl. MünchArbR-*Löwisch*, Bd. 3, § 248 Rn. 77 f.; *Löwisch/Rieble*, § 2 Rn. 105; dazu unten § 10 C III 4 f.

2. *Tarifzuständigkeit*

Als Tarifzuständigkeit bezeichnet man die ausdrücklich in den Satzungen tariffähiger Arbeitgeberverbände und Gewerkschaften festgelegte und durch Art. 9 Abs. 3 Satz 1 GG geschützte Befugnis, Tarifverträge mit einem bestimmten räumlichen, fachlichen, persönlichen, betrieblichen und zeitlichen Geltungsbereich abzuschließen[130]. Ob man sie wie die Tariffähigkeit als eigenständige tarifliche Wirksamkeitsvoraussetzung des normativen Teils des Tarifvertrags aufzufassen hat oder ob ihr Fehlen lediglich auf das Vereinsrecht des BGB zurückzuführen ist, das in § 26 Abs. 2 Satz 2 BGB den Vereinsmitgliedern ermöglicht, die Vertretungsmacht des Vorstands in der Satzung mit Wirkung gegen Dritte zu beschränken, ist umstritten[131]. Praktisch wirkt sich der Meinungsstreit namentlich beim Wegfall der Tarifzuständigkeit nach Abschluß des Tarifvertrags aus: Nur auf der Grundlage der vertretungsrechtlichen Konstruktion bleibt er wirksam, nach dem Grundverständnis der tarifrechtlichen Lösung entfällt mindestens die tarifvertragliche Normenwirkung[132].

Für die vertretungsrechtliche Konstruktion unter Einbeziehung des § 177 Abs. 1 BGB mit einer schwebenden Unwirksamkeit des Tarifvertrags plädiert insbesondere *Kraft*[133], dessen Appell, die Tarifzuständigkeit als eigenständige tarifliche Wirksamkeitsvoraussetzung zu verabschieden, sich zwar nicht durchgesetzt hat, aber deutlich vernehmbar nachhallt[134]. Nach richtiger Auffassung des *BAG*[135] und der h.M. im Schrifttum[136] ist ein Tarifvertrag unwirksam, der

---

[130] Näher dazu unten § 12 A.

[131] Ausführlich dazu *Blank*, S. 32 ff.; *Kutscher*, S. 98 ff., jeweils m.w.N.

[132] *Konzen*, ZfA 1975, S. 415; *ders.*, Anm. zu BAG vom 26.9.1979, SAE 1980, S. 66; MünchArbR-*Löwisch*, Bd. 3, § 248 Rn. 77; *Löwisch/Rieble*, § 2 Rn. 105.

[133] *Kraft*, FS Schnorr von Carolsfeld, S. 255 ff.; 260 ff., S. 270 ff.; *ders.*, Anm. zu BAG vom 17.2.1970, SAE 1971, S. 189.

[134] *Blank*, S. 70 ff.; *Däubler*, TVR, Rn. 89 ff., *Heckelmann*, ZfA 1973, S. 434; *Herschel*, Anm. zu BAG vom 29.11.1983, AP Nr. 78 zu § 626 BGB, Bl. 10R; *Hess*, ZfA 1976, S. 49; *Hillebrand*, S. 63 ff., 77 ff.; *Hofmann*, ZfA 1974, S. 342 ff.; *Konzen*, FS Kraft, S. 298 ff. (anders noch *ders.*, ZfA 1975, S. 415 ff.; *ders.*, Anm. zu BAG vom 26.9.1979, SAE 1980, S. 66); *Stein*, Rn. 67; *van Venrooy*, ZfA 1983, S. 82 und passim; kritisch auch *Gamillscheg*, Arbeitsrecht, Bd. 1, § 14 3 b; *ders.*, AuR 1998, S. 201.

[135] BAG AP Nr. 1 zu § 2 TVG Tarifzuständigkeit, Bl. 2; AP Nr. 3 zu § 2 TVG, Bl. 1R; AP Nr. 20 zu § 3 TVG, Bl. 3R f.; AP Nr. 21 zu § 3 TVG, Bl. 2R f.; schwächer AP Nr. 3 zu § 2 TVG Tarifzuständigkeit, Bl. 3R.

[136] *Besgen*, S. 87, 88 f., 91; *Brox/Rüthers*, Arbeitsrecht, Rn. 260; *Buchner*, ZfA 1995, S. 97; KassArbR-*Dörner*, Bd. 2, 6.1 Rn. 119; *D. Gaul*, ZTR 1991, S. 444; *Heinze*, DB 1997, S. 2122; *Hromadka/Maschmann/Wallner*, Rn. 14, 33 f.; *Junker*, Anm. zu BAG vom 23.10.1996, SAE 1997, S. 179; *Kempen/Zachert*, § 2 Rn. 110; *Link*, S. 82; MünchArbR-*Löwisch*, Bd. 3, § 248 Rn. 62, 76; *Löwisch/Rieble*, § 2 Rn. 89, 103; *K.P.*

nicht in die mindestens partiell kongruente[137] Tarifzuständigkeit beider Tarifvertragsparteien fällt. Das folgt allerdings nicht aus § 2a Abs. 1 Nr. 4, § 97 ArbGG, die ausschließlich prozessuale Bedeutung haben[138]. Eine gewohnheitsrechtliche Anerkennung der tarifrechtlichen Lösung scheitert an der starken Gegenmeinung im Schrifttum[139]. Die ultra-vires-Lehre des angloamerikanischen Rechtskreises[140], nach der die Rechts- und Handlungsfähigkeit eines Verbandes durch den satzungsmäßigen Verbandszweck bestimmt wird, läßt sich nur mit Mühe auf die Tarifzuständigkeit übertragen: Sie dient primär der Erhaltung des Gesellschaftsvermögens und paßt überdies nicht in das deutsche Privatverbandsrecht[141]. Entscheidend ist aber die Parallele zwischen staatlicher und tarifvertraglicher Rechtssetzung, die einer rein vertretungsrechtlichen Lösung insgesamt, nicht nur der Analogie zu §177 BGB, entgegensteht. Die Tarifautonomie ist staatlich delegierte Rechtssetzungsmacht[142]. Wie bei der staatlichen Gesetzgebung, bei der Normen eines unzuständigen Gesetzgebers unwirksam sind, kann auch die fehlende Tarifzuständigkeit nicht ohne Auswirkung auf die unmittelbare und zwingende Wirkung des Tarifvertrags bleiben[143]. Die Normen-

---

Martens, Anm. zu BAG vom 19.11.1985, SAE 1987, S. 8; *Nikisch*, Bd. 2, S. 239; *S.-J. Otto*, NZA 1996, S. 629; *Reuter*, Anm. zu BAG vom 19.11.1985, AP Nr. 4 zu §2 TVG Tarifzuständigkeit, Bl. 10R; *ders.*, RdA 1996, S. 203; *Richardi*, Kollektivgewalt, S. 158 ff.; *Sbresny-Uebach*, AR-Blattei (D), Tarifvertrag II A, II 1; *Schaub*, Handbuch, § 199 I 6; ErfKomm-*ders.*, § 2 TVG Rn. 39, 43; *Söllner*, Grundriß, § 16 I 2; *Thüsing*, ZTR 1996, S. 483; *Weyand*, Anm. zu BAG vom 22.11.1988, SAE 1991, S. 323; *H. Wiedemann*, RdA 1975, S. 79 f.; *Zöllner/Loritz*, § 34 VI.

[137] *Däubler*, TVR, Rn. 86; MünchArbR-*Löwisch*, Bd. 3, § 248 Rn. 75; *Löwisch/Rieble*, § 2 Rn. 103; *H. Wiedemann*, RdA 1975, S. 79; *H. Wiedemann/Stumpf*, § 2 Rn. 27.

[138] *Blank*, S. 43; *Grunsky*, § 2a Rn. 35; *Kempen/Zachert*, § 2 Rn. 110; *Kutscher*, S. 4 f.; *van Venrooy*, ZfA 1983, S. 71 f.; *Wieland*, Rn. 122; abw. aber *Buchner*, ZfA 1995, S. 97 f.; *Heinze*, DB 1997, S. 2122; MünchArbR-*Löwisch*, Bd. 3, § 248 Rn. 62; *Löwisch/Rieble*, § 2 Rn. 89; vgl. auch *Zöllner/Loritz*, § 34 VI.

[139] Zu den Voraussetzungen von Gewohnheitsrecht näher unten § 15 C II 3, § 20 A II.

[140] Näher zur ultra-vires-Lehre etwa Soergel-*Hadding*, 12. Aufl., vor § 21 Rn. 23 ff.; *K. Schmidt*, § 8 V 2, jeweils m.w.N.

[141] Vgl. etwa *Blank*, S. 41 f.; *Däubler*, TVR, Rn. 89; *Hillebrand*, S. 22 ff.; *Kutscher*, S. 10 ff.; *van Venrooy*, ZfA 1983, S. 73 ff.; *H. Wiedemann/Stumpf*, § 2 Rn. 25; abw. aber *Delheid*, S. 41; *A. Hueck/Nippperdey*, Bd. II 1, S. 446; *Link*, S. 39 ff., 56; MünchArbR-*Löwisch*, Bd. 3, § 248 Rn. 61 f.; *Löwisch/Rieble*, § 2 Rn. 88 f.; *Reuter*, RdA 1996, S. 203.

[142] S. bereits oben § 8 A I.

[143] Vgl. *Reuter*, Anm. zu BAG vom 19.11.1985, AP Nr. 4 zu § 2 TVG Tarifzuständigkeit, Bl. 10R; *H. Wiedemann/Stumpf*, § 2 Rn. 25; ferner *H. Wiedemann*, RdA 1975, S. 78 f.

wirkung kann deshalb nur nach Maßgabe der Satzung bestehen[144]. Das Erfordernis der demokratischen Legitimation jeder Normsetzung unterstreicht diesen Befund: Art. 9 Abs. 3 Satz 1 GG garantiert die tarifvertragliche Normwirkung nur auf der Grundlage freier und in einem demokratischen Verfahren zustande gekommenen Entscheidungen[145].

III. Ergebnis

Ein Tarifvertrag kann Individual- und Kollektivnormen enthalten. Individualnormen setzen die Tarifgebundenheit beider Arbeitsvertragsparteien voraus, bei Kollektivnormen genügt die des Arbeitgebers. Verfassungsrechtliche Bedenken gegen § 3 Abs. 2 TVG können durch eine enge Begriffsbestimmung von betrieblichen Normen ausgeräumt werden. Normen über gemeinsame Einrichtungen der Tarifvertragsparteien nehmen eine besondere Stellung ein. Sie sind zwar Individualnormen, erstrecken sich aber über das Arbeitsverhältnis hinaus auch auf die Rechtsbeziehungen zwischen gemeinsamer Einrichtung und den Arbeitsvertragsparteien. Ein Tarifvertrag ist nur wirksam, wenn die Vertragsparteien tariffähig sind. Verbände müssen darüber hinaus tarifzuständig sein, um wirksam Tarifverträge abschließen zu können.

C. Zusammenfassung

Tarifkonkurrenz oder Tarifpluralität entstehen nur, wenn mindestens zwei Tarifverträge kraft normativer Wirkung auf ein Arbeitsverhältnis oder im Betrieb Anwendung finden. Dabei sind die Normtypen des Tarifvertrags (Individual- und Kollektivnormen) zu beachten.

---

[144] *Konzen*, ZfA 1975, S. 417.

[145] *Kempen/Zachert*, § 2 Rn. 110; ähnlich BAG AP Nr. 7 zu § 2 TVG Tarifzuständigkeit, Bl. 4R.

§ 9 Geltungsbereich des Tarifvertrags

Die unmittelbare und zwingende Wirkung eines Tarifvertrags auf das Arbeitsverhältnis setzt voraus, daß es in dessen Geltungsbereich fällt.

A. Begriff und Aufgabe des Geltungsbereichs

Im Geltungsbereich eines Tarifvertrags legen die Tarifvertragsparteien fest, welche Arbeitsverhältnisse der Tarifvertrag erfassen soll. Der Geltungsbereich, der die Reichweite der potentiellen Tarifgeltung fixiert, ist von der Tarifgebundenheit zu unterscheiden. Erst sie macht aus der potentiellen eine aktuelle Tarifgeltung. Das wird trotz der eindeutigen Formulierung in § 4 Abs. 1 Satz 1 a.E. TVG nicht selten unpräzise formuliert[146]. Der Geltungsbereich bestimmt den Adressatenkreis des Tarifvertrags nach räumlichen, sachlichen und zeitlichen Merkmalen. Die Festlegung kann ausdrücklich im Tarifvertrag erfolgen. Sie kann sich aber auch konkludent ergeben. Man unterscheidet den räumlichen, zeitlichen, betrieblichen, fachlichen und persönlichen Geltungsbereich.

B. Räumlicher Geltungsbereich

Der räumliche Geltungsbereich bezeichnet den geographischen Geltungsanspruch des Tarifvertrags[147]. Anknüpfungspunkt ist dabei der Sitz des Betriebs und nicht der des Unternehmens[148]. Der Tarifvertrag des Betriebssitzes gilt auch dann, wenn ein Arbeitnehmer seine Arbeitsleistung außerhalb des räumlichen Geltungsbereichs erbringt[149].

---

[146] Vgl. z.B. BVerwG AP Nr. 23 zu § 5 TVG, Bl. 6; BAG, Urteil vom 20.1.1988 – 4 AZR 492/87 (n.v.), S. 7 f.; LAG Hamburg, AuR 1996, S. 75, 77; *Oetker*, gem. Anm. zu BAG vom 18.3.1992 und 27.11.1991, EzA § 4 TVG Nachwirkung Nr. 15, S. 25: Die Allgemeinverbindlicherklärung erstrecke den (persönlichen) Geltungsbereich des Tarifvertrags auf alle Arbeitnehmer.

[147] Vgl. *Etzel*, NZA 1987, Beilage Nr. 1, S. 22; *Gamillscheg*, Arbeitsrecht, Bd. 1, § 17 III 2; *A. Hueck/Nipperdey*, Bd. II 1, S. 510 f.; *Kempen/Zachert*, § 4 Rn. 17 ff.; MünchArbR-*Löwisch*, Bd. 3, § 257 Rn. 3 ff.; *Löwisch/Rieble*, § 4 Rn. 27 ff.; *Stein*, Rn. 108 f.; *H. Wiedemann/Stumpf*, § 4 Rn. 56 ff.

[148] *Däubler*, TVR, Rn. 256; *Kempen/Zachert*, § 4 Rn. 18; MünchArbR-*Löwisch*, Bd. 3, § 257 Rn. 4; *Löwisch/Rieble*, § 4 Rn. 28.

[149] *Däubler*, TVR, Rn. 256; *Kempen/Zachert*, § 4 Rn. 19.

C. Fachlicher Geltungsbereich

Der fachliche Geltungsbereich bestimmt die Art der Tätigkeit, für die der Tarifvertrag gelten soll[150]. Er enthält zum Beispiel Vorschriften über die Eingruppierung in technische und kaufmännische Angestellte. Bisweilen wird der fachliche auch als persönlicher Geltungsbereich bezeichnet[151].

D. Persönlicher Geltungsbereich

Der persönliche Geltungsbereich eines Tarifvertrags nimmt eine Abgrenzung nach persönlichen Merkmalen wie Lebensalter oder Familienstand vor, die auf den konkreten Menschen abstellen[152].

E. Betrieblicher Geltungsbereich

Dem betrieblichen Geltungsbereich eines Tarifvertrags kommt in der Praxis die größte Bedeutung zu. Über seine Reichweite wird namentlich bei Tarifverträgen über gemeinsame Einrichtungen gestritten[153]. Er wird auch als betrieblich-fachlicher[154], als betrieblich-branchenmäßiger[155] oder als fachlicher Geltungsbereich[156] bezeichnet. Der betriebliche Geltungsbereich legt in Tarifverträgen von DGB-Gewerkschaften nach traditionellem Verständnis fest, für welche Betriebe der Tarifvertrag gelten soll[157].

---

[150] Vgl. *Brox/Rüthers*, Arbeitsrecht, Rn. 292; *Etzel*, NZA 1987, Beilage 1, S. 22; *Gamillscheg*, Arbeitsrecht, Bd. 1, § 17 III 4; *A. Hueck/Nipperdey*, Bd. II 1, S. 519; *Lieb*, Arbeitsrecht, Rn. 518; MünchArbR-*Löwisch*, Bd. 3, § 257 Rn. 13 f.; *Nikisch*, Bd. 2, S. 374; *H. Wiedemann/Stumpf*, § 4 Rn. 90; *Zöllner/Loritz*, § 37 II 3.

[151] *Däubler*, TVR, Rn. 274 ff.; *Kempen/Zachert*, § 4 Rn. 28 f.; MünchArbR-*Löwisch*, Bd. 3, § 256 Rn. 13 f.; *Löwisch/Rieble*, § 4 Rn. 37 f.; *Söllner*, Grundriß, § 16 V 1 c.

[152] *Brox/Rüthers*, Arbeitsrecht, Rn. 293; *Etzel*, NZA 1987, Beilage Nr. 1, S. 22; *A. Hueck/Nipperdey*, Bd. II 1, S. 528; *Nikisch*, Bd. 2, S. 376; *Stein*, Rn. 112 f.; *H. Wiedemann/Stumpf*, § 4 Rn. 120.

[153] Vgl. die umfangreiche, kaum noch überschaubare Rechtsprechung des BAG zu AP § 1 TVG Tarifverträge: Bau.

[154] *Däubler*, TVR, Rn. 266 ff.; *Kempen/Zachert*, § 4 Rn. 21 ff.; *Stein*, Rn. 110 f.

[155] *Etzel*, NZA 1987, Beilage Nr. 1, S. 22; *Gamillscheg*, Arbeitsrecht, Bd. 1, § 17 III 3; *H. Wiedemann/Stumpf*, § 4 Rn. 71.

[156] *Hromadka/Maschmann/Wallner*, Rn. 9; MünchArbR-*Löwisch*, Bd. 3, § 257 Rn. 6 ff.; *Löwisch/Rieble*, § 4 Rn. 30.

[157] Näher unten § 12 B I, § 13.

F. Zeitlicher Geltungsbereich

I. Dauer der unmittelbaren und zwingenden Tarifgeltung

Zu nennen ist schließlich der zeitliche Geltungsbereich des Tarifvertrags. Er bestimmt dessen Beginn; ist auch das Ende fixiert, legt er zugleich dessen Dauer fest[158].

1. Beginn des Tarifvertrags

Ist nichts anderes im Tarifvertrag bestimmt, beginnt seine unmittelbare und zwingende Wirkung mit der Unterzeichnung durch die Tarifvertragsparteien. Sein Inkrafttreten kann aber ausdrücklich auf einen späteren Zeitpunkt verschoben werden. Zulässig ist auch eine Stufung dergestalt, daß bestimmte Vorschriften des Tarifvertrags sofort, andere erst zu einem späteren Zeitpunkt wirksam werden[159]. Umgekehrt ist eine Rückwirkung des Tarifvertrags mit Ausnahme von Abschlußnormen nur zulässig, wenn sie deutlich und unmißverständlich zum Ausdruck kommt und die vom *BVerfG* und vom *EuGH* für die Rückwirkung von Gesetzen entwickelten Maßstäbe beachtet werden (Grundsatz des Vertrauensschutzes)[160].

2. Ende des Tarifvertrags

Bei einer Befristung durch die Tarifvertragsparteien endet der Tarifvertrag durch Zeitablauf[161]. Beim unbefristeten Tarifvertrag kann der zeitliche Geltungsbereich durch den Eintritt einer auflösenden Bedingung[162], durch die ein-

---

[158] Näher *Etzel*, NZA 1987, Beilage Nr. 1, S. 23; *Kempen/Zachert*, § 4 Rn. 30 ff.; MünchArbR-*Löwisch*, Bd. 3, § 257 Rn. 15 ff.; *Löwisch/Rieble*, § 4 Rn. 39 ff.; *Stein*, Rn. 114 ff.; *H. Wiedemann/Stumpf*, § 4 Rn. 124 ff.

[159] Näher zu Stufentarifverträgen *P. Hanau/Kania*, DB 1996, S. 1229 ff.; vgl. auch *Stein*, Rn. 115.

[160] Näher dazu *Däubler*, TVR, Rn. 282 ff.; *Gamillscheg*, Arbeitsrecht, Bd. 1, § 17 III 3 b; *Kempen/Zachert*, § 4 Rn. 33 ff.; MünchArbR-*Löwisch*, Bd. 3, § 252 Rn. 74; *Löwisch/Rieble*, § 1 Rn. 204 ff.; *Neuner*, ZfA 1998, S. 83 ff.; *Stein*, Rn. 116 ff.; Rechtsprechungsnachweise bei *Schaub*, Handbuch, § 203 II 1 c.

[161] *Däubler*, TVR, Rn. 1438; HzA-*Dörner*, Rn. 56; *Gamillscheg*, Arbeitsrecht, Bd. 1, § 17 IV 4 b; *Kempen/Zachert*, § 4 Rn. 54; MünchArbR-*Löwisch*, Bd. 3, § 249 Rn. 21; *Löwisch/Rieble*, § 1 Rn. 356; *Stein*, Rn. 121.

[162] *Däubler*, TVR, Rn. 1439; *Kempen/Zachert*, § 4 Rn. 54; MünchArbR-*Löwisch*, Bd. 3, § 249 Rn. 22; *Löwisch/Rieble*, § 1 Rn. 357; *Stein*, Rn. 121.

vernehmliche Aufhebung des Tarifvertrags oder durch Abschluß eines Anschlußtarifvertrags[163] sowie durch ordentliche Kündigung[164] erfolgen. Haben die Tarifvertragsparteien Kündigungsfristen nicht vereinbart, bietet sich bei der ordentlichen Kündigung ein Rückgriff auf die dreimonatige Kündigungsfrist der § 77 Abs. 5 BetrVG, § 28 Abs. 2 Satz 4 SprAuG an[165].

Im Hintergrund steht das Institut des Wegfalls der Geschäftsgrundlage des Tarifvertrags wegen verschlechterter wirtschaftlicher Rahmenbedingungen: Eine richterliche Anpassung der tariflichen Arbeitsbedingungen an die veränderten Umstände scheidet wegen der Tarifautonomie aus („Tarifzensur"). Ein Kündigungsrecht als Rechtsfolge besteht nur ausnahmsweise, folgt aber ohnehin auch aus dem vorrangigen Rechtsinstitut der außerordentlichen Kündigung des Tarifvertrags[166].

Deren Voraussetzungen sind freilich umstritten. Konsens besteht zumindest insoweit, daß der Tarifvertrag als Dauerrechtsverhältnis einer Kündigung aus wichtigem Grund zugänglich sein muß (Rechtsgedanke des § 626 BGB). Wann aber den Tarifvertragsparteien ein Festhalten am Vereinbarten unzumutbar ist,

---

[163] *Däubler*, TVR, Rn. 1442; HzA-*Dörner*, Rn. 55; *Kempen/Zachert*, § 4 Rn. 53; MünchArbR-*Löwisch*, Bd. 3, § 249 Rn. 23 f.; *Löwisch/Rieble*, § 1 Rn. 358 f.; *Stein*, Rn. 125.

[164] Näher *Däubler*, TVR, Rn. 1432 ff.; HzA-*Dörner*, Rn. 57; *Kempen/Zachert*, § 4 Rn. 42; *Stein*, Rn. 122 f.; *Wank*, FS Schaub, S. 763 f.

[165] So auch BAG AP Nr. 8 zu § 1 TVG Form, Bl. 6R; AP Nr. 2 zu § 1 TVG Kündigung, Bl. 7R; *Gamillscheg*, Arbeitsrecht, Bd. 1, § 17 IV 4 c (2); *Kempen/Zachert*, § 4 Rn. 42; MünchArbR-*Löwisch*, Bd. 3, § 249 Rn. 25; *Löwisch/Rieble*, § 1 Rn. 360; *dies.*, FS Schaub, S. 460; *Oetker*, RdA 1995, S. 91; *Stein*, Rn. 123; *Wank*, FS Schaub, S. 764; *H. Wiedemann/Stumpf*, § 4 Rn. 18; zweifelnd *Däubler*, TVR, Rn. 1435.

[166] Gegen die Anwendbarkeit des Wegfalls der Geschäftsgrundlage auf Tarifverträge BAG AP Nr. 1 zu § 1 TVG Arbeitsentgelt, Bl. 3R; LAG Hamm, NZA-RR 1997, S. 17 ff.; *J.-H. Bauer*, FS Schaub, S. 42; *J.-H. Bauer/Diller*, DB 1993, S. 1093; HzA-*Dörner*, Rn. 58; KassArbR-*ders.*, Bd. 2, 6.1 Rn. 31; *Hamacher*, Anm. zu BAG vom 18.6.1997, EzA § 1 TVG Fristlose Kündigung Nr. 3, S. 17 f.; *Henssler*, ZfA 1994, S. 494; *Kempen/Zachert*, § 4 Rn. 49; *Oetker*, RdA 1995, S. 96 f.; *ders.*, Anm. zu BAG vom 18.12.1996, JZ 1998, S. 207; *Steffan*, JuS 1993, S. 1028; *Stein*, Rn. 124; *Wank*, FS Schaub, S. 781 ff., 790 f.; *H. Wiedemann*, Anm. zu BAG vom 15.12.1976, AP Nr. 1 zu § 1 TVG Arbeitsentgelt, Bl. 5; *Winter/Zekau*, AuR 1997, S. 91; *Zachert*, RdA 1996, S. 149; offengelassen von *H. Wiedemann/Stumpf*, § 4 Rn. 30; vgl. auch BAG AP Nr. 2 zu § 3 TVG Verbandsaustritt, Bl. 2; anders *Belling*, NZA 1996, S. 906 ff.; *Belling/Ch. Hartmann*, ZfA 1997, S. 87 ff.; *Buchner*, Anm. zu BAG vom 18.12.1996, AR-Blattei ES, 1550.8 Nr. 4, S. 12 f.; *Gamillscheg*, Arbeitsrecht, Bd. 1, § 17 IV 4 e; MünchArbR-*Löwisch*, Bd. 3, § 249 Rn. 30; *Löwisch/Rieble*, § 1 Rn. 365 (kritischer jetzt *Rieble*, Anm. zu BAG vom 18.12.1996, EzA § 1 TVG Fristlose Kündigung Nr. 2, S. 22 ff.); *Zöllner/Loritz*, § 33 V 4; vgl. ferner *Buchner*, NZA 1993, S. 295; BAG AP Nr. 3 zu § 611 BGB Deputat, Bl. 3R f.; BGHZ 47, S. 48, 52; 89, S. 226, 238; näher zum Ganzen auch *Heßhaus*, S. 170 ff.

wird namentlich bei befristeten Tarifverträgen oder solchen mit langen Kündigungsfristen im Hinblick auf eine Verschlechterung der wirtschaftlichen Rahmenbedingungen in Rechtsprechung[167] und Literatur[168] unterschiedlich beurteilt. Da der Arbeitgeber das unternehmerische Risiko trägt und der Grundsatz pacta sunt servanda auch im Tarifrecht gilt, kann die fristlose Kündigung eines Firmentarifvertrags nur in extremen Fällen zulässig sein. Zudem hat der kündigende Arbeitgeber vor Ausspruch der Kündigung die Möglichkeit einer tarifautonomen Anpassung als milderes Mittel wahrzunehmen und die Gewerkschaft zu Nachverhandlungen aufzufordern (ultima-ratio-Grundsatz). Das gilt auch für den Verbandstarifvertrag, bei dem das außerordentliche Kündigungsrecht nur den Tarifvertragsparteien, nicht aber deren Mitgliedern zusteht. Hier gilt ebenfalls: Jede Tarifvertragspartei trägt grundsätzlich das von ihr übernommene und für sie typische Markt- und Wirtschaftsrisiko. Schwierig zu beurteilen ist beim Verbandstarifvertrag allerdings, auf welchen Maßstab es für die Beurteilung der wirtschaftlichen Verschlechterung ankommt. Sicher genügt für die außerordentliche Kündigung eines Verbandstarifvertrags die unzumutbare wirtschaftliche Belastung nur einzelner Mitglieder eines Arbeitgeberverbands nicht.

---

[167] Vgl. näher BAG AP Nr. 1 zu § 1 TVG Kündigung, Bl. 6 f.; AP Nr. 2 zu § 1 TVG Kündigung, Bl. 5; AP Nr. 3 zu § 1 TVG Kündigung, Bl. 2R ff.; LAG Düsseldorf, AiB 1996, S. 629 (Ls.); ArbG Freiburg, AiB 1996, S. 687 f.; ArbG Leipzig, AiB 1996, S. 685 ff.; ArbG Wiesbaden EzA § 1 TVG Fristlose Kündigung Nr. 1, S. 5 ff.

[168] Vgl. näher *Adomeit*, Arbeitsbedingungen, S. 49 ff.; *J.-H. Bauer*, FS Schaub, S. 42 f. DB 1993, S. 1085 ff.; *Belling*, NZA 1996, S. 906 ff.; *Beuthien/Meik*, DB 1990, S. 1518 ff.; *Buchner*, Anm. zu BAG vom 18.12.1996, AR-Blattei ES, 1550.8 Nr. 4, S. 13 f.; *Däubler*, TVR, Rn. 1443 ff.; *Gamillscheg*, Arbeitsrecht, Bd. 1, § 17 IV 4 c (4); *Hamacher*, Anm. zu BAG vom 18.6.1997, EzA § 1 TVG Fristlose Kündigung Nr. 3, S. 19 ff.; *Heßhaus*, S. 125 ff.; *Kempen/Zachert*, § 4 Rn. 44 ff.; *Konzen*, Tarifautonomie, S. 38 f. = NZA 1995, S. 918; *Löwisch*, NJW 1997, S. 907 ff.; *ders.*, Anm. zu BAG vom 18.12.1996, AP Nr. 1 zu § 2 TVG Kündigung, Bl. 7 ff.; *C. Meyer*, gem. Anm. zu BAG vom 18.12.1996 und 18.6.1997, DB 1997, S. 2334 ff.; *ders.*, RdA 1998, S. 148 ff.; *Oetker*, RdA 1995, S. 93 ff.; *ders.*, Anm. zu BAG vom 18.12.1996, JZ 1998, S. 207 ff.; *Hj. Otto*, FS Kissel, S. 787 ff.; *Rieble*, Anm. zu BAG vom 18.12.1996, EzA § 1 TVG Fristlose Kündigung Nr. 2, S. 19 ff.; *Schaub*, AuA 1998, S. 45; *Steffan*, JuS 1993, S. 1028 f.; *Wank*, FS Schaub, S. 764 ff.; *Winter/Zekau*, AuR 1997, S. 89 ff.; *Zachert*, NZA 1993, S. 299 ff.

II. Nachwirkung

Nach Ablauf des zeitlichen Geltungsbereichs entfällt zwar der zwingende Charakter des Tarifvertrags[169]. Nicht berührt wird hingegen dessen unmittelbare Wirkung. Das folgt aus § 4 Abs. 5 TVG, der eine „Weitergeltung" des Tarifvertrags (Nachwirkung) vorsieht, bis er durch eine andere Abmachung ersetzt wird. Die Arbeitsbedingungen werden dabei in dem Zustand eingefroren, der im Zeitpunkt des Ablaufs des zeitlichen Geltungsbereichs bestanden hat, so daß Arbeitsverhältnisse, die der Nachwirkung unterfallen, von der allgemeinen Tarif- und insbesondere Lohnentwicklung abgekoppelt sind. Die Nachwirkung ist statisch, nicht dynamisch.

1. Funktionen der Nachwirkung

a) Überbrückungsfunktion

Die Nachwirkung, deren Verfassungsmäßigkeit bislang nicht in Frage gestellt worden ist[170], dient nach ganz h.M. in Rechtsprechung[171] und Literatur[172]

---

[169] Ganz h.M., vgl. BAG AP Nr. 52 zu §§ 22, 23 BAT, Bl. 2; AP Nr. 55 zu §§ 22, 23 BAT, Bl. 5; *Etzel*, NZA 1987, Beilage Nr. 1, S. 23; *Herschel*, ZfA 1973, S. 193, vgl. auch *ders.*, ZfA 1976, S. 97; *Konzen*, ZfA 1975, S. 408; *Nikisch*, Bd. 2, S. 390 f.; kritisch *Kempen/Zachert*, § 4 Rn. 293 f.

[170] Dazu näher LAG Baden-Württemberg LAGE § 4 TVG Nachwirkung Nr. 5, S. 4 ff.

[171] BAG AP Nr. 13 zu § 3 TVG, Bl. 1R; AP Nr. 22 zu § 4 TVG Nachwirkung, Bl. 3; AP Nr. 26 zu § 4 TVG Nachwirkung, Bl. 3R; AP Nr. 27 zu § 4 TVG Nachwirkung, Bl. 3; AP Nr. 29 zu § 4 TVG Nachwirkung, Bl. 2R; AP Nr. 20 zu § 3 TVG, Bl. 5; AP Nr. 21 zu § 3 TVG, Bl. 4; AP Nr. 3 zu § 3 TVG Verbandsaustritt, Bl. 3R; AP Nr. 14 zu § 3 TVG Verbandszugehörigkeit, Bl. 4; LAG Baden-Württemberg LAGE § 4 TVG Nachwirkung Nr. 5, S. 2; LAG Brandenburg, Urteil vom 17.3.1995 – 5 (4) Sa 711/94 (n.v.), S. 8.

[172] *Bernstein*, Anm. zu BAG vom 13.12.1995, EzA § 3 TVG Nr. 11, S. 16, 18; *Däubler*, TVR, Rn. 1450; *H.-W. Friedrich*, FS Schaub, S. 196; *Frieges*, NZA 1998, S. 631; *Gamillscheg*, Arbeitsrecht, Bd. 1, § 18 VII 1 a (1); *Gerhards*, BB 1997, S. 362; *Hromadka/Maschmann/Wallner*, Rn. 248; *Kempen/Zachert*, § 3 Rn. 26, § 4 Rn. 310; *F. Kirchhof*, S. 195; *P. Krebs*, gem. Anm. zu BAG vom 27.11.1991 und 18.3.1992, SAE 1993, S. 135, 138; MünchArbR-*Löwisch*, Bd. 3, § 266 Rn. 1 ff.; *Löwisch/Rieble*, § 4 Rn. 220 f.; *Th. Müller/Peters*, Anm. zu BAG vom 13.7.1994, AP Nr. 14 zu § 3 TVG Verbandszugehörigkeit, Bl. 8; *Nikisch*, Bd. 2, S. 391; *Pogge*, FS Stege, S. 120; *Rieble*, Rn. 1224; *Rotter*, S. 56 f.; *Rüthers*, FS G. Müller, S. 450; ErfKomm-*Schaub*, § 4 TVG Rn. 73; *Stein*, Rn. 128; *H. Wiedemann/Stumpf*, § 4 Rn. 183, 185; *Zachert*, RdA 1996, S. 149; kritisch *Lieb*, NZA 1994, S. 339 f.; *Rieble*, Anm. zu BAG vom 14.6.1994, SAE 1995, S. 78.

der Überbrückung des Zeitraums zwischen dem Ablauf eines Tarifvertrags und einer Nachfolgeregelung – insbesondere dem Abschluß eines Anschlußtarifvertrages – und verhindert auf diese Weise im Interesse beider Arbeitsvertragsparteien[173], daß die tarifgebundenen Arbeitsverhältnisse inhaltsleer werden (Überbrückungsfunktion).

b) Beständigkeitsfunktion

§ 4 Abs. 5 TVG steuert darüber hinaus auch der in der Vertragsstruktur des Tarifvertrags angelegten Kurzfristigkeit entgegen, mindert die Gefahr eines Kontinuitätsbruches und sichert dadurch das Vertrauen in die Beständigkeit der tariflichen Ordnung: Rechtstatsächlich besteht die hohe Wahrscheinlichkeit, daß dem alten Tarifvertrag ein neuer, weitgehend an den alten Tarifvertrag anknüpfender Tarifvertrag folgt (Ordnungs- oder Beständigkeitsfunktion)[174]. Andernfalls wäre § 4 Abs. 5 TVG weithin überflüssig, da der übliche Tariflohn auch aus § 612 Abs. 2 BGB – hier sogar in dynamischer Form – folgen würde[175]. Andere Arbeitsbedingungen als das Arbeitsentgelt wären durch gesetzliche Mindestregelungen gewährleistet und würden – stellt man auch für sie auf § 612 Abs. 2 BGB analog ab[176] – nicht einmal verschlechtert[177]. Das übersieht die Gegenmeinung, derzufolge der Beständigkeit der tariflichen Ordnung als bloßer Nebenfolge der Überbrückungsfunktion keine eigenständige Bedeutung zu-

---

[173] Dazu *P. Krebs*, gem. Anm. zu BAG vom 27.11.1991 und 18.3.1992, SAE 1993, S. 138; *H. Wiedemann/Stumpf*, § 4 Rn. 185.

[174] Vgl. *Gamillscheg*, Arbeitsrecht, Bd. 1, § 18 VII 1 a (1); *Gerhards*, BB 1997, S. 362; *Hromadka/Maschmann/Wallner*, Rn. 249; *F. Kirchhof*, S. 195; *Knorr*, RdA 1979, S. 204, 206; tendenziell auch *P. Krebs*, gem. Anm. zu BAG vom 27.11.1991 und 18.3.1992, SAE 1993, S. 135; MünchArbR-*Löwisch*, Bd. 3, § 266 Rn. 2; *Löwisch/Rieble*, § 4 Rn. 221; *H. Wiedemann/Stumpf*, § 4 Rn. 185; *Witzig*, S. 98 f.; wohl auch *Stein*, Rn. 128; vgl. ferner BAG AP Nr. 13 zu § 3 TVG, Bl. 1R.

[175] Vgl. *Lieb*, NZA 1994, S. 339; *Löwisch*, NJW 1997, S. 908; gegen § 612 Abs. 2 BGB *Rieble*, Anm. zu BAG vom 14.6.1994, SAE 1995, S. 81; *ders.*, Anm. zu BAG vom 13.12.1995, AP Nr. 3 zu § 3 TVG Verbandsaustritt, Bl. 5 f.; kritisch auch *P. Hanau*, RdA 1998, S. 69.

[176] So MünchArbR-*P. Hanau*, Bd. 1, § 61 Rn. 12; *ders.*, ArbRGegwart Bd. 34 (1997), S. 30; *Kania*, DB 1996, S. 1922 f.; ähnlich *Moll*, RdA 1996, S, 282; *Zöllner*, DB 1995, S. 1405 (beide für die Arbeitszeit); s. ferner LAG Hamm LAGE § 4 TVG Ausschlußfristen Nr. 20, S. 1; vgl. aber BAG AP Nr. 9 zu § 2 BeschFG 1985, Bl. 1R.; abw. *Rieble*, Anm. zu BAG vom 14.6.1994, SAE 1995, S. 81; *ders.*, Anm. zu BAG vom 13.12.1995, AP Nr. 3 zu § 3 TVG Verbandsaustritt, Bl. 5 f.

[177] Vgl. *P. Krebs*, gem. Anm. zu BAG vom 27.11.1991 und 18.3.1992, SAE 1993, S. 135.

kommt[178]. Für eine Beständigkeitsfunktion der Nachwirkung spricht ferner, daß die Nachwirkung ein Verhandeln der Tarifvertragsparteien ohne Zeitdruck ermöglicht[179]. Schließlich ist die Nachwirkung auch Ausgleich für die Friedenspflicht, die den Tarifvertragsparteien einen Arbeitskampf bereits während der Laufzeit des Tarifvertrags auch über Anschlußtarifverträge verbietet (Ausgleichsfunktion)[180].

2. Inhalt der Nachwirkung

Gegenstand der Nachwirkung sind zunächst die Individualnormen eines Tarifvertrags. Ausgenommen sind Abschlußnormen, denn die abschlußnormenwidrige arbeitsvertragliche Vereinbarung ist andere Abmachung im Sinne des § 4 Abs. 5 TVG[181]. Die Nachwirkung von Kollektivnormen wird zum Teil bestritten[182]. Die durch sie bezweckte einheitliche Ordnung im Betrieb sei im Nachwirkungsstadium nicht mehr gewährleistet. Der Ausschluß von Kollektivnormen aus dem Anwendungsbereich des § 4 Abs. 5 TVG widerspricht aber der Überbrückungs- und der Kontinuitätsfunktion, die beide für Kollektivnormen gleichermaßen gelten. Er steht darüber hinaus weder mit dem Gesetzeswortlaut noch mit der systematischen Stellung der Nachwirkung im letzten Absatz des § 4 TVG in Einklang[183]. Die einheitliche Ordnung im Betrieb ist schließlich

---

[178] *Leipold*, Anm. zu BAG vom 29.1.1975, SAE 1976, S. 89 f.; *Meik*, S. 185; *Rotter*, S. 57; wohl auch *Rüthers*, FS G. Müller, S. 449.

[179] *Hromadka/Maschmann/Wallner*, Rn. 249; *H. Wiedemann/Stumpf*, § 4 Rn. 185.

[180] MünchArbR-*Löwisch*, Bd. 3, § 266 Rn. 3; *Löwisch/Rieble*, § 4 Rn. 222, § 1 Rn. 273; abw. *P. Krebs*, gem. Anm. zu BAG vom 27.11.1991 und 18.3.1992, SAE 1993, S. 136.

[181] *Gamillscheg*, Arbeitsrecht, Bd. 1, § 18 VII 2 a; *Gerhards*, BB 1997, S. 362; *Kempen/Zachert*, § 4 Rn. 302; MünchArbR-*Löwisch*, Bd. 3, § 266 Rn. 13; *Löwisch/Rieble*, § 4 Rn. 236; *H. Wiedemann/Stumpf*, § 4 Rn. 192; differenzierend sowie auch für Beendigungsnormen *Däubler*, TVR, Rn. 1452; anders *Oetker*, FS Schaub, S. 538 ff.

[182] Für betriebliche Normen *A. Hueck/Nipperdey/Stahlhacke*, § 4 Rn. 72; *Zöllner*, Anm. zu LAG Düsseldorf vom 19.9.1960, AP Nr. 1 zu § 4 TVG Lehrlingsskalen, Bl. 5; vgl. auch *Rieble*, Rn. 1528 f. (einseitige Lösungsbefugnis des Arbeitgebers); *ders.*, Anm. zu BAG vom 13.12.1995, AP Nr. 3 zu § 3 TVG Verbandsaustritt, Bl. 7 f.; für betriebsverfassungsrechtliche Normen *A. Hueck/Nipperdey/Stahlhacke*, § 4 Rn. 77; *Zöllner/Loritz*, § 36 VI 1; einschränkend *Behrens/Hohenstatt*, DB 1991, S. 1877 f.

[183] Für die Nachwirkung von Betriebsnormen auch BAG AP Nr. 4 zu § 4 BAT, Bl. 3; AP Nr. 57 zu Art. 9 GG, Bl. 7 f.; LAG Düsseldorf LAGE § 4 TVG Nachwirkung Nr. 4, S. 1; *Däubler*, TVR, Rn. 1453 f.; *Dahlbender*, S. 82 ff.; *Frölich*, NZA 1992, S. 1110; *Gamillscheg*, Arbeitsrecht, Bd. 1, § 18 VII 2 a; *A. Hueck/Nipperdey*, Bd. II 1, S. 541; *Kempen/Zachert*, § 4 Rn. 299 f.; MünchArbR-*Löwisch*, Bd. 3, § 266 Rn. 14; *Löwisch/Rieble*, § 4 Rn. 227, 237; *Nikisch*, Bd. 2, S. 406, 408; *Oetker*, FS Schaub,

auch im Nachwirkungszeitraum gewährleistet, wenn man eine Ablösung von Kollektivnormen durch Individualvereinbarung nicht zuläßt[184]. Tarifnormen über gemeinsame Einrichtungen wirken nach, soweit die gemeinsame Einrichtung als solche fortbesteht[185]. Die Gegenmeinung[186] muß sich auch hier den Wortlaut des § 4 Abs. 5 TVG und dessen systematische Stellung vorhalten lassen. Die andere Abmachung kann wegen des branchenweiten Bezugs gemeinsamer Einrichtungen freilich nur ein Tarifvertrag sein[187].

3. Wirkung und Rechtsnatur der Nachwirkung

Ein nachwirkender Tarifvertrag gilt zwar unmittelbar, aber nicht zwingend weiter und behält deshalb auch während der Nachwirkung seine gesetzesgleiche Wirkung[188]. Die besonders vor dem Inkrafttreten des TVG vertretene Auffassung[189], die Normen eines Tarifvertrags würden im Nachwirkungszeitraum Inhalt des einzelnen Arbeitsverhältnisses, an die der Gesetzgeber etwa in § 613 a Abs. 1 Satz 2 BGB angeknüpft hat („so werden sie Inhalt des Arbeitsverhältnis-

---

S. 538 ff.; *Rüthers*, FS G. Müller, S. 456; *Stein*, Rn. 134; wohl auch *Herschel*, ZfA 1976, S. 95; umfangreiche Nachweise zur betriebsverfassungsrechtlichen Literatur bei DKK-*Trümner*, § 3 Rn. 54.

[184] BAG AP Nr. 57 zu Art. 9 GG, Bl. 7R; *Frölich*, NZA 1992, S. 1110; MünchArbR-*Löwisch*, Bd. 3, § 266 Rn. 14; *Löwisch/Rieble*, § 4 Rn. 237; *Rüthers*, FS G. Müller, S. 456.

[185] *Ballerstedt*, S. Q 17 f., 22; *Bötticher*, Einrichtungen, S. 67; *Däubler*, TVR, Rn. 1455; *Gamillscheg*, Arbeitsrecht, Bd. 1, § 18 VII 2 a; *Hill*, S. 67, 75; *A. Hueck*, BB 1949, S. 354; *A. Hueck/Nipperdey*, Bd. II 1, S. 541; *A. Hueck/Nipperdey/Tophoven*, § 4 Rn. 96; *Kempen/Zachert*, § 4 Rn. 155; MünchArbR-*Löwisch*, Bd. 3, § 266 Rn. 15; *Lütgen*, S. 30; *Lund*, Anm. zu BAG vom 3.9.1986, AP Nr. 12 zu § 4 TVG Nachwirkung, Bl. 5; *Nikisch*, Bd. 2, S. 409; *Maus*, § 4 Rn. 100; *Stein*, Rn. 134; *H. Wiedemann/Stumpf*, § 1 Rn. 284; offengelassen von BAG AP Nr. 12 zu § 4 TVG Nachwirkung, Bl. 2R.

[186] *A. Hueck/Nipperdey/Stahlhacke*, § 4 Rn. 78; *H. Wiedemann*, RdA 1968, S. 422; jedenfalls für Normen über Leistungs- und Beitragsverhältnisse *Zöllner*, Gutachten, S. G 82; vgl. auch MünchArbR-*Löwisch*, Bd. 3, § 266 Rn. 15; *Löwisch/Rieble*, § 4 Rn. 238; BAG AP Nr. 42 zu § 1 BetrAVG Zusatzversorgungskassen, Bl. 3R f. (bei gleichzeitigem Herausfallen aus dem Geltungsbereich).

[187] *Däubler*, TVR, Rn. 1455; *Nikisch*, Bd. 2, S. 409; *H. Wiedemann/Stumpf*, § 4 Rn. 193; *Zöllner*, Gutachten, S. G 82.

[188] Vgl. nur BAG AP Nr. 6 zu § 4 TVG Nachwirkung, Bl. 1R ff.; AP Nr. 55 zu §§ 22, 23 BAT, Bl. 5; *Hromadka/Maschmann/Wallner*, Rn. 245; *Kempen/Zachert*, § 4 Rn. 293; MünchArbR-*Löwisch*, Bd. 3, § 266 Rn. 5; *Löwisch/Rieble*, § 4 Rn. 224; *H. Wiedemann/Stumpf*, § 4 Rn. 170, 183; zur rechtsgeschichtlichen Entwicklung der Nachwirkung *Herschel*, ZfA 1976, S. 92 ff.

[189] Vgl. *Jacobi*, S. 221 Fn. 3; *H. Wiedemann/Stumpf*, § 4 Rn. 182 f.

ses"), ist durch die in § 4 Abs. 5 TVG getroffene Regelung („gelten seine Rechtsnormen weiter") hinfällig und deshalb aufgegeben worden.

Umstritten ist, ob die unmittelbare Normgeltung im Nachwirkungszeitraum tariflicher oder staatlicher Natur ist[190]. An diese Streitfrage knüpfen weitreichende Folgen an[191]. Soweit das Schrifttum sich mit der Frage überhaupt befaßt, wird der Nachwirkung überwiegend tarifliche Natur zugemessen[192]. Dabei wird auf die fortdauernde aktuelle und konkrete Verbindlichkeit des Tarifvertrags abgestellt[193]. Es wird hervorgehoben, daß sich zwar dessen Qualität, nicht aber der Geltungsgrund verändere: Der Tarifvertrag bleibe eigenständige Rechtsquelle, die Tarifvertragsparteien behielten auch während der Nachwirkung ihre Zuständigkeit und Verantwortung[194]. Eine systematische Auslegung des § 4 Abs. 5 TVG zeige zudem, daß die Umwandlung ehemals tariflichen Rechts in staatliches Recht rechtstechnisch nur unter großen Schwierigkeiten möglich sei. Weise man der Nachwirkung staatliche Natur zu, komme es zu Wertungswidersprüchen zur Rechtsnatur vergleichbarer Normkomplexe wie § 3 Abs. 2, § 3 Abs. 3, § 5 Abs. 4 TVG, § 77 Abs. 4 Satz 1 BetrVG, § 19 Abs. 1 Satz 1 HAG[195].

Richtig ist die Auffassung des *BAG*[196] und eines Teils des Schrifttums[197], das dem Tarifvertrag im Nachwirkungszeitraum den Status staatlichen Rechts zumißt. Das folgt schlicht daraus, daß der Tarifvertrag mit Ablauf seines zeitlichen Geltungsbereichs keinen Anspruch mehr auf zwingende Geltung (§ 4

---

[190] Zum Streitstand eingehend *Rotter*, S. 13 ff., 46 ff.

[191] S. etwa unten § 9 F II 5 a.

[192] *Däubler*, TVR, Rn. 1464; *Gamillscheg*, Arbeitsrecht, Bd. 1, § 18 VII 1 b; *Herschel*, ZfA 1976, S. 96 ff.; *Kempen/Zachert*, § 4 Rn. 295; *Lieb*, Arbeitsrecht, Rn. 504 f.; *Rotter*, zusammenfassend S. 99 und passim; *H. Wiedemann*, Anm. zu BAG vom 14.2.1973, AP Nr. 6 zu § 4 TVG Nachwirkung, Bl. 4R f.; *ders.*, Anm. zu BAG vom 29.1.1975, AP Nr. 8 zu § 4 TVG Nachwirkung, Bl. 7.

[193] *Herschel*, ZfA 1976, S. 97.

[194] *H. Wiedemann*, Anm. zu BAG vom 14.2.1973, AP Nr. 6 zu § 4 TVG, Bl. 5, 6.

[195] *Rotter*, S. 88, eingehend S. 75 ff., zusammenfassend S. 99.

[196] Transformationstheorie, vgl. BAG AP Nr. 6 zu § 4 TVG Nachwirkung, Bl. 2, 3 f.; AP Nr. 8 zu § 4 TVG Nachwirkung, Bl. 2 ff.; AP Nr. 3 zu § 3 TVG Verbandsaustritt, Bl. 3R; AP Nr. 3 zu § 3 TVG Verbandszugehörigkeit, Bl. 4 f. („neuer und selbständiger Rechtsgrund"); aus der Instanzrechtsprechung LAG Baden-Württemberg LAGE § 4 TVG Nachwirkung Nr. 5, S. 2; LAG Hamm LAGE § 4 TVG Nachwirkung Nr. 6, S. 1; Urteil vom 14.12.1994 – 14 Sa 1518/94 (n.v.), S. 10 (§ 4 Abs. 5 TVG als „gesetzliche Grundlage").

[197] *Besgen*, S. 107; *Etzel*, NZA 1987, Beilage Nr. 1, S. 23; *Frölich*, NZA 1992, S. 1109; *Heinze*, FS Schaub, S. 278 f.; *ders.*, DB 1998, S. 1862; *Hromadka/Maschmann/Wallner*, Rn. 245; *Pogge*, FS Stege, S. 122; vgl. auch *Rieble*, Rn. 1224.

Abs. 1 Satz 1 TVG) erhebt. Die Normwirkung überlebt das Ende des Tarifvertrags nur, weil der Gesetzgeber dies in § 4 Abs. 5 TVG anordnet. Zudem knüpft § 4 Abs. 5 TVG systematisch an den Tarifvertrag selbst – den zeitlichen Geltungsbereich – an, während bei den angeführten Normkomplexen nur die Bindung an den Tarifvertrag (§ 3 Abs. 2, § 3 Abs. 3, § 5 Abs. 4 TVG) oder an die kollektive Regelung (§ 77 Abs. 4 Satz 1 BetrVG, § 19 Abs. 1 Satz 1 HAG) hergestellt wird, der Tarifvertrag oder die kollektive Regelung aber auch ohne die Bindungsfiktion selbst Geltung beansprucht. Die Berufung auf vermeintliche Wertungswidersprüche geht, da die Normkomplexe nicht vergleichbar sind, ins Leere.

4. Ende der Nachwirkung

Die Nachwirkung dauert an, bis der Tarifvertrag durch „eine andere Abmachung ersetzt" wird (§ 4 Abs. 5 TVG). Sie ist zeitlich nicht begrenzt[198]. Als andere Abmachung kommen für Individualnormen auf individualrechtlicher Basis eine einverständliche Änderung durch Vertrag[199] – auch durch Bezugnahme auf einen anderen (neuen) Tarifvertrag[200] – oder unter Beachtung des Kündigungsschutzes und trotz des entgegenstehenden Gesetzeswortlauts („Abmachung") eine Änderungskündigung in Betracht[201]. Beide können – trotz § 4 Abs. 3 2. Var. TVG, der nur bei zwingender Tarifgeltung greift – die Arbeitsbedingungen auch verschlechtern[202]. Kollektivrechtlich kann die Nachwirkung durch

---

[198] *Stein*, Rn. 136 f., anders *J.-H. Bauer*, FS Schaub, S. 42; *J.-H. Bauer/Diller*, DB 1993, S. 1089 (§ 613a Abs. 1 Satz 2 BGB analog); *Biedenkopf*, S. 232 (Wahlperiode des Betriebsrats).

[199] BAG AP Nr. 26 zu § 4 TVG Nachwirkung, Bl. 3R; AP Nr. 27 zu § 4 TVG Nachwirkung, Bl. 3R.

[200] *B. Gaul*, Anm. zu BAG vom 4.9.1996, EzA § 3 TVG Bezugnahme auf Tarifvertrag Nr. 7, S. 27; *ders.*, NZA 1998, S. 11; ferner ArbG Hannover, Urteil vom 7.12.1994 – 9 Ca 250/94 (n.v.), S. 8 ff.; ArbG Hamburg, Urteil vom 23.11.1994 – 21 202/94 (n.v.), S. 13; abw. *Rieble*, Rn. 1819.

[201] Gegen die Änderungskündigung nur *Kempen/Zachert*, § 4 Rn. 306.

[202] Etwa BAG AP Nr. 8 zu § 4 TVG Nachwirkung, Bl. 2; AP Nr. 16 zu § 4 TVG Nachwirkung, Bl. 3; LAG Berlin LAGE § 4 TVG Nachwirkung Nr. 2, S. 2 f.; LAG Brandenburg LAGE § 4 TVG Nachwirkung Nr. 3, S. 4; *J.-H. Bauer/Diller*, DB 1993, S. 1086; *Behrens/Hohenstatt*, DB 1991, S. 1877; *Däubler*, TVR, Rn. 1449; *Etzel*, NZA 1987, Beilage Nr. 1, S. 31; *Frölich*, NZA 1992, S. 1109 f.; *B. Gaul*, NZA 1998, S. 11; *Hromadka/Maschmann/Wallner*, Rn. 282 ff.; MünchArbR-*Löwisch*, Bd. 3, § 266 Rn. 8; *Löwisch/Rieble*, § 4 Rn. 228; *Krauss*, DB 1995, S. 1562; *Pogge*, FS Stege, S. 123; *Schwab*, BB 1994, S. 782; vgl. auch *Herschel*, ZfA 1976, S. 95; gegen eine Verschlechterung offenbar *Beckers*, NZA 1997, S. 132.

Betriebsvereinbarung – wegen § 77 Abs. 3, § 87 Abs. 1 Einleitungssatz BetrVG freilich selbst auf Grundlage der Vorrangtheorie ein schwer gangbarer Weg[203] – sowie durch Verbands- oder Firmentarifvertrag beendet werden[204]. Nachwirkende Kollektivnormen lassen sich nur durch letztere ablösen[205].

Die andere Abmachung muß nach h.M. in Rechtsprechung[206] und Literatur[207] im Nachwirkungszeitraum und im Bewußtsein ihres ablösenden Charakters getroffen werden. Daß die Nachwirkung beendet werden soll, muß deutlich zum Ausdruck kommen[208]. Daraus folgt, daß frühere individualrechtliche Abmachungen nach Ablauf des Tarifvertrags nicht anstelle der Nachwirkung wiederaufleben[209] – oder diese als andere Abmachung unmittelbar nach Beginn der Nachwirkung beenden –, wie ein Teil der Literatur aus der Gleichwertigkeit in-

---

[203] Dazu näher *Adomeit*, Arbeitsbedingungen, S. 57, 75; *Däubler*, TVR, Rn. 1462; *Hoß/Liebscher*, DB 1995, S. 2525 ff.; *dies.*, DB 1996, S. 529 f.; *Hromadka/Maschmann/Wallner*, Rn. 280 f.; *Hümmerich*, DB 1996, S. 1183; *Krauss*, DB 1995, S. 1563; *ders.*, DB 1996, S. 529; MünchArbR-*Löwisch*, Bd. 3, § 266 Rn. 10; *Löwisch/Rieble*, § 4 Rn. 230; *Pogge*, FS Stege, S. 123 f.; zum Streit um die Vorrang- und die Zwei-Schranken-Theorie *Hromadka*, DB 1987, S. 1991 mit Nachweisen in Fn. 1, 3.

[204] Etwa BAG AP Nr. 13 zu § 3 TVG, Bl. 2; AP Nr. 22 zu § 4 TVG Nachwirkung, Bl. 3; AP Nr. 26 zu § 4 TVG Nachwirkung, Bl. 3R; AP Nr. 27 zu § 4 TVG Nachwirkung, Bl. 3R; LAG Brandenburg LAGE § 4 TVG Nachwirkung Nr. 3, S. 4; *Däubler*, TVR, Rn. 1449; *Etzel*, NZA 1987, Beilage Nr. 1, S. 31; *Feger*, AiB 1995, S. 496; *Frölich*, NZA 1992, S. 1109 f.; *Hromadka/Maschmann/Wallner*, Rn. 266 f.; *A. Hueck/Nipperdey*, Bd. II 1, S. 542 f.; *Krauss*, DB 1995, S. 1564; MünchArbR-*Löwisch*, Bd. 3, § 266 Rn. 8 f.; *Löwisch/Rieble*, § 4 Rn. 228; *Nikisch*, Bd. 2, S. 390 ff.; Staudinger-*Richardi*, Vorbem. zu §§ 611 ff. Rn. 1074.

[205] *Däubler*, TVR, Rn. 1453; *Kempen/Zachert*, § 4 Rn. 299 f.; MünchArbR-*Löwisch*, Bd. 3, § 266 Rn. 11; *Löwisch/Rieble*, § 4 Rn. 231; LAG Düsseldorf § 4 TVG Nachwirkung Nr. 4, S. 1 f.

[206] BAG AP Nr. 4 zu § 4 BAT, Bl. 3; AP Nr. 10 zu § 3 TVG, Bl. 2; LAG Berlin, NZA 1991, S. 1278; LAG Brandenburg LAGE § 4 TVG Nachwirkung Nr. 3, S. 5; Urteil vom 26.7.1994 – 1 Sa 253/94 (n.v.), S. 6; Urteil vom 17.3.1995 – 4 (5) Sa 711/94 (n.v.), S. 11.

[207] *Däubler*, TVR, Rn. 1459; *H.-W. Friedrich*, FS Schaub, S. 197 f.; *Frieges*, DB 1996, S. 1281; *Frölich*, NZA 1992, S. 1111; *Höpfner*, S. 84 f.; *Kempen/Zachert*, § 4 Rn. 307 (vgl. aber Rn. 12); MünchArbR-*Löwisch*, Bd. 3, § 266 Rn. 12 (anders in § 263 Rn. 20); *Löwisch/Rieble*, § 4 Rn. 234 (anders in Rn. 52 f.); *dies.*, FS Schaub, S. 468 f.; MünchArbR-*Löwisch*, Bd. 3, § 266 Rn. 12; *Krauss*, DB 1995, S. 1564; ErfKomm-*Schaub*, § 4 TVG Rn. 78.

[208] SächsLAG, Urteil vom 15.3.1995 – 6 Sa 713/94, S. 8 (AuR 1996, S. 32 Ls.).

[209] Im Ergebnis ebenso BAG AP Nr. 10 zu § 3 TVG, Bl. 2; LAG Berlin LAGE § 4 TVG Nachwirkung Nr. 1, S. 3; LAG Brandenburg, Urteil vom 17.3.1995 – 4 (5) Sa 711/94 (n.v.), S. 11; *J.-H. Bauer*, FS Schaub, S. 25; *H.-W. Friedrich*, FS Schaub, S. 197 f.; *Frölich*, NZA 1992, S. 1110 f.; *Lieb*, Arbeitsrecht, Rn. 479, 503; *Stein*, Rn. 105 Fn. 107, Rn. 138; offengelassen von BAG AP Nr. 4 zu § 101 ArbGG 1979, Bl. 3 f.

dividual- und kollektivrechtlicher Regelungssysteme folgert, derzufolge bestehende Arbeitsverträge dem Tarifvertrag nicht endgültig zum Opfer fallen dürften[210]. Ein Wiederaufleben früherer arbeitsvertraglicher Abreden geht an der Überbrückungs- und insbesondere der Kontinuitätsfunktion der Nachwirkung vorbei und würde den Arbeitnehmern – da tarifliche Arbeitsbedingungen regelmäßig günstiger als frühere arbeitsvertragliche sind – im Wege eines Hin und Her bis zum Abschluß eines neuen Tarifvertrags schlechtere Arbeitsbedingungen zumuten. § 4 Abs. 5 TVG spricht zudem von „ersetzen" und schließt damit an die verschiedenen Entwürfe zum TVG an, die einen „neuen" Tarifvertrag als Anschlußregelung für erforderlich hielten[211]. Ein Wiederaufleben ist allenfalls dann zu erwägen, wenn in der arbeitsvertraglichen Regelung eindeutig der Wille zum Ausdruck kommt, daß unabhängig von dem durch die nachwirkende tarifliche Regelung erreichten Standard eine Rückkehr auf das frühere Niveau zulässig sein soll[212].

Dieselben Überlegungen passen auf einen Tarifvertrag, der bislang nach den Grundsätzen der Tarifkonkurrenz verdrängt war, wenn der bisher vorrangige Tarifvertrag nach § 3 Abs. 1, Abs. 2, § 5 Abs. 4 TVG galt. Der seither nachrangige Tarifvertrag ist ebenfalls keine andere Abmachung im Sinne des § 4 Abs. 5 TVG und kann die Nachwirkung nicht beenden[213].

Die Ablösung des nachwirkenden Tarifvertrags durch einen neuen Tarifvertrag erfolgt nur für die Arbeitsverhältnisse, deren Vertragspartner an den neuen

---

[210] So MünchArbR-*Löwisch*, Bd. 3, § 263 Rn. 20; *Löwisch/Rieble*, § 4 Rn. 52 f.; *ders.*, Anm. zu BAG vom 13.12.1995, AP Nr. 3 zu § 3 TVG Verbandsaustritt, Bl. 6; vgl. auch BAG AP Nr. 43 zu § 77 BetrVG 1972, Bl. 6 f. (jedenfalls dann, wenn die Parteien bei Abschluß der vertraglichen Vereinbarung das Eingreifen zwingender tariflicher Regelungen überhaupt nicht in Betracht gezogen haben); *P. Krebs*, gem. Anm. zu BAG vom 27.11.1991 und 18.3.1992, SAE 1993, S. 136 (bei allgemeinverbindlichen Tarifverträgen); ebenso, aber einschränkend *Gamillscheg*, Arbeitsrecht, Bd. 1, § 17 IV 4 a (anders § 18 VII 4 b); wohl auch *Schwab*, BB 1994, S. 783.

[211] § 4 Abs. 2 Lemgoer Entwurf (ZfA 1973, S. 131); § 5 Abs. 2 Erster Vorentwurf des Gewerkschaftsbundes (ZfA 1973, S. 141); auf die Parallele zu § 613a Abs. 1 Satz 4 2. Var. BGB („wird") weisen zu Recht *Löwisch/Rieble*, FS Schaub, S. 468 f., hin.

[212] BAG AP Nr. 26 zu § 4 TVG Nachwirkung, Bl. 5; AP Nr. 27 zu § 4 TVG Nachwirkung, Bl. 4R; LAG Brandenburg LAGE § 4 TVG Nachwirkung Nr. 3, S. 5; Urteil vom 17.3.1995 – 4 (5) Sa 711/94 (n.v.), S. 11; *Frieges*, DB 1996, S. 1281; ähnlich *Hromadka/Maschmann/Wallner*, Rn. 298; MünchArbR-*Löwisch*, Bd. 3, § 266 Rn. 12; *Löwisch/Rieble*, § 4 Rn. 234.

[213] Anders, wenn der bisher vorrangige Tarifvertrag wegen eines Verbandswechsels des Arbeitgebers nur noch nach § 3 Abs. 3 TVG fortgalt, vgl. dazu näher unten § 17 II 2 a bb.

Tarifvertrag tarifgebunden sind[214]. Die nicht an den neuen Tarifvertrag tarifgebundenen Arbeitsverhältnisse unterfallen weiterhin der Nachwirkung. Das gilt selbst dann, wenn frühere einzelvertragliche Abmachungen bestehen. Sie leben nicht als andere Abmachung auf[215]. Die Überbrückungsfunktion verliert ihren Sinn nämlich auch dann nicht, wenn für einen Teil der Arbeitsverhältnisse ein neuer Tarifvertrag gilt: Dem Arbeitgeber steht es offen, Ablösungsregelungen auch für die übrigen Arbeitsverhältnisse zu vereinbaren. Ob der ablösende Tarifvertrag die gleiche Regelungsbreite aufweisen muß wie der neue Tarifvertrag[216], so daß eine Teilnachwirkung in Betracht kommt, ist zweifelhaft, da es dann nicht möglich wäre, sich von Teilregelungen, die nicht mehr zeitgemäß sind oder für nicht mehr erforderlich gehalten werden, endgültig zu verabschieden.

Die Nachwirkung nach § 4 Abs. 5 TVG wird schließlich nicht durch einen Verbandsaustritt oder Verbandswechsel des Arbeitgebers im Nachwirkungszeitraum beendet. Das ist bislang nur vereinzelt gesehen worden[217], folgt aber aus dem Rechtsgedanken des § 3 Abs. 3 TVG.

5. Einzelne Probleme der Nachwirkung

In einzelnen Problemen des § 4 Abs. 5 TVG spiegelt sich der Streit über die Rechtsnatur der Nachwirkung wider.

a) Begründung des Arbeitsverhältnisses oder der Tarifbindung während der Nachwirkung

Schon lange umstritten ist, ob im Nachwirkungszeitraum begründete tarifgebundene Arbeitsverhältnisse von der Nachwirkung des Tarifvertrags erfaßt

---

[214] BAG AP Nr. 44 zu Art. 9 GG Arbeitskampf, Bl. 7; AP Nr. 22 zu § 4 TVG Nachwirkung, Bl. 3; AP Nr. 26 zu § 4 TVG Nachwirkung, Bl. 3R f.; AP Nr. 27 zu § 4 TVG Nachwirkung, Bl. 3R; LAG Berlin LAGE § 4 TVG Nachwirkung Nr. 2, S. 2; *J.-H. Bauer*, FS Schaub, S. 26; *H.-W. Friedrich*, FS Schaub, S. 196 f.; *A. Hueck/Nipperdey*, Bd. II 1, S. 690; *Löwisch/Rieble*, FS Schaub, S. 465 f.; *Säcker/Oetker*, ZfA 1993, S. 21; *Schaub*, NZA 1998, S. 619; wohl auch BAG AP Nr. 5 zu § 1 TVG Bezugnahme auf Tarifvertrag, Bl. 2R f.; *Buchner*, RdA 1997, S. 266 f.; *Hromadka/Maschmann/Wallner*, Rn. 266, 347, 478, 512, vgl. aber Rn. 267; s. ferner unten § 17 A II 2 a aa.

[215] Anders *Etzel*, NZA 1987, Beilage Nr. 1, S. 23.

[216] So *B. Gaul*, Anm. zu BAG vom 4.9.1996, EzA § 3 TVG Bezugnahme auf Tarifvertrag Nr. 7, S. 36; *ders.*, NZA 1998, S. 13 f.

[217] *Gamillscheg*, Arbeitsrecht, Bd. 1, § 17 I 5 a (2).

werden. Die h.M. im Schrifttum[218] und ein Teil der Instanzrechtsprechung[219] bejahen das und stellen darauf ab, daß der Geltungsgrund der Nachwirkung im Tarifvertrag und nicht im Gesetz zu sehen sei. Der Normzweck des § 4 Abs. 5 TVG gebiete zudem eine Gleichstellung der im Nachwirkungszeitraum begründeten Arbeitsverhältnisse mit den bereits bestehenden. Zudem enthalte der Wortlaut der Norm keine ausdrückliche Beschränkung auf Altverträge.

Das *BAG*[220] und ein Teil der Literatur[221] lehnen die Tarifgeltung für im Nachwirkungszeitraum begründete Arbeitsverhältnisse zu Recht ab. Das folgt wieder aus der Überbrückungs- und Kontinuitätsfunktion des § 4 Abs. 5 TVG[222], die beide für im Nachwirkungszeitraum begründete Arbeitsverhältnisse nicht greifen, und wird auch durch den Gesetzeswortlaut („gelten weiter") bestätigt[223]. Vor allem aber erhebt der Tarifvertrag wegen Ablaufs seines zeitlichen Geltungsbereichs keinen Geltungsanspruch mehr für neu begründete Arbeitsverhältnisse: Ein tarifgebundenes Arbeitsverhältnis muß, um sich auf die Normwirkung des Tarifvertrags berufen zu können, zumindest einmal in den Geltungsbereich des Tarifvertrags gefallen sein (§ 4 Abs. 1 Satz 1 TVG). Ob

---

218 *Bruhn*, Tarifeinheit, S. 219; *Buchner*, Anm. zu BAG vom 14.2.1973, AR-Blattei (D), Tarifvertrag IV, Entscheidungen 12; *Däubler*, TVR, Rn. 1463 f.; *Gamillscheg*, Arbeitsrecht, Bd. 1, § 18 VII 6; *Herschel*, ZfA 1976, S. 98 f.; *Kempen/Zachert*, § 4 Rn. 294; *P. Krebs*, gem. Anm. zu BAG vom 27.11.1991 und 18.3.1992, SAE 1993, S. 140; *Lieb*, Arbeitsrecht, Rn. 505; MünchArbR-*Löwisch*, Bd. 3, § 266 Rn. 7; *Löwisch/Rieble*, § 4 Rn. 226, 243 (anders jetzt *Rieble*, Anm. zu BAG vom 13.12.1995, AP Nr. 3 zu § 3 TVG Verbandsaustritt, Bl. 7); *Stein*, Rn. 130 f.; *Steinmeyer*, Anm. zu BAG vom 16.8.1990, EzA § 4 TVG Nachwirkung Nr. 9, S. 7 f.; *H. Wiedemann*, Anm. zu BAG vom 29.1.1975, AP Nr. 8 zu § 4 TVG, Bl. 5 f.; *H. Wiedemann/Stumpf*, § 4 Rn. 185 f.

219 LAG Berlin, NZA 1991, S. 279; LAG Hamm, Urteil vom 14.12.1994 – 14 Sa 1518/94 (n.v.), S. 10 f.; einschränkend (für betriebsverfassungsrechtliche Normen) LAG Düsseldorf LAGE § 4 TVG Nachwirkung Nr. 4, S. 5.

220 St. Rspr., etwa BAG AP Nr. 16 zu § 4 TVG Nachwirkung, Bl. 2R; AP Nr. 20 zu § 3 TVG, Bl. 5R f.; AP Nr. 21 zu § 3 TVG, Bl. 4R f.; AP Nr. 6 zu § 13 BUrlG, Bl. 1R; NZA 1998, S. 1287, 1288; ebenso LAG Hamm LAGE § 4 TVG Nachwirkung Nr. 6, S. 1 f.

221 *J.-H. Bauer*, FS Schaub, S. 26; *Beckers*, NZA 1997, S. 132; *Behrens/Hohenstatt*, DB 1991, S. 1877; *Bobrowski/D. Gaul*, Bd. 2, M VI Rn. 19; *Bötticher*, Einrichtungen, S. 67; *Brox/Rüthers*, Arbeitsrecht, Rn. 280; *Dahlbender*, S. 97 ff.; *Etzel*, NZA 1987, Beilage Nr. 1, S. 27; *Gerhards*, BB 1997, S. 363; *A. Hueck/Nipperdey*, Bd. II 1, S. 540; *Nikisch*, Bd. 2, S. 391; *Pogge*, FS Stege, S. 120; MünchArbR-*Richardi*, Bd. 1, § 12 Rn. 11; Staudinger-*ders.*, Vorbem. zu §§ 611 ff. Rn. 1074; *Rüthers*, FS G. Müller, S. 450 ff.; *Schaub*, NZA 1998, S. 619; ErfKomm-*ders.*, § 4 TVG Rn. 75; *Zöllner/Loritz*, § 36 VI 2 b; ebenso ArbG Stuttgart, Urteil vom 30.6.1994 – 25 BV 34/94 (n.v.), S. 8.

222 BAG AP Nr. 1 zu § 4 TVG Nachwirkung, Bl. 2.

223 *Etzel*, NZA 1987, Beilage Nr. 1, S. 27; anders *Stein*, Rn. 131.

nachwirkende Tarifnormen Neuverträge erfassen, entzieht sich der Regelungsbefugnis der Tarifvertragsparteien. Aus denselben Gründen hat auch der Verbandseintritt einer Arbeitsvertragspartei während der Nachwirkung keine unmittelbare Wirkung des nachwirkenden Tarifvertrags zur Folge[224].

b) Vereinbarung oder Änderung eines nachwirkenden Tarifvertrags und Ausschluß der Nachwirkung

Umstritten ist ferner, ob Vereinbarung oder Änderung eines nachwirkenden Tarifvertrags durch die Tarifvertragsparteien zulässig sind. Von der herrschenden Literatur wird das bejaht[225]. Unter Hinweis auf die Koalitionsfreiheit wird der Wille der Tarifvertragsparteien, übereinstimmend die Vor- und Nachteile eines nachwirkenden Tarifvertrags in Kauf zu nehmen, ins Blickfeld gerückt und auf deren Befugnis, dispositives Recht zu schaffen (§ 4 Abs. 3 1. Var. TVG), verwiesen. Der Tarifvertrag sei auch während der Nachwirkung autonomes Recht, welches der Verfügungsgewalt der Tarifvertragsparteien unterliege.

Die Judikatur des *BAG*[226] und Teile des Schrifttums[227] verneinen die Streitfrage zu Recht. Ein Tarifvertrag hat den Voraussetzungen der § 1, § 4 Abs. 1 TVG zu entsprechen. Das ist bei einem nachwirkenden Tarifvertrag, dessen zeitlicher Geltungsbereich abgelaufen ist, nicht der Fall. Die systematische Stellung des § 4 Abs. 5 TVG, der an § 4 Abs. 1 TVG anknüpft, zeigt zudem,

---

[224] BAG AP Nr. 20 zu § 3 TVG, Bl. 6; AP Nr. 21 zu § 3 TVG, Bl. 5; a.A. *Kempen/Zachert*, § 4 Rn. 295; MünchArbR-*Löwisch*, Bd. 3, § 266 Rn. 20; *Löwisch/Rieble*, § 4 Rn. 243; *Stein*, Rn. 130 Fn. 89.

[225] *Buchner*, Anm. zu BAG vom 30.1.1990, AR-Blattei ES, 1550.6 Nr. 29, S. 10 f.; *Herschel*, ZfA 1976, S. 104; *Kempen/Zachert*, § 4 Rn. 298; *Lieb*, Arbeitsrecht, Rn. 506; *H. Wiedemann/Stumpf*, § 4 Rn. 184, 199; *Stein*, Rn. 138, 140 ff., *H. Wiedemann*, Anm. zu BAG vom 29.1.1975, AP Nr. 8 zu § 4 TVG Nachwirkung, Bl. 6R f.; *Zöllner/Loritz*, § 36 VI 3; wohl auch *Däubler*, TVR, Rn. 1466; vermittelnd *Konzen*, ZfA 1978, S. 466.

[226] BAG AP Nr. 6 zu § 4 TVG Nachwirkung, Bl. 3 f.; AP Nr. 8 zu § 4 TVG Nachwirkung, Bl. 2; AP Nr. 9 zu § 4 TVG Nachwirkung, Bl. 2; AP Nr. 96 zu §§ 22, 23 BAT, Bl. 2; AP Nr. 14 zu §§ 22, 23 BAT 1975, Bl. 2R; AP Nr. 1 zu § 22, 23 BAT Zulagen, Bl. 2; AP Nr. 2 zu § 22, 23 BAT Zulagen, Bl. 2R.

[227] *Bobrowski/D. Gaul*, Bd. 2, M IV Rn. 9; *Frölich*, NZA 1992, S. 1109; *Heinze*, FS Schaub, S. 278; *Leipold*, Anm. zu BAG vom 29.1.1975, SAE 1977, S. 89; MünchArbR-*Löwisch*, Bd. 3, § 266 Rn. 23 f.; *ders.*, Anm. zu BAG vom 18.12.1996, AP Nr. 1 zu § 2 TVG Kündigung, Bl. 11R f.; *Löwisch/Rieble*, § 4 Rn. 248 f., § 1 Rn. 280; vgl. auch *Herschel*, ZfA 1976, S. 102: Scheinproblem, da die Unzulässigkeit der Vereinbarung eines nachwirkenden Tarifvertrags durch Abschluß eines Tarifvertrags mit sofortiger Kündigungsmöglichkeit umgangen werden könne.

daß vor jeder Nachwirkung eine unmittelbare und zwingende Wirkung bestanden haben muß. Überdies sind nachwirkende Tarifnormen nicht mehr tariflicher, sondern staatlicher Natur. Ihr Geltungsgrund ist allein § 4 Abs. 5 TVG. Staatliches Recht kann aber tariflich nicht begründet und ohne gesetzliche Ermächtigung auch nicht abgeändert werden. Gegen die Zulässigkeit der Vereinbarung nachwirkender Tarifverträge spricht schließlich, daß die Tarifvertragsparteien eine Bindung an die Friedenspflicht des Tarifvertrags vermeiden und eine neue Kategorie von Tarifnormen einführen könnten[228].

Nach herrschender Literatur[229] und der Judikatur des *BAG*[230] ist der Ausschluß der Nachwirkung durch die Tarifvertragsparteien als actus contrarius zur Rechtssetzungsbefugnis zulässig. Das ist wegen der mit § 4 Abs. 5 TVG intendierten Überbrückungsfunktion – die Ablösung muß nicht durch Tarifvertrag erfolgen – abzulehnen und aus der Sicht des *BAG*, das die kumulative Anwendung von § 3 Abs. 3 TVG und § 4 Abs. 5 TVG immer wieder damit begründet, die Arbeitsverhältnisse dürften nicht inhaltsleer werden[231], inkonsequent[232]. Die Arbeitsvertragsparteien haben es jedenfalls nicht in der Hand, die Nachwirkung vor deren Beginn auszuschließen[233]. Das folgt auch nicht aus der Befugnis der einvernehmlichen Abänderung der Arbeitsbedingungen im Nachwirkungszeitraum: Arbeitnehmer könnten sonst voreilig zum Verzicht auf ihre gesetzlichen Rechte verleitet werden.

---

[228] Vgl. nur *H. Wiedemann*, Anm. zu BAG vom 29.1.1975, AP Nr. 8 zu § 4 TVG Nachwirkung, Bl. 7.

[229] *Däubler*, TVR, Rn. 1467; *Gamillscheg*, Arbeitsrecht, Bd. 1, § 18 VII 3; *Hromadka/Maschmann/Wallner*, Rn. 244; *Hümmerich*, DB 1996, S. 1183; *Kempen/Zachert*, § 4 Rn. 308; MünchArbR-*Löwisch*, Bd. 3, § 266 Rn. 22; *Löwisch/Rieble*, § 4 Rn. 247; *Rieble*, Rn. 1224 (anders *ders.*, Anm. zu BAG vom 13.12.1995, AP Nr. 3 zu § 3 TVG Verbandsaustritt, Bl. 5R f., 7); *Stein*, Rn. 139; *Steinmeyer*, Anm. zu BAG vom 16.8.1990, EzA § 4 TVG Nachwirkung Nr. 9, S. 8; *H. Wiedemann/Stumpf*, § 4 Rn. 198; zum Ausschluß der Nachwirkung durch schlüssiges Verhalten kritisch *Lund*, Anm. zu BAG vom 3.9.1986, AP Nr. 12 zu § 4 TVG Nachwirkung, Bl. 12 f.

[230] BAG AP Nr. 1 zu § 1 TVG Teilnichtigkeit, Bl. 2R; AP Nr. 12 zu § 4 TVG Nachwirkung, Bl. 2R; AP Nr. 19 zu § 4 TVG Nachwirkung, Bl. 2; AP Nr. 29 zu § 4 TVG Nachwirkung, Bl. 2R ff.; AP Nr. 1 zu §§ 22, 23 BAT Zulagen, Bl. 2; AP Nr. 2 zu §§ 22, 23 BAT Zulagen, Bl. 2R; AP Nr. 3 zu § 3 TVG Verbandsaustritt, Bl. 4; EzA § 4 TVG Nachwirkung Nr. 9, S. 4; AP Nr. 29 zu § 4 TVG Nachwirkung, Bl. 2R ff.; ebenso LAG Baden-Württemberg LAGE § 4 TVG Nachwirkung Nr. 5, S. 2.

[231] S. unten § 10 C III 5 c.

[232] Gegen das BAG auch *Herschel*, ZfA 1976, S. 97; *Richardi*, Kollektivgewalt, S. 391 Fn. 29.

[233] Anders *Schwab*, BB 1994, S. 782 f.

c) Nachwirkung eines allgemeinverbindlichen Tarifvertrags und Nachwirkung der Allgemeinverbindlicherklärung

Die Nachwirkung eines allgemeinverbindlichen Tarifvertrags nach seinem Ablauf wird bestritten, soweit Außenseiterarbeitsverhältnisse betroffen sind[234]. Sie wird nicht nur unter Hinweis auf deren negative Koalitionsfreiheit abgelehnt. Da die Arbeitsverträge von Außenseitern regelmäßig vor der Allgemeinverbindlicherklärung abgeschlossen würden, den Arbeitsvertragsparteien nach Ablauf des allgemeinverbindlichen Tarifvertrags somit ein Vertragsinhalt zur Verfügung stehe, fehle auch deren in § 4 Abs. 5 TVG vorausgesetztes gemeinsames Interesse an der Nachwirkung[235]. Zudem knüpfe § 4 Abs. 5 TVG an die mitgliedschaftlich legitimierte Tarifgebundenheit in § 4 Abs. 1 TVG an[236].

Richtigerweise besteht die Nachwirkung auch für abgelaufene allgemeinverbindliche Tarifverträge[237]. Zwar ist zunächst die Hürde des § 5 Abs. 5 Satz 3 TVG zu überwinden, nach dem die Allgemeinverbindlichkeit eines Tarifvertrags mit dessen Ablauf endet und der jedenfalls dann eine Klippe darstellt, wenn man die Tatbestandsmerkmale „Ablauf" in § 4 Abs. 5 TVG und „Ablauf" in § 5 Abs. 5 Satz 3 TVG gleich interpretiert. „Ablauf" in § 5 Abs. 5 Satz 3 TVG meint aber das Ende der Nachwirkung, wie eine zweckbezogene Interpretation zeigt: Die Überbrückungs- und die Beständigkeitsfunktion rechtfertigen auch bei allgemeinverbindlichen Tarifverträgen die Nachwirkung, denn deren Nachfolgetarifverträge sind regelmäßig ebenfalls allgemeinverbindlich[238].

---

[234] *P. Krebs*, gem. Anm. zu BAG vom 27.11.1991 und 18.3.1992, SAE 1993, S. 136 ff.; *Lieb*, Arbeitsrecht, Rn. 508; *ders.*, NZA 1994, S. 341; *Oetker*, gem. Anm. zu BAG vom 18.3.1992 und 27.11.1991, EzA § 4 TVG Nachwirkung Nr. 15, S. 24 ff.; vgl. auch BAG AP Nr. 43 zu § 77 BetrVG 1972, Bl. 13.

[235] *P. Krebs*, gem. Anm. zu BAG vom 27.11.1991 und 18.3.1992, SAE 1993, S. 136.

[236] *Oetker*, gem. Anm. zu BAG vom 18.3.1992 und 27.11.1991, EzA § 4 TVG Nachwirkung Nr. 15, S. 24.

[237] Dafür auch BAG AP Nr. 11 zu § 5 TVG, Bl. 1R; AP Nr. 68 zu § 4 TVG Ausschlußfristen, Bl. 2; AP Nr. 22 zu § 4 TVG Nachwirkung, Bl. 2R; LAG Berlin LAGE § 4 TVG Nachwirkung Nr. 1, S. 1 f.; LAGE § 4 TVG Nachwirkung Nr. 2, S. 2; LAG Nürnberg, NZA 1991, S. 280; *Däubler*, TVR, Rn. 1456; *Frölich*, NZA 1992, S. 1107; *Gamillscheg*, Arbeitsrecht, Bd. 1, § 18 VII 2 b; *Haußmann*, S. 70 f.; *Herschel*, ZfA 1976, S. 98; *Hoß/Liebscher*, DB 1995, S. 2526; *A. Hueck/Nipperdey*, Bd. II 1, S. 539, 690; *Hümmerich*, DB 1996, S. 1183; *Kempen/Zachert*, § 4 Rn. 297; *Löwisch/Rieble*, Anm. zu BAG vom 27.11.1991, AP Nr. 22 zu § 4 TVG Nachwirkung, Bl. 7 f.; *Nikisch*, Bd. 2, S. 391 f.; *Pulte*, AR-Blattei SD 1552.10, Rn. 69; *ders.*, gem. Anm. zu BAG vom 14.2.1991 und 18.3.1992, AR-Blattei ES, 1550.6 Nr. 33, S. 3; Staudinger-*Richardi*, Vorbem. zu §§ 611 ff. Rn. 1071; ErfKomm-*Schaub*, § 4 TVG Rn. 81; *Stein*, Rn. 149 f.; *Zöllner/Loritz*, § 36 VI 4.

[238] Das bestreitet *P. Krebs*, gem. Anm. zu BAG vom 27.11.1991 und 18.3.1992, SAE 1993, S. 136.

Auch die systematische Stellung des § 4 Abs. 5 TVG spricht für die Nachwirkung eines allgemeinverbindlichen Tarifvertrags: Die Nachwirkung knüpft an den Ablauf des Tarifvertrags an (zeitlicher Geltungsbereich) und nicht an die Art der Tarifgebundenheit. Zudem spricht § 4 Abs. 1 Satz 1 TVG, auf den sich die Gegenmeinung beruft, von „beiderseits Tarifgebundenen", bezieht sich also auf § 3 Abs. 1 TVG und auf § 5 Abs. 4 TVG. Dem Wortlaut des § 4 Abs. 5 TVG ist überdies eine Beschränkung der Nachwirkung auf Arbeitnehmer, die kraft Organisationszugehörigkeit tarifgebunden sind, nicht zu entnehmen.

Umstrittener ist die isolierte Nachwirkung der Allgemeinverbindlicherklärung analog § 4 Abs. 5 TVG, wenn allein die Allgemeinverbindlicherklärung aufgehoben wird (§ 5 Abs. 5 Satz 1 TVG), der Tarifvertrag aber noch nicht abgelaufen ist[239]. Der Hinweis auf die Überbrückungsfunktion verfängt an dieser Stelle nicht, da eine erneute Allgemeinverbindlicherklärung nicht zu erwarten ist: Die bisherige Allgemeinverbindlicherklärung wäre sonst nicht aufgehoben oder verlängert worden. Eine Analogie zu § 4 Abs. 5 TVG scheitert darüber hinaus – jetzt zu Recht – an der negativen Koalitionsfreiheit der Außenseiter: Der Staat könnte die einmal durch Allgemeinverbindlicherklärung ihnen gegenüber eingetretene Normwirkung nicht mehr selbst beseitigen, sondern wäre auf den Abschluß eines Nachfolgetarifvertrags durch die Tarifvertragsparteien angewiesen[240].

d) Nachwirkung bei Beendigung des Tarifvertrags durch außerordentliche Kündigung

Die Nachwirkung eines Tarifvertrags nach § 4 Abs. 5 TVG wird im Schrifttum nicht selten in Frage gestellt, wenn der Tarifvertrag durch außerordentliche

---

[239] Bejaht von BAG AP Nr. 11 zu § 5 TVG, Bl. 1R; LAG Berlin LAGE § 4 TVG Nachwirkung Nr. 2, S. 2; *Däubler*, TVR, Rn. 1280, 1456; *Frölich*, NZA 1992, S. 1107; *Gamillscheg*, Arbeitsrecht, Bd. 1, § 18 VII 2 b; *A. Hueck/Nipperdey*, Bd. II 1, S. 539, 690; *Kempen/Zachert*, § 4 Rn. 297, § 5 Rn. 26; *Nikisch*, Bd. 2, S. 392 f., 511; *Pulte*, AR-Blattei SD 1552.10, Rn. 69; *ders.*, gem. Anm. zu BAG vom 14.2.1991 und 18.3.1992, AR-Blattei ES, 1550.6 Nr. 33, S. 3; Staudinger-*Richardi*, Vorbem. zu §§ 611 ff. Rn. 1071, 1096; *Schaub*, Handbuch, § 207 VI 4; *H. Wiedemann/Stumpf*, § 4 Rn. 187, § 5 Rn. 70; zustimmend, aber kritisch *Stein*, Rn. 151.

[240] So auch *Herschel*, ZfA 1976, S. 98; *P. Krebs*, gem. Anm. zu BAG vom 27.11.1991 und 18.3.1992, SAE 1993, S. 138; *Lieb*, Arbeitsrecht, Rn. 552; MünchArbR-*Löwisch*, Bd. 3, § 261 Rn. 30; *Löwisch/Rieble*, § 5 Rn. 30; *dies.*, Anm. zu BAG vom 27.11.1991, AP Nr. 22 zu § 4 TVG Nachwirkung, Bl. 7 f.; ErfKomm-*Schaub*, § 4 TVG Rn. 81; *Zöllner/Loritz*, § 36 VI 4.

Kündigung endet[241]. Sei der Tarifvertrag unzumutbar geworden, müsse im Wege einer teleologischen Reduktion des § 4 Abs. 5 TVG nicht nur die zwingende, sondern auch die unmittelbare Wirkung der Nachwirkung entfallen. Dessen Wortlaut sowie Sinn und Zweck der Vorschrift – die Ordnungs- und Überbrükkungsfunktion – sprechen aber gerade gegen einen Ausschluß der Nachwirkung in diesen Fällen[242]. Zudem steht es dem Kündigenden frei, mittels anderer Abmachung eine ihm nicht zumutbare Nachwirkung zu beenden.

III. Ergebnis

Der zeitliche Geltungsbereich markiert die Zeitspanne, in der der Tarifvertrag Geltungsanspruch erhebt. Nach Ablauf des zeitlichen Geltungsbereichs – auch bei einer außerordentlichen Kündigung – wirken die Tarifnormen mit Ausnahme der Abschlußnormen nach. Die Überbrückungs- und die Beständigkeitsfunktion des § 4 Abs. 5 TVG sowie die Einstufung der Nachwirkung als staatliches Recht geben den Lösungsweg für Folgeprobleme vor. Eine Ablösung der Nachwirkung erfolgt nur durch eine nachträgliche individual- oder kollektivrechtliche Regelung, die auch verschlechternd sein kann. Ein Verbandsaustritt des Arbeitgebers während der Nachwirkungsphase beendet diese nicht. Ein im Nachwirkungszeitraum begründetes Arbeitsverhältnis oder eine Tarifbindung, die erst dann zustande kommt, unterfallen dem nachwirkenden Tarifvertrag nicht. Die Vereinbarung eines nachwirkenden Tarifvertrags oder Änderungen an ihm sind unzulässig. Auch ein allgemeinverbindlicher Tarifvertrag kann nach seinem Ablauf nachwirken, nicht hingegen die Allgemeinverbindlicherklärung.

---

[241] *J.-H. Bauer*, FS Schaub, S. 43 f.; *J.-H. Bauer/Diller*, DB 1993, S. 1090; *Belling*, NZA 1996, S. 911; *Belling/Ch. Hartmann*, ZfA 1997, S. 130; *Hamacher*, Anm. zu BAG vom 18.6.1997, EzA § 1 TVG Fristlose Kündigung Nr. 3, S. 29 f.; *Oetker*, RdA 1995, S. 95; *Hj. Otto*, FS Kissel, S. 794; ErfKomm-*Schaub*, § 4 TVG Rn. 83; *Steffan*, JuS 1993 S. 1029 f.; kritisch auch *C. Meyer*, RdA 1998, S. 150.

[242] So im Ergebnis auch BAG AP Nr. 8 zu § 1 TVG Form, Bl. 6; *Buchner*, NZA 1993, S. 299; *Däubler*, TVR, Rn. 90 a.E., 1449; *Frölich*, NZA 1992, S. 1110; *Gamillscheg*, Arbeitsrecht, Bd. 1, § 17 IV 4 c (4); *Kittner*, AuR 1998, S. 472 f.; *Löwisch*, NJW 1997, S. 908; *ders.*, Anm. zu BAG vom 18.12.1996, AP Nr. 1 zu § 1 TVG Kündigung, Bl. 8R; *Rieble*, Anm. zu BAG vom 18.12.1996, EzA § 1 TVG Fristlose Kündigung Nr. 2, S. 41 ff.; *Wank*, FS Schaub, S. 776 f.; *Winter/Zekau*, AuR 1997, S. 93; *Zachert*, NZA 1993, S. 299.

G. Zusammenfassung

Voraussetzung einer Tarifkonkurrenz ist, daß das Arbeitsverhältnis unter die räumlichen, fachlichen, persönlichen, betrieblichen und zeitlichen Geltungsbereiche mindestens zweier Tarifverträge fällt. Bei einer Tarifpluralität müssen mindestens zwei Arbeitsverhältnisse des Betriebs von den Geltungsbereichen verschiedener Tarifverträge erfaßt werden.

§ 10 Tarifgebundenheit an den Tarifvertrag

Ein Arbeitsverhältnis, das in den Geltungsbereich eines Tarifvertrags fällt, wird aber nur dann von dessen normativer Wirkung erfaßt, wenn die Arbeitsvertragsparteien tarifgebunden sind.

A. Begriff und Aufgabe der Tarifgebundenheit

Die Tarifgebundenheit konkretisiert den im Geltungsbereich niedergelegten Adressatenkreis des Tarifvertrags. Die Tarifvertragsparteien legen zwar den Geltungsbereich fest (potentielle Tarifgeltung), aber erst die Arbeitsvertragsparteien bestimmen durch die „Annahme" einer Tarifgebundenheit, ob sie sich dem Tarifvertrag unterwerfen wollen (aktuelle Tarifgeltung). Die Tarifgebundenheit begrenzt damit die Normsetzungsbefugnis der Tarifvertragsparteien. Diese können zwar Tarifgebundene durch Einschränkung des Geltungsbereichs von der Geltung des Tarifvertrags ausnehmen, umgekehrt die gesetzliche Tarifgebundenheit aber nicht erweitern und Außenseiter dem Tarifvertrag unterstellen[243]. Nur ausnahmsweise ordnet das Gesetz bei Kollektivnormen (§ 3 Abs. 2 TVG) Tarifgebundenheit für alle Arbeitnehmer an, deren Arbeitsverhältnisse in den Geltungsbereich eines Tarifvertrags fallen, an den der Arbeitgeber tarifgebunden ist, und erzwingt damit die Geltung der Tarifvertrags auch ohne mitgliedschaftliche Legitimation[244]. Die gleiche Wirkung hat die auf Antrag einer Tarifvertragspartei ergehende Allgemeinverbindlicherklärung eines Tarifver-

---

[243] Vgl. nur *Däubler*, TVR, Rn. 291; *H. Wiedemann/Stumpf*, § 3 Rn. 15.

[244] Unten § 10 E.

trags, § 5 Abs. 4 TVG[245]. Das TVG nennt sechs verschiedene Gruppen von Tarifgebundenheit, auf die zuerst einzugehen ist. Ob andere Rechtsinstitute außerhalb des TVG Tarifbindung erzeugen können, ist danach zu untersuchen.

B. Mitgliedschaft ohne Tarifbindung

Vorab ist jedoch die Mitgliedschaft ohne Tarifbindung im Arbeitgeberverband (OT-Mitgliedschaft) ins Blickfeld zu nehmen[246]. Ist sie zulässig, sind Arbeitgeber, die OT-Mitglieder sind, trotz § 3 Abs. 1 TVG nicht an die Tarifverträge ihres Verbandes gebunden. Abzugrenzen ist die OT-Mitgliedschaft von der Gastmitgliedschaft, die vereinsrechtlich keine Vollmitgliedschaft ist und deshalb unstreitig nicht zur Tarifbindung führt[247]. Die OT-Mitgliedschaft entspringt den Bemühungen von Arbeitgeberverbänden, solche Arbeitgeber als Mitglieder zu erhalten, die an bestimmten Verbandsaktivitäten (z.B. Interessenvertretung oder Rechtsberatung) partizipieren wollen, ohne tarifgebunden zu sein. Problematisch ist dabei nicht die funktionale Aufteilung eines nicht tariffähigen Arbeitgeberverbands in einen Verband ohne Tarifbindung und eine „Tarifgemeinschaft" mit Tarifbindung (Aufteilungsmodell)[248], sondern das Stufenmodell eines einheitlichen Verbands mit gemeinschaftlicher Mitgliedschaft von tarifgebundenen und nicht tarifgebundenen Arbeitgebern[249]. Im Stufenmodell kann die Rechtsstellung des Verbandsmitglieds unterschiedlich stark sein[250]. Schwierigkeiten ergeben sich dabei namentlich bei der OT-Mitgliedschaft „gleichen Rechts"[251], die den OT-Mitgliedern Ansprüche gegen den Verband auf Beratung, Mitwirkung und Vertretung beim Abschluß von Firmentarifverträgen sowie auf finanzielle Unterstützung im Falle eines Arbeitskampfes einräumt.

---

[245] Unten § 10 F.

[246] Auch bei einigen Gewerkschaften gibt es eine Art der OT-Mitgliedschaft: Die ÖTV und einige Mitgliedsgewerkschaften des DBB können für Beamte keine Tarifverträge abschließen, vgl. *Schlochauer*, FS Schaub, S. 701 f.; *Thüsing*, ZTR 1996, S. 483.

[247] Vgl. BAG AP Nr. 12 zu § 3 TVG Verbandszugehörigkeit, Bl. 1R ff.; vgl. ferner AP Nr. 8 zu § 11 ArbGG 1979 Prozeßvertreter, Bl. 1R f.; *Kempen/Zachert*, § 2 Rn. 90.

[248] Näher dazu *Besgen*, S. 15 ff.; *Buchner*, NZA 1994, S. 9 ff.; *Ostrop*, S. 69 ff.; *S.-J. Otto*, NZA 1996, S. 624 ff.

[249] Beispiel in LAG Rheinland-Pfalz LAGE Art. 9 GG Nr. 10, S. 2.

[250] Dazu *Junker*, Anm. zu BAG vom 23.10.1996, SAE 1997, S. 173; *Reuter*, RdA 1996, S. 202 f.

[251] *Junker*, Anm. zu BAG vom 23.10.1996, SAE 1997, S. 173.

Ein Teil der Literatur hält die OT-Mitgliedschaft im Stufenmodell generell für unzulässig[252]. Aus § 3 Abs. 1 TVG folge, daß die Tarifbindung automatischer Ausfluß der Verbandsmitgliedschaft sei[253]. Daneben wird eine Schwächung der Arbeitgeberverbände befürchtet[254]. Andere weisen auf eine Gefährdung der Verhandlungsparität zu Lasten der Gewerkschaften hin: Die OT-Mitglieder könnten ihr organisatorisches und finanzielles Potential in einen Arbeitskampf um einen Verbandstarifvertrag einbringen, ohne eine tarifliche Bindung befürchten zu müssen[255]. Weitere Bedenken betreffen den verbandsrechtlichen Gleichbehandlungsgrundsatz, der willkürliche Differenzierungen zwischen den Verbandsmitgliedern verbiete[256].

Das *BAG* hat die Frage nach der Zulässigkeit der OT-Mitgliedschaft bislang offengelassen[257]. Die herrschende Literaturmeinung hält die OT-Mitgliedschaft zu Recht für zulässig[258]. Das folgt zwar nicht aus einer Beschränkung der Tariffähigkeit. Eine solche wäre unzulässig, denn die Tariffähigkeit ist wie die Rechtsfähigkeit nicht teilbar[259]. Sie ist aber gerechtfertigt durch eine Einschränkung der Tarifzuständigkeit durch Herausnahme der OT-Mitglieder aus dem

---

[252] *Däubler*, ZTR 1994, S. 448 ff.; *Feger*, AiB 1995, S. 501 ff.; *Glaubitz*, FS Stege, S. 43 ff.; *Kempen/Zachert*, § 2 Rn. 90, § 3 Rn. 6; *Schaub*, BB 1994, S. 2006 ff.; *ders.*, BB 1995, S. 2005; § 206 II 8 d; vgl. auch *Röckl*, DB 1993, S. 2382 ff.; *H. Wiedemann/Stumpf*, § 3 Rn. 50; kritisch ferner *Kittner*, AuR 1998, S. 473.

[253] *Däubler*, ZTR 1994, S. 453; *ders.*, NZA 1996, S. 231; *Feger*, AiB 1995, S. 502 f.; *Kempen/Zachert*, § 2 Rn. 90; weitergehend *Glaubitz*, FS Stege, S. 44 f.: Der Verband verweigere dem geltenden Tarifrecht die Anerkennung und sei deshalb nicht tariffähig.

[254] *Glaubitz*, FS Stege, S. 44 f.

[255] *Däubler*, NZA 1996, S. 231; *Schaub*, BB 1994, S. 2007; *ders.*, BB 1995, S. 2005; *ders.*, Handbuch, § 206 II 8 d.

[256] *Däubler*, ZTR 1994, S. 453; *Feger*, AiB 1995, S. 502; *Röckl*, DB 1993, 2383 f.; *Schaub*, Handbuch, § 206 II 8 d.

[257] BAG AP Nr. 15 zu § 3 TVG Verbandszugehörigkeit, Bl. 3.

[258] *Adomeit*, Arbeitsbedingungen, S. 52 f.; *Besgen*, S. 84 ff.; *Buchner*, NZA 1994, S. 2 ff.; *ders.*, NZA 1995, S. 761 ff.; *Gamillscheg*, Arbeitsrecht, Bd. 1, § 14 I 6 a (3); *Junker*, Anm. zu BAG vom 23.10.1996, SAE 1997, S. 175 ff.; *Konzen*, FS Kraft, S. 316 ff.; *Löwisch*, Anm. zu BAG vom 23.10.1996, AR-Blattei ES, 1550.3 Nr. 12, S. 5 f.; *Ostrop*, S. 94 ff.; *S.-J. Otto*, NZA 1996, S. 624 ff.; *Reuter*, RdA 1996, S. 201 ff.; *Rieble*, Rn. 1189 ff.; *ders.*, Anm. zu BAG vom 22.3.1994, EzA § 4 TVG Geltungsbereich Nr. 10, S. 23; *Schlochauer*, FS Schaub, S. 705 ff.; *Thüsing*, ZTR 1996, S. 482 ff.; *ders.*, Anm. zu LAG Rheinland-Pfalz vom 17.2.1995, LAGE Art. 9 GG Nr. 10, S. 10 ff.; *Wieland*, Rn. 192 ff., wohl auch *J.-H. Bauer*, FS Schaub, S. 33; ebenso LAG Rheinland-Pfalz LAGE Art. 9 GG Nr. 10, S. 5 ff.

[259] *Buchner*, NZA 1994, S. 4; *Oetker*, Anm. zu BAG vom 25.9.1996, AP Nr. 4 zu § 97 ArbGG 1979, Bl. 10R; *Reuter*, RdA 1996, S. 203; *H. Wiedemann/Stumpf*, § 2 Rn. 10.

satzungsmäßigen Aufgabenbereich[260]. Es ist allgemein anerkannt, daß die Koalitionen ihre Tarifzuständigkeit und damit die Reichweite ihrer Normsetzungskompetenz autonom durch Festlegung in der Satzung bestimmen können[261]. Einer Gewerkschaft hat das *BAG* ausdrücklich zugebilligt, die Tarifzuständigkeit auf einzelne Unternehmen einer Branche zu beschränken[262]. Eine solche Begrenzung nach betrieblichen und persönlichen Kriterien muß umgekehrt dann grundsätzlich auch für Arbeitgeberverbände gelten[263]. Die weiteren Bedenken überzeugen ebenfalls nicht. § 3 Abs. 1 TVG bezweckt eine Begrenzung der Normsetzungsbefugnis, wie dem systematischen Zusammenhang mit § 3 Abs. 2, Abs. 3, § 5 Abs. 4 TVG zu entnehmen ist, steht einer personellen Einschränkung der Tarifzuständigkeit aber nicht entgegen[264]. Der vereinsrechtliche Gleichbehandlungsgrundsatz verbietet nur willkürliche Differenzierungen in bezug auf die Rechtsstellung der Vereinsmitglieder[265]. Die OT-Mitgliedschaft weicht jedoch in wichtigen Punkten wie dem Stimmrecht, der Beitragsbelastung oder der Arbeitskampfunterstützung von der Vollmitgliedschaft ab, so daß von einer willkürlichen Differenzierung nicht die Rede sein kann; sie ist vielmehr sachlich gerechtfertigt[266]. Eine merkliche Paritätsgefährdung beim Arbeitskampf um einen Verbandstarifvertrag, die der OT-Mitgliedschaft entgegenste-

---

[260] *Besgen*, S. 89 ff.; *Buchner*, NZA 1994, S. 4 ff.; *ders.*, NZA 1995, S. 764 f.; *Junker*, Anm. zu BAG vom 23.10.1996, SAE 1997, S. 178 f.; *Ostrop*, S. 103 ff.; *S.-J. Otto*, NZA 1996, S. 629; *Reuter*, RdA 1996, S. 203; *Schlochauer*, FS Schaub, S. 707 f.; *Thüsing*, ZTR 1996, S. 483 f.; *ders.*, Anm. zu LAG Rheinland-Pfalz vom 17.2.1995, LAGE Art. 9 GG Nr. 10, S. 12 ff.; LAG Rheinland-Pfalz LAGE Art. 9 GG Nr. 10, S. 7 ff.

[261] Vgl. BAG AP Nr. 1 zu § 2 TVG Tarifzuständigkeit, Bl. 3; AP Nr. 4 zu § 2 TVG Tarifzuständigkeit, Bl. 7R; AP Nr. 5 zu § 2 TVG Tarifzuständigkeit, Bl. 2R; *Däubler*, TVR, Rn. 86; *Kempen/Zachert*, § 2 Rn. 113; *H. Wiedemann/Stumpf*, § 2 Rn. 32; ferner MünchArbR-*Löwisch*, Bd. 3, § 248 Rn. 60; *Löwisch/Rieble*, § 2 Rn. 87; näher unten § 12 A I.

[262] BAG AP Nr. 4 zu § 2 TVG Tarifzuständigkeit, Bl. 8 ff.

[263] *Buchner*, NZA 1994, S. 5; *Schlochauer*, FS Schaub, S. 708; LAG Rheinland-Pfalz LAGE Art. 9 GG Nr. 10, S. 8 f.; vgl. auch *Buchner*, NZA 1995, S. 764; *Ostrop*, S. 115.

[264] *Besgen*, S. 98 ff.; *Buchner*, NZA 1995, S. 767 f.; *Junker*, Anm. zu BAG vom 23.10.1996, SAE 1997, S. 179 f.; *Ostrop*, S. 118 f.; *S.-J. Otto*, NZA 1996, S. 627 ff.; *Reuter*, RdA 1996, S. 203 ff.; *Schlochauer*, FS Schaub, S. 709; *Thüsing*, ZTR 1996, S. 483 f.

[265] Soergel-*Hadding*, 12. Aufl., § 38 Rn. 19; Palandt-*Heinrichs*, § 38 Rn. 2; *Reichert/van Look*, Rn. 543 ff.

[266] *Buchner*, NZA 1995, S. 765 ff.; *Junker*, Anm. zu BAG vom 23.10.1996, SAE 1997, S. 176 f.; *Ostrop*, S. 109 f.; *S.-J. Otto*, NZA 1996, S. 629 f.; *Schlochauer*, FS Schaub, S. 712 f.; *Thüsing*, ZTR 1996, S. 484; *ders.*, Anm. zu LAG Rheinland-Pfalz vom 17.2.1995, LAGE Art. 9 GG Nr. 10, S. 15.

hen könnte, ist tatsächlich jedenfalls gegenwärtig nicht erkennbar[267]. Sie wäre erst bei einer Funktionsunfähigkeit der Tarifautonomie anzunehmen. An dieser Stelle hat das *BVerfG* dem Gesetzgeber aber einen weiten Ermessensspielraum attestiert[268]. Hinzu kommt, daß auch auf Gewerkschaftsseite Rentner oder Arbeitslose Mitgliedsbeiträge zahlen, die von einem Arbeitskampf nicht betroffen sind[269]. Beim Arbeitskampf um einen Firmentarifvertrag, in dem der Verband das OT-Mitglied unterstützt, kommt zur Herstellung der Parität überdies ein Neutralitätsstreik gegen den Verband in Betracht[270].

C. Tarifgebundenheit durch Verbandsmitgliedschaft

Häufigste Form der Tarifbindung ist die Mitgliedschaft des Arbeitnehmers in einer Gewerkschaft oder des Arbeitgebers in einem Arbeitgeberverband. Umgekehrt gilt auch hier: Die Verbandsmitgliedschaft bewirkt nur eine potentielle Tarifgeltung, die sich erst durch Inkrafttreten eines vom Verband abgeschlossenen Tarifvertrags mit einschlägigem Geltungsbereich aktualisiert[271]. Die Tarifgebundenheit nach § 3 Abs. 1 TVG knüpft – mit Ausnahme der OT-Mitgliedschaft – an die vereinsrechtliche Mitgliedschaft an[272]. Eine Tarifgebundenheit kraft Rechtsscheins einer Verbandsmitgliedschaft, wie sie bisweilen gefordert wird[273], gibt es nicht[274]. Sie ist mit der Normwirkung des Tarifvertrags, die mitgliedschaftlich oder gesetzlich legitimiert sein muß, nicht zu vereinbaren. Beginn und Beendigung der Verbandsmitgliedschaft entsprechen regelmäßig nicht Anfang und Ende des von der Tarifvertragspartei abgeschlossenen Tarifvertrags. Daraus folgt eine Reihe von Problemen.

---

[267] *Reuter*, RdA 1996, S. 205; *Thüsing*, ZTR 1996, S. 484 f.; *ders.*, Anm. zu LAG Rheinland-Pfalz vom 17.2.1995, LAGE Art. 9 GG Nr. 10, S. 16.

[268] BVerfG AP Nr. 117 zu Art. 9 GG Arbeitskampf, Bl. 4R ff., insb. 6 ff.

[269] *Junker*, Anm. zu BAG vom 23.10.1996, SAE 1997, S. 180; *Löwisch*, Anm. zu BAG vom 23.10.1996, AR-Blattei ES, 1550.3 Nr. 12, S. 6.

[270] *Besgen*, S. 121; *Reuter*, RdA 1996, S. 205.

[271] *Konzen*, ZfA 1975, S. 412; MünchArbR-*Löwisch*, Bd. 3, § 260 Rn. 16; *Löwisch/Rieble*, § 3 Rn. 55; *H. Wiedemann/Stumpf*, § 3 Rn. 20.

[272] BAG AP Nr. 12 zu § 3 TVG Verbandszugehörigkeit, Bl. 1R; MünchArbR-*Löwisch*, Bd. 3, § 260 Rn. 5.

[273] *Canaris*, Vertrauenshaftung, § 24 I 1; *H. Wiedemann/Stumpf*, § 3 Rn. 51.

[274] *Löwisch/Rieble*, § 3 Rn. 19; *Nikisch*, Bd. 2, S. 266; offengelassen von *Junker*, Anm. zu BAG vom 23.10.1996, SAE 1997, S. 181 f.

I. Rückwirkende Tarifnormen

Bei rückwirkenden Tarifnormen[275] erkannte die ältere Rechtsprechung die unmittelbare und zwingende Wirkung des Tarifvertrags nur an, wenn die Arbeitsvertragsparteien im Zeitpunkt des Inkrafttretens des Tarifvertrags und im Zeitpunkt des Tarifvertragsschlusses tarifgebunden waren[276]. Heute begnügt sich das *BAG* damit, daß die Tarifbindung zumindest bei Abschluß des Tarifvertrags bestanden haben muß[277]. Richtig ist die Auffassung eines Teils der Lehre[278]: Tritt die Arbeitsvertragspartei der Tarifvertragspartei im Rückwirkungszeitraum bei und bleibt mindestens bis zum Tarifvertragsabschluß Mitglied, entfaltet der rückwirkende Tarifvertrag ab dem Beitritt Rechtswirkungen.

II. Mitgliedschaft nach Inkrafttreten des Tarifvertrags

Wird die Mitgliedschaft in einer Tarifvertragspartei nach Inkrafttreten des Tarifvertrags begründet, gelten dessen Normen für das Arbeitsverhältnis ab diesem Zeitpunkt[279]. Für Abschlußnormen stellt das *BAG* ausnahmsweise, aber ohne überzeugende Begründung, auf den Zeitpunkt des Abschlusses des Arbeitsvertrages ab, in dem Tarifgebundenheit vorgelegen haben müsse[280]. Der überwiegende Teil der Literatur bejaht auch in diesem Fall eine vollständige Tarifgeltung[281].

---

[275] Zu den Voraussetzungen der Rückwirkung oben § 9 F I 1.

[276] BAG AP Nr. 2 zu § 1 TVG Rückwirkung, Bl. 1R f.; AP Nr. 5 zu § 1 TVG Rückwirkung, Bl. 1R f.

[277] BAG AP Nr. 6 zu § 1 TVG Rückwirkung, Bl. 1R f.; AP Nr. 11 zu § 1 TVG Rückwirkung, Bl. 2.

[278] Vgl. *Kempen/Zachert*, § 3 Rn. 7; *H. Wiedemann/Stumpf*, § 3 Rn. 25; wohl auch *Däubler*, TVR, Rn. 205; anders HzA-*Dörner*, Rn. 172; MünchArbR-*Löwisch*, Bd. 3, § 260 Rn. 17 f.; *Löwisch/Rieble*, § 3 Rn. 56 f. (Mitgliedschaft im Zeitpunkt des Inkrafttretens des Tarifvertrags genügt); ferner *Gamillscheg*, Arbeitsrecht, Bd. 1, § 17 VI 3 b (2).

[279] *Däubler*, TVR, Rn. 983; *Kempen/Zachert*, § 3 Rn. 6; MünchArbR-*Löwisch*, Bd. 3, § 260 Rn. 19; *Löwisch/Rieble*, § 3 Rn. 58; *dies.*, FS Schaub, S. 459; *Stein*, Rn. 166; *H. Wiedemann/Stumpf*, § 3 Rn. 21.

[280] BAG, DB 1988, S. 1803, 1805.

[281] *Däubler*, TVR, Rn. 983; *Kempen/Zachert*, § 3 Rn. 6; ebenso LAG Bremen, DB 1989, S. 1243.

III. Ende der Tarifbindung

Kommt es zum Ende der Verbandsmitgliedschaft, etwa durch Austritt, erlöschen Rechte und Pflichten des Mitglieds. Seine Tarifgebundenheit bleibt wegen der gesetzlichen Anordnung des § 3 Abs. 3 TVG davon zunächst unberührt.

1. Funktionen der verlängerten Tarifgebundenheit

a) Schutzfunktion

Der klassische Zweck des § 3 Abs. 3 TVG besteht nach ganz h.M. in Rechtsprechung[282] und Literatur[283] darin, den Mißbrauch der privatrechtlichen Gestaltungsfreiheit durch Mitglieder der Tarifvertragsparteien – namentlich durch den Arbeitgeber[284] – zu verhindern. Einseitige Maßnahmen wie etwa der Verbandsaustritt sollen die Normwirkung des Tarifvertrags nicht unmittelbar beenden und damit dessen Schutzzweck gefährden können (Schutzfunktion). Auf die wirklichen Beweggründe des Arbeitgebers, die mit einer Tarifflucht nichts zu tun haben müssen, kommt es dabei nicht an. § 3 Abs. 3 TVG soll nicht nur die Flucht aus dem einzelnen tarifgebundenen Arbeitsverhältnis, sondern aus dem Tarifvertrag insgesamt verhindern; nicht nur die aktuelle, sondern auch die po-

---

[282] Vgl. BAG AP Nr. 3 zu § 3 TVG, Bl. 2R; AP Nr. 4 zu § 3 TVG, Bl. 2; AP Nr. 14 zu § 3 TVG, Bl. 4R; AP Nr. 15 zu § 3 TVG, Bl. 1R; AP Nr. 20 zu § 3 TVG, Bl. 3R; AP Nr. 21 zu § 3 TVG, Bl. 2R; AP Nr. 26 zu § 4 TVG Nachwirkung, Bl. 2R; AP Nr. 27 zu § 4 TVG Nachwirkung, Bl. 2R; HessLAG, NZA-RR 1997, S. 352; LAG Hamm LAGE Art. 9 GG Arbeitskampf Nr. 41, S. 10.

[283] Vgl. *J.-H. Bauer*, FS Schaub, S. 21; *Bernstein*, Anm. zu BAG vom 13.12.1995, EzA § 3 TVG Nr. 11, S. 11, 18; *Bieback*, DB 1989, S. 477; *Blank*, S. 76; *Buchner*, Anm. zu HessLAG vom 7.11.1996, AR-Blattei ES, 1550.3 Nr. 13, S. 5; *Däubler*, ZTR 1994, S. 449; *Dahlbender*, S. 7 ff.; *Dräger*, BB 1970, S. 1141; *Feger*, AiB 1995, S. 491; *Gamillscheg*, Arbeitsrecht, Bd. 1, § 17 I 5 a (1); *Gerhards*, BB 1995, S. 1290; *Haußmann*, S. 105 ff.; *Henssler*, FS Schaub, S. 325; *Herschel*, ZfA 1973, S. 192; *Hoß/Liebscher*, DB 1995, S. 2525; *Hromadka/Maschmann/Wallner*, Rn. 226; *A. Hueck/Nipperdey*, Bd. II 1, S. 490; *Kempen/Zachert* § 3 Rn. 21; *Konzen*, ZfA 1975, S. 409 ff., 429; *ders.*, Anm. zu BAG vom 26.9.1979, SAE 1980, S. 66; *Krauss*, DB 1995, S. 1562; *Lieb*, Arbeitsrecht, Rn. 529; *ders.*, NZA 1994, S. 337; MünchArbR-*Löwisch*, Bd. 3, § 260 Rn. 22; *Löwisch/Rieble*, § 3 Rn. 74; *Pogge*, FS Stege, S. 117; *Stein*, Rn. 169; *H. Wiedemann*, RdA 1969, S. 324; *H. Wiedemann/Stumpf*, § 3 Rn. 28 f.; *Zachert*, RdA 1996, S. 149 f.

[284] Zur Frage, ob § 3 Abs. 3 TVG auch für Arbeitnehmer gilt, s. sogleich § 10 C III 4 a.

tentielle Tarifgebundenheit bleibt demnach erhalten[285]. Auch wenn die Schutzfunktion in erster Linie auf den Arbeitgeber zielt, spricht der Normbefehl auch die Tarifvertragsparteien an: § 3 Abs. 3 TVG bezweckt generell, die Geltung eines Tarifvertrags vor Manipulationen und einseitigen Maßnahmen bis zum Ablauf des zeitlichen Geltungsbereichs zu sichern.

b) Kontinuitätsfunktion

Daß § 3 Abs. 3 TVG darüber hinaus auch die Verbandskontinuität und mindestens mittelbar die Ordnungsaufgabe des Tarifvertrags schützt, wird zwar bestritten[286], ist aber als eigenständiger Normzweck anzuerkennen (Ordnungs- oder Kontinuitätsfunktion)[287] und entspricht auch der Intention des historischen Gesetzgebers[288]. Ähnlich wie § 4 Abs. 5 TVG steuert § 3 Abs. 3 TVG, der freilich viel stärker unmittelbar den Schutz der Verbände bezweckt, der in der Struktur des Tarifvertrags angelegten Kurzlebigkeit mit der Gefahr eines Kontinuitätsbruches entgegen. Gäbe es § 3 Abs. 3 TVG nicht, wäre kein Arbeitgeberverband in der Lage, mit einer Gewerkschaft ernstzunehmende Tarifverträge mit einer längeren Laufzeit, als die Höchstaustrittsfrist beträgt, zu vereinbaren[289]. Jedes Vertragssystem muß Möglichkeiten zur rechtlichen Bindung über einen längeren Zeitraum zur Verfügung stellen; ist es ein kollektives Vertragssystem, ist es auf die Bindungswirkung umso mehr angewiesen. Könnte der Tarifvertrag diese Sicherheiten nicht bieten, würden die Verbände langfristig keine Mitglieder mehr finden.

---

285 So wohl auch *J.-H. Bauer*, FS Schaub, S. 22; *Kempen/Zachert*, § 3 Rn. 25; *Löwisch/Rieble*, § 3 Rn. 78; *H. Wiedemann/Stumpf*, § 3 Rn. 31; a.A. *Rieble*, Anm. zu BAG vom 4.8.1993, SAE 1994, S. 159 f.; vgl. auch unten § 10 C III 1 b.

286 Vgl. MünchArbR-*Löwisch*, Bd. 3, § 260 Rn. 25; *Löwisch/Rieble*, § 3 Rn. 77; ähnlich *Konzen*, ZfA 1975, S. 410 f.; *H. Wiedemann/Stumpf*, § 3 Rn. 29 (vgl. aber § 4 Rn. 186); HessLAG, NZA-RR 1997, S. 352 (bloße Nebenwirkung); vgl. ferner *Rieble*, Anm. zu BAG vom 4.8.1993, SAE 1994, S. 159 f.; für den Verbandswechsel auch *Haußmann*, S. 108 f.

287 So auch *Beuthien/Meik*, DB 1993, S. 1519; *Buchner*, Anm. zu HessLAG vom 7.11.1996, AR-Blattei ES, 1550.3 Nr. 13, S. 5; *Dahlbender*, S. 9; *Feger*, AiB 1995, S. 491; *Gamillscheg*, gem. Anm. zu BVerfG vom 24.5.1977 und BVerwG vom 3.11.1988, EzA § 5 TVG Nr. 9, S. 27; *Käppler*, ZfA 1995, S. 333; *Kempen/Zachert*, § 3 Rn. 21 f., 25; *F. Kirchhof*, S. 195; *Kittner*, AuR 1998, S. 469 f.; *Lieb*, NZA 1994, S. 337; *Pogge*, FS Stege, S. 117; *Rotter*, S. 87; *Schaub*, BB 1994, S. 2006; eine zumindest mittelbare Wirkung bejahen *Däubler*, NZA 1996, S. 226; vgl. auch *Blank*, S. 77; ferner BAG AP Nr. 3 zu § 3 TVG Verbandsaustritt, Bl. 3R.

288 S. *Herschel*, ZfA 1973, S. 192.

289 *Rieble*, Rn. 1234.

2. Verfassungsmäßigkeit und Akzeptanz der verlängerten Tarifgebundenheit

Frühere verfassungsrechtliche Bedenken gegen § 3 Abs. 3 TVG wegen der durch Art. 9 Abs. 3 Satz 1 GG geschützten negativen Koalitionsfreiheit des aus seinem Verband austretenden Arbeitgebers[290], die im Zuge der Forderungen nach einer Flexibilisierung des Arbeitsrechts heute wieder aufgegriffen werden[291], haben sich zu Recht nicht durchgesetzt[292]. § 3 Abs. 3 TVG schützt die Kontinuität der tariflichen Ordnung[293] und sichert auf diese Weise auch die durch Art. 9 Abs. 3 Satz 1 GG geschützte Tarifautonomie[294]. Die negative Koalitionsfreiheit des einzelnen Arbeitgebers tritt insoweit im Wege der praktischen Konkordanz hinter den Schutz der tariflichen Ordnung zurück[295]. Trotz der verfassungsrechtlichen Akzeptanz begrenzt ein Teil des Schrifttums die Bindung des Arbeitgebers auf den dem Austritt nächstfolgenden Kündigungstermin[296] oder lehnt sie bei der außerordentlichen Kündigung der Verbandsmitgliedschaft ganz ab[297]. Andere appellieren an den Gesetzgeber, § 3 Abs. 3 TVG abzuschaffen[298], die Vorschrift an § 4 Abs. 5 TVG (abdingbare Weitergeltung)

---

290 *Biedenkopf*, S. 99 Fn. 147, 231 f.

291 Vgl. *Heinze*, NZA 1995, S. 7; *ders.*, NZA 1997, S. 8; *ders.*, FS Kraft, S. 208; *Reuter*, ZfA 1995, S. 40 f.; *ders.*, RdA 1996, S. 208; *ders.*, FS Schaub, S. 621 f.; *Rieble*, Anm. zu BAG vom 4.8.1993, SAE 1994, S. 159.

292 S. nur BAG AP Nr. 15 zu § 3 TVG, Bl. 1R; LAG Baden-Württemberg, Beschluß vom 26.11.1996 – 8 TaBV 8/96 (n.v.), S. 18 f.; *Buchner*, S. 85 ff.; *Dahlbender*, S. 28 ff.; *Gamillscheg*, Arbeitsrecht, Bd. 1, § 17 I 5 a (5); *Kempen/Zachert*, § 3 Rn. 23, *Kittner*, AuR 1998, S. 470; *Konzen*, ZfA 1975, S. 408 f.; *Kroll*, S. 58 f.; *Lieb*, NZA 1994, S. 337; *Richardi*, Kollektivgewalt, S. 222; *Schaub*, BB 1994, S. 2006; *ders.*, Handbuch, § 206 II 3 a; ErfKomm-*ders.*, § 3 TVG Rn. 30; *Schlachter*, ZIAS 1997, S. 111 ff.; MD-*Scholz*, Art. 9 Rn. 236; *A. Wiedemann*, S. 86 f.; *H. Wiedemann*, RdA 1969, S. 324; *H. Wiedemann/Stumpf*, § 3 Rn. 30.

293 S. oben § 10 C III 1 b.

294 Vgl. näher *Däubler*, NZA 1996, S. 226; *Henssler*, ZfA 1994, S. 508, 514; *Konzen*, ZfA 1975, S. 408 f.; *Lieb*, NZA 1994, S. 337; *Schaub*, BB 1994, S. 2006; *ders.*, BB 1995, S. 2003; zur Tarifautonomie näher unten § 21 A I 1 b bb bbb.

295 *Dahlbender*, S. 28 ff.; *Oetker*, gem. Anm. zu BAG vom 18.3.1992 und 27.11.1991, EzA § 4 TVG Nachwirkung Nr. 15, S. 21.

296 Vgl. *J.-H. Bauer/Diller*, DB 1993, S. 1086; *Frieges*, DB 1996, S. 1281; *Lieb*, NZA 1994, S. 337; MünchArbR-*Löwisch*, Bd. 3, § 260 Rn. 22; *Löwisch/Rieble*, § 1 Rn. 127 f., § 3 Rn. 74; *Walker*, ZfA 1996, S. 380; ähnlich *Biedenkopf*, S. 231 f.; *Richardi*, Kollektivgewalt, S. 222 ff.; *Schwab*, BB 1994, S. 781.

297 Näher *Adomeit*, Arbeitsbedingungen, S. 54; *Heinze*, NZA 1995, S. 7; vgl. auch *ders.*, NZA 1997, S. 8.

298 *Möschel*, WuW 1995, S. 712.

anzugleichen[299] oder erwägen zumindest eine Beschränkung der Bindung auf ein Jahr[300]. Die Monopolkommission fordert eine gesetzliche Einschränkung des § 3 Abs. 3 TVG in der Weise, daß mit Auslaufen eines Lohntarifvertrags auch die Tarifbindung an den Manteltarifvertrag endet, und ein gesetzliches Verbot der Kumulation des § 3 Abs. 3 TVG mit § 4 Abs. 5 TVG[301].

Die Abschaffung des § 3 Abs. 3 TVG oder die Aufhebung der Bindungswirkung bei außerordentlicher Kündigung der Verbandsmitgliedschaft durch den Gesetzgeber sind mit Blick auf dessen Funktionen indiskutabel[302]. Beides würde die Unabdingbarkeit des Tarifvertrags und damit die Tarifautonomie als solche wegen seltener Ausnahmefälle in Frage stellen[303]. Auch eine abdingbare Wirkung des § 3 Abs. 3 TVG würde die Verbände schwächen, dem Tarifvertrag die Akzeptanz als Kalkulationsbasis nehmen und kommt deshalb nicht in Betracht[304]. Erwägenswert ist de lege feranda freilich eine zeitliche Begrenzung der Bindungswirkung des § 3 Abs. 3 TVG.

3. Wirkung und Rechtsnatur der verlängerten Tarifgebundenheit

§ 3 Abs. 3 TVG, der wie § 4 Abs. 5 TVG in einer „Grauzone zwischen staatlicher Rechtsetzung und privatrechtlicher Kollektivvereinbarung“[305] angesiedelt ist, bewirkt durch gesetzliche Aufrechterhaltung der Tarifbindung die unmittelbare und – anders als § 4 Abs. 5 TVG – zwingende Weitergeltung des Tarifvertrags für das ausgetretene Mitglied. Abweichend von § 3 Abs. 2 TVG, der die Tarifbindung begründet, und § 4 Abs. 5 TVG, der deren Begründung ermöglicht, verlängert § 3 Abs. 3 TVG eine mitgliedschaftlich bereits legitimierte Bindung an den Tarifvertrag über den Zeitpunkt des Endes der Tarifbin-

---

[299] *Beuthien/Meik*, DB 1993, S. 1519 f.; zustimmend *Adomeit*, Arbeitsbedingungen, S. 56, 70.

[300] Zuerst *Konzen*, Tarifautonomie, S. 42 = NZA 1995, S. 919 f.; zustimmend *Löwisch*, Anm. zu BAG vom 13.12.1995, AR-Blattei ES, 1550.3 Nr. 10, S. 6; *Rieble*, Rn. 1557; *ders.*, RdA 1996, S. 155 (angelehnt an § 613a Abs. 1 Satz 2 BGB); ähnlich *H. Wiedemann*, RdA 1997, S. 298.

[301] Monopolkommission, Tz. 947 f.; ebenso *Schleusener*, NJ 1998, S. 563 f.; vgl. auch *Heinze*, NZA 1995, S. 7.

[302] Gegen eine Abschaffung des § 3 Abs. 3 TVG auch *Henssler*, ZfA 1994, S. 508, 514; *Junker*, ZfA 1996, S. 400 ff.; *Konzen*, Tarifautonomie, S. 42 = NZA 1995, S. 919 f.; *Lieb*, NZA 1994, S. 337; *Walker*, ZfA 1996, S. 379; *ders.*, ZTR 1997, S. 202; *Zachert*, RdA 1996, S. 290.

[303] *Henssler*, ZfA 1994, S. 508, 514; *Walker*, ZfA 1996, S. 379.

[304] Ebenso *Walker*, ZfA 1996, S. 379 f.; *Zachert*, RdA 1996, S. 290.

[305] *H. Schneider*, Rn. 299.

dung hinaus. § 3 Abs. 3 TVG erfaßt nicht nur Individual-, sondern auch Kollektivnormen[306] und nimmt Normen über gemeinsame Einrichtungen ebenfalls nicht aus[307].

Weithin ungeklärt ist der rechtliche Charakter der auf § 3 Abs. 3 TVG beruhenden Normwirkung. Die gesetzliche Aufrechterhaltung der Tarifgebundenheit scheint auf eine staatliche Normwirkung des § 3 Abs. 3 TVG hinzuweisen[308]. Dagegen spricht aber, daß der Tarifvertrag im Weitergeltungszeitraum selbst Geltung beansprucht: Sein zeitlicher Geltungsbereich ist noch nicht beendet. Da § 3 Abs. 3 TVG die Verlängerung der freiwillig begründeten Tarifgebundenheit anordnet, eine mitgliedschaftliche Legitimation also besteht, kann die Normwirkung des nach § 3 Abs. 3 TVG weitergeltenden Tarifvertrags nur tariflicher Natur sei[309].

4. Voraussetzungen und Anwendungsbereich der verlängerten Tarifgebundenheit

Der knappe Wortlaut des § 3 Abs. 3 TVG läßt wenig Schlüsse auf seine Voraussetzungen zu. Umstritten ist vor allem, welche Formen der Beendigung der Tarifbindung erfaßt werden.

a) Arbeitgeber und Arbeitnehmer

Unstreitig fallen Arbeitgeber in den Anwendungsbereich des § 3 Abs. 3 TVG. Zweifelhaft ist seine Anwendbarkeit auf Arbeitnehmer zumindest dann, wenn der Wegfall der Tarifbindung wie etwa beim Verbandsaustritt oder -wechsel an ein Handeln ihrerseits anknüpft. Wortlaut und Systematik des TVG sprechen jedenfalls nicht gegen die Geltung des § 3 Abs. 3 TVG auch für Ar-

---

306 LAG Baden-Württemberg, Beschluß vom 26.11.1996 – 8 TaBV 8/96 (n.v.), S. 19.

307 Mißverständlich allerdings der Leitsatz 2 b) in BAG AP Nr. 42 zu § 1 BetrAVG Zusatzversorgungskassen, der freilich von den Entscheidungsgründen nicht gedeckt ist; einschränkend HessLAG, NZA-RR 1997, S. 352: nur bei gewillkürtem Verbandsaustritt oder -wechsel.

308 So *Rotter*, S. 88; wohl auch MünchArbR-*Löwisch*, Bd. 3, § 260 Rn. 21, § 269 Rn. 28; *Löwisch/Rieble*, § 3 Rn. 73, § 4 Rn. 301 („staatlich legitimierte Geltung des Tarifvertrags"); vgl. auch *Biedenkopf*, S. 232 („gesetzliche Anordnung der Tarifgebundenheit").

309 Vgl. auch *Kempen/Zachert*, § 3 Rn. 22, § 4 Rn. 133; *Richardi*, Kollektivgewalt, S. 222.

beitnehmer: § 3 Abs. 3 TVG bezieht sich nicht nur auf § 3 Abs. 2 TVG, sondern auch auf § 3 Abs. 1 TVG[310]. Ein Blick auf die Funktionen des § 3 Abs. 3 TVG zeigt aber die Notwendigkeit einer teleologischen Reduktion.

Tritt ein Arbeitnehmer aus einer Gewerkschaft aus, verzichtet er freiwillig auf seinen Tarifschutz[311]. Die Schutzfunktion des § 3 Abs. 3 TVG greift nicht. Aber auch der Arbeitgeber ist bei einer Flucht des Arbeitnehmers aus arbeitgeberfreundlichen Tarifnormen durch Austritt aus der Gewerkschaft auf den Schutz des § 3 Abs. 3 TVG nicht angewiesen: Der Arbeitnehmer ist, um seinem Arbeitsverhältnis einen neuen Inhalt zu geben, von einer individualrechtlichen Folgevereinbarung mit dem Arbeitgeber abhängig, dessen Verhandlungsposition aber günstiger ist: Die Flucht des Arbeitnehmers aus einem ihm ungünstigen Tarifvertrag kann in einer noch ungünstigeren Individualabrede enden. Andernfalls bleiben § 612 Abs. 2 BGB für die Vergütung, der den Arbeitnehmer auf den Tarifvertrag verweist, dem er gerade entflohen ist, sowie gesetzliche Mindestregelungen für andere Arbeitsbedingungen, die in aller Regel ungünstiger als tarifliche Regelungen sind, soweit man nicht auch für sie § 612 Abs. 2 BGB[312] heranzieht. Nimmt man statt dessen ein Wiederaufleben einer früheren individualvertraglichen Abrede an, ist der Arbeitgeber nicht schutzbedürftig soweit diese für den Arbeitnehmer ungünstiger als der Fluchttarifvertrag ist. Ist sie aber günstiger, galt schon vorher das Günstigkeitsprinzip des § 4 Abs. 3 2. Var. TVG.

Die Kontinuitätsfunktion des § 3 Abs. 3 TVG ist durch einzelne Arbeitnehmeraustritte aus der Gewerkschaft, die das Fortbestehen der Verbände nicht gefährden können, allenfalls am Rande berührt. Im Fall der Doppelmitgliedschaft des Arbeitgebers ist dieser nicht schutzbedürftig, wenn der Arbeitnehmer die Gewerkschaft wechselt: Der Arbeitgeber setzt sich den Rechtswirkungen des zweiten Tarifvertrags freiwillig aus[313].

---

[310] Für eine Anwendung des § 3 Abs. 3 TVG auf Arbeitnehmer BAG AP Nr. 3 zu § 3 TVG, Bl. 2R; *Bernstein*, Anm. zu BAG vom 13.12.1995, EzA § 3 TVG Nr. 11, S. 16; *Biedenkopf*, S. 231; *Däubler*, TVR, Rn. 299; *Gamillscheg*, Arbeitsrecht, Bd. 1, § 17 I 5 e; *Hromadka/Maschmann/Wallner*, Rn. 477, 489; *Kempen/Zachert*, § 3 Rn. 22, 24, 42; *Lieb*, Arbeitsrecht, Rn. 529; *Reuter*, JuS 1992, S. 110 Fn. 67; *Rieble*, Rn. 1814; *Stein*, Rn. 170; *H. Wiedemann/Stumpf*, § 3 Rn. 33; wohl auch *P. Krebs*, gem. Anm. zu BAG vom 27.11.1991 und 18.3.1992, SAE 1993, S. 138; *Witzig*, S. 13 f.

[311] MünchArbR-*Löwisch*, Bd. 3, § 260 Rn. 23, *Löwisch/Rieble*, § 3 Rn. 75; vgl. auch *Konzen*, ZfA 1975, S. 411: § 3 Abs. 3 TVG bezwecke jedenfalls primär den Arbeitnehmerschutz.

[312] S. bereits oben § 9 F II 2.

[313] Für den Gewerkschaftswechsel auch *Kempen/Zachert*, § 3 Rn. 43, § 4 Rn. 124.

b) Begründung eines tarifgebundenen Arbeitsverhältnisses und Begründung der Tarifbindung durch den Arbeitnehmer im Weitergeltungszeitraum

Vereinzelt wird behauptet, § 3 Abs. 3 TVG wolle nur die im konkreten Arbeitsverhältnis vorhandene Tarifgeltung erhalten[314]. Diese Sichtweise mag zwar mit dem Schutzzweck des § 3 Abs. 3 TVG allein zu begründen sein, blendet aber dessen zweite Funktion, die Sicherung der tariflichen Kontinuität, aus. § 3 Abs. 3 TVG, der die Tarifbindung nach deren Aufgabe ohne Einschränkung weiter bis zum Ende des Tarifvertrags fingiert, will die Flucht aus dem Tarifvertrag insgesamt verhindern[315]. Er sichert nicht nur die aktuelle, sondern auch die potentielle Tarifgeltung. Daraus folgt zweierlei: Bei der Aufgabe der Tarifbindung durch den Arbeitgeber fallen auch im Weitergeltungszeitraum begründete Arbeitsverhältnisse mit Arbeitnehmern, die schon vor dem Verbandsaustritt Gewerkschaftsmitglieder waren, unter die Normwirkung des § 3 Abs. 3 TVG[316]. Tritt ein Arbeitnehmer, der schon vor der Aufgabe der Tarifgebundenheit durch den Arbeitgeber in einem Arbeitsverhältnis mit diesem stand, während der Weitergeltung nach § 3 Abs. 3 TVG der Gewerkschaft bei, fällt auch er in den Anwendungsbereich des § 3 Abs. 3 TVG[317].

c) Verbandsaustritt, Verbandswechsel und ähnliche Fälle

Unstreitig in Rechtsprechung[318] und Literatur[319] gilt § 3 Abs. 3 TVG beim Verbandsaustritt des Arbeitgebers, aufgrund der doppelten Schutzrichtung der

---

[314] *Rieble*, Anm. zu BAG vom 4.8.1993, SAE 1994, S. 159 f.

[315] S. bereits oben § 10 C III 1; *Kempen/Zachert*, § 3 Rn. 25; *Löwisch/Rieble*, § 3 Rn. 78; *H. Wiedemann/Stumpf*, § 3 Rn. 31.

[316] So auch für den Verbandsaustritt des Arbeitgebers *J.-H. Bauer/Diller*, DB 1993, S. 1085; *Bruhn*, Tarifeinheit, S. 217; *Däubler*, TVR, Rn. 1509; *ders.*, ZTR 1994, S. 449; *ders.*, NZA 1996, S. 226; *Dahlbender*, S. 39; KassArbR-*Dörner*, Bd. 2, 6.1 Rn. 133; *Feger*, AiB 1995, S. 492; *Hoß/Liebscher*, DB 1995, S. 2525; *Käppler*, ZfA 1995, S. 333; *Kempen/Zachert*, § 3 Rn. 25; *Löwisch/Rieble*, § 3 Rn. 78; *Pogge*, FS Stege, S. 117; *Schwab*, BB 1994, S. 781; *Stein*, Rn. 170.

[317] Ebenfalls für den Verbandsaustritt des Arbeitgebers BAG AP Nr. 15 zu § 3 TVG, Bl. 1R; AP Nr. 20 zu § 3 TVG, Bl. 3; *Beckers*, NZA 1997, S. 132; *Däubler*, ZTR 1994, S. 449; *ders.*, NZA 1996, S. 226; *Dahlbender*, S. 39; *Feger*, AiB 1995, S. 492; *Hromadka/Maschmann/Wallner*, Rn. 225; *Krauss*, DB 1995, S. 1562; *Hoß/Liebscher*, DB 1995, S. 2525; *Löwisch/Rieble*, § 3 Rn. 78; *Pogge*, FS Stege, S. 117; *Schaub*, NZA 1998, S. 618; ErfKomm-*ders.*, § 3 TVG Rn. 31.

[318] Vgl. BAG AP Nr. 3 zu § 3 TVG, Bl. 2R; AP Nr. 10 zu § 3 TVG, Bl. 1R; AP Nr. 20 zu § 3 TVG, Bl. 2R; AP Nr. 21 zu § 3 TVG, Bl. 2; AP Nr. 5 zu § 1 TVG Bezugnahme auf Tarifvertrag, Bl. 2R; AP Nr. 26 zu § 4 TVG Nachwirkung, Bl. 2R; AP Nr. 27 zu § 4 TVG Nachwirkung, Bl. 2R; AP Nr. 2 zu § 3 TVG Betriebsnormen, Bl. 3R; LAG

Vorschrift auch bei Anerkennung eines außerordentlichen Austrittsrechts[320]. Maßgeblicher Zeitpunkt ist die vereinsrechtliche Wirksamkeit des Austritts[321]. Wegen der Schutzfunktion des § 3 Abs. 3 TVG muß dem freiwilligen Austritt der Ausschluß aus dem Verband gleichgestellt werden, da sich der Arbeitgeber der Tarifbindung sonst durch eine zum Ausschluß führende Provokation entledigen könnte[322]. § 3 Abs. 3 TVG gilt deshalb auch beim automatischen Erlöschen der Mitgliedschaft wegen Beitragsrückstands. Wird der Arbeitgeber insolvent oder löst sich das Unternehmen auf, bleibt die Tarifbindung gleichwohl unberührt: Der Konkursverwalter oder die Liquidatoren üben die Arbeitgeberrechte bis zur Aufhebung oder Einstellung des Konkurses weiter aus, der Tarifvertrag gilt bis zum Ende der Liquidation fort[323]. § 3 Abs. 3 TVG ist zumindest entsprechend anzuwenden. Nach der Dogmatik des TVG zweifelhaft ist das von einem Teil des Schrifttums vorgeschlagene und an § 13 GWB angelehnte Recht der fristlosen Kündigung der Tarifbindung durch das Verbandsmitglied[324]. Zu-

---

Baden-Württemberg, Urteil vom 5.7.1995 – 12 Sa 19/95 (n.v.), S. 12; Beschluß vom 26.11.1996 – 8 TaBV 8/96 (n.v.), S. 18; LAG Nürnberg, Urteil vom 10.4.1978 – 4 Sa 592/77 (n.v.), S. 39.

[319] Vgl. *J.-H. Bauer*, FS Schaub, S. 21; *J.-H. Bauer/Diller*, DB 1993, S. 1085; *Bieback*, DB 1989, S. 477; *Buchner*, RdA 1997, S. 259; *ders.*, FS Schaub, S. 80; *Däubler*, TVR, Rn. 1508; HzA-*Dörner*, Rn. 177; KassArbR-*ders.*, Bd. 2, 6.1 Rn. 132; *B. Gaul*, Anm. zu BAG vom 4.9.1996, EzA § 3 TVG Bezugnahme auf Tarifvertrag Nr. 7, S. 26; *ders.*, NZA 1998, S. 11; *Haußmann*, S. 40 ff.; *Hensche*, AuR 1996, S. 332; *Herschel*, ZfA 1973, S. 192; *A. Hueck/Nipperdey*, Bd. II 1, S. 490; *Kempen/Zachert*, § 3 Rn. 35; *Konzen*, ZfA 1975, S. 408 f.; MünchArbR-*Löwisch*, Bd. 3, § 260 Rn. 26; *Löwisch/Rieble*, § 3 Rn. 79; *Pogge*, FS Stege, S. 116; *Schaub*, NZA 1998, S. 618; *Stein*, Rn. 169.

[320] Dagegen *Adomeit*, Arbeitsbedingungen, S. 54 f.

[321] Zur vereinsrechtlichen Zulässigkeit des Austritts vgl. etwa *J.-H. Bauer*, FS Schaub, S. 19 f.; *Däubler*, NZA 1996, S. 226; *Haußmann*, S. 5 ff.; *Hromadka/Maschmann/Wallner*, Rn. 179 ff.; *Th. Mann*, S. 1 ff.; *Oetker*, ZfA 1998, S. 41 ff.; *Pogge*, FS Stege, S. 115 f.; LAG Düsseldorf LAGE § 3 TVG Nr. 4, S. 3 f.; ArbG Leipzig, AuR 1997, S. 32 (Ls.).

[322] *Däubler*, TVR, Rn. 1508; HzA-*Dörner*, Rn. 177; KassArbR-*ders.*, Bd. 2, 6.1 Rn. 132; *Gamillscheg*, Arbeitsrecht, Bd. 1, § 17 I 5 a (2); *Hromadka/Maschmann/Wallner*, Rn. 229; MünchArbR-*Löwisch*, Bd. 3, § 260 Rn. 26; *Löwisch/Rieble*, § 3 Rn. 79; *H. Wiedemann/Stumpf*, § 3 Rn. 29.

[323] Vgl. § 6 Abs. 2 KO, § 48 Abs. 2 BGB, § 268 Abs. 2 AktG, § 89 GenG, § 149, § 70 GmbHG; vgl. BAG AP Nr. 14 zu § 4 TVG Geltungsbereich, Bl. 2; *Däubler*, TVR, Rn. 1524; *Kempen/Zachert*, § 3 Rn. 24; *O. Kunze*, RdA 1976, S. 32 f.; MünchArbR-*Löwisch*, Bd. 3, § 244 Rn. 7; *Löwisch/Rieble*, § 3 Rn. 37.

[324] *Rieble*, Rn. 1565 ff.; ebenso *Löwisch*, Anm. zu BAG vom 18.12.1996, AP Nr. 1 zu § 1 TVG Kündigung, Bl. 10; *ders.*, NJW 1997, S. 907; dagegen zu Recht *Wank*, FS Schaub, S. 771 f.

mindest würde ein solches Recht wegen der doppelten Schutzrichtung des § 3 Abs. 3 TVG[325] nicht wie beabsichtigt dessen Anwendbarkeit hindern.

Auch der Verbandswechsel, der einen Verbandsaustritt enthält, gehört zu § 3 Abs. 3 TVG[326]. Dessen Sinn und Zweck, die Flucht aus dem seitherigen Tarifvertrag, zu verhindern, greift auch an dieser Stelle. Einzelne Stimmen im Schrifttum, die im Falle des Verbandswechsels in den nunmehr einschlägigen Arbeitgeberverband für eine teleologische Reduktion des § 3 Abs. 3 TVG plädieren[327], übersehen, daß die veränderte Verbandszuständigkeit Folge einer unternehmerischen Umstrukturierung zum Zwecke der Tarifflucht sein kann, auf die § 3 Abs. 3 TVG gerade reagiert. Wegen der ratio der Vorschrift erfaßt § 3 Abs. 3 TVG darüber hinaus auch den Wechsel von der Vollmitgliedschaft in die OT-Mitgliedschaft[328]: Wenn schon der Verbandsaustritt nicht zur Freistellung von der Tarifbindung führt, kann es der Wechsel in der Mitgliedschaftsform erst recht nicht. Dasselbe gilt folglich für den Wechsel von der Voll- in die Gastmitgliedschaft[329].

d) Arbeitstechnische oder räumliche Umstrukturierungen (ohne gleichzeitigen Verbandswechsel)

Fällt ein Betrieb während der Laufzeit eines Tarifvertrags aus dessen räumlichen oder betrieblichen Geltungsbereich heraus, etwa durch Verlagerung der Produktion an einen anderen Ort oder durch Veränderung des Betriebszwecks aufgrund einer Produktionsumstellung oder der organisatorischen Ausgliederung von Betriebsteilen, kommt eine entsprechende Anwendung des § 613a Abs. 1 Sätze 2-4 BGB nicht in Frage, da die Regelung auf die Rechtsnachfolge

---

[325] S. oben § 10 C III 1.

[326] BAG AP Nr. 2 zu § 3 TVG Verbandsaustritt, Bl. 2; HessLAG, NZA-RR 1997, S. 352; *Bieback*, DB 1989, S. 477; *Blank*, S. 76; *Bruhn*, Tarifeinheit, S. 220 f.; *Däubler*, TVR, Rn. 1516 f.; *ders.*, NZA 1996, S. 230; *Dutti*, BB 1968, S. 1335; *Gamillscheg*, Arbeitsrecht, Bd. 1, § 17 I 5 c (1); *B. Gaul*, NZA 1998, S. 11 f.; *Gerhards*, BB 1995, S. 1290; *Hensche*, AuR 1996, S. 333; *Kempen/Zachert*, § 3 Rn. 35; *Konzen*, ZfA 1975, S. 426; *Stein*, Rn. 171; *H. Wiedemann/Stumpf*, § 3 Rn. 38, unklar aber Rn. 32; wohl auch BAG AP Nr. 3 zu § 3 TVG, Bl. 2R; a.A. *Lieb*, Arbeitsrecht, Rn. 533 (unter Hinweis auf § 613a Abs. 1 Satz 3 BGB).

[327] *Henssler*, FS Schaub, S. 325.

[328] *Besgen*, S. 104; *Buchner*, NZA 1994, S. 9; *Däubler*, NZA 1994, S. 453; *Gamillscheg*, Arbeitsrecht, Bd. 1, § 14 I 6 a (3); *Ostrop*, S. 129; *S.-J. Otto*, NZA 1996, S. 630 f.; *Reuter*, RdA 1996, S. 208; *Wieland*, Rn. 200; wohl auch *Schlochauer*, FS Schaub, S. 714.

[329] Wohl auch *Rieble*, Anm. zu BAG vom 14.6.1994, SAE 1995, S. 75 f.

zugeschnitten ist[330]. Nur dann, wenn bei der genannten Umstrukturierung einzelne Funktionsbereiche im Wege der Einzel- oder Gesamtrechtsnachfolge auf neue Rechtsträger übertragen werden, kann für die Tarifgeltung in den übertragenen Einheiten § 613a Abs. 1 Sätze 2-4 BGB maßgeblich sein[331].

Umstritten ist aber das tarifrechtliche Schicksal des in seiner organisatorischen Struktur veränderten Betriebs oder – liegt nicht gleichzeitig eine Rechtsnachfolge vor – der ausgegliederten Funktionsbereiche, wenn sie nicht mehr dem Geltungsbereich des bisherigen Tarifvertrags unterfallen. Anstatt wegen des Vertrauensschutzes der Arbeitnehmer auf § 4 Abs. 5 TVG analog abzustellen[332], ein endgültiges Erlöschen der Tarifwirkung anzunehmen, weil der Tarifvertrag keinen Geltungsanspruch mehr erhebe[333], oder zumindest § 612 Abs. 2 BGB anzuwenden[334], ist erneut § 3 Abs. 3 TVG heranzuziehen[335]. Da der Tarif-

---

[330] Überzeugend *Rieble*, Anm. zu BAG vom 14.6.1994, SAE 1995, S. 79; *ders.*, Rn. 1260.

[331] Dazu unten § 10 J I 1, 2; anders *Rieble*, Anm. zu BAG vom 14.6.1994, SAE 1995, S. 79 f., der die Funktionsabtrennung mit einer logischen Sekunde vom Betriebsübergang trennt und § 613a Abs. 1 Satz 2 BGB ins Leere gehen läßt, damit aber dessen Schutzzweck unterläuft.

[332] BAG AP Nr. 20 zu § 3 TVG, Bl. 5 ff.; AP Nr. 21 zu § 3 TVG, Bl. 4 ff.; *Blank*, S. 76 f.; *Dräger*, BB 1970, S. 1142; *Frölich*, NZA 1992, S. 1108; *Gamillscheg*, Arbeitsrecht, Bd. 1, § 17 I 4 b (1), (2) (vgl. aber VI 3); *B. Gaul*, NZA 1995, S. 723; *ders.*, NZA 1998, S. 16; *P. Hanau/Kania*, FS Schaub, S. 252; *Hromadka/Maschmann/Wallner*, Rn. 258, 509, 517; *Hromadka*, DB 1996, S. 1874; *A. Hueck/Nipperdey*, Bd. II 1, S. 539; *A. Hueck/Nipperdey/Stahlhacke*, § 4 Rn. 19, 64; *Kania*, DB 1995, S. 630; *ders.*, DB 1996, S. 1921; *Kempen/Zachert*, § 3 Rn. 26, § 4 Rn. 303; *Konzen*, ZfA 1975, S. 412 f., 417; *ders.*, Anm. zu BAG vom 26.9.1979, SAE 1980, S. 66 f.; *ders.*, FS Kraft, S. 319 f.; *Nikisch*, Bd. 2, S. 392; *Schaub*, BB 1996, S. 2299; *ders.*, AuA 1998, S. 44; ErfKomm-*ders.*, § 3 TVG Rn. 31, § 4 TVG Rn. 79; *H. Wiedemann*, RdA 1975, S. 83; *H. Wiedemann/Stumpf*, § 3 Rn. 32, § 4 Rn. 188; *Zöllner/Loritz*, § 36 VI 1, § 37 II 2; vgl. auch LAG Hamm, Urteil vom 26.8.1991 – 19 Sa 474/91 (n.v.), S. 8.

[333] BAG AP Nr. 42 zu § 1 BetrAVG Zusatzversorgungskassen, Bl. 3R; AP Nr. 22 zu § 1 TVG Vorruhestand, Bl. 3; HessLAG, NZA-RR 1997, S. 352; *Buchner*, GmbHR 1997, S. 383; *ders.*, Anm. zu BAG vom 4.9.1996, EzA § 3 TVG Bezugnahme auf Tarifvertrag Nr. 7, S. 15; *ders.*, Anm. zu HessLAG vom 7.11.1996, AR-Blattei ES, 1550.3 Nr. 13, S. 5; *ders.*, Anm. zu BAG vom 18.12.1996, AR-Blattei ES, 1550.8 Nr. 4, S. 9 f.; KassArbR-*Dörner*, Bd. 2, 6.1 Rn. 121, 138; *D. Gaul*, Anm. zu LAG Düsseldorf vom 7.10.1981, EzA § 3 TVG Nr. 3, S. 28 f.; *Kaiser*, ZfA 1996, S. 194 f.; MünchArbR-*Löwisch*, Bd. 3, § 257 Rn. 24, § 266 Rn. 17; *ders.*, Anm. zu BAG vom 18.12.1996, AP Nr. 1 zu § 1 TVG Kündigung, Bl. 11; MünchArbR-*Löwisch*, Bd. 3, § 257 Rn. 24, § 266 Rn. 17; *Löwisch/Rieble*, § 4 Rn. 48, 240; *Rieble*, Anm. zu BAG vom 14.6.1994, SAE 1995, S. 79 f.; anders jetzt *ders.*, Rn. 1261; *ders.*, Anm. zu BAG vom 13.12.1995, AP Nr. 3 zu § 3 TVG Verbandsaustritt, Bl. 7: arbeitsvertragliche Nachwirkung.

[334] BAG AP Nr. 2 zu § 3 TVG Verbandsaustritt, Bl. 2 ff.; *Haußmann*, S. 67; zu § 612 Abs. 2 BGB bereits oben § 9 F II 1.

vertrag weiterhin Geltungsanspruch erhebt, paßt insbesondere § 4 Abs. 5 TVG nicht[336], der gerade an den Ablauf des zeitlichen Geltungsbereichs anknüpft. Die entsprechende Anwendung des § 3 Abs. 3 TVG ist in diesen Fällen wegen der Gefahr einer Tarifflucht aufgrund des Normzwecks geboten: Durch unscheinbare Veränderungen, etwa die Ausgründung kleiner Funktionsbereiche, läßt sich namentlich bei Mischbetrieben ohne größeren Aufwand der Betriebszweck verändern, um dem betrieblichen Geltungsbereich eines Tarifvertrags zu entgehen[337].

e) Wegfall einer Tarifvertragspartei und Gewerkschaftsfusion

aa) Auflösung

Rechtsprechung[338] und ein großer Teil der Literatur[339] meinen, bei der Auflösung einer Tarifvertragspartei endeten die normativen Teile der vom Verband abgeschlossenen Tarifverträge[340], da ohne Tarifpartei kein Tarifvertrag bestehen könne; allenfalls komme eine Nachwirkung des Tarifvertrags nach § 4 Abs. 5 TVG analog in Betracht. Richtig ist, die Liquidation (§ 47 BGB) bis zur Kündigung oder zum Ablauf des Tarifvertrags der wegfallenden Tarifvertragspartei andauern zu lassen[341] und eine Aufrechterhaltung der Tarifbindung zu-

---

335 So auch *Däubler*, TVR, Rn. 264, 271, 936, 1523; *Gerhards*, BB 1995, S. 1291; *Stein*, Rn. 110, vgl. aber Rn. 152.

336 Ebenso im Ergebnis *von Hoyningen-Huene*, NZA 1996, S. 621; *Rieble*, Rn. 1255.

337 *Däubler*, TVR, Rn. 1523; *Rieble*, Rn. 237, 1251 ff. (mit zahlreichen Beispielen).

338 BAG AP Nr. 4 zu § 3 TVG, Bl. 2R; AP Nr. 26 zu § 4 TVG Nachwirkung, Bl. 2R ff.; AP Nr. 27 zu § 4 TVG Nachwirkung, Bl. 2R f.; *BFH* AP Nr. 2 zu § 34a EStG, Bl. 1 f.; LAG Brandenburg LAGE § 4 TVG Nachwirkung Nr. 3, S. 3.

339 *Balze/Rebel/Schuck*, 1 Rn. 78; *Besgen*, S. 53 ff., *Blomeyer*, Anm. zu BAG vom 11.11.1970, SAE 1972, S. 112; HzA-*Dörner*, Rn. 181; KassArbR-*ders.*, Bd. 2, 6.1 Rn. 136; *H.-W. Friedrich*, FS Schaub, S. 194 f.; *Frölich*, NZA 1992, S. 1108; *Gamillscheg*, Arbeitsrecht, Bd. 1, § 17 VI 4 (2); *P. Hanau/Kania*, AuR 1994, S. 209; *Haußmann*, S. 46; MünchArbR-*Löwisch*, Bd. 3, § 248 Rn. 77; *Löwisch/Rieble*, § 2 Rn. 105; *G. Müller*, Tarifautonomie, S. 204; *Nikisch*, Bd. 2, S. 218, 355; *Richardi*, Kollektivgewalt, S. 219 f.; *ders.*, FS Kraft, S. 512; *Rieble*, AuR 1990, S. 368; *Schaub*, BB 1995, S. 2004; *ders.*, BB 1996, S. 2299; *ders.*, Handbuch, § 199 IV 2 b; *von Stebut*, Anm. zu BAG vom 15.10.1986, SAE 1987, S. 203 ff.; anders jetzt *Rieble*, Arbeitsmarkt und Wettbewerb, Rn. 1271 f.; *ders.*, Anm. zu BAG vom 13.12.1995, AP Nr. 3 zu § 3 TVG Verbandsaustritt, Bl. 7: „arbeitsvertragliche Nachwirkung".

340 Zum schuldrechtlichen Teil des Tarifvertrags etwa BAG AP Nr. 28 zu § 2 TVG, Bl. 1R ff.; *Kempen/Zachert*, § 3 Rn. 37.

341 *Buchner*, Anm. zu BAG vom 15.10.1986, AR-Blattei (D) Tarifvertrag III, Entscheidungen 4; *ders.*, RdA 1997, S. 263 f.; *Kempen/Zachert*, § 3 Rn. 39; *O. Kunze*, RdA

mindest nach § 3 Abs. 3 TVG analog anzunehmen[342]. Die Vorschrift bezweckt, die Geltung eines Tarifvertrags bis zu dessen Ende zu sichern und vor Manipulationen sowie einseitigen Maßnahmen zu schützen. Zudem ist für einen Auflösungsbeschluß ein mehrheitlicher Willensakt der Verbandsmitglieder erforderlich, der nicht anders als ein kollektiver Austritt bewertet werden kann: Dann kommt § 3 Abs. 3 TVG aber unstreitig zur Anwendung[343].

bb) Fusion

Ziemlich ungesichert sind die Auswirkungen auf bestehende Tarifverträge bei der praktisch allein bedeutsamen Fusion von Gewerkschaften, die freilich meist durch Überleitungsvereinbarungen flankiert ist. Im Schrifttum hat man eine „tarifrechtliche Gesamtrechtsnachfolge" nach Art. 9 Abs. 3 GG i.V.m. § 419 BGB analog angenommen[344] oder den Übergang bestehender Tarifverträge mit einer entsprechenden Anwendung der früheren §§ 93a ff. GenG zu begründen versucht[345]. Näher liegt es, für das Schicksal der Tarifverträge der wegfallenden Gewerkschaft die zur Auflösung entwickelten Grundsätze heranzuziehen[346].

f) Verlust der Tariffähigkeit einer Tarifvertragspartei

Die Gefahr des Mißbrauchs rechtfertigt auch beim Verlust der Tariffähigkeit einer Tarifvertragspartei während der Laufzeit eines Verbandstarifvertrags –

1976, S. 31 ff.; *Lobscheid*, AuR 1972, S. 289 ff.; *Schaub*, 7. Aufl., § 200 IV 2; *Stein*, Rn. 124; *H. Wiedemann*, Anm. zu BAG vom 15.10.1986, AP Nr. 4 zu § 3 TVG, Bl. 6; *H. Wiedemann/Stumpf*, § 2 Rn. 20 f., § 4 Rn. 33; vgl. auch *Reuter*, DZWir 1993, S. 408; offengelassen BAG AP Nr. 8 zu § 9 TVG 1969, Bl. 2R.

342 S. *Däubler*, TVR, Rn. 60, 78, 1521; *ders.*, NZA 1996, S. 233; *Frey*, RdA 1965, S. 365 f.; *Heckelmann*, ZfA 1973, S. 434; *A. Hueck/Nipperdey*, Bd. II 1, S. 473 ff.; *Kempen/Zachert*, § 3 Rn. 37, 39; *Konzen*, ZfA 1972, S. 147 f.; *ders.*, FS Kraft, S. 320; *Kroll*, S. 56 f.; *Röckl*, BB 1993, S. 1655; *Säcker*, AR-Blattei (D), Tarifvertrag III, D III 1; *H. Wiedemann*, Anm. zu BAG vom 11.11.1970, AP Nr. 28 zu § 2 TVG, Bl. 6R.

343 Zuerst *Konzen*, ZfA 1972, S. 147; ebenso *Heckelmann*, ZfA 1973, S. 434; *Kempen/Zachert*, § 3 Rn. 39; *Säcker*, AR-Blattei (D), Tarifvertrag III, D III 1.

344 *Kempen/Zachert*, § 3 Rn. 45; *Kempen*, AuR 1990, S. 374.

345 *Rieble*, AuR 1990, S. 369; abw. jetzt *ders.*, Rn. 1849 ff. („tarifrechtliche Universalsukzession").

346 *Konzen*, FS Kraft, S. 320 f.; *Reuter*, DZWir 1993, S. 408; gegen eine Überleitung auch *Gamillscheg*, Arbeitsrecht, Bd. 1, § 17 I 4 b (4); *P. Hanau/Kania*, AuR 1994, S. 208 f. (alle aber gegen § 3 Abs. 3 TVG); vgl. ferner *Kempen/Zachert*, § 3 Rn. 41.

etwa wenn der Verband seine soziale Mächtigkeit verliert oder gewollt tarifunfähig wird – die analoge Anwendung des § 3 Abs. 3 TVG[347].

g) Satzungsänderung einer Tarifvertragspartei

Bei Satzungsänderungen, die bewirken, daß bestimmte Betriebe nicht mehr in die Tarifzuständigkeit der Tarifvertragspartei fallen, bleibt nach der vertretungsrechtlichen Konstruktion der Tarifvertrag unberührt[348]. Nach der tarifrechtlichen Lösung entfällt die Normenwirkung. Wie beim Wegfall einer Tarifvertragspartei und beim Verlust der Tariffähigkeit muß aber auch an dieser Stelle die zwingende Wirkung des Tarifvertrags bis zu dessen Ende mit Hilfe einer Analogie zu § 3 Abs. 3 TVG erhalten bleiben[349]. Weder darf die Normenwirkung ganz entfallen[350] noch genügt eine Nachwirkung nach § 4 Abs. 5 TVG[351]. Die Analogie zu § 3 Abs. 3 TVG ist nicht nur wegen dessen Schutzfunktion angezeigt, sondern folgt ebenfalls, obgleich der Bruch der tariflichen Beständigkeit von einer Tarifvertragspartei herbeigeführt worden ist, aus der Kontinuitätsfunktion: Kurzfristige Systemveränderungen sind dem Wesen des Tarifvertrags fremd. Wenn man einem Schiedsspruch nach § 16 DGB-Satzung Außenwirkung zuweist, so daß die im Schiedsverfahren unterlegene Gewerkschaft ihre Tarifzuständigkeit für bestimmte Betriebe verliert[352], ist mindestens eine tarifliche Weitergeltung nach § 3 Abs. 3 TVG anzunehmen[353].

---

[347] So auch *Däubler*, TVR, Rn. 77; *Kempen/Zachert*, § 2 Rn. 105 (anders in § 3 Rn. 40: Tarifvertrag gilt weiter, § 4 Rn. 303: § 4 Abs. 5 TVG); *O. Kunze*, RdA 1976, S. 32; im Ergebnis ähnlich (Fortbestand der Tarifverträge) *Frölich*, NZA 1992, S. 1109; *Gamillscheg*, Arbeitsrecht, Bd. 1, § 17 VI 2; *Özfirat*, S. 57 f.; *H. Wiedemann/Stumpf*, § 2 Rn. 21, § 4 Rn. 31; anders MünchArbR-*Löwisch*, Bd. 3, § 248 Rn. 77 ff.; *Löwisch/Rieble*, § 2 Rn. 105 ff. (Normenwirkung entfällt ganz).

[348] S. bereits oben § 3 B II 2 b; ausdrücklich *Frölich*, NZA 1992, S. 1109; *Gamillscheg*, Arbeitsrecht, Bd. 1, § 14 II 2 e; *Stein*, Rn. 127; *H. Wiedemann/Stumpf*, § 3 Rn. 32.

[349] So auch *Däubler*, TVR, Rn. 92, 1522; *Konzen*, ZfA 1975, S. 417; ähnlich *Kraft*, FS Schnorr von Carolsfeld, S. 267.

[350] So aber MünchArbR-*Löwisch*, Bd. 3, § 248 Rn. 77 ff.; *Löwisch/Rieble*, § 2 Rn. 105 ff. (anders *Rieble*, Rn. 1261; *ders.*, Anm. zu BAG vom 13.12.1995, AP Nr. 3 zu § 3 TVG Verbandsaustritt, Bl. 7: arbeitsvertragliche Nachwirkung).

[351] *Gamillscheg*, Arbeitsrecht, Bd. 1, § 17 I 4 b (1), VI 6.

[352] Dazu mehr unten § 12 A II 2 c bb.

[353] *Kempen/Zachert*, § 2 Rn. 116.

5. Ende des weitergeltenden Tarifvertrags

a) Ablauf des zeitlichen Geltungsbereichs

§ 3 Abs. 3 TVG läßt sich nicht entnehmen, wann der weitergeltende Tarifvertrag „endet". Unproblematisch ist dessen Befristung oder der Eintritt einer auflösenden Bedingung. Bei unbefristeten Tarifverträgen droht dem ehemaligen Verbandsmitglied zumindest theoretisch eine Weitergeltung ohne absehbares Ende. Der Tarifvertrag endet gleichwohl nicht mit der ersten Kündigungsmöglichkeit oder spätestens nach fünf Jahren (§ 624 BGB analog), wie im Schrifttum gefordert wird[354], sondern erst mit tatsächlich erfolgter Kündigung: Die fehlende Einflußmöglichkeit des ausgetretenen Mitglieds auf seinen ehemaligen Verband und die unter Umständen lange Bindung sind im Normprogramm des § 3 Abs. 3 TVG angelegt, und auch der Wortlaut stellt ausdrücklich auf das Ende und nicht die Beendigungsmöglichkeit ab[355]. Verfassungsrechtlichen Bedenken gegen eine überlange Bindung des Ausgetretenen kann der Gesetzgeber durch eine Begrenzung der Weitergeltung nach § 3 Abs. 3 TVG entgegentreten[356].

b) Änderungen am weitergeltenden Tarifvertrag

Da der Arbeitgeberverband nicht mehr rechtsverbindlich für sein ehemaliges Mitglied handeln kann, muß der ausgetretene Arbeitgeber im Weitergeltungszeitraum Änderungen am Tarifvertrag, die über eine bloße Klarstellung hinaus-

---

[354] Vgl. *J.-H. Bauer*, FS Schaub, S. 24, *J.-H. Bauer/Diller*, DB 1993, S. 1086; *Bruhn*, Tarifeinheit, S. 218 f.; *Frieges*, DB 1996, S. 1281; *P. Hanau*, RdA 1988, S. 69 Fn. 29; *Haußmann*, S. 49; *Lieb*, NZA 1994, S. 337; MünchArbR-*Löwisch*, Bd. 3, § 260 Rn. 22; *ders.*, Anm. zu BAG vom 13.12.1995, AR-Blattei ES, 1550.3 Nr. 10, S. 6; MünchArbR-*Löwisch*, Bd. 3, § 260 Rn. 22; *Löwisch/Rieble*, § 1 Rn. 127 f., § 3 Rn. 74; *Pogge*, FS Stege, S. 118 f.; *Schleusener*, NJ 1998, S. 563; *Walker*, ZfA 1996, S. 380; ähnlich *Biedenkopf*, S. 231 f.; *Richardi*, Kollektivgewalt, S. 222 ff.; *Schwab*, BB 1994, S. 781.

[355] So im Ergebnis auch BAG AP Nr. 3 zu § 3 TVG, Bl. 2R; AP Nr. 5 zu § 1 TVG Bezugnahme auf Tarifvertrag, Bl. 2R; *Beckers*, NZA 1997, S. 132; *Bieback*, DB 1989, S. 478; *Däubler*, TVR, Rn. 1510; *ders.*, ZTR 1994, S. 449; *ders.*, NZA 1996, S. 227; *Feger*, AiB 1995, S. 493; *P. Hanau/Kania*, DB 1995, S. 1232; *Hoß/Liebscher*, DB 1995, S. 2525 f.; *Kempen/Zachert*, § 3 Rn. 31; *Kittner*, AuR 1998, S. 471; *Stein*, Rn. 172 f.; *H. Wiedemann/Stumpf*, § 3 Rn. 35; LAG Brandenburg, Urteil vom 26.7.1994 – 1 Sa 253/94 (n.v.), S. 4.

[356] Vgl. oben § 10 C III 2.

gehen, grundsätzlich nicht mehr gegen sich gelten lassen[357]. Ein Ende des nach § 3 Abs. 3 TVG weitergeltenden Tarifvertrags wird man freilich nicht erst bei Änderungen, die den nicht geänderten Teil des Tarifvertrags alleine nicht mehr sinnvoll bestehen lassen[358], sondern aus Praktikabilitätsgründen und im Interesse der Rechtssicherheit bei jeder Änderung annehmen müssen[359], die über eine bloße Berichtigung hinausgeht. Das gilt auch für Teilkündigungen des Tarifvertrags, soweit sie zulässig sind[360]. Für den Sonderfall des unmittelbaren Stufentarifvertrags[361], bei dem Änderungen bereits im voraus exakt fixiert worden sind, endet ein nach § 3 Abs. 3 TVG weitergeltender Tarifvertrag wegen des vereinbarten Gesamtzusammenhangs nicht schon auf der Stufe, die der ausgetretene Arbeitgeber bei seinem Austritt erreicht hatte[362].

c) Nachwirkung des weitergeltenden Tarifvertrags

Ende des Tarifvertrags im Sinne des § 3 Abs. 3 TVG bedeutet zunächst die zeitliche Beendigung eines nach § 3 Abs. 1, Abs. 2, § 4 Abs. 1 TVG geltenden Tarifvertrags[363]. Ob § 4 Abs. 5 TVG auch dann angewandt werden kann, wenn der Tarifvertrag nach § 3 Abs. 3 TVG fortgegolten hat, wird unterschiedlich

---

[357] *J.-H. Bauer*, FS Schaub, S. 22; *Bieback*, DB 1989, S. 479; *Däubler*, TVR, Rn. 300; *Dräger*, BB 1970, S. 1141; *Feger*, AiB 1995, S. 494; *Frieges*, NZA 1998, S. 631; *P. Hanau/Kania*, FS Schaub, S. 250; *Haußmann*, S. 47 f.; *Hoß/Liebscher*, DB 1995, S. 2526; *Hromadka*, FS Wlotzke, S. 349; *Hromadka/Maschmann/Wallner*, Rn. 241; *Kempen/Zachert*, § 3 Rn. 32; *Krauss*, DB 1995, S. 1562; *Kroll*, S. 55; *Schwab*, BB 1994, S. 781; *H. Wiedemann/Stumpf*, § 3 Rn. 36.

[358] So *Däubler*, TVR, Rn. 300, 1512 f.; *ders.*, NZA 1996, S. 227; *Dahlbender*, S. 61 f.; *Feger*, AiB 1995, S. 494; *Gerhards*, BB 1995, S. 1292; *Kempen/Zachert*, § 3 Rn. 32; MünchArbR-*Löwisch*, Bd. 3, § 260 Rn. 29; *Schaub*, BB 1994, S. 2006; *ders.*, BB 1995, S. 2003; ErfKomm-*ders.*, § 3 TVG Rn. 36; *Schwab*, BB 1994, S. 781; ähnlich *Bieback*, DB 1989, S. 479.

[359] BAG AP Nr. 13 zu § 3 TVG, Bl. 2; *J.-H. Bauer*, FS Schaub, S. 24; *Frieges*, DB 1996, S. 1281; *ders.*, NZA 1998, S. 631; *Frölich*, NZA 1992, S. 1106; *P. Hanau/Kania*, DB 1995, S. 1232; *A. Hueck/Nipperdey*, Bd. II 1, S. 491 f. Fn. 50; *A. Hueck/Nipperdey/Stahlhacke*, § 3 Rn. 15; *Nikisch*, Bd. 2, S. 272 f.; Staudinger-*Richardi*, Vorbem. zu §§ 611 ff. Rn. 946; *Stein*, Rn. 174; wohl auch *H. Wiedemann/Stumpf*, § 3 Rn. 36.

[360] *Bieback*, DB 1989, S. 478; *Däubler*, NZA 1996, S. 227.

[361] Näher *P. Hanau/Kania*, DB 1995, S. 1229 ff.

[362] Vgl. *Däubler*, ZTR 1994, S. 449 f.; *ders.*, NZA 1996, S. 227; *Feger*, AiB 1995, S. 493; *P. Hanau/Kania*, DB 1995, S. 1231 f.; *Kempen/Zachert*, § 3 Rn. 33; *Kittner*, AuR 1998, S. 470 f.; *Schwab*, BB 1994, S. 782; kritisch auch *Schaub*, NZA 1998, S. 619 f.; abw. *J.-H. Bauer*, FS Schaub, S. 31; *J.-H. Bauer/Diller*, DB 1993, S. 1088; *Gerhards*, BB 1997, S. 363.

[363] Zu Einzelheiten *Frölich*, NZA 1992, S. 1106.

beurteilt. Die Monopolkommission fordert de lege feranda ein gesetzliches Verbot der Kumulation von § 3 Abs. 3 TVG und § 4 Abs. 5 TVG[364]. De lege lata wird dasselbe Ergebnis im Schrifttum mit dem Wortlaut des § 3 Abs. 3 TVG begründet, der die Tarifgebundenheit nur bis zum Ende des Tarifvertrags verlängere. § 4 Abs. 5 TVG knüpfe aber erst an das Ende an. Auch sei für einen nicht mehr durch Mitgliedschaft legitimierten Tarifvertrag mit der Beendigung die äußerste Grenze der Normwirkung erreicht[365]. Andernfalls werde die in Art. 9 Abs. 3 Satz 1 GG verbürgte Austrittsfreiheit des Arbeitgeber verletzt[366]. Zudem komme für den ausgetretenen Arbeitgeber ein neuer Tarifabschluß meist nicht in Betracht, so daß die Überbrückungsfunktion, die ohnehin angesichts § 612 Abs. 2 BGB, mit Blick auf § 315 BGB oder auf gesetzliche Mindestarbeitsbedingungen bezweifelt wird[367], ins Leere gehe und eine unendliche Nachwirkung drohe.

Wer so argumentiert, verkennt freilich, daß die Überbrückung auch bis zum Abschluß eines Firmentarifvertrags oder einer einzelvertraglichen neuen Abmachung Sinn macht. Die ganz h.M. in Rechtsprechung[368] und Literatur[369] wendet

---

[364] Monopolkommission, Tz. 948.

[365] *Bernstein*, Anm. zu BAG vom 13.12.1995, EzA § 3 TVG Nr. 11, S. 15 ff.; *Buchner*, Anm. zu BAG vom 4.9.1996, EzA § 3 TVG Bezugnahme auf Tarifvertrag Nr. 7, S. 14; *ders.*, RdA 1997, S. 260 f.; *Heinze*, NZA 1995, S. 7; *ders.*, FS Kraft, S. 208; *Hoß/Liebscher*, DB 1995, S. 2527; *Lieb*, Arbeitsrecht, Rn. 507, 530; MünchArbR-*Löwisch*, Bd. 3, § 260 Rn. 49, § 266 Rn. 19; *ders.*, Anm. zu BAG vom 13.12.1995, AR-Blattei ES, 1550.3 Nr. 10, S. 5 f.; MünchArbR-*Löwisch*, Bd. 3, § 266 Rn. 19; *Löwisch/Rieble*, § 4 Rn. 242; *dies.*, Anm. zu BAG vom 18.3.1992, AP Nr. 13 zu § 3 TVG, Bl. 3 f. (anders *Rieble*, Rn. 1229 ff.; *ders.*, Anm. zu BAG vom 13.12.1995, AP Nr. 3 zu § 3 TVG Verbandsaustritt, Bl. 4R: arbeitsvertragliche Nachwirkung); *Oetker*, gem. Anm. zu BAG vom 18.3.1992 und 27.11.1991, EzA § 4 TVG Nachwirkung Nr. 15, S. 17 ff.; *Schwab*, BB 1994, S. 782; *Zöllner/Loritz*, § 37 I 4 (anders § 37 II 5 a.E.); LAG Köln, LAGE § 3 TVG Nr. 2, S. 3; kritisch auch *J.-H. Bauer/Diller*, DB 1993, S. 1086, 1088.

[366] *Schwab*, BB 1994, S. 872; *Oetker*, gem. Anm. zu BAG vom 18.3.1992 und 27.11.1991, EzA § 4 TVG Nachwirkung Nr. 15, S. 21.

[367] Vgl. *Lieb*, NZA 1994, S. 339; gegen § 612 Abs. 2 BGB *Rieble*, Anm. zu BAG vom 14.6.1994, SAE 1995, S. 81; *ders.*, Anm. zu BAG vom 13.12.1995, AP Nr. 3 zu § 3 TVG Verbandsaustritt, Bl. 5 f.; vgl. auch BAG AP Nr. 2 zu § 3 TVG Verbandsaustritt, Bl. 3; *Bernstein*, Anm. zu BAG vom 13.12.1995, EzA § 3 TVG Nr. 11, S. 15 f., 21; zu § 612 Abs. 2 BGB s. bereits oben § 9 F II 1.

[368] BAG AP Nr. 10 zu § 3 TVG, Bl. 1R; AP Nr. 13 zu § 3 TVG, Bl. 1R; AP Nr. 3 zu § 3 TVG Verbandsaustritt, Bl. 3; AP Nr. 14 zu § 3 TVG Verbandszugehörigkeit, Bl. 4R; EzA § 4 TVG Geltungsbereich Nr. 10, S. 10; LAG Brandenburg LAGE § 4 TVG Nachwirkung Nr. 3, S. 3; Urteil vom 17.3.1995 – 4 (5) Sa 711/94 (n.v.), S. 7 f.; SächsLAG, Urteil vom 27.6.1995 – 7 Sa 84/95 (n.v.), S. 9 f. (AuR 1995, S. 471 Ls.).

[369] *Beckers*, NZA 1997, S. 133; *Besgen*, S. 106 f.; *Däubler*, TVR, Rn. 1470, 1511; *ders.*, ZTR 1994, S. 451; *ders.*, NZA 1996, S. 227 f.; *Dahlbender*, S. 71 ff.; HzA-

deshalb § 3 Abs. 3 TVG und § 4 Abs. 5 TVG kumulativ an. Die Überbrükkungsfunktion der Nachwirkung, die verhindert, daß die Arbeitsverhältnisse nach Ablauf des Tarifvertrags inhaltsleer werden, greift auch im Fall des § 3 Abs. 3 TVG[370]. Im Schrifttum meint man zum Teil, „Ende des Tarifvertrags" im Sinne des § 3 Abs. 3 TVG sei die Ersetzung des bisherigen Tarifvertrags im Nachwirkungszeitraum durch eine andere Abmachung (§ 4 Abs. 5 TVG)[371]. Näher liegt es, die fehlende mitgliedschaftliche Legitimation im Nachwirkungszeitraum durch den Rechtsgrund des § 4 Abs. 5 TVG auf Grundlage der bisherigen Arbeitsbedingungen bis zu einer neuen Abmachung zu kompensieren[372]. Die Beseitigungslast für nachwirkende Tarifnormen trifft den Arbeitgeber nicht schwerer als bei einer einzelvertraglichen Abmachung, § 4 Abs. 5 bezweckt aber keine Erleichterung der Änderungsmöglichkeiten[373]. Zudem mindert die fehlende Dynamik der Nachwirkung, die Lohnanpassungen nicht zuläßt, die Gefahr einer unendlichen Bindung[374]. Auch muß sich der Arbeitgeber das Vertrauen des Arbeitnehmers auf eine angemessene und ausgewogene tarifliche Regelung entgegenhalten lassen, demzufolge eine eigene arbeitsvertragliche Regelung unterblieben ist[375].

Dörner, Rn. 179; *Feger*, AiB 1995, S. 495; *Frieges*, NZA 1998, S. 631; *Frölich*, NZA 1992, S. 1106 f.; *B. Gaul*, Anm. zu BAG vom 4.9.1996, EzA § 3 TVG Bezugnahme auf Tarifvertrag Nr. 7, S. 27; *Gerhards*, BB 1997, S. 362 f.; *Haußmann*, S. 69 f.; *Henssler*, ZfA 1994, S. 507; *Hromadka/Maschmann/Wallner*, Rn. 254 f.; *Hümmerich*, DB 1996, S. 1183; *Kempen/Zachert*, § 3 Rn. 34, § 4 Rn. 295; *Kittner*, AuR 1998, S. 471 f.; *Krauss*, DB 1995, S. 1562; *ders.*, DB 1996, S. 528 f.; *P. Krebs*, gem. Anm. zu BAG vom 27.11.1991 und 18.3.1992, SAE 1993, S. 139; *Lieb*, NZA 1994, S. 342; *Th. Müller/Peters*, Anm. zu BAG vom 13.7.1994, AP Nr. 14 zu § 3 TVG Verbandszugehörigkeit, Bl. 7R; *Pogge*, FS Stege, S. 121 f.; *Pulte*, gem. Anm. zu BAG vom 14.2.1991 und 18.3.1992, AR-Blattei ES, 1550.6 Nr. 33, S. 2 f.; *Rotter*, S. 88 Fn. 322; *Schaub*, BB 1994, S. 2006; *ders.*, BB 1995, S. 2003 f.; *ders.*, NZA 1998, S. 619; ErfKomm-*ders.*, § 3 TVG Rn. 39; *Schulin/Wietek*, ZfA 1994, S. 336; *Stein*, Rn. 144 ff.; *Wank*, NJW 1996, S. 2278 f.; *H. Wiedemann/Stumpf*, § 3 Rn. 37 f., § 4 Rn. 188; *Zachert*, RdA 1996, S. 150; *ders.*, KJ 1997, S. 419.

[370] Vgl. BAG AP Nr. 13 zu § 3 TVG, Bl. 1R; AP Nr. 3 zu § 3 TVG Verbandsaustritt, Bl. 3; *P. Krebs*, gem. Anm. zu BAG vom 27.11.1991 und 18.3.1992, SAE 1993, S. 139.

[371] *Buchner*, Anm. zu BAG vom 4.9.1996, EzA § 3 TVG Bezugnahme auf Tarifvertrag Nr. 7, S. 14.

[372] BAG AP Nr. 3 zu § 3 TVG Verbandsaustritt, Bl. 3R.

[373] BAG AP Nr. 3 zu § 3 TVG Verbandsaustritt, Bl. 3R; AP Nr. 14 zu § 3 TVG Verbandszugehörigkeit, Bl. 4R.

[374] BAG AP Nr. 3 zu § 3 TVG Verbandsaustritt, Bl. 4; *Lieb*, NZA 1994, S. 339.

[375] *Hromadka/Maschmann/Wallner*, Rn. 254.

IV. Ergebnis

Bei der Tarifbindung durch Verbandsmitgliedschaft ist folgendes zu beachten. Bei rückwirkenden Tarifnormen gilt der Tarifvertrag ab dem Beitritt, wenn die Mitgliedschaft auch beim Abschluß des Tarifvertrags noch besteht. Die Wirkung des Tarifvertrags beginnt auch bei Abschlußnormen mit Verbandsbeitritt. Bei Beendigung der Tarifbindung sorgt § 3 Abs. 3 TVG, der verfassungsgemäß ist, für deren Aufrechterhaltung und eine fortdauernde unmittelbare und zwingende Normwirkung. Aus dessen tariflicher Natur und der Überbrückungs- und Kontinuitätsfunktion folgt: § 3 Abs. 3 TVG gilt nicht für Arbeitnehmer, wenn sie die Tarifbindung durch eigenes Handeln beenden. Im Weitergeltungszeitraum des § 3 Abs. 3 TVG begründete Arbeitsverhältnisse und Tarifbindungen fallen unter § 3 Abs. 3 TVG. § 3 Abs. 3 TVG kann durch ein Handeln des Arbeitgebers (z.B. Verbandsaustritt, Verbandswechsel, Wechsel von der Voll- in die OT-Mitgliedschaft, betriebliche oder räumliche Umstrukturierungen) oder durch ein Verhalten einer Tarifvertragspartei (Wegfall einer Tarifvertragspartei oder Gewerkschaftsfusion, Verlust der Tariffähigkeit, Satzungsänderungen) bedingt sein. Ende i.S.d. § 3 Abs. 3 TVG meint den vorgesehenen Ablauf des Tarifvertrags, bei unbefristeten Tarifverträgen die tatsächliche Kündigung. Der Tarifvertrag wirkt dann nach § 4 Abs. 5 TVG nach. Änderungen am nach § 3 Abs. 3 TVG weitergeltenden Tarifvertrag beenden die Weitergeltung.

D. Tarifgebundenheit beim Firmentarifvertrag

Tarifverträge können nicht nur von Arbeitgebervereinigungen, sondern auch von einzelnen Arbeitgebern abgeschlossen werden, § 2 Abs. 1 TVG[376]. Der einzelne Arbeitgeber ist nicht nur tariffähig, um ihm den Abschluß von Tarifverträgen zu ermöglichen, wenn ein Arbeitgeberverband nicht besteht. Hinzu kommt, daß die Arbeitgeberseite ansonsten durch Verzicht auf eine Verbandszugehörigkeit das Tarifvertragssystem neutralisieren könnte[377]. Die Tarifgebundenheit des Arbeitgebers beim Firmentarifvertrag entsteht zwar nicht kraft Mitgliedschaft, sondern aufgrund Parteistellung; er unterliegt der Normwirkung kraft Selbstbindung und nicht kraft Fremdbestimmung, ist gleichzeitig Normge-

---

[376] Zum Arbeitgeber als Tarifvertragspartei näher *Matthes*, FS Schaub, S. 477 ff.

[377] *Reuter*, ZfA 1995, S. 22.

ber und Normunterworfener[378]. Gleichwohl unterscheiden sich die Normwirkung des Firmentarif- und des Verbandstarifvertrags nicht[379].

E. Tarifgebundenheit bei Kollektivnormen

Nach § 3 Abs. 2 TVG gelten Kollektivnormen für alle Betriebe, deren Arbeitgeber tarifgebunden sind. Der Normbefehl geht über eine bloße Verpflichtung des Arbeitgebers zur „Beachtung“ von Kollektivnormen hinaus[380]. Streitig ist aber, ob § 3 Abs. 2 TVG die Normwirkung unmittelbar[381] oder die Tarifgebundenheit mit der mittelbaren Folge der Normwirkung[382] auf Außenseiter erstreckt. Für eine Erstreckung der Tarifgebundenheit sprechen nicht nur die Dogmatik des TVG, das als Voraussetzung einer Normwirkung Tarifgebundenheit fordert, sondern auch die systematische Stellung des § 3 Abs. 2 TVG. Hätte der Gesetzgeber die unmittelbare Normwirkung für Außenseiter anordnen wollen, hätte er die Vorschrift nicht in § 3 TVG („Tarifgebundenheit“), sondern in § 4 TVG („Wirkung der Rechtsnormen“) plaziert. Wegen der gesetzlichen Erstreckung der Tarifgebundenheit auf nicht tarifgebundene Arbeitnehmer kommt es nicht darauf an, ob mindestens ein Arbeitnehmer des Betriebs Mitglied der tarifvertragsschließenden Gewerkschaft ist[383]. Die Legitimation der Tarifvertragsparteien folgt insoweit allein aus § 3 Abs. 2 TVG.

---

[378] MünchArbR-*Löwisch*, Bd. 3, § 248 Rn. 36; *Löwisch/Rieble*, § 2 Rn. 54; *H. Wiedemann/Stumpf*, § 3 Rn. 10.

[379] *H. Wiedemann/Stumpf*, § 3 Rn. 10.

[380] Vgl. aber LAG Baden-Württemberg, Beschluß vom 26.11.1996 – 8 TaBV 8/96 (n.v.), S. 11.

[381] *Dieterich*, S. 85 f.; *A. Hueck/Nipperdey*, Bd. II 1, S. 482; *A. Hueck/Nipperdey/Stahlhacke/Tophoven*, § 3 Anm. 3; *Lieb*, RdA 1967, S. 443; wohl auch KassArbR-*Dörner*, Bd. 2, 6.1 Rn. 68.

[382] *Huber*, Bd. 2, S. 437; *Kempen/Zachert*, § 3 Rn. 12; *Meik*, S. 158 Fn. 144; *Nikisch*, Bd. 2, S. 300 f.; *H. Wiedemann/Stumpf*, § 1 Rn. 242, 247; vgl. auch *H. Schneider*, Rn. 298.

[383] Ebenso die ganz h.M., etwa *Bruhn*, Tarifeinheit, S. 120; KassArbR-*Dörner*, 6.1 Rn. 130; *Gamillscheg*, Arbeitsrecht, Bd. 1, § 17 I 2 d (1) a.E.; *Stein*, Rn. 161; anders nur MünchArbR-*Löwisch*, Bd. 3, § 260 Rn. 31 ff.; *Löwisch/Rieble*, § 3 Rn. 60 ff., offenbar in Anlehnung an die Diskussion um das Erfordernis der Tarifbindung beim Tarifvorbehalt des § 87 Abs. 1 Einleitungssatz BetrVG, dazu noch unten § 20 C III 1 b aa bbb.

F. Tarifgebundenheit bei Allgemeinverbindlicherklärung

Tarifgebundenheit kann auch durch Allgemeinverbindlicherklärung eines Tarifvertrags nach § 5 Abs. 4 TVG hergestellt werden.

I. Begriff und Funktionen der Allgemeinverbindlicherklärung

Die normative Wirkung eines Tarifvertrags erfaßt regelmäßig nur etwa ein Drittel aller Arbeitnehmer aufgrund mitgliedschaftlich begründeter Tarifgebundenheit[384]. Die Praxis gleicht das vor allem mit der individualrechtlichen Bezugnahme auf Tarifverträge[385] und – seltener – durch die Allgemeinverbindlicherklärung von Tarifverträgen aus[386]. Letztere erstreckt die Geltung eines Tarifvertrags auf alle Arbeitsverhältnisse in dessen Geltungsbereich. Sie ist nur unter engen Voraussetzungen zulässig und in einem besonderen Verfahren geregelt (§ 5 TVG)[387].

1. Schutz- und Kartellfunktion

Die Allgemeinverbindlicherklärung ist seit jeher tarifpolitisches Instrument, den Wettbewerb zwischen organisierten und nicht organisierten Arbeitnehmern einzuschränken, damit der Tarifvertrag seiner sozialpolitischen Verpflichtung, Mindestarbeitsbedingungen zu schaffen, nachkommen kann[388]. Sie macht eine

---

[384] *Hromadka*, DB 1996, S. 1876: Im Jahr 1996 waren nur 36,2% aller Arbeitnehmer in Gewerkschaften organisiert.

[385] Dazu unten § 10 I I 1.

[386] Zur Geschichte *Ansey/Koberski*, AuR 1987, S. 230 f.; *May*, S. 11 ff.; *Wonneberger*, S. 3 ff.

[387] Näher *Aigner*, DB 1994, S. 2545 ff.; *Ansey/Koberski*, AuR 1987, S. 232 ff.; *Däubler*, TVR, Rn. 1244 ff.; *Kempen/Zachert*, § 5 Rn. 12 ff., 17 ff.; *Mäßen/Mauer*, NZA 1996, S. 121 ff.; kritisch *Hensche*, AuR 1996, S. 335.

[388] Vgl. *Däubler*, TVR, Rn. 1244; *Gamillscheg*, gem. Anm. zu BVerfG vom 24.5.1977 und BVerwG vom 3.11.1988, EzA § 5 TVG Nr. 9, S. 34; *ders.*, FS Kim, S. 40 ff.; *ders.*, Arbeitsrecht, Bd. 1, § 19, 2 c; *von Hoyningen-Huene*, BB 1986, S. 1910; *Kempen/Zachert*, § 5 Rn. 4 ff.; *Kort*, Anm. zu BAG vom 5.3.1997, SAE 1998, S. 75; *Kreimer-de Fries*, S. 207 f.; *Kreuder*, KritV 1994, S. 288 f.; MünchArbR-*Löwisch*, Bd. 3, § 261 Rn. 1 f.; *Löwisch/Rieble*, § 5 Rn. 1 f.; *Meik*, S. 186; *Rieble*, Rn. 1747 f.; ErfKomm-*Schaub*, § 5 TVG Rn. 3; *Schlachter*, BB 1987, 759; *Stein*, Rn. 200; *H. Wiedemann*, RdA 1969, S. 324; *ders.*, RdA 1987, S. 265; *H. Wiedemann/Stumpf*, § 5 Rn. 3; kritisch *Lieb*, NZA 1994, S. 340; *D. Meyer*, JBSozW Bd. 43 (1992), S. 368 f., 370, 372; *Rieble*, Rn. 303.

untertarifliche Beschäftigung von Außenseitern im Geltungsbereich des Tarifvertrags unmöglich[389] und vermeidet Wettbewerbsnachteile der organisierten Arbeitgeber[390]. In Betrieben, deren Arbeitgeber nicht tarifgebunden ist, sichert die Allgemeinverbindlicherklärung Mindestarbeitsbedingungen für alle Arbeitnehmer[391].

2. Schutz der Tarifautonomie

Es ist nicht auszuschließen, daß künftige Rezessionen zu einer Ausbreitung untertariflicher Beschäftigung von Außenseitern und damit zu einem Rückgang der Mitgliederzahlen der Gewerkschaften führen. Soweit daraus eine Gefahr für den Bestand der Gewerkschaften folgen würde, daß diese die ihnen vom Staat übertragenen Aufgaben nicht mehr erfüllen könnten, bliebe das für die Funktionsfähigkeit der Tarifautonomie nicht ohne Konsequenzen: Die Allgemeinverbindlicherklärung wäre dann das geeignete Schutzinstrument[392].

---

389 Herkömmlich als „Schmutzkonkurrenz" oder „Lohndrückerei" bezeichnet, dazu *Kreimer-de Fries*, S. 206 f.; *May*, S. 6; *Meik*, S. 186; *Wonneberger*, S. 82 ff.; ferner BVerfG AP Nr. 15 zu § 5 TVG, Bl. 6; BVerwG AP Nr. 23 zu § 5 TVG, Bl. 5 f.; *Hohenstatt*, DB 1992, S. 1682; *Kempen/Zachert*, § 5 Rn. 1, 5, 7; *G. Müller*, Tarifautonomie, S. 206; *H. Wiedemann/Arnold*, ZTR 1994, S. 445; *H. Wiedemann/Stumpf*, § 5 Rn. 2; neuerdings wieder im Blickfeld wegen des AEntG, dazu gleich unten § 10 F I 5; abl. hingegen *Reuter*, FS Schaub, S. 613.

390 BVerwG AP Nr. 23 zu § 5 TVG, Bl. 6; *Gamillscheg*, FS Kim, S. 40; *Kreimer-de Fries*, S. 206 f.; MünchArbR-*Löwisch*, Bd. 3, § 261 Rn. 4 ff.; *Löwisch/Rieble*, § 5 Rn. 4 ff.; *H. Wiedemann/Stumpf*, § 5 Rn. 2; vgl. aber BAG AP Nr. 30 zu § 1 TVG Tarifverträge: Bau, Bl. 4R; AP Nr. 16 zu § 5 TVG, Bl. 5 (die Allgemeinverbindlicherklärung diene nicht dazu, Wettbewerbsgleichheit zwischen verschiedenen Arbeitgebern herzustellen); dazu kritisch *Schlachter*, BB 1987, S. 759.

391 *Gamillscheg*, Arbeitsrecht, Bd. 1, § 19, 2 a; *ders.*, FS Kim, S. 38 f.

392 Ähnlich *Kempen/Zachert*, § 5 Rn. 11 a.E.; *G. Müller*, Tarifautonomie, S. 206; *Schlachter*, BB 1987, S. 760; BVerfG AP Nr. 15 zu § 5 TVG, Bl. 6 (die Allgemeinverbindlicherklärung sichere die Effektivität der tarifvertraglichen Normsetzung gegen die Folgen wirtschaftlicher Fehlentwicklungen); BVerwG AP Nr. 23 zu § 5 TVG, Bl. 5 f. (es bestehe ein öffentliches Interesse an der Allgemeinverbindlicherklärung, die Effektivität der tarifvertraglichen Normsetzung zu sichern und einer Aushöhlung der Tarifverträge vorzubeugen); vgl. auch *Däubler*, FS Kehrmann, S. 283 ff.; *Gamillscheg*, Arbeitsrecht, Bd. 1, § 19, 2 (vor a); *ders.*, FS Kim, S. 38; für die Weimarer Zeit *Falkenstein*, S. 157 (die Allgemeinverbindlicherklärung diene der „Kräftigung der Macht der Verbände"); abl. *Rieble*, Rn. 1745.

3. Ordnungs- und Kodifikationsfunktion

Nicht einheitlich beurteilt wird die Frage, ob der Allgemeinverbindlicherklärung eine eigenständige Ordnungs- und Kodifikationsfunktion anstelle des Arbeitsvertrags zukommt[393]. Das ist zumindest für Außenseiterarbeitsverhältnisse zu bejahen.

4. Sicherung der Funktionsfähigkeit gemeinsamer Einrichtungen

Rechtstatsächlich sind Tarifverträge über gemeinsame Einrichtungen regelmäßig allgemeinverbindlich[394]. Das verwundert nicht: Die Allgemeinverbindlicherklärung solcher Tarifverträge, deren verfassungsrechtliche Zulässigkeit in der Judikatur[395] gar nicht und im Schrifttum[396] kaum noch bestritten wird, ist der einzige Weg, ein sinnvolles Funktionieren von gemeinsamen Einrichtungen zu garantieren. Die heute wichtigste Aufgabe der Allgemeinverbindlicherklärung ist damit, darin sind sich Praxis[397] und Wissenschaft[398] wiederum einig, die

---

[393] „Teilkodifizierung" des Individualarbeitsrechts, *von Hoyningen-Huene*, BB 1986, S. 1910; MünchArbR-*Löwisch*, Bd. 3, § 261 Rn. 3; *Löwisch/Rieble*, § 5 Rn. 3; ErfKomm-*Schaub*, § 5 Rn. 3; *Stein*, Rn. 200; *H. Wiedemann/Stumpf*, § 5 Rn. 4; a.A. *Reuter*, DZWir 1991, S. 223 ff.

[394] Vgl. *Wonneberger*, S. 39 Übersicht F; vgl. ferner *Bötticher*, Einrichtungen, S. 67; *Däubler*, TVR, Rn. 1153; *A. Hueck*; RdA 1961, S. 143 ff.; *Ramm*, S. 91 Fn. 20; *Zöllner*, RdA 1967, S. 367.

[395] BVerfG AP Nr. 8 zu § 4 TVG Gemeinsame Einrichtungen, Bl. 2; AP Nr. 17 zu § 5 TVG, Bl. 5R ff.; BAG AP Nr. 25 zu § 5 TVG, Bl. 5 ff.; AP Nr. 100 zu § 1 TVG Tarifverträge: Bau, Bl. 2R ff.; AP Nr. 29 zu § 2 TVG, Bl. 4R f.; BVerwG AP Nr. 23 zu § 5 TVG, Bl. 5R ff.

[396] *Bleckmann*, Staatsrecht II, § 30 Rn. 91; *Bötticher*, Einrichtungen, S. 70 ff.; *Däubler*, TVR, Rn. 1154; *Gamillscheg*, Arbeitsrecht, Bd. 1, § 15 IX 6 a.E.; *Hauck*, FS Schaub, S. 265 f.; *von Hoyningen-Huene*, BB 1986, S. 1911; *Hromadka*, NJW 1970, S. 1444; *A. Hueck/Nipperdey*, Bd. II 1, S. 299, 670 f.; *Kempen/Zachert*, § 4 Rn. 159; *Kissel*, ZfA 1985, S. 42; *Kuhnle*, S. 133; *Lieb*, Arbeitsrecht, Rn. 549; MünchArbR-*Löwisch*, Bd. 3, § 261 Rn. 9 ff.; *Lütgen*, S. 69 f.; *Mayer-Maly*, BB 1965, S. 829; *Nikisch*, Bd. 2, S. 497; *Schelp*, FS Nipperdey (1965), Bd. 2, S. 601 f.; *Schmitt*, Anm. zu BAG vom 23.11.1988, SAE 1989, S. 274; Staudinger-*Richardi*, Vorbem. zu §§ 611 ff. Rn. 996; *H. Wiedemann/Stumpf*, § 1 Rz, 289, § 5 Rn. 77; abl. nur noch *Zöllner/Loritz*, § 35 IV a.E.

[397] Aus der Rechtsprechung BVerfG AP Nr. 17 zu § 5 TVG, Bl. 5R; BAG AP Nr. 25 zu § 5 TVG, Bl. 4R; BVerwG AP Nr. 23 zu § 5 TVG, Bl. 6; LAG Frankfurt a.M., Urteil vom 30.6.1989 – 15 Sa 1566/88 (n.v.), S. 19.

[398] *Däubler*, TVR, Rn. 1244; *Gamillscheg*, gem. Anm. zu BVerfG vom 24.5.1977 und BVerwG vom 3.11.1988, EzA § 5 TVG Nr. 9, S. 34 f.; *ders.*, FS Kim, S. 39 f.; *ders.*, Arbeitsrecht, Bd. 1, § 19, 2 b; *Hauck*, FS Schaub, S. 265; *Kreimer-de Fries*,

Sicherungsfunktion in bezug auf § 4 Abs. 2 TVG. § 5 Abs. 4 TVG ist die wirtschaftliche Grundlage gemeinsamer Einrichtungen[399]. Deren sozialpolitischer Zweck, die Verlagerung bestimmter Leistungen von der Ebene des Arbeitsverhältnisses auf die gemeinsame Einrichtung, ginge ins Leere, wenn nicht alle Arbeitgeber einer Branche in Anspruch genommen würden. Arbeitnehmer könnten beim Wechsel zwischen tarifgebundenen und nicht tarifgebundenen Arbeitgebern Anspruchsvoraussetzungen nicht erfüllen, und die gemeinsame Einrichtung könnte bei einem geringen Beitragsaufkommen ihren Aufgaben nicht nachkommen.

5. Umsetzung des AEntG

Maßgebliche Bedeutung kommt der Allgemeinverbindlicherklärung schließlich bei der Umsetzung des zunächst bis zum 31.8.1999 befristeten AEntG zu, das deren ursprüngliche Funktion – die Verhinderung von „Schmutzkonkurrenz"[400] – wieder ins Blickfeld rückt[401]. Es verfolgt das Ziel, die Arbeitsbedingungen der aus anderen Mitgliedsstaaten der Europäischen Union nach Deutschland entsandten Arbeitnehmer an den in Deutschland üblichen Standard anzugleichen[402]. Ohne die Regelung des AEntG käme bei einem vorübergehenden Einsatz ausländischer Arbeitnehmer nach den kollisionsrechtlichen Vorschriften des Internationalen Privatrechts (§ 30 Abs. 2 Nr. 1 EGBGB) regelmäßig ausländisches Recht zur Anwendung, da jedenfalls nach der Rechtsprechung des *BAG*[403] allgemeinverbindliche deutsche Tarifverträge nur Arbeits-

S. 208 f.; *Lieb*, Verhandlungen, S. Q 42; *ders.*, Arbeitsrecht, Rn. 551; *ders.*, NZA 1994, S. 341; *Kempen/Zachert*, § 5 Rn. 5; *Kort*, Anm. zu BAG vom 5.3.1997, SAE 1998, S. 75; MünchArbR-*Löwisch*, Bd. 3, § 261 Rn. 9 f.; *Löwisch/Rieble*, § 5 Rn. 10; *G. Müller*, Tarifautonomie, S. 194; *Rieble*, Rn. 1749; ErfKomm-*Schaub*, § 3 TVG Rn. 5; *Schlachter*, ZIAS 1997, S. 116; *Stein*, Rn. 200; *Wonneberger*, S. 41 f., 92 ff.; vgl. auch *Reichold*, Anm. zu BAG vom 22.9.1993, SAE 1995, S. 23; abl. *D. Meyer*, JBSozW Bd. 43 (1992), S. 341; vgl. ferner *Ansey/Koberski*, AuR 1987, S. 236; *Schelp*, FS Nipperdey (1965), Bd. 2, S. 600; *H. Wiedemann*, RdA 1987, S. 265 f.; *H. Wiedemann/Stumpf*, § 1 Rn. 268; *Zöllner*, RdA 1967, S. 367.

[399] *G. Müller*, Tarifautonomie, S. 194.

[400] S. bereits oben § 10 F I 1.

[401] *Däubler*, FS Kehrmann, S. 285 f.; *Kempen/Zachert*, § 5 Rn. 11.

[402] Näher zum AEntG und zur Entsenderichtlinie der Europäischen Union (RL 96/71/EG vom 16.12.1996, Abl. EG Nr. L 18 vom 21.1.1997, S. 1) etwa *Deinert*, RdA 1996, S. 339 ff.; *Franzen*, DZWir 1996, S. 89 ff.; *Gerken/Löwisch/Rieble*, BB 1995, S. 2370 ff.; *P. Hanau*, NJW 1996, S. 1369 ff.; *Junker/Wichmann*, NZA 1996, S. 505 ff.

[403] BAG AP Nr. 30 zu § 1 TVG Tarifverträge: Bau, Bl. 3R f.; kritisch *Junker*, S. 413 f. m.w.N.

verhältnisse erfassen können, die deutschem Recht unterliegen[404]. Das verhindert das AEntG dadurch, daß vor allem Tarifverträge des Baugewerbes, die Regelungen über ein Mindestentgelt oder urlaubsrechtliche Tatbestände enthalten und auch inländische Arbeitgeber mit Sitz im Ausland erfassen, auf Arbeitsverträge, die zwischen einem Arbeitgeber mit Sitz im Ausland und seinen im Inland beschäftigten Arbeitnehmern bestehen, zwingend zur Anwendung kommen, wenn sie allgemeinverbindlich sind (§ 1 Abs. 1 AEntG)[405].

II. Verfassungsmäßigkeit der Allgemeinverbindlicherklärung

§ 5 Abs. 4 TVG ist verfassungsgemäß. Das ist schon lange gesicherte höchstrichterliche Rechtsprechung[406] und herrschende Literaturansicht[407], auch wenn wegen der negativen Koalitionsfreiheit der Außenseiter und mit Blick auf die Flexibilisierung des Arbeitsmarktes immer wieder ihre Abschaffung oder Einschränkung gefordert wird[408]. Die Bedeutung der Allgemeinverbindlicherklärung wird – sieht man von Tarifverträgen über gemeinsame Einrichtungen ab – von ihren Gegnern überschätzt[409]. Eine Gefahr für den freien Wettbewerb oder die negative Koalitionsfreiheit geht insbesondere wegen der Bindung an das öffentliche Interesse (§ 5 Abs. 1 Satz 1 Nr. 2 TVG) und an das Verhältnismäßigkeitsprinzip von ihr nicht aus.

---

[404] Näher etwa *Franzen*, DZWir 1996, S. 90 ff.; *Junker/Wichmann*, NZA 1996, S. 506.

[405] Näher *Franzen*, DZWir 1996, S. 96 ff.; *Junker/Wichmann*, NZA 1996, S. 508 ff.; *Kempen/Zachert*, § 5 Rn. 11; *Selmayr*, ZfA 1996, S. 638 f.

[406] So etwa BVerfG AP Nr. 17 zu § 5 TVG, Bl. 4R ff.; BAG AP Nr. 27 zu § 5 TVG, Bl. 1R ff.; AP Nr. 30 zu § 5 TVG, Bl. 2R; AP Nr. 2 zu § 1 TVG Tarifverträge: Gerüstbau, Bl. 2R f.; LAG Frankfurt a.M., Urteil vom 12.12.1989 – 5 Sa 1418/88 (n.v.), S. 15 ff.

[407] *Aigner*, DB 1994, S. 2545; *Ansey/Koberski*, AuR 1987, S. 236 f.; *Gamillscheg*, FS Kim, S. 43 ff.; *Henssler*, ZfA 1994, S. 512 ff.; *Hromadka*, FS Wlotzke, S. 347 f.; *ders.*, AuA 1996, S. 290 f.; *Kempen/Zachert*, § 5 Rn. 36 ff.; *Kort*, Anm. zu BAG vom 5.3.1997, SAE 1998, S. 75; *Junker*, ZfA 1996, S. 403; *Richardi*, Gutachten, S. B 14 f., 62 f.; *Schmidt-Bleibtreu/Klein*, Art. 9 Rn. 16; HBdStR-*Scholz*, Bd. VI, § 151 Rn. 86; MD-*ders.*, Art. 9 Rn. 238; *Stein*, Rn. 199; *Wank*, NJW 1996, S. 2279; *H. Wiedemann/Stumpf*, § 5 Rn. 8; *Wonneberger*, S. 62 ff.; *Zachert*, DB 1991, S. 1225 f.

[408] Deregulierungskommission, Tz. 601 ff.; *Heinze*, NZA 1997, S. 8; *Kroll*, S. 70 ff.; *Kronberger Kreis*, S. 16; *D. Meyer*, JBSozW Bd. 43 (1992), S. 371 f.; *Möschel*, ZRP 1988, S. 51; *ders.*, WuW 1995, S. 712; Monopolkommission, Tz. 949 f.; *Reuter*, DZWir 1991, S. 225 f.; *ders.*, ZfA 1995, S. 44 f.; *Reuter*, FS Schaub, S. 613; *Soltwedel*, S. 200 ff.; vgl. auch HessLAG LAGE § 5 TVG Nr. 3, S. 2 f.

[409] Ebenso *Gamillscheg*, FS Kim, S. 37 m.w.N.; *Konzen*, Tarifautonomie, S. 30 = NZA 1995, S. 915; *Kreimer-de Fries*, S. 220; *Schlachter*, ZIAS 1997, S. 116.

III. Rechtsnatur und Wirkung der Allgemeinverbindlicherklärung

Nach heute h.M. handelt es sich bei der Allgemeinverbindlicherklärung trotz systematischer Unstimmigkeiten um einen auf Art. 9 Abs. 3 Satz 1 GG beruhenden staatlichen Normsetzungsakt eigener Art, der zwischen autonomer Regelung und staatlicher Rechtsetzung angesiedelt ist[410]. Die Allgemeinverbindlicherklärung erstreckt die Normwirkung nicht unmittelbar auf die Arbeitsverhältnisse der Außenseiter, wie man aufgrund des Wortlauts des § 5 Abs. 4 TVG („erfassen die Rechtsnormen des Tarifvertrags in seinem Geltungsbereich auch die bisher nicht tarifgebundenen Arbeitgeber und Arbeitnehmer“) meinen könnte[411], sondern fingiert wie § 3 Abs. 2 TVG deren fehlende Tarifgebundenheit und bewirkt damit mittelbar die Erstreckung der normativen Wirkung auch auf sie[412]. Das zeigt trotz der verfehlten systematischen Stellung in § 5 TVG die Dogmatik des TVG, dessen Normwirkung stets eine Tarifbindung voraussetzt. Die Allgemeinverbindlicherklärung eines Tarifvertrags kann dessen Geltungsbereich weder erweitern noch einschränken, muß ihn aber nicht ausschöpfen[413]. Zulässig sind ferner Einschränkungsklauseln, nach denen die Allgemeinverbindlicherklärung zur Vermeidung von Tarifkonkurrenzen Arbeitsverhältnisse, deren Parteien an andere Tarifverträge mit entsprechenden Regelungsmaterien tarifgebunden sind, ausnimmt[414]. Eine rückwirkende Allgemeinverbindlicherklärung ist nach h.M. unter Beachtung der Grundsätze, die für die Rückwirkung von Gesetzen gelten, zulässig[415].

---

[410] BVerfG AP Nr. 17 zu § 5 TVG, Bl. 4R; BAG AP Nr. 25 zu § 5 TVG Bl. 3R; AP Nr. 100 zu § 1 TVG Tarifverträge: Bau, Bl. 3R; *Gamillscheg*, gem. Anm. zu BVerfG vom 24.5.1977 und BVerwG vom 3.11.1988, EzA § 5 TVG Nr. 9, S. 22 ff.; MünchArbR-*Löwisch*, Bd. 3, § 261 Rn. 15, 50; *Löwisch/Rieble*, § 5 Rn. 15, 53 ff.; MünchArbR-*Richardi*, Bd. 1, § 12 Rn. 14; *Stein*, Rn. 199; zu früheren abweichenden Ansätzen *H. Wiedemann/Stumpf*, § 5 Rn. 17 m.w.N.; vgl. auch *Gamillscheg*, Arbeitsrecht, Bd. 1, § 19, 10.

[411] So z.B. *Haußmann*, S. 53 ff.; *Zöllner/Loritz*, § 37 III 2.

[412] BAG AP Nr. 100 zu § 1 TVG Tarifverträge: Bau, Bl. 3R; *Gamillscheg*, Arbeitsrecht, Bd. 1, § 19, 7 (1); *ders.*, FS Kim, S. 46; *A. Hueck/Nipperdey*, Bd. II 1, S. 662, 666; *Nikisch*, Bd. 2, S. 495, 500; *H. Wiedemann/Stumpf*, § 3 Rn. 70, § 5 Rn. 71 ff.

[413] MünchArbR-*Löwisch*, Bd. 3, § 261 Rn. 26, *Löwisch/Rieble*, § 5 Rn. 26 m.w.N.

[414] S. oben § 7 C III.

[415] Etwa BAG AP Nr. 18 zu § 5 TVG, Bl. 1R ff.; AP Nr. 30 zu § 5 TVG, Bl. 2R ff.; *Gamillscheg*, Arbeitsrecht, Bd. 1, § 19, 6 a; MünchArbR-*Löwisch*, Bd. 3, § 261 Rn. 43 f., *Löwisch/Rieble*, § 5 Rn. 45 f.; *Stein*, Rn. 224; näher *Louven*, Anm. zu BAG vom 25.9.1996, AP Nr. 30 zu § 5 TVG, Bl. 5 ff.

IV. Ergebnis

Die verfassungsgemäße Allgemeinverbindlicherklärung fingiert im Geltungsbereich eines Tarifvertrags Tarifgebundenheit auch für Außenseiter. Sie reguliert dabei den Wettbewerb zwischen Arbeitgebern, um ihrer Sozial-, Ordnungs- und Kodifikationsfunktion nachzukommen, die Funktionsfähigkeit gemeinsamer Einrichtungen zu erhalten und die Umsetzung des AEntG zu ermöglichen.

G. Tarifgebundenheit bei gemeinsamen Einrichtungen

Da Tarifverträge über gemeinsame Einrichtungen heute stets allgemeinverbindlich sind, ist die früher diskutierte Frage, ob beide Arbeitsvertragsparteien im Geltungsbereich eines solchen Tarifvertrags tarifgebunden sein müssen, praktisch nicht mehr bedeutsam. Vor allem das ältere Schrifttum ließ unter Hinweis auf § 3 Abs. 2 TVG und auf das Erfordernis eines lückenlosen Arbeitnehmerschutzes die einseitige Tarifgebundenheit des Arbeitnehmers oder des Arbeitgebers genügen; zudem wiederhole § 4 Abs. 2 TVG nicht die in § 4 Abs. 1 Satz 1 TVG geforderte zweiseitige Tarifgebundenheit[416]. Heute besteht Einigkeit darüber, daß Arbeitnehmer und Arbeitgeber tarifgebunden sein müssen[417]. Tarifnormen über gemeinsame Einrichtungen sind Individualnormen[418], die stets beiderseitige Tarifgebundenheit voraussetzen.

---

[416] *Bötticher*, Einrichtungen, S. 79; *Däubler*, TVR, Rn. 1153; *Farthmann/Hensche*, ArbRGegwart Bd. 9 (1972), S. 100 f.; *Gamillscheg*, Differenzierung, S. 106; *Henrich*, Verhandlungen, S. Q 81; *Kempen/Zachert*, § 4 Rn. 157; *Kuhnle*, S. 90; *Stein*, Rn. 577; *H. Wiedemann*, RdA 1968, S. 422 f.; vgl. auch BAG AP Nr. 11 zu § 4 TVG Tarifkonkurrenz, Bl. 3R; *H. Wiedemann/Stumpf*, § 3 Rn. 61 ff.

[417] BAG AP Nr. 1 zu § 4 TVG Ausgleichskasse, Bl. 3 ff.; *Ballerstedt*, S. Q 16; *Bötticher*, Einrichtungen, S. 61 ff., S. 66 f.; *Fechner*, S. 47; *P. Hanau*, RdA 1970, S. 163; *Herschel*, JZ 1970, S. 464; *Hill*, S. 19 ff.; *A. Hueck/Nipperdey*, Bd. II 1, S. 299, 493; *A. Hueck/Nipperdey/Stahlhacke*, § 4 Rn. 91, *Lieb*, Arbeitsrecht, Rn. 548; MünchArbR-*Löwisch*, Bd. 3, § 260 Rn. 40; *Löwisch/Rieble*, § 3 Rn. 68; Staudinger-*Richardi*, Vorbem. zu §§ 611 ff. Rn. 994 ff.; *Schelp*, FS Nipperdey (1965), Bd. 2, S. 600; *Zeiss*, JR 1970, S. 203 f.; *Zöllner*, RdA 1967, S. 365; *ders.*, Gutachten, S. G 72 ff.; *Zöllner/Loritz*, § 36 II 5; wohl auch BVerfG AP Nr. 17 zu § 5 TVG, Bl. 5R; BAG AP Nr. 25 zu § 5 TVG, Bl. 4R; anders *Farthmann/Hensche*, ArbRGegwart Bd. 9 (1972), S. 99 f.; *Kempen/Zachert*, § 4 Rn. 132; *H. Wiedemann/Stumpf*, § 1 Rn. 285; *H. Wiedemann*, RdA 1968, S. 423.

[418] Vgl. oben § 8 B I 3 a.

H. Tarifgebundenheit bei Spitzenorganisationen

Tarifgebundenheit kann auch entstehen, wenn Spitzenorganisationen einen Tarifvertrag abschließen. Spitzenorganisationen im Sinne des § 2 Abs. 2-Abs. 4 TVG sind Zusammenschlüsse von Arbeitgeberverbänden oder Arbeitnehmervereinigungen sowie von Spitzenverbänden der einen oder anderen Seite[419]. Soweit deren Satzung es zuläßt, können Spitzenorganisationen selbst Tarifvertragspartei sein und im eigenen oder im Namen ihrer Mitglieder Tarifverträge abschließen, § 2 Abs. 2, Abs. 3 TVG. Die Tariffähigkeit der Einzelgewerkschaften wird hiervon aber nicht berührt. Sie bleiben auch für die Regelungsgegenstände tarifzuständig, die durch Satzung auf die Spitzenorganisation übertragen worden sind[420]. Auch wenn die Tarifgebundenheit der Spitzenorganisationen im TVG nicht geregelt ist, besteht Einvernehmen darüber, daß bei Tarifverträgen zwischen Spitzenorganisationen nicht nur deren Mitgliedsverbände, sondern auch deren Mitglieder – einzelne Arbeitgeber und Arbeitnehmer –, tarifgebunden sind; das gilt selbst dann, wenn die Spitzenorganisationen den Tarifvertrag im eigenen Namen abgeschlossen haben[421].

I. Tarifgebundenheit und Bezugnahme auf den Tarifvertrag

Ob es auch außerhalb der Tatbestände des TVG eine Tarifgebundenheit geben kann, die zu einer unmittelbaren und zwingenden Wirkung des Tarifvertrags führt, ist zumindest teilweise streitig.

I. Arbeitsvertragliche Bezugnahme des Tarifvertrags

1. Bezugnahme im Arbeitsvertrag

In der Praxis weit verbreitet sind Bestimmungen im Arbeitsvertrag, die Bezug auf einen Tarifvertrag nehmen, um das Arbeitsverhältnis dessen Arbeitsbedingungen zu unterstellen.

---

[419] *Däubler*, TVR, Rn. 55 ff., 59, 71; *Kempen/Zachert*, § 2 Rn. 59 ff., 83; MünchArbR-*Löwisch*, Bd. 3, § 248 Rn. 55, § 260 Rn. 4, *Löwisch/Rieble*, § 2 Rn. 72 ff.; *H. Wiedemann/Stumpf*, § 2 Rn. 202 ff., 208 ff.

[420] BAG AP Nr. 2 zu § 2 TVG, Bl. 3; *Däubler*, TVR, Rn. 57; *Kempen/Zachert*, § 2 Rn. 59; *H. Wiedemann/Stumpf*, § 4 Rn. 165.

[421] *Kempen/Zachert*, § 3 Rn. 10; *Löwisch/Rieble*, § 3 Rn. 53 i.V.m. § 2 Rn. 74; *Stein*, Rn. 156; *H. Wiedemann/Stumpf*, § 3 Rn. 56.

a) Zulässigkeit und Funktionen der arbeitsvertraglichen Bezugnahme

Solche Bezugnahmeklauseln sind wegen der Privatautonomie (§ 305 BGB) prinzipiell zulässig[422]. Sie vereinfachen durch Rationalisierung des Verhandlungsstadiums und des Vertragsabschlusses das Zustandekommen eines Arbeitsvertrags[423]. Sie sichern darüber hinaus, wenn der Arbeitgeber und einige seiner Arbeitnehmer tarifgebunden sind, die Einheitlichkeit der Arbeitsbedingungen für tarifgebundene und nicht tarifgebundene Arbeitnehmer im Betrieb[424] und bewirken deshalb faktisch eine Tarifeinheit im Betrieb. Bei der normativen Geltung mehrerer Tarifverträge im Betrieb (Tarifpluralität) setzen sie freilich, wenn es den Arbeitsvertragsparteien auf die Vereinheitlichung ankommt, das umstrittene Rechtsprinzip der Tarifeinheit im Betrieb voraus[425]. Bezugnahmeklauseln sind wegen des Vereinheitlichungszwecks meist als Gleichstellungsabreden auszulegen[426]. Der Gleichstellungszweck wird allerdings nicht selten überstrapaziert. Ob die einzelvertragliche Bezugnahme im Einzelfall nicht eine andere Zielrichtung verfolgt, etwa die Wahrung von Besitzständen, ist deshalb stets sorgfältig zu prüfen[427].

---

[422] HzA-*Dörner*, Rn. 194; KassArbR-*ders.*, Bd. 2, 6.1 Rn. 145; *Hromadka/Maschmann/Wallner*, Rn. 73; *Stein*, Rn. 229.

[423] *Bauschke*, ZTR 1993, S. 416; *Gamillscheg*, Arbeitsrecht, Bd. 1, § 17 II 1 b; *B. Gaul*, Anm. zu BAG vom 4.9.1996, EzA § 3 TVG Bezugnahme auf Tarifvertrag Nr. 7, S. 31 f.; MünchArbR-*Löwisch*, Bd. 3, § 262 Rn. 1 ff., *Löwisch/Rieble*, § 3 Rn. 99 f.; *Säcker/Oetker*, ZfA 1993, S. 14; *H. Wiedemann/Stumpf*, § 3 Rn. 85.

[424] Vgl. BAG AP Nr. 5 zu § 1 TVG Bezugnahme auf Tarifvertrag, Bl. 3 f.; LAG Düsseldorf LAGE § 4 TVG Nachwirkung Nr. 7, S. 4; *Bauschke*, ZTR 1993, S. 416; *Gamillscheg*, Arbeitsrecht, Bd. 1, § 17 II 1 a (1); *B. Gaul*, Anm. zu BAG vom 4.9.1996, EzA § 3 TVG Bezugnahme auf Tarifvertrag Nr. 7, S. 31 f.; *D. Gaul*, ZTR 1993, S. 355 f.; *Kempen/Zachert*, § 3 Rn. 62; MünchArbR-*Löwisch*, Bd. 3, § 262 Rn. 1; *Löwisch/Rieble*, § 3 Rn. 99; *Säcker/Oetker*, ZfA 1993, S. 14; *Stein*, Rn. 229; *H. Wiedemann/Stumpf*, § 3 Rn. 85.

[425] Zur Tarifeinheit im Betrieb unten §§ 19 ff.

[426] Vgl. dazu BAG AP Nr. 20 zu § 4 TVG Tarifkonkurrenz, Bl. 2R; AP Nr. 5 zu § 1 TVG Bezugnahme auf Tarifvertrag, Bl. 3 f.; AP Nr. 5 zu § 1 BAT-O, Bl. 2; AP Nr. 24 zu § 1 TVG Tarifverträge: Lufthansa, Bl. 3; LAG Hamburg, Urteil vom 29.11.1995 – 8 Sa 1/95 (n.v.), S. 13; LAG Köln, Urteil vom 5.7.1995 – 8 Sa 409/95 (n.v.), S. 9; ArbG Hamburg, Urteil vom 23.11.1994 – 21 Ca 202/94 (n.v.), S. 13; *Etzel*, NZA 1987, Beilage Nr. 1, S. 26; *Frieges*, DB 1996, S. 1282; *B. Gaul*, Anm. zu BAG vom 4.9.1996, EzA § 3 TVG Bezugnahme auf Tarifvertrag Nr. 7, S. 31 f.; *ders.*, NZA 1998, S. 10; *P. Hanau/Kania*, FS Schaub, S. 240; *Haußmann*, S. 57; *von Hoyningen-Huene*, NZA 1996, S. 620; *Hromadka*, DB 1996, S. 1877; *Säcker/Oetker*, ZfA 1993, S. 15 f.; *Schaub*, AuA 1998, S. 46; ErfKomm-*ders.*, § 3 TVG Rn. 40.

[427] S. z.B. BAG AP Nr. 6 zu § 1 TVG Bezugnahme auf Tarifvertrag, Bl. 6 f.; ArbG Frankfurt a.M., Beschluß vom 6.7.1994 – 6 BV 68/94 (n.v.), S. 8 ff.

b) Inhalt der arbeitsvertraglichen Bezugnahme

Die Arbeitsvertragsparteien können wegen der Privatautonomie grundsätzlich frei entscheiden, auf welchen Tarifvertrag oder welche einzelnen Tarifnormen sie in welcher Art und Weise Bezug nehmen wollen[428]. Auch fachfremde und bereits abgelaufene[429] oder nach den Grundsätzen der Tarifkonkurrenz verdrängte[430] Tarifverträge sind taugliche Bezugsobjekte. Die Reichweite der Bezugnahme ist allerdings auf Individualnormen beschränkt. Tarifnormen über gemeinsame Einrichtungen sind von der Verweisung ausgenommen, da eine Bezugnahme einen unzulässigen Vertrag zu Lasten der gemeinsamen Einrichtung bedeuten würde[431]. Problematisch ist wegen deren kollektiven Charakters auch die Bezugnahme von Kollektivnormen[432].

Gelegentlich werden Tarifnormen im Arbeitsvertrag wörtlich wiederholt. Verbreiteter ist die Verweisung auf einen bestimmten Tarifvertrag oder einzelne seiner Teile[433]. Die seltene Verweisung auf den gegenwärtigen Inhalt eines konkreten Tarifvertrags – meist eines branchenfremden – (statische Verweisung) ist von der Verweisung auf den für den Betrieb des Arbeitgebers ein-

---

[428] Zu den Grenzen der einzelvertraglichen Bezugnahme näher *D. Gaul*, ZTR 1993, S. 357 ff.; *P. Hanau/Kania*, FS Schaub, S. 240 ff.; MünchArbR-*Löwisch*, Bd. 3, § 262 Rn. 14 ff., *Löwisch/Rieble*, § 3 Rn. 119 ff.

[429] Vgl. näher BAG AP Nr. 12 zu § 13 BUrlG, Bl. 2R f.; AP Nr. 5 zu § 1 BAT-O, Bl. 2; Urteil vom 11.3.1987 – 4 AZR 236/86 (n.v.), S. 8; LAG Baden-Württemberg, Urteil vom 5.7.1995 – 12 Sa 19/95 (n.v.), S. 15; *Bauschke*, ZTR 1993, S. 416 f.; HzA-*Dörner*, Rn. 200; KassArbR-*ders.*, Bd. 2, 6.1 Rn. 148, 150; *Etzel*, NZA 1987, Beilage Nr. 1, S. 25 f.; *Gamillscheg*, Arbeitsrecht, Bd. 1, § 17 II 3 (3); *B. Gaul*, Anm. zu BAG vom 4.9.1996, EzA § 3 TVG Bezugnahme auf Tarifvertrag Nr. 7, S. 30; *ders.*, NZA 1998, S. 10; *P. Hanau/Kania*, Anm. zu BAG vom 20.3.1991, AP Nr. 20 zu § 4 TVG Tarifkonkurrenz, Bl. 10; *dies.*, FS Schaub, S. 241; *von Hoyningen-Huene*, NZA 1996, S. 620; *Hromadka/Maschmann/Wallner*, Rn. 114; MünchArbR-*Löwisch*, Bd. 3, § 262 Rn. 12; *Löwisch/Rieble*, § 3 Rn. 101; *G. Müller*, RdA 1990, S. 321; *Stein*, Rn. 259 Fn. 141; *H. Wiedemann/Stumpf*, § 3 Rn. 96; einschränkend *Kempen/Zachert*, § 3 Rn. 75 f., für fachfremden Tarifvertrag bei bestehender Tarifbindung an einschlägigen Tarifvertrag.

[430] BAG EzA § 4 TVG Geltungsbereich Nr. 10, S. 7 f.; *Rieble*, Anm. zu BAG vom 22.3.1994, EzA § 4 TVG Geltungsbereich Nr. 10, S. 17.

[431] *Löwisch/Rieble*, § 3 Rn. 112.

[432] Dazu einerseits *Däubler*, TVR, Rn. 342; andererseits *Löwisch/Rieble*, § 3 Rn. 113.

[433] Vgl. LAG Hamm, DB 1975, S. 1515; LAGE § 3 TVG Bezugnahme auf Tarifvertrag Nr. 3, S. 1 f.; LAG Düsseldorf EzA § 622 BGB n.F. Nr. 10; *Bauschke*, ZTR 1993, S. 417; *Däubler*, TVR, Rn. 334; *Etzel*, NZA 1987, Beilage Nr. 1, S. 25; *B. Gaul*, NZA 1998, S. 10 f.; *D. Gaul*, ZTR 1993, S. 356; *Hromadka/Maschmann/Wallner*, Rn. 78; *H. Wiedemann/Stumpf*, § 3 Rn. 96; einschränkend *Kempen/Zachert*, § 3 Rn. 85 für die Zulässigkeit der Verweisung nur auf günstige Teile eines Tarifvertrags.

schlägigen Tarifvertrag in der jeweils geltenden Fassung (dynamische Verweisung) abzugrenzen[434]. Bei der dynamischen Verweisung ist zwischen kleiner und großer dynamischer Verweisung zu unterscheiden. Die kleine dynamische Verweisung bestimmt die Geltung des jeweils einschlägigen Tarifvertrags einer bestimmten Branche („der jeweils einschlägige Tarifvertrag der XY-Branche"), die große dynamische Verweisung diejenige des Tarifvertrags der jeweils einschlägigen Branche („der jeweils einschlägige Tarifvertrag")[435].

Soweit es ein Rechtsprinzip der Tarifeinheit im Betrieb nicht gibt[436], kann der großen dynamischen Verweisungsklausel bei Tarifpluralität die nötige Bestimmtheit fehlen, so daß der für den Außenseiter einschlägige Tarifvertrag nicht zu ermitteln ist, etwa wenn für Arbeitnehmer, die Mitglied der IG Metall sind, der Metalltarifvertrag und für Mitglieder, die sich der DAG angeschlossen haben, der Angestelltentarifvertrag gilt[437]. Da unklare Formulierungen aber auszulegen sind (§ 133, § 157 BGB), wird sich anhand der Tätigkeit des Arbeitnehmers meist der einschlägige Tarifvertrag ermitteln lassen.

Die Bezugnahme muß nicht ausdrücklich erfolgen, auch eine stillschweigende Vereinbarung ist zulässig, zumindest wenn sie deutlich zum Ausdruck kommt[438]. Auch hier gilt: Unklare Formulierungen sind auszulegen. Ist der Arbeitgeber tarifgebunden, liegt im Zweifel eine dynamische Verweisung vor, da in der Regel alle Arbeitnehmer gleichbehandelt werden sollen[439].

---

434 *Bauschke*, ZTR 1993, S. 417; *Däubler*, TVR, Rn. 333; *Etzel*, NZA 1987, Beilage Nr. 1, S. 26 f.; *B. Gaul*, NZA 1998, S. 10; *D. Gaul*, ZTR 1993, S. 357; *P. Hanau/Kania*, FS Schaub, S. 239 f.; *Hromadka/Maschmann/Wallner*, Rn. 76; MünchArbR-*Löwisch*, Bd. 3, § 262 Rn. 11; kritisch *H. Wiedemann/Stumpf*, § 3 Rn. 103.

435 *P. Hanau/Kania*, FS Schaub, S. 239 f.; *Hromadka/Maschmann/Wallner*, Rn. 111 f.; *Hromadka*, DB 1996, S. 1876; *Moll*, RdA 1996, S. 282; vgl. auch LAG Hamm LAGE § 3 TVG Bezugnahme auf Tarifvertrag Nr. 3, S. 1 f.

436 Dazu ausführlich unten §§ 20 ff.

437 So der Fall des ArbG Hannover, Urteil vom 7.12.1994 – 9 Ca 250/94 (n.v.), S. 8; ähnlich ArbG Hamburg, Urteil vom 23.11.1994 – 21 Ca 165/94 (n.v.), S. 14; ebenso *Rieble*, Rn. 1820; vgl. auch *Gamillscheg*, Arbeitsrecht, Bd. 1, § 17 II 4 c (3); *Säker/Oetker*, ZfA 1993, S. 14 ff.

438 HzA-*Dörner*, Rn. 196; KassArbR-*ders.*, Bd. 2, 6.1 Rn. 147; *Gamillscheg*, Arbeitsrecht, Bd. 1, § 17 II 2; *P. Hanau/Kania*, FS Schaub, S. 258; *Stein*, Rn. 230 f.; *H. Wiedemann/Stumpf*, § 3 Rn. 95; LAG Hamburg, Urteil vom 29.11.1995 – 8 Sa 1/95 (n.v.), S. 12; HessLAG, NZA-RR 1997, S. 17 (Ls.); a.A. *Kempen/Zachert*, § 3 Rn. 73.

439 S. etwa BAG AP Nr. 7 zu Art. 3 GG, Bl. 2; AP Nr. 20 zu § 4 TVG Tarifkonkurrenz, Bl. 5; AP Nr. 23 zu § 18 BetrAVG, Bl. 3; AP Nr. 5 zu § 1 TVG Bezugnahme auf Tarifvertrag, Bl. 3 ff.; LAG Hamburg, Urteil vom 29.11.1995 – 8 Sa 1/95 (n.v.), S. 12; *Däubler*, TVR, Rn. 333; *ders.*, NZA 1996, S. 228; *Etzel*, NZA 1987, Beilage Nr. 1, S. 27; *Frieges*, DB 1996, S. 1282; *Gamillscheg*, Arbeitsrecht, Bd. 1, § 17 II 4 c (1); *B. Gaul*, NZA 1998, S. 10; *D. Gaul*, ZTR 1991, S. 193; *P. Hanau/Kania*, Anm. zu BAG

c) Rechtsnatur und Wirkung der arbeitsvertraglichen Bezugnahme

Früher hat man in der einzelvertraglichen Bezugnahme vereinzelt die Vereinbarung einer Rechtswahl gesehen, vergleichbar der Entscheidung über die Wahl einer Rechtsordnung im Internationalen Privatrecht[440]. Andere haben die Bezugnahme als besondere Form der gesetzlichen Tarifgebundenheit aufgefaßt[441]. Das folge aus einem allgemeinen Rechtsgedanken, der sich in den gesetzlichen Bezugnahmeregelungen[442] niedergeschlagen habe[443], und dem Ordnungsprinzip des Tarifvertrags, das zum Zwecke der Gleichbehandlung die Erstreckung der Tarifwirkung auf alle Arbeitnehmer und Arbeitgeber der betreffenden Branche beabsichtige[444]. Nach Auffassung des *4. Senats* des *BAG* im „real-kauf"-Urteil[445] ist die einzelvertragliche Bezugnahme eines Tarifvertrags „letztlich eine von mehreren Arten, die Bindung an einen Tarifvertrag zu bewirken". Auch sie könne deshalb „zum Entstehen einer Tarifkonkurrenz oder Tarifpluralität führen".

Alle Auffassungen haben sich zu Recht nicht durchgesetzt. Die einzelvertragliche Bezugnahme auf Tarifverträge führt nicht zu Tarifgebundenheit im Sinne des TVG, sondern hat nach ganz h.M. in Rechtsprechung[446] und Litera-

---

vom 20.3.1991, AP Nr. 20 zu § 4 TVG Tarifkonkurrenz, Bl. 6R, 10R; *dies.*, FS Schaub, S. 246; *Hromadka/Maschmann/Wallner*, Rn. 75; *Kempen/Zachert*, § 3 Rn. 89; MünchArbR-*Löwisch*, Bd. 3, § 262 Rn. 1, *Löwisch/Rieble*, § 3 Rn. 99; *Moll*, RdA 1996, S. 282, 286; *Säcker/Oetker*, ZfA 1993, S. 15; ErfKomm-*Schaub*, § 3 TVG Rn. 43; *Schwab*, BB 1994, S. 783 f.; *Seibert*, NZA 1985, S. 731; *Stein*, Rn. 237; *H. Wiedemann/Stumpf*, § 3 Rn. 98; vgl. auch *von Hoyningen-Huene*, NZA 1996, S. 620.

[440] *Herschel*, DB 1969, S. 659 ff., insb. 660; jetzt wieder *Kohte*, Anm. zu BAG vom 4.9.1996, AuA 1997, S. 172.

[441] *Von Hoyningen-Huene*, RdA 1974, S. 147 ff.; ihm folgend *B. Müller*, NZA 1989, S. 449; LAG Bremen LAGE § 4 TVG Tarifpluralität Nr. 2, S. 4; ähnlich *Söllner*, Leistungsbestimmung, S. 54 Fn. 1; *ders.*, Grundriß, § 16 IV 1; BAG AP Nr. 20 zu § 4 TVG Tarifkonkurrenz, Bl. 5.

[442] S. unten § 10 I 1 2.

[443] *Von Hoyningen-Huene*, RdA 1974, S. 149.

[444] *Von Hoyningen-Huene*, RdA 1974, S. 148.

[445] BAG AP Nr. 20 zu § 4 TVG Tarifkonkurrenz, Bl. 5.

[446] BAG AP Nr. 100 zu §§ 22, 23 BAT, Bl. 4R f.; AP Nr. 28 zu § 1 KSchG 1969, Bl. 5R f.; AP Nr. 9 zu § 4 TVG Nachwirkung, Bl. 2R; AP Nr. 21 zu § 4 TVG Tarifkonkurrenz, Bl. 3R; AP Nr. 5 zu § 1 TVG Bezugnahme auf Tarifvertrag, Bl. 3; LAG Frankfurt a.M. LAGE § 4 TVG Tarifkonkurrenz Nr. 1, S. 7; Urteil vom 8.9.1987 – 5 Sa 1083/86 (n.v.), S. 13; Urteil vom 12.12.1989 – 5 Sa 1418/88 (n.v.), S. 18 f.; LAG Hamburg, Urteil vom 29.11.1995 – 8 Sa 1/95 (n.v.), S. 12; LAG Hamm LAGE § 3 TVG Bezugnahme auf Tarifvertrag Nr. 3, S. 1; LAG Niedersachsen, Urteil vom 8.12.1994 – 7 Sa 574/94 (n.v.), S. 8 f.; ArbG Frankfurt a.M., Beschluß vom 6.7.1994 – 6 BV 68/94 (n.v.), S. 8; ArbG Hannover, Urteil vom 7.12.1994 – 9 Ca 250/94 (n.v.), S. 9.

tur[447] nur schuldrechtliche Wirkung. Die Arbeitsvertragsparteien greifen zwar die Rechtsfolgen des Tarifvertrags auf, wollen sich aber der Rechtssetzungsbefugnis der Tarifvertragsparteien gerade nicht unterwerfen. Die in Bezug genommenen Tarifnormen werden nur als verkürzte Absprache über den Vertragsinhalt ähnlich wie Allgemeine Geschäftsbedingungen in den Einzelvertrag aufgenommen[448]. Die schuldrechtliche Wirkung der Bezugnahme läßt sich im übrigen anhand der Entstehungsgeschichte des TVG belegen[449]: Dessen Gesetzgeber hat bewußt nicht an die h.M. in der Weimarer Republik angeknüpft, nach der die einzelvertragliche Bezugnahme zur Normwirkung führte[450]. Das hat der Gesetzgeber in § 101 Abs. 2 ArbGG noch einmal bestätigt, indem er zwischen Tarifgebundenheit (Satz 2) und dem Fall unterscheidet, daß sich das Arbeitsverhältnis aus anderen Gründen nach dem Tarifvertrag richtet (Satz 3)[451].

Nehmen beiderseits tarifgebundene Arbeitsvertragsparteien einen Tarifvertrag gleichzeitig einzelvertraglich in Bezug – in der Praxis ist das die Regel –, kommt der einzelvertraglichen Bezugnahme nach umstrittener, aber richtiger Auffassung als rangschwächerer Rechtsquelle nur deklaratorische[452], nicht kon-

---

[447] *J.-H. Bauer*, FS Schaub, S. 21; *Bauschke*, ZTR 1993, S. 418; *Bobrowski/D. Gaul*, Bd. 2, M VI Rn. 9; *Boecken*, Rn. 146; *Bruhn*, Tarifeinheit, S. 205; *Buchner*, FS Schaub, S. 79; *Bulla*, DB 1951, S. 818; *Danne*, Anm. zu BAG vom 4.9.1996, SAE 1998, S. 113; HzA-*Dörner*, Rn. 195; KassArbR-*ders.*, Bd. 2, 6.1 Rn. 146; *Dütz*, Rn. 59; *B. Gaul*, NZA 1998, S. 9; *D. Gaul*, ZTR 1989, S. 435; *ders.*, ZTR 1991, S. 190 ff.; *ders.*, ZTR 1993, S. 356; *Gumpert*, BB 1967, S. 1079; Erman-*P. Hanau*, § 611 Rn. 201; *Haußmann*, S. 56; *Herschel*, ZfA 1973, S. 191; *Hromadka*, DB 1996, S. 1873; *Hromadka/Maschmann/Wallner*, Rn. 74; *A. Hueck/Nipperdey*, Bd. II 1, S. 483; *Kamlah*, S. 124; *Kempen/Zachert*, § 3 Rn. 68; *H. Koch*, Rn. 206; *Kraft*, RdA 1992, S. 167; *ders.*, gem. Anm. zu BAG vom 22.9.1993 und 20.1.1994, AuR 1994, S. 391; MünchArbR-*Löwisch*, Bd. 3, § 262 Rn. 6 f., § 269 Rn. 10; *Löwisch/Rieble*, § 3 Rn. 12, 104 f., § 4 Rn. 283; *dies.*, FS Schaub, S. 466; *Ph. Merten*, BB 1993, S. 577 f.; *G. Müller*, RdA 1990, S. 321 Fn. 3; *Nikisch*, Bd. 2, S. 274; *Nömeier*, S. 63 f.; *Oetker*, Anm. zu BAG vom 28.5.1997, AP Nr. 6 zu § 1 TVG Bezugnahme auf Tarifvertrag, Bl. 9R; *Reichold*, Anm. zu BAG vom 22.9.1993, SAE 1995, S. 22; *Schaub*, Handbuch, § 206 IV 1; *Schleusener*, Anm. zu BAG vom 28.5.1997, SAE 1998, S. 13 f.; *Stahlhacke*, DB 1967, S. 1985; *Stein*, Rn. 232, 258; *H. Wiedemann/Stumpf*, § 3 Rn. 90 f.; *Witzig*, S. 71; *Zöllner/Loritz*, § 37 I 7; wohl auch *Säcker/Oetker*, ZfA 1993, S. 13; *Seibert*, NZA 1985, S. 730; unklar BAG AP Nr. 20 zu § 4 TVG Tarifkonkurrenz, Bl. 5; kritisch *Gamillscheg*, Arbeitsrecht, Bd. 1, § 17 II 3 (1).

[448] *Däubler*, TVR, Rn. 338; *D. Gaul*, ZTR 1991, S. 192.

[449] Näher *Herschel*, ZfA 1973, S. 191; *Nikisch*, Bd. 2, S. 274 f.

[450] Vgl. bereits oben § 3 C I 1.

[451] *Schleusener*, Anm. zu BAG vom 28.5.1997, SAE 1998, S. 14.

[452] *Etzel*, NZA 1987, Beilage Nr. 1, S. 25; *Frieges*, DB 1996, S. 1282; *Haußmann*, S. 46 f.; *Löwisch/Rieble*, FS Schaub, S. 467 f.; *Schwab*, BB 1994, S. 783; *Stein*,

stitutive[453] Wirkung zu. Die normative Wirkung (§ 4 Abs. 1 Satz 1 TVG) ist stärker als die individualrechtliche, wie die Ausnahmeregelung des § 4 Abs. 3 2. Var. TVG systematisch zeigt. Das gilt auch für den Weitergeltungszeitraum nach § 3 Abs. 3 TVG. Das Erstarken zu einer konstitutiven Klausel („Wiederaufleben") kommt nach Ablauf des Tarifvertrags – wie auch sonst bei der Nachwirkung[454] – nur in Betracht, wenn die Arbeitsvertragsparteien die Bezugnahme erkennbar für diesen Fall vereinbart haben.

d) Arbeitsvertragliche Bezugnahme und Verbandsaustritt, Verbandswechsel sowie Nachwirkung des Tarifvertrags (§ 3 Abs. 3 TVG, § 4 Abs. 5 TVG)

aa) Statische Verweisung

Die statische Verweisung, die das „Abschreiben" von Tarifvertragsnormen ersetzt, wird weder von § 3 Abs. 3 TVG (z.B. einem Verbandsaustritt oder -wechsel) noch von der Nachwirkung des in Bezug genommenen Tarifvertrags (§ 4 Abs. 5 TVG) berührt. Sie geht im Zweifel sogar über das Ende der Nachwirkung hinaus: Die Arbeitsvertragsparteien haben kein Interesse an einem ungeregelten Zustand[455].

bb) Dynamische Verweisung und Tarifeinheit im Betrieb

Die dynamische Verweisung bewirkt nach einem Verbandsaustritt des Arbeitgebers trotz der „Jeweiligkeitsklausel" die statische Geltung des alten Tarifvertrags (§ 3 Abs. 3 TVG), sogar während der Nachwirkung (§ 4 Abs. 5 TVG), auch wenn der ehemalige Verband mittlerweile einen Anschlußtarifvertrag vereinbart hat[456]. Das folgt daraus, daß der ehemals tarifgebundene Arbeitgeber

Rn. 259; ArbG Hamburg, Urteil vom 23.11.1994 – 21 Ca 202/94 (n.v.), S. 14; vgl. auch *Gamillscheg*, Arbeitsrecht, Bd. 1, § 17 II 3 (1).

[453] So aber BAG AP Nr. 28 zu § 2 KSchG 1969, Bl. 5R f.; AP Nr. 23 zu § 18 BetrAVG, Bl. 2; *Däubler*, NZA 1996, S. 228; *P. Hanau/Kania*, FS Schaub, S. 248 f.; *Hromadka/Maschmann/Wallner*, Rn. 106; *Hromadka*, DB 1996, S. 1877 f.; *Kohte*, Anm. zu BAG vom 4.9.1996, AuA 1997, S. 171; vgl. auch LAG Niedersachsen, Urteil vom 8.12.1994 – 7 Sa 574/94 (n.v.), S. 6.

[454] Vgl. oben § 9 F II 4.

[455] *Stein*, Rn. 238; a.A. MünchArbR-*Löwisch*, Bd. 3, § 262 Rn. 8, *Löwisch/Rieble*, § 3 Rn. 105.

[456] Vgl. *Däubler*, NZA 1996, S. 228; *Rieble*, Rn. 1731, 1738; *Stein*, Rn. 239; *P. Hanau/Kania*, FS Schaub, S. 251 f.

mit der dynamischen Verweisung im Zweifel nur die Gleichstellung der bei ihm beschäftigten Arbeitnehmer bezweckt hat. Für die tarifgebundenen Arbeitnehmer gilt der neue Tarifvertrag aber wegen des Verbandsaustrittes nicht mehr.

Während die große dynamische Verweisung immer auch den Verbandswechsel des Arbeitgebers umfaßt, kann das bei der kleinen dynamischen Verweisung zweifelhaft sein. Was die Arbeitsvertragsparteien mit der Verweisung auf den jeweiligen Tarifvertrag einer bestimmten Branche (z.B. „Tarifvertrag für die Beschäftigten in den co op-Unternehmen in Niedersachsen in der jeweils gültigen Fassung"[457]) gewollt haben, ist durch Vertragsauslegung zu ermitteln (§ 133, § 157 BGB). Zwar will zumindest der tarifgebundene Arbeitgeber mit dem Verweis auf den einschlägigen Tarifvertrag die nicht organisierten Arbeitnehmer den organisierten im Zweifel gleichstellen[458]. Die ausdrückliche Nennung der Branche ist in diesem Fall aber – anders der *4. Senat* des *BAG* in der „co op"-Entscheidung im Wege der ergänzenden Vertragsauslegung[459] in Übereinstimmung mit einem Teil der Literatur[460] meint – keineswegs als Hinweis zu verstehen, daß diese Branche die nur augenblicklich einschlägige sei, so daß sich – soweit im Betrieb des Arbeitgebers die (neuen) Verbandstarifverträge gelten – die Verweisung entgegen ihres eindeutigen Wortlauts auch auf sie erstreckt[461]: Tarifeinheit im Betrieb auf Umwegen.

---

[457] So in BAG AP Nr. 5 zu § 1 TVG Bezugnahme auf Tarifvertrag, Bl. 1; anderes Beispiel in ArbG Frankfurt a.M., Beschluß vom 6.7.1994 – 6 BV 68/94 (n.v.), S. 2 ff.

[458] Vgl. oben § 10 I I 1 a.

[459] BAG AP Nr. 5 zu § 1 TVG Bezugnahme auf Tarifvertrag, Bl. 3 f. (soweit die neuen Tarifverträge von derselben Gewerkschaft abgeschlossen worden seien); ähnlich LAG Hamburg LAGE § 3 TVG Bezugnahme auf Tarifvertrag Nr. 5, S. 7 ff. (für betriebliche Übung).

[460] *B. Gaul*, Anm. zu BAG vom 4.9.1996, EzA § 3 TVG Bezugnahme auf Tarifvertrag Nr. 7, S. 36; *ders.*, NZA 1998, S. 13; *Hromadka*, DB 1996, S. 1877; *Hromadka/Maschmann/Wallner*, Rn. 113 ff., 395 f.; *Löwisch/Rieble*, FS Schaub, S. 466 f.; *Säcker/Oetker*, ZfA 1993, S. 16; weiter *P. Hanau/Kania*, FS Schaub, S. 247, 254; differenzierend *Buchner*, Anm. zu BAG vom 4.9.1996, EzA § 3 TVG Bezugnahme auf Tarifvertrag Nr. 7, S. 18 ff.; dazu ferner LAG Hamburg, Urteil vom 29.11.1995 – 8 Sa 1/95 (n.v.), S. 14 ff.

[461] Wie hier *Danne*, Anm. zu BAG vom 4.9.1996, SAE 1998, S. 113 ff.; *Kohte*, Anm. zu BAG vom 4.9.1996, AuA 1997, S. 171 f.; LAG Baden-Württemberg, Urteil vom 5.7.1995 – 12 Sa 19/95 (n.v.), S. 12 f., 15; LAG Niedersachsen, Urteil vom 8.12.1994 – 7 Sa 574/94 (n.v.), S. 6 f.; wohl auch *Preis/Steffan*, FS Kraft, S. 488 f.; *Unterhinninghofen*, Anm. zu ArbG Lübeck vom 15.8.1996, AiB 1997, S. 420; vgl. im übrigen (zu § 613a BGB) LAG Düsseldorf LAGE § 613a BGB Nr. 29, S. 2 ff.; *Moll*, RdA 1996, S. 286; *Zöllner*, DB 1995, S. 1407.

Problematisch ist schon, daß eine ergänzende Vertragsauslegung die Lükkenhaftigkeit einer arbeitsvertraglichen Regelung voraussetzt[462], die bei einer kleinen dynamischen Verweisung nur schwer zu erkennen ist[463]. Darüber hinaus verkennt der *4. Senat*, wenn er auf den hypothetischen Willen der Arbeitsvertragsparteien abstellt[464], daß der Arbeitnehmer ein eigenständiges Interesse an einer betriebseinheitlichen Anwendung eines neuen, für ihn ungünstigeren Tarifvertrags gerade nicht hat[465]. Die ergänzende Vertragsauslegung findet ihre Grenze aber in dem erkennbar entgegenstehenden Willen der Parteien[466]. Darauf, ob der alte und der neue Tarifvertrag von derselben, von zwei DGB-Gewerkschaften oder von einer DGB- und einer anderen Gewerkschaft abgeschlossen worden sind, kommt es deshalb nicht an[467]. Unerheblich ist auch, ob die Anwendung des in Bezug genommenen Tarifvertrags zum „sozialen Besitzstand" des Arbeitnehmers gehört: In der „Eisen- und Stahlindustrie"-Entscheidung hat der *4. Senat* mit Hilfe einer solchen Besitzstandsklausel zu begründen versucht, daß ein „konstitutiv" in Bezug genommener Tarifvertrag auch dann weiterhin Anwendung auf das Arbeitsverhältnis finde, wenn der Betrieb in eine andere Branche gelange[468]: Eine inkonsequente Ausnahme von der sonst beschworenen Tarifeinheit im Betrieb.

Den Arbeitsvertragsparteien bleibt, um wie der *4. Senat* im „co op"-Urteil eine faktische Tarifeinheit im Betrieb im Wege individualrechtlicher Bezugnahmeklauseln zu erzielen, unbenommen, eine große dynamische Verweisungsklausel zu vereinbaren („der jeweils für den Betrieb des Arbeitgebers einschlägige Tarifvertrag").

---

[462] Vgl. nur MünchKomm-*Mayer-Maly*, § 157 Rn. 29 ff.; Staudinger-*H. Roth*, § 157 Rn. 15, jeweils m.w.N.

[463] *Danne*, Anm. zu BAG vom 4.9.1996, SAE 1998, S. 115; kritisch auch *Buchner*, Anm. zu BAG vom 4.9.1996, EzA § 3 TVG Bezugnahme auf Tarifvertrag Nr. 7, S. 19 f.

[464] BAG AP Nr. 5 zu § 1 TVG Bezugnahme auf Tarifvertrag, Bl. 3R.

[465] Vgl. *Danne*, Anm. zu BAG vom 4.9.1996, SAE 1998, S. 114; *Hohenstatt*, DB 1992, S. 1682; *Kohte*, Anm. zu BAG vom 4.9.1996, AuA 1997, S. 172; *Ph. Merten*, BB 1993, S. 578; *H. Wiedemann/Arnold*, ZTR 1994, S. 447; vgl. auch *Oetker*, Anm. zu BAG vom 28.5.1997, AP Nr. 6 zu § 1 TVG Bezugnahme auf Tarifvertrag, Bl. 9; abweichend *B. Gaul*, NZA 1998, S. 14.

[466] Vgl. nur *Larenz/Wolf*, AT, § 28 Rn. 16 m.w.N.; ferner BAG AP Nr. 26 zu § 4 TVG Nachwirkung, Bl. 5; AP Nr. 27 zu § 4 TVG Nachwirkung, Bl. 4R; *Oetker*, Anm. zu BAG vom 28.5.1997, AP Nr. 6 zu § 1 TVG Bezugnahme auf Tarifvertrag, Bl. 9.

[467] Vgl. aber *Buchner*, Anm. zu BAG vom 4.9.1996, EzA § 3 TVG Bezugnahme auf Tarifvertrag Nr. 7, S. 16 ff.; *B. Gaul*, NZA 1998, S. 14, *P. Hanau/Kania*, FS Schaub, S. 247, 254; Soergel-*Raab*, 12. Aufl., § 613a Rn. 130.

[468] BAG AP Nr. 6 zu § 1 TVG Bezugnahme auf Tarifvertrag, Bl. 6 f.; ArbG Frankfurt a.M., Beschluß vom 6.7.1994 – 6 BV 68/94 (n.v.), S. 8 ff.

Diese Überlegungen sind auch auf die Fälle zu übertragen, in denen der Betrieb des Arbeitgebers wegen arbeitstechnischer Veränderungen aus dem betrieblichen Geltungsbereich des Tarifvertrags fällt (§ 3 Abs. 3 TVG)[469] und die Geltung neuer Verbandstarifverträge in Frage steht, oder der Arbeitgeber aus dem bisherigen Verband ausgetreten ist, um einen Firmentarifvertrag abzuschließen.

2. *Arbeitsvertragliche Bezugnahme aufgrund gesetzlicher Zulassungsnormen*

Gesetzliche Zulassungsnormen ermöglichen die verschlechternde Abweichung von zwingenden gesetzlichen Arbeitnehmerschutzvorschriften durch Tarifvertrag oder durch einzelvertragliche Bezugnahme auf den – hier: einschlägigen[470] – Tarifvertrag (vgl. etwa § 622 Abs. 4 BGB, § 13 Abs. 1 BUrlG, § 4 Abs. 4 EntgeltFG, § 17 Abs. 3 BetrAVG). Auch für die einzelvertragliche Bezugnahme aufgrund einer gesetzlichen Zulassungsnorm wird die Auffassung vertreten, sie begründe echte Tarifgebundenheit[471]. Das folge daraus, daß durch bloßen Einzelvertrag ansonsten nicht von der gesetzlichen Schutzvorschrift abgewichen werden könne[472].

Die Argumentation hat die h.M. zu Recht nicht überzeugt[473]. Der schuldrechtliche Charakter einer einzelvertraglichen Bezugnahme auf einen Tarifvertrag hängt nicht davon ab, ob die Bezugnahme durch gesetzliche Vorschrift zugelassen ist. Das belegt die jederzeitige Abänderbarkeit oder Aufhebbarkeit der Bezugnahme[474].

---

[469] Dazu oben § 10 C III 4 d.

[470] *Kempen/Zachert*, § 3 Rn. 76; *H. Wiedemann/Stumpf*, § 3 Rn. 108.

[471] *Däubler/Hege*, TVR, Rn. 165; *von Hoyningen-Huene*, RdA 1974, S. 147; ähnlich *Haußmann*, S. 58 ff. („normative Tarifgeltung"); anders jetzt wohl *Däubler*, TVR, Rn. 334.

[472] *Däubler/Hege*, TVR, Rn. 165; vgl. aber *Däubler*, TVR, Rn. 334.

[473] Vgl. etwa *Kempen/Zachert*, § 3 Rn. 68 f.; MünchArbR-*Löwisch*, Bd. 3, § 262 Rn. 104 i.V.m. Rn. 106; *Löwisch/Rieble*, § 3 Rn. 102 i.V.m. Rn. 104; *H. Wiedemann/Stumpf*, § 3 Rn. 90, 106; LAG Frankfurt a.M. LAGE § 4 TVG Tarifkonkurrenz Nr. 1, S. 10.

[474] *H. Wiedemann/Stumpf*, § 3 Rn. 90; LAG Frankfurt a.M. LAGE § 4 TVG Tarifkonkurrenz Nr. 1, S. 10.

3. Bezugnahme aufgrund betrieblicher Übung, Gesamtzusage oder des allgemeinen Gleichbehandlungsgrundsatzes

Die Bezugnahme auf einen Tarifvertrag kann ferner durch betriebliche Übung[475] oder durch Gesamtzusage erfolgen[476]. In beiden Fällen hat die Bezugnahme schuldrechtliche, nicht gesetzesgleiche Wirkung[477]. Dasselbe gilt, wenn zum Zweck der Gleichbehandlung auf die Normen eines bestimmten Tarifvertrags zurückgegriffen wird[478].

II. Bezugnahme auf einen Tarifvertrag in einer Betriebsvereinbarung

Arbeitgeber und Betriebsrat können in Betriebsvereinbarungen und unter Beachtung der Grenzen der § 77 Abs. 3, § 87 Abs. 1 Einleitungssatz BetrVG auf Tarifverträge Bezug nehmen[479]. Unzulässig sind nur dynamische Blankettverweisungen, wenn die Betriebsvereinbarung „den jeweils geltenden" Tarifvertrag für den Betrieb übernimmt, da sich die Betriebspartner in diesen Fällen

---

[475] BAG EzA § 3 TVG Bezugnahme auf Tarifvertrag Nr. 1, S. 3; EzA § 4 TVG Geltungsbereich Nr. 10, S. 9 f.; LAG Hamburg, AuR 1996, S. 76; LAGE § 3 TVG Bezugnahme auf Tarifvertrag Nr. 5, S. 5; *Däubler*, TVR, Rn. 345; HzA-*Dörner*, Rn. 213 f.; *Gamillscheg*, Arbeitsrecht, Bd. 1, § 17 II 6; *B. Gaul*, Anm. zu BAG vom 4.9.1996, EzA § 3 TVG Bezugnahme auf Tarifvertrag Nr. 7, S. 30; *ders.*, NZA 1998, S. 10; *D. Gaul*, ZTR 1991, S. 191; *P. Hanau/Kania*, FS Schaub, S. 258 ff.; *Kempen/Zachert*, § 3 Rn. 104 ff.; *Rieble*, Anm. zu BAG vom 22.3.1994, EzA § 4 TVG Geltungsbereich Nr. 10, S. 17; *Säcker/Oetker*, ZfA 1993, S. 14 Fn. 72; *Stein*, Rn. 257; *H. Wiedemann/Stumpf*, § 3 Rn. 116 ff.

[476] *B. Gaul*, Anm. zu BAG vom 4.9.1996, EzA § 3 TVG Bezugnahme auf Tarifvertrag Nr. 7, S. 30; *ders.*, NZA 1998, S. 10; *D. Gaul*, ZTR 1991, S. 190; *Hromadka/Maschmann/Wallner*, Rn. 81.

[477] Vgl. LAG Hamburg LAGE § 3 TVG Bezugnahme auf Tarifvertrag Nr. 5, S. 5; *Däubler*, TVR, Rn. 345; HzA-*Dörner*, Rn. 213 f.; *Frieges*, DB 1996, S. 1283; *Stein*, Rn. 257; *Zöllner/Loritz*, § 37 I 7.

[478] Ebenso HzA-*Dörner*, Rn. 215; *Schaub*, Handbuch, § 206 IV 2; *Zöllner/Loritz*, § 37 I 8; ArbG Mainz, Urteil vom 6.3.1996 – 4 Ca 3005/94, S. 10 = DB 1996, S. 2500 ff. (insoweit nicht abgedruckt); ungenau *Rieble*, Anm. zu BAG vom 22.3.1994, EzA § 4 TVG Geltungsbereich Nr. 10, S. 17 f.: „Tarifgeltung" möglich; vgl. auch *Stein*, Rn. 263.

[479] BVerfG AP Nr. 28 zu Art. 2 GG, Bl. 4R; BAG AP Nr. 3 zu § 611 BGB Deputat, Bl. 2 ff.; HzA-*Dörner*, Rn. 188; KassArbR-*ders.*, Bd. 2, 6.1 Rn. 142; *D. Gaul*, ZTR 1993, S. 362 f.; MünchArbR-*Löwisch*, Bd. 3, § 262 Rn. 5; *Löwisch/Rieble*, § 3 Rn. 103; *Stein*, Rn. 256; zur Bezugnahme auf einen Firmentarifvertrag *von Hoyningen-Huene*, DB 1994, S. 2026 ff.

ihrer gesetzlichen Verpflichtung zur Selbstgestaltung entäußern[480]. Die unmittelbare und zwingende Wirkung einer Betriebsvereinbarung, die auf einen Tarifvertrag Bezug nimmt, ist freilich auf § 77 Abs. 4 BetrVG und nicht auf § 4 Abs. 1 TVG zurückzuführen[481]. Es entsteht keine Tarifgebundenheit nach dem TVG.

III. Bezugnahme auf einen Tarifvertrag in einem Tarifvertrag

Tarifverträge können auf Tarifnormen anderer Tarifverträge verweisen. Auch hier wird die Zulässigkeit dynamischer Blankettverweisungen jedenfalls dann bestritten, wenn der verweisende Tarifvertrag und derjenige, auf den verwiesen wird, von verschiedenen Tarifvertragsparteien abgeschlossen worden sind: Die Tarifvertragsparteien können ihre Rechtssetzungsbefugnis nicht auf Dritte übertragen[482]. Das *BAG* hält heute die dynamische Blankettverweisung ausnahmsweise für zulässig, wenn die Verweisung eindeutig sei und zwischen den Geltungsbereichen der beiden Tarifverträge ein enger Zusammenhang bestehe[483]. Soweit eine Verweisung vorliegt, besteht Tarifbindung nur an den verweisenden Tarifvertrag, nicht an denjenigen, auf den verwiesen wird[484].

---

[480] Näher BAG AP Nr. 55 zu § 77 BetrVG 1972, B. 2R; LAG Köln LAGE § 4 TVG Tarifkonkurrenz Nr. 2, S. 5; LAG Hamburg, AuR 1996, S. 76; ArbG Hamburg, Urteil vom 23.11.1994 – 21 Ca 202/94 (n.v.), S. 14, 17; ArbG Mainz, DB 1996, S. 2501; HzA-*Dörner*, Rn. 191; *D. Gaul*, ZTR 1993, S. 363; *Stein*, Rn. 256.

[481] So auch BVerfG AP Nr. 28 zu Art 2 GG, Bl. 4.; *D. Gaul*, ZTR 1993, S. 362; *Haußmann*, S. 64 f., MünchArbR-*Löwisch*, Bd. 3, § 262 Rn. 7; *Ph. Merten*, BB 1993, S. 578 f.; *Zöllner/Loritz*, § 37 I 7.

[482] BAG AP Nr. 3 zu § 4 TVG Geltungsbereich, Bl. 3; ebenso *Rieble*, Anm. zu BAG vom 22.3.1994, EzA § 4 TVG Geltungsbereich Nr. 10, S. 24; *ders.*, Rn. 1840; vgl. auch BAG AP Nr. 12 zu § 3 TVG Verbandszugehörigkeit, Bl. 2; a.A. *H. Wiedemann/Stumpf*, § 1 Rn. 104 (maßgeblich sei die Verweisungsnorm, die jederzeit aufgehoben werden könne).

[483] BAG AP Nr. 7 zu § 1 TVG Form, Bl. 3R ff.; AP Nr. 8 zu § 1 TVG Form, Bl. 3 ff.; MünchArbR-*Löwisch*, Bd. 3, § 251 Rn. 16 ff.; *Löwisch/Rieble*, § 1 Rn. 129 ff.; vgl. auch LAG Köln LAGE § 4 TVG Tarifkonkurrenz Nr. 2, S. 7; kritisch *Däubler*, TVR, Rn. 122 ff.; *Gamillscheg*, Arbeitsrecht, Bd. 1, § 15 IV 1 b.

[484] Wohl auch *Däubler*, TVR, Rn. 123; *Iffland*, DB 1964, S. 1739 f.; anders offenbar HzA-*Dörner*, Rn. 187.

IV. Tarifliche Außenseiterklauseln

Außenseiterklauseln in Tarifverträgen sollen verhindern, daß Außenseiter zu schlechteren Arbeitsbedingungen als tarifgebundene Arbeitnehmer beschäftigt werden. Sie sind allenfalls zulässig, wenn man sie mit schuldrechtlicher Wirkung als Vertrag zugunsten Dritter versteht[485]. Für eine Tarifbindung nach dem TVG durch tarifliche Außenseiterklauseln ist daher kein Raum.

V. Ergebnis

Zu einer Tarifgebundenheit im Sinne des TVG kann es nicht durch Bezugnahme auf Tarifverträge kommen. Die Verweisung im Arbeitsvertrag hat nur schuldrechtliche Wirkung, auch wenn sie auf Grundlage einer gesetzlichen Zulassungsnorm erfolgt. Das gilt ebenso für Bezugnahmen, die auf betrieblicher Übung, einer Gesamtzusage oder dem allgemeinen Gleichbehandlungsgrundsatz beruhen. Bei Verweisungen in Betriebsvereinbarungen beruht die unmittelbare und zwingende Wirkung auf § 77 Abs. 4 BetrVG. Verweist ein Tarifvertrag auf einen anderen, kommt es auf die Tarifbindung an den verweisenden Tarifvertrag an.

J. Einzelne Probleme der Tarifgebundenheit

I. Tarifgebundenheit und Rechtsnachfolge

Schwierigkeiten bereitet das Schicksal der Tarifbindung bei der Rechtsnachfolge, für die der Gesetzgeber eine tarifrechtliche Regelung nur in § 613a Abs. 1 Sätze 2-4 BGB, § 324 UmwG zur Verfügung gestellt hat. Zu unterscheiden sind Gesamt- und Einzelrechtsnachfolge.

1. Gesamtrechtsnachfolge

Eine Gesamtrechtsnachfolge liegt vor, wenn ein neuer Rechtsträger kraft Gesetzes an die Stelle des bisherigen Rechtsträgers tritt und das Vermögen in seiner Gesamtheit auf den neuen Rechtsträger übergeht, ohne daß es einzelner

---

[485] Vgl. dazu BAG (GS) AP Nr. 13 zu Art. 9 GG, Bl. 8R ff.; *Kempen/Zachert*, § 3 Rn. 112; MünchArbR-*Löwisch*, Bd. 3, § 262 Rn. 1; *Löwisch/Rieble*, § 3 Rn. 99; *Stein*, Rn. 263; *H. Wiedemann*, RdA 1969, S. 334; *H. Wiedemann/Stumpf*, § 1 Rn. 318.

Übertragungshandlungen bedarf. Die Gesamtrechtsnachfolge ist gesetzlich abschließend geregelt, etwa im vergleichsweise unkomplizierten § 1922 BGB beim Erbfall oder – autonom veranlaßt – in § 1 UmwG mit der Verschmelzung (§§ 2 ff. UmwG) und der Spaltung von Unternehmen in Form der Aufspaltung, Abspaltung oder Ausgliederung (§§ 123 ff. UmwG). Einigkeit besteht im Ergebnis darüber, daß der Rechtsnachfolger als neuer Arbeitgeber in die mit dem Rechtsvorgänger bestehenden Arbeitsverhältnisse eintritt, sei es aufgrund § 613a BGB oder aufgrund speziellerer gesetzlicher Regelungen zur Gesamtrechtsnachfolge[486]. Umstritten sind aber die Konsequenzen für die Tarifbindung des Rechtsvorgängers, wobei zwischen Firmen- und Verbandstarifvertrag zu unterscheiden ist.

a) Firmentarifvertrag

Vergleichsweise unproblematisch ist die Rechtslage beim Firmentarifvertrag. Der Gesamtrechtsnachfolger rückt jedenfalls grundsätzlich in die Rechtsstellung des bisherigen Arbeitgebers auch als Tarifvertragspartei ein, folglich bleibt die Tarifgebundenheit nach § 3 Abs. 1 TVG bestehen[487]. § 613a Abs. 1 Satz 2 BGB kann wegen seiner Lückenschließungsfunktion keine Sperrwirkung entfalten: Tarifliche Normen werden nur in Individualrecht transformiert, wenn sie nicht ohnehin kollektivrechtlich weitergelten[488]. Der Übergang der Tarifbindung wird zwar vereinzelt mit Blick auf die negative Koalitionsfreiheit des neuen

---

[486] Näher *Bachner*, NJW 1995, S. 2882; *Däubler*, RdA 1995, S. 139; *ders.*, TVR, Rn. 1568; *Düwell*, NZA 1996, S. 369 f.; *B. Gaul*, NZA 1995, S. 718; *Jung*, RdA 1981, S. 360; *Kempen*, BB 1991, S. 2010; MünchKomm-*Schaub*, § 613a Rn. 199; vgl. aber *Boecken*, ZIP 1994, S. 1091 ff.

[487] *Bachner*, NJW 1995, S. 2882; *Bachner/Köstler/Trittin/Trümner*, V 3 b; *Balze/Rebel/Schuck*, 3 Rn. 162; *Birk*, AuR 1975, S. 315; *Blank*, S. 80; *Boecken*, Rn. 203; *Däubler*, TVR, Rn. 1571; *ders.*, RdA 1995, S. 140, 142; *B. Gaul*, NZA 1995, S. 722 f.; *ders.*, Anm. zu BAG vom 4.9.1996, EzA § 3 TVG Bezugnahme auf Tarifvertrag Nr. 7, S. 42; *D. Gaul*, DB 1980, S. 102; Erman-*P. Hanau*, § 613a Rn. 103; HzA-*Hattesen*, Rn. 3420; *Heinze*, DB 1980, S. 210; *Henssler*, FS Schaub, S. 326 f.; *Hromadka/Maschmann/Wallner*, Rn. 237; *A. Hueck/Nipperdey*, Bd. II 1, S. 473; Lutter-*Joost*, § 324 Rn. 18; *Kempen*, BB 1991, S. 2011; *Kempen/Zachert*, § 3 Rn. 51; *O. Kunze*, RdA 1976, S. 33; *Lieb*, Arbeitsrecht, Rn. 309; *Löw*, S. 198; *Özfirat*, S. 89; *Preis/Steffan*, FS Kraft, S. 480; *Quander*, S. 274, 279; *Säcker/Oetker*, ZfA 1993, S. 20; *Schaub*, ZTR 1997, S. 246; *ders.*, FS Wiese, S. 538; *Seiter*, DB 1980, S. 880; *Stein*, Rn. 194; DKK-*Trümner*, § 3 Rn. 51; HAS-*Waas*, Rn. 95; *H. Wiedemann/Stumpf*, § 3 Rn. 73, 76.

[488] *Däubler*, RdA 1995, S. 140; Lutter-*Joost*, § 324 Rn. 16 f.; vgl. auch *Willemsen*, NZA 1996, S. 802; ferner unten § 17 C II 1 a aa.

Rechtsträgers bestritten[489]. Dessen negative Koalitionsfreiheit wird durch einen Firmentarifvertrag aber gar nicht berührt[490].

Problematisch ist nur das Einrücken des Rechtsnachfolgers in die Stellung der Firmentarifvertragspartei in den Fällen der übertragenden Umwandlung auf einen bereits bestehenden Rechtsträger. Die kollektivrechtliche Weitergeltung des Firmentarifvertrags nach § 3 Abs. 1 TVG wird hier vielfach unter Hinweis auf eine unzulässige „Erweiterung seines Geltungsbereichs" abgelehnt: Er erstrecke sich wegen der Tarifbindung des übernehmenden Rechtsträgers auch auf dessen schon vorhandene Arbeitnehmer[491]. Dagegen ist zu Recht eingewandt worden, daß sich der Firmentarifvertrag seinem Wesen nach nur auf die betrieblichen Verhältnisse des Rechtsträgers bezieht, der den Firmentarifvertrag abgeschlossen hat, so daß er im Fall der Umwandlung nur für die bisherigen tarifgebundenen Arbeitnehmer weitergilt, nicht aber für andere Arbeitnehmer des übernehmenden Rechtsträgers (Tarifpluralität)[492].

b) Verbandstarifvertrag

Beim Verbandstarifvertrag ist der bisherige Rechtsträger nicht selbst Tarifvertragspartei, sondern nur deren Mitglied. Ein Blick auf § 38 Satz 1, § 40 BGB zeigt, daß der Rechtsnachfolger jedenfalls nicht „automatisch" Mitglied der Tarifvertragspartei des bisherigen Rechtsträgers werden kann[493]. Damit würde –

---

489 *Kreßel*, BB 1995, S. 930; vgl. auch *P. Hanau/Vossen*, FS Hilger/Stumpf, S. 297.

490 *Boecken*, Rn. 204; Lutter-*Joost*, § 324 Rn. 18.

491 *B. Gaul*, NZA 1995, S. 722 f.; *Hanau*, ZGR 1990, S. 554 f.; kritisch auch *Balze/Rebel/Schuck*, 3 Rn. 186 ff.

492 *Bachner/Köstler/Trittin/Trümner*, V 3 b; *Boecken*, Rn. 205; *Däubler*, TVR, Rn. 1573; *ders.*, RdA 1995, S. 140; *Herbst*, AiB 1995, S. 11; Lutter-*Joost*, § 324 Rn. 19; *Kempen/Zachert*, § 3 Rn. 51; *A. Mengel*, S. 183 f.; ungenau *Schaub*, ZTR 1997, S. 246 f. („Tarifkonkurrenz oder möglicherweise eine Tarifpluralität"); vgl. ferner *Baumann*, DStR 1995, S. 890; *O. Kunze*, RdA 1976, S. 33; *Neumann*, DB 1960, S. 60; *Quander*, S. 279, 282; abw. *Henssler*, FS Schaub, S. 326 f.: Tarifeinheit im Betrieb.

493 Vgl. BAG AP Nr. 2 zu § 3 TVG, Bl. 2 f.; AP Nr. 14 zu § 3 TVG, Bl. 4 ff.; AP Nr. 14 zu § 3 TVG Verbandszugehörigkeit, Bl. 3; *Balze/Rebel/Schuck*, 1 Rn. 41, 3 Rn. 180; *J.-H. Bauer/Lingemann*, NZA 1994, S. 1062; *Baumann*, DStR 1995, S. 890; *Boecken*, Rn. 184 f.; *Buchner*, GmbHR 1997, S. 441; *Däubler*, TVR, Rn. 1577; *ders.*, RdA 1995, S. 140; *Düwell*, NZA 1996, S. 394, 395; *B. Gaul*, NZA 1995, S. 719; *P. Hanau*, ZGR 1990, S. 553; *P. Hanau/Vossen*, FS Hilger/Stumpf, S. 288 f.; *Henssler*, FS Schaub, S. 314 f.; *Hromadka/Maschmann/Wallner*, Rn. 236; Lutter-*Joost*, § 324 Rn. 17; *ders.*, ZIP 1995, S. 979; *Kempen*, BB 1991, S. 2010; *A. Mengel*, S. 173 ff.; *Säker/Oetker*, ZfA 1993, S. 20; *Schaub*, BB 1995, S. 2006; *ders.*, ZTR 1997, S. 246; *ders.*, FS Wiese, S. 537 f.; *Seiter*, Betriebsinhaberwechsel, S. 148; *Willemsen*, NZA 1996, S. 802; a.A. *Birk*, AuR 1975, S. 315 f.

außerhalb des Geltungsbereichs eines allgemeinverbindlichen Tarifvertrags, an den auch der neue Rechtsträger nach § 5 Abs. 4 TVG tarifgebunden ist – die tarifrechtliche Weitergeltung der bisherigen Tarifverträge von der Bereitschaft des Rechtsnachfolgers abhängen, in den Verband des Rechtsvorgängers einzutreten, um Tarifgebundenheit nach § 3 Abs. 1 TVG herzustellen[494].

Zum Teil hält man deshalb eine Analogie zu § 4 Abs. 5 TVG für erforderlich[495]. Zwar greift dessen Überbrückungsfunktion auch hier, § 4 Abs. 5 TVG regelt rechtstechnisch aber gerade nicht den Wegfall der Tarifgebundenheit, sondern das Ende des zeitlichen Geltungsbereichs. Zudem steht § 4 Abs. 5 TVG wegen seiner Dispositivität Art. 3 Abs. 2 der Richtlinie 77/187/EWG[496] entgegen[497]. Näher liegt der Rückgriff auf § 3 Abs. 3 TVG[498], der aber nur auf den ersten Blick paßt. § 3 Abs. 3 TVG behandelt zwar den Wegfall der Tarifbindung und soll darüber hinaus die Flucht aus dem Tarifvertrag verhindern, die auch mit Hilfe von Unternehmensumwandlungen zu bewerkstelligen ist[499]. Einer Analogie steht aber das Erfordernis der vorherigen mitgliedschaftlichen Legitimation des Rechtsnachfolgers entgegen: § 3 Abs. 3 TVG ordnet die Fortwirkung eigener, nicht die Begründung neuer Verbandsangehörigkeit an[500].

---

[494] Vgl. BAG AP Nr. 2 zu § 3 TVG, Bl. 2; *Bachner*, NJW 1995, S. 2882; *Bachner/Köstler/Trittin/Trümner*, V 2 b; *Balze/Rebel/Schuck*, 3 Rn. 180; *Berscheid*, FS Stahlhacke, S. 30; *Boecken*, Rn. 183; *Gussen/Dauck*, Rn. 186 f., 188, 364; *Herbst*, AiB 1995, S. 11; Lutter-*Joost*, § 324 Rn. 17; *O. Kunze*, RdA 1976, S. 33; *Säcker/Oetker*, ZfA 1993, S. 20 f.; *H. Wiedemann/Stumpf*, § 3 Rn. 81; *Willemsen*, NZA 1996, S. 802; *Wlotzke*, DB 1995, S. 41; vgl. auch unten § 17 C II 1 a aa.

[495] S. BAG AP Nr. 14 zu § 3 TVG Verbandszugehörigkeit, Bl. 3R ff.; *Bachner/Köstler/Trittin/Trümner*, V 2 b; *A. Hueck/Nipperdey*, Bd. II 1, S. 490; *Th. Müller/Peters*, Anm. zu BAG vom 13.7.1994, AP Nr. 14 zu § 3 TVG Verbandszugehörigkeit, Bl. 7R f.; *Nikisch*, Bd. 2, S. 392; *Schaub*, ZTR 1997, S. 246; *H. Wiedemann/Stumpf*, § 3 Rn. 80.

[496] RL 77/187/EWG vom 14.2.1977, Abl. EG Nr. L 61 vom 5.3.1977, S. 26 = EAS A 3040.

[497] Näher *Henssler*, FS Schaub, S. 316; *H. Wiedemann/Th. Müller*, Anm. zu BAG vom 5.10.1993, AP Nr. 42 zu § 1 BetrAVG Zusatzversorgungskassen, Bl. 5.

[498] *Birk*, AuR 1975, S. 315; *Däubler/Hege*, TVR, Rn. 640 i.V.m. Rn. 647; *Martens*, Anm. zu BAG vom 4.12.1974, SAE 1976, S. 84; auch nach Inkrafttreten von § 324 UmwG für die Spaltung *Kempen/Zachert*, § 3 Rn. 50; restriktiver jetzt *Däubler*, TVR, Rn. 1577b; weitere Nachweise bei *Quander*, S. 248 Fn. 17.

[499] Vgl. *Düwell*, NZA 1996, S. 399.

[500] Vgl. BAG AP Nr. 2 zu § 3 TVG, Bl. 2R; AP Nr. 14 zu § 3 TVG, Bl. 4R; AP Nr. 42 zu § 1 BetrAVG Zusatzversorgungskassen, Bl. 3R; *Henssler*, FS Schaub, S. 315; *Hromadka/Maschmann/Wallner*, Rn. 236; Lutter-*Joost*, § 324 Rn. 17; *Kempen*, BB 1991, S. 2011; MünchArbR-*Löwisch*, Bd. 3, § 260 Rn. 27; *Löwisch/Rieble*, § 3 Rn. 80; *Säcker/Oetker*, ZfA 1993, S. 20; *H. Wiedemann/Th. Müller*, Anm. zu BAG vom 5.10.1993, AP Nr. 42 zu § 1 BetrAVG Zusatzversorgungskassen, Bl. 5 f.; *H. Wiedemann/Stumpf*, § 3 Rn. 80.

Deshalb hat man – freilich nicht unproblematisch – schon vor Inkrafttreten des UmwG § 613a Abs. 1 Satz 2 BGB herangezogen[501], vor dem Hintergrund der h.M., die das Tatbestandsmerkmal „durch Rechtsgeschäft" als Abgrenzungskriterium zur Gesamtrechtsnachfolge verwendet[502]. Bedenken gegen eine mindestens entsprechende Anwendung von § 613a Abs. 1 Satz 2 BGB bei der Gesamtrechtsnachfolge sind indes seit dem Inkrafttreten des UmwG nicht mehr haltbar, dessen § 324 bestimmt, daß § 613a Abs. 1 BGB durch die Wirkungen der Verschmelzung oder Spaltung „unberührt" bleibt[503]. Man mag den Wortlaut für zweifelhaft halten und folgern, daß die Anwendung von § 613a Abs. 1 BGB gerade nicht angeordnet wird[504]. Aber eine Vorschrift, die sowieso nicht anwendbar wäre, könnte nicht „unberührt" bleiben[505]. Für § 613a Abs. 1 Satz 2 BGB spricht darüber hinaus eine richtlinienkonforme Auslegung der Vorschrift: Art. 1 Abs. 1 der Richtlinie 77/187/EWG[506], in dem auch von „Verschmelzung"

---

[501] BAG AP Nr. 42 zu § 1 BetrAVG Zusatzversorgungskassen, Bl. 4R; Erman-*P. Hanau*, § 613a Rn. 102; *ders.*, ZGR 1990, S. 554; *ders.*, FS D. Gaul, S. 302 f.; *P. Hanau/Vossen*, FS Hilger/Stumpf, S. 289; *Kempen*, BB 1991, S. 2011; *Löwisch/Rieble*, § 3 Rn. 82; *Quander*, S. 272; *K. Schmidt*, AcP Bd. 191 (1991), S. 515 ff.; *Seiter*, Betriebsinhaberwechsel, S. 148; *H. Wiedemann/Th. Müller*, Anm. zu BAG vom 5.10.1993, AP Nr. 42 zu § 1 BetrAVG Zusatzversorgungskassen, Bl. 5; vgl. auch *Däubler*, TVR, Rn. 1577b.

[502] Vgl. nur BAG AP Nr. 24 zu § 613a BGB, Bl. 2R; AP Nr. 36 zu § 613a BGB, Bl. 5R f.; *Heinze*, DB 1980, S. 208; *Loritz*, RdA 1987, S. 72 f.; *Oetker/Busche*, NZA 1991, Beilage Nr. 1, S. 20; *Quander*, S. 10 ff.; Staudinger-*Richardi*, § 613a Rn. 76 ff., 81; *Seiter*, Betriebsinhaberwechsel, S. 42 ff.; kritisch *Boecken*, ZIP 1994, S. 1089 ff.; *ders.*, Rn. 56 ff.; a.A. *Pietzko*, S. 121 ff.; vgl. auch *H. Wiedemann/Th. Müller*, Anm. zu BAG vom 5.10.1993, AP Nr. 42 zu § 1 BetrAVG Zusatzversorgungskassen, Bl. 5R.

[503] Für die Anwendbarkeit von § 613a Abs. 1 Sätze 2-4 BGB im Ergebnis auch *Balze/Rebel/Schuck*, 3 Rn. 180 ff., 299 ff.; *Berscheid*, FS Stahlhacke, S. 30 f.; *Boecken*, ZIP 1994, S. 1089 ff.; *ders.*, Rn. 63 ff.; *Buchner*, Anm. zu HessLAG vom 7.11.1996, AR-Blattei ES, 1550.3 Nr. 13, S. 3 f.; *Däubler*, RdA 1995, S. 139; *Dehmer*, § 20 Rn. 75 ff.; *B. Gaul*, NZA 1995, S. 720; *ders.*, Anm. zu BAG vom 4.9.1996, EzA § 3 TVG Bezugnahme auf Tarifvertrag Nr. 7, S. 42; *Gussen/Dauck*, Rn. 310; *Ch. Hartmann*, ZfA 1997, S. 24; *Heinze*, ZfA 1997, S. 14 f.; *Henssler*, FS Schaub, S. 317; *Herbst*, AiB 1995, S. 10, 11; Lutter-*Joost*, § 324 Rn. 3; *ders.*, ZIP 1995, S. 980; *Kania*, DB 1995, S. 625; *Kreßel*, BB 1995, S. 928; *Lieb*, Arbeitsrecht, Rn. 307, 309; *A. Mengel*, S. 75 ff., 178 ff.; *Schaub*, ZTR 1997, S. 246; *ders.*, FS Wiese, S. 537; *K. Schmidt*, AcP Bd. 191 (1991), S. 515 f.; *Stein*, Rn. 196; *H. Wiedemann/Th. Müller*, Anm. zu BAG vom 5.10.1993, AP Nr. 42 zu § 1 BetrAVG Zusatzversorgungskassen, Bl. 6; Kallmeyer-*Willemsen*, § 324 Rn. 12; *ders.*, NZA 1996, S. 802; *Wlotzke*, DB 1995, S. 42 f.; einschränkend *J.-H. Bauer/Lingemann*, NZA 1994, S. 1062; kritisch *Düwell*, NZA 1996, S. 369 f.; a.A. weiterhin *Kempen/Zachert*, § 3 Rn. 49.

[504] *Kempen/Zachert*, § 3 Rn. 49.

[505] *Däubler*, RdA 1995, S. 139.

[506] RL 77/187/EWG vom 14.2.1977, Abl. EG Nr. L 61 vom 5.3.1977, S. 26 = EAS A 3040.

– einem universalsukzessiven Tatbestand – die Rede ist, ist durch den Gesetzgeber in § 613a Abs. 1 Sätze 2-4 BGB nur unvollständig umgesetzt worden[507]. Zudem wollte der Gesetzgeber des UmwG ausweislich der Gesetzesmaterialien die Anwendbarkeit des § 613a Abs. 1 Satz 2 BGB in § 324 UmwG gerade klarstellen und hat bewußt auf eine Änderung des TVG in bezug auf die Weitergeltung von Tarifverträgen verzichtet[508]. Daß § 613a Abs. 1 Satz 2 BGB als Rechtsfolgenverweisung über die Umwandlung hinaus nunmehr auch für weitere autonom veranlaßte Gesamtrechtsnachfolgen – also nicht für die Erbfolge – maßgeblich sein soll, zeigen die Überlegungen des Gesetzgebers im Gesetzgebungsverfahren zum SpTrUG[509], auch wenn eine § 324 UmwG entsprechende Regelung dort unterblieben ist[510].

2. Einzelrechtsnachfolge

Für die Einzelrechtsnachfolge steht mit § 613a BGB eine gesetzliche Regelung zur Verfügung. Die Abgrenzung zur Gesamtrechtsnachfolge erfolgt nach h.M. über das Erfordernis des „rechtsgeschäftlichen" Übergangs[511]. Von der Rechtsprechung anerkannte Fälle des Betriebsübergangs durch Einzelrechtsnachfolge sind etwa die Betriebsveräußerung – auch im Konkurs –, die Betriebsverpachtung oder die Nießbrauchbestellung[512], nicht hingegen die Be-

---

[507] Vgl. *P. Hanau/Vossen*, FS Hilger/Stumpf, S. 289; *B. Gaul*, NZA 1995, S. 720; *Kempen*, BB 1991, S. 2011; *Löwisch/Rieble*, § 3 Rn. 82; *K. Schmidt*, AcP Bd. 191 (1991), S. 516 f.; *H. Wiedemann/Th. Müller*, Anm. zu BAG vom 5.10.1993, AP Nr. 42 zu § 1 BetrAVG Zusatzversorgungskassen, Bl. 5R f.; vgl. auch BT-Drs. 6/1786, S. 59; BR-Drs. 75/94, S. 118.

[508] Vgl. BR-Drs. 75/94, S. 78, 118, 121, 175; BT-Drs. 12/7850, S. 142 f.; ebenso *Boecken*, ZIP 1994, S. 1089 f.; *Däubler*, RdA 1995, S. 139; Lutter-*Joost*, § 324 Rn. 3; *Wlotzke*, DB 1995, S. 42.

[509] Vgl. BT-Drs. 12/105, S. 12; 12/254, S. 17; dazu näher *Boecken*, ZIP 1994, S. 1090 f.

[510] *H. Wiedemann/Th. Müller*, Anm. zu BAG vom 5.10.1993, AP Nr. 42 zu § 1 BetrAVG Zusatzversorgungskassen, Bl. 5R f.

[511] Vgl. BAG AP Nr. 24 zu § 613a BGB, Bl. 2R; AP Nr. 36 zu § 613a BGB, Bl. 5R f.; *Heinze*, DB 1980, S. 208; *Loritz*, RdA 1987, S. 72 f.; *Oetker/Busche*, NZA 1991, Beilage Nr. 1, S. 20; *Quander*, S. 10 ff.; Staudinger-*Richardi*, § 613a Rn. 76 ff., 81; *Seiter*, Betriebsinhaberwechsel, S. 42 ff.; kritisch *Boecken*, ZIP 1994, S. 1089 ff.; a.A. *Pietzko*, S. 121 ff.

[512] BAG AP Nr. 14 zu § 613a BGB, Bl. 3 f.; AP Nr. 24 zu § 613a BGB, Bl. 1R ff.; Erman-*P. Hanau*, § 613a Rn. 26 ff.; Staudinger-*Richardi*, § 613a Rn. 69 ff.; Münch-Komm-*Schaub*, § 613a Rn. 40 ff.; zu § 613a BGB im Konkurs *Loritz*, RdA 1987, S. 85 ff.; *Pietzko*, S. 169 ff.

triebsstillegung[513]. Wiederum ist für die Frage der Tarifbindung zwischen Firmen- und Verbandstarifvertrag zu differenzieren.

a) Firmentarifvertrag

Nicht wenige Stimmen im Schrifttum wollen auch bei der Einzelrechtsnachfolge den Firmentarifvertrag automatisch auf den Rechtsnachfolger übergehen lassen, ohne daß es einer Vertragsübernahme bedürfe[514]. Das folge zwar nicht aus einer Analogie zu § 419 BGB, § 25 HGB. Der Rechtsnachfolger übernehme aber eine organisatorische Einheit, zu der auch der Firmentarifvertrag gehöre. § 613a Abs. 1 Satz 2 BGB greife entsprechend seines Schutzzwecks nicht, denn es bestehe eine stärker schützende kollektivrechtliche Regelung. Da der Rechtsnachfolger anders als bei der Gesamtrechtsnachfolge nicht in alle Rechte und Pflichten des Rechtsvorgängers eintritt, ist das Abstellen auf die Parteistellung bei der Einzelrechtsnachfolge aber abzulehnen. Der Gesetzgeber wollte mit § 613a Abs. 1 Satz 2 BGB die Fortgeltung von Tarifverträgen beim Betriebsübergang durch Einzelrechtsnachfolge abschließend regeln, so daß für eine normative Fortgeltung des Firmentarifvertrags aufgrund eines automatischen Eintritts des Rechtsnachfolgers in die Parteistellung kein Raum ist[515].

b) Verbandstarifvertrag

Unstreitig geht wegen § 613a Abs. 1 Sätze 1, 2 BGB die Tarifbindung des Rechtsvorgängers beim Verbandstarifvertrag nicht auf den Rechtsnachfolger

[513] BAG AP Nr. 58 zu § 613a BGB, Bl. 5; AP Nr. 67 zu § 613a BGB, Bl. 2R ff.; *Loritz*, RdA 1987, S. 70 f.; Staudinger-*Richardi*, § 613a Rn. 54 f.

[514] *Blank/Blanke*, S. 241, 248; *Däubler*, TVR, Rn. 1534; *Gamillscheg*, Arbeitsrecht, Bd. 1, § 17 V 3; *Henssler*, FS Schaub, S. 335; *Jung*, RdA 1981, S. 361 f.; *Kamlah*, S. 135 f.; *Kempen*, BB 1991, S. 2008; *Kempen/Zachert*, § 3 Rn. 57, *Moll*, RdA 1996, S. 275; *Stein*, Rn. 181; DKK-*Trümner*, § 3 Rn. 49; *H. Wiedemann/Stumpf*, § 3 Rn. 73; ebenso die überwiegende Auffassung vor Inkrafttreten des § 613a Abs. 1 Satz 2 BGB, etwa Soergel-*Kraft*, 11. Aufl., § 613a Rn. 47; weitere Nachweise bei *P. Hanau/Vossen*, FS Hilger/Stumpf, S. 295 f.; MünchKomm-*Schaub*, § 613a Rn. 133.

[515] So auch die heute h.M., etwa RGRK-*Ascheid*, § 613a Rn. 185; *Gussen/Dauck*, Rn. 192 ff.; Erman-*P. Hanau*, § 613a Rn. 79; *P. Hanau/Vossen*, FS Hilger/Stumpf, S. 296 f.; HzA-*Hattesen*, Rn. 3419; *Kania*, DB 1994, S. 533 f.; *Knigge*, BB 1980, S. 1276; *Löw*, S. 81; Soergel-*Raab*, 12. Aufl., § 613a Rn. 106 f.; *Wank*, NZA 1987, S. 507; MünchArbR-*Wank*, Bd. 2, § 120 Rn. 172; *Witzig*, S. 73 Fn. 364.

über[516]. Auch hier bildet § 613a Abs. 1 Satz 2 BGB jedoch keine absolute Sperre, so daß der bisherige Tarifvertrag normativ fortgilt, wenn auch beim Erwerber Tarifgebundenheit nach § 3 Abs. 1, Abs. 2, § 5 Abs. 4 TVG besteht[517].

3. Exkurs: Tarifgebundenheit und § 613a Abs. 1 Satz 2 BGB

Nach dem Wortlaut des § 613a Abs. 1 Satz 2 BGB werden Rechte und Pflichten aus den Rechtsnormen eines Tarifvertrags „Inhalt des Arbeitsverhältnisses". Daß damit kollektivvertragliche Rechtsnormen in individualrechtliche Regelungen transformiert werden, ist ganz h.M. in Rechtsprechung[518] und Literatur[519], auch wenn im Schrifttum bisweilen rechtssystematisches Unbehagen

---

516 Vgl. nur BAG AP Nr. 17 zu § 613a BGB, Bl. 2R ff.; *Balze/Rebel/Schuck*, 3 Rn. 158 f.; *Blank/Blanke*, S. 246; *Däubler*, TVR, Rn. 1533; *Gamillscheg*, Arbeitsrecht, Bd. 1, § 17 V 4 b; *D. Gaul*, ZTR 1989, S. 434; *P. Hanau/Vossen*, FS Hilger/Stumpf, S. 289 f.; *Kempen*, BB 1991, S. 2007; *Kempen/Zachert*, § 3 Rn. 58; *Konzen*, Anm. zu BAG vom 26.9.1979, SAE 1980, S. 67; MünchKomm-*Schaub*, § 613a Rn. 135; *Wank*, NZA 1987, S. 505; *H. Wiedemann/Stumpf*, § 3 Rn. 78 ff.

517 Vgl. nur BAG AP Nr. 89 zu § 613a BGB, Bl. 9; RGRK-*Ascheid*, § 613a Rn. 182 f., 184; *Balze/Rebel/Schuck*, 3 Rn. 159; *Gamillscheg*, Arbeitsrecht, Bd. 1, § 17 V 4 a; Erman-*P. Hanau*, § 613a Rn. 79; *P. Hanau/Vossen*, FS Hilger/Stumpf, S. 274 f.; *Henssler*, NZA 1994, S. 918; *Kania*, DB 1995, S. 625; *Jung*, RdA 1980, S. 362; *Moll*, RdA 1996, S. 275, Staudinger-*Richardi*, § 613a Rn. 163, 165 f.; HAS-*Waas*, Rn. 73; MünchArbR-*Wank*, Bd. 2, § 120 Rn. 168; *ders.*, NZA 1987, S. 506; vgl. ferner BAG AP Nr. 118 zu § 613a BGB, Bl. 4R; s. auch unten § 17 C II 1 a aa.

518 Etwa BAG AP Nr. 17 zu § 613a BGB, Bl. 2R; AP Nr. 46 zu § 613a BGB, Bl. 1R ff.; AP Nr. 64 zu § 613a BGB, Bl. 5; AP Nr. 108 zu § 613a BGB, Bl. 3; AP Nr. 22 zu § 4 TVG Nachwirkung, Bl. 2R; AP Nr. 15 zu § 4 TVG Ordnungsprinzip, Bl. 1R; LAG Brandenburg LAGE § 613a BGB Nr. 24, S. 3; ArbG Mainz, DB 1996, S. 2500.

519 RGRK-*Ascheid*, § 613a Rn. 181, 205; *Balze/Rebel/Schuck*, 3 Rn. 156, 163; *J.-H. Bauer*, S. 34; *Boecken*, Rn. 188; *Buchner*, GmbHR 1997, S. 438; *Frieges*, NZA 1998, S. 631; *Gamillscheg*, Arbeitsrecht, Bd. 1, § 17 V 4 b (1); *ders.*, FS Kehrmann, S. 257; *D. Gaul*, S. 271 f.; *Gussen/Dauck*, Rn. 225; Erman-*P. Hanau*, § 613a Rn. 78, 87, 89 f.; *P. Hanau/Vossen*, FS Hilger/Stumpf, S. 272; HzA-*Hattesen*, Rn. 3361, 3363, 3417; *Henssler*, FS Schaub, S. 317; *Hromadka/Maschmann/Wallner*, Rn. 318; *Kamlah*, S. 77 f.; *Kania*, DB 1994, S. 529; *ders.*, DB 1995, S. 625; *Kempen/Zachert*, § 3 Rn. 55; *Lieb*, Arbeitsrecht, Rn. 311; *A. Mengel*, S. 170; *Moll*, RdA 1996, S. 276; *Pogge*, FS Stege, S. 126; *Preis/Steffan*, FS Kraft, S. 478; Soergel-*Raab*, 12. Aufl., § 613a Rn. 104; Staudinger-*Richardi*, § 613a Rn. 164; *Rieble*, Rn. 1243; *Röder*, DB 1981, S. 1980; MünchKomm-*Schaub*, § 613a Rn. 163; *ders.*, AuA 1998, S. 44; *ders.*, FS Wiese, S. 538; *ders.*, NZA 1998, S. 620; *Schiefer*, NJW 1998, S. 1821; *Schipp*, NZA 1994, S. 868; *Scholz*, Anm. zu BAG vom 13.11.1985, AP Nr. 46 zu § 613a BGB, Bl. 3R; *Seiter*, Betriebsinhaberwechsel, S. 89; *ders.*, DB 1980, S. 877; *Stein*, Rn. 177; HAS-*Waas*, Rn. 73, 77; MünchArbR-*Wank*, Bd. 2, § 120 Rn. 168, 174; *Willemsen*, Anm. zu BAG vom 26.9.1979, AP Nr. 17 zu § 613a BGB, Bl. 4R f.

über § 613a Abs. 1 Satz 2 BGB zum Ausdruck kommt[520], etwa in der Bezeichnung der Norm als „Zwitterfigur“[521] oder in Formulierungen, die nach § 613a Abs. 1 Satz 2 BGB transformierten Regelungen seien „eigentlich“ Tarifnormen[522] oder „Arbeitsvertragsregelungen besonderer Art“[523]. § 613a Abs. 1 Satz 2 BGB bestätigt, was im Grunde schon aus § 613a Abs. 1 Satz 1 BGB folgt: Die Tarifbindung des Rechtsvorgängers nach § 3 Abs. 1 TVG geht nicht auf den Rechtsnachfolger über[524].

Die in Parallele zu § 4 Abs. 5 TVG von *Zöllner* vertretene Auffassung, § 613a Abs. 1 Satz 2 BGB ordne die „partielle Fortgeltung des Tarifvertrags“ für diejenigen Arbeitsverhältnisse an, die vor Betriebsübergang im übergehenden Betrieb bestanden haben[525], muß sich den Normwortlaut („werden Inhalt des Arbeitsverhältnisses“), die systematische Stellung der Norm im individualrechtlichen BGB und den den Gesetzesmaterialien zu entnehmenden Willen des Gesetzgebers[526] entgegenhalten lassen, rechtstechnisch eine Transformation in Individualarbeitsrecht vorzunehmen[527]. Auch der § 613a Abs. 1 Satz 2 BGB zugrunde liegende Art. 3 Abs. 2 der Richtlinie 77/187/EWG verlangt nur eine Aufrechterhaltung kollektivvertraglicher Arbeitsbedingungen „in dem gleichen Maße“ wie sie im Kollektivvertrag beim Veräußerer vorgesehen waren[528], schreibt eine kollektivrechtliche Aufrechterhaltung also gerade nicht vor[529].

---

[520] Kritisch zur Rechtstechnik des Gesetzgebers auch *Gamillscheg*, Arbeitsrecht, Bd. 1, § 17 V 1 b (2); *Seiter*, DB 1980, S. 881; MünchArbR-*Wank*, Bd. 2, § 120 Rn. 167; *Willemsen*, Anm. zu BAG vom 26.9.1979, AP Nr. 17 zu § 613a BGB, Bl. 4R f.

[521] *Seiter*, Betriebsinhaberwechsel, S. 90.

[522] *Hromadka*, DB 1996, S. 1876.

[523] *Moll*, RdA 1996, S. 277.

[524] Vgl. dazu auch BAG AP Nr. 17 zu § 613a BGB, Bl. 2R; LAG Brandenburg LAGE § 613a BGB Nr. 24, S. 3.

[525] *Zöllner*, DB 1995, S. 1401 ff.; ähnlich *Heinze*, FS Schaub, S. 277 f., 280 f. (Rechtsgrund der Weitergeltung sei weder der Tarifvertrag noch der Arbeitsvertrag, sondern nur das Gesetz).

[526] Vgl. die Begründung des Regierungsentwurfs BT-Drs. 8/3317, S. 11; BR-Drs. 353/79, S. 18.

[527] So auch insbesondere *Moll*, RdA 1996, 276 f.; ferner *Kempen/Zachert*, § 3 Rn. 55; *Rieble*, Rn. 1246; vgl. ferner *Hromadka*, DB 1996, S. 1875 f.

[528] RL 77/187/EWG vom 14.2.1977, Abl. EG Nr. L 61 vom 5.3.1977, S. 26 = EAS A 3040.

[529] Ebenso *Moll*, RdA 1996, S. 276; MünchArbR-*Wank*, Bd. 2, § 120 Rn. 167.

II. Tarifgebundenheit im Arbeitsverhältnis mit Drittbezug

Der Tarifvertrag knüpft an das Arbeitsverhältnis an (§ 1 Abs. 1, § 4 Abs. 1 TVG)[530]. Nach der Konzeption des TVG können demgemäß nur die Parteien des Arbeitsvertrags tarifgebunden sein. Deshalb ist die Bestimmung der Tarifbindung problematisch, wenn die klassische Zweierbeziehung des Arbeitsvertrags wie bei der gewerblichen Arbeitnehmerüberlassung, dem Konzern und dem gemeinsamen Betrieb mehrerer Unternehmen durchbrochen wird und Dritte in die tatsächlichen oder rechtlichen Strukturen des Arbeitsverhältnisses einbezogen werden. Insoweit sind die tarifrechtlichen Folgen einer gespaltenen Arbeitgeberstellung immer noch wenig aufgehellt[531]. Konsens besteht immerhin in bezug auf tarifvertragliche Individualnormen, daß im Grundsatz auch bei partieller Arbeitgeberstellung des Dritten (etwa wegen Einräumung eines Weisungsrechts oder der Zuweisung von Sorgfalts- und Schutzpflichten) eine Tarifbindung des Arbeitnehmers an Tarifverträge des Dritten nicht in Betracht kommt: Es fehlt in der Drittbeziehung insoweit das „Substrat des Arbeitsverhältnisses“[532].

1. Tarifgebundenheit und gewerbliche Arbeitnehmerüberlassung

Daraus folgt, daß die tarifrechtliche Zuordnung von Leiharbeitnehmern an das Arbeitsverhältnis zwischen Verleiher und Leiharbeitnehmer anknüpfen muß. Die Tarifbindung bestimmt sich in diesem Verhältnis nach den allgemeinen Grundsätzen[533]. Nahezu unstreitig ist heute deshalb, daß die Normwirkung von Tarifverträgen, die im Entleiherbetrieb gelten, dort tätige Leiharbeitnehmer selbst dann nicht erfaßt, wenn sie der vertragsschließenden Gewerkschaft angehören: Zwischen Leiharbeitnehmer und Entleiher besteht kein Arbeitsverhältnis[534].

---

[530] Vgl. *Konzen*, RdA 1984, S. 78; *Löwisch/Rieble*, § 1 Rn. 26 ff.; *Windbichler*, S. 438, 440, 446.

[531] So bereits der Befund von *Konzen*, RdA 1984, S. 78.

[532] *Windbichler*, S. 440.

[533] Vgl. näher *Windbichler*, S. 438 ff.

[534] *F. Becker/Kreikebaum*, D XI 2 a; *F. Becker/Wulfgramm*, Art. 1 § 11 Rn. 38a; *Däubler*, TVR, Rn. 1027; *Debus*, S. 97; *Gick*, S. 145; *Kempen/Zachert*, Einleitung Rn. 85; *Konzen*, RdA 1984, S. 78; *Löwisch/Rieble*, § 1 Rn. 32, 35; *Mayer*, AuR 1974, S. 358; *Möller-Lücking*, SozSich 1980, S. 203; *Nikisch*, Bd. 2, S. 301; *Schüren*, AÜG, § 11 Rn. 42; *H. Wiedemann/Stumpf*, § 1 Rn. 131; *Windbichler*, S. 440; *Worpenberg*, S. 321; LAG Frankfurt a.M., DB 1973, S. 624; LAG Schleswig-Holstein, DB 1972, S. 2166; anders *Heinze*, ZfA 1976, S. 209 f.; *Martens*, DB 1985, S. 2149 Fn. 41 (beide

Das gilt auch hier nicht nur für Individualnormen, deren Bezug zum Arbeitsverhältnis evident ist, sondern entgegen Stimmen aus dem Schrifttum, die sich auf Parallelen zu § 14 Abs. 2 Satz 3 AÜG i.V.m. § 86 BetrVG und zu § 3 Abs. 2 TVG berufen[535], auch für Kollektivnormen. Letztere knüpfen zwar an den (Entleiher-)Betrieb als Organisationseinheit an, auch sie setzen aber ein Arbeitsverhältnis voraus (§ 3 Abs. 2 TVG: „Arbeitgeber"). Zudem gestattet § 86 Satz 1 BetrVG, auf den § 14 Abs. 2 Satz 3 AÜG verweist, die Regelung von Einzelheiten des Beschwerdeverfahrens nach §§ 84 ff. BetrVG durch Tarifvertrag nur im Wege einer Ausnahmevorschrift. Grundsätzlich maßgeblich ist – betriebsverfassungsrechtlich – nach § 14 Abs. 1, Abs. 2 Satz 1 AÜG aber der Betrieb des Verleihers.

Eine Ausnahme von den genannten Grundsätzen folgt wiederum aus dem Gesetz: Wird ein Arbeitsverhältnis zwischen Entleiher und Leiharbeitnehmer fingiert (§ 10 Abs. 1 Satz 1 AÜG), weil der Vertrag zwischen Verleiher und Leiharbeitnehmer wegen fehlender Erlaubnis nach § 9 Nr. 1 AÜG unwirksam ist, rückt der Entleiher vollständig in die Arbeitgeberstellung ein. Konsequenterweise wird der Leiharbeitnehmer dann den im Betrieb des Entleihers geltenden Tarifverträgen unterworfen, den Individualnormen freilich nur bei entsprechender eigener Tarifbindung[536]. Das gilt auch für ein nach § 13 AÜG zustande gekommenes Arbeitsverhältnis.

2. *Tarifgebundenheit im Konzern*

Ungleich komplizierter ist die tarifrechtliche Zuordnung im Konzern, wo bestimmte Formen wirtschaftlicher Verflechtungen und rechtlicher Abhängigkeiten Ansatzpunkte für arbeitsrechtliche Drittbeziehungen sind[537]. Sicher ist nur, daß der Konzern als solcher nicht Arbeitgeber sein kann und deshalb nicht tariffähig ist[538]. Einzelne spezielle Vorschriften, die einen Bezug zwischen Tarif-

---

auf der Grundlage eines Vertragsbeitritts); *Gick*, S. 146 (wegen einer Regelungslücke im TVG).

535 *Bollinger*, S. 178 f.; *Gick*, S. 143 ff.; Erman-*P. Hanau*, § 611 Rn. 99; *Schnorr*, S. 110; *Worpenberg*, S. 321; vgl. auch *Windbichler*, S. 441.

536 Vgl. *F. Becker/Kreikebaum*, D XI 2 b; *F. Becker/Wulfgramm*, Art. 1 § 11 Rn. 39; *Däubler*, TVR, Rn. 1027; *H. Wiedemann/Stumpf*, § 1 Rn. 131; *Worpenberg*, S. 321 Fn. 155.

537 Näher *Ch. Weber*, S. 125 ff.

538 *Blank*, S. 119 f.; *Däubler*, TVR, Rn. 79; *Heinze*, DB 1997, S. 2124; *A. Hueck/Nipperdey*, Bd. II 1, S. 424; *Kempen/Zachert*, § 2 Rn. 74; *Konzen*, RdA 1984, S. 78; MünchArbR-*Löwisch*, Bd. 3, § 248 Rn. 39; *Löwisch/Rieble*, § 2 Rn. 58; *Martens*,

vertrag und Konzern herstellen (§ 12a Abs. 2 TVG, § 55 Abs. 4 BetrVG) oder tarifrechtlich Drittbeziehungen begründen (§ 4 Abs. 2 TVG), lassen keine weitergehenden Schlüsse zu[539]: Weder begründen sie die Arbeitgeberstellung des Konzerns noch setzen sie einen Konzerntarifvertrag voraus, den es als solchen nicht gibt[540]. Der Konzern ist auch kein Arbeitgeberverband, der zum Abschluß von Tarifverträgen für sämtliche Konzerngesellschaften befugt wäre[541].

Tariffähig sind deshalb allein die Konzernmutter als Arbeitgeberin der unmittelbar bei ihr beschäftigten Arbeitnehmer, nicht aber in bezug auf die Arbeitnehmer der von ihr beherrschten Konzerntöchter[542], und die Töchterunternehmen für die bei ihr beschäftigten Arbeitnehmer. Nur insoweit besteht auch Tarifgebundenheit. Die Tarifbindung der Konzerntöchter kann aber nicht über die Tarifbindung der Konzernmutter vermittelt werden[543], es gibt keinen „tarifvertraglichen Durchgriff"[544]. Damit ist im Konzern grundsätzlich von Tarifpluralität auszugehen[545]. Ob eine schuldrechtliche Pflicht der Konzernmutter besteht, auf die Tochterunternehmen einzuwirken, die Tarifverträge der Konzernmutter anzuwenden, an die sie normativ nicht gebunden sind, ist zweifelhaft[546]. Sie würde jedenfalls auch keine Tarifbindung begründen.

RdA 1970, S. 174 f.; *Nikisch*, Bd. 2, S. 240 f.; *H. Wiedemann*, FS Fleck, S. 449 f.; *H. Wiedemann/Stumpf*, § 2 Rn. 64 ff.; *Windbichler*, S. 461 ff.; *Worpenberg*, S. 320.

539 MünchArbR-*Löwisch*, Bd. 3, § 248 Rn. 39; *Löwisch/Rieble*, § 2 Rn. 58; *Windbichler*, S. 436, 461 f., 467 f.; vgl. auch *Konzen*, RdA 1984, S. 79; *H. Wiedemann*, FS Fleck, S. 451.

540 *Löwisch/Rieble*, § 1 Rn. 121; *Konzen*, RdA 1984, S. 78 f.; *Martens*, RdA 1970, S. 175 f.; a.A. *Däubler*, TVR, Rn. 80.

541 Vgl. aber *Kempen/Zachert*, § 2 Rn. 74; kritisch *Windbichler*, S. 478 ff.

542 *H. Wiedemann*, FS Fleck, S. 451; *H. Wiedemann/Stumpf*, § 2 Rn. 65; *Windbichler*, S. 466; a.A. *Däubler*, TVR, Rn. 79; *Walz*, S. 35, 38 ff.

543 BAG AP Nr. 29 zu Internat. Privatrecht, Arbeitsrecht, Bl. 3R; *Arnold*, Anm. zu BAG AP Nr. 29 zu Internat. Privatrecht, Arbeitsrecht, Bl. 8R f.; *Buchner*, FS Schaub, S. 77, 82; *Däubler*, TVR, Rn. 297; *Kempen/Zachert*, § 3 Rn. 8, § 4 Rn. 137; *Moll*, RdA 1996, S. 285; *Rieble*, Anm. zu BAG vom 14.6.1994, SAE 1995, S. 80; *H. Wiedemann*, RdA 1968, S. 421; *ders.*, FS Fleck, S. 451; *H. Wiedemann/Stumpf*, § 3 Rn. 42; *Windbichler*, S. 463 ff.; ArbG Celle, Urteil vom 1.8.1995 – 1 Ca 126/95 (DB 1996, S. 738 Ls.), S. 6; wohl auch *Henssler*, NZA 1994, S. 300; anders *K. Friedrich*, RdA 1980, S. 115; *Riesenhuber*, BB 1993, S. 1003 (bei „starker Verflechtung").

544 *Walz*, S. 39.

545 Vgl. BAG AP Nr. 6 zu § 1 TVG Tarifverträge: Seniorität, Bl. 5; *Buchner*, FS Schaub, S. 76 ff., 77 f.; *Kempen/Zachert*, § 4 Rn. 137; *H. Wiedemann*, FS Fleck, S. 452.

546 Abl. MünchArbR-*Löwisch*, Bd. 3, § 248 Rn. 40; *Löwisch/Rieble*, § 2 Rn. 59; *Rieble*, Anm. zu BAG vom 14.6.1994, SAE 1995, S. 80; anders wohl *Bachner/Köstler/Trittin/Trümner*, V 3 c; *Däubler*, TVR, Rn. 297; ebenso BAG AP Nr. 29 zu

3. *Tarifgebundenheit im gemeinsamen Betrieb mehrerer Unternehmen*

a) Tarifgebundenheit im gemeinsamen Betrieb

Wegen der überkommenen Lehre von der Tarifeinheit im Betrieb verdient die tarifrechtliche Zuordnung im gemeinsamen Betrieb mehrerer Unternehmen besonderes Augenmerk. Nach der kündigungsschutz- und betriebsverfassungsrechtlichen Rechtsprechung des *BAG* können sich mehrere Unternehmen zur Führung eines gemeinsamen Betriebes zusammenschließen, wenn ein einheitlicher Leitungsapparat insbesondere in sozialen und personellen Angelegenheiten (§§ 87 ff., §§ 92 ff. BetrVG) vorhanden ist und sich die Unternehmen mittels einer Führungsvereinbarung, die sich auch aus den tatsächlichen Umständen ergeben kann, zur gemeinsamen Führung eines Betriebs verbunden haben[547]. Diese Maßstäbe gelten auch für die tarifvertragsrechtliche Beurteilung[548].

Da die individualarbeitsrechtliche Zuordnung der einzelnen Arbeitnehmer zu dem einen oder anderen Unternehmen des gemeinsamen Betriebs als Arbeitgeber unberührt bleibt[549], ist die Rechtslage in bezug auf tarifvertragliche Individualnormen wiederum unproblematisch: Ist ein Unternehmen tarifgebunden (§ 3 Abs. 1, § 4 Abs. 5 TVG), gelten die tarifvertraglichen Individualnormen des jeweiligen Tarifvertrags für alle seine Arbeitnehmer, soweit sie ebenfalls tarifgebunden sind[550]. Insoweit kann es, wenn die Trägerunternehmen verschiedenen Arbeitgeberverbänden angehören, zu einer Tarifpluralität im gemeinsamen Betrieb kommen. Das hat der *10. Senat* des *BAG* im „Frachtführer-Fall“

Internat. Privatrecht, Arbeitsrecht, Bl. 3R ff., für einen besonders gelagerten Auslandsfall; vgl. ferner *Henssler*, FS Schaub, S. 3328; *Windbichler*, S. 469 f.

[547] St. Rspr., BAG AP Nr. 9 zu § 23 KSchG 1969, Bl. 3R; AP Nr. 10 zu § 1 KSchG 1969, Bl. 4R; AP Nr. 30 zu § 15 KSchG 1969, Bl. 4R; zu den im einzelnen umstrittenen Voraussetzungen näher *Däubler*, FS Zeuner, S. 19 ff.; *Fromen*, FS D. Gaul, S. 151 ff.; *Herrmann*, S. 24 ff.; *Konzen*, ZIAS 1995, S. 588 ff.; *Richardi*, BetrVG, § 1 Rn. 60 ff., *Wiese*, FS D. Gaul, S. 553 ff.

[548] Vgl. LAG Hamm LAGE § 4 TVG Geltungsbereich Nr. 4, S. 5 f.; Urteil vom 26.8.1991 – 19 Sa 474/91 (n.v.), S. 9.

[549] Zur betriebsverfassungsrechtlichen Problematik vgl. etwa GK-*Kraft*, Bd. 1, § 4 Rn. 23 ff.; DKK-*Trümner*, § 1 Rn. 73 ff., jeweils m.w.N.

[550] *Däubler*, TVR, Rn. 273b; *ders.*, FS Zeuner, S. 33; *Herrmann*, S. 169 f.; *Kohte*, Anm. zu BAG vom 26.1.1994, SAE 1996, S. 16 f.; *Löwisch/Rieble*, § 1 Rn. 78, § 3 Rn. 65; *Rieble*, Anm. zu BAG vom 22.3.1994, EzA § 4 TVG Geltungsbereich Nr. 10, S. 19; *Windbichler*, S. 446; vgl. auch *Kreuder*, S. 44; ferner ArbG Celle, Urteil vom 1.8.1995 – 1 Ca 126/95 (DB 1996, S. 738 Ls.), S. 7.

entgegen der Rechtsprechung des *4. Senats* zum Prinzip der Tarifeinheit im Betrieb anerkannt[551].

Bei Kollektivnormen ist hingegen umstritten, ob wegen Fehlens eines „eigenen" Betriebs jedes einzelnen Arbeitgebers Kollektivnormen überhaupt nicht zum Zuge kommen[552]. Dagegen spricht, daß der Zusammenschluß mehrerer Unternehmen zur gemeinsamen Betriebsführung deren tarifrechtliche Stellung nach § 2 Abs. 1 TVG nicht beeinträchtigen kann[553]. Statt dessen erfolgt die Zuordnung der Tarifgebundenheit wie bei Individualnormen im jeweiligen Arbeitsverhältnis, so daß es zu einer „betriebsweiten Tarifkonkurrenz" kommt[554].

b) Tarifgebundenheit im einheitlichen Arbeitsverhältnis

Einem Arbeitnehmer können im gemeinsamen Betrieb aber auch mehrere Arbeitgeber als (gemeinsame) Vertragspartner gegenüber stehen, etwa wenn er von der den gemeinsamen Betrieb führenden Gesellschaft bürgerlichen Rechts in deren eigenem Namen eingestellt worden ist. Da die Gesellschaft bürgerlichen Rechts nach h.M. nicht rechtsfähig ist[555], erlangt jedes Trägerunternehmen des gemeinsamen Betriebs Arbeitgeberstellung (einheitliches Arbeitsverhältnis)[556]. Die Tarifbindung im einheitlichen Arbeitsverhältnis ist ebenfalls nach allgemeinen Grundsätzen zu bestimmen: Zu einer „Tarifkonkurrenz" kann es deshalb kommen, wenn verschiedene Arbeitgeber (oder deren Verbände) jeweils Tarifverträge mit einer Gewerkschaft abgeschlossen haben, deren Mitglied der Arbeitnehmer ist, oder wenn Tarifverträge verschiedener Arbeitgeber mit verschiedenen Gewerkschaften bestehen, soweit der Arbeitnehmer mehreren Gewerkschaften angehört[557].

---

[551] BAG AP Nr. 145 zu § 611 BGB Gratifikation, Bl. 1R f. (vgl. bereits oben § 5 B II 3 a); vgl. auch AP Nr. 6 zu § 1 TVG Tarifverträge: Seniorität, Bl. 5.

[552] MünchArbR-*Löwisch*, Bd. 3, § 248 Rn. 36; *Löwisch/Rieble*, § 2 Rn. 54, § 3 Rn. 65; *Windbichler*, S. 446.

[553] Vgl. *Windbichler*, S. 446 (vgl. aber S. 447).

[554] So *Däubler*, TVR, Rn. 273c; *ders.*, FS Zeuner, S. 33; *Herrmann*, S. 169.

[555] Zum Streitstand näher *K. Schmidt*, § 8 III m.w.N.

[556] *Windbichler*, S. 71, 446; vgl. auch BAG AP Nr. 1 zu § 705 BGB, Bl. 2R; AP Nr. 4 zu § 705 BGB, Bl. 2 f.; *Däubler*, TVR, Rn. 273d; MünchArbR-*Löwisch*, Bd. 3, § 248 Rn. 38; *Löwisch/Rieble*, § 2 Rn. 57; *Schaub*, Handbuch, § 17 1 a; anders *H. Wiedemann/Stumpf*, § 2 Rn. 60; vgl. ferner HessLAG LAGE § 705 BGB Nr. 1, S. 2.

[557] Vgl. *Windbichler*, S. 436.

III. Ergebnis

Bei der Rechtsnachfolge geht die Tarifbindung des Arbeitgebers nach § 3 Abs. 1, Abs. 2 TVG nicht auf den Rechtsnachfolger über (arg. § 613a Abs. 1 Satz 2 BGB). Einzige Ausnahme ist der Firmentarifvertrag bei der Gesamtrechtsnachfolge. § 613a Abs. 1 Satz 2 BGB bewirkt keine Überleitung der Tarifbindung. In Arbeitsverhältnissen mit Drittbezug ist die Tarifbindung namentlich im Konzern und beim gemeinsamen Betrieb mehrerer Unternehmen regelmäßig im Verhältnis zwischen Arbeitnehmer und Vertragsarbeitgeber zu bestimmen. Auch bei der gewerblichen Arbeitnehmerüberlassung ist grundsätzlich die Tarifbindung im Verleiherbetrieb maßgeblich, es sei denn die Fiktion des § 10 Abs. 1 Satz 1 AÜG greift ein.

K. Zusammenfassung

Autonom tarifgebunden sind die Mitglieder der Tarifvertragsparteien mit Ausnahme der OT-und der Gastmitglieder, beim Firmentarifvertrag darüber hinaus der Arbeitgeber selbst. Gesetzlich angeordnet wird die Tarifbindung bei Kollektivnormen in § 3 Abs. 2 TVG für Arbeitnehmer bei Tarifbindung des Arbeitgebers und in § 5 Abs. 4 TVG für beide Arbeitsvertragsparteien bei Allgemeinverbindlicherklärung des Tarifvertrags. Keine Tarifbindung entsteht bei Bezugnahme eines Tarifvertrags.

§ 11 Ergebnis

Ein Tarifvertrag gilt mit unmittelbarer und zwingender Wirkung, wenn das Arbeitsverhältnis dessen Geltungsbereich unterfällt und beide Arbeitsvertragsparteien tarifgebunden sind. Gelten mindestens zwei Tarifverträge im Arbeitsverhältnis, kommt es grundsätzlich zu einer Tarifkonkurrenz. Das gilt auch, wenn ein Tarifvertrag nur nachwirkt. Gelten für verschiedene Arbeitsverhältnisse im Betrieb unterschiedliche Tarifverträge, liegt eine Tarifpluralität vor.

Vierter Teil

Tarifeinheit im Betrieb bei der Bestimmung der Tarifzuständigkeit und des betrieblichen Geltungsbereichs des Tarifvertrags

Die normative Wirkung eines Tarifvertrags erfaßt ein Arbeitsverhältnis nur, wenn es in dessen Geltungsbereich fällt und die Arbeitsvertragsparteien tarifgebunden sind. Nur bei der Geltung mehrerer Tarifverträge im Arbeitsverhältnis oder im Betrieb können Tarifkonkurrenzen oder Tarifpluralität entstehen. Besondere Probleme treten namentlich im Bereich der Bauindustrie bei der Bestimmung des betrieblichen Geltungsbereichs auf[1]. Die Ausgestaltung des Geltungsbereichs durch die Tarifvertragsparteien ist im TVG nicht vorgegeben. Sie hängt von der Tarifzuständigkeit der beteiligten Tarifvertragsparteien als dem maximalen tarifvertraglichen Geltungsbereich[2] und damit von deren Selbstverständnis und Organisationsstruktur ab. Die überwiegende Ausrichtung der Arbeitgeberverbände und Gewerkschaften nach dem Industrieverbandsprinzip dient dabei dem tarifpolitisch „seit jeher erstrebten Ziel der Tarifeinheit"[3]: Alle Arbeitnehmer eines Betriebs sollen nur einem Tarifvertrag unterfallen.

Das wirft schon im Vorfeld einer Tarifkonkurrenz[4] oder einer Tarifpluralität[5] die Frage auf, ob die Tarifvertragsparteien bereits dort – bei der Festlegung ihrer Tarifzuständigkeit oder mindestens bei der Bestimmung des betrieblichen Geltungsbereichs eines von ihnen abzuschließenden Tarifvertrags – eine Tarifeinheit im Betrieb zu beachten haben (§ 12). Andernfalls unterliegt die Tarifeinheit im Betrieb als Kollisionregel einem erhöhten Begründungsaufwand, weil sie die zunächst gegebene Freiheit bei der Tarifzuständigkeit nachträglich korrigiert. Ob die lapidare Behauptung eines Teils des Schrifttums zutrifft, zumindest bei der Auslegung des tarifvertraglichen Geltungsbereichs sei auf die

---

[1] Vgl. die umfangreiche Rechtsprechung des BAG zu AP Nr. 1 TVG Tarifverträge: Bau.

[2] Vgl. BAG AP Nr. 95 zu § 1 TVG Tarifverträge: Bau, Bl. 3R.

[3] *Lieb*, Arbeitsrecht, Rn. 520; ferner *Fenn*, FS Kissel, S. 213; *Gamillscheg*, Arbeitsrecht, Bd. 1, § 17 III 3 a (2); *Kraft*, RdA 1992, S. 169; *Reuter*, JuS 1992, S. 107; näher auch oben § 3 A, D.

[4] Ausführlich unten §§ 15 ff.

[5] Ausführlich unten §§ 19 ff.

Tarifeinheit im Betrieb als Auslegungsregel zurückzugreifen[6], im Zweifel sei betriebsweit also nur ein Tarifvertrag anzuwenden, ist danach zu untersuchen (§ 13).

§ 12 Tarifzuständigkeit und betrieblicher Geltungsbereich

A. Tarifzuständigkeit als maximaler tariflicher Geltungsbereich

I. Tarifzuständigkeit und Art. 9 Abs. 3 Satz 1 GG

Die von Rechtsprechung und Literatur entwickelte Tarifzuständigkeit – im TVG zwar nicht geregelt, vom Gesetzgeber aber in § 2a Abs. 1 Nr. 4, § 97 ArbGG aufgegriffen – ist die Befugnis tariffähiger Arbeitgeberverbände und Gewerkschaften, Tarifverträge mit einem bestimmten räumlichen, fachlichen, persönlichen, betrieblichen und zeitlichen Geltungsbereich abzuschließen[7]. Sie ergibt sich ausschließlich aus der Satzung einer Tarifvertragspartei[8], eine jah-

---

[6] Vgl. *Etzel*, NZA 1987, Beilage Nr. 1, S. 22; *Haase*, NZA 1988, Beilage Nr. 3, S. 16; *Herschel*, AuR 1984, S. 206; *Hohenstatt*, DB 1992, S. 1680; *Hromadka/Maschmann/Wallner*, Rn. 51; *Kempen/Zachert*, § 4 Rn. 131, 137; *Gis. Schneider*, S. 97; *H. Wiedemann*, Anm. zu BAG vom 24.9.1975, AP Nr. 11 zu § 4 TVG Tarifkonkurrenz, Bl. 6; *H. Wiedemann/Arnold*, Anm. zu BAG vom 14.6.1989, AP Nr. 16 zu § 4 TVG Tarifkonkurrenz, Bl. 7; *H. Wiedemann/Stumpf*, § 4 Rn. 75, 164; ausführlicher nur *Witzig*, S. 50 ff.; kritisch *Konzen*, RdA 1978, S. 150.

[7] BAG AP Nr. 1 zu § 2 TVG Tarifzuständigkeit, Bl. 3; AP Nr. 4 zu § 2 TVG Tarifzuständigkeit, Bl. 7; AP Nr. 5 zu § 4 TVG Tarifzuständigkeit, Bl. 2R; AP Nr. 7 zu § 2 TVG Tarifzuständigkeit, Bl. 3R; AP Nr. 8 zu § 2 TVG Tarifzuständigkeit, Bl. 2R f.; AP Nr. 10 zu § 2 TVG Tarifzuständigkeit, Bl. 4R; AP Nr. 11 zu § 2 TVG Tarifzuständigkeit, Bl. 3; AP Nr. 95 zu § 1 TVG Tarifverträge: Bau, Bl. 3R; AP Nr. 15 zu § 3 TVG Verbandszugehörigkeit, Bl. 3; LAG Düsseldorf, Beschluß vom 1.3.1996 – 9 TaBV 78/95 (n.v.), S. 13; *Däubler*, TVR, Rn. 86; HzA-*Dörner*, Rn. 174; KassArbR-*ders.*, Bd. 2, 6.1 Rn. 119; *Heinze*, DB 1997, S. 2122; *Kempen/Zachert*, § 2 Rn. 108; *Konzen*, FS Kraft, S. 291; *Kutscher*, S. 19; MünchArbR-*Löwisch*, Bd. 3 § 248 Rn. 60; *Löwisch/Rieble*, § 2 Rn. 87; *Sbresny-Uebach*, AR-Blattei (D), Tarifvertrag II A, II 2 a; *Weyand*, Anm. zu BAG vom 22.11.1988, SAE 1991, S. 323; vgl. auch oben § 8 B II 2.

[8] BAG AP Nr. 1 zu § 2 TVG Tarifzuständigkeit, Bl. 3; AP Nr. 3 zu § 2 TVG Tarifzuständigkeit, Bl. 4R; AP Nr. 4 zu § 2 TVG Tarifzuständigkeit, Bl. 6; AP Nr. 5 zu § 4 TVG Tarifzuständigkeit, Bl. 2R; AP Nr. 7 zu § 2 TVG Tarifzuständigkeit, Bl. 3R; AP Nr. 8 zu § 2 TVG Tarifzuständigkeit, Bl. 3; AP Nr. 10 zu § 2 TVG Tarifzuständigkeit, Bl. 4R; AP Nr. 11 zu § 2 TVG Tarifzuständigkeit, Bl. 3; AP Nr. 95 zu § 1 TVG Tarifverträge: Bau, Bl. 3R; AP Nr. 15 zu § 3 TVG Verbandszugehörigkeit, Bl. 3; LAG Düs-

relange tatsächliche Übung genügt nicht[9]. Die Tarifzuständigkeit einzelner Arbeitgeber erstreckt sich auf sämtliche ihrer Betriebe und Arbeitnehmer: Das folgt aus der Tariffähigkeit des einzelnen Arbeitgebers (§ 2 Abs. 1 TVG)[10].

Daß die Befugnis der Koalitionen, im Rahmen der autonomen Zwecksetzung selbst zu bestimmen, für welchen Raum, welche Branche und welchen Personenkreis Tarifverträge abgeschlossen werden sollen, dem Schutz des Art. 9 Abs. 3 Satz 1 GG unterliegt[11], der zugleich eine Grenze der Tarifzuständigkeit (Förderung der Arbeits- und Wirtschaftsbedingungen) markiert[12], ist in Rechtsprechung[13] und Schrifttum[14] unbestritten. Zur koalitionsmäßigen Betätigung im

seldorf, Beschluß vom 1.3.1996 – 9 TaBV 78/95 (n.v.), S. 13; LAG München LAGE § 2 TVG Tarifzuständigkeit, Nr. 1, S. 8; *Buchner*, Anm. zu BAG vom 19.11.1985, AR-Blattei (D), Tarifvertrag II A, Betriebsverfassungsnormen, Entscheidungen 1; *Däubler*, TVR, Rn. 88; *Delheid*, S. 35; KassArbR-*Dörner*, Bd. 2, 6.1 Rn. 119; *A. Hueck/Nipperdey*, Bd. II 1, S. 447; *Kempen/Zachert*, § 2 Rn. 108; *Konzen*, FS Kraft, S. 291 f., 307; MünchArbR-*Löwisch*, Bd. 3 § 248 Rn. 67; *Löwisch/Rieble*, § 2 Rn. 94 f.; *Sbresny-Uebach*, AR-Blattei (D), Tarifvertrag II A, II 2 a; *H. Wiedemann/Stumpf*, § 2 Rn. 29.

[9] BAG AP Nr. 7 zu § 2 TVG Tarifzuständigkeit, Bl. 4R; *Däubler*, TVR, Rn. 88; vgl. auch *Konzen*, ZfA 1975, S. 416.

[10] MünchArbR-*Löwisch*, Bd. 3 § 248 Rn. 74; *Löwisch/Rieble*, § 2 Rn. 101.

[11] Dazu noch unten § 21 A I 1 b bb aaa.

[12] Vgl. dazu *Etzel*, NZA 1987, Beilage Nr. 1, S. 21; *D. Gaul*, ZTR 1991, S. 451 f.; *H. Wiedemann*, RdA 1975, S. 81 f.; *H. Wiedemann/Stumpf*, § 2 Rn. 33 ff.; gegen die Zulässigkeit einer „funktionswidrigen“ Festlegung der Tarifzuständigkeit *H. Wiedemann*, RdA 1975, S. 81 f.; *H. Wiedemann/Stumpf*, § 2 Rn. 33 ff.; zustimmend *Martens*, Anm. zu BAG vom 19.11.1985, SAE 1987, S. 9; *Reuter*, Anm. zu BAG vom 19.11.1985, AP Nr. 4 zu § 2 TVG Tarifzuständigkeit, Bl. 10R.

[13] BAG AP Nr. 1 zu § 2 TVG Tarifzuständigkeit, Bl. 3 f.; AP Nr. 3 zu § 2 TVG Tarifzuständigkeit, Bl. 3R; AP Nr. 4 zu § 2 TVG Tarifzuständigkeit, Bl. 7; AP Nr. 5 zu § 2 TVG Tarifzuständigkeit, Bl. 2R; AP Nr. 7 zu § 2 TVG Tarifzuständigkeit, Bl. 4R; AP Nr. 8 zu § 2 TVG Tarifzuständigkeit, Bl. 2R f.; AP Nr. 10 zu § 2 TVG Tarifzuständigkeit, Bl. 4R; AP Nr. 11 zu § 2 TVG Tarifzuständigkeit, Bl. 3; AP Nr. 117 zu § 1 TVG Tarifverträge: Metallindustrie, Bl. 4R f.; Beschluß vom 24.7.1990 – 1 ABR 92/89 (n.v.), S. 13; LAG Düsseldorf, Beschluß vom 1.3.1996 – 9 TaBV 78/95 (n.v.), S. 13; LAG Frankfurt a.M., Urteil vom 4.5.1992 – 16 Sa 1922/91 (n.v.), S. 28; LAG München LAGE § 2 TVG Tarifzuständigkeit Nr. 1, S. 8 und passim.

[14] *Besgen*, S. 87; *Blank*, S. 70; *Buchner*, Anm. zu BAG vom 22.11.1988, AR-Blattei (D), Tarifvertrag II A, Tariffähigkeit und Tarifzuständigkeit, Entscheidungen 2; *ders.*, ZfA 1995, S. 98 f.; *Delheid*, S. 35; *Etzel*, NZA 1987, Beilage Nr. 1, S. 21; *D. Gaul*, ZTR 1991, S. 446; *Heinze*, DB 1997, S. 2122; *von Hoyningen-Huene*, NZA 1996, S. 617 f.; *Kempen/Zachert*, § 2 Rn. 113; *Konzen*, RdA 1978, S. 153; *ders.*, FS Kraft, S. 291 f.; *Kutscher*, S. 12 ff.; MünchArbR-*Löwisch*, Bd. 3, § 239 Rn. 16, § 248 Rn. 60; *Richardi*, gem. Anm. zu BAG vom 17.2.1970 und 17.2.1970, AP Nr. 2, 3 zu § 2 TVG Tarifzuständigkeit, Bl. 6R; *Rieble*, Rn. 1793; *Sbresny-Uebach*, AR-Blattei (D), Tarifvertrag II A, II 2 a; *H. Wiedemann/Stumpf*, § 2 Rn. 25; *Zacher*, FS Fröhler, S. 533 f.; *Zachert*, AuR 1982, S. 181.

Sinne des Art. 9 Abs. 3 Satz 1 GG gehört es gerade, daß die Tarifvertragsparteien ihren Betätigungsbereich eigenständig abstecken und den von ihnen zu bedienenden Arbeitgeber- und Arbeitnehmerkreis selbst festlegen können. Ob die Tarifzuständigkeit darüber hinaus weiteren Schranken unterliegt, ist umstritten. Ein Teil des Schrifttums verlangt, daß die Tarifzuständigkeit „nicht willkürlich oder funktionswidrig" festgelegt werden dürfe[15] und auch die Belange des jeweiligen Koalitionsgegenspielers berücksichtigt werden müßten[16]. Besonders kontrovers wird die Frage diskutiert, ob § 15, § 16 DGB-Satzung die Tarifzuständigkeit einzelner Mitgliedsgewerkschaften im Sinne einer Tarifeinheit im Betrieb begrenzen können. Darauf ist zurückzukommen[17].

Wenn im folgenden vornehmlich die Tarifzuständigkeit von DGB-Gewerkschaften in den Blick genommen wird, liegt das daran, daß diese den Schwerpunkt tarifrechtlicher Auseinandersetzungen bildet[18]. Für Arbeitgeberverbände, die nach dem Industrieverbandsprinzip organisiert sind, gelten die nachfolgenden Ausführungen, soweit sie sinngemäß übertragbar sind, entsprechend[19]. Auf die Tarifzuständigkeit von Fachgewerkschaften, die eine Tarifeinheit im Betrieb nicht erstreben, und auf diejenige einzelner Arbeitgeber ist nur ergänzend hinzuweisen.

II. Strukturelle Merkmale der Tarifzuständigkeit und Tarifeinheit im Betrieb

1. Industrieverbandsprinzip als freiwillige Organisationsform

Zunächst ist klarzustellen, daß das Industrieverbandsprinzip, das die Tarifzuständigkeit in den Satzungen der DGB-Gewerkschaften auf bestimmte Wirtschaftszweige begrenzt und im Interesse einer effektiven Gewerkschaftspolitik eine möglichst lückenlose Abgrenzung ihrer Tätigkeitsbereiche bewirken soll, zwar Ausdruck eines verbreiteten tarifpolitischen Wunschs nach einer Tarifein-

---

[15] *H. Wiedemann/Stumpf*, § 2 Rn. 33; *H. Wiedemann*, RdA 1975, S. 81 f.; zust. *Martens*, Anm. zu BAG vom 19.11.1985, SAE 1987, S. 9; *Reuter*, Anm. zu BAG vom 19.11.1985, AP Nr. 4 zu § 2 TVG Tarifzuständigkeit, Bl. 10R.

[16] *H. Wiedemann*, RdA 1975, S. 81 f.

[17] Unten § 12 A II 2 c.

[18] Das BAG hat sich mit der Tarifzuständigkeit eines Arbeitgeberverbands noch nicht befassen müssen, vgl. die in der AP veröffentlichten Entscheidungen des BAG zu § 2 TVG Tarifzuständigkeit.

[19] Zur Tarifzuständigkeit der Arbeitgeberverbände etwa *Buchner*, ZfA 1995, S. 104 f.

heit im Betrieb, aber nach heute herrschender und richtiger Ansicht des *BAG*[20] und des Schrifttums[21] trotz aller Vorteile[22] kein zwingender Rechtsgrundsatz ist. Eine früher verschiedentlich vertretene Auffassung, die entgegen der tarifpolitischen Realität, die Fachgewerkschaften wie die DAG (seit 1945) vor Gründung des DGB (1949) kannte, den Aufbau eines reinen Industriegewerkschaftssystems gefordert hatte[23], ist in der modernen Literatur[24] nur selten aufgegriffen worden. Die Befürchtung im Schrifttum, eine Schwächung oder Abschaffung des Industrieverbandsprinzips könne zu einer Zersplitterung der Gewerkschaften und damit zu einer Beeinträchtigung ihrer Gegenmächtigkeit führen[25], ist ebenfalls auf wenig Resonanz gestoßen. Es ist festzuhalten, daß es keinen Rechtsgrundsatz gibt, der festschreibt, daß einzelne Betriebe nur von der Tarifzuständigkeit einer einzigen Gewerkschaft erfaßt werden dürfen (Tarifeinheit im Betrieb), um Tarifkonkurrenzen oder Tarifpluralität auszuschließen. Es

---

[20] BAG AP Nr. 1 zu § 2 TVG Tarifzuständigkeit, Bl. 3R; AP Nr. 4 zu § 2 TVG Tarifzuständigkeit, Bl. 7R; vgl. auch AP Nr. 7 zu § 2 TVG Tarifzuständigkeit, Bl. 3R; AP Nr. 8 zu § 2 TVG Tarifzuständigkeit, Bl. 3; AP Nr. 10 zu § 2 TVG Tarifzuständigkeit, Bl. 4R; AP Nr. 11 zu § 2 TVG Tarifzuständigkeit, Bl. 3; Beschluß vom 24.7.1990 – 1 ABR 92/89 (n.v.), S. 13; LAG Düsseldorf, Beschluß vom 1.3.1996 – 9 TaBV 78/95 (n.v.), S. 14.

[21] *Biedenkopf*, S. 89 f.; *Blank*, S. 113; *Bruhn*, Tarifeinheit, S. 188 f.; *Buchner*, ZfA 1995, S. 100 f.; *Däubler*, TVR, Rn. 87; *Delheid*, S. 40; *Dietz*, FS Nikisch, S. 40 f.; *von Eisenhart Rothe*, S. 40 f.; *Gamillscheg*, Arbeitsrecht, Bd. 1, § 14 II 2 b (1); *ders.*, Grundrechte, S. 100; *Gramm*, AR-Blattei (D), Tarifvertrag XII, A 4; *Heinze*, DB 1997, S. 2122; *Henssler*, FS Schaub, S. 324 f., 330; *Hromadka/Maschmann/Wallner*, Rn. 26 f.; *Kempen/Zachert*, § 4 Rn. 119; *Konzen*, ZfA 1975, S. 433 f.; *ders.*, RdA 1978, S. 153; *Kraft*, FS Schnorr von Carolsfeld, S. 257 f.; *ders.*, RdA 1992, S. 161; *Kutscher*, S. 8 ff., 30 ff.; *Lieb*, Arbeitsrecht, Rn. 525; *Memminger*, S. 54 und passim; *Nikisch*, Bd. 2, S. 65 f., 239; *Ostrop*, S. 35; *Richardi*, Kollektivgewalt, S. 160; *ders.*, gem. Anm. zu BAG vom 17.2.1970 und 17.2.1970, AP Nr. 2, 3 zu § 2 TVG Tarifzuständigkeit, Bl. 6R; *Rieble*, Anm. zu BAG vom 14.6.1994, SAE 1995, S. 78; *ders.*, Rn. 1307; *Säker/Oetker*, ZfA 1993, S. 10 f.; *Sbresny-Uebach*, AR-Blattei (D), Tarifvertrag II A, II 2 a; HBdStR-*Scholz*, Bd. VI, § 151 Rn. 58; *P.G. Schröder*, S. 101, 104, 106, 113 f., 132 f.; *Wank/Ramrath*, NZA 1993, S. 347; *H. Wiedemann/Stumpf*, § 2 Rn. 29 f., 168 f.; *Wieland*, S. 144 f.; wohl auch *Bobrowski/D. Gaul*, Bd. 2, M II Rn. 26 f.

[22] Dazu etwa *Kreuder*, KritV 1994, S. 289 ff.

[23] *Meissinger*, DB 1950, S. 313; *ders.*, RdA 1951, S. 48; LAG München AP 1950 Nr. 1 (Ls.); AP 1953 Nr. 150; AP 1953 Nr. 272 (Ls.); vgl. auch *Gumpert*, Anm. zu BAG vom 19.12.1958 und 19.12.1958, BB 1959, S. 488.

[24] *D. Gaul*, ZTR 1991, S. 449 (Industrieverbandsprinzip als „geltendes Rechtsgebot", „gewohnheitsrechtliche Anerkennung" des Industrieverbandsprinzips); ferner *ders.*, Anm. zu LAG Düsseldorf vom 7.10.1981, EzA § 3 TVG Nr. 3, S. 21 f.; vgl. auch *Kania*, DB 1996, S. 1921 f.

[25] *Kempen/Zachert*, § 2 Rn. 56; vgl. ferner *H. Wiedemann*, RdA 1975, S. 81 f.; *H. Wiedemann/Stumpf*, § 2 Rn. 33.

bleibt bei der durch Art. 9 Abs. 3 GG verbürgten Autonomie der Einzelgewerkschaften.

2. Tarifzuständigkeit der DGB-Gewerkschaften und Tarifeinheit im Betrieb

a) Industrieverbandsprinzip als Ausdruck der erwünschten Tarifeinheit im Betrieb

aa) DGB-Satzung

Tarifpolitisch vorherrschend sind die Einzelgewerkschaften des DGB. Maßgebliche Richtschnur bei der Festlegung ihrer Tarifzuständigkeit ist das Industrieverbandsprinzip, welches im Text der DGB-Satzung zwar nicht ausdrücklich erwähnt wird, das sich aber in ihr und auch in den Satzungen der Mitgliedsgewerkschaften mindestens mittelbar niedergeschlagen hat. Nach § 2 Nr. 4 h DGB-Satzung gehört zu den Organisationsaufgaben des DGB „die Abgrenzung und Änderung der Organisationsgebiete der Gewerkschaften". Maßgebliches Kriterium zur Organisationsabgrenzung ist nach entsprechenden Richtlinien des DGB, die nach § 15 Nr. 1 Satz 1 DGB-Satzung deren Bestandteil sind, die Beachtung des Prinzips „ein Betrieb – eine Gewerkschaft"[26]. Ergänzend ist in § 15 Nr. 2 DGB-Satzung niedergelegt, daß die Organisationsbereiche der Mitgliedsgewerkschaften „nur in Übereinstimmung mit den betroffenen Gewerkschaften und nach Zustimmung des Bundesausschusses geändert werden" können. Nach einer Bestimmung in den Richtlinien soll das Verfahren nach § 15 Nr. 2 DGB-Satzung Wirksamkeitsvoraussetzung der Satzungsänderung sein[27]. § 16 DGB-Satzung sieht flankierend ein Schiedsverfahren über Streitigkeiten der Mitgliedsgewerkschaften vor, die trotz Vermittlung des Bundesausschusses des DGB nicht geschlichtet werden konnten[28]. Die erwähnten Richtlinien messen dem Schiedsspruch verbindliche Außenwirkung zu[29]. In § 3 DGB-Satzung ist darüber hinaus niedergelegt, daß in den DGB nur solche Ge-

---

[26] Ziffer 2 a) der DGB-Richtlinien für die Abgrenzung von Organisationsbereichen und die Veränderung der Organisationsbezeichnung vom 11.3.1992.

[27] Ziffer 1 b) der DGB-Richtlinien für die Abgrenzung von Organisationsbereichen und die Veränderung der Organisationsbezeichnung vom 11.3.1992.

[28] Der mit dem DGB nur bedingt vergleichbare CGB entscheidet Streitigkeiten unter den Mitgliedsverbänden im Hauptausschuß, Beschwerdefälle entscheidet der nächste Bundeskongreß, der auch ein besonderes Schiedsgericht einsetzen kann (§ 14 CGB-Satzung).

[29] Ziffer 1 e) der DGB-Richtlinien für die Abgrenzung von Organisationsbereichen und die Veränderung der Organisationsbezeichnung vom 11.3.1992.

werkschaften aufgenommen werden können, die die DGB-Satzung anerkennen und deren Satzungen der DGB-Satzung nicht widersprechen (Nr. 1), daß die Mitgliedsgewerkschaften des DGB dessen Satzung einzuhalten und die Beschlüsse seiner Organe (Bundeskongreß, Bundesausschuß, Bundesvorstand) durchzuführen haben (Nr. 3) und daß eine Mitgliedsgewerkschaft, die der DGB-Satzung zuwiderhandelt, gegen die Beschlüsse der DGB-Organe verstößt, sich einem Schiedsverfahren nicht stellt oder den Spruch des Schiedsgerichts nicht anerkennt, aus dem DGB ausgeschlossen werden kann (Nr. 4).

bb) Satzungen der Mitgliedsgewerkschaften

Einige DGB-Gewerkschaften, aber nicht alle, verpflichten sich nach Maßgabe des § 3 Nr. 3 DGB-Satzung statutarisch, die DGB-Satzung einzuhalten[30] oder Beschlüsse des DGB durchzuführen[31]. Vereinzelt werden bei Zuständigkeitsüberschneidungen mit Schwestergewerkschaften „einvernehmliche Regelungen über die Organisationsabgrenzung" angestrebt[32]. Unverbindlicher als solche Bestimmungen sind der nach manchen Satzungen vorgeschriebene Hinweis an die Gewerkschaftsmitglieder auf eine veränderte Tarifzuständigkeit[33] oder die Empfehlung, beim Ausscheiden des Betriebs aus dem Organisationsbereichs einer DGB-Gewerkschaft in die branchenmäßig zuständige Gewerkschaft überzutreten[34], formuliert. Entsprechende Regelungen fehlen aber in vielen Satzungen, die nicht mehr als einen bloßen Hinweis auf die Mitgliedschaft im DGB enthalten[35], zum Teil überdies unter ausdrücklicher Wahrung der „organisatorischen Selbständigkeit" gegenüber dem DGB[36] oder mit dem Vorbehalt, daß Umstrukturierungen im Zuständigkeitsbereich der Gewerkschaft nicht zur Aufhebung der Zuständigkeit führen sollen[37]. Umgekehrt wird nach Vorgabe der genannten Richtlinien zu § 15 DGB-Satzung nur ausnahmsweise der Zu-

---

[30] § 3 Nr. 1 ehemalige GTB-Satzung; § 2 Nr. 1 Satz 2 HBV-Satzung; § 11 Satz 1 NGG-Satzung.

[31] § 59 Satz 1 ehemalige IG CPK-Satzung; § 32 Abs. 1 IG Metall-Satzung; § 11 Satz 1 NGG-Satzung.

[32] § 2 Abs. 3 Satz 2 NGG-Satzung.

[33] § 6 Nr. 1 IG Metall-Satzung.

[34] § 8 GdED-Satzung; § 6 Nr. 1 ehemalige GTB-Satzung; § 7 Nr. 1 HBV-Satzung; § 8 Abs. 1 IG Medien-Satzung.

[35] § 3 Nr. 1 Satz 2 IG BAU-Satzung; § 2 IG BCE-Satzung; § 1 Abs. 2 GdP-Satzung; § 1 Nr. 2 a) GdED-Satzung; § 1 Nr. 2 GEW-Satzung; § 34 IG Medien-Satzung; § 1 Nr. 1 Satz 2 ÖTV-Satzung.

[36] § 1 Nr. 3 Satz 1 DPG-Satzung.

[37] § 1 Nr. 3 Satz 2 IG BCE-Satzung.

sammenschluß aller Arbeitnehmer des entsprechenden Organisationsbereichs nach dem Prinzip „Ein Betrieb – eine Gewerkschaft" sogar satzungsmäßig ausdrücklich angestrebt[38]. Zu beachten ist schließlich, daß manche Satzungen – insbesondere im Bereich des öffentlichen Dienstes – Elemente des Berufsverbandsprinzips enthalten[39]: Die IG Medien ist zum Beispiel nicht nur für alle Arbeitnehmer in der Druckindustrie tarifzuständig (z.B. für den Koch in der Kantine einer Druckerei), sondern darüber hinaus für alle Journalisten, unabhängig davon, in welchen Betrieben sie beschäftigt sind. Das Industrieverbandsprinzip ist also selbst im DGB nicht konsequent umgesetzt.

b) Abgrenzung nach Branchen nur nach Maßgabe der Einzelsatzungen

Daraus wird deutlich, daß das Industrieverbandsprinzip innerhalb des DGB nur nach Maßgabe der Satzungen der einzelnen Mitgliedsgewerkschaften gilt. Einheitliche Kriterien, nach denen die Ausgestaltung der Tarifzuständigkeit vorgenommen werden kann, existieren aber nicht. Allgemein und umfassend formulieren diejenigen Statuten, die die Tarifzuständigkeit auf Arbeitnehmer bestimmter „Wirtschaftszweige"[40] oder „Branchen"[41] beziehen. Nicht wenige Mitgliedsgewerkschaften verstehen das Industrieverbandsprinzip betriebs-, unternehmens- und konzernbezogen, wenn die Tarifzuständigkeit alle Arbeitnehmer, die ein Betrieb, Unternehmen oder Konzern der einschlägigen Branche beschäftigt, umfaßt[42]. Nach traditionellem Verständnis, das sich in reiner Form in den Einzelsatzungen immer seltener widerspiegelt, ist das Industrieverbandsprinzip freilich auf den Betrieb beschränkt, wie das alte Schlagwort „Ein Betrieb, eine Gewerkschaft" erkennen läßt: Die Tarifzuständigkeit erstreckt sich dann regelmäßig auf alle Arbeitnehmer in Betrieben der einschlägigen Branche ohne Rücksicht auf ihre berufliche Ausrichtung (z.B. auf Kantinenköche in Metallbetrieben)[43]. Da § 3 Abs. 2, § 8 TVG den Begriff des Betriebs zwar im-

---

[38] § 5 Nr. 2 Satz 1 HBV-Satzung.

[39] Vgl. § 6 Nr. 3, 4 GEW-Satzung; § 1 Abs. 3 GdP-Satzung; § 3 Nr. 1, 2 IG Medien-Satzung; vgl. ferner *Blank*, S. 25, 116 f.; *Bösche/Kirchgäßner/Trautwein/Rose/F. Schmidt*, GMH 1996, S. 20; *Gamillscheg*, Arbeitsrecht, Bd. 1, § 14 II 2 b (1); MünchArbR-*Löwisch*, Bd. 3, § 241 Rn. 22.

[40] § 3 Abs. 1 IG Medien-Satzung; § 2 Nr. 1 IG BAU-Satzung; § 4 Einleitungssatz HBV-Satzung.

[41] § 2 Nr. 2 ehemalige GTB-Satzung.

[42] § 1 Abs. 2 ehemalige IG CPK-Satzung; § 1 Nr. 3 Satz 1 IG BCE-Satzung; § 1 Nr. 2 a), d) DPG-Satzung; § 2 Abs. 1 a) NGG-Satzung.

[43] § 3 Nr. 1 IG Metall-Satzung; vgl. auch § 2 Nr. 2 ehemalige GTB-Satzung.

merhin erwähnen, der Gesetzgeber auf eine eigenständige Legaldefinition des Betriebs und des Unternehmens im TVG aber verzichtet hat, lehnt sich die überwiegende Tarifpraxis bei der Bestimmung der Tarifzuständigkeit regelmäßig an den allgemeinen arbeitsrechtlichen Betriebs- und Unternehmensbegriff an[44]. Bei Mischbetrieben und Unternehmen mit mehreren branchenverschiedenen Betrieben entscheidet in Anlehnung an die Regeln zur Bestimmung der Tarifzuständigkeit beim Firmentarifvertrag das Gepräge[45].

Sämtliche der genannten Strukturmerkmale der Tarifzuständigkeit sind grundsätzlich zulässig. Sie fallen unter die durch Art. 9 Abs. 3 Satz 1 GG geschützte Satzungsautonomie der Gewerkschaften. Sie können Mehrfachzuständigkeiten und die Existenz mehrerer Gewerkschaften in einem Betrieb zur Folge haben. Als Ausgangspunkt ist daher festzuhalten, daß eine Tarifeinheit im Betrieb selbst für solche Tarifvertragsparteien, deren Organisationsstruktur dem Industrieverbandsprinzip folgt, keine zwingende Vorgabe für die Bestimmung der Tarifzuständigkeit sein kann. Eine Tarifeinheit im Betrieb für DGB-Gewerkschaften kann es faktisch nur geben, wenn diese ihre Tarifzuständigkeiten entsprechend ausrichten und voneinander abgrenzen.

c) § 15 Nr. 2, § 16 DGB-Satzung als Grenzen der Tarifzuständigkeit

Umstritten ist aber, ob die Tarifzuständigkeit einzelner Mitgliedsgewerkschaften durch Bestimmungen aus der Satzung des DGB (§ 15 Nr. 2, § 16 DGB-Satzung) begrenzt werden kann. Eine solche Einschränkung würde Mehrfachzuständigkeiten und in der Folge nicht nur Tarifkonkurrenzen, sondern auch Tarifpluralität ausschließen. § 15 Nr. 2, § 16 DGB-Satzung sind deshalb ebenfalls ein Problem der Tarifeinheit im Betrieb. Wer eine solche Begrenzung für zulässig hält, legt den Akzent auf einen starken Dachverband und hindert den Mitgliederwettbewerb zwischen den Einzelgewerkschaften, die auf den industriellen Strukturwandel mit einer Ausweitung der Tarifzuständigkeit reagieren. Im Zentrum des Streits steht das Schiedsverfahren nach § 16 DGB-Satzung. Uneinigkeit besteht aber auch über dessen Vorstufe, den Zustimmungsvorbehalt nach § 15 Nr. 2 DGB-Satzung.

---

[44] LAG München LAGE § 2 TVG Tarifzuständigkeit Nr. 1, S. 9 ff.; *Blank*, S. 117; *Buchner*, ZfA 1995, S. 112; *ders.*, DB 1997, S. 575; *Haase*, NZA 1988, Beilage Nr. 3., S. 16; vgl. auch *von Hoyningen-Huene*, NZA 1996, S. 618; *Hromadka/Maschmann/Wallner*, Rn. 47; *Kania*, DB 1995, S. 629; *Kempen/Zachert*, § 2 Rn. 67, § 4 Rn. 22; MünchArbR-*Löwisch*, Bd. 3 § 257 Rn. 6; *Löwisch/Rieble*, § 4 Rn. 30.

[45] Dazu näher unten § 12 A II 2 d.

aa) Satzungsänderung und Zustimmungsvorbehalt nach § 15 Nr. 2 DGB-Satzung

Nach § 15 Nr. 2 DGB-Satzung können die in den Satzungen der Mitgliedsgewerkschaften angegebenen Organisationsbereiche und Organisationsbezeichnungen nur in Übereinstimmung mit den betroffenen Gewerkschaften und nach Zustimmung des Bundesausschusses des DGB geändert werden. Während das Merkmal „in Übereinstimmung mit den betroffenen Gewerkschaften“ bislang nicht problematisiert worden ist, besteht Streit über die Frage, ob die „Zustimmung des Bundesausschusses des DGB“ Wirksamkeitsvoraussetzung einer Satzungsänderung einer Mitgliedsgewerkschaft ist.

Das *BAG* hat die Wirksamkeit einer solchen Begrenzung der Tarifzuständigkeit im „Allfloor“-Beschluß[46] noch verneint, in der „AGFA Gevaert“-Entscheidung aber ausdrücklich offengelassen[47]. Das arbeitsrechtliche Schrifttum ist uneinheitlich. Nach einer Ansicht soll zumindest ein besonders schwerwiegender Verstoß gegen § 15 Nr. 2 DGB-Satzung – etwa die Aufgabe des Industrieverbandsprinzips oder die Erklärung der Allzuständigkeit – die Unwirksamkeit der Satzungsänderung zur Folge haben[48]. Eine andere Auffassung erwägt, § 15 Nr. 2 DGB-Satzung mit Hilfe des Prinzips der Tarifeinheit im Betrieb in zwingendes Tarifrecht zu übersetzen und denkt an eine Parallele zu dem in den meisten Gewerkschaftssatzungen enthaltenen Erfordernis einer Urabstimmung vor Streikbeginn, das durch das ultima-ratio-Prinzip in zwingendes Arbeitskampfrecht transformiert worden sei[49]. Die herrschende Literaturmeinung[50] und das *LAG München*[51] sehen im Zustimmungsvorbehalt wegen der durch Art. 9 Abs. 3 Satz 1 GG geschützten Satzungsautonomie keine Wirksamkeitsvoraussetzung einer Satzungsänderung. Die Tarifzuständigkeit einer Mitgliedsgewerkschaft ergebe sich ausschließlich aus der eigenen Satzung, deren Inhalt der DGB unmittelbar nicht beeinflussen könne. Im Vereinsrecht hält man

---

[46] BAG AP Nr. 4 zu § 2 TVG Tarifzuständigkeit, Bl. 6R f.; anders wohl *H. Wiedemann/Stumpf*, § 2 Rn. 38.

[47] BAG AP Nr. 10 zu § 2 TVG Tarifzuständigkeit, Bl. 9.

[48] *Blank*, S. 131 f.

[49] *Reuter*, Anm. zu BAG vom 19.11.1985, AP Nr. 4 zu § 4 TVG Tarifzuständigkeit, Bl. 11R.

[50] *Kutscher*, S. 39 f.; MünchArbR-*Löwisch*, Bd. 3, § 248 Rn. 69; *Löwisch/Rieble*, § 2 Rn. 96; *Martens*, Anm. zu BAG vom 19.11.1985, SAE 1987, S. 9; *Rieble*, Rn. 1833; vgl. auch *Hess*, ZfA 1976, 51; im Ergebnis wohl auch *Reuter*, Anm. zu BAG vom 19.11.1985, AP Nr. 4 zu § 2 TVG Tarifzuständigkeit, Bl. 11R; kritisch ferner *Konzen*, FS Kraft, S. 310 ff.

[51] LAG München LAGE § 2 TVG Tarifzuständigkeit Nr. 1, S. 20.

mit Blick auf die Abdingbarkeit des § 33 Abs. 1 BGB (§ 40 BGB) Zustimmungsvorbehalte Dritter teilweise für unbedenklich, da sie mit den wesentlichen Grundsätzen des Vereinsrechts nicht in Widerspruch stünden[52]. Manche sehen die Grenze des Dritteinflusses erst überschritten, wenn der Verein nicht mehr „als vornehmlich von der Willensbildung und -betätigung seiner Mitglieder getragen angesehen werden“ könne[53].

Die Satzungsautonomie des Vereins ist freilich essentieller Bestandteil seiner Selbstbestimmung, so daß mit dem vereinsrechtlichen Schrifttum Zustimmungsvorbehalte Dritter nicht Wirksamkeitsvoraussetzung von Satzungsänderungen sein können[54]. Die Satzungsautonomie steht zwar weder rein faktischem Einfluß Dritter entgegen noch schließt sie jeglichen Dritteinfluß, etwa auf die Geschäftsführung, aus. Dritten verwehrt sie freilich die Möglichkeit einer unmittelbaren Satzungsgestaltung[55], die ausschließlich in die Kompetenz der Mitglieder- oder einer Delegiertenversammlung fällt[56]. Ihre Bedeutung für den „normalen“ Verein untermauert bei den Gewerkschaften Art. 9 Abs. 3 Satz 1 GG: § 15 Nr. 2 DGB-Satzung betrifft nicht beliebige Satzungsanpassungen der Mitgliedsgewerkschaften, sondern mit der Änderung von „Organisationsbereichen“ und damit der Reichweite des potentiellen Geltungsbereichs von Tarifverträgen (Tarifzuständigkeit) den Betätigungskern der Koalitionsfreiheit. Die Garantie des Art. 9 Abs. 3 Satz 1 GG umfaßt aber besonders, wie *BVerfG* und Literatur immer wieder betonen[57], den Abschluß von Tarifverträgen durch die Koalitionen für deren Mitglieder. Er ist essentieller und wesentlicher Zweck der kollektiven Koalitionsfreiheit[58].

Diesem Ergebnis steht auch eine Rechtsprechung des *BVerfG* („Bahá'í“)[59] und einiger Instanzgerichte[60] nicht entgegen, die mit teilweiser Billigung des

---

[52] *Mummenhoff*, S. 169 f.; *Sauter/Schweyer/Waldner*, Rn. 136.

[53] Staudinger-*Coing*, 12. Aufl., § 33 Rn. 8; *Dütz*, FS Herschel, S. 71 ff.; Soergel-*Hadding*, 12. Aufl., § 33 Rn. 7; Palandt-*Heinrichs*, § 25 Rn. 8, § 33 Rn. 2; Soergel-*Schultze-v. Lasaulx*, 11. Aufl., § 33 Rn. 3; Staudinger-*Weick*, 13. Bearb., § 33 Rn. 8.

[54] *Flume*, Juristische Person, § 7 I 3; *ders.*, JZ 1992, S. 240; *Reichert/van Look*, Rn. 429 i.V.m. 418b; *K. Schmidt*, § 5 I 3; RGRK-*Steffen*, § 33 Rn. 2; *Stöber*, Rn. 618; kritisch auch *Beuthien/Gätsch*, ZHR 156 (1992), S. 476 f.; *Schockenhoff*, AcP Bd. 193 (1993), S. 41 ff., 44 f.

[55] *K. Schmidt*, § 5 I 3.

[56] *Flume*, Juristische Person, § 7 I 3.

[57] Dazu unten § 21 A I 1 b bb bbb.

[58] BVerfG AP Nr. 2 zu § 57a HRG, Bl. 4R.

[59] BVerfGE 83, S. 341, 357 ff.; s. bereits BVerfGE 46, S. 73, 85.

[60] KG OLGZ 74, S. 385, 386 ff.; BayObLG, NJW 1980, S. 1756 f.; OLG Köln, NJW 1992, S. 1048, 1049; LG Aachen, DVBl. 1976, S. 914 f.

Schrifttums[61] Zustimmungsvorbehalte Dritter als Wirksamkeitsvoraussetzung einer Satzungsänderung bei religiösen Vereinen akzeptiert und sich dabei auf deren verfassungsrechtliche Sonderstellung (Art. 4 Abs. 1, 2, Art. 140 GG, Art. 137 WRV) und die Besonderheiten des Staatskirchenrechts beruft. Ein Zustimmungsvorbehalt mag dem normativen Gehalt der religiösen Vereinigungsfreiheit entsprechen und gewährleisten, daß sich der religiöse Verein als untergeordnete Teilgliederung in die „glaubensgebundene hierarchische innere Organisation von Religionsgemeinschaften" einfügt, um die Identität der Glaubenslehre und grundlegender glaubensbedingter Lebensführungspflichten zu wahren[62]. Die Argumentation läßt sich aber auf den DGB und seine Mitgliedsgewerkschaften nicht übertragen. Zwar genießen Gewerkschaften (Art. 9 Abs. 3 Satz 1 GG) ebenso wie religiöse Vereine (Art. 4 Abs. 1, 2, Art. 140 GG, Art. 137 WRV) einen besonderen, über Art. 9 Abs. 1 GG hinausgehenden verfassungsrechtlichen Schutz. Anders als bei religiösen Vereinen und ihren Teilgliederungen besteht zwischen dem DGB und den Mitgliedsgewerkschaften aber keine strenge Hierarchie „von oben nach unten". Tatsächlich unterwerfen sich die Mitgliedsgewerkschaften gerade nicht der Steuerung und Lenkung durch den DGB, sondern bestimmen umgekehrt dessen Politik. Der DGB als Dachverband ist abhängig vom Wohlwollen und den koalitionspolitischen Vorstellungen der einzelnen Mitgliedsgewerkschaften. Eine Steuerung vollzieht sich anders als in religiösen, hierarchisch gegliederten Organisationseinheiten „von unten nach oben". Der DGB ist deshalb mit einer religiösen Autorität wie einem „Geistigen Rat" oder einer Bischofskonferenz nicht vergleichbar. Zudem ist die Wahrung der Identität der Glaubenslehre für die Organisation, den Bestand und das Selbstverständnis religiöser Vereinigungen und ihrer Untergliederungen anders als das Industrieverbandsprinzip für die Gewerkschaften von existentieller Bedeutung.

Eine Lockerung der Satzungsautonomie kommt allenfalls dann in Betracht, wenn man den DGB mit der h.M.[63] als Vereinsverband – einen Zusammenschluß selbständiger (Mitglieds-)Vereine zur Verfolgung gemeinsamer Zwecke in einem Hauptverein (horizontale Gliederung)[64] – versteht. Die Frage, wieweit

---

[61] Z.B. *Reichert/van Look*, Rn. 429a; *Stöber*, Rn. 32, 618; Staudinger-*Weick*, 13. Bearb., § 33 Rn. 8.

[62] BVerfGE 83, S. 341, 359 ff.

[63] *Reichert*, Rn. 2678; *Reuter*, ZHR 151 (1987), S. 393; *Säcker*, Repräsentation, S. 9 f.

[64] Näher zum Vereinsverband, der einem Staatenbund ähnelt (*Reuter*, ZHR 151 [1987], S. 393), z.B. *Bär*, S. 181 ff.; Soergel-*Hadding*, 12. Aufl., Vor § 21 Rn. 54; *Reichert/van Look*, Rn. 2663 ff.; *Sauter/Schweyer/Waldner*, Rn. 323 ff.; RGRK-*Steffen*, Vor § 21 Rn. 25; *Stöber*, Rn. 873.

die Herrschaftsmacht des Hauptvereins in die rechtlich selbständigen Mitgliedsvereine hineinreicht, gilt freilich als „noch wenig geklärt“[65]. Nicht selten wird zwar unpräzise formuliert, die Mitgliedsvereine müßten regelmäßig einen „mehr oder minder großen Teil“ ihrer Autonomie an den Hauptverein abgeben, da ansonsten der mit dem Zusammenschluß erstrebte Zweck nicht zu erreichen sei[66]. Die Einschränkung der Autonomie habe lediglich den Mindestbestand an körperschaftlicher Selbstbestimmung und Organisation zu beachten[67]. Genauer wird man freilich nur selten, etwa wenn dem Hauptverein Zustimmungsrechte bei Satzungsänderungen der Mitgliedsvereine zugestanden werden, soweit deren Eigenleben nicht aufgehoben werde[68]. Auch beim Vereinsverband spricht aber einiges gegen die Zulässigkeit einer Autonomieverlagerung auf den Hauptverein. Der Anschluß eines Mitgliedsvereins an den Hauptverein berührt die rechtliche Selbständigkeit und die eigenständige Vereinsautonomie des Mitgliedsvereins nämlich nicht[69]. Die gemeinsame Zweckverfolgung verschiedener Mitgliedsvereine im Hauptverein ist vielmehr eine Frage der Vereinspolitik, die nicht immer erfolgreich sein muß. Beim DGB kommt die Akzentverlagerung durch Art. 9 Abs. 3 Satz 1 GG hinzu, die die Autonomie der Einzelgewerkschaften im Vergleich zu normalen Vereinen verstärkt.

Hält man mit dem *BAG* den Zustimmungsvorbehalt nach § 15 Nr. 2 DGB-Satzung als Wirksamkeitsvoraussetzung einer Satzungsänderung für zulässig, stellt sich in jedem Fall die Vorfrage, ob die Einzelsatzungen überhaupt Zustimmungsvorbehalte enthalten[70]. Daß sich der DGB selbst, der Dritter ist, einen solchen Vorbehalt einräumt, genügt nicht. Er muß mindestens auf dem Willen der Mitglieder der Einzelgewerkschaften beruhen. Ein ausdrücklich formulierter Zustimmungsvorbehalt findet sich indessen in keiner Einzelsatzung. In Betracht kommt deshalb nur eine Verweisung auf § 15 Nr. 2 DGB-

---

[65] *K. Schmidt*, § 24 III 1 c.

[66] *Sauter/Schweyer/Waldner*, Rn. 323; ähnlich Soergel-*Hadding*, 12. Aufl., Vor § 21 Rn. 54; *Reichert/van Look*, Rn. 2680; RGRK-*Steffen*, Vor § 21 Rn. 25; *Stöber*, Rn. 874.

[67] Soergel-*Hadding*, 12. Aufl., Vor § 21 Rn. 54; *Sauter/Schweyer/Waldner*, Rn. 323; RGRK-*Steffen*, Vor § 21 Rn. 25; kritisch *Bär*, S. 183.

[68] RGRK-*Steffen*, Vor § 21 Rn. 25.

[69] *Stöber*, Rn. 874; ähnlich *Reichert/van Look*, Rn. 2684; *Schaible*, S. 19.

[70] Beispiele dafür in BVerfGE 83, S. 341, 345 (§ 13 II: „Satzungsänderungen bedürfen der Genehmigung des Nationalen Geistigen Rates der Bahá'í in Deutschland e.V. Sie werden wirksam mit der Eintragung in das Vereinsregister.“); KG OLGZ 1974, S. 385 (sinngemäß § 11: Satzungsänderungen bedürfen der Genehmigung des bischöflichen Ordinariats); BayObLG, NJW 1982, S. 1756 (sinngemäß § 20: Satzungsänderungen bedürfen zu ihrer Rechtswirksamkeit der schriftlichen Genehmigung des Bischofs); OLG Köln, NJW 1992, S. 1048 (§ 10: „Beschlüsse über Satzungsänderungen ... bedürfen zu ihrer Rechtswirksamkeit der Zustimmung der deutschen Bischofskonferenz.“).

Satzung, die die Vorschrift zu einem Bestandteil der verweisenden Satzung machen würde. Solche Verweisungen in Vereinssatzungen sind grundsätzlich zulässig[71]. Läßt man die sinngemäße Verweisung genügen[72] und verzichtet auf die wörtliche Wiederholung der in Bezug genommenen Regelungen[73], muß die Verweisung wegen des Schutzes der Mitglieder des Vereins, dessen Satzung verweist, aber widerspruchsfrei, verständlich gefaßt und so hinreichend bestimmt sein, daß keine Zweifel darüber aufkommen, welche Bestimmungen der in Bezug genommenen Fremdsatzung gemeint sind[74].

An diesen Maßstäben sind auch die Satzungen der DGB-Gewerkschaften zu messen. Eine wörtliche Wiederholung des § 15 Nr. 2 DGB-Satzung oder mindestens ein bestimmter Verweis auf § 15 Nr. 2 DGB-Satzung ist aber in keiner Einzelsatzung enthalten, denen auch eine „sinngemäße Verweisung" überwiegend nicht entnommen werden kann. Sie ist weder im schlichten Hinweis auf die Mitgliedschaft im DGB[75] noch im Streben nach „einvernehmlichen Regelungen über die Organisationsabgrenzung" zu sehen[76], das nicht mehr als eine Goodwillerklärung ist. Andere Einzelsatzungen betonen sogar ausdrücklich die „organisatorische Selbständigkeit" gegenüber dem DGB[77] oder enthalten Vorbehalte, daß Umstrukturierungen im Zuständigkeitsbereich der Gewerkschaft nicht zur Aufhebung der Zuständigkeit führen sollen[78]. Daß die Richtlinien zu § 15 DGB-Satzung im Zustimmungsvorbehalt eine Wirksamkeitsvoraussetzung der – geänderten – Tarifzuständigkeit sehen[79], ändert für die Satzungen der Mitgliedsgewerkschaften nichts.

Als sinngemäße Verweisung auf § 15 Nr. 2 DGB-Satzung kommen alleine Satzungsbestimmungen der HBV und der NGG nach Maßgabe des § 3 Nr. 3 DGB-Satzung in Betracht, die DGB-Satzung sowie die Beschlüsse und Richtlinien des Bundeskongresses, des Bundesausschusses und des Bundesvorstandes

[71] S. nur *Reichert/van Look*, Rn. 297.

[72] So *Sauter/Schweyer/Waldner*, Rn. 132; *Reichert/van Look*, Rn. 297a.

[73] So aber *Stöber*, Rn. 34.

[74] Vgl. für den rechtsfähigen Verein OLG Hamm, NJW-RR 1988, S. 183; *Sauter/Schweyer/Waldner*, Rn. 132; *Reichert/van Look*, Rn. 297a.

[75] § 3 Nr. 1 Satz 2 IG BAU-Satzung; § 2 IG BCE-Satzung; § 1 Abs. 2 GdP-Satzung; § 1 Nr. 2 a) GdED-Satzung; § 1 Nr. 2 GEW-Satzung; § 34 IG Medien-Satzung; § 1 Nr. 1 Satz 2 ÖTV-Satzung.

[76] § 2 Abs. 3 Satz 2 NGG-Satzung.

[77] § 1 Nr. 3 Satz 1 DPG-Satzung.

[78] § 1 Nr. 3 Satz 2 IG BCE-Satzung.

[79] Ziffer 1 b) der DGB-Richtlinien für die Abgrenzung von Organisationsbereichen und die Veränderung der Organisationsbezeichnung vom 11.3.1992.

anzuerkennen[80] oder – pauschaler – die Satzung des DGB einzuhalten und dessen Beschlüsse durchzuführen[81]. Die Formulierung „Beschlüsse durchzuführen" spricht indes für eine innerverbandliche Selbstverpflichtung, nachträglich auf Maßnahmen des DGB – gegebenenfalls durch Satzungsänderung – zu reagieren. Es bleibt die Frage, ob die pauschale Anerkennung der DGB-Satzung als ausreichend bestimmte Verweisung auf § 15 Nr. 2 DGB-Satzung zu verstehen ist. Dagegen spricht aber nicht nur der Mitgliederschutz – die Mitglieder der Einzelgewerkschaften müssen erkennen können, welchen konkreten Inhalt deren jeweilige Satzungen haben –, sondern auch, daß die Mitgliedsgewerkschaften, die vornehmlich eigene koalitionspolitische Interessen verfolgen, konkrete Zustimmungsvorbehalte in ihren Satzungen tunlichst vermeiden.

Noch deutlicher ist das Ergebnis, wenn man auf den Charakter des DGB als Vereinsverband abstellt. Dort begnügt man sich als Voraussetzung einer Autonomieverlagerung nur vereinzelt mit einer Inkorporation der entsprechenden Vorschriften der Hauptvereinssatzung in die Satzungen der Mitgliedsvereine durch „wörtliche, sinngemäße oder durch bestimmte Verweisung"[82]. Überwiegend fordert das Schrifttum entweder eine „Doppelverankerung" der entsprechenden Vorschriften in beiden Satzungen[83] oder verlangt mindestens die Aufnahme einer nicht näher beschriebenen „Abhängigkeitsklausel" in die Satzungen der Mitgliedsvereine[84]: In den Satzungen des DGB und seiner Mitgliedsgewerkschaften sucht man beide vergebens.

bb) Wirkung des DGB-Schiedsspruchs nach § 16 DGB-Satzung

Nach § 16 Nr. 1 DGB-Satzung sind Streitigkeiten zwischen einzelnen Mitgliedsgewerkschaften des DGB nach einem Schlichtungsversuch durch den Bundesvorstand durch Schiedsverfahren zu entscheiden. Die zu § 16 DGB-Satzung verabschiedeten Richtlinien messen dem Schiedsspruch verbindliche Außenwirkung zu[85]. Dessen Wirkung, die einer Doppelzuständigkeit von DGB-Gewerkschaften entgegensteht und damit eine Tarifeinheit im Betrieb erzwingen könnte, wird noch kontroverser als der Zustimmungsvorbehalt in § 15 Nr. 2

[80] § 2 Nr. 1 Satz 2 HBV-Satzung.

[81] § 11 Satz 1 NGG-Satzung.

[82] *Sauter/Schweyer/Waldner*, Rn. 323.

[83] *Reichert/van Look*, Rn. 2680.

[84] RGRK-*Steffen*, Vor § 21 Rn. 25.

[85] Ziffer 1 der DGB-Richtlinien für die Abgrenzung von Organisationsbereichen und die Veränderung der Organisationsbezeichnung vom 11.3.1992.

DGB-Satzung diskutiert. Zu erörtern sind darüber hinaus die Verbindlichkeit des Schiedsspruchs auch für die Arbeitgeberseite und schließlich die Rechtslage bei Unterbleiben eines Schiedsverfahrens.

aaa) Verbindlichkeit für DGB-Gewerkschaften

Der *1. Senat* des *BAG* hat dem DGB in einer frühen Entscheidung zugestanden, die Mitgliedsgewerkschaften zu einer aufeinander abgestimmten Satzungsgestaltung „anzuregen"[86]. Später hat das Gericht in mehreren Beschlüssen ausgeführt, daß der Schiedsspruch nach § 16 DGB-Satzung die Satzung der Einzelgewerkschaften authentisch interpretiere, gegebenenfalls ergänze und dadurch rechtlich bindend über die Tarifzuständigkeit der streitenden Gewerkschaften entscheide[87]: Eine Doppelzuständigkeit mehrerer Gewerkschaften für einen Betrieb sei insoweit ausgeschlossen. Diese Kompetenz der Schiedsstelle folge aus einer „Treueverpflichtung" der Mitgliedsgewerkschaften gegenüber dem DGB. Der Schiedsspruch sei zudem satzungsmäßig durch den Beitritt zum DGB und durch die in der Anerkennung der DGB-Satzung liegende Selbstbeschränkung, die durch den Grundsatz der Vereinsautonomie nicht ausgeschlossen sei, legitimiert. Die Selbstbeschränkung sei unbedenklich, da sie dem legitimen Ziel diene, durch den Zusammenschluß in einem Dachverband eine möglichst effektive Gewerkschaftsarbeit betreiben zu können.

Im arbeitsrechtlichen Schrifttum ist diese Judikatur zum Teil pauschal gebilligt worden[88]. Andere Autoren stimmen dem *BAG* zumindest im Ergebnis zu. Sie berufen sich entweder auf eine „verbands-gewohnheitsrechtliche" Ergänzung der Satzungen", da „in über 40 Jahren immer so verfahren worden" sei, betonen die sonst drohende Relativierung der Einheitsgewerkschaft als einer zulässigen Organisationsform[89] oder stellen die Zukunft des DGB bei der Unverbindlichkeit des Schiedsverfahrens in Frage[90]. Manche stellen darauf ab, daß

[86] BAG AP Nr. 1 zu § 2 TVG Tarifzuständigkeit, Bl. 3R.

[87] BAG AP Nr. 3 zu § 2 TVG Tarifzuständigkeit, Bl. 4R; AP Nr. 5 zu § 2 TVG Tarifzuständigkeit, Bl. 2R f.; AP Nr. 10 zu § 2 TVG Tarifzuständigkeit, Bl. 4R ff., insb. Bl. 5; AP Nr. 11 zu § 2 TVG Tarifzuständigkeit, Bl. 4R.

[88] *Blank*, S. 64 ff., 136 ff. und passim; *Gamillscheg*, Arbeitsrecht, Bd. 1, § 14 II 2 b (3); *ders.*, AuR 1998, S. 201; *Hromadka/Maschmann/Wallner*, Rn. 28; *Konzen*, ZfA 1972, S. 136; *Richardi*, gem. Anm. zu BAG vom 17.2.1970 und 17.2.1970, AP Nr. 2, 3 zu § 2 TVG Tarifzuständigkeit, Bl. 7; *Schaub*, Handbuch, § 199 I 6 a; *Stein*, Rn. 69; *H. Wiedemann*, RdA 1975, S. 82; *H. Wiedemann/Stumpf*, § 2 Rn. 38.

[89] *Däubler*, TVR, Rn. 88 f.

[90] *Lang/Schaaf*, GMH 1997, S. 315 f.

der Schiedsspruch „nicht satzungsrechtsgestaltend, sondern nur tarifpolitisch handlungsleitend“ wirke: Im Überschneidungsbereich sei die Zuständigkeit der einen Gewerkschaft suspendiert, weil und solange der anderen Gewerkschaft durch den Schiedsspruch ein Kompetenzvorrang zugesprochen sei, aus dem ein verbandsinterner Tarifunterlassungsanspruch resultiere, ein Eingriff in deren Satzungsrecht mithin nicht vorliege[91]. Wegen der „Außenwirkung“ des Schiedsspruches für Dritte könnten darüber hinaus schiedsspruchwidrige Tarifverträge nicht wirksam abgeschlossen werden[92].

Eine starke Literaturmeinung[93] und die Instanzrechtsprechung[94] lehnen die *BAG*-Rechtsprechung mit Blick auf die durch Art. 9 Abs. 3 Satz 1 GG geschützte Satzungsautonomie zu Recht ab. Dem DGB ist die Durchsetzung ordnungspolitischer Interessen (Tarifeinheit im Betrieb) mit Hilfe des Schiedsverfahrens verwehrt. Die Interessen des DGB müssen mit denen der Einzelgewerkschaften nicht konform sein. Selbst der DGB sieht offenbar keine unmittelbare Außenwirkung des Schiedsspruchs. Andernfalls wäre § 3 Nr. 4 DGB-Satzung überflüssig, der einen Verbandsausschluß vorsieht, wenn sich eine Mitgliedsgewerkschaft dem Schiedsverfahren nicht stellt oder den Schiedsspruch nicht anerkennt.

Ein Blick in das vereinsrechtliche Schrifttum, das eine Übertragung der Satzungsänderungskompetenz auf außenstehende Dritte noch skeptischer als bloße Zustimmungsvorbehalte beurteilt und ebenfalls den hohen Stellenwert der Satzungsautonomie und der Mitgliederinteressen[95] betont, stützt diesen Befund. Eine Kompetenz zur Satzungsänderung durch außenstehende Dritte ist ausgeschlossen. Sie würde eine Selbstentmündigung des Vereins bedeuten. Die Willensbildung durch eigene Organe – wenn auch nicht notwendig durch die Mit-

---

[91] *Kempen/Zachert*, Rn. 114 ff.

[92] *Kempen/Zachert*, Rn. 116 a.E.

[93] *Hess*, ZfA 1976, S. 53; *Löwisch/Rieble*, § 2 Rn. 97 ff.; MünchArbR-*Löwisch*, Bd. 3, § 248 Rn. 71 ff.; *Martens*, Anm. zu BAG vom 19.11.1985, SAE 1987, S. 9; *Reuter*, Anm. zu BAG vom 19.11.1985, AP Nr. 4 zu § 2 TVG Tarifzuständigkeit, Bl. 11 f.; *Rieble*, Rn. 1834 ff.; *Weyand*, Anm. zu BAG vom 22.11.1988, SAE 1991, S. 324 f.; wohl auch *Konzen*, ZfA 1975, S. 433 f.; kritisch ferner *Heinze*, DB 1997, S. 2122, 2125, 2126; *Konzen*, FS Kraft, S. 313; *Salje*, Anm. zu BAG vom 20.3.1991, SAE 1993, S. 81.

[94] LAG Hamm LAGE Art. 9 GG Arbeitskampf Nr. 4, S. 12: „verbandsinterne“ Wirkung; LAG München LAGE § 2 TVG Tarifzuständigkeit Nr. 1, S. 20 f.

[95] *Flume*, Juristische Person, § 7 I; Soergel-*Hadding*, 12. Aufl., § 33 Rn. 7; Palandt-*Heinrichs*, § 33 Rn. 2; *Reichert/van Look*, Rn. 418b; MünchKomm-*Reuter*, § 33 Rn. 5 f.; *K. Schmidt*, § 5 I 3; RGRK-*Steffen*, § 33 Rn. 2; Soergel-*Schultze-v. Lasaulx*, 11. Aufl., § 33 Rn. 3; *Stöber*, Rn. 619; ähnlich *Sauter/Schweyer/Waldner*, Rn. 136; OLG Frankfurt a.M., NJW 1983, S. 2576; anders *Mummenhoff*, S. 169 f.

gliederversammlung – ist für rechtlich verselbständigte Personenvereinigungen wie Vereine als juristische Personen elementar.

Für die Beurteilung von § 16 DGB-Satzung kommt es aber ohnehin ebenfalls darauf an, ob die Satzungen der einzelnen DGB-Mitgliedsgewerkschaften ausdrückliche Regelungen zur Übertragung einer Satzungsänderungskompetenz auf den Bundesausschuß des DGB enthalten. Das ist indes wie beim Zustimmungsvorbehalt nicht der Fall. Erneut kommt allenfalls die Interpretation bestimmter Einzelregelungen als Verweisung auf § 16 DGB-Satzung in Betracht. Dafür scheiden Satzungsvorschriften, die „einvernehmliche Regelungen über die Organisationsabgrenzung“[96] anstreben, genauso aus wie der bloße Hinweis auf die Mitgliedschaft im DGB[97]. Wieder ist umgekehrt an die Satzungen zu erinnern, die die „organisatorische Selbständigkeit“ gegenüber dem DGB betonen[98] oder den Vorbehalt enthalten, daß Umstrukturierungen im Zuständigkeitsbereich der Gewerkschaft nicht zur Aufhebung der Zuständigkeit führen sollen[99]. Auch daß die DGB-Richtlinien dem Schiedsspruch verbindliche Außenwirkung zumessen[100], läßt diese Beurteilung unberührt.

Es bleibt die satzungsmäßige Selbstverpflichtung nach Maßgabe des § 3 Nr. 3 DGB-Satzung, die DGB-Satzung sowie die Beschlüsse und Richtlinien des Bundeskongresses, des Bundesausschusses und des Bundesvorstandes anzuerkennen[101] oder – weniger konkret – die Satzung des DGB einzuhalten und dessen Beschlüsse durchzuführen[102]. § 2 Nr. 1 Satz 2 HBV-Satzung nennt zwar Bundeskongreß, Bundesausschuß und Bundesvorstand, erwähnt aber gerade nicht das Schiedsgericht des DGB. Nach § 11 Satz 1 NGG-Satzung sind die Beschlüsse „des DGB“ durchzuführen. Auch hier ist das Schiedsgericht nicht erwähnt. Dessen Spruch ist aber kein Beschluß „des DGB“. Die Selbstverpflichtung zur nachträglichen Durchführung eines DGB-Beschlusses spricht zudem gegen eine unmittelbare Wirkung des Schiedsspruchs. Schließlich genügt auch die unbestimmte Verpflichtung, die DGB-Satzung einzuhalten, mit Blick auf den Schutz der Mitglieder der Einzelgewerkschaften, deren Interessen durch

---

[96] § 2 Abs. 3 Satz 2 NGG-Satzung.

[97] § 3 Nr. 1 Satz 2 IG BAU-Satzung; § 2 IG BCE-Satzung; § 1 Abs. 2 GdP-Satzung; § 1 Nr. 2 a) GdED-Satzung; § 1 Nr. 2 GEW-Satzung; § 34 IG Medien-Satzung; § 1 Nr. 1 Satz 2 ÖTV-Satzung.

[98] § 1 Nr. 3 Satz 1 DPG-Satzung.

[99] § 1 Nr. 3 Satz 2 IG BCE-Satzung.

[100] Ziffer 1 b) der DGB-Richtlinien für die Abgrenzung von Organisationsbereichen und die Veränderung der Organisationsbezeichnung vom 11.3.1992.

[101] § 2 Nr. 1 Satz 2 HBV-Satzung.

[102] § 11 Satz 1 NGG-Satzung.

eine Satzungsänderungskompetenz des Schiedsgerichts noch stärker berührt sind als durch einen Zustimmungsvorbehalt des Bundesausschusses, nicht.

bbb) Verbindlichkeit für die Arbeitgeberseite

Nach Auffassung des *BAG*[103] und eines Teils des Schrifttums[104] wird im Schiedsverfahren nach § 16 DGB-Satzung die Tarifzuständigkeit „auch für den tariflichen Gegenspieler bindend geklärt". Die Arbeitgeberseite dürfte demnach eine vom Schiedsgericht für tarifzuständig erklärte Gewerkschaft nicht mehr als unzuständig behandeln. Das ist im Ergebnis nur dann richtig, wenn die vor dem Schiedsgericht unterlegene Gewerkschaft ihre Tarifzuständigkeit nach Maßgabe des Schiedsspruchs ändert. Beharrt sie dagegen auf ihrer Tarifzuständigkeit, darf sie der Arbeitgeber weiterhin als tarifzuständig für seinen Betrieb in Anspruch nehmen: Eine Außenwirkung des Schiedsspruches für Außenstehende, die organisatorisch nicht einmal in den DGB eingebunden sind, gibt es nicht.

ccc) Fehlen eines Schiedsspruchs

Da dem Schiedsspruch des DGB keine unmittelbar gestaltende Wirkung für die Satzungen der Einzelgewerkschaften zukommt, ist es auch unerheblich, ob die streitenden Gewerkschaften ein Schiedsverfahren bereits eingeleitet haben oder ob es ganz unterbleibt. In jedem Fall bleibt es bei der Doppelzuständigkeit der konkurrierenden Gewerkschaften mit den Folgen einer Tarifpluralität oder von Tarifkonkurrenzen.

Aus Sicht des *BAG*, das dem Schiedsspruch Außenwirkung beimißt, stellt sich freilich die Frage, wie zu verfahren ist, wenn die streitenden Gewerkschaften das in der DGB-Satzung vorgesehene Schiedsverfahren noch nicht eingeleitet haben oder auf das Schiedsverfahren ganz verzichten. Im Beschluß vom 12.11.1996 hat der *1. Senat* diese Frage dahingehend beantwortet, daß eine Doppelzuständigkeit der streitenden Gewerkschaften auch in diesem Fall ausgeschlossen sei[105]. Der Ausschluß der Doppelzuständigkeit bereits vor Einleitung

---

[103] S. etwa BAG AP Nr. 3 zu § 2 TVG Tarifzuständigkeit, Bl. 4R; AP Nr. 10 zu § 2 TVG Tarifzuständigkeit, Bl. 5.

[104] *Däubler*, TVR, Rn. 88; *Kempen/Zachert*, § 2 Rn. 114, 116; a.A. *Buchner*, Anm. zu BAG vom 22.11.1988, AR-Blattei (D), Tarifvertrag II A, Tariffähigkeit und Tarifzuständigkeit, Entscheidungen 2; *Heinze*, DB 1997, S. 2122 ff., 2126; *Kraft*, Anm. zu BAG vom 17.2.1970, SAE 1971, S. 189.

[105] BAG AP Nr. 11 zu § 2 TVG Tarifzuständigkeit, Bl. 4R f.

eines Schiedsverfahrens folge aus einer „sachgerechten Auslegung“ der DGB-Satzung nach ihrem erkennbaren Sinn und systematischen Zusammenhang, wonach es bei Zuständigkeitsstreitigkeiten bis zu einer „endgültigen Konfliktlösung“ bei der alleinigen Tarifzuständigkeit derjenigen Gewerkschaft bleiben müsse, die vor der Entstehung der Konkurrenzsituation als zuständig angesehen worden war, so daß sich alle Beteiligten darauf einstellen könnten[106]. Der Zusammenhang der „entsprechenden Bestimmungen“ mache deutlich, daß im DGB nicht einmal eine vorübergehende Doppelzuständigkeit gewollt sei, weil diese zu einer wesentlichen Beeinträchtigung des Grundsatzes „Ein Betrieb – eine Gewerkschaft“ und damit zu erheblicher Rechtsunsicherheit für die tarifliche Gegenseite führen würde[107]. Daß die Gewerkschaft tarifzuständig bleibe, die es schon bislang war und deren Organisationsgrad im umstrittenen Betrieb zudem regelmäßig höher sei, entspreche „dem allgemeinen Rechtsverständnis und der Zweckmäßigkeit“[108]. Die vorübergehende Beschränkung der Satzungsautonomie der Gewerkschaft, deren Tarifzuständigkeit für den Betrieb erst später begründet worden ist, sei als Folge der durch die Mitgliedschaft im DGB eingegangenen und „wegen legitimer Interessen“ zulässigen Selbstbeschränkung hinzunehmen[109].

Im Schrifttum ist das Problem, das erst der Beschluß vom 12.11.1996 aufgeworfen hat, bislang kaum erörtert worden: *Gamillscheg*, der dem *1. Senat* bei der Frage nach der Verbindlichkeit des DGB-Schiedsspruches zustimmt, beläßt es – nunmehr anders als das *BAG* – bei einer Doppelzuständigkeit der streitenden Gewerkschaften bis zum Erlaß des Schiedsspruchs und verweist für die Tarifnormgeltung auf die Regeln der Tarifkonkurrenz[110]. Das ist im Ergebnis richtig. Anders als der *1. Senat* meint, führt die Auslegung der DGB-Satzung nämlich nicht dazu, daß es bei Zuständigkeitsstreitigkeiten bis zu einer endgültigen Konfliktlösung bei der Tarifzuständigkeit der Erstgewerkschaft bleibt. Umgekehrt macht die Existenz eines Schiedsverfahrens gerade deutlich, daß auch aus Sicht des DGB erst mit dem Schiedsspruch – nicht früher – eine Entscheidung über die doppelte Tarifzuständigkeit erfolgt. Die DGB-Richtlinien, die die bisherige Organisationspraxis nur als ein Kriterium unter vielen zur Entscheidung durch das Schiedsgericht anführen[111], stützen diese Argumentation. Überdies ist

[106] BAG AP Nr. 11 zu § 2 TVG Tarifzuständigkeit, Bl. 4R.

[107] BAG AP Nr. 11 zu § 2 TVG Tarifzuständigkeit, Bl. 5.

[108] BAG AP Nr. 11 zu § 2 TVG Tarifzuständigkeit, Bl. 5.

[109] BAG AP Nr. 11 zu § 2 TVG Tarifzuständigkeit, Bl. 5.

[110] *Gamillscheg*, Arbeitsrecht, Bd. 1, § 14 II 2 b (3); so jetzt auch *Konzen*, FS Kraft, S. 314.

[111] Ziffer 2 a) der DGB-Richtlinien für die Abgrenzung von Organisationsbereichen und die Veränderung der Organisationsbezeichnung vom 11.3.1992.

die Begründung des *1. Senats*, die an die Rechtsprechung des *4.* und des *10. Senats*[112] zum Prinzip der Tarifeinheit im Betrieb erinnert, rechtsmethodisch bedenklich: Bloße Zweckmäßigkeit ist kein zwingendes Bedürfnis des Rechtsverkehrs und taugt auch nicht als Begründung für eine Rechtsfortbildung. Das *BAG* ist nicht befugt, ordnungspolitische Wünsche des DGB (Tarifeinheit im Betrieb) durchzusetzen. Das allgemeine Rechtsverständnis, auf das sich das *BAG* beruft, ist offenbar als Hinweis auf eine gewohnheitsrechtliche Absicherung seiner Rechtserkenntnis zu verstehen. Dazu bedarf es freilich nicht nur einer dauernden Übung, sondern darüber hinaus auch einer begleitenden Rechtsüberzeugung, deren Nachweis – etwa in Form von Fundstellen – der *1. Senat* nicht geführt hat und auch nicht führen kann.

3. Tarifzuständigkeit von Fachgewerkschaften

Unproblematisch ist die Tarifzuständigkeit von Fachgewerkschaften wie etwa der DAG. Da sie ihre Tarifzuständigkeit berufsbezogen bestimmen, erstreben sie keine Tarifeinheit im Betrieb. Ihr satzungsmäßiger Aufgabenbereich umfaßt zum Beispiel alle technischen oder kaufmännischen Angestellten, gleich, in welchen Betrieben sie eingesetzt werden[113]: Auch ein in einem Chemieunternehmen beschäftigter Metallfacharbeiter wird von der Tarifzuständigkeit eines Metallberufsverbands erfaßt. Sie ist also, anders als bei den DGB-Gewerkschaften, arbeitnehmer-, nicht arbeitgeberbezogen.

4. Tarifzuständigkeit einzelner Arbeitgeber

a) Gepräge des Unternehmens

Eine Satzung, die die Tarifzuständigkeit fixieren könnte, fehlt bei einzelnen Arbeitgebern. Der tarifrechtliche Charakter des Unternehmens für einen Firmentarifvertrag mit einer DGB-Gewerkschaft ergibt sich nach h.M. regelmäßig – jedenfalls soweit alle Betriebe des Unternehmens erfaßt sein sollen – aus dem Gegenstand der Betätigung des Unternehmens, also „nach dem Berufsbild, der beruflichen Tradition, dem Berufsrecht und der Üblichkeit im Arbeits- und Wirtschaftsleben“[114]. Bei mehreren Tätigkeitsbereichen entscheidet – ähnlich

[112] Dazu näher noch unten § 20 C III 2 a aa.

[113] S. etwa § 2, § 7 Abs. 2, § 58 DAG-Satzung.

[114] Näher BAG AP Nr. 5 zu § 2 TVG Tarifzuständigkeit, Bl. 3; *Buchner*, Anm. zu BAG vom 22.11.1988, AR-Blattei (D), Tarifvertrag II A, Tariffähigkeit und Tarifzu-

wie bei der Ermittlung des betrieblichen Geltungsbereichs eines Tarifvertrags – dessen Gepräge[115]. Die Tarifzuständigkeit erstreckt sich praktisch stets auch auf die (fachfremden) Nebenbetriebe und Betriebsabteilungen. Die Satzungsautonomie (Art. 9 Abs. 3 Satz 1 GG) ermöglicht dem Arbeitgeber freilich, für branchenfremde Betriebe seines Unternehmens betriebsbezogene Firmentarifverträge mit anderen Gewerkschaften abzuschließen[116].

b) Besonderheiten bei branchenfremden Betrieben eines Unternehmens und Mitgliedschaft im Arbeitgeberverband

Vereinzelt wird im Schrifttum gefordert, die Tarifzuständigkeit einer Gewerkschaft für den Abschluß von Firmentarifverträgen für einzelne Betriebe eines Unternehmens einzuschränken, wenn sie zu einer anderen Branche als das Unternehmen gehören und dieses Mitglied eines Arbeitgeberverbands ist[117]. Die IG Metall könnte nach dieser Auffassung für den Abschluß eines Firmentarifvertrags für einen Metallbetrieb eines Chemieunternehmens, das Mitglied des Arbeitgeberverbands Chemie ist, nicht tarifzuständig sein. Der einzelne Arbeitgeber müsse, so wird argumentiert, die gleichen Rechte wie ein Arbeitgeberverband haben, der die Reichweite seiner Tarifzuständigkeit autonom einschränken könne. Zudem komme es auch nach h.M. auf das Gepräge des Unternehmens insgesamt als maßgebliches Kriterium an.

Gegen diese Auffassung spricht nicht nur, daß die Tarifeinheit im Unternehmen womöglich nicht zwingend ist[118]. Sie verstößt überdies gegen Art. 9 Abs. 3 Satz 1 GG, der die Satzungsautonomie der Koalitionen schützt: Gewerkschaften dürfen ihre Tarifzuständigkeit auch auf einzelne Betriebe eines branchenfremden Unternehmens erstrecken[119]. Eine Verbandsmitgliedschaft nimmt dem ein-

---

ständigkeit, Entscheidungen 2; *Gamillscheg*, Arbeitsrecht, Bd. 1, § 14 II 2 d; *Kutscher*, S. 24; MünchArbR-*Löwisch*, Bd. 3 § 248 Rn. 74; *Löwisch/Rieble*, § 2 Rn. 101; *Weyand*, Anm. zu BAG vom 20.11.1988, SAE 1991, S. 325; *H. Wiedemann*, RdA 1975, S. 81; *H. Wiedemann/Stumpf*, § 2 Rn. 31.

[115] BAG AP Nr. 5 zu § 2 TVG Tarifzuständigkeit, Bl. 3; *Konzen*, FS Kraft, S. 307 f.; *Weyand*, Anm. zu BAG vom 20.11.1988, SAE 1991, S. 325; *H. Wiedemann*, RdA 1975, S. 81; *H. Wiedemann/Stumpf*, § 2 Rn. 31.

[116] S. auch *Heinze*, DB 1997, S. 2122 f.

[117] *Buchner*, ZfA 1995, S. 106 ff., insb. S. 109 ff., 118; *Henssler*, FS Schaub, S. 332 f.; ähnlich *Heinze*, DB 1997, S. 2122 ff.

[118] Dazu näher unten § 19 B II 1.

[119] Gegen *Buchner* auch BAG AP Nr. 10 zu § 2 TVG Tarifzuständigkeit, Bl. 7 ff.; AP Nr. 11 zu § 2 TVG Tarifzuständigkeit, Bl. 3R f.; LAG München LAGE § 2 TVG Ta-

zelnen Arbeitgeber nicht die Tarifzuständigkeit für Firmentarifverträge mit weiteren Gewerkschaften[120]. Daß es zu arbeitskampfrechtlichen Folgeproblemen kommen kann, wenn der Arbeitgeber den Abschluß eines Firmentarifvertrags verweigert[121], ist eine andere Frage, die möglicherweise durch eine Anpassung arbeitskampfrechtlicher Grundsätze, aber nicht durch eine Beschränkung der Tarifzuständigkeit zu beantworten ist[122]. Auch der Rückgriff auf die Prägetheorie überzeugt nicht: Sie bezieht sich nur auf die Tarifzuständigkeit für einen Firmentarifvertrag, der alle Betriebe eines Unternehmens erfaßt[123]. Im eben genannten Beispiel ist die IG Metall deshalb nicht gehindert, ihre Tarifzuständigkeit auch auf die metallverarbeitenden Betriebe des Chemieunternehmens zu erstrecken.

III. Ergebnis

Arbeitgeberverbände und Gewerkschaften sind in der Bestimmung ihrer Tarifzuständigkeit in den Grenzen des Art. 9 Abs. 3 Satz 1 GG frei. Das Industrieverbandsprinzip als Ausdruck einer Tarifeinheit im Betrieb ist kein zwingender Organisationsgrundsatz. Innerhalb des DGB gilt es nur nach Maßgabe der Einzelsatzungen. Weder der Zustimmungsvorbehalt in § 15 Nr. 2 DGB-Satzung noch der Schiedsspruch nach § 16 DGB-Satzung bewirken unmittelbar eine Tarifeinheit im Betrieb. Erst recht wirkt der Schiedsspruch nicht unmittelbar für die Arbeitgeberseite. Unterbleibt er, bleibt es bei einer mehrfachen Tarifzuständigkeit. Der tarifrechtliche Charakter eines Unternehmens ist zur Bestimmung der Tarifzuständigkeit grundsätzlich nach dessen Gepräge zu ermitteln. Einzelne Unternehmen können ihre Tarifzuständigkeit für branchenfremde Betriebe nicht durch Mitgliedschaft im branchenmäßig zuständigen Arbeitgeberverband begrenzen.

rifzuständigkeit Nr. 1, S. 11 f.; *Blank*, S. 82 f.; *Konzen*, FS Kraft, S. 314 ff.; vgl. ferner BAG AP Nr. 4 zu § 2 TVG Tarifzuständigkeit, Bl. 8 ff.

[120] Anders offenbar *Heinze*, DB 1997, S. 2124.

[121] *Buchner*, ZfA 1995, S. 115 ff.; *Heinze*, DB 1997, S. 2125 f.

[122] Dazu näher *Konzen*, FS Kraft, S. 315 f.

[123] Näher BAG AP Nr. 10 zu § 2 TVG Tarifzuständigkeit, Bl. 7 ff. (an dieser Stelle überzeugend).

B. Betrieblicher Geltungsbereich und Tarifeinheit im Betrieb

I. Strukturelle Merkmale des betrieblichen Geltungsbereichs

Der tarifvertragliche Geltungsbereich ist ein Ausschnitt aus der Tarifzuständigkeit, oder – anders gewendet – die Tarifzuständigkeit ist der maximale Geltungsbereich eines Tarifvertrags. Deshalb sind die Grundsätze zur Festlegung der Tarifzuständigkeit grundsätzlich auch für die Bestimmung des betrieblichen Geltungsbereichs maßgeblich. Die Differenzierung zwischen Fach- und Industriegewerkschaften ist auch an dieser Stelle aufzugreifen.

1. DGB-Gewerkschaften und betrieblicher Geltungsbereich

a) Merkmale des betrieblichen Geltungsbereichs

Wenig verbreitet, aber zulässig ist die in Tarifverträgen von DGB-Gewerkschaften vorgenommene mitgliedschaftsbezogene Festlegung des betrieblichen Geltungsbereichs („alle Beschäftigten in Betrieben von Arbeitgebern, die Mitglied im tarifvertragsschließenden Arbeitgeberverband sind")[124]. Meist knüpft der betriebliche Geltungsbereich von Industrietarifverträgen aber an sachbezogene Merkmale an („alle Beschäftigten in metallverarbeitenden Betrieben") und ergibt sich nicht selten aus katalogartigen Aufzählungen verschiedener Arbeitstätigkeiten, die für den Betrieb als charakteristisch angesehen werden („Betriebe, in denen Arbeiten der nachstehend aufgeführten Art ausgeführt werden"). Wie bei der Bestimmung der Tarifzuständigkeit gilt auch an dieser Stelle regelmäßig – das ist in Rechtsprechung[125] und Literatur[126] unbestritten – der allgemeine arbeitsrechtliche Betriebsbegriff.

---

[124] BAG AP Nr. 20 zu § 3 TVG, Bl. 3R; AP Nr. 21 zu § 3 TVG, Bl. 2R; dazu *Buchner*, DB 1997, S. 575 f. mit Beispielen.

[125] S. bereits oben § 12 A II 2 b, ferner unten § 19 A II 3; weiterhin BAG AP Nr. 18 zu § 1 TVG Tarifverträge: Einzelhandel, Bl. 2R f.; AP Nr. 145 zu § 145 zu § 1 TVG Tarifverträge: Bau, Bl. 3R; AP Nr. 64 zu § 613a BGB, Bl. 4 f.; AP Nr. 6 zu § 1 TVG Bezugnahme auf Tarifvertrag, Bl. 5R; Urteil vom 19.10.1988 – 4 AZR 354/88 (n.v.); LAG Baden-Württemberg, Beschluß vom 13.9.1995 – 2 TaBV 1/95 (n.v.), S. 9; LAG Köln, Urteil vom 18.1.1995 – 2 Sa 1109/94 (n.v.), S. 10.

[126] *Haase*, NZA 1988, Beilage Nr. 3, S. 16; *von Hoyningen-Huene*, NZA 1996, S. 618; *Hromadka/Maschmann/Wallner*, Rn. 47; *Kania*, DB 1995, S. 629; *Kempen/Zachert*, § 2 Rn. 67, § 4 Rn. 22; MünchArbR-*Löwisch*, Bd. 3 § 257 Rn. 6; *Löwisch/Rieble*, § 4 Rn. 30.

Das ist wegen der Satzungsautonomie der Tarifvertragsparteien aber nicht zwingend: Tarifverträge können auch abweichende Betriebsbegriffe festlegen. Auch eine selbständige Betriebsabteilung kann etwa Betrieb im Sinne der Bautarifverträge sein[127]. Überhaupt kann der „betriebliche Geltungsbereich" wie schon die Tarifzuständigkeit unternehmensbezogen („alle Beschäftigten in Unternehmungen folgender Industrie- und Gewerbezweige") oder ganz allgemein („die in den Wirtschaftszweigen der Metallindustrie Beschäftigten") formuliert werden[128]. Den Tarifvertragsparteien ist es darüber hinaus unbenommen, fachfremde, selbständige Betriebsabteilungen und Nebenbetriebe des Hauptbetriebs einzubeziehen[129] oder umgekehrt Teile eines Betriebs, in denen branchenfremde Tätigkeiten verrichtet werden, aus dem betrieblichen Geltungsbereich herauszunehmen und für sie keine, speziellere oder sonstige andere Regelungen zu treffen[130].

b) Besonderheiten bei Mischbetrieben

aa) Tarifeinheit im Betrieb

Auch in bezug auf Mischbetriebe, in denen mehrere Geschäftszweige oder Produktionsrichtungen existieren[131], sind die Tarifvertragsparteien bei der Be-

---

[127] BAG AP Nr. 145 zu § 1 TVG Tarifverträge: Bau, Bl. 3R f.; *von Hoyningen-Huene*, NZA 1996, S. 618.

[128] S. bereits oben § 4 A I 2 b bb, vgl. ferner BAG AP Nr. 18 zu § 1 TVG Tarifverträge: Einzelhandel, Bl. 2R; AP Nr. 6 zu § 1 TVG Bezugnahme auf Tarifvertrag, Bl. 5R; *Gamillscheg*, Arbeitsrecht, Bd. 1, § 17 III 3 a (3); *von Hoyningen-Huene*, NZA 1996, S. 618; *Kania*, DB 1996, S. 1922.

[129] BAG AP Nr. 1 zu § 4 TVG Geltungsbereich, Bl. 1R; AP Nr. 20 zu § 3 TVG, Bl. 3R; AP Nr. 21 zu § 3 TVG, Bl. 2R; *Buchner*, DB 1997, S. 575; *Däubler*, TVR, Rn. 87; *von Hoyningen-Huene*, NZA 1996, S. 616 f.; *Hromadka/Maschmann/Wallner*, Rn. 29, 45; *Nikisch*, Bd. 2, S. 239, 480; *Richardi*, gem. Anm. zu BAG vom 17.2.1970 und 17.2.1970, AP Nr. 2, 3 zu § 2 TVG Tarifzuständigkeit, Bl. 6R; *H. Wiedemann/Arnold*, ZTR 1994, S. 403.

[130] *Däubler*, TVR, Rn. 87; *Gramm*, AR-Blattei (D), Tarifvertrag XII, A 4; *Hromadka/Maschmann/Wallner*, Rn. 29, 42 f.; MünchArbR-*Löwisch*, Bd. 3 § 257 Rn. 6; *Löwisch/Rieble*, § 4 Rn. 30; dasselbe gilt für einzelne Betriebe innerhalb einer Branche.

[131] Dazu näher etwa BAG AP Nr. 18 zu § 1 TVG Tarifverträge: Einzelhandel, Bl. 3; AP Nr. 82 zu § 1 TVG Tarifverträge: Bau, Bl. 2R f.; LAG Hamm LAGE § 4 TVG Geltungsbereich Nr. 2, S. 2; LAGE § 4 TVG Geltungsbereich Nr. 5, S. 2; *D. Gaul*, ZTR 1991, S. 452 f.; *von Hoyningen-Huene*, NZA 1996, S. 619; *Hromadka/Maschmann/Wallner*, Rn. 53; MünchArbR-*Löwisch*, Bd. 3 § 257 Rn. 7; *Löwisch/Rieble*, § 4 Rn. 31; *H. Wiedemann/Stumpf*, § 4 Rn. 80; *Witzig*, S. 16; vgl. auch LAG Köln LA-

stimmung des betrieblichen Geltungsbereichs frei. Daß für verschiedene Tätigkeiten unterschiedliche Gewerkschaften tarifzuständig sein und jeweils eigene Tarifverträge abschließen können, ist wegen der durch Art. 9 Abs. 3 Satz 1 GG garantierten Satzungsautonomie zulässig[132]. Die Tarifverträge erfassen dann nur die Arbeitsverhältnisse der jeweiligen Produktionsrichtung (Tarifpluralität). Eine Tarifeinheit im Betrieb gibt es in diesem Zusammenhang nicht. Das hat selbst der *4. Senat* des *BAG* in verschiedenen Entscheidungen anerkannt, zunächst für Tarifverträge, die durch dieselbe Gewerkschaft – die damalige IG BSE – abgeschlossen worden waren[133], später auch für Tarifverträge verschiedener DGB-Gewerkschaften[134] und Tarifverträge von DGB- und Fachgewerkschaften[135]. Freilich hat er die angenommene Tarifkonkurrenz oder Tarifpluralität stets nachträglich mit Hilfe eines Prinzips der Tarifeinheit im Betrieb als Kollisionsregel korrigiert[136].

bb) Ermittlung des tarifrechtlichen Charakters

Tarifverträge von DGB-Gewerkschaften zielen, wie dargestellt worden ist[137], freilich meist darauf, alle Arbeitnehmer eines Betriebs zu erfassen. Ob ein Betrieb vom betrieblichen Geltungsbereich eines solchen Tarifvertrags erfaßt wird, ist nicht immer ohne weiteres feststellbar, wenn Tätigkeiten unterschiedlicher Art ausgeführt werden. Das gilt besonders für Mischbetriebe. Zur Ermittlung des tariflichen Charakters eines Betriebs hat man früher unter Berücksichtigung der allgemeinen Verkehrsauffassung und der Anschauung der beteiligten Kreise auf dessen wirtschaftlichen und arbeitstechnischen Hauptzweck und damit auf

---

GE § 4 TVG Tarifkonkurrenz Nr. 2, S. 3 ff.; *Gamillscheg*, Arbeitsrecht, Bd. 1, § 17 III 3 b (1).

[132] *Kempen/Zachert*, § 4 Rn. 125; LAG Düsseldorf, Beschluß vom 1.3.1996 – 9 TaBV 78/95 (n.v.), S. 13 f., 18; vgl. auch *Gamillscheg*, Arbeitsrecht, Bd. 1, § 17 III 3 b (2); *Hohenstatt*, DB 1992, S. 1680; *B. Müller*, NZA 1989, S. 450.

[133] Für Bau- und Abbruchtarifverträge BAG AP Nr. 11 zu § 4 TVG Tarifkonkurrenz, Bl. 3R; Urteil vom 14.10.1987 – 4 AZR 342/87 (n.v.), S. 10; Urteil vom 20.1.1988 – 4 AZR 492/87 (n.v.), S. 10 f.; für Bautarifverträge und Tarifverträge des Glaserhandwerks AP Nr. 12 zu § 4 TVG Tarifkonkurrenz, Bl. 3R.

[134] BAG AP Nr. 16 zu § 4 TVG Tarifkonkurrenz, Bl. 3R f. (IG BSE und IG Metall); AP Nr. 126 zu § 1 TVG Tarifverträge: Bau, Bl. 3R (IG BSE und IG GLF).

[135] BAG AP Nr. 19 zu § 4 TVG Tarifkonkurrenz, Bl. 2R (IG BSE und DAG/HBV).

[136] BAG AP Nr. 11 zu § 4 TVG Tarifkonkurrenz, Bl. 2, 3R; AP Nr. 12 zu § 4 TVG Tarifkonkurrenz, Bl. 3 f.; AP Nr. 16 zu § 4 TVG Tarifkonkurrenz, Bl. 4; AP Nr. 19 zu § 4 TVG Tarifkonkurrenz, Bl. 2R; AP Nr. 126 zu § 1 TVG Tarifverträge: Bau, Bl. 4 f.

[137] S. oben § 12 B I 1.

die ihn prägenden Tätigkeiten abgestellt[138]. Heute dagegen prüft das *BAG*[139] in ständiger Rechtsprechung und unter Zustimmung der Instanzrechtsprechung[140] sowie des Schrifttums[141] zu Recht, mit welchen Aufgaben die Arbeitnehmer des Betriebes arbeitszeitlich überwiegend beschäftigt werden, auch wenn die Tarifgeltung in Grenzfällen damit von Zufällen abhängen oder auf Manipulationen des Arbeitgebers beruhen kann[142]. Dieser Befund entspricht der Tarifpraxis: So stellen etwa die Tarifvertragsparteien des Baugewerbes für den betrieblichen Geltungsbereich in § 1 Abs. 2 Abschnitt VI Satz 1 BRTV/VTV darauf ab, ob die zuvor genannten Arbeitstätigkeiten in Betrieben „überwiegend erbracht werden".

Soweit der maßgebliche Berechnungszeitraum für die „überwiegende Beschäftigung" nicht ohnehin ungenannt bleibt, wird er jedenfalls nicht einheitlich

---

[138] Vgl. etwa BAG AP Nr. 3 zu § 1 TVG Tarifverträge: Bau, Bl. 2R f.; AP Nr. 8 zu § 1 TVG Tarifverträge: Bau, Bl. 2; AP Nr. 5 zu § 2 TVG Tarifzuständigkeit, Bl. 3; OLG Düsseldorf, Urteil vom 19.5.1988 – 2 U 129/87 (n.v.), S. 10; *A. Hueck/Nipperdey*, Bd. II 1, S. 513, *A. Hueck/Nipperdey/Stahlhacke*, § 4 Rn. 21; *H. Wiedemann/Stumpf*, § 4 Rn. 73, 80, 164; kritisch *Nikisch*, Bd. 2, S. 372; LAG Hamm, BB 1951, S. 194 f.; heute wieder SächsLAG, Urteil vom 16.5.1997 – 3 Sa 1276/96 (n.v.), S. 7 f.

[139] S. etwa BAG AP Nr. 81 zu § 1 TVG Tarifverträge: Bau, Bl. 2R; AP Nr. 82 zu § 1 TVG Tarifverträge: Bau, Bl. 2R; AP Nr. 88 zu § 1 TVG Tarifverträge: Bau, Bl. 2; AP Nr. 95 zu § 1 TVG Tarifverträge: Bau, Bl. 3; AP Nr. 106 zu § 1 TVG Tarifverträge: Bau, Bl. 1R; AP Nr. 181 zu § 1 TVG Tarifverträge: Bau, Bl. 2 f.; AP Nr. 199 zu § 1 TVG Tarifverträge: Bau, Bl. 3; AP Nr. 200 zu § 1 TVG Tarifverträge: Bau, Bl. 2R; AP Nr. 18 zu § 1 TVG Tarifverträge: Einzelhandel, Bl. 3; AP Nr. 8 zu § 1 TVG Tarifverträge: Maler, Bl. 2; EzA § 4 TVG Geltungsbereich Nr. 10, S. 5 f.; NZA 1997, S. 948; Urteil vom 14.10.1987 – 4 AZR 342/87 (n.v.), S. 12, vgl. auch S. 18 ff.; Urteil vom 20.1.1988 – 4 AZR 492/87 (n.v.), S. 7; Beschluß vom 12.12.1988 – 4 AZN 613/88 (n.v.), S. 5.

[140] S. nur LAG Frankfurt a.M., Urteil vom 20.1.1987 – 5 Sa 383/86 (n.v.), S. 8; Urteil vom 17.3.1987 – 5 Sa 1390/85 (n.v.), S. 10; Urteil vom 12.8.1991 – 16 Sa 365/91 (n.v.), S. 11; LAG Hamm LAGE § 4 TVG Geltungsbereich Nr. 2, S. 2 f.; LAGE § 4 TVG Geltungsbereich Nr. 5, S. 2 f.; LAG Köln LAGE § 4 TVG Tarifkonkurrenz Nr. 2, S. 3 f.; Urteil vom 18.1.1995 – 2 Sa 1109/94 (n.v.), S. 13; ArbG Wiesbaden, Urteil vom 13.7.1989 – 4 Ca 5025/87 (n.v.), S. 6.

[141] *Bobrowski/D. Gaul*, Bd. 2, M II Rn. 30; *Däubler*, TVR, Rn. 268; KassArbR-*Dörner*, Bd. 2, 6.1 Rn. 165; *Gamillscheg*, Arbeitsrecht, Bd. 1, § 17 III 3 b (1); *D. Gaul*, S. 274; *ders.*, Anm. zu LAG Düsseldorf vom 7.10.1981, EzA § 3 TVG Nr. 3, S. 23; *Haase*, NZA 1988, Beilage Nr. 3, S. 16; *Hohenstatt*, DB 1992, S. 1680; *von Hoyningen-Huene*, NZA 1996, S. 619; *Hromadka/Maschmann/Wallner*, Rn. 62 ff.; *Kempen/Zachert*, § 4 Rn. 24; MünchArbR-*Löwisch*, Bd. 3, § 257 Rn. 7; *Löwisch/Rieble*, § 4 Rn. 31; *Stein*, Rn. 111; *Weyand*, Anm. zu BAG vom 22.11.1988, SAE 1991, S. 325 f.

[142] Dazu *Rieble*, Rn. 1800; *ders.*, Anm. zu BAG vom 22.3.1994, EzA § 4 TVG Geltungsbereich Nr. 10, S. 18 f.

gesehen: Maßgeblich sollen der Anspruchszeitraum[143] oder ein „längerer Zeitraum“[144] sein. Richtig ist es, im Interesse der Rechtssicherheit auf das Kalenderjahr[145] abzustellen, das dem Zeitpunkt der Feststellung vorangegangen ist. Nur auf diese Weise läßt sich abstrakt eine einheitliche und gleichmäßige Beurteilung erzielen. Wirtschaftliche sowie handels- oder gewerberechtliche Kriterien bleiben jedenfalls außer Betracht[146] ebenso wie die gewerkschaftliche Bindung der in dem Betrieb beschäftigten Arbeitnehmer[147] oder die Frage, ob die Produktion der jeweiligen Arbeitstätigkeit zu betriebseigenen Zwecken oder für den Markt nach außen erfolgt[148]. Die Ausführungen gelten entsprechend, wenn Tarifverträge nicht auf den Betrieb, sondern auf das Unternehmen oder den Wirtschaftszweig (Branche) abstellen.

2. *Fachgewerkschaften und betrieblicher Geltungsbereich*

Tarifverträge berufsbezogener Gewerkschaften, deren Tarifzuständigkeit sich auf bestimmte Arbeitnehmergruppen und nicht auf alle Arbeitnehmer eines Betriebs erstreckt (etwa technische und kaufmännische Angestellte), kennen

---

[143] So der 4. Senat in BAG AP Nr. 81 zu § 1 TVG Tarifverträge: Bau, Bl. 2R; AP Nr. 88 zu § 1 TVG Tarifverträge: Bau, Bl. 2; der 10. Senat in BAG AP Nr. 181 zu § 1 TVG Tarifverträge: Bau, Bl. 2 f.; LAG Frankfurt a.M., Urteil vom 24.10.1988 – 14 Sa 1300/87 (n.v.), S. 9; Urteil vom 30.6.1989 – 15 Sa 1566/88 (n.v.), S. 14; Urteil vom 4.8.1989 – 14 Sa 873/88 (n.v.), S. 9; Urteil vom 17.8.1990 – 15 Sa 1171/89 (n.v.), S. 10, 12; LAG Hamm LAGE § 4 TVG Geltungsbereich Nr. 2, S. 2 f.; MünchArbR-*Löwisch*, Bd. 3, § 257 Rn. 7; *Löwisch/Rieble*, § 4 Rn. 31.

[144] So *Hromadka/Maschmann/Wallner*, Rn. 65.

[145] Für das Kalenderjahr auch der 4. Senat in BAG AP Nr. 82 zu § 1 TVG Tarifverträge: Bau, Bl. 2R; AP Nr. 106 zu § 1 TVG Tarifverträge: Bau, Bl. 1R; Beschluß vom 12.12.1988 – 4 AZN 613/88 (n.v.), S. 5; LAG Frankfurt a.M., Urteil vom 12.12.1989 – 5 Sa 1418/88 (n.v.), S. 19; Urteil vom 24.9.1990 – 16 Sa 664/90 (n.v.), S. 11; Urteil vom 14.1.1991 – 16 Sa 1183/90 (n.v.), S. 18; Urteil vom 1.11.1991 – 15 Sa 1490/90 (n.v.), S. 13; LAG Köln LAGE § 4 TVG Tarifkonkurrenz Nr. 2, S. 3 f.; ArbG Wiesbaden, Urteil vom 13.7.1989 – 4 Ca 5025/87 (n.v.), S. 6; *Däubler*, TVR, Rn. 268; *Gamillscheg*, Arbeitsrecht, Bd. 1, § 17 III 3 b (1); *Stein*, Rn. 111.

[146] Ebenso etwa BAG EzA § 4 TVG Geltungsbereich Nr. 10, S. 6; AP Nr. 81 zu § 1 TVG Tarifverträge: Bau, Bl. 2R; AP Nr. 88 zu § 1 TVG Tarifverträge: Bau, Bl. 2; AP Nr. 181 zu § 1 TVG Tarifverträge: Bau, Bl. 2R f.; AP Nr. 200 zu § 1 TVG Tarifverträge: Bau, Bl. 2R; AP Nr. 18 zu § 1 TVG Tarifverträge: Einzelhandel, Bl. 3; NZA 1997, S. 948; *Däubler*, TVR, Rn. 268; *von Hoyningen-Huene*, NZA 1996, S. 619; *Hromadka/Maschmann/Wallner*, Rn. 65; jeweils m.w.N.

[147] Ebenso *D. Gaul*, Anm. zu LAG Düsseldorf vom 7.10.1981, EzA § 3 TVG Nr. 3, S. 23; anders BAG EzAÜG Bd. 1 Nr. 148, S. 517.

[148] So zu Recht BAG EzA § 4 TVG Geltungsbereich Nr. 10, S. 7, gegen LAG Köln LAGE § 4 TVG Tarifkonkurrenz Nr. 2, S. 4.

keinen betrieblichen Geltungsbereich im engeren Sinn[149]. Die Tarifeinheit im Betrieb stellt sich als Problem regelmäßig nicht. Freilich finden sich auch hier Formulierungen wie: „Dieser Tarifvertrag gilt fachlich für alle Betriebe des Einzelhandels“[150], die wegen der Fachbezogenheit entbehrlich wären.

II. Ergebnis

Die Grundsätze für die Ausgestaltung der Tarifzuständigkeit gelten auch bei der Bestimmung des betrieblichen Geltungsbereichs eines Tarifvertrags. Ebenso wenig, wie die Tarifvertragsparteien bei der Bestimmung ihrer Tarifzuständigkeit eine Tarifeinheit im Betrieb zu beachten haben, bindet diese sie bei der Ausgestaltung des betrieblichen Geltungsbereichs. Das gilt auch für Mischbetriebe, deren tariflicher Charakter anhand der überwiegenden Beschäftigung der Arbeitnehmer des Betriebs im Kalenderjahr ermittelt wird, das dem Zeitpunkt der Feststellung vorangeht.

C. Zusammenfassung

Sowohl bei der Ausgestaltung der Tarifzuständigkeit als auch bei der Festlegung des betrieblichen Geltungsbereichs von Tarifverträgen sind die Tarifvertragsparteien in den Grenzen ihrer Satzungen frei. Bereits im Vorfeld einer Tarifkonkurrenz oder einer Tarifpluralität, bei der ein Grundsatz der Tarifeinheit als Kollisionsregel in Betracht kommt[151], gibt keine zwingende Vorgabe durch eine Tarifeinheit im Betrieb.

§ 13 Tarifeinheit und Auslegung des Geltungsbereichs

Von diesem Befund ist die Frage abzuheben, ob die Tarifeinheit im Betrieb wenigstens tauglicher Auslegungsgrundsatz sein kann, wenn dem Tarifvertrag

---

[149] Vgl. *Zöllner/Loritz*, § 37 II 2.

[150] Z.B. § 1 des Manteltarifvertrags für die Beschäftigten des Einzelhandels in Niedersachsen vom 1.1.1989 zwischen der DAG und dem Einzelhandelsverband Niedersachsen e.V.

[151] Dazu ausführlich unten § 15, §§ 19 ff.

nicht eindeutig zu entnehmen ist, ob und in welchem Umfang ein Betrieb erfaßt wird. Ausschlaggebend für die Reichweite des betrieblichen Geltungsbereichs ist nach Maßgabe der genannten Kriterien zunächst der Wortlaut der Tarifnormen. Meist wird sie sich auf diese Weise eindeutig feststellen lassen. Soweit Zweifel bleiben, ist der präzise Umfang durch Auslegung des Tarifvertrags zu ermitteln.

A. Auslegung von Tarifverträgen

I. Allgemeine Grundsätze

Anders als der schuldrechtliche Teil eines Tarifvertrags, für den unstreitig die für die Auslegung privatrechtlicher Verträge maßgeblichen Grundsätze gelten (§ 133, § 157, § 242 BGB), sind dessen normative Bestimmungen nach ständiger Rechtsprechung des *BAG* objektiv nach den für die Auslegung von Gesetzen geltenden Regeln auszulegen[152]. Da der Tarifvertrag zwar Gesetz im materiellen Sinn, aber autonom gesetztes Recht und das Ergebnis einer bipolaren Auseinandersetzung zwischen den Tarifvertragsparteien ist[153], stellt das überwiegende Schrifttum auch für den normativen Teil des Tarifvertrags zu Recht auf die Grundsätze der Vertragsauslegung ab[154]. In der Praxis wirken sich beide Auffassungen in aller Regel nicht unterschiedlich aus, da das *BAG* den Willen der Tarifvertragsparteien jedenfalls dann berücksichtigt, wenn er wie oft im Wortlaut der Tarifvorschrift einen Niederschlag gefunden hat[155]. Eine feste Rangfolge der Auslegungsprinzipien[156] gibt es zwar nicht. Gleichwohl soll zunächst vom Tarifwortlaut auszugehen sein, bevor zur Ermittlung des Willens der Tarifvertragsparteien der tarifliche Gesamtzusammenhang herangezogen und auf weitere Kriterien wie die Tarifgeschichte, eine praktische Tarifübung

---

[152] Grundlegend BAG AP Nr. 68 zu Art. 3 GG, Bl. 1R; später etwa AP Nr. 135 zu § 1 TVG Auslegung, Bl. 2R.

[153] S. auch oben § 8 A I.

[154] Etwa *Däubler*, TVR, Rn. 134 ff.; *Kempen/Zachert*, Grundlagen Rn. 308 f.; MünchArbR-*Löwisch*, Bd. 3 § 258 Rn. 4; *Löwisch/Rieble*, § 1 Rn. 384; *Stein*, Rn. 84 ff.; weitere Nachweise zum Streitstand bei *A. Hueck/Nipperdey*, Bd. II 1, S. 356 f.; *H. Wiedemann/Stumpf*, § 1 Rn. 390; ausführlich *Brötzmann*, S. 27 ff.; *Liedmeier*, S. 21 ff.; *Wank*, RdA 1998, S. 78 ff.

[155] BAG AP Nr. 135 zu § 1 TVG Auslegung, Bl. 2R; vgl. aber AP Nr. 14 zu § 4 TVG Geltungsbereich, Bl. 2R f.

[156] Zu ihnen näher *Däubler*, TVR, Rn. 139 ff.; *Kempen/Zachert*, Grundlagen Rn. 311 ff.; MünchArbR-*Löwisch*, Bd. 3 § 258 Rn. 9 ff.; *Löwisch/Rieble*, § 1 Rn. 388 ff.; *Stein*, Rn. 80 ff.; *Wank*, RdA 1998, S. 77 ff.

oder die Entstehungsgeschichte des jeweiligen Tarifvertrags zurückgegriffen werden kann[157]. Die Anschauung der beteiligten Berufskreise zur Zeit der Entstehung des Tarifvertrags ist nach neuerer Judikatur kein eigenständiges Auslegungskriterium mehr, ihr kommt jedoch eine ergänzende Funktion zu[158].

II. Tarifeinheit im Betrieb als Auslegungsgrundsatz

Stellt man mit dem *BAG* auf die für die Auslegung von Gesetzen geltenden Auslegungskriterien ab, ist der Rückgriff auf die Tarifeinheit im Betrieb als Auslegungsgrundsatz im Rahmen systematischer und teleologischer Auslegung möglich: Schlüsse aus Rechtsprinzipien, die dem auszulegenden Gesetz zugrunde liegen, sind an dieser Stelle zulässig und geboten[159]. Zumindest das *BAG* könnte sich deshalb eines Prinzips der Tarifeinheit im Betrieb bedienen, da es dieses in den Rang eines Rechtsprinzips erhebt[160].

Nimmt man mit dem Schrifttum richtigerweise eine Vertragsauslegung vor, kommt es auf den Willen der Tarifvertragsparteien an: Weil der Tarifvertrag als „Rechtsgeschäft" die gewollte Gestaltung eines Rechtsverhältnisses kraft Selbstbestimmung ist, ist bei dessen Auslegung danach zu fragen, welche „rechtsgeschäftliche" Regelung als gewollt anzusehen ist (§ 133 BGB)[161]. Ob der Grundsatz der Tarifeinheit im Betrieb ein Rechtsprinzip ist, kann also dahinstehen. Maßgeblich ist vielmehr der Wille der Tarifvertragsparteien, der sich außerhalb des Tarifvertrags besonders anhand der in der Satzung fixierten, autonom bestimmten Tarifzuständigkeit ermitteln läßt und auf eine Tarifeinheit im Betrieb gerichtet sein kann.

III. Ergebnis

Der betriebliche Geltungsbereich eines Tarifvertrags ist grundsätzlich nach den für die Auslegung von Verträgen geltenden Grundsätzen auszulegen. Um den Willen der Tarifvertragsparteien zu ermitteln, ist insbesondere auf deren Satzungen zurückzugreifen, in welchen die Tarifeinheit im Betrieb Ausdruck gefunden haben könnte.

---

[157] BAG AP Nr. 135 zu § 1 TVG Auslegung, Bl. 2R f.

[158] BAG AP Nr. 135 zu § 1 TVG Auslegung, Bl. 3.

[159] Vgl. *Larenz*, Methodenlehre, S. 333 ff.; *Schmalz*, Rn. 243; *Zippelius*, § 10 III c.

[160] Vgl. bereits oben § 5 B II, zur Kritik unten §§ 20 ff.

[161] Vgl. nur *Flume*, Rechtsgeschäft, § 16, 3.

B. Tarifeinheit im Betrieb und Auslegung eines Tarifvertrags

Läßt sich der betriebliche Geltungsbereich eines einzelnen Tarifvertrags anhand des Wortlauts der Tarifnormen nicht eindeutig bestimmen, würde ein Auslegungsgrundsatz des Prinzips der Tarifeinheit im Betrieb in einer ersten Zielrichtung bedeuten, daß sämtliche Arbeitsverhältnisse eines Betriebs vom betrieblichen Geltungsbereichs des Tarifvertrags erfaßt werden sollen. Wiederum ist zu unterscheiden.

I. Tarifvertrag einer DGB-Gewerkschaft

Gegen die Tarifeinheit im Betrieb als Auslegungsregel bestehen jedenfalls keine Bedenken bei der Auslegung eines einzelnen Tarifvertrags einer DGB-Gewerkschaft: Deren Tarifzuständigkeit erfaßt nach Maßgabe des Industrieverbandsprinzips regelmäßig gerade alle Beschäftigten in Betrieben der einschlägigen Branche[162]. Ist der tarifvertragliche Wortlaut ausnahmsweise nicht eindeutig, ist die Reichweite des betrieblichen Geltungsbereichs deshalb unter Rückgriff auf die Satzung der Tarifvertragspartei zu präzisieren: Der betriebliche Geltungsbereich eines DGB-Tarifvertrags soll regelmäßig alle Beschäftigten des Betriebs erfassen[163], soweit nicht ausnahmsweise berufsbezogene Merkmale maßgeblich sind[164]. Manchmal wird das sogar explizit formuliert: Nach § 1 Abs. 2 Abschnitt VI Satz 1 BRTV/VTV sollen die erfaßten Betriebe „grundsätzlich als Ganzes" unter die genannten Tarifverträge fallen. Mit dieser Feststellung ist freilich noch keine Aussage über weitere Tarifverträge im Betrieb getroffen[165]. Für selbständige Betriebsabteilungen und Nebenbetriebe gilt nichts anderes, selbst wenn sie fachfremd sind: Auch sie sind nach Maßgabe des Industrieverbandsprinzips regelmäßig in den betrieblichen Geltungsbereich des Tarifvertrags des Hauptbetriebs einzubeziehen[166]. Je selbständiger ein Betriebsteil ist, desto genauer muß freilich geprüft werden, ob die Tarifvertrags-

---

[162] S. oben § 12 A II 2 a.

[163] Vgl. *Buchner*, Anm. zu BAG vom 4.9.1996, EzA § 3 TVG Bezugnahme auf Tarifvertrag Nr. 7, S. 15 f.; *Däubler*, TVR, Rn. 87; *D. Gaul*, S. 274, 278 f.; *ders.*, ZTR 1989, S. 438; *ders.*, ZTR 1991, S. 452; *Kempen/Zachert*, § 4 Rn. 125; *H. Wiedemann/Arnold*, ZTR 1994, S. 403; vgl. auch BAG AP Nr. 1 zu § 4 TVG Geltungsbereich, Bl. 1R; OLG Düsseldorf, Urteil vom 19.5.1988 – 2 U 129/87 (n.v.), S. 10; *Haase*, NZA 1988, Beilage Nr. 3, S. 16.

[164] S. oben § 12 B I 1.

[165] Dazu bereits oben § 7 C III, ferner gleich noch unten § 13 C.

[166] Ebenso *Gamillscheg*, Arbeitsrecht, Bd. 1, § 17 III 3 a (2).

parteien ihn in den betrieblichen Geltungsbereich einbeziehen oder einer eigenständigen Regelung überlassen wollen[167].

II. Tarifvertrag einer Fachgewerkschaft

Bei Tarifverträgen einer Fachgewerkschaft ist es anders: Deren Tarifzuständigkeit ist entsprechend der tarifpolitischen Zielsetzung gerade nicht branchen- und betriebsweit ausgerichtet, sondern in aller Regel ausdrücklich auf bestimmte Berufsgruppen beschränkt[168]. Die Tarifeinheit im Betrieb scheidet damit als Auslegungsgrundsatz aus. Umgekehrt liegt sogar der Schluß nahe, daß der Tarifvertrag einer Fachgewerkschaft im Zweifel nur die jeweiligen Berufsgruppen und nicht alle Beschäftigten eines Betriebs erfaßt.

III. Ergebnis

Als Auslegungsregel zur Bestimmung des betrieblichen Geltungsbereichs eines einzelnen Tarifvertrags kann die Tarifeinheit im Betrieb nur bei Tarifverträgen von DGB-Gewerkschaften zum Zuge kommen, wenn sich ein entsprechender Wille der Tarifvertragsparteien anhand der Satzung ermitteln läßt.

C. Tarifeinheit im Betrieb und Auslegung mehrerer Tarifverträge

Auf eine zweite Zielrichtung der Tarifeinheit im Betrieb als Auslegungsgrundsatz bei der Bestimmung des betrieblichen Geltungsbereichs ist zurückzukommen, wenn die Möglichkeit besteht, daß ein Betrieb – insbesondere ein Mischbetrieb – mehreren Tarifverträgen unterfällt. Deren Auslegung nach der Tarifeinheit im Betrieb könnte zu dem Ergebnis führen, daß der Betrieb nur in den Geltungsbereich eines der Tarifverträge fallen soll. Potentielle Tarifkonkurrenzen und Tarifpluralität würden verhindert. Die allgemeine Feststellung *Witzigs*, der betriebliche Geltungsbereich eines Tarifvertrags sei vom Bestehen eines Tarifvertrags einer anderen Gewerkschaft regelmäßig unabhängig[169], ist nur zum Teil richtig, wie folgende Differenzierung zeigt.

---

[167] Vgl. *Gis. Schneider*, S. 98; *Witzig*, S. 53.

[168] S. oben § 12 A II 3.

[169] *Witzig*, S. 54.

I. Mehrere Tarifverträge verschiedener DGB-Gewerkschaften in einem Betrieb

Daß es zulässig ist, daß ein Betrieb gleichzeitig den Geltungsbereichen mehrerer Tarifverträge von DGB-Gewerkschaften unterfällt, ist bereits dargelegt worden[170]. Das kann der Fall sein, wenn verschiedene Tätigkeiten, die im Betrieb verrichtet werden, von verschiedenen Tarifverträgen erfaßt werden[171]. Denkbar ist auch, daß mehrere Tarifverträge jeweils alle Arbeitsverhältnisse im Betrieb erfassen. Eine Tarifeinheit im Betrieb als zwingende Vorgabe bei der Bestimmung des tarifvertraglichen Geltungsbereichs, die entgegenstehen könnte, gibt es genauso wenig wie bei der Festlegung der Tarifzuständigkeit.

Läßt sich den Tarifverträgen eine Geltungsbereichsüberschneidung einerseits nicht eindeutig entnehmen, ist sie andererseits aber nicht auszuschließen, kommt es auf deren Auslegung, mithin auf den in den Satzungen erkennbar gewordenen Willen der Tarifvertragsparteien an. Im Zweifel, aber nur dann, kann in diesem Fall eine gemeinsame Auslegung der Satzungen nach Maßgabe der prinzipiellen Zuständigkeitsabgrenzung innerhalb des DGB, die Überschneidungen der Tarifzuständigkeit grundsätzlich vermeiden soll[172], ergeben, daß der Betrieb nur vom Geltungsbereich eines Tarifvertrags einer einzigen DGB-Gewerkschaft erfaßt wird (Tarifeinheit im Betrieb)[173]. Maßgeblich ist dann – bei aller Unschärfe – derjenige Tarifvertrag, dessen Geltungsbereich dem tariflichen Charakter des Betriebs besser entspricht[174].

II. Mehrere Tarifverträge derselben DGB-Gewerkschaft in einem Betrieb

Fällt ein Betrieb in die Geltungsbereiche verschiedener Tarifverträge einer einzigen Gewerkschaft mit unterschiedlichen Arbeitgeberverbänden und läßt sich ein ausdrücklicher Wille, daß diese sich ergänzen oder verschiedene Betriebszwecke betreffen, nicht feststellen, kann ein Versehen vorliegen. Im Zweifel ist die Anwendung nur eines Tarifvertrags für den Betrieb beabsichtigt. Die

---

[170] Oben § 12 B I 1.

[171] S. oben § 12 B I 1 b aa.

[172] S. oben § 12 A II 2 a.

[173] *D. Gaul*, S. 274, 278 f.; *ders.*, ZTR 1991, S. 452; *Kempen/Zachert*, § 4 Rn. 123, 125; *H. Wiedemann/Arnold*, Anm. zu BAG vom 14.6.1989, AP Nr. 16 zu § 4 TVG Tarifkonkurrenz, Bl. 7; *Witzig*, S. 52 Fn. 276; wohl auch *Gamillscheg*, Arbeitsrecht, Bd. 1, § 17 III 3 c (2) (b); *Konzen*, RdA 1978, S. 150; vgl. ferner LAG Düsseldorf, Urteil vom 20.2.1987 – 2 Sa 1807/86 (n.v.), S. 9 f.

[174] Dazu bereits oben § 12 B I 1 b bb.

Auslegung der Tarifverträge führt dann zu dem Ergebnis, daß der betriebliche Geltungsbereich nur eines der Tarifverträge den Betrieb erfaßt (Tarifeinheit im Betrieb)[175].

III. Verschiedene Tarifverträge unabhängiger Tarifvertragsparteien in einem Betrieb

Steht nicht sicher fest, ob ein Betrieb in die Geltungsbereiche von Tarifverträgen verschiedener Gewerkschaften fällt, die voneinander unabhängig sind – etwa HBV- und DAG-Tarifverträge –, ist der Rückgriff auf die Tarifeinheit im Betrieb als Auslegungsregel zu Lasten des Fachtarifvertrags versperrt: Fachgewerkschaften bestimmen, wie etwa § 2 der DAG-Satzung zeigt[176], den tarifvertraglichen Geltungsbereich regelmäßig ohne Rücksicht auf im Betrieb bestehende Tarifverträge anderer Gewerkschaften. Sie haben schon bei der Festlegung ihrer Tarifzuständigkeit auf eine Abstimmung mit anderen Gewerkschaften verzichtet. Auch durch Auslegung ist ein Wille, der Betrieb solle nur vom Geltungsbereich eines Tarifvertrags erfaßt werden, deshalb nicht zu ermitteln. Der eigene Tarifvertrag soll vielmehr unabhängig von anderen Tarifverträgen bestehen.

IV. Ergebnis

Bei Zweifeln, ob mehrere Tarifverträge verschiedener DGB-Gewerkschaften einen Betrieb erfassen, ist auf die Tarifeinheit im Betrieb als Auslegungsregel zurückzugreifen, so daß der Betrieb nur dem Geltungsbereich eines Tarifvertrags unterfällt. Das gilt auch für mehrere Tarifverträge derselben DGB-Gewerkschaft, aber nicht für solche von Gewerkschaften, die voneinander unabhängig sind.

D. Zusammenfassung

Tarifverträge sind wie Verträge und nicht wie Gesetze auszulegen. Ist die Reichweite des betrieblichen Geltungsbereichs eines Tarifvertrags einer DGB-

---

[175] RAG ARS Bd. 9 (1930), S. 88; *Witzig*, S. 51 f.; vgl. auch *Gamillscheg*, Arbeitsrecht, Bd. 1, § 17 III 3 c (2) (c).

[176] S. oben § 12 A II 3.

Gewerkschaft unsicher, kommt die Tarifeinheit im Betrieb als Auslegungsregel zum Zuge: Der Tarifvertrag erfaßt den Betrieb im Zweifel als Ganzes. Steht nicht eindeutig fest, ob ein Betrieb von den Geltungsbereichen mehrerer Tarifverträge verschiedener DGB-Gewerkschaften unterfällt, ist im Zweifel nur einer der Geltungsbereiche einschlägig.

§ 14 Ergebnis

Die Tarifeinheit im Betrieb ist bereits im Vorfeld einer Tarifkonkurrenz oder Tarifpluralität keine zwingende Vorgabe. Die Tarifvertragsparteien müssen sie weder bei der Ausgestaltung der Tarifzuständigkeit noch bei der Festlegung des betrieblichen Geltungsbereichs eines Tarifvertrags beachten. Die Tarifeinheit im Betrieb kann aber Auslegungsgrundsatz für die Bestimmung des betrieblichen Geltungsbereichs bei Tarifverträgen von DGB-Gewerkschaften sein.

Fünfter Teil

Tarifeinheit im Arbeitsverhältnis und die Lösung von Tarifkonkurrenzen

Kommt es zu einer Tarifkonkurrenz, ist zunächst zu entscheiden, ob eine Kombination der Einzelbestimmungen mehrerer Tarifverträge zulässig ist, ob keiner der konkurrierenden Tarifverträge normative Geltung beansprucht oder ob ausschließlich ein Tarifvertrag auf das Arbeitsverhältnis angewandt werden darf (§ 15). Akzeptiert man einen Grundsatz der Tarifeinheit im Arbeitsverhältnis, stellt sich zunächst die abstrakte Folgefrage, nach welchen Kriterien der vorrangige Tarifvertrag zu ermitteln ist (§ 16). Sodann sind unter Beachtung der gesetzlichen Wertungen im TVG die Lösungswege für die einzelnen Fallgestaltungen zu entwickeln (§ 17).

§ 15 Tarifeinheit im Arbeitsverhältnis

Eine Tarifkonkurrenz von Individualnormen liegt vor, wenn die normativen Bestimmungen mehrerer Tarifverträge Geltung für ein Arbeitsverhältnis beanspruchen, weil beide Arbeitsvertragsparteien an die kollidierenden Tarifverträge tarifgebunden sind (§ 3 Abs. 1, § 5 Abs. 4 TVG)[1]. Bei einer Kollision von Kollektivnormen genügt die alleinige Tarifgebundenheit des Arbeitgebers, entweder kraft Stellung als Tarifvertragspartei oder kraft Mitgliedschaft im Arbeitgeberverband, der den Tarifvertrag abgeschlossen hat (§ 3 Abs. 2 TVG)[2]. Die Tarifgebundenheit der Arbeitnehmer ist in diesem Fall ohne Belang.

Nach der Lehre von der Tarifeinheit im Arbeitsverhältnis kann bei einer Tarifkonkurrenz nur einer der kollidierenden Tarifverträge unmittelbar und zwingend auf das Arbeitsverhältnis einwirken. Dagegen steht die Tarifvielfalt, die der Tarifpluralität auf betrieblicher Ebene entspricht und meist mit dem Begriff

---

[1] Vgl. oben § 7 A I.

[2] S. oben § 10 E.

der Rosinentheorie umschrieben wird, da sie dem Arbeitnehmer gestattet, sich die jeweils günstigeren Bestimmungen der kollidierenden Tarifverträge wie Rosinen aus einem Kuchen herauszusuchen. Immerhin denkbar ist auch ein Grundsatz der Tarifsperre, wonach keiner der konkurrierenden Tarifverträge Geltung für das Arbeitsverhältnis beanspruchen kann.

A. Tarifsperre im Arbeitsverhältnis

Die *11. Kammer* des *LAG Frankfurt a.M.* hat einmal für den speziellen Fall einer Tarifkonkurrenz, die eine der Arbeitsvertragsparteien durch Doppelmitgliedschaft „zu verantworten“ hatte, die Auffassung vertreten, die Anwendbarkeit mindestens eines der konkurrierenden Tarifverträge im Arbeitsverhältnis sei „rechtlich nicht zwingend“[3]. Habe eine der Arbeitsvertragsparteien die Tarifkonkurrenz „durch eigens unnötiges Verhalten verursacht“, könnten ihr „die Verantwortung und die Folgen ihres Verhaltens durchaus selbst aufgebürdet werden“[4]. Eine durch Doppelmitgliedschaft entstandene Tarifkonkurrenz sei deshalb dahingehend „zu lösen“, daß „jedenfalls diejenige Arbeitsvertragspartei, die die Tarifkonkurrenz herbeigeführt hat, sich auf keinen von mehreren Tarifverträgen berufen kann. Für das Arbeitsverhältnis gelten dann die allgemeinen Regeln des Arbeitsrechts“[5].

Der *4. Senat* des *BAG* hat die Frage einer Tarifsperre im Revisionsverfahren zwar offengelassen, der *11. Kammer* aber immerhin eine „nicht unbedenkliche Auffassung“ attestiert[6]. Im Schrifttum hat man das Problem einer Tarifsperre bislang nicht gesehen. Das mag damit zusammenhängen, daß es im Ergebnis unhaltbar ist. Eine Tarifsperre, die die Verdrängung sämtlicher Tarifverträge aus dem Arbeitsverhältnis bewirkt, ignoriert die gesetzliche Anordnung der normativen Wirkung (§ 4 Abs. 1 Satz 1 TVG) der konkurrierenden Tarifverträge, ohne daß dafür mit Blick auf die Voraussetzungen richterlicher Rechtsfortbildung[7] ein zwingender Grund erkennbar ist[8]. Die bloße Doppelmitgliedschaft einer der Arbeitsvertragsparteien reicht jedenfalls nicht.

---

[3] LAG Frankfurt a.M., Urteil vom 20.10.1988 – 11/3 Sa 491/79 (n.v.), S. 14.

[4] LAG Frankfurt a.M., Urteil vom 20.10.1988 – 11/3 Sa 491/79 (n.v.), S. 14.

[5] LAG Frankfurt a.M., Urteil vom 20.10.1988 – 11/3 Sa 491/79 (n.v.), S. 14 f.

[6] BAG AP Nr. 1 zu § 1 TVG Tarifverträge: Seniorität, Bl. 2.

[7] Dazu näher unten § 20 C II.

[8] Für den konkreten Fall gilt das erst recht, denn beide konkurrierenden Tarifverträge hatte die Beklagte wort- und zeitgleich mit der DAG und der ÖTV abgeschlossen.

Daß die Tarifsperre offenbar nur für die Arbeitsvertragspartei gelten soll, die die Doppelmitgliedschaft verursacht hat, deutet freilich darauf hin, daß sich die *11. Kammer* rechtsmethodisch auf die Grundsätze unzulässiger Rechtsausübung (§ 242 BGB) stützen wollte. In diese Richtung weist auch der gewählte Wortlaut[9]. Dann wäre ein tarifvertraglicher Anspruch zwar nicht durchsetzbar, die normative Wirkung bliebe aber immerhin unberührt. Ein Grund, weshalb die Doppelmitgliedschaft einer der Arbeitsvertragsparteien rechtsmißbräuchlich sein sollte, ist aber auch nicht erkennbar.

B. Tarifvielfalt im Arbeitsverhältnis

Gerade umgekehrt wäre nach einem Grundsatz der Tarifvielfalt zu verfahren, der eine Kombination einzelner Bestimmungen verschiedener Tarifverträge und damit die Anwendung sämtlicher konkurrierenden Tarifverträge – wenn auch nur in Teilen – gestattet.

I. Rosinentheorie

Wie an anderer Stelle bereits dargelegt worden ist[10], reichen die Wurzeln der Rosinentheorie bis in die Weimarer Republik zurück. Aus heutiger Sicht könnte die Rosinentheorie dogmatisch aus dem Günstigkeitsprinzip des § 4 Abs. 3 2. Var. TVG, einem allgemeinen Arbeitnehmerschutzgedanken oder der Schutzfunktion des Tarifvertrags herzuleiten sein.

1. Günstigkeitsprinzip des § 4 Abs. 3 2. Var. TVG

Die Auslegung des § 4 Abs. 3 2. Var. TVG zeigt jedoch, daß einzelne Bestimmungen eines anderen Tarifvertrags entgegen dem insoweit nicht entgegenstehenden Wortlaut der Norm nicht „abweichende Abmachung“ sein können[11]. Das folgt zwar nicht aus der Verankerung des Günstigkeitsprinzips in § 4 TVG, der sich mit der Wirkung des Tarifvertrags befaßt, ohne Regelungen für das Verhältnis zu anderen Tarifverträgen aufzustellen, und deshalb systematisch

---

[9] Der Kläger könne sich nicht auf einen der Tarifverträge „berufen“; vgl. aber andererseits: Die Tarifkonkurrenz sei „zu lösen“.

[10] Vgl. oben § 3 C IV 2.

[11] Ebenso *Witzig*, S. 20 ff., 28.

unergiebig ist[12]. Sinn und Zweck des Günstigkeitsprinzips sprechen aber gegen eine Auslegung des § 4 Abs. 3 2. Var. TVG im Sinne der Rosinentheorie[13]. Der Tarifvertrag setzt zwingende Mindestarbeitsbedingungen, das Günstigkeitsprinzip ist Ausfluß des Schutzgedankens im Arbeitsrecht[14]. Daraus folgt, daß eine auch nur teilweise arbeitsvertragliche Verbesserung der tariflichen Arbeitsbedingungen möglich sein muß. Der Ausschluß der Vertragsfreiheit durch die Normenwirkung des Tarifvertrags ist gerechtfertigt, weil einzelvertraglich bessere Arbeitsbedingungen vereinbart werden können[15]. Das Günstigkeitsprinzip ist damit auf die Kollision von Individual- und Kollektivvertragsrecht zugeschnitten. Bei einer Tarifkonkurrenz läuft der Schutzzweck des § 4 Abs. 3 2. Var. TVG dagegen ins Leere: Die Sicherung des Selbstbestimmungsrechts der Arbeitnehmer steht mangels individualrechtlicher Vereinbarung nicht zur Debatte. Die Kombination der Rosinen mehrerer Tarifverträge geht über den in § 4 Abs. 3 2. Var. TVG intendierten Schutz der Vertragsfreiheit hinaus.

Nichts anderes gilt aus Sicht des Arbeitgebers. Das Günstigkeitsprinzip ermöglicht ihm, die gegenüber tarifvertraglichen Regelungen erforderlichen betrieblichen Anpassungen individualvertraglich vorzunehmen[16]. Er kann autonom entscheiden, wie weit er von den Mindestarbeitsbedingungen des Tarifvertrags nach oben abweichen will. Bei einer staatlich veranlaßten Tarifkonkurrenz fehlt eine solche Entscheidungsfreiheit ohnehin. Ist sie privatautonom veranlaßt, kommt die Entscheidungsfreiheit nicht zum Tragen, da der konkurrierende Tarifvertrag nicht dazu taugt, den tarifvertraglich bereits fixierten Mindeststandard flexibel an die betrieblichen Erfordernisse anzupassen.

---

[12] *Witzig*, S. 21 f.

[13] Dazu auch *Witzig*, S. 22 ff.

[14] *Kempen/Zachert*, § 4 Rn. 164; *H. Wiedemann*, S. 13 und passim; *H. Wiedemann/Stumpf*, § 4 Rn. 214.

[15] Vgl. *H. Wiedemann/Stumpf*, Einl. Rn. 220, § 4 Rn. 215; *Witzig*, S. 23; vgl. auch *Belling*, DB 1982, S. 2514; *Biedenkopf*, S. 75; *Ganter*, S. 146; *A. Hueck/Nipperdey*, Bd. II 1, S. 572; *Maus*, RdA 1958, S. 246; *Nikisch*, Bd. 2, S. 420; *Siebert*, FS Nipperdey (1955), S. 124, 144.

[16] *Belling*, S. 73; *Rieble*, Rn. 1615; *Siebert*, FS Nipperdey (1955), S. 124, 144; ähnlich *Belling*, DB 1982, S. 2517; *Martens*, RdA 1983, S. 222; *Nikisch*, Bd. 2, S. 427.

2. *Allgemeines Arbeitnehmerschutzprinzip*

Die Rosinentheorie läßt sich auch nicht auf das allgemeine arbeitsrechtliche Schutzprinzip zurückführen[17]. Bei allen Unklarheiten über dessen Begründung und Reichweite steht zumindest fest, daß es innerhalb der Hierarchie arbeitsrechtlicher Gestaltungsfaktoren im Verhältnis von ranghöheren zu rangniederen Regelungen Verbesserungen grundsätzlich nicht ausschließt[18]. Bei einer Tarifkonkurrenz kollidieren aber gleichrangige Gestaltungsfaktoren.

3. *Schutzzweck des Tarifvertrags*

Die Rosinentheorie hat *Hagemeier* – Praktikabilitätsschwierigkeiten einräumend – aus dem Schutzzweck des Tarifvertrags abgeleitet[19]. Aus ihm folge die Anwendung des Günstigkeitsprinzips als spezieller Ausformung eines allgemeinen arbeitsrechtlichen Schutzgedankens, ohne daß es auf § 4 Abs. 3 2. Var. TVG ankomme, so daß bei einer Tarifkonkurrenz die jeweils für den Arbeitnehmer günstigeren Einzelbestimmungen gelten müßten[20]. Der tarifvertragliche Schutzzweck ist freilich bereits mit Geltung eines Tarifvertrags im Arbeitsverhältnis erfüllt: Es unterfällt dessen Mindestarbeitsbedingungen. Daran ändert sich bei einer Tarifkonkurrenz nichts. Eine Kombination der jeweils günstigeren Bestimmungen ist auch mit der Schutzfunktion des Tarifvertrags nicht begründbar.

II. Tarifvielfalt im Arbeitsverhältnis außerhalb eines Günstigkeitsvergleichs

Das Schrifttum reduziert das Problem der Tarifvielfalt auf die Rosinentheorie. Eine Kombination von Einzelbestimmungen der konkurrierenden Tarifverträge außerhalb eines Günstigkeitsvergleichs wird nicht bedacht. Freilich legen

---

[17] Zu ihm *H. Wiedemann*, S. 11 ff.; s. ferner *Bulla*, MDArbGV 1957, Nr. 15, S. 1; *Dersch*, RdA 1949, S. 326; *Herschel*, RdA 1964, S. 7; *Kaskel/Dersch*, S. 1.

[18] Vgl. BAG (GS) AP Nr. 17 zu § 77 BetrVG 1972, Bl. 8; *Kempen/Zachert*, § 4 Rn. 164; *H. Wiedemann/Stumpf*, § 4 Rn. 214; vgl. aber § 77 Abs. 3 Satz 1, § 87 Abs. 1 Einleitungssatz BetrVG.

[19] *Hagemeier/Kempen/Zachert/Zilius*, § 4 Rn. 114 (aufgegeben von *Kempen/Zachert*, § 4 Rn. 134); für die „Rosinentheorie" bei Doppelmitgliedschaft des Arbeitgebers auch *B. Müller*, Rn. 135; *ders.*, NZA 1989, S. 452; vgl. ferner *Bieback*, DB 1989, S. 479.

[20] *Kempen/Zachert*, § 4 Rn. 114.

gerade Schwierigkeiten bei der Ermittlung der günstigeren Regelung – bei Kollektivnormen wäre sie nicht selten unmöglich – nahe, auch über eine Kombination von Einzelbestimmungen unabhängig von deren Günstigkeit nachzudenken. Insoweit könnte man etwa an ein Wahlrecht des Arbeitnehmers denken[21]. Die Fragestellung würde dann beispielsweise lauten, ob ein Arbeitnehmer bei einer Tarifkonkurrenz den Arbeitgeber auf die Urlaubsregelung des einen (weniger Urlaub) und die Arbeitszeitregelung des anderen Tarifvertrags (längere Arbeitszeit) verweisen könne: nach traditionellem Verständnis eine Kombination ungünstiger Regelungen.

Die Antwort fällt wegen der Tarifeinheit im Arbeitsverhältnis, auf die gleich im Anschluß noch einzugehen ist, negativ aus: Der von den Tarifvertragsparteien geschaffene innere Sinnzusammenhang eines Tarifvertrags würde zerrissen[22]. Der Sinnzusammenhang besteht dabei nicht nur innerhalb einzelner Regelungsgegenstände: Die Tarifeinheit im Arbeitsverhältnis verbietet es, die Urlaubsregelungen der konkurrierenden Tarifverträge zu kombinieren. Er betrifft auch unterschiedliche Regelungsgegenstände und verbietet, auf die Urlaubsregelung des einen und die Arbeitszeitregelung des anderen Tarifvertrags zurückzugreifen.

III. Ergebnis

Ein Grundsatz der Tarifvielfalt im Arbeitsverhältnis läßt sich weder aus dem Günstigkeitsprinzip des § 4 Abs. 3 2. Var. TVG noch dem allgemeinen arbeitsrechtlichen Schutzprinzip oder dem Schutzzweck des Tarifvertrags herleiten. Es kommt auch nicht darauf an, ob günstige oder ungünstige Bestimmungen miteinander kombiniert werden.

---

[21] Zum Wahlrecht des Arbeitnehmers näher unten § 16 C III.

[22] Dazu gleich § 15 C I 1.

C. Tarifeinheit im Arbeitsverhältnis

I. Tarifeinheit im Arbeitsverhältnis bei Individual- und Kollektivnormen

1. Tarifeinheit im Arbeitsverhältnis bei Individualnormen

Eine ständige Rechtsprechung des *BAG*[23] und der Instanzgerichte[24] sowie das gesamte Schrifttum[25] vertreten zu Recht – wenn auch in aller Regel nur mit

---

[23] Etwa BAG AP Nr. 3 zu § 4 TVG Tarifkonkurrenz, Bl. 2; AP Nr. 4 zu § 4 TVG Tarifkonkurrenz, Bl. 2R; AP Nr. 11 zu § 4 TVG Tarifkonkurrenz, Bl. 3R; AP Nr. 12 zu § 4 TVG Tarifkonkurrenz, Bl. 2; AP Nr. 16 zu § 4 TVG Tarifkonkurrenz, Bl. 4; AP Nr. 20 zu § 4 TVG Tarifkonkurrenz, Bl 3R; AP Nr. 21 zu § 4 TVG Tarifkonkurrenz, Bl. 3; AP Nr. 22 zu § 4 TVG Tarifkonkurrenz, Bl. 4; AP Nr. 126 zu § 1 TVG Tarifverträge: Bau, Bl. 3R; EzA § 4 TVG Geltungsbereich Nr. 10, S. 6.

[24] Etwa LAG Düsseldorf, BB 1968, S. 1498; LAG Frankfurt a.M., Urteil vom 24.10.1988 – 14 Sa 1300/87 (n.v.), S. 16 f., 19; Urteil vom 24.10.1988 – 14 Sa 1450/87 (n.v.), S. 16 f.; LAG Köln, Beschluß vom 2.12.1994 – 13 TaBV 8/93 (n.v.), S.3; LAG Niedersachsen LAGE § 4 TVG Tarifpluralität Nr. 1, S. 2 f.; LAG Bremen LAGE § 4 TVG Tarifpluralität Nr. 2, S. 4 f.; ArbG Darmstadt AP 51 Nr. 209; ArbG Hannover, Urteil vom 12.4.1990 – 8 Ca 247/89 (n.v.), S. 7 f.; ArbG Stuttgart, AfP 1989, S. 691; vgl. auch LAG Düsseldorf, BB 1950, S. 450; LAG Hamburg, BB 1952, S. 290.

[25] *Besgen*, S. 51; *Berger-Delhey*, Anm. zu ArbG Stuttgart vom 13.4.1989, AfP 1989, S. 692; *Bieback*, DB 1989, S. 479 f.; *Bobrowski/D. Gaul*, Bd. 2, M IV Rn. 8; *Bruhn*, Tarifeinheit, S. 145; *Buchner*, FS Kissel, S. 103; *ders.*, FS Schaub, S. 83; *Däubler*, TVR, Rn. 1489; *Delheid*, S. 48 f.; *Dräger* BB 1970, S. 1142; *Dütz*, Rn. 580; *Dutti*, BB 1968, S. 1336 f.; *Etzel*, NZA 1987, Beilage Nr. 1, S. 19; *ders.*, NJW 1991, S. 3191; *ders.*, FS Schaub, S. 174; *Fenn*, FS Kissel, S. 236 ff.; *B. Gaul*, Anm. zu BAG vom 4.9.1996, EzA § 3 TVG Bezugnahme auf Tarifvertrag Nr. 7, S. 29; *D. Gaul*, RdA 1966, S. 178; *ders.*, ZTR 1991, S. 453; *Gerhards*, BB 1995, S. 1291; *Gramm*, AR-Blattei (D), Tarifvertrag XII, C II; MünchArbR-*P. Hanau*, Bd. 1, § 60 Rn. 33; *Hauck*, FS Schaub, S. 271; *Haußmann*, S. 93; *Herschel*, AuR 1984, S. 206; *Hess*, ZfA 1976, S. 56; *Hohenstatt*, DB 1992, S. 1679; *von Hoyningen-Huene*, RdA 1974, S. 149; *Hromadka/Maschmann/Wallner*, Rn. 134; *Huber*, Bd. 2, S. 441; *A. Hueck/Nipperdey*, Bd. II 1, S. 648; *A. Hueck/Nipperdey/Tophoven*, § 4 Rn. 105; *A. Hueck/Nipperdey/Tophoven/Stahlhacke*, § 4 Rn. 259; *Kania*, DB 1994, S. 529; *Kaskel/Dersch*, S. 70; *Kempen/Zachert*, § 4 Rn. 128; *Konzen*, ZfA 1975, S. 428 Fn. 161; *ders.*, Anm. zu BAG vom 24.9.1975, SAE 1977, S. 61 f.; *ders.*, RdA 1978, S. 151, 154; *Kraft*, RdA 1992, S. 165; *Küchenhoff*, AuR 1965, S. 33; *Lieb*, Arbeitsrecht, Rn. 524; MünchArbR-*Löwisch*, Bd. 3, § 269 Rn. 21 f.; *ders.*, Arbeitsrecht, Rn. 285; *Löwisch/Rieble*, § 4 Rn. 294 f.; *D. Mann*, BB 1957, S. 550; *Maus*, § 4 Rn. 191, 194; *Meik*, DB 1990, S. 2525; *Memminger*, S. 30, 73; *Ph. Merten*, BB 1993, S. 573; *Moll*, RdA 1996, S. 281; *B. Müller*, NZA 1989, S. 450 f.; *Nikisch*, Bd. 2, S. 479 ff.; *Reuter*, JuS 1992, S. 108 f.; *Richardi*, BetrVG, § 2 Rn. 26; *Rieble*, Rn. 1813; *Säcker/Oetker*, ZfA 1993, S. 4 f.; *Salje*, Anm. zu BAG vom 20.3.1991, SAE 1993, S. 79; *Schaub*, Handbuch, § 203 VII 2 b; *ders.*, BB 1995, S. 2005; *Gis. Schneider*, S. 126 f.; *G. Schröder*, DB 1957, S. 657; *Seibertz*, BB 1950, S. 652; *von Stebut*, Anm. zu BAG vom 19.3.1986, AP Nr. 49 zu § 613a BGB, Bl. 6R; *Stein*, Rn. 272; *Vogg*, Anm. zu BAG vom 20.3.1991, EzA § 4 TVG Tarifkonkurrenz Nr. 7, S. 15; *Wank*, Anm. zu BAG vom 26.1.1994, EzA § 4 TVG Tarifkonkurrenz Nr. 9,

schlichtem Hinweis auf die „h.M." – den Grundsatz der Tarifeinheit im Arbeitsverhältnis, ohne allerdings dessen Geltung für Individualnormen ausdrücklich zu formulieren. Der Tarifvertrag ist ein in sich geschlossener, einheitlicher, als sinnvolles Ganzes zu betrachtender, abschließender Rechtssetzungsakt, dessen Aufsplitterung durch eine Regel der Tarifvielfalt regelmäßig dem Willen der Tarifvertragsparteien widerspräche. Er spiegelt deren tatsächliches Machtgleichgewicht im Zeitpunkt des Vertragsschlusses wider und stellt insoweit einen Kompromiß dar, bei dem jede Seite eigene Vorteile durch Konzessionen an die andere Seite erkauft hat. Die Zerstörung der Einheit des Tarifvertrags, der die Arbeitsverträge, an die er sich richtet, alleine in der ausgehandelten Form gestalten will, und die Vermischung mit den Regelungen eines anderen Tarifvertrags würden zu einem „Idealtarif"[26] führen, der von keiner Tarifvertragspartei gewollt wäre. Die Tarifeinheit im Arbeitsverhältnis folgt damit gleichsam, wie einmal formuliert worden ist, „aus der Natur der Sache"[27].

2. Tarifeinheit im Arbeitsverhältnis bei Kollektivnormen

a) Tarifeinheit im Arbeitsverhältnis

Der Grundsatz der Tarifeinheit im Arbeitsverhältnis gilt darüber hinaus, das ist als Ausgangspunkt festzuhalten, auch für die Kollision von Kollektivnormen im Arbeitsverhältnis. Schrifttum und Rechtsprechung differenzieren allerdings nur vereinzelt ausdrücklich zwischen Individual- und Kollektivnormen[28]. Eine Kombination der Kollektivnormen mehrerer Tarifverträge im Arbeitsverhältnis ist aus den gleichen Gründen wie bei Individualnormen nicht möglich (Tarifeinheit im Arbeitsverhältnis).[29]

S. 16; *H. Wiedemann/Arnold*, ZTR 1994, S. 402 f., 406; *H. Wiedemann/Stumpf*, § 4 Rn. 162 f.; *Witting*, BArbBl. 1957, S. 545; *Witzig*, S. 29 und passim; *Wlotzke*, S. 12; *Zöllner/Loritz*, § 37 V 1.

[26] *Molitor*, NZfA 1930, Sp. 207.

[27] *Salje*, Anm. zu BAG vom 20.3.1991, SAE 1993, S. 79.

[28] S. bereits oben § 15 C I 1.

[29] Ausdrücklich auch *Witzig*, S. 56.

b) „Tarifeinheit im Betrieb“

aa) Betriebsweit einheitliche Geltung für alle Arbeitsverhältnisse

Freilich geht die Reichweite der Tarifeinheit im Arbeitsverhältnis bei Kollektivnormen über das einzelne Arbeitsverhältnis hinaus: Kollektivnormen müssen alle Arbeitsverhältnisse des Betriebs einheitlich gestalten[30]. Es handelt sich um eine „betriebsweite Tarifkonkurrenz“, aber nicht um Tarifpluralität: Kollisionsregel ist deshalb die Tarifeinheit im Arbeitsverhältnis, die allerdings betriebsweit einheitlich gilt, und nicht der umstrittene Grundsatz der Tarifeinheit im Betrieb[31].

Ebenso wenig wie von betriebsbezogenen tariflichen Regelungen individualrechtlich abgewichen werden kann, auch wenn die einzelvertragliche Regelung günstiger ist (§ 4 Abs. 3 2. Var. TVG)[32], kann es bei Kollektivnormen eine Tarifpluralität im Betrieb geben[33]. Kollektivnormen eines Tarifvertrags stellen eine Betriebsordnung dar, die ihrem Wesen nach nur betriebseinheitlich gelten kann. Zu ihnen gehören nach der Formulierung der h.M. nur solche Regelungen, deren einheitliche Anwendung auf alle Arbeitnehmer des Betriebs in der sozialen Wirklichkeit aus tatsächlichen oder rechtlichen Gründen unumgänglich ist[34]. Die Geltung verschiedener Kollektivnormen in verschiedenen Arbeitsverhältnissen würde deren zwingend notwendige betriebseinheitliche Wirkung zerstören.

---

[30] S. oben § 8 B I 2 b, c.

[31] Zu ihm ausführlich unten §§ 19 ff.

[32] *Buschmann*, NZA 1990, S. 388; *Ganter*, S. 10, 149; *Kempen/Zachert*, § 4 Rn. 167; *Linnenkohl/Rauschenberg/Reh*, BB 1990, S. 630 f.; *H. Wiedemann/Stumpf*, § 4 Rn. 224; *Witzig*, S. 57; *Wlotzke*, S. 28 ff.; *Zachert*, DB 1990, S. 988 f.; wohl auch *Däubler*, TVR, Rn. 192; einschränkend MünchArbR-*Löwisch*, Bd. 3, § 265 Rn. 21 ff.; *Löwisch/Rieble*, § 4 Rn. 176 ff.

[33] Vgl. MünchArbR-*P. Hanau*, Bd. 1, § 60 Rn. 33; *A. Hueck/Nipperdey*, Bd. II. 1, S. 651; GK-*Kraft*, Bd. 1, § 2 Rn. 19; *Löwisch/Rieble*, § 1 Rn. 80, § 4 Rn. 303; MünchArbR-*Löwisch*, Bd. 3, § 254 Rn. 4, § 269 Rn. 30; *Memminger*, S. 93; *G. Müller*, Tarifautonomie, S. 191; *ders.*, Ablösung, S. 53; *Hj. Otto*, Arbeitsrecht, Rn. 461; *Richardi*, BetrVG, § 2 Rn. 26; *Rüthers*, FS G. Müller, S. 453 ff.; *Säcker/Oetker*, S. 135; *Witzig*, S. 57.

[34] S. näher oben § 8 B I 2 b, c.

bb) Keine betriebsweit einheitliche Kombination verschiedener Kollektivnormen

Darüber hinaus kommt auch betriebsweit eine Rosinentheorie nicht in Betracht: Eine Kombination verschiedener Kollektivnormen der kollidierenden Tarifverträge, die wegen des Charakters von Kollektivnormen ohnehin nicht nach Günstigkeitskriterien erfolgen könnte, verbietet sich, auch wenn sie betriebseinheitlich – für alle Arbeitsverhältnisse gleich – erfolgen würde. Kollektivnormen stellen eine in sich geschlossene und abschließende Regelung dar, die einer Ergänzung weder durch einzelvertragliche Abmachungen noch durch andere Tarifverträge zugänglich ist[35].

3. Keine einheitliche Bewertung von Individual- und Kollektivnormen als Ausnahme von der Tarifeinheit im Arbeitsverhältnis

Die bislang getroffenen Aussagen lassen aber die Frage unbeantwortet, ob wegen der Tarifeinheit im Arbeitsverhältnis bei einer Kollision von Tarifverträgen, die jeweils Individual- und Kollektivnormen enthalten, auf jedes Arbeitsverhältnis zwingend nur einer der Tarifverträge insgesamt – mit Individual- und Kollektivnormen – anzuwenden ist (die betriebsweite Verdrängung der Kollektivnormen eines Tarifvertrags würde dessen Individualnormen dann mitreißen) oder ob die Verdrängung der Kollektivnormen die Individualnormen desselben Tarifvertrags unberührt läßt. Die Tarifeinheit im Arbeitsverhältnis würde insoweit durchbrochen: Es gäbe Arbeitsverhältnisse, auf die die Individualnormen des einen und die Kollektivnormen des anderen Tarifvertrags anzuwenden wären.

Dezidierte Stellungnahmen der Rechtsprechung und des Schrifttums zu dieser Ausnahme sind selten. Zum Teil wird bereits die trennscharfe Unterscheidbarkeit beider Normgruppen bezweifelt[36]. § 3 Abs. 2 TVG erzwingt freilich für Arbeitsverhältnisse mit nicht tarifgebundenen Arbeitnehmern eine Charakterisierung als Individual- oder Kollektivnorm, da die alleinige Tarifbindung des Arbeitgebers zur Normenwirkung genügt. Daß Tarifnormen auch Doppelcharakter haben können[37], steht einer getrennten Behandlung beider Normgruppen ebenfalls nicht entgegen: Doppelnormen sind regelmäßig in einen inhalts- und

---

[35] *Witzig*, S. 57.

[36] Vgl. z.B. BAG AP Nr. 20 zu § 4 TVG Tarifkonkurrenz, Bl. 3R; *Dutti*, BB 1968, S. 1338.

[37] Vgl. bereits oben § 8 B I.

einen betriebsbezogenen Teil aufspaltbar[38]: Jede Doppelnorm besteht letztlich aus einer Inhalts- und einer Kollektivnorm. Das ist auch rechtlich nicht anders möglich, da Kollektivnormen auch für Außenseiter gelten, die von den übrigen Teilen des Tarifvertrags nicht erfaßt werden[39].

Vereinzelt hat man sich gegen eine unterschiedliche Behandlung von Individual- und Kollektivnormen bei der Anwendung der Tarifeinheit im Arbeitsverhältnis ausgesprochen, die nicht vom Rechtscharakter der Tarifnormen abhängig sei[40]. Gegen diese Auffassung spricht, daß der Gesetzgeber die Tarifgebundenheit für Individual- und Kollektivnormen in § 3 TVG gerade unterschiedlich ausgestaltet hat. Maßgeblich ist aber vor allem, daß der einheitliche Sinnzusammenhang des Tarifvertrags durch eine unterschiedliche Behandlung von Individual- und Kollektivnormen jedenfalls in aller Regel nicht zerstört wird, so daß die Rechtfertigung für die Tarifeinheit im Arbeitsverhältnis entfällt. Individual- und Kollektivnormen eines Tarifvertrags stehen nicht in unlösbarem Zusammenhang. Sie werden grundsätzlich unabhängig voneinander vereinbart. Während Individualnormen – etwa über die Höhe des Arbeitsentgelts oder die Dauer des Jahresurlaubs – einen Kompromiß darstellen, der den Interessengegensatz der Arbeitsvertragsparteien widerspiegelt, erfolgt die Betriebsgestaltung durch Kollektivnormen – z.B. über die Einrichtung einer Betriebskantine oder von Waschräumen – weitgehend im gemeinsamen Interesse der Arbeitsvertragsparteien an besseren Arbeitsbedingungen und – als deren Resultat – an besseren Arbeitsergebnissen[41]. Die Regelungsgegenstände von Kollektivnormen sind regelmäßig allenfalls am Rande Verhandlungsmaterial bei Tarifvertragsverhandlungen, etwa bei Tarifnormen mit Doppelcharakter[42]. Eine geringe Verschiebung der ausbalancierten Gewichte im Kompromiß zwischen den Tarifvertragsparteien als Folge einer nicht einheitlichen Behandlung von Individual- und Kollektivnormen als Ausnahme von der Tarifeinheit im Arbeitsverhältnis ist aber hinzunehmen: Deren Beschränkung auf die Verdrängung der Kollektivnormen aus dem Arbeitsverhältnis schützt die kleinen Gewerkschaften, deren Individualnormen für ihre Mitglieder maßgeblich bleiben, und fördert den durch Art. 9 Abs. 3 Satz 1 GG geschützten Koalitionspluralismus[43]. Folglich

---

[38] *Witzig*, S. 59 f.; vgl. aber *Heinze*, NZA 1989, S. 47.

[39] Vgl. auch *Ph. Merten*, BB 1993, S. 574.

[40] *Delbos*, S. 136 f.; ähnlich *Dutti*, BB 1968, S. 1338; *G. Müller*, Ablösung, S. 54.

[41] *Ph. Merten*, BB 1993, S. 574; *G. Müller*, Tarifautonomie, S. 131; näher *Witzig*, S. 60 ff.

[42] Vgl. *Witzig*, S. 60.

[43] Vgl. auch *Witzig*, S. 56; näher zum Koalitionspluralismus unten § 21 A I 1 b bb aaa.

steht die Tarifeinheit im Arbeitsverhältnis der Anwendung von Individualnormen eines Tarifvertrags und von Kollektivnormen eines anderen – konkurrierenden – Tarifvertrags auf ein Arbeitsverhältnis nicht entgegen[44].

II. Einzelne Probleme der Tarifeinheit im Arbeitsverhältnis

1. Tarifeinheit im Arbeitsverhältnis bei inhaltlicher Inkongruenz der konkurrierenden Tarifverträge

Eine Tarifkonkurrenz liegt auch bei inhaltlicher Inkongruenz der kollidierenden Tarifverträge vor[45]. Freilich ist bei der Anwendbarkeit der Tarifeinheit im Arbeitsverhältnis zwischen teilweiser und vollständiger Inkongruenz zu unterscheiden.

a) Teilweise inhaltliche Inkongruenz

Die Tarifeinheit im Arbeitsverhältnis gilt wegen des abschließenden Sinnzusammenhangs eines Tarifvertrags auch bei teilweiser Inkongruenz der kollidierenden Tarifverträge[46]. Das ist zwar mit Blick auf § 613a Abs. 1 Satz 3 BGB nicht selbstverständlich: Dort muß nach einhelliger Ansicht in Rechtsprechung und Literatur zwischen den in den Arbeitsvertrag transformierten und den neuen, ablösenden Tarifnormen Regelungsidentität bestehen, wenn auch nicht in jeder Einzelheit[47]. In einer Nichtregelung kann aber die bewußte Ablehnung einer Regelung liegen, sei es im Einverständnis der Tarifvertragsparteien, sei es als ausgehandelter Teil eines Verhandlungskompromisses. Sie kann auch offengehalten oder gar nicht erwogen worden sein. Deshalb können Teilkomplexe

---

[44] Ebenso LAG Niedersachsen LAGE § 4 TVG Tarifpluralität Nr. 1, S. 2 ff.; *Haußmann*, S. 143 ff.; *Memminger*, S. 100 f.; *Ph. Merten*, BB 1993, S. 573 f.; *Gis. Schneider*, S. 155 f.; *Witzig*, S. 56, 58 ff.; wohl auch *Bieback*, DB 1989, S. 481; *Quander*, S. 282; *Reuter*, JuS 1991, S. 1069.

[45] S. oben § 7 A II.

[46] Vgl. dazu MünchArbR-*Löwisch*, Bd. 3, § 269 Rn. 22; *Löwisch/Rieble*, § 4 Rn. 295; *dies.*, FS Schaub, S. 473; zweifelnd offenbar *Berger-Delhey*, Anm. zu ArbG Stuttgart vom 13.4.1989, AfP 1989, S. 692 f.

[47] BAG AP Nr. 108 zu § 613a BGB, Bl. 4 f.; RGRK-*Ascheid*, § 613a BGB Rn. 224; *Bruhn*, Tarifeinheit, S. 210; *Däubler*, TVR, Rn. 1556; *P. Hanau/Vossen*, FS Hilger/Stumpf, S. 292 f.; HzA-*Hattesen*, Rn. 3440; *Hromadka*, DB 1996, S. 1875; *Hromadka/Maschmann/Wallner*, Rn. 345; *Kamlah*, S. 113 f.; MünchKomm-*Schaub*, § 613a Rn. 181; HAS-*Waas*, Rn. 73; *Wank*, NZA 1987, S. 508 f.; *Zöllner*, DB 1995, S. 1403; vgl. auch unten § 17 C II 1 b.

eines verdrängten Tarifvertrags (etwa die Regelung über die Zahlung eines Sterbegelds in § 10 BRTV), die im verdrängenden Tarifvertrag nicht enthalten sind (z.B. im RTV für die Arbeitnehmer der land- und forstwirtschaftlichen Lohnunternehmen in Schleswig-Holstein)[48], auch nicht im Wege der Lückenfüllung ergänzend zur Anwendung kommen.

b) Vollständige inhaltliche Inkongruenz

Ob das auch bei vollständiger Inkongruenz der konkurrierenden Tarifverträge gilt, ist mindestens auf den ersten Blick zweifelhaft. Ihre Herausnahme aus dem Anwendungsbereich der Tarifeinheit im Arbeitsverhältnis würde bedeuten, daß bei den praktisch häufigen Tarifkonkurrenzen zwischen Tarifverträgen des Baugewerbes einerseits (etwa BRTV/VTV) und einem Rahmen- oder Manteltarifvertrag einer anderen – nach der Rechtsprechung des *BAG* spezielleren[49] – Branche (etwa MTV Metall[50] oder RTV Abbruch[51]) der Tarifvertrag über das Sozialkassenverfahren im Baugewerbe nicht aus dem Arbeitsverhältnis verdrängt würde, weil es keinen konkurrierenden spezielleren Tarifvertrag mit gleichem Regelungsinhalt (Sozialkassenverfahren) gibt. In diese Richtung zielen sowohl die Überlegung *Kohtes*, die Annahme einer Tarifkonkurrenz zwischen solchen Tarifverträgen überhaupt abzulehnen[52], als auch die Feststellung *Reicholds*, die Sozialkassentarifverträge stünden in der Regel komplementär und nicht konträr zu den Manteltarifverträgen benachbarter Gewerbe, die solche Zusatzeinrichtungen wie Sozialkassen nicht kennen[53]: Beide Ansätze lassen den Wunsch erkennen, die Judikatur des *BAG* zum Prinzip der Tarifeinheit im Betrieb zu unterlaufen, um die Verdrängung der Sozialkassentarifverträge aus dem Betrieb zu verhindern, sind im Ergebnis aber unzutreffend[54].

Auch bei vollständiger Inkongruenz gilt: In einer Nichtregelung kann die bewußte Ablehnung einer Regelung liegen. Sie kann offengehalten oder nicht erwogen worden sein. Wenn die Tarifvertragsparteien der mit dem Baugewerbe

---

[48] Zur Kollision der genannten Tarifverträge BAG AP Nr. 126 zu § 1 TVG Tarifverträge: Bau; AP Nr. 22 zu § 4 TVG Tarifkonkurrenz.

[49] S. oben § 5 B II 2, c; ferner unten § 16 A I, 17 B I 1.

[50] BAG AP Nr. 16 zu § 4 TVG Tarifkonkurrenz.

[51] BAG AP Nr. 11 zu § 4 TVG Tarifkonkurrenz; ferner z.B. AP Nr. 120 zu § 1 TVG Tarifverträge: Bau.

[52] *Kohte*, Anm. zu BAG vom 24.1.1994, SAE 1996, S. 16 f.

[53] *Reichold*, Anm. zu BAG vom 22.9.1993, SAE 1995, S. 23.

[54] S. oben § 7 A II.

konkurrierenden Branchen auf die Einrichtung von Sozialkassen verzichten, können die – ohne Zusammenwirken mit dem gesamten BRTV isolierten[55] – Regelungen über Sozialkassen im Baugewerbe ihren Mitgliedern nicht im Wege einer Ausnahme von der Tarifeinheit im Arbeitsverhältnis als Ergänzung aufgezwungen werden. Das wäre auch ohne näheres Hinsehen selbstverständlich, wenn die Zusatzversorgung in einem gesonderten Abschnitt des BRTV und nicht in einem eigenem Verfahrenstarifvertrag geregelt wäre (der betriebliche Geltungsbereich beider Tarifverträge ist identisch[56]): Dann läge nämlich eine nur teilweise Inkongruenz der konkurrierenden Tarifverträge vor. Die Tarifeinheit im Arbeitsverhältnis gilt damit auch bei vollständiger Inkongruenz der konkurrierenden Tarifverträge.

2. Tarifeinheit im einheitlichen Arbeitsverhältnis mit mehreren Arbeitgebern beim gemeinsamen Betrieb mehrerer Unternehmen

Auf den ersten Blick zweifelhaft ist die Geltung der Tarifeinheit im Arbeitsverhältnis im einheitlichen Arbeitsverhältnis, das namentlich im gemeinsamen Betrieb mehrerer Unternehmen vorkommen kann, wenn dessen Führungsgesellschaft, die den Arbeitnehmer im eigenen Namen eingestellt hat, eine Gesellschaft bürgerlichen Rechts ist: Sie selbst ist nicht rechtsfähig, so daß jedes Trägerunternehmen des gemeinsamen Betriebs Arbeitgeberstellung erlangt[57]. In einem solchen Arbeitsverhältnis kommt es zu einer „Tarifkonkurrenz", wenn die Trägerunternehmen (oder deren Verbände) jeweils Tarifverträge mit einer Gewerkschaft abgeschlossen haben, deren Mitglied der Arbeitnehmer ist, oder wenn bei mehrfacher Verbandszugehörigkeit des Arbeitnehmers Tarifverträge zwischen verschiedenen Trägerunternehmen (oder deren Verbänden) und verschiedenen Gewerkschaften bestehen.

Für die Gestaltung der Rechtsbeziehungen des Arbeitnehmers zu den verschiedenen Trägerunternehmen kann damit die Geltung verschiedener Tarifverträge in Betracht kommen. Eine Tarifvielfalt im Arbeitsverhältnis wäre in dieser besonderen Konstellation zwar für einzelne Tarifnormen – etwa für tarifliche Ausschlußfristen – sogar praktisch vorstellbar: Einzelne Ansprüche aus dem Arbeitsverhältnis können dem einen Arbeitgeber gegenüber schon verfal-

---

[55] Vgl. nur § 4 Nr. 5.5, § 8 Nr. 11 BRTV, die auf den VTV verweisen, der sich umgekehrt u.a. auf den BRTV bezieht (§ 2 VTV).

[56] § 1 Abs. 2 BRTV, § 1 Abs. 2 VTV.

[57] Dazu bereits oben § 10 J II 3 b.

len, dem anderen gegenüber noch wirksam sein (vgl. § 425 Abs. 1 BGB)[58]. Soweit aber Inhalt oder Bestand des Arbeitsverhältnisses berührt sind, ist eine einheitliche Behandlung unumgänglich. Für die Kündigung hat das *BAG* – allerdings ohne tarifvertraglichen Bezug – bereits entschieden, daß im einheitlichen Arbeitsverhältnis regelmäßig nur eine gemeinschaftliche Kündigung zulässig sei[59].

Der zugrunde liegende Gedanke, das Arbeitsverhältnis könne nur einheitlich gestaltet werden, ist auf die normative Wirkung von Tarifverträgen zu übertragen. Bei nahezu allen Individualnormen – etwa bei Fragen der Urlaubslänge oder der Beendigung des Arbeitsverhältnisses – und bei Kollektivnormen ohnehin ist ein Nebeneinander der kollidierenden Tarifverträge im einheitlichen Arbeitsverhältnis denkgesetzlich nicht möglich[60]. Eine Tarifvielfalt wäre praktisch nicht durchführbar. Der Grundsatz der Tarifeinheit im Arbeitsverhältnis gilt deshalb im Wege der Rechtsfortbildung wegen zwingender Bedürfnisse des Rechtsverkehrs[61] auch im einheitlichen Arbeitsverhältnis im gemeinsamen Betrieb mehrerer Unternehmen. Er hat sogar zwei Zielrichtungen: Weder darf der Arbeitnehmer die ihm günstigen Bestimmungen der verschiedenen Tarifverträge kombinieren (Rosinentheorie) noch kann im Verhältnis zu jedem einzelnen Trägerunternehmen (Arbeitgeber) der jeweilige Tarifvertrag gelten.

3. Tarifeinheit im Arbeitsverhältnis als Gewohnheitsrecht

Methodisch bemerkenswert ist die gewohnheitsrechtliche Anerkennung der Tarifeinheit im Arbeitsverhältnis[62]. Zur Feststellung von Gewohnheitsrecht genügt es zwar nicht, daß eine Regel im zwischenmenschlichen Verhalten für eine längere Zeit überwiegend befolgt wurde. Es muß darüber hinaus zum Ausdruck kommen, daß das Verhalten Ausdruck einer begleitenden Rechtsüberzeugung

---

[58] *Däubler*, TVR, Rn. 273d.

[59] BAG AP Nr. 1 zu § 611 BGB Gruppenarbeitsverhältnis, Bl. 3R; AP Nr. 1 zu § 611 BGB Arbeitgebergruppe, Bl. 5R f.; ebenso Staudinger-*Kaduk*, § 425 Rn. 67; *Windbichler*, S. 71.

[60] Vgl. *Däubler*, TVR, Rn. 273d (für Betriebsnormen); *Windbichler*, S. 437.

[61] Zu den zwingenden Bedürfnissen des Rechtsverkehrs ausführlich unten § 20 C II 2 b bb.

[62] So ohne Begründung auch *Bieback*, DB 1989, S. 479; *D. Gaul*, ZTR 1991, S. 451; *Konzen*, ZfA 1975, S. 428 Fn. 161; *Kraft*, RdA 1992, S. 165; *Söllner*, Grundriß, § 16 V 2; *Vogg*, Anm. zu BAG vom 20.3.1991, EzA § 4 TVG Tarifkonkurrenz Nr. 7, S. 15; *Witzig*, S. 22; zögernd *Kraft*, RdA 1992, S. 165; vgl. auch *Konzen*, RdA 1978, S. 146; *Ph. Merten*, BB 1993, S. 573.

ist[63]. Das ist bei einer ständigen Rechtsprechung wie der des *BAG* und der Instanzgerichte zur Tarifeinheit im Arbeitsverhältnis[64] aber der Fall, weil sich eine entsprechende Rechtsüberzeugung nicht nur unter den am Arbeitsleben Beteiligten, sondern auch im wissenschaftlichen Schrifttum[65] gebildet hat[66].

Hinzu kommt, daß die bislang einzige gesetzliche Normierung einer Tarifkonkurrenz in § 2 Abs. 2 TVVO sowie sämtliche Gesetzesentwürfe zur Tarifkonkurrenz für die TVVO und das TVG von einer Tarifeinheit im Arbeitsverhältnis ausgegangen sind[67]. Zumindest ergänzend ist auf § 613a Abs. 1 Satz 3 BGB zu verweisen: Mit dieser Vorschrift hat der Gesetzgeber eine Kollisionsnorm geschaffen, die – fordert man richtigerweise die Tarifgebundenheit beider Arbeitsvertragsparteien an den ablösenden Tarifvertrag[68] – die Tarifeinheit im Arbeitsverhältnis für die Auflösung einer echten Tarifkonkurrenz jedenfalls indirekt bestätigt. Auf die Zulässigkeit richterlicher Rechtsfortbildung kommt es für die Tarifeinheit im Arbeitsverhältnis deshalb nicht mehr an[69].

4. Rechtsfolgen der Tarifeinheit im Arbeitsverhältnis

Das *RAG* hat während des Nationalsozialismus unter der Geltung des AOG für die Kollision einer Tarifordnung eines Treuhänders der Arbeit mit einer Tarifordnung eines Sondertreuhänders[70] sowie für das Zusammentreffen einer Reichsrahmentarifordnung mit einer Bezirkstarifordnung[71] entschieden, daß die jeweils verdrängte Tarifordnung unwirksam sei: Sie könne auch nach Außerkrafttreten der vorrangigen Tarifordnung nicht wiederaufleben. Diese Judikatur ist nach dem Zweiten Weltkrieg zu Recht nicht aufgegriffen worden. Eine Fortführung dieser Rechtsprechung unter dem TVG wäre schon wegen der anderen rechtlichen Rahmenbedingungen des AOG zweifelhaft[72]. Unter der Geltung des

---

[63] Vgl. BVerfGE 9, S. 109, 117; 15, S. 226, 232 ff.; 22, S. 114, 121; 28, S. 21, 28 f.; 34, S. 293, 303 f.; aus der Literatur etwa Soergel-*W. Hartmann*, Art 2 EGBGB Rn. 12; *Köhler*, § 1 II 2 b aa; *Larenz*, Methodenlehre, S. 356; *Schmalz*, Rn. 39; *Vogel*, § 3 I 2 b; *Zippelius*, § 3 I a.

[64] S. oben § 15 C I 1.

[65] S. oben § 15 C I 1.

[66] *Larenz*, Methodenlehre, S. 357, 433.

[67] S. oben § 3 B I, III, C III, § 5 A II.

[68] Näher unten § 17 C II 1 b.

[69] Dazu näher aber *Fenn*, FS Kissel, S. 236 ff.

[70] RAG ARS Bd. 30 (1937), S. 142, 144; ARS Bd. 33 (1938), S. 307, 318.

[71] RAG ARS Bd. 28 (1937), S. 266, 267.

[72] Vgl. dazu bereits oben § 5 A, B.

TVG ist es deshalb unstreitig, daß die Nichtigkeit eines bei einer Tarifkonkurrenz verdrängten Tarifvertrags nicht mit dessen gesetzesgleicher Wirkung zu vereinbaren wäre[73]. Eine Tarifkonkurrenz bewirkt grundsätzlich nur, daß allein der verdrängende Tarifvertrag unmittelbare und zwingende Wirkung auf das Arbeitsverhältnis ausübt.

III. Ergebnis

Die Tarifeinheit im Arbeitsverhältnis gilt für Individual- und Kollektivnormen, für letztere sogar betriebsweit. Sie betrifft diese aber nicht einheitlich: Die Verdrängung der Kollektivnormen eines Tarifvertrags erfaßt nicht dessen Individualnormen, soweit sie für sich besehen vorrangig sind. Die Tarifeinheit im Arbeitsverhältnis, die gewohnheitsrechtlich anerkannt ist, gilt nicht nur bei Inhaltsidentität, sondern auch bei teilweiser und vollständiger Inkongruenz der konkurrierenden Tarifverträge. Sie nimmt das einheitliche Arbeitsverhältnis im gemeinsamen Betrieb mehrerer Unternehmen nicht aus. Ihre Rechtsfolge beschränkt sich auf die zeitweise Verdrängung des nachrangigen Tarifvertrags, besteht aber nicht in dessen Nichtigkeit.

D. Zusammenfassung

Nach der Lehre von der Tarifeinheit im Arbeitsverhältnis kann bei einer Tarifkonkurrenz nur ein Tarifvertrag in seiner Gesamtheit auf ein Arbeitsverhältnis angewandt werden. Ein Grundsatz der Tarifvielfalt scheidet ebenso aus wie derjenige einer Tarifsperre. Die Tarifeinheit im Arbeitsverhältnis ist Gewohnheitsrecht.

---

[73] Vgl. BAG AP Nr. 11 zu § 5 TVG, Bl. 2R; *Däubler*, Rn. 1496; *Delbos*, S. 111; *Kempen/Zachert*, § 4 Rn. 114; *Huber*, Bd. 2, S. 441; *A. Hueck/Nipperdey*, Bd. II 1, S. 651 f.; *A. Hueck/Nipperdey/Tophoven*, § 4 Rn. 116; *Memminger*, S. 85 f.; *Nikisch*, Bd. 2, S. 487 f.; *Gis. Schneider*, S. 128; *H. Wiedemann/Stumpf*, § 4 Rn. 167; *Witzig*, S. 28 f.

§ 16 Grundsätze zur Lösung von Tarifkonkurrenzen

Die Tarifeinheit im Arbeitsverhältnis führt zur Folgefrage, welcher der kollidierenden Tarifverträge bei der Lösung einer Tarifkonkurrenz vorrangig ist. Rechtsprechung und Literatur, die die Besonderheiten einzelner Fallgruppen allenfalls am Rande berücksichtigen, diskutieren die Lösung von Tarifkonkurrenzen überwiegend nach abstrakten Grundsätzen, die im folgenden auf ihre Tauglichkeit zu untersuchen sind. Das Spektrum der Lösungsvorschläge ist groß. Das verwundert nicht, da das TVG keine Regelungen zur Tarifkonkurrenz enthält[74] und sich auch Analogien zu anderen gesetzlichen Bestimmungen nicht anbieten, die wegen der ambivalenten Struktur des Tarifvertrags – er ist zugleich Vertrag und Gesetz[75] – ohnehin problematisch wären.

A. Sachlich-betriebliche Kriterien

I. Spezialitätsprinzip

1. Meinungsstand

Im Mittelpunkt der Lösungsgrundsätze für Tarifkonkurrenzen steht seit der Weimarer Republik[76] das Spezialitätsprinzip, das in ständiger Rechtsprechung vom *BAG*[77] und den Instanzgerichten[78] sowie dem ganz überwiegenden Teil des

---

[74] S. oben § 5 A II 5.

[75] S. bereits oben § 8 A I.

[76] S. oben § 3 C III, IV.

[77] BAG AP Nr. 2 zu § 4 TVG Tarifkonkurrenz, Bl. 1R; AP Nr. 4 zu § 4 TVG Tarifkonkurrenz, Bl. 3; AP Nr. 8 zu § 4 TVG Tarifkonkurrenz, Bl. 1R; AP Nr. 11 zu § 4 TVG Tarifkonkurrenz, Bl. 3R; AP Nr. 12 zu § 4 TVG Tarifkonkurrenz, Bl. 3R; AP Nr. 16 zu § 4 TVG Tarifkonkurrenz, Bl. 4; AP Nr. 19 zu § 4 TVG Tarifkonkurrenz, Bl. 2R; AP Nr. 20 zu § 4 TVG Tarifkonkurrenz, Bl. 3, 4R; AP Nr. 21 zu § 4 TVG Tarifkonkurrenz, Bl. 3, 4; AP Nr. 22 zu § 4 TVG Tarifkonkurrenz, Bl. 4; AP Nr. 2 zu § 2 TVG, Bl. 3R; AP Nr. 24 zu § 1 TOA, Bl. 2; AP Nr. 17 zu § 611 BGB Ärzte, Gehaltsansprüche, Bl. 5R; AP Nr. 3 zu § 3 TVG, Bl. 3; AP Nr. 6 zu § 1 TVG Tarifverträge: Bau, Bl. 2; AP Nr. 70 zu § 1 TVG Tarifverträge: Bau, Bl. 2R; AP Nr. 120 zu § 1 TVG Tarifverträge: Bau, Bl. 2R; AP Nr. 126 zu § 1 TVG Tarifverträge: Bau, Bl. 3R f.; AP Nr. 14 zu § 1 BetrAVG Zusatzversorgungskassen, Bl. 2; AP Nr. 11 zu § 5 TVG, Bl. 2R; AP Nr. 2 zu § 16 BMT-G II, Bl. 2; EzA § 4 TVG Geltungsbereich Nr. 10, S. 6; AP Nr. 2 zu § 2 KSchG 1969, Bl. 2R; Urteil vom 14.10.1987 – 4 AZR 342/87 (n.v.), S. 10; Urteil vom 19.10.1988 – 4 AZR 354/88 (n.v.).

[78] LAG Berlin, WA 1964, S. 30; LAG Brandenburg, NZA-RR 1996, S. 179; LAG Bremen AP Nr. 1 zu § 4 TVG Tarifkonkurrenz, Bl. 2; LAGE § 4 TVG Tarifpluralität Nr. 2, S. 4 f.; LAG Düsseldorf, BB 1950, S. 549; Urteil vom 20.2.1987 – 2 Sa 1807/86

Schrifttums[79] vertreten wird, freilich wie schon beim Prinzip der Tarifeinheit im Arbeitsverhältnis zumeist ohne kritische Reflexion mit bloßem Hinweis auf die „h.M.".

(n.v.), S. 10; LAG Frankfurt a.M., BB 1951, S. 726; Urteil vom 22.7.1988 – 15/14 Sa 309/88 (n.v.), S. 5, 7; Urteil vom 24.10.1988 – 14 Sa 1300/87 (n.v.), S. 19; Urteil vom 24.10.1988 – 14 Sa 1450/87 (n.v.), S. 19; Urteil vom 10.2.1989 – 15 Sa 1136/88 (n.v.), S. 11; Urteil vom 30.6.1989 – 15 Sa 1566/88 (n.v.), S. 24; Urteil vom 4.9.1989 – 14 Sa 873/88 (n.v.), S. 10; Urteil vom 24.10.1989 – 5 Sa 818/88 (n.v.), S. 8 f.; Urteil vom 12.12.1989 – 5 Sa 1418/88 (n.v.), S. 19 f.; Urteil vom 17.8.1990 – 15 Sa 1171/89 (n.v.), S. 14 ff.; Urteil vom 24.9.1990 – 16 Sa 664/90 (n.v.), S. 18 ff.; Urteil vom 12.8.1991 – 16 Sa 365/91 (n.v.), S. 22 ff.; Urteil vom 4.5.1992 – 16 Sa 1922/91 (n.v.), S. 29; HessLAG, Urteil vom 5.9.1994 – 16 Sa 597/94 (n.v.), S. 20 f.; LAG Hamburg, RdA 1949, S. 389 f.; BB 1952, S. 290; LAG Hamm, DB 1967, S. 689; LAG Kiel, BB 1953, S. 174; LAG Köln, Beschluß vom 2.12.1994 – 13 TaBV 8/93 (n.v.), S. 3; Urteil vom 18.1.1995 – 2 Sa 1109/94 (n.v.), S. 15 f.; LAG Niedersachsen LAGE § 4 TVG Tarifpluralität Nr. 1, S. 3; LAG Nürnberg, Urteil vom 10.4.1978 – 4 Sa 592/77 (n.v.), S. 31; ArbG Frankfurt a.M., Beschluß vom 6.7.1994 – 6 BV 68/94 (n.v.), S. 7 f.; ArbG Köln, AuR 1996, S. 159; ArbG Stuttgart, AfP 1989, S. 692; Urteil vom 30.6.1994 – 25 BV 34/94 (n.v.), S. 6; ArbG Wiesbaden, Urteil vom 3.3.1988 – 4 Ca 4403/85 (n.v.), S. 11 f.; Urteil vom 5.5.1988 – 4 Ca 4180/87 (n.v.), S. 8 f.; Urteil vom 5.7.1989 – 4 Ca 5025/89 (n.v.), S. 11; Urteil vom 7.12.1989 – 5 Ca 1577/89 (n.v.), S. 6 f.; KG Berlin, WRP 1981, S. 276; wohl auch LAG Hamm, Urteil vom 26.8.1991 – 19 Sa 474/91 (n.v.), S. 13 f.

[79] *J.-H. Bauer*, FS Schaub, S. 22; *Besgen*, S. 51; *Beuthien*, BB 1975, S. 477; *Birk*, FS Beitzke, S. 863 f.; *Bobrowski/D. Gaul*, Bd. 2, M IV Rn. 9; *Brox/Rüthers*, Arbeitsrecht, Rn. 294; *Buchner*, Anm. zu BAG vom 4.9.1996, EzA § 3 TVG Bezugnahme auf Tarifvertrag Nr. 7, S. 12; *ders.*, FS Schaub, S. 83; *Delbos*, S. 96 ff.; HzA-*Dörner*, Rn. 257; KassArbR-*ders.*, Bd. 2, 6.1 Rn. 182; *Dutti*, BB 1968, S. 1336, *ders.*, DB 1969, S. 220; *Etzel*, NZA 1989, Beilage Nr. 1, S. 19; *ders.*, NJW 1991, S. 3191; *ders.*, FS Schaub, S. 174; *Fitting/Kaiser/Heither/Engels*, § 77 Rn. 71; *Gamillscheg*, Arbeitsrecht, Bd. 1, § 17 III 2 a (3), 3 c (3) (a); *B. Gaul*, Anm. zu BAG vom 4.9.1996, EzA § 3 TVG Bezugnahme auf Tarifvertrag Nr. 7, S. 29; *ders.*, NZA 1998, S. 12; *D. Gaul*, RdA 1966, S. 178; *ders.*, ZTR 1991, S. 453; *Gramm*, AR-Blattei (D), Tarifvertrag XII, C VII; *Gumpert*, Anm. zu LAG Bremen vom 1.8.1956, AP Nr. 1 zu § 4 TVG Tarifkonkurrenz, Bl. 4; *ders.*, BB 1953, S. 115; *ders.*, BB 1958, S. 1319; *Hauck*, FS Schaub, S. 271; *Haußmann*, S. 132; *Henssler*, FS Schaub, S. 331; *Hess*, ZfA 1976, S. 57, 63 f.; *Hohenstatt*, DB 1992, S. 1679; *von Hoyningen-Huene*, RdA 1974, S. 149; *Hromadka/Maschmann/Wallner*, Rn. 135; *Huber*, Bd. 2, S. 441 f.; *A. Hueck/Nipperdey*, Bd. II 1, S. 649; *A. Hueck/Nipperdey/Tophoven/Stahlhacke*, § 4 Rn. 260; *Kania*, Anm. zu BAG vom 28.5.1997, AP Nr. 26 zu § 4 TVG Nachwirkung, Bl. 9R; *Kaskel/Dersch*, S. 69; *Kempen/Zachert*, § 4 Rn. 130 f.; *Konzen*, RdA 1978, S. 147; GK-*Kraft*, Bd. 1, § 2 Rn. 19; *ders.*, RdA 1992, S. 164; *Küchenhoff*, AuR 1965, S. 33; *D. Mann*, BB 1957, S. 551; *Maus*, § 4 Rn. 195; *Meik*, DB 1990, S. 2525; *Memminger*, S. 77 ff.; *Ph. Merten*, BB 1993, S. 573; *Monjau/Heimeier*, § 3 Rn. 4; *Neumann*, DB 1960, S. 60; *Nikisch*, Bd. 2, S. 485; *Nipperdey*, Anm. zu LAG Hamburg vom 26.3.1949, RdA 1949, S. 391; *Hj. Otto*, Arbeitsrecht, Rn. 460; *Pogge*, FS Stege, S. 118; Staudinger-*Richardi*, vor §§ 611 ff. Rn. 1061; *ders.*, BetrVG, § 2 Rn. 26; *ders.*, JurAn 1971, S. 150; *Salje*, Anm. zu BAG vom 20.3.1991, SAE 1993, S. 79; *Schaible*, S. 96; *Schaub*, Handbuch, § 203 VII 2 c; *ders.*, NZA 1998, S. 618; *Söllner*, Grundriß, § 16 I 1 b; *G. Schröder*, DB 1957,

Seine Herkunft verdankt das Spezialitätsprinzip einer Analogie zu den Regeln der Gesetzeskonkurrenz (lex specialis derogat legi generali)[80] und nicht – wie zum Teil behauptet wird[81] – zu § 2 Abs. 2 TVVO, der auf die Zahl der meisten Arbeitsverhältnisse im Betrieb abstellte[82]. Das Spezialitätsprinzip beruht auf der Prämisse, die speziellere Norm könne den Erfordernissen und Eigenarten der von ihr geregelten Lebensverhältnisse besser gerecht werden als die allgemeinere, die einen größeren Kreis von mindestens teilweise unterschiedlichen Tatbeständen regele.

Nachdem man zur Ermittlung der Spezialität früher vorwiegend auf die den Betrieb prägende Tätigkeit abgestellt hat[83], ist nach heute h.M. der speziellere Tarifvertrag derjenige, der dem Betrieb betrieblich, fachlich, räumlich und persönlich am nächsten steht[84]. Das soll der Tarifvertrag sein, der den betrieblich und fachlich, hilfsweise auch den persönlich und räumlich engsten Geltungsbereich hat: Tarifverträge mit engem Geltungsbereich müßten auf weniger unterschiedliche Gegebenheiten einer Vielzahl von Betrieben Rücksicht nehmen. Vereinzelt wird aber für Teilbereiche auch auf den weiteren Geltungsbereich als den spezielleren abgestellt[85].

S. 632, 657 f.; *Stein*, Rn. 276; *Thüsing*, NZA 1997, S. 295; *Waechter*, BlStSozArbR 1951, S. 138; *Walz*, S. 166; *Wank*, Anm. zu BAG vom 26.1.1994, EzA 3 4 TVG Tarifkonkurrenz Nr. 9, S. 16; *H. Wiedemann*, Anm. zu BAG vom 24.9.1975, AP Nr. 11 zu § 4 TVG Tarifkonkurrenz, Bl. 6; *H. Wiedemann/Arnold*, Anm. zu BAG vom 14.6.1989, AP Nr. 16 zu § 4 TVG Tarifkonkurrenz, Bl. 7; *dies.*, ZTR 1994, S. 408 f.; *H. Wiedemann/Stumpf*, § 4 Rn. 165; *Zachert*, S. 101; nur ausnahmsweise *G. Müller*, Ablösung, S. 55; ebenso wohl *Matthes*, FS Schaub, S. 480; einschränkend auch *Löwisch*, Arbeitsrecht, Rn. 285; vgl. ferner *Hilger*, BB 1958, S. 419.

80 Vgl. nur *Gis. Schneider*, S. 139 ff.; *Witzig*, S. 80, 83.

81 *Witzig*, S. 83.

82 Vgl. oben § 3 C III.

83 Vgl. nur BAG AP Nr. 2 zu § 2 TVG Tarifkonkurrenz, Bl. 2; AP Nr. 4 zu § 4 TVG Tarifkonkurrenz, Bl. 3; LAG Berlin, WA 1964, S. 30; LAG Hamm, DB 1967, S. 689; LAG Saarbrücken, DB 1963, S. 902 f.; ähnlich LAG Köln, Beschluß vom 2.12.1994 – 13 TaBV 8/93 (n.v.), S. 3: In Mischbetrieben sei derjenige Tarifvertrag spezieller, der der überwiegenden Arbeitszeit der Arbeitnehmer entspreche.

84 Vgl. statt vieler BAG AP Nr. 12 zu § 4 TVG Tarifkonkurrenz, Bl. 3R; AP Nr. 16 zu § 4 TVG Tarifkonkurrenz, Bl. 4; AP Nr. 20 zu § 4 TVG Tarifkonkurrenz, Bl. 3, 4R; AP Nr. 22 zu § 4 TVG Tarifkonkurrenz, Bl. 4; *Etzel*, FS Schaub, S. 175; *Hromadka/Maschmann/Wallner*, Rn. 142; *A. Hueck/Nipperdey*, Bd. II 1, S. 648 ff.; *Memminger*, S. 78; *Nikisch*, Bd. 2, S. 485; *H. Wiedemann/Arnold*, ZTR 1994, S. 408; *H. Wiedemann/Stumpf*, § 4 Rn. 165.

85 Für den fachlichen Geltungsbereich *W. Herzog*, S. 108; für den räumlichen Geltungsbereich *D. Mann*, BB 1957, S. 551; wohl auch *Nikisch*, 1. Aufl., S. 337; verbreitet noch in der Weimarer Republik, s. oben § 3 C V 1.

2. *Abschied vom Grundsatz der Spezialität*

Das Spezialitätsprinzip regiert indessen nicht mehr unangefochten[86]. Gewohnheitsrechtliche Anerkennung ist ihm deshalb zu versagen[87]. Das Spezialitätsprinzip, das auf den Geltungsgrund der Tarifkonkurrenz keine Rücksicht nimmt, überzeugt überdies weder methodisch noch inhaltlich.

a) Methodische Kritik

Bereits der Hinweis auf § 613a Abs. 1 Satz 3 BGB, der eine Bestätigung des Spezialitätsprinzips bedeute, da der beim Rechtsnachfolger geltende Tarifvertrag in bezug auf dessen Betrieb regelmäßig der speziellere sei[88], ist anders als bei der Tarifeinheit im Arbeitsverhältnis[89] wenig aussagekräftig: Die Vorschrift betrifft ausschließlich den Betriebsübergang und soll die Ablösung der Tarifverträge des Rechtsvorgängers erleichtern. Im Betrieb des Rechtsnachfolgers soll der neue Tarifvertrag vorrangig sein, weil es „dessen" Tarifvertrag und nicht, weil es der speziellere ist.

Untauglich ist auch die Analogie zur Gesetzeskonkurrenz[90]. Dort kommt das Spezialitätsprinzip unstreitig nur zur Anwendung, wenn Normen desselben Gesetzgebers konkurrieren: Nur dann ist ein Gesamtzusammenhang zwischen den konkurrierenden Regelungen feststellbar, mit dessen Hilfe die angemessenere Regelung ermittelt werden kann[91]. Bei der Tarifkonkurrenz sind diese Voraussetzungen nicht gegeben: Regelmäßig kollidieren Tarifverträge, die nicht auf

---

[86] Gegen das Spezialitätsprinzip heute *Bieback*, DB 1989, S. 480; *Däubler*, TVR, Rn. 1490 f.; *ders.*, Ideal, S. 51 f.; *Etzel*, NZA 1987, Beilage Nr. 1, S. 19; *Kempen/Zachert*, § 4 Rn. 129; *Herschel*, Anm. zu BAG vom 3.10.1979, AP Nr. 2 zu § 16 BMT-G II, Bl. 4; MünchArbR-*Löwisch*, Bd. 3, § 269 Rn. 23; *Löwisch/Rieble*, § 4 Rn. 296; *Witzig*, S. 84 f.; LAG Bremen LAGE § 4 TVG Tarifpluralität Nr. 2, S. 6; in bezug auf § 3 Abs. 3 TVG auch *Konzen*, ZfA 1975, S. 429; vgl. früher bereits *Kaskel/Dersch*, S. 70; *Gis. Schneider*, S. 146; *Witting*, BArbBl. 1957, S. 545 f.; kritisch ferner *Herschel*, AuR 1984, S. 206 f.

[87] So aber *Herschel*, Anm. zu BAG vom 3.10.1979, AP Nr. 2 zu § 16 BMT-G II, Bl. 4.

[88] So *P. Hanau*, ArbRGegwart Bd. 34 (1997), S. 27.

[89] S. oben § 15 C II 3.

[90] *Bieback*, DB 1989, S. 480; *Kempen/Zachert*, § 4 Rn. 130; MünchArbR-*Löwisch*, Bd. 3, § 269 Rn. 23; *Löwisch/Rieble*, § 4 Rn. 296; *Witzig*, S. 84.

[91] Erichsen-*Ossenbühl*, § 7 IV Rn. 11; *Larenz*, Methodenlehre, S. 267; MünchArbR-*Löwisch*, Bd. 3, § 269 Rn. 23; *Löwisch/Rieble*, § 4 Rn. 296; *Schwacke*, S. 11 f.; vgl. auch *Zippelius*, § 7, e.

beiden Seiten von denselben Tarifvertragsparteien abgeschlossen worden sind. Ein Gesamtzusammenhang ist nicht feststellbar[92].

Konkurrierende Tarifverträge haben zudem verschiedene Zielsetzungen, ihre Regelungsintensität ist von unterschiedlicher Dichte. Die Anwendung des Spezialitätsprinzips setzt aber – das ist in der methodenrechtlichen Literatur unumstritten[93] – voraus, daß der Tatbestand der spezielleren Norm alle Merkmale der allgemeineren Norm und darüber hinaus noch mindestens ein zusätzliches Merkmal enthält. Wer das Spezialitätsprinzip für maßgeblich hält, mißachtet zudem den Willen der Tarifvertragsparteien: Sie halten den eigenen Kompromiß in bezug auf die Normadressaten für angemessen[94], speziellere Regelungen eines weiteren Normgebers sind insoweit entbehrlich.

Aus systematischer Sicht ist ferner zu bemängeln, daß die Kriterien zur Ermittlung des spezielleren Tarifvertrags auf betrieblicher Ebene ermittelt werden, während die Tarifkonkurrenz im Arbeitsverhältnis lokalisiert ist. Betriebliche Maßstäbe sind allenfalls im Bereich der Kollektivnormen akzeptabel[95].

b) Fehlende Aussagekraft der Spezialitätskriterien

Zutreffend ist schließlich der Hinweis auf die „immanente, extrem vage Struktur des Spezialitätsgrundsatzes"[96]: Die einzelnen Kriterien zur Feststellung der Spezialität – namentlich die Reichweite des tarifvertraglichen Geltungsbereichs – sind fragwürdig und überdies empirisch nicht abgesichert. Tarifverträge mit engem Geltungsbereich sind nicht zwangsläufig „spezieller" als solche mit weitem[97]. Ein Tarifvertrag mit weitem betrieblichen Geltungsbereich kann ein feinmaschiges und differenziertes Regelwerk enthalten, während ein Tarifvertrag mit engem Geltungsbereich nur grob skizzierte Rahmenbestimmungen trifft[98]. Ein weiteres Beispiel ist die bundesweite Geltung eines Firmentarifver-

---

[92] Vgl. auch *Hromadka/Maschmann/Wallner*, Rn. 141.

[93] *Bydlinski*, S. 465; *Larenz*, Methodenlehre, S. 267; *Larenz/Wolf*, § 18 Rn. 20; Sachs-*Sachs*, Vor Art. 1 Rn. 110; *Schwacke*, 2.2.3; *Vogel*, § 4 III 4 b; *Zippelius*, § 7, c, jeweils m.w.N.

[94] *Witzig*, S. 84.

[95] *Reuter*, JuS 1992, S. 109; vgl. auch *Witzig*, S. 75 f.; näher unten § 17 B.

[96] *Bieback*, DB 1989, S. 480.

[97] *Gis. Schneider*, S. 146, *Witzig*, S. 85; vgl. ferner *Bieback*, DB 1989, S. 480; *Däubler*, TVR, Rn. 1490; *Witting*, BArbBl. 1957, S. 545 f.

[98] Vgl. auch *Witzig*, S. 85; anders *Hromadka/Maschmann/Wallner*, Rn. 144.

trags, der nach h.M. spezieller als ein Verbandstarifvertrag ist[99], während der konkurrierende Verbandstarifvertrag nur landesweit gilt. Ferner bleibt das Spezialitätsprinzip eine Antwort auf die Frage schuldig, welcher Tarifvertrag vorgeht, wenn jeder der konkurrierenden Tarifverträge in Teilbereichen speziellere Regelungen enthielte. Es versagt überdies bei identischen Geltungsbereichen[100].

Nach diesem Befund verwundert es nicht, daß dem Spezialitätsprinzip attestiert wird, es führe nur wenigen Fällen zu eindeutigen und rechtlich befriedigenden Ergebnissen[101]. Auch das breite Meinungsspektrum während der Weimarer Republik über die praktische Umsetzung des Spezialitätsprinzips anhand der Reichweite des tarifvertraglichen Geltungsbereichs dokumentiert dessen fehlende Eignung als Lösungsgrundsatz für Tarifkonkurrenzen[102]. Das Spezialitätsprinzip ist nichts weiter als das nichtssagende Etikett des richtigen Grundgedankens, daß bei einer Tarifkonkurrenz der Tarifvertrag vorgehen müsse, der für das Arbeitsverhältnis „besser passe". Die Terminologie („Spezialität") suggeriert die Richtigkeit des behaupteten Ergebnisses. Nach alledem ist zusammenfassend festzuhalten: Das Spezialitätsprinzip ist keine tauglich Kollisionsregel. Es ist als Lösungsgrundsatz für Tarifkonkurrenzen zu verabschieden.

II. Prinzip der größeren Sachnähe

Untauglich ist mangels greifbarer Bestimmungsmerkmale besonders im Verhältnis zwischen Industrie- und Fachgewerkschaft auch das vor allem im älteren Schrifttum vertretene Prinzip der größeren Sachnähe[103]: Vorrangig sei der Tarifvertrag, dessen Gewerkschaft näher zur Sache stehe und das stärkere Recht zur Regelung der Arbeitsverhältnisse habe. Die Sachnähe sei anhand der Berufe der bei ihr organisierten Mitglieder und der Art der Unternehmen zu bestimmen.

---

[99] S. unten § 17 A I 2 a.

[100] Vgl. *Däubler*, TVR, Rn. 1491; *Etzel*, NZA 1987, Beilage Nr. 1, S. 19.

[101] *Däubler*, TVR, Rn. 1491 mit Beispielen; *Kempen/Zachert*, § 4 Rn. 129.

[102] S. oben § 3 C V 1.

[103] Für die Konkurrenz von Betriebsnormen *Dieterich*, S. 104; *Gamillscheg*, Arbeitsrecht, Bd. 1, § 17 III 3 c (1) (d); *Gramm*, AR-Blattei (D), Tarifvertrag XII, C IX; *Huber*, Bd. 2, S. 442 f.; *D. Mann*, BB 1957, S. 551; *Memminger*, S. 99; *Nikisch*, Bd. 2, S. 487; *H. Wiedemann/Stumpf*, § 4 Rn. 166; ähnlich MünchArbR-*Löwisch*, Bd. 3, § 269 Rn. 31 ff.; *Löwisch/Rieble*, § 4 Rn. 304 ff. für die Doppelmitgliedschaft (engste Sachnähe der gemeinsamen Tarifzuständigkeit); vgl. auch BAG AP Nr. 16 zu § 4 TVG Tarifkonkurrenz, Bl. 5; AP Nr. 3 zu § 3 TVG, Bl. 3; LAG Bremen LAGE zu § 4 TVG Tarifpluralität Nr. 2, S. 9; *Fitting/Kaiser/Heither/Engels*, § 77 Rn. 71.

III. Ergebnis

Sachlich-betriebliche Kriterien wie das Spezialitätsprinzip und das Prinzip der größeren Sachnähe sind als Lösungsgrundsätze für Tarifkonkurrenzen unbrauchbar.

B. Zeitliche Kriterien

I. Posterioritätsprinzip

Vereinzelt wird zur Lösung von Tarifkonkurrenzen auf das ebenfalls an die Gesetzeskonkurrenz angelehnte Posterioritätsprinzip (lex posterior derogat legi priori) zurückgegriffen[104]. Nach ihm würde bei einer Tarifkonkurrenz der zeitlich frühere durch den zeitlich späteren Tarifvertrag verdrängt. Auch das Posterioritätsprinzip geht freilich von einem einheitlichen Normgeber aus, der bei der Tarifkonkurrenz regelmäßig fehlt[105]. Nur ein einheitlicher Normgeber kann durch den Erlaß einer neuen Norm erkennen lassen, daß er die frühere Regelung nicht mehr für angemessen hält[106].

II. Prioritätsprinzip

Ein Teil des Schrifttum zieht hilfsweise wegen des Ordnungsgedankens des Tarifvertrags und aus Gründen des Bestandsschutzes das Prioritätsprinzip heran, das den Vorrang des zeitlich früheren Tarifvertrags anordnet[107]. Auch das Prioritätsprinzip ist aber, da ein einheitlicher Normgeber fehlt, als Lösungsgrundsatz für Tarifkonkurrenzen abzulehnen[108]. Es ist zudem tarifpolitisch

---

[104] Vgl. aber § 44 des Ersten Entwurfs eines Arbeitstarifgesetzes von *Sinzheimer* (oben § 3 B I 2); LAG Düsseldorf, BB 1950, S. 450; abl. auch *Gumpert*, BB 1953, S. 116; *D. Mann*, BB 1957, S. 551; *Witzig*, S. 81.

[105] Vgl. bereits oben § 16 A I.

[106] Bei der Ablösung eines Tarifvertrags durch denselben Normgeber liegt folgerichtig eine Tarifkonkurrenz nicht vor, vgl. bereits oben § 7 C II.

[107] *Hess*, ZfA 1976, S. 57; *Dietz*, BetrVG, 4. Aufl., § 20 Rn. 42, § 47 Rn. 26; *Fitting/Kaiser/Heither/Engels*, § 77 Rn. 71; vgl. auch *Rieble*, Rn. 1814 f. bei Doppelmitgliedschaft.

[108] *Biedenkopf*, S. 77; *Delbos*, S. 80 f.; *Dutti*, DB 1969, S. 219 f.; *Gumpert*, BB 1953, S. 115; *A. Hueck/Nipperdey*, Bd. II 1, S. 651; *D. Mann*, BB 1957, S. 551; *Maus*, § 4 Rn. 196; *G. Müller*, Ablösung, S. 53; *Nikisch*, Bd. 2, S. 487; *Gis. Schneider*, S. 162 f.; *H. Wiedemann/Stumpf*, § 4 Rn. 157; *Witting*, BArbBl. 1957, S. 545; *Witzig*, S. 81 f.

fragwürdig: Bereits bestehende, langfristige Regelungen würden eine dynamische Tarifentwicklung blockieren.

III. Ergebnis

Zeitliche Kriterien wie das Posterioritäts- und das Prioritätsprinzip scheiden als Lösungsgrundsätze für Tarifkonkurrenzen ebenfalls aus.

C. Voluntative Kriterien

I. Wille der Tarifvertragsparteien

Auf den Willen der Tarifvertragsparteien kommt es zunächst im Vorfeld einer Tarifkonkurrenz an: Ordnen sie in einer Selbstbeschränkungsklausel durch Einschränkung des Geltungsbereichs das Zurücktreten oder den Vorrang ihres Tarifvertrags an, kann eine Normenkollision nicht entstehen[109]. Daß der Wille der Tarifvertragsparteien auch bei einer Tarifkonkurrenz maßgeblich sein und den Vorrang des eigenen vor einem anderen bestimmen kann, wurde im Schrifttum während der Weimarer Republik vertreten[110]. Heute steht fest, daß die Anordnung des Vorrangs des eigenen Tarifvertrags bei einer Tarifkonkurrenz nicht nur dem Wesen kollektiver Vertragsgestaltung widerspricht, sondern auch in die durch Art. 9 Abs. 3 Satz 1 GG geschützte Tarifautonomie anderer tariffähiger Verbände eingreift: Die Rechtssetzungsmacht der Tarifvertragsparteien findet ihre Grenze in der gleichrangigen Regelungsbefugnis anderer Tarifvertragsparteien[111].

---

[109] Vgl. bereits oben § 7 C III.

[110] S. oben § 3 C V 1.

[111] Abl. auch *Delbos*, S. 91; *A. Hueck/Nipperdey*, Bd. II 1, S. 647; *A. Hueck/Nipperdey/Tophoven/Stahlhacke*, § 4 Rn. 258; *Maus*, § 4 Rn. 193; *Memminger*, S. 78 ff.; *Nikisch*, Bd. 2, S. 483; *G. Schröder*, DB 1957, S. 633; *H. Wiedemann/Stumpf*, § 4 Rn. 158, 164; *Witzig*, S. 78.

II. Wille der Arbeitsvertragsparteien

Vereinzelt wird in der Literatur vorgeschlagen, Tarifkonkurrenzen seien jedenfalls bei Individualnormen nach dem gemeinsamen Willen der Arbeitsvertragsparteien aufzulösen[112]. Da Tarifverträge aufgrund eines Interessenausgleichs zustande kämen, sei es sachgerecht, denjenigen Tarifvertrag vorzuziehen, der die größte Nähe zum Willen der Betroffenen aufweise: Diese würden ihre Interessen am besten kennen[113]. Freilich hat der Interessenausgleich zwischen den Tarif- und nicht zwischen den Arbeitsvertragsparteien stattgefunden. Zudem wird eine Einigung der Arbeitsvertragsparteien über den vorrangigen Tarifvertrag praktisch kaum in Betracht kommen.

III. Wahlrecht des Arbeitnehmers

Nicht selten schlägt man zur Lösung von Tarifkonkurrenzen ein Wahlrecht des Arbeitnehmers vor[114], wobei im Interesse aller Arbeitnehmer des Betriebs vereinzelt dessen betriebseinheitliche Ausübung durch Betriebsräte oder Gewerkschaften gefordert wird[115]. Erweist sich die getroffene Wahl infolge tarifvertraglicher oder tatsächlicher Veränderungen später als unpassend, ist streitig, ob der Arbeitnehmer an seiner Wahl festgehalten werden[116] oder ob ihm ein erneutes Wahlrecht zustehen soll[117]. Da Arbeitnehmer regelmäßig den Tarifvertrag wählen werden, den sie für sich als günstiger empfinden, ist das Wahlrecht des Arbeitnehmers nichts anderes als eine „Prozeduralisierung" des Günstigkeitsprinzips[118]. Sie stellt die Eigenständigkeit des Arbeitnehmerwahlrechts freilich nicht in Frage, da es Schwierigkeiten bei der Ermittlung der günstigeren

---

[112] *Witzig*, S. 93 f. (bei Doppelmitgliedschaft); vgl. auch *Etzel*, NZA 1987, Beilage Nr. 1, S. 19 f.; *Reuter*, JuS 1992, S. 109.

[113] *Reuter* JuS 1992, S. 109.

[114] *Etzel*, NZA 1987, Beilage Nr. 1, S. 19 f.; *Hagemeier/Kempen/Zachert/Zilius*, § 4 Rn. 113a f. (kritisch jetzt *Kempen/Zachert*, § 4 Rn. 135); *Ph. Merten*, BB 1993, S. 573; hilfsweise *Däubler*, TVR, Rn. 1495; *Witzig*, S. 94 f.; bei Doppelmitgliedschaft *Zöllner*, Arbeitsrecht, § 37 IV 3; ähnlich *Reuter*, JuS 1992, S. 110 (Wahlrecht des „jeweils anderen Teils"); vgl. ferner *Biedenkopf*, S. 92 f.; *Dieterich*, S. 103; *Schulz*, S. 148; *Stein*, Rn. 280.

[115] *Bieback*, DB 1989, S. 481.

[116] So *Etzel*, NZA 1987, Beilage Nr. 1, S. 20 (allenfalls Anfechtung nach § 119, § 123 BGB analog).

[117] So *Bieback*, DB 1989, S. 480; *Kempen/Zachert*, § 4 Rn. 114; *Witzig*, S. 96 (Fn. 469: mit entsprechender „Kündigungsfrist").

[118] *Däubler*, TVR, Rn. 1495; vgl. auch *Kempen/Zachert*, § 4 Rn. 135.

Regelung vermeidet. Ob der Arbeitnehmer durch eine Doppelmitgliedschaft Verbands- oder Vertragstreuepflichten ignoriert, ist für die Lösung einer Tarifkonkurrenz ohne Belang und spricht deshalb nicht gegen ein Wahlrecht[119].

IV. Ergebnis

Ein brauchbares voluntatives Kriterium zur Lösung von Tarifkonkurrenzen kann das Wahlrecht des Arbeitnehmers sein. Auf den gemeinsamen Willen der Tarif- oder Arbeitsvertragsparteien kann es nicht ankommen.

D. Inhaltliche Kriterien

Ein weiteres, ebenfalls bereits in der Weimarer Republik vertretenes[120] Lösungsmodell für Tarifkonkurrenzen ist das Günstigkeitsprinzip, nach dem – anders als bei der Rosinentheorie – der in seiner Gesamtheit für den Arbeitnehmer günstigere Tarifvertrag vorrangig ist[121]. Die Funktion von Tarifverträgen sei nicht die Festsetzung von Höchstarbeitsbedingungen, sondern die Sicherung von Mindestarbeitsbedingungen. Folglich verbiete das Günstigkeitsprinzip als Ausdruck eines allgemeinen Arbeitnehmerschutzgedankens – auf § 4 Abs. 3 2. Var. TVG komme es deshalb nicht an[122] – die ungünstigere Abweichung auch zwischen zwei Tarifverträgen: Andernfalls drohe der Eintritt eines Rechtsverlustes, die Mindestniveaufunktion des Tarifvertrags werde angetastet[123]. Verursache der Arbeitgeber die Tarifkonkurrenz, liege die Anwendung des Günstigkeitsprinzips ohnehin auf der Hand[124]. Bei Veranlassung auf Arbeitnehmerseite werde dem Arbeitgeber nichts Unzumutbares abgefordert: Er müsse einen Tarifvertrag anwenden, den er bereits gegenüber anderen Beschäftigten akzeptiert habe[125].

---

[119] Anders *Rieble*, Rn. 1813.

[120] Vgl. oben § 3 C V.

[121] *Däubler*, TVR, Rn. 1493 f.; *Hagemeier/Kempen/Zachert/Zilius*, § 4 Rn. 114 (kritisch jetzt *Kempen/Zachert*, § 4 Rn. 134); *Kaskel/Dersch*, S. 70 f.; *Witting*, BArbBl. 1957, S. 545; beim Verbandswechsel des Arbeitgebers auch *Konzen*, ZfA 1975, S. 429; ähnlich *Bieback*, DB 1989, S. 480 f.; vgl. auch ArbG Wiesbaden, Urteil vom 23.6.1988 – 4 Ca 7278/87 (n.v.), S. 17; Urteil vom 8.9.1988 – 4 Ca 1630/86 (n.v.), S. 16.

[122] *Kempen/Zachert*, § 4 Rn. 114.

[123] *Däubler*, TVR, Rn. 1493.

[124] *Däubler*, TVR, Rn. 1493.

Die h.M. lehnt das Günstigkeitsprinzip zur Lösung von Tarifkonkurrenzen zu Recht ab[126]. Dessen Begrenzung auf die Kollision verschiedenrangiger Normen ist funktionsbezogen zu erklären: Nur im Verhältnis zwischen Arbeitsvertrag und Tarifvertrag ist die Zulassung günstigerer privatautonomer Vereinbarungen als Ausgleich für die unmittelbare und zwingende Wirkung des Tarifvertrags erforderlich. Zudem fehlt bei Tarifkonkurrenzen die auch für die Berufung auf einen allgemeinen Arbeitnehmerschutzgedanken maßgebliche Übermachtstellung des Arbeitgebers: Auch der ungünstigere Tarifvertrag ist Ergebnis eines Verhandlungskompromisses zwischen den Tarifvertragsparteien[127], auch er enthält Mindestarbeitsbedingungen. Das Günstigkeitsprinzip ist darüber hinaus – das ist ergänzend zu erwähnen – nicht besonders praktikabel: Die Ermittlung der günstigeren Regelungen führt schon bei § 4 Abs. 3 2. Var. TVG zu zahlreichen Schwierigkeiten. Das gilt erst recht bei der Tarifkonkurrenz: Ein Günstigkeitsvergleich zwischen Individualnormen verschiedener Tarifverträge ist wegen der Komplexität heutiger tariflicher Regelwerke kaum möglich[128]. Bei der Kollision betrieblicher Normen, oder wenn an der Tarifkonkurrenz ein Tarifvertrag über gemeinsame Einrichtungen beteiligt ist, ist er praktisch undurchführbar[129]. Schließlich ist zu bedenken, daß die Anwendung des Günstigkeitsprinzips bei Tarifkonkurrenzen die Gewerkschaften in einen verfassungsrechtlich bedenkli-

---

[125] *Däubler*, TVR, Rn. 1493.

[126] BAG AP Nr. 2 zu § 4 TVG Tarifkonkurrenz, Bl. 1R; AP Nr. 20 zu § 4 TVG Tarifkonkurrenz, Bl. 5; LAG Düsseldorf, BB 1950, S. 450; LAG Frankfurt a.M., BB 1951, S. 726; Urteil vom 20.10.1980 – 11/3 Sa 491/79 (n.v.), S. 13; LAG Hamburg, BB 1952, S. 290; LAG Kiel, BB 1953, S. 174; *Bobrowski/D. Gaul*, Bd. 2, M IV Rn. 8; *Delbos*, S. 84 ff.; *Etzel*, NZA 1987, Beilage Nr. 1, S. 19; *Firnhaber*, S. 18; *Gamillscheg*, Arbeitsrecht, Bd. 1, § 17 III 3 c (2) (d); *D. Gaul*, RdA 1966, S. 178; *Gramm*, AR-Blattei (D), Tarifvertrag XII, C III; *Gumpert*, BB 1953, S. 115; *ders.*, Anm. zu LAG Bremen vom 1.8.1956, AP Nr. 1 zu § 4 TVG Tarifkonkurrenz, Bl. 4; *Hromadka/Maschmann/Wallner*, Rn. 135; *Huber*, Bd. 2, S. 441; *A. Hueck/Nipperdey*, Bd. II 1, S. 647 f.; *Kempen/Zachert*, § 4 Rn. 134; MünchArbR-*Löwisch*, Bd. 3, § 269 Rn. 21; *Löwisch/Rieble*, § 4 Rn. 294; *dies.*, FS Schaub, S. 464 f.; *D. Mann*, BB 1957, S. 550; *Maus*, § 4 Rn. 189; *Meik*, DB 1990, S. 2525; *Memminger*, S. 73; *Nikisch*, Bd. 2, S. 418, 483; *Reuter*, JuS 1992, S. 109 f.; Staudinger-*Richardi*, Vorbem. zu §§ 611 ff. Rn. 1061; *Sabin*, Anm. zu BAG vom 22.2.1957, SAE 1957, S. 112; *Gis. Schneider*, S. 137 f.; *G. Schröder*, DB 1957, S. 657; *Schulz*, S. 148; *Schulze*, S. 138; *Seibertz*, BB 1950, S. 652; *Stein*, Rn. 281; *H. Wiedemann/Arnold*, ZTR 1994, S. 406 f.; *H. Wiedemann/Stumpf*, § 4 Rn. 150, 161, 214; *Witzig*, S. 78 ff.; *Wlotzke*, S. 12.

[127] *Witzig*, S. 79.

[128] *Etzel*, NZA 1987, Beilage Nr. 1, S. 19; *Kempen/Zachert*, § 4 Rn. 134; LAG Frankfurt a.M. LAGE § 4 TVG Tarifkonkurrenz Nr. 1, S. 11.

[129] Für Betriebsnormen *Reuter*, JuS 1992, S. 109.

chen Günstigkeitswettbewerb treiben würde: Auch der Abschluß eines ungünstigeren (verdrängten) Tarifvertrags kann tarifpolitisch sinnvoll sein und unterfällt dem Schutz des Art. 9 Abs. 3 Satz 1 GG[130].

E. Qualitative Kriterien

I. Art der Tarifgebundenheit

Die Lösung von Tarifkonkurrenzen könnte von der Art der Tarifgebundenheit abhängig gemacht werden. Dagegen spricht aber, daß das TVG Tarifgebundenheit verschiedener Qualität nicht kennt[131]. Die Bindungswirkung der § 3 Abs. 1, § 3 Abs. 2, § 3 Abs. 3, § 5 Abs. 4 TVG unterscheidet sich nicht.

II. Art der Rechtswirkung

Man könnte auf die Rechtsnatur der aus den kollidierenden Tarifverträgen folgenden Ansprüche abstellen. Namentlich kommt eine Unterscheidung in Ansprüche mit staatlicher – bei § 4 Abs. 5 TVG[132] – und solche mit tariflicher Rechtsnatur – zum Beispiel bei § 3 Abs. 1 oder Abs. 3 TVG[133] – in Betracht[134]. Da die Rechtsdogmatik der unterschiedlichen tariflichen Ansprüche bis heute aber weitgehend ungeklärt ist, würde eine solche Vorgehensweise die Rechtssicherheit bei der Anwendung des maßgeblichen Tarifvertrags beeinträchtigen.

---

[130] Vgl. auch *Witzig*, S. 79 f.

[131] *Däubler*, TVR, Rn. 1491 Fn. 56; *A. Hueck/Nipperdey*, Bd. II 1, S. 645; vgl. auch BVerfG AP Nr. 17 zu § 5 TVG, Bl. 5R; BAG AP Nr. 3 zu § 3 TVG, Bl. 2R f.; *H. Wiedemann/Stumpf*, § 4 Rn. 159.

[132] Dazu oben § 9 F II 3.

[133] Dazu oben § 10 C III 3.

[134] Im Ergebnis ähnlich *H. Wiedemann/Stumpf*, § 4 Rn. 160; *H. Wiedemann*, Anm. zu BAG vom 4.12.1974, AP Nr. 2 zu § 3 TVG, Bl. 4.

III. Quantitätsprinzip

Ein Teil der Literatur[135] greift zur Lösung von Tarifkonkurrenzen zumindest für Inhaltsnormen hilfsweise auf das während der Weimarer Republik in § 2 Abs. 2 TVVO normierte Quantitätsprinzip[136] zurück. Bei der Konkurrenz von Kollektivnormen soll es sogar allein maßgeblich sein[137]. Danach ist der Tarifvertrag vorrangig, der die meisten Arbeitsverhältnisse erfaßt. Unterschiedlich beurteilt wird indessen der Maßstab: Zum Teil wird wie in § 2 Abs. 2 TVVO darauf abgestellt, welchem Geltungsbereich die meisten Arbeitsverhältnisse des Betriebs unterfallen[138]. Für andere ist die Zahl der tarifgebundenen Arbeitnehmer im Betrieb ausschlaggebend[139] – im Sinne einer möglichst hohen demokratischen Legitimation das richtige Maß –, wobei vereinzelt sogar einzelvertragliche Bezugnahmen auf Tarifverträge mitzuzählen sein sollen[140].

Für die Konkurrenz von Individualnormen ist auch an dieser Stelle der Rückgriff auf betriebliche Maßstäbe zweifelhaft. Daß der Gesetzgeber des TVG eine § 2 Abs. 2 TVVO entsprechende Regelung nicht getroffen hat, steht aber einer Anwendung des Quantitätsprinzips auf Kollektivnormen nicht entgegen, da eine Normierung der Tarifkonkurrenz im TVG überhaupt nicht erfolgt ist. Auch für andere Fälle einer „betriebsweiten Tarifkonkurrenz“, die Tarifkonkur-

---

[135] Vgl. *Delbos*, S. 107; *Fitting/Kaiser/Heither/Engels*, § 77 Rn. 71; *Gamillscheg*, Arbeitsrecht, Bd. 1, § 17 III 3 c (3) (c); *Hess*, ZfA 1976, S. 57; *Hromadka/Maschmann/Wallner*, Rn. 147; *A. Hueck/Nipperdey*, Bd. II 1, S. 650 f.; *A. Hueck/Nipperdey/Tophoven/Stahlhacke*, § 4 Rn. 261, 269; *Gramm*, AR-Blattei (D), Tarifvertrag XII, C IX; *Küchenhoff*, AuR 1965, S. 33; *G. Müller*, Ablösung, S. 53 f.; *Schaub*, Handbuch, § 203 VII 2 b, d; *Wank*, Anm. zu BAG vom 26.1.1994, EzA § 4 TVG Tarifkonkurrenz Nr. 9, S. 16; *H. Wiedemann/Arnold*, ZTR 1994, S. 409; LAG Düsseldorf, Urteil vom 20.2.1987 – 2 Sa 1807/86 (n.v.), S. 10; vgl. auch BAG AP Nr. 16 zu § 4 TVG Tarifkonkurrenz, Bl. 5; AP Nr. 20 zu § 4 Tarifkonkurrenz, Bl. 4; *Gumpert*, Anm. zu BAG vom 22.2.1957, AP Nr. 2 zu § 4 TVG Tarifkonkurrenz, Bl. 4R; für die Doppelmitgliedschaft auch *Kempen/Zachert*, § 4 Rn. Rn. 136.

[136] Näher oben § 3 C III.

[137] *Gis. Schneider*, S. 169 ff.; *Witzig*, S. 104 ff.; als Auslegungshilfe auch *Gramm*, AR-Blattei (D), Tarifvertrag XII, C IX; *Gumpert*, BB 1953, S. 116, *Huber*, Bd. 2, S. 442 f.; *D. Mann*, BB 1957, S. 551; *Memminger*, S. 99; *Nikisch*, Bd. 2, S. 487.

[138] *Delbos*, S. 107; *Gumpert*, BB 1953, S. 115; *Hess*, ZfA 1976, S. 57; *Huber*, Bd. 2, S. 442; *A. Hueck/Nipperdey*, Bd. II 1, S. 650; *A. Hueck/Nipperdey/Tophoven/Stahlhacke*, § 4 Rn. 261, 269; *Küchenhoff*, AuR 1965, S. 33.

[139] *Dieterich*, S. 104; *Fitting/Kaiser/Heither/Engels*, § 77 Rn. 71; *Gramm*, AR-Blattei (D), Tarifvertrag XII, C IX; *Gumpert*, BB 1953, S. 116; *Kempen/Zachert*, § 4 Rn. 136; *D. Mann*, BB 1957, S. 551; *Memminger*, S. 99; *Gis. Schneider*, S. 169 f.; *H. Wiedemann/Arnold*, ZTR 1994, S. 409.

[140] *G. Müller*, Ablösung, S. 53.

renz allgemeinverbindlicher Tarifverträge[141], kommt das Quantitätsprinzip als Lösungsmodell in Betracht.

IV. Rang der Tarifvertragsparteien

Ein weiterer Unterfall der Gesetzeskonkurrenz ist das Rangprinzip[142], das Tarifkonkurrenzen nach dem Rang der vor allem vertikal in Bundes-, Landes-, Bezirks-, Kreis- und Ortsverbände gegliederten Tarifvertragsparteien auflöst. Teilweise wird nach Maßgabe des in Art. 31 GG verankerten Grundsatzes „Bundesrecht bricht Landesrecht" Tarifverträgen der ranghöheren Tarifvertragspartei – etwa einer Spitzenorganisation – der Vorrang eingeräumt[143], da der Kollektivwille von einer größeren Willenseinheit getragen werde[144]. Erwogen wird aber auch der Vorrang des rangniederen Tarifvertrags dem Grundsatz „Stadtrecht bricht Landesrecht" entsprechend[145].

Das Rangprinzip ist als Lösungsgrundsatz für Tarifkonkurrenzen aber abzulehnen[146]. Das TVG kennt keine abgestufte Tariffähigkeit, sie ergibt sich weder aus dem Gesetz (§ 2 Abs. 2, Abs. 3 TVG) noch aus dem Begriff der Tarifgebundenheit. Auch rangniedere Tarifvertragsparteien schließen vollgültige Tarifverträge ab, die gleichrangig neben denen übergeordneter Verbände stehen. Verbandsrechtliche Beschränkungen im Innenverhältnis zu den Spitzenverbänden berühren die Wirksamkeit von Tarifverträgen der Unterverbände nicht.

---

[141] S. dazu näher unten § 17 A II 1, ferner unten § 19 B I 2.

[142] Vgl. *H. Schneider*, Rn. 641 ff.

[143] LAG Hamm, BB 1953, S. 115; *Witting*, BArbBl. 1957, S. 546.

[144] *Anthes*, S. 167.

[145] *Däubler*, TVR, Rn. 1490; *Kempen/Zachert*, § 4 Rn. 129.

[146] Vgl. BAG AP Nr. 2 zu § 2 TVG, Bl. 2R ff.; LAG Bremen AP Nr. 1 zu § 4 TVG Tarifkonkurrenz, Bl. 2; *Bobrowski/D. Gaul*, Bd. 2, M IV Rn. 9; *Gramm*, AR-Blattei (D), Tarifvertrag XII, C VI; *Gumpert*, BB 1953, S. 116; *ders.*, Anm. zu LAG Bremen vom 1.8.1956, AP Nr. 1 zu § 4 TVG Tarifkonkurrenz, Bl. 3R f.; *A. Hueck/Nipperdey*, Bd. II 1, S. 642, 649, 650 Fn. 38; *A. Hueck/Nipperdey/Tophoven/Stahlhacke*, § 4 Rn. 260; *Memminger*, S. 65 ff.; *Nikisch*, Bd. 2, S. 484; *Schaible*, S. 96; *Gis. Schneider*, S. 131 f.; *G. Schröder*, DB 1957, S. 633; *H. Wiedemann/Stumpf*, § 4 Rn. 165; *Witzig*, S. 82 f.

V. Legitimationsprinzip

Im modernen Schrifttum wird zur Lösung von Tarifkonkurrenzen zunehmend nach deren Geltungsgrund und der Normsetzungskompetenz der Tarifvertragsparteien differenziert: Unterschieden werden tarifautonom ausgelöste und staatlich veranlaßte Tarifkonkurrenzen[147]. Bei tarifautonomen Tarifkonkurrenzen kollidierten mitgliedschaftlich legitimierte Tarifverträge wie bei der Doppelmitgliedschaft einer Arbeitsvertragspartei oder beim Zusammentreffen von Firmen- und Verbandstarifvertrag[148]. Eine staatlich veranlaßte Tarifkonkurrenz liege vor, wenn mindestens einer der kollidierenden Tarifverträge seine Normwirkung der staatlichen Verlängerung oder Erweiterung der Tarifgebundenheit auf Außenseiter verdankt, wie zum Beispiel bei § 3 Abs. 3, § 5 Abs. 4 TVG[149]. Die Bestimmung des Normvorrangs nach der Normsetzungskompetenz der Normgeber finde sich auch in der allgemeinen Rechtsordnung: Für Normen verschiedener Normgeber würden eigene Normhierarchien entwickelt, nach denen allein die Normsetzungskompetenz und nicht der Norminhalt maßgeblich sei[150].

Dem Legitimationsprinzip ist zuzugestehen, daß es jedenfalls bei staatlich veranlaßten Tarifkonkurrenzen eine systematisch zweifelsfreie Lösung ermöglicht. Es versagt freilich bei gleichrangiger Normsetzungskompetenz der Normgeber, etwa bei der Doppelmitgliedschaft einer oder beider Arbeitsvertragsparteien oder der Konkurrenz allgemeinverbindlicher Tarifverträge. Die Normsetzungskompetenz kann zudem nicht das einzige maßgebliche Lösungskriterium sein. Das Gesetz erweitert oder verlängert Tarifbindungen nicht ohne Grund. Die Ratio der jeweiligen Norm kann bei der Lösung einer Tarifkonkurrenz jedenfalls nicht von vornherein unberücksichtigt bleiben.

---

[147] Vgl. bereits oben § 7 A I; ferner *Löwisch/Rieble*, Grundl. Rn. 35; § 4 Rn. 274 ff., 279 ff.; *Rieble*, Rn. 1803 ff.; ebenso MünchArbR-*Löwisch*, Bd. 3, § 269 Rn. 1 ff., 6 ff.; für bestimmte Fallgruppen im Ergebnis auch *B. Müller*, NZA 1989, S. 452; *Witzig*, S. 90 f.; *Zöllner/Loritz*, § 37 V 1 b; vgl. ferner *Fenn*, FS Kissel, S. 238 Fn. 113; *G. Müller*, DB 1989, S. 1970 ff.; ArbG Wiesbaden, Urteil vom 3.3.1988 – 4 Ca 4403/85 (n.v.), S. 12; Urteil vom 13.7.1989 – 4 Ca 5025/87 (n.v.), S. 11 f.

[148] *Löwisch/Rieble*, § 4 Rn. 274, 277; MünchArbR-*Löwisch*, Bd. 3, § 269 Rn. 1, 4.

[149] *Löwisch/Rieble*, § 4 Rn. 276, 280 f.; MünchArbR-*Löwisch*, Bd. 3, § 269 Rn. 3, 7 f.

[150] *Löwisch/Rieble*, § 4 Rn. 296; MünchArbR-Löwisch, Bd. 3, § 269 Rn. 23; vgl. auch Erichsen-*Ossenbühl*, § 7 IV Rn. 8 ff.; *H. Schneider*, Rn. 641 ff.

VI. Ergebnis

Qualitative Kriterien können weder die Art der Tarifgebundenheit noch die Art der Rechtswirkung oder der Rang der Tarifvertragsparteien sein. Das Quantitätsprinzip ist nur für Kollektivnormen interessant. Das Legitimationsprinzip ist im Grundsatz richtig, versagt aber bei einzelnen Fallgruppen der Tarifkonkurrenz und läßt zudem teleologische Gesichtspunkte außer acht.

F. Zusammenfassung

Die Analyse der in Rechtsprechung und Literatur vertretenen Lösungswege für Tarifkonkurrenzen hat gezeigt, daß diejenigen Grundsätze zur Ermittlung des vorrangigen Tarifvertrags, die sich sachlich-betrieblicher, zeitlicher oder inhaltlicher Kriterien bedienen, generell ungeeignet sind. Insbesondere dem Spezialitätsgrundsatz, auf den sich die ganz h.M. stützt, ist künftig die Gefolgschaft zu versagen. Voluntative und qualitative Kriterien sind immerhin bedingt tauglich: Erwägenswert sind ein Wahlrecht des Arbeitnehmers sowie der Rückgriff auf das Quantitäts- und das Legitimationsprinzip.

§ 17 Fallgruppen der Tarifkonkurrenz und deren Lösung

Wie eingehend dargelegt wurde, können Tarifkonkurrenzen auf ganz unterschiedliche Weise entstehen und sind insbesondere von verschiedenen Voraussetzungen abhängig[151]. Es liegt nahe, den Geltungsgrund einer Tarifkonkurrenz bei der Suche nach dem richtigen Lösungsweg aufzugreifen. Eine generelle schematische Lösung, wie sie die h.M. nach Maßgabe des Spezialitätsgrundsatzes vornimmt, verbietet sich deshalb. Vielmehr sind die maßgeblichen Grundsätze zur Auflösung einer Tarifkonkurrenz für einzelne Fallgruppen getrennt und unter Berücksichtigung der gesetzlichen Wertungen und Funktionszusammenhänge zu entwickeln.

---

[151] S. ausführlich oben §§ 7 ff.

A. Tarifkonkurrenz bei Individualnormen

Zunächst ist auf die Tarifkonkurrenz von Individualnormen einzugehen, bei denen die Tarifgeltung von der Tarifgebundenheit beider Arbeitsvertragsparteien abhängt (§ 3 Abs. 1 TVG). Nach der Tarifeinheit im Arbeitsverhältnis kann nur einer der kollidierenden Tarifverträge normativ auf das Arbeitsverhältnis einwirken. Bei der Ermittlung des vorrangigen Tarifvertrags ist die Unterscheidung zwischen tarifautonomen und staatlich veranlaßten Tarifkonkurrenzen[152] aufzugreifen und auszubauen.

I. Tarifautonom veranlaßte Tarifkonkurrenzen

1. Doppelmitgliedschaft der Arbeitsvertragsparteien und Tarifkonkurrenz

a) Fallgruppen

Praktisch selten sind Tarifkonkurrenzen wegen Doppelmitgliedschaft einer oder beider Arbeitsvertragsparteien. Folgende Fallgruppen sind aber denkbar: Ein Arbeitgeberverband, dessen Mitglied der Arbeitgeber ist, oder der Arbeitgeber selbst schließt mit mehreren verschiedenen Gewerkschaften Tarifverträge; ein Arbeitnehmer ist Mitglied in mindestens zwei Gewerkschaften (Doppelmitgliedschaft des Arbeitnehmers). Zwischen zwei Arbeitgeberverbänden und einer Gewerkschaft, deren Mitglied der Arbeitnehmer ist, bestehen Tarifverträge, der Arbeitgeber ist Mitglied in beiden Arbeitgeberverbänden (Doppelmitgliedschaft des Arbeitgebers). Zwei Arbeitgeberverbände vereinbaren mit zwei Gewerkschaften Tarifverträge, Arbeitgeber und Arbeitnehmer sind doppelt organisiert (beidseitige Doppelmitgliedschaft).

b) Einseitige Doppelmitgliedschaft

aa) Meinungsstand

Außerhalb der h.M., die auf das Spezialitätsprinzip abstellt[153], das aber an anderer Stelle als Lösungsgrundsatz für Tarifkonkurrenzen generell bereits

---

[152] S. bereits oben § 7 A I.

[153] Etwa BAG AP Nr. 20 zu § 4 TVG Tarifkonkurrenz, Bl. 4; *H. Wiedemann/Stumpf*, § 4 Rn. 165; *Zöllner/Loritz*, § 37 V 1 b.

verworfen worden ist[154], besteht ein weit gefächertes und uneinheitliches Spektrum von Lösungsvorschlägen. *Rieble* hat zunächst das Prinzip der größeren Sachnähe favorisiert[155], nunmehr soll im Sinne des Prioritätsprinzips[156] der älteren Mitgliedschaft und Tarifbindung der Vorrang einzuräumen sein, jedenfalls bei Doppelmitgliedschaft auf Arbeitnehmerseite[157]. *B. Müller* befürwortet bei doppelter Tarifbindung des Arbeitgebers die Anwendung des Günstigkeitsprinzips im Sinne der Rosinentheorie[158], *Däubler* läßt den insgesamt günstigeren Tarifvertrag vorgehen[159]. *Kempen* will die Entscheidung nach dem Quantitätsprinzip treffen: Der Tarifvertrag sei vorrangig, an den mehr Arbeitnehmer tarifgebunden seien[160]. *Witzig* möchte die Bestimmung des Vorrangs der Vereinbarung der Arbeitsvertragsparteien überlassen[161]. *Reuter* fordert bei Doppelmitgliedschaft ein Wahlrecht des „jeweils anderen Teils"[162], auf Vorschlag *Etzels* soll das Wahlrecht nur dem Arbeitnehmer zustehen[163].

Die Rosinentheorie kommt für die Lösung von Tarifkonkurrenzen ohnehin nicht in Betracht[164]. Das Prinzip der engsten Sachnähe, das Günstigkeitsprinzip und das Willensprinzip sind keine geeigneten Lösungsgrundsätze für Tarifkonkurrenzen[165]. Auch das Quantitätsprinzip scheidet jedenfalls bei der Kollision von Inhaltsnormen aus[166]. Anhand des Legitimationsprinzips kann eine durch Doppelmitgliedschaft verursachte Tarifkonkurrenz ebenfalls nicht gelöst werden[167]: Alle konkurrierenden Tarifverträge sind mitgliedschaftlich legitimiert.

---

154 S. oben § 16 A I.

155 MünchArbR-*Löwisch*, Bd. 3, § 269 Rn. 32; *Löwisch/Rieble*, § 4 Rn. 305; vgl. bereits oben § 16 A II.

156 S. oben § 16 B II.

157 *Rieble*, Rn. 1814.

158 *B. Müller*, Rn. 135; *ders.*, NZA 1989, S. 452; vgl. bereits oben § 15 B I.

159 *Däubler*, TVR, Rn. 1493.

160 *Kempen/Zachert*, § 4 Rn. Rn. 136.

161 *Witzig*, S. 93 f.; *vgl. auch Etzel*, NZA 1987, Beilage Nr. 1, S. 19; *Reuter*, JuS 1992, S. 109.

162 *Reuter*, JuS 1992, S. 110.

163 *Etzel*, NZA 1987, Beilage Nr. 1, S. 20; ebenso *Bieback*, DB 1989, S. 480 f.; *Kempen/Zachert*, § 4 Rn. 113a f.; bei Doppelmitgliedschaft *Zöllner*, Arbeitsrecht, § 37 IV 3; hilfsweise *Däubler*, TVR, Rn. 1495; *Witzig*, S. 94 f.

164 S. bereits oben § 15 B I.

165 S. oben § 16 A II, B II, C I, II.

166 S. oben § 16 E III.

167 Dazu oben § 16 E V.

bb) Wahlrecht des Arbeitnehmers

Dagegen spricht vieles dafür, dem Arbeitnehmer ein Wahlrecht über den anzuwendenden Tarifvertrag zuzusprechen[168]. Fraglich ist allerdings dessen dogmatische Grundlage.

Etzel hat § 316 BGB analog herangezogen[169]. Gegen eine Analogie zu § 316 BGB spricht aber, daß die Norm einen offenen Einigungsmangel nach § 154 Abs. 1 BGB verhindern will[170], der wegen der normativen Wirkung der kollidierenden Tarifverträge aber nicht eintreten kann. Auf den Willen der Arbeitsvertragsparteien kommt es insoweit gar nicht an. Zudem ist nach h.M. im privatrechtlichen Schrifttum § 316 BGB ohnehin unanwendbar, wenn die Höhe der Vergütung zwar nicht festgelegt ist, sich aber nach § 612 Abs. 2 BGB – das kann einer der konkurrierenden Tarifverträge sein – oder anderen objektiven Kriterien – das können besser geeignete Lösungsgrundsätze für Tarifkonkurrenzen sein – hinreichend bestimmen läßt[171]. Da die konkurrierenden Tarifverträge Regelungen zur Vergütung enthalten, ist zudem der „Umfang der für eine Leistung versprochenen Gegenleistung" nicht „nicht bestimmt" (§ 316 BGB)[172]. § 316 BGB gibt aber kein Wahlrecht zwischen verschiedenen Leistungsinhalten, sondern ermöglicht nur die Konkretisierung einer unbestimmten Leistung[173].

Näher liegt deshalb der Gedanke an die Wahlschuld nach § 262 BGB. Einer Analogie zu § 262 BGB steht aber zunächst entgegen, daß das Konkretisierungsrecht durch den Schuldner der Leistung – das ist beim Arbeitsentgelt der Arbeitgeber, nicht der Arbeitnehmer – ausgeübt wird, auch wenn die Praxis nicht selten umgekehrt verfährt[174]. Schwerer wiegt, daß die Wahlschuld einen

---

[168] S. oben § 16 C III; abw. insoweit *Reuter*, JuS 1992, S. 110: Wahlrecht des „jeweils anderen Teils".

[169] *Etzel*, NZA 1987, Beilage Nr. 1, S. 20; vgl. auch *Witzig*, S. 95.

[170] Erman-*Battes*, § 316 Rn. 1; *Kornblum*, AcP Bd. 168 (1968), S. 450 f.; *Kronke*, AcP Bd. 183 (1983), S. 133 f.; Staudinger-*Mader*, 13. Bearb., § 316 Rn. 2; MünchKomm-*Gottwald*, § 316 Rn. 1; Soergel-*M. Wolf*, § 316 Rn. 1.

[171] Erman-*Battes*, § 316 Rn. 3; Palandt-*Heinrichs*, § 316 Rn. 2; Staudinger-*Mader*, 13. Bearb., § 316 Rn. 13; *Söllner*, Leistungsbestimmung, S. 92; MünchKomm-*Gottwald*, § 316 Rn. 1; Soergel-*M. Wolf*, § 316 Rn. 4.

[172] Vgl. dazu näher Palandt-*Heinrichs*, § 316 Rn. 2; Staudinger-*Mayer-Maly*, 12. Aufl., § 315 Rn. 17; MünchKomm-*Gottwald*, § 316 Rn. 1; Soergel-*M. Wolf*, § 316 Rn. 3.

[173] Vgl. auch *Kornblum*, AcP Bd. 168 (1968), S. 457 ff.; *Kronke*, AcP Bd. 183 (1983), S. 139 f.; *Ziegler*, AcP Bd. 171 (1971), S. 199.

[174] Vgl. dazu *Ziegler*, AcP Bd. 171 (1971), S. 209 ff.

einheitlichen Anspruch alternativen Inhalts betrifft: Jemand kauft zum Beispiel wahlweise einen Rappen oder einen Schimmel[175]. Bei einer Tarifkonkurrenz handelt es sich aber um eine Anspruchskonkurrenz: Wegen der normativen Wirkung der Tarifnormen hat der Arbeitnehmer zwei alternative Ansprüche auf Entgeltzahlung.

Auch der Rückgriff auf das allgemeine Arbeitnehmerschutzprinzip, der geboten sei, weil die wirtschaftliche Überlegenheit des Arbeitgebers durch ein Wahlrecht des Arbeitnehmers mindestens teilweise kompensiert werde[176], überzeugt nicht: Die Kompensation liegt bereits in der Tarifgeltung an sich.

Bei aller methodischen Unschärfe ist das Wahlrecht des Arbeitnehmers bei Doppelmitgliedschaft einer Arbeitsvertragspartei deshalb nur mit „der Natur der Sache" zu erklären: Bei einer Doppelmitgliedschaft des Arbeitnehmers kann nicht außer acht bleiben, daß er dem Arbeitgeber nicht alle bestehenden Mitgliedschaften mitteilen muß. Das ist unbestritten. Legt er seine Mitgliedschaften aber offen, darf er nicht schlechter stehen[177]. Also muß ihm ein Wahlrecht über den anzuwendenden Tarifvertrag zustehen. Für den Arbeitgeber ist bei einer Doppelmitgliedschaft seinerseits ein Wahlrecht auf diese Weise nicht zu begründen. Er ist wegen § 8 TVG verpflichtet, die mehrfache Tarifbindung mitzuteilen. Umgekehrt kommt hinzu, daß der Arbeitgeber durch seine Mitgliedschaft in mehreren Verbänden, die beide mit derselben Gewerkschaft einen Tarifvertrag abgeschlossen haben, Tarifverträge verschiedener Arbeitgeberbände zur Wahl stellt und damit zu erkennen gibt, daß es ihm letztlich gleichgültig ist, welche Wahl der Arbeitnehmer trifft. Also ist dem Arbeitnehmer auch bei Doppelmitgliedschaft des Arbeitgebers ein Wahlrecht über den anzuwendenden Tarifvertrag zuzusprechen.

c) Beidseitige Doppelmitgliedschaft

Da dem Arbeitnehmer nicht nur bei eigener, sondern auch bei Doppelmitgliedschaft des Arbeitgebers ein Wahlrecht über den anzuwendenden Tarifvertrag zusteht, kann für die praktisch sehr seltene doppelte Tarifgebundenheit beider Arbeitsvertragsparteien nichts anderes gelten.

---

[175] Palandt-*Heinrichs*, § 262 Rn. 1; MünchKomm-*Keller*, § 262 Rn. 3; Jauernig-*Vollkommer*, § 262 Rn. 1; Soergel-*M. Wolf*, § 262 Rn. 3.

[176] *Witzig*, S. 94.

[177] Vgl. *Witzig*, S. 95.

2. *Vertikale Tarifkonkurrenz*

a) Verbands- und Firmentarifvertrag

aa) Beteiligung einer Gewerkschaft

Zu einer Tarifkonkurrenz zwischen Firmen- und Verbandstarifvertrag kann es zunächst kommen, wenn ein Verbandstarifvertrag zwischen einem Arbeitgeberverband und einer Gewerkschaft besteht und ein Arbeitgeber, der Verbandsmitglied ist, mit derselben Gewerkschaft einen Firmentarifvertrag abschließt. Früher hat man vereinzelt dem Verbandstarifvertrag den Vorrang eingeräumt: Der Arbeitgeber habe durch die Mitgliedschaft in einer Tarifvertragspartei den Vorrang des Verbandstarifvertrags anerkannt[178]. Gegen diese nicht begründbare Fiktion wenden sich Rechtsprechung[179] und heute h.M. im Schrifttum[180] und sehen mit Blick auf das Spezialitätsprinzip im Firmentarifvertrag die vorrangige Regelung.

Im Ergebnis ist der h.M. zuzustimmen. Freilich scheidet der Rückgriff auf das Spezialitätsprinzip, wie es die h.M. versteht und das den Firmentarifvertrag als räumlich engere Regelung vorzieht, aus. Es ist bereits an anderer Stelle als Lösungsgrundsatz für Tarifkonkurrenzen generell verworfen worden[181]. Wie bei der Doppelmitgliedschaft liegt eine tarifautonome Normenkollision vor, so daß ein Vorrang auch nicht anhand des Legitimationsprinzips ermittelt werden kann. Maßgeblicher Ausgangspunkt ist der Wille der Tarifvertragsparteien im

---

[178] LAG Hamm, BB 1953, S. 115; *Witting*, DArbBl. 1957, S. 546; kritisch zum Vorrang des Firmentarifvertrags auch *Gamillscheg*, Arbeitsrecht, Bd. 1, § 17 III 3 c (3) (a); LAG Bremen LAGE § 4 TVG Tarifpluralität Nr. 2, S. 6, 9.

[179] BAG AP Nr. 20 zu § 4 TVG Tarifkonkurrenz, Bl. 4R f.; AP Nr. 14 zu § 1 BetrAVG Zusatzversorgungskassen, Bl. 2; LAG Hamm, DB 1971, S. 1214; LAG Niedersachsen, Urteil vom 8.12.1994 – 7 Sa 574/94 (n.v.), S. 10; ArbG Köln, AuR 1996, S. 159.

[180] *Besgen*, S. 51; *Birk*, FS Beitzke, S. 864; *Blank*, S. 27; *Boecken*, Rn. 205; *Buchner*, FS Schaub, S. 83 f.; *Däubler*, TVR, Rn. 1490; HzA-*Dörner*, Rn. 257; KassArbR-*ders.*, Bd. 2, 6.1 Rn. 182; *D. Gaul*, RdA 1966, S. 178; *Gumpert*, BB 1958, S. 1319; *Hess*, ZfA 1976, S. 63 f.; *Hromadka/Maschmann/Wallner*, Rn. 143; *Huber*, Bd. 2, S. 440; *Junker/Wichmann*, NZA 1996, S. 509; *Lauschke*, AuR 1965, S. 108; *Löwisch/Rieble*, FS Schaub, S. 460; *Memminger*, S. 81; *B. Müller*, Rn. 135; *ders.*, NZA 1989, S. 452; *G. Müller*, Ablösung, S. 55; *Hj. Otto*, Arbeitsrecht, Rn. 460; *Quander*, S. 283; *Reuter*, RdA 1996, S. 208; Staudinger-*Richardi*, Vorbem. zu §§ 611 ff. Rn. 1061; *ders.*, JurAn 1971, S. 150; *Säcker/Oetker*, ZfA 1993, S. 19; *Schaub*, NZA 1998, S. 618; *Söllner*, Grundriß, § 16 I 1 b; *Stein*, Rn. 277; *H. Wiedemann/Stumpf*, § 4 Rn. 165, 168; *Zöllner/Loritz*, § 37 V 1 b; wohl auch *J.-H. Bauer*, FS Schaub, S. 22, 45; *Matthes*, FS Schaub, S. 480; kritisch *Gamillscheg*, Arbeitsrecht, Bd. 1, § 17 III 2 a (3).

[181] S. oben § 16 A I.

Vorfeld der Tarifkonkurrenz, worauf bereits *Reuter*[182] und namentlich *Rieble*[183] hingewiesen haben: Die gemeinsame Tarifzuständigkeit des Arbeitgebers und der Gewerkschaft ist spezieller als die des Arbeitgeberverbandes und der Gewerkschaft: Soweit sich die Gewerkschaft auf einen Firmentarifvertrag einläßt, ist die individuelle Entscheidung des Arbeitgebers wie beim Günstigkeitsprinzip[184] vorrangig gegenüber der kollektiven seines Verbandes. Beim Firmentarifvertrag muß die Tarifwirkung auf Arbeitgeberseite nicht erst durch eine Verbandsmitgliedschaft vermittelt werden.

bb) Beteiligung verschiedener Gewerkschaften

Ist die Gewerkschaft des Verbandstarifvertrags eine andere als die des Firmentarifvertrags, kommen die eben entwickelten Grundsätze nicht zum Tragen: Eine speziellere gemeinsame Tarifzuständigkeit kann nicht ermittelt werden, da die Tarifvertragsparteien nicht identisch sind. Weil es in diesem Fall zu einer Tarifkonkurrenz von Verbands- und Firmentarifvertrag ohnehin nur bei einer seltenen Doppelmitgliedschaft des Arbeitnehmers kommen kann, ist die Parallele zur Doppelmitgliedschaft beider Arbeitsvertragsparteien maßgeblich: Dem Arbeitnehmer ist ein Wahlrecht zuzubilligen. Die „speziellere Marktkompetenz"[185] des Arbeitgebers ist insoweit nachrangig.

b) Tarifverträge einer Mitgliederorganisation und eines Spitzenverbandes

Bei Tarifverträgen zwischen Spitzenorganisationen sind nicht nur die Mitgliedsverbände der Spitzenorganisation selbst, sondern auch die Mitglieder der einzelnen Mitgliedsverbände der Spitzenorganisation – die Arbeitsvertragsparteien – tarifgebunden[186]. Bei der Konkurrenz zwischen einem Tarifvertrag eines Mitgliedsverbands und dem Tarifvertrag eines Spitzenverbandes geht wie bei der Kollision zwischen Firmen- und Verbandstarifvertrag der Tarifvertrag mit

---

[182] *Reuter*, JuS 1992, S. 109.

[183] *Rieble*, Rn. 1619; vorher schon *Löwisch/Rieble*, § 4 Rn. 306; MünchArbR-*Löwisch*, Bd. 3, § 269 Rn. 33.

[184] S. oben § 16 D.

[185] *Rieble*, Rn. 1619.

[186] Vgl. oben § 10 H.

der spezielleren gemeinsamen Tarifzuständigkeit vor: der Tarifvertrag des Mitgliedsverbands[187].

3. § 3 Abs. 3 TVG und Tarifkonkurrenz

a) Tarifkonkurrenz bei § 3 Abs. 3 TVG

Daß es auch beim Nebeneinander eines nach § 3 Abs. 1 TVG und eines nach § 3 Abs. 3 TVG geltenden Tarifvertrags zu einer Tarifkonkurrenz kommen kann, ist nahezu unbestritten und folgt aus der Gleichwertigkeit beider Formen der Tarifgebundenheit[188]. Zwar wird die Tarifgebundenheit durch § 3 Abs. 3 TVG gesetzlich verlängert. Gleichwohl handelt es sich um eine tarifautonome Tarifkonkurrenz, denn § 3 Abs. 3 TVG verlängert eine freiwillig begründete Tarifbindung (§ 3 Abs. 1 TVG)[189]. Es genügt, daß das von der Tarifkonkurrenz betroffene Arbeitsverhältnis im Fortgeltungszeitraum begründet worden oder daß der Beitritt des Arbeitnehmers zur Gewerkschaft erst dann erfolgt ist[190].

Die Verlängerung der Tarifgebundenheit nach § 3 Abs. 3 TVG kann durch den Arbeitgeber bedingt sein, etwa beim Verbandsaustritt oder -wechsel[191], beim Wechsel von der Voll- in die OT-Mitgliedschaft oder beim Herausfallen aus dem Geltungsbereich eines Tarifvertrags durch arbeitstechnische oder räumliche Umstrukturierungen im Betrieb. § 3 Abs. 3 TVG kann aber auch Konsequenz eines Verhaltens einer Tarifvertragspartei sein, etwa bei dem Wegfall von Tarifvertragsparteien oder einer Gewerkschaftsfusion, beim Verlust der Tariffähigkeit oder bei einer Satzungsänderung, die dazu führt, daß der Betrieb aus der Tarifzuständigkeit der Tarifvertragspartei fällt[192]. Der kollidierende Tarifvertrag kann mitgliedschaftlich legitimiert oder ein Firmentarifvertrag sein,

---

[187] *Löwisch/Rieble*, § 4 Rn. 306; MünchArbR-*Löwisch*, Bd. 3, § 269 Rn. 33; *H. Wiedemann/Stumpf*, § 4 Rn. 165.

[188] Anders einerseits *Kempen/Zachert*, § 3 Rn. 36 (der nach § 3 Abs. 1 TVG maßgebliche Tarifvertrag komme nicht zur Anwendung); andererseits *Haußmann*, S. 96 ff.; *Zöllner/Loritz*, § 37 V 1 b (der nach § 3 Abs. 3 TVG fortgeltende Tarifvertrag sei infolge teleologischer Reduktion unanwendbar).

[189] Anders *Löwisch/Rieble*, § 4 Rn. 281, 301; MünchArbR-*Löwisch*, Bd. 3, § 269 Rn. 8, 28 (staatlich veranlaßte Tarifkonkurrenz); abw. *Rieble*, Rn. 1810, 1814 f.: Die Tarifbindung nach § 3 Abs. 3 TVG beruhe nicht auf staatlicher Anordnung, sondern sei Ausdruck der Vertragstreue.

[190] S. oben § 10 C III 4 b.

[191] Auf Arbeitnehmer ist § 3 Abs. 3 TVG dann nicht anwendbar, s. oben § 10 C III 4 a.

[192] Näher oben § 10 C III 4 e-g.

§ 3 Abs. 1 TVG. Die Kollision eines nach § 3 Abs. 3 TVG fortgeltenden und eines allgemeinverbindlichen Tarifvertrags (§ 5 Abs. 4 TVG) ist keine tarifautonome Tarifkonkurrenz und daher an dieser Stelle nicht zu behandeln[193].

b) Herkömmliche Lösungswege zur Tarifkonkurrenz bei § 3 Abs. 3 TVG

Rechtsprechung und Literatur diskutieren die Tarifkonkurrenz bei § 3 Abs. 3 TVG namentlich in bezug auf den Verbandswechsel des Arbeitgebers. Vier Lösungswege werden vertreten.

aa) Spezialitätsprinzip nach allgemeinen Grundsätzen

Nach Meinung des *BAG* und eines Teils der Literatur ist die Kollision eines nach § 3 Abs. 3 TVG fortgeltenden und eines anderen Tarifvertrags nach den allgemeinen Grundsätzen – dem Spezialitätsprinzip – zu lösen[194]. Das TVG kenne nur Tarifverträge gleichen Ranges und gleicher Stärke, deshalb sei keiner der kollidierenden Tarifverträge grundsätzlich vorrangig. Auch dem Wortlaut, der systematischen Stellung und dem Zweck des § 3 Abs. 3 TVG sei der Vorrang eines Tarifvertrags nicht zu entnehmen. Das Spezialitätsprinzip ist jedoch zur Lösung von Tarifkonkurrenzen generell ungeeignet, wie an anderer Stelle bereits dargelegt worden ist[195].

bb) Vorrang des nach § 3 Abs. 3 TVG fortgeltenden Tarifvertrags

Ein Teil des Schrifttums stellt auf den Sinn des § 3 Abs. 3 TVG ab, den Mißbrauch der privatrechtlichen Gestaltungsfreiheit durch den Arbeitgeber zu verhindern, und läßt grundsätzlich den nach § 3 Abs. 3 TVG fortgeltenden Ta-

---

[193] Dazu aber unten § 17 A II 1 d.

[194] BAG AP Nr. 3 zu § 3 TVG, Bl. 2R f.; EzA § 4 TVG Geltungsbereich Nr. 10, S. 10; *Bruhn*, Tarifeinheit, S. 220; KassArbR-*Dörner*, Bd. 2, 6.1 Rn. 135; *Dutti*, DB 1968, S. 1336 f.; *Feger*, AiB 1995, S. 498, 500 f.; *Gamillscheg*, Arbeitsrecht, Bd. 1, § 17 I 5 c (1); *B. Gaul*, Anm. zu BAG vom 4.9.1996, EzA § 3 TVG Bezugnahme auf Tarifvertrag Nr. 7, S. 29; *ders.*, NZA 1998, S. 12; *Gramm*, AR-Blattei (D), Tarifvertrag XII, C X; *P. Hanau*, ZfA 1984, S. 460; *Hromadka/Maschmann/Wallner*, Rn. 475, 477, 489; *A. Hueck/Nipperdey*, Bd. II 1, S. 645 f. Fn. 20; *Nikisch*, Bd. 2, S. 484; *Schlachter*, ZIAS 1997, S. 113; vgl. auch LAG Hamm, BB 1955, S. 161; offengelassen in LAGE Art. 9 GG Arbeitskampf Nr. 41, S. 6.

[195] S. oben § 16 A I.

rifvertrag vorgehen[196]. Andernfalls könne sich der Arbeitgeber während der Laufzeit eines Tarifvertrags jederzeit dessen unliebsamen Wirkungen entziehen. Gegen diese Auffassung spricht, daß das Eingreifen des § 3 Abs. 3 TVG nicht immer durch autonomes Handeln des Arbeitgebers bedingt ist, sondern bisweilen außerhalb seines Einflußbereichs liegt.

cc) Vorrang des günstigeren Tarifvertrags

Nach *Konzen* ist der Tarifvertrag vorrangig, der – unabhängig von § 4 Abs. 3 2. Var. TVG – für den Arbeitnehmer günstiger sei[197]. Das folge aus der Funktion des § 3 Abs. 3 TVG, der die Flucht aus dem alten Tarifvertrag verhindern, den verbandswechselnden Arbeitgeber aber nicht vor den Konsequenzen der neuen Mitgliedschaft bewahren wolle. Der Vorrang des günstigeren Tarifvertrags läßt freilich den Schutz der Verbandskontinuität, den § 3 Abs. 3 TVG ebenfalls bezweckt, außer acht[198].

dd) Vorrang des mitgliedschaftlich legitimierten Tarifvertrags

Ein Teil des Schrifttums befürwortet schließlich ein Zurücktreten des nach § 3 Abs. 3 TVG fortgeltenden Tarifvertrags hinter den mitgliedschaftlich legitimierten Tarifvertrag[199]. Dieser besitze die stärkere Legitimation gegenüber der staatlich veranlaßten Normenfortgeltung nach § 3 Abs. 3 TVG. Zudem solle, so wird für den Verbandswechsel argumentiert, § 3 Abs. 3 TVG nur die Flucht aus

---

[196] *Bieback*, DB 1989, S. 480 f.; *Blank*, S. 77; *Buchner*, S. 89; *Däubler*, TVR, Rn. 1517; *ders.*, NZA 1996, S. 230; *Gerhards*, BB 1995, S. 1292; *B. Müller*, NZA 1989, S. 452; *K. Schreiber*, Anm. zu BAG vom 26.10.1983, SAE 1984, S. 343; *Stein*, Rn. 171, 280; *H. Wiedemann/Stumpf*, § 3 Rn. 38; im Ergebnis auch *Kempen/Zachert*, § 3 Rn. 36.

[197] *Konzen*, ZfA 1975, S. 427 ff.; ebenso *Däubler/Hege*, TVR, Rn. 622; im Ergebnis ähnlich *Bieback*, DB 1989, S. 480 f. (Wahlrecht des Arbeitnehmers); *Blank*, S. 77; hilfsweise, wenn der mitgliedschaftlich legitimierte Tarifvertrag günstiger als der nach § 3 Abs. 3 TVG fortgeltende ist, *Däubler*, TVR, Rn. 1518 (Einwirkungspflicht des neuen Verbands zur Gewährung vergleichbarer Arbeitsbedingungen); *Kempen/Zachert*, § 3 Rn. 36 (Wahlrecht des Arbeitnehmers).

[198] S. oben § 10 C III 1 b.

[199] *Hromadka/Maschmann/Wallner*, Rdnr 518; *Löwisch/Rieble*, § 4 Rn. 301; MünchArbR-*Löwisch*, Bd. 3, § 269 Rn. 28; *Witzig*, S. 92 f.; ähnlich *Dräger*, BB 1970, S. 1142 (der neuere Tarifvertrag sei „spezieller"); vgl. ferner *Rieble*, Anm. zu BAG vom 22.3.1994, EzA § 4 TVG Geltungsbereich Nr. 10, S. 16; anders jetzt wohl *ders.*, Rn. 1815.

dem Arbeitgeberverband, nicht aber die Flucht in einen neuen Verband verhindern[200]. Auch diese Auffassung übergeht die Kontinuitätsfunktion des § 3 Abs. 3 TVG. Sie mißachtet zudem dessen Schutzfunktion und ist daher ebenfalls abzulehnen.

c) Sphärentheorie

Alle vier aufgezeigten Ansätze überzeugen zwar alleine betrachtet nicht. Gleichwohl enthalten sie mindestens teilweise Überlegungen, die in eine Lösung der Tarifkonkurrenz im Zusammenhang mit § 3 Abs. 3 TVG aufzunehmen sind. Maßgeblich kann dabei nicht sein, daß es sich bei § 3 Abs. 3 TVG um eine gesetzlich verlängerte Tarifgebundenheit handelt: Auch sie war ursprünglich mitgliedschaftlich legitimiert[201]. Deshalb liegt eine tarifautonome Tarifkonkurrenz vor. Eine Lösung der Tarifkonkurrenz ist vielmehr anhand einer teleologischen Auslegung des § 3 Abs. 3 TVG mit Blick auf dessen Schutz- und Kontinuitätsfunktion und unter Berücksichtigung der mitgliedschaftlichen Legitimation des aktuell geltenden Tarifvertrags zu entwickeln[202]. Für die Ermittlung des vorrangigen Tarifvertrags ist danach zu unterscheiden, ob das Eingreifen des § 3 Abs. 3 TVG dem Arbeitgeber oder den Tarifvertragsparteien zuzurechnen ist.

aa) Sphäre des Arbeitgebers und § 3 Abs. 3 TVG

Tatbestände des § 3 Abs. 3 TVG auf Arbeitgeberseite sind namentlich der Verbandsaustritt, der Verbandsübertritt, der Wechsel von der Voll- in die OT- oder Gastmitgliedschaft des Arbeitgeberverbands sowie die Vornahme arbeitstechnischer oder räumlicher Umstrukturierungen, die ein Herausfallen des Betriebs aus dem Geltungsbereich des Tarifvertrags zur Folge haben[203]. § 3 Abs. 3 TVG soll vor allem die Flucht des Arbeitgebers aus dem aktuell verbindlichen Tarifvertrag verhindern. § 3 Abs. 3 TVG schützt aber nicht nur generell vor der Flucht aus dem Tarifvertrag. Verhindert werden soll auch die solche in einen für den Arbeitgeber günstigeren Tarifvertrag[204], so daß es auf des-

[200] MünchArbR-*Löwisch*, Bd. 3, § 269 Rn. 28; *Löwisch/Rieble*, § 4 Rn. 301.

[201] S. bereits oben § 10 C III 3.

[202] Näher zu den Funktionen des § 3 Abs. 3 TVG oben § 10 C III 1.

[203] Vgl. oben § 10 C III 4 c, d.

[204] Vgl. aber *Haußmann*, S. 96 ff.; *Henssler*, FS Schaub, S. 325; *Zöllner/Loritz*, § 37 V 1 b.

sen stärkere, nämlich aktuelle mitgliedschaftliche Legitimation nicht ankommen kann.

Vorrangig muß an dieser Stelle deshalb der nach § 3 Abs. 3 TVG fortgeltende Tarifvertrag sein. Diesen Vorrang bestätigt auch der zweite Normzweck: die Sicherung der tariflichen Kontinuität. In einem kollektiven Vertragssystem wie dem Tarifvertragssystem sind die Normgeber auf eine langfristige Bindung ihrer Mitglieder angewiesen[205]. Die Verbandskontinuität darf nicht durch das Verhalten einzelner Verbandsmitglieder gefährdet werden. Deshalb kann es auch nicht darauf ankommen, ob der konkurrierende Tarifvertrag günstiger als der nach § 3 Abs. 3 TVG fortgeltende ist. Der Vorrang des nach § 3 Abs. 3 TVG fortgeltenden Tarifvertrags besteht im übrigen bis zu dessen Ende[206]. Erst danach kann der bislang verdrängte Tarifvertrag (§ 3 Abs. 1 TVG) wieder normative Wirkung im von der Tarifkonkurrenz betroffenen Arbeitsverhältnis entfalten[207]. Die Vorrangfrage ist dann erneut zu beurteilen[208].

Für die genannten Fallgruppen ergeben sich aus dem Vorrang des nach § 3 Abs. 3 TVG fortgeltenden Tarifvertrag folgende Konsequenzen. Beim Verbandsaustritt des Arbeitgebers oder dem Wechsel von der Vollmitgliedschaft in die OT- oder Gastmitgliedschaft des Arbeitgeberverbands kann es zu einer Tarifkonkurrenz kommen, wenn der Arbeitgeber einen Firmentarifvertrag schließt (§ 3 Abs. 1 TVG): Der nach § 3 Abs. 3 TVG fortgeltende Tarifvertrag geht vor, bis er endet. Beim Verbandswechsel des Arbeitgebers ist eine Tarifkonkurrenz mit einem Verbandstarifvertrag des neuen Verbands denkbar (§ 3 Abs. 1 TVG): Wieder ist der nach § 3 Abs. 3 TVG geltende Tarifvertrag vorrangig. Nur für Arbeitnehmer, die parallel zum Arbeitgeber die Gewerkschaft wechseln (soweit diese nicht ohnehin auch Vertragspartnerin des neuen Arbeitgeberverbands ist), kann eine Tarifkonkurrenz nicht entstehen, da der alte Tarifvertrag für sie weder nach § 3 Abs. 1 TVG noch nach § 3 Abs. 3 TVG Wirkung entfaltet[209]. Beim Herausfallen aus dem Geltungsbereich eines Tarifvertrags wegen arbeitstechnischer oder räumlicher Umstrukturierungen ohne gleichzeitigen Verbandsübertritt oder Betriebsinhaberwechsel kann es zu einer Tarifkonkurrenz mit einem Firmentarifvertrag kommen, den der Arbeitgeber abschließt (§ 3 Abs. 1 TVG).

---

[205] Näher oben § 10 C III 1 b.

[206] Dazu oben § 10 C III 5.

[207] Zur Verdrängung des nachrangigen Tarifvertrags s. oben § 15 C II 4.

[208] S. näher unten § 17 A II 2 a bb, b cc.

[209] Zur Unanwendbarkeit des § 3 Abs. 3 TVG auf Arbeitnehmer s. oben § 10 C III 4 a; im Ergebnis ebenso *Witzig*, S. 93: Die Arbeitsvertragsparteien würden durch einen gemeinsamen Verbandswechsel erkennen lassen, daß sie den neuen Tarifvertrag als angemessenere Regelung des Arbeitsverhältnisses betrachten.

Der nach § 3 Abs. 3 TVG fortgeltende Tarifvertrag bleibt auch hier zunächst maßgeblich. Wechselt der Arbeitgeber parallel zu räumlichen betrieblichen Umstrukturierungen den Verband, sind die für den Verbandswechsel entwikkelten Lösungsgrundsätze maßgeblich. In allen Fällen gilt: Ist der Vertragspartner des neuen Arbeitgeberverbands oder des Arbeitgebers (beim Firmentarifvertrag) nicht dieselbe Gewerkschaft wie beim bisherigen Verbandstarifvertrag, entsteht eine Tarifkonkurrenz nur für doppelt organisierte Arbeitnehmer.

bb) Sphäre einer der Tarifvertragsparteien und § 3 Abs. 3 TVG

Tatbestände des § 3 Abs. 3 TVG, die einer der Tarifvertragsparteien zugerechnet werden müssen, sind deren Wegfall oder eine Gewerkschaftsfusion, der Verlust der Tariffähigkeit oder Satzungsänderungen einer Tarifvertragspartei, die ein Herausfallen des Betriebs aus deren Tarifzuständigkeit bewirken[210]. Da der Arbeitgeber auf den Eintritt dieser Tatbestände jedenfalls unmittelbar gar keinen und mittelbar nur einen begrenzten verbandspolitischen Einfluß hat, überlagert die aktuelle mitgliedschaftliche Legitimation die Schutz- und Kontinuitätsfunktion des § 3 Abs. 3 TVG: Der nach § 3 Abs. 1 TVG geltende Tarifvertrag ist vorrangig.

Die Tragweite beider Zwecke des § 3 Abs. 3 TVG ist bei einer solchen Tarifkonkurrenz nicht besonders groß. Die Schutzfunktion der Vorschrift schützt die Arbeitnehmer zwar nicht nur vor Manipulationen seitens des Arbeitgebers, sondern auch vor einseitigen Maßnahmen der Tarifvertragsparteien[211]. Auf den ersten Blick müßte deshalb auch in diesem Fall der nach § 3 Abs. 3 TVG fortgeltende Tarifvertrag vorgehen. Der Akzent der Schutzfunktion liegt freilich nicht auf drohenden Manipulationen durch eine der Tarifvertragsparteien, sondern auf Handlungen des Arbeitgebers, die ein Ende der aktuellen Tarifgeltung herbeiführen sollen[212]. Das belegen die klassischen Anwendungsbereiche des § 3 Abs. 3 TVG wie Verbandsaustritt oder Verbandswechsel des Arbeitgebers. Daraus folgt: Bei einer Abwägung ist die aktuelle mitgliedschaftliche Legitimation des neuen Tarifvertrags höher zu gewichten als die vergleichsweise geringfügige und ohnehin nur partielle Zweckverletzung des § 3 Abs. 3 TVG, zumal die Tarifkonkurrenz in aller Regel dadurch entstanden sein wird, daß der Arbeitgeber auf die die Tarifnormwirkung beendenden Maßnahmen seines Ver-

---

[210] Näher oben § 10 C III 4 e-g.

[211] Vgl. § 10 C III 1 a.

[212] S. bereits oben § 10 C III 1 a.

bands immerhin reagiert und einen neuen Tarifvertrag zur Verfügung gestellt hat.

Hinzu kommt, daß die Kontinuitätsfunktion des § 3 Abs. 3 TVG, die ohnehin nicht bei Wegfall einer Tarifvertragspartei, einer Gewerkschaftsfusion oder dem Verlust der Tariffähigkeit, sondern nur bei Satzungsänderungen eines weiterhin existenten Verbands, die ein Herausfallen aus der Tarifzuständigkeit bewirken, angesprochen ist, ebenfalls im Hintergrund bleibt: Der Kontinuitätsbruch ist durch die Tarifvertragspartei selbst bewirkt, ihr Vertrauen auf die Verbandskontinuität ist mithin weniger schutzwürdig als das Interesse des Arbeitgebers an einem aktuell mitgliedschaftlich legitimierten Tarifvertrag. Damit werden die mitgliedschaftliche Legitimation des nach § 3 Abs. 1 TVG geltenden Verbandstarifvertrags und die speziellere gemeinsame Tarifzuständigkeit von Arbeitgeber und Gewerkschaft beim Firmentarifvertrag maßgebliche Kriterien zur Lösung der Tarifkonkurrenz und überlagern die Schutz- und die Kontinuitätsfunktion des § 3 Abs. 3 TVG.

Aus dem Zurücktreten des nach § 3 Abs. 3 TVG fortgeltenden Tarifvertrags folgt: Beim Wegfall einer Tarifvertragspartei kann es zu einer Tarifkonkurrenz kommen, wenn der Arbeitgeber einen Firmentarifvertrag abschließt oder einem neuen Arbeitgeberverband beitritt, der einen Verbandstarifvertrag abgeschlossen hat (§ 3 Abs. 1 TVG): Der nach § 3 Abs. 3 TVG fortgeltenden Tarifvertrag ist nachrangig. Entsprechendes gilt für den Verlust der Tariffähigkeit einer Tarifvertragspartei und für Satzungsänderungen einer Tarifvertragspartei, die ein Herausfallen des Arbeitgebers aus der Tarifzuständigkeit zur Folge haben. Bei einer Gewerkschaftsfusion kommt eine Tarifkonkurrenz eines Tarifvertrags des wegfallenden Verbands mit dem Tarifvertrag des neuen Verbands in Betracht: Der neue Verbandstarifvertrag geht vor.

d) Zusammenhängende Tarifmaterien

Bei einer Tarifkonkurrenz im Anwendungsbereich § 3 Abs. 3 TVG stellt sich namentlich beim Verbandswechsel des Arbeitgebers die Frage nach einer einheitlichen Behandlung von inhaltlich zusammenhängenden und aufeinander abgestimmten Tarifverträgen, wenn etwa nach einem Verbandswechsel die nach § 3 Abs. 3 TVG fortgeltenden Tarifverträge zu verschiedenen Zeitpunkten enden. So sind zum Beispiel die Laufzeiten von Lohntarifverträgen regelmäßig erheblich kürzer als die dazugehöriger Manteltarifverträge. Den Arbeitgeber interessiert in diesem Fall, ob er auch dann noch nach § 3 Abs. 3 TVG an den langfristigen Manteltarifvertrag gebunden bleibt, wenn der ergänzende Lohntarifvertrag längst abgelaufen und an seine Stelle ein Lohntarifvertrag des neuen Verbands getreten ist. Die Verklammerung mehrerer zusammenhängender Tarifverträge beim Verbandswechsel hat bereits *Dutti* „aus tarifrechtlichen Erwägungen" befürwortet[213]. Dabei solle nicht einheitlich das nach § 3 Abs. 3 TVG fortgeltende, sondern das Tarifwerk des neuen Verbands zur Anwendung kommen.

Man wird insoweit präzisieren müssen: Im Grundsatz ist die Tarifkonkurrenz auch bei Mantel- und Lohntarifverträgen für jeden Tarifvertrag gesondert aufzulösen[214]. Unterschiedliche Laufzeiten sind Konsequenz einer bestimmten Tarifpolitik. Daran ändert der Verbandswechsel nichts. Nur wenn die zusammenhängenden Tarifverträge eine tatsächlich untrennbare Einheit bilden, wenn etwa die Lohnhöhe im Lohntarifvertrag nicht ohne die Entgeltgruppen des dazugehörigen Manteltarifvertrags errechnet werden kann, ist auch eine einheitliche Behandlung der Tarifkonkurrenzen erforderlich[215].

Das Ende des gesamten einheitlichen Tarifwerks im Sinne des § 3 Abs. 3 TVG ist dann durch den regelmäßig kurzfristigen Lohntarifvertrag zu bestimmen. Eine Verkürzung der Schutz- und Kontinuitätsfunktion des § 3 Abs. 3 TVG ist hinzunehmen, denn die Bindung der Arbeitsvertragsparteien an einen bereits abgelaufenen Lohntarifvertrag kann wegen der dynamischen Entwicklung der Lohnentwicklung nicht durch einen langfristigen Rahmentarifvertrag vorgeschrieben werden. Deshalb markiert der Ablauf des Lohntarifvertrags das Ende auch für die dazugehörigen Rahmentarifverträge: Die Tarifverträge des neuen Verbands sind anzuwenden.

II. Staatlich veranlaßte Tarifkonkurrenzen

1. § 5 Abs. 4 TVG und Tarifkonkurrenz

Tarifkonkurrenzen entstehen meist unter Beteiligung allgemeinverbindlicher Tarifverträge. Neben der Kollision allgemeinverbindlicher Tarifverträge ist die Konkurrenz eines allgemeinverbindlichen und eines mitgliedschaftlich legitimiertem Tarifvertrags denkbar. Zu differenzieren ist darüber hinaus, ob der allgemeinverbindliche Tarifvertrag Normen über gemeinsame Einrichtungen enthält. Besonderer Betrachtung bedarf das Zusammentreffen eines allgemeinver-

---

[213] *Dutti*, BB 1968, S. 1337; zustimmend *Bieback*, DB 1989, S. 481; *Konzen*, ZfA 1975, S. 430; mit Blick auf Art. 9 Abs. 3 Satz 1 GG ähnlich neuerdings *Frieges*, NZA 1998, S. 631 ff., in bezug auf den Verbandsaustritt; vgl. auch die Erwägungen zur Nachwirkung bei *Rieble*, Rn. 1808.

[214] Ebenso *Haußmann*, S. 50 f.

[215] Vgl. *Hromadka/Maschmann/Wallner*, Rn. 484.

bindlichen und eines nach § 3 Abs. 3 oder § 4 Abs. 5 TVG fortgeltenden Tarifvertrags sowie die Tarifkonkurrenz unter Beteiligung eines allgemeinverbindlichen Tarifvertrags im Anwendungsbereich des AEntG.

a) Konkurrenz allgemeinverbindlicher Tarifverträge

Während der Weimarer Republik kam es wegen zahlreicher Allgemeinverbindlicherklärungen meist zu Kollisionen allgemeinverbindlicher Tarifverträge, so daß sich der damalige Gesetzgeber zu einer gesetzlichen Regelung veranlaßt sah (§ 2 Abs. 2 TVVO)[216]. Heute ist die Tarifkonkurrenz allgemeinverbindlicher Tarifverträge selten. Der Gesetzgeber des TVG hat eine Regelung wie in § 2 Abs. 2 TVVO daher für entbehrlich gehalten. Auch das moderne Schrifttum nimmt zu zur Konkurrenz allgemeinverbindlicher Tarifverträge nur vereinzelt Stellung, veröffentlichte Judikatur fehlt völlig.

Nach *Rieble* ergibt sich der Vorrang nach der sachnäheren gemeinsamen Tarifzuständigkeit[217]. *Däubler* will auf das Günstigkeitsprinzip zurückgreifen[218]. Die *16. Kammer* des *HessLAG* hat in mehreren unveröffentlichten Entscheidungen das Spezialitätsprinzip angewandt[219]. Letztere sind als Lösungsgrundsätze für Tarifkonkurrenzen ohnehin generell ungeeignet[220]. Aber auch die sachnähere gemeinsame Tarifzuständigkeit kann bei allgemeinverbindlichen Tarifverträgen, bei denen es auf eine mitgliedschaftliche Legitimation nicht ankommt, nicht maßgeblich sein. Alle Ansätze lassen zudem außer acht, daß bei der Kollision allgemeinverbindlicher Tarifverträge die Individualnormen nicht mehr allein im Arbeitsverhältnis, sondern betriebsweit konkurrieren.

Daraus folgt, daß die Konkurrenz allgemeinverbindlicher Tarifverträge wie eine Kollektivnormenkollision nach dem Quantitätsprinzip[221] auf der betriebli-

[216] S. bereits oben § 3 C III.

[217] *Löwisch/Rieble*, § 4 Rn. 304 f.; MünchArbR-*Löwisch*, Bd. 3, § 269 Rn. 31 f.

[218] *Däubler*, TVR, Rn. 1491 i.V.m. Rn. 1494.

[219] LAG Frankfurt a.M., Urteil vom 12.8.1991 – 16 Sa 365/91 (n.v.), S. 22 ff.; Urteil vom 4.5.1992 – 16 Sa 1922/91 (n.v.), S. 29; Urteil vom 5.9.1994 – 16 Sa 597/94 (n.v.), S. 20 f.; ebenso *Delbos*, S. 117; *Haußmann*, S. 132; in einem obiter dictum ferner LAG Köln, Urteil vom 18.1.1995 – 2 Sa 1109(94 (n.v.), S. 15 ff., das freilich mit der Tarifeinheit im Betrieb argumentiert und damit verkennt, daß eine „betriebsweite Tarifkonkurrenz" (s. dazu näher unten § 6 A II 1 b) vorliegt, die mit Hilfe der Tarifeinheit im Arbeitsverhältnis zu lösen ist.

[220] S. oben § 16 A I, D.

[221] Dazu oben § 16 E III.

chen Ebene zu lösen ist („betriebsweite Tarifkonkurrenz")[222]. Dabei kommt es im Sinne einer möglichst hohen demokratischen Legitimation des anzuwendenden Tarifvertrags darauf an, an welchen der konkurrierenden Tarifverträge die größere Zahl von Arbeitnehmern nicht nur durch Allgemeinverbindlicherklärung (§ 5 Abs. 4 TVG), sondern auch aufgrund mitgliedschaftlicher Legitimation (§ 3 Abs. 1 TVG) tarifgebunden ist. Das Quantitätsprinzip gilt auch dann, wenn zwei allgemeinverbindliche Tarifverträge über gemeinsame Einrichtungen der Tarifvertragsparteien (§ 4 Abs. 2 TVG) konkurrieren[223].

Beim Zusammentreffen allgemeinverbindlicher Tarifverträge, von denen nur einer Normen nach § 4 Abs. 2 TVG enthält, ist die Anwendung des Quantitätsprinzips allerdings fraglich. In Betracht kommt aber der Einsatz derjenigen Regeln, die für die Lösung der Tarifkonkurrenz eines mitgliedschaftlich legitimierten und eines allgemeinverbindlichen Tarifvertrags über gemeinsame Einrichtungen noch zu entwickeln sind[224].

b) Konkurrenz eines allgemeinverbindlichen und eines mitgliedschaftlich legitimiertenTarifvertrags

Kaum verbreiteter ist die Konkurrenz zwischen einem mitgliedschaftlich legitimierten und einem allgemeinverbindlichen Tarifvertrag, soweit letzterer nicht Normen über gemeinsame Einrichtungen enthält. Besteht zwischen einem Arbeitgeber oder seinem Verband und einer Gewerkschaft ein Tarifvertrag und wird ein weiterer Tarifvertrag für allgemeinverbindlich erklärt, kann es zu einer Tarifkonkurrenz in den Arbeitsverhältnissen der nach § 3 Abs. 1 TVG tarifgebundenen Arbeitnehmer kommen. Drei Lösungswege werden vorgeschlagen, die freilich nicht danach differenzieren, ob der allgemeinverbindliche Tarifvertrag Normen über gemeinsame Einrichtungen der Tarifvertragsparteien enthält.

---

[222] Vgl. *Witzig*, S. 91; vgl. näher unten § 17 B.

[223] Vgl. auch *Hj. Otto/Schwarze*, ZfA 1995, S. 692.

[224] S. dazu näher unten § 17 A II 1 c cc.

aa) Ermittlung des Vorrangs nach den allgemeinen arbeitsrechtlichen Lösungsgrundsätzen für Tarifkonkurrenzen

Das *BVerfG* und das *BAG*[225], die instanzgerichtliche Judikatur[226] sowie die h.M. im Schrifttum[227] ignorieren die Besonderheit der Allgemeinverbindlichkeit und wenden die allgemeinen Lösungsgrundsätze für Tarifkonkurrenzen an (Spezialitätsprinzip), was im Ergebnis nahezu immer den Vorrang des mitgliedschaftlich legitimierten Tarifvertrags bedeutet. § 5 Abs. 4 TVG erweitere lediglich die Tarifgebundenheit, die Wirkung allgemeinverbindlicher Tarifverträge unterscheide sich aber nicht von der mitgliedschaftlich legitimierter Tarifverträge: Sie seien gleichrangig. Erneut gilt aber: Das Spezialitätsprinzip ist zur Lösung von Tarifkonkurrenzen generell untauglich[228].

---

[225] BVerfG AP Nr. 15 zu § 5 TVG, Bl. 9; AP Nr. 17 zu § 5 TVG, Bl. 5R; BAG AP Nr. 11 zu § 5 TVG, Bl. 2R; AP Nr. 3 zu § 3 TVG, Bl. 3; AP Nr. 11 zu § 4 TVG Tarifkonkurrenz, Bl. 3R; AP Nr. 12 zu § 4 TVG Tarifkonkurrenz, Bl. 2, 3; AP Nr. 16 zu § 4 TVG Tarifkonkurrenz, Bl. 4; AP Nr. 19 zu § 4 TVG Tarifkonkurrenz, Bl. 2R; AP Nr. 20 zu § 4 TVG Tarifkonkurrenz, Bl. 4R; AP Nr. 22 zu § 4 TVG Tarifkonkurrenz, Bl. 5R.

[226] LAG Frankfurt a.M., Urteil vom 24.10.1988 – 14 Sa 1300/87 (n.v.), S. 19; Urteil vom 24.10.1988 – 14 Sa 1450/87 (n.v.), S. 19; Urteil vom 10.2.1989 – 15 Sa 1136/88 (n.v.), S. 11; Urteil vom 30.6.1989 – 15 Sa 1566/88 (n.v.), S. 24; Urteil vom 4.9.1989 – 14 Sa 873/88 (n.v.), S. 10; Urteil vom 24.10.1989 – 5 Sa 818/88 (n.v.), S. 8 f.; Urteil vom 12.12.1989 – 5 Sa 1418/88 (n.v.), S. 19 f.; Urteil vom 17.8.1990 – 15 Sa 1171/89 (n.v.), S. 14 ff.; Urteil vom 24.9.1990 – 16 Sa 664/90 (n.v.), S. 18 ff.; Urteil vom 12.8.1991 – 16 Sa 365/91 (n.v.), S. 22 ff.; ArbG Wiesbaden, Urteil vom 3.3.1988 – 4 Ca 4403/85 (n.v.), S. 11 f.; Urteil vom 5.5.1988 – 4 Ca 4180/87 (n.v.), S. 9 f.; Urteil vom 13.7.1989 – 4 Ca 5025/89 (n.v.), S. 11; Urteil vom 7.12.1989 – 5 Ca 1577/89 (n.v.), S. 6 f.

[227] *Blank*, S. 52; *Buchner*, Anm. zu BAG vom 4.9.1996, EzA § 3 TVG Bezugnahme auf Tarifvertrag Nr. 7, S. 12; *Däubler*, TVR, Rn. 1491 Fn. 56; *Delbos*, S. 116; *D. Gaul*, RdA 1966, S. 178; *Gramm*, AR-Blattei (D), Tarifvertrag XII, C IV; *Gumpert*, BB 1958, S. 1319; *Huber*, Bd. 2, S. 441; *A. Hueck/Nipperdey*, Bd. II 1, S. 641 f., 645, 666 Fn. 30, 667; *A. Hueck/Nipperdey/Tophoven/Stahlhacke*, § 4 Rn. 56; *Junker/Wichmann*, NZA 1996, S. 509; *Kaskel/Dersch*, S. 99; *Kempen/Zachert*, § 4 Rn. 122, 136; *D. Mann*, BB 1957, S. 550; *Maus*, § 4 Rn. 190, § 5 Rn. 37; *Memminger*, S. 62 f.; *Nikisch*, Bd. 2, S. 484, 499 Fn. 46; *Säcker/Oetker*, ZfA 1993, S. 18; *Gis. Schneider*, S. 135; *H. Wiedemann/Stumpf*, § 4 Rn. 152, 159, § 5 Rn. 75; ebenso § 8 Abs. 3 des Stuttgarter Entwurfs zum TVG, s. oben § 5 A II 3.

[228] S. oben § 16 A I.

bb) Vorrang des allgemeinverbindlichen Tarifvertrags

Den Vorrang des allgemeinverbindlichen Tarifvertrags vertrat eine starke Literaturmeinung während der Weimarer Republik[229]. Der allgemeinverbindliche Tarifvertrag gehe nicht nur wegen des staatlichen Zwangscharakters der Allgemeinverbindlicherklärung vor, sondern auch, weil auf anderem Wege eine einheitliche Gestaltung der Mindestarbeitsbedingungen im Tarifgebiet nicht zu erreichen sei.

Unter der Geltung des TVG sind nur *Witting* und namentlich *G. Müller* für den Vorrang des allgemeinverbindlichen Tarifvertrags eingetreten[230], für den Fall der Konkurrenz mit einem Firmentarifvertrag einmal auch das *LAG Bremen*[231]. *G. Müller* hält den Abschluß eines mitgliedschaftlich legitimierten Tarifvertrags im Bereich eines allgemeinverbindlichen aus arbeitskampfrechtlichen Gründen für unzulässig. Erkämpfe eine Gewerkschaft im Geltungsbereich eines allgemeinverbindlichen Tarifvertrags einen Tarifvertrag, wögen die wirtschaftlichen Schäden durch den Streik schwerer als die Vorteile eines freien Tarifvertrags: Der Arbeitskampf sei unzulässig, so daß das Zustandekommen des freien Tarifvertrags nicht gewährleistet werden könne. Deshalb sei bereits der Abschluß des Tarifvertrags unzulässig. Der Arbeitskampf als Mittel zur Erreichung des Abschlusses müsse mindestens abstrakt zur Verfügung gestanden haben. Das gelte auch, wenn neben einen bereits bestehenden freien Tarifvertrag nachträglich ein allgemeinverbindlicher Tarifvertrag trete[232]. Der freie Tarifvertrag sei nachrangig, eine „Aufspaltung der Wirkung einer Allgemeinverbindlicherklärung" komme aus systematischen Gründen nicht in Betracht.

Der Vorrang des allgemeinverbindlichen Tarifvertrags ist aber zu Recht nicht aufgegriffen worden. Ob der Abschluß eines Tarifvertrags später einmal eine Tarifkonkurrenz zur Folge hat, kann die Wirksamkeit eines vorangehenden Arbeitskampfs nicht berühren. Zudem ist die Prämisse, dem Abschluß eines Tarifvertrags müsse ein Arbeitskampf vorangehen, auch empirisch nicht haltbar[233]. Entscheidend gegen den generellen Vorrang des allgemeinverbindlichen Tarifvertrags spricht aber die Verletzung der positiven Koalitionsfreiheit der Parteien des freien Tarifvertrags und ihrer Mitglieder nach Art. 9 Abs. 3 Satz 1

---

[229] Vgl. oben § 3 C V 2.

[230] *Witting*, BArbBl. 1957, S. 547; *G. Müller*, Tarifautonomie, S. 197 ff.; *ders.*, DB 1989, S. 1971.

[231] LAG Bremen LAGE § 4 TVG Tarifpluralität Nr. 2, S. 9.

[232] *G. Müller*, Tarifautonomie, S. 200 f.; *ders.*, DB 1989, S. 1972.

[233] Vgl. selbst *G. Müller*, Tarifautonomie, S. 197: Eine überwältigende Zahl von Tarifverträgen komme ohne vorausgehenden Arbeitskampf zustande.

GG[234], wenn der Abschluß eines Tarifvertrags im Geltungsbereich eines allgemeinverbindlichen Tarifvertrags nicht möglich ist.

cc) Vorrang des kraft mitgliedschaftlicher Legitimation geltenden Tarifvertrags

Das moderne Schrifttum hält den mitgliedschaftlich legitimierten Tarifvertrag mit Blick auf die durch Art. 9 Abs. 3 Satz 1 GG geschützte Tarifautonomie seiner Tarifvertragsparteien zu Recht für vorrangig[235]. Die Allgemeinverbindlicherklärung darf, um dem Verhältnismäßigkeitsgrundsatz zu genügen, den Tarifvertragsparteien nicht ohne sachlichen Grund Regelungsgegenstände entziehen[236].

Ein sachlicher Grund ist indes bei der bloßen Allgemeinverbindlicherklärung eines Tarifvertrags nicht erkennbar. Deren Funktionen[237] erfordern bei einer Tarifkonkurrenz nicht den Vorrang des allgemeinverbindlichen Tarifvertrags. Das gilt namentlich für die Schutz- und die Kodifikationsfunktion, deren Erfüllung durch den mitgliedschaftlich legitimierten Tarifvertrag in gleicher Weise gewährleistet wird[238]. Auch die Sicherung einheitlicher Mindestarbeitsbedingungen ist für bereits tarifgebundene Arbeitsverhältnisse nicht erforderlich. Ferner ist die Steuerung des Wettbewerbs zwischen organisierten und nicht-organisierten Arbeitnehmern in Arbeitsverhältnissen, die von einer Tarifkonkurrenz betroffen sind, überflüssig. Die Schutzfunktion für die Tarifautonomie ist ebenfalls nicht berührt: Der allgemeinverbindliche Tarifvertrag verhindert eine untertarifliche Beschäftigung von nicht-organisierten Arbeitnehmern, für deren Arbeitsverhältnisse er durch den Grundsatz der Tarifeinheit im Arbeitsverhältnis gerade nicht verdrängt wird. Der grundsätzliche Vorrang des mitgliedschaftlich legitimierten Tarifvertrags ist schließlich auch systematisch geboten: Die strengen Verfahrensvoraussetzungen des § 5 TVG signalisieren deutlich

[234] Ausführlich zu Koalitionsfreiheit unten § 21 A I 1.

[235] *Birk*, FS Beitzke, S. 864; *Fenn*, FS Kissel, S. 238 Fn. 113; *Haußmann*, S. 114 ff.; MünchArbR-*Löwisch*, Bd. 3, § 269 Rn. 26; *ders.*, Arbeitsrecht, Rn. 285; *Löwisch/Rieble*, § 4 Rn. 299; *B. Müller*, Rn. 135; *ders.*, NZA 1989, S. 452; *Reuter* JuS 1992, S. 109; *Rieble*, Rn. 1805; *Witzig*, S. 88 ff.; *Zöllner/Loritz*, § 37 V 1 b; ebenso ArbG Wiesbaden, Urteil vom 13.7.1989 – 4 Ca 5025/87 (n.v.), S. 11 f.; wohl auch *Biedenkopf*, S. 91 f.

[236] Vgl. MünchArbR-*Löwisch*, Bd. 3, § 269 Rn. 24 ff.; *Löwisch/Rieble*, § 4 Rn. 297 ff.

[237] Näher oben § 10 F I.

[238] *Witzig*, S. 88 ff.

den Ausnahmecharakter der Allgemeinverbindlicherklärung im System des TVG.

c) Konkurrenz eines mitgliedschaftlich legitimierten und eines allgemeinverbindlichen Tarifvertrags über gemeinsame Einrichtungen

Die bisherigen Ausführungen haben gezeigt, daß mitgliedschaftlich legitimierte Tarifverträge allgemeinverbindlichen Tarifverträgen grundsätzlich vorgehen. Ob diese Wertung auch auf Tarifverträge über gemeinsame Einrichtungen der Tarifvertragsparteien (§ 4 Abs. 2 TVG), die rechtstatsächlich stets allgemeinverbindlich sind[239], zu übertragen ist, ist im folgenden zu untersuchen.

aa) Spezialitätsprinzip und Zurücktreten des Tarifvertrags über gemeinsame Einrichtungen

Das *BAG*[240] und die bis zum 1.4.1991 für das gesamte Bundesgebiet ausschließlich für gemeinsame Einrichtungen zuständigen[241] Instanzgerichte *LAG Frankfurt a.M.*[242] und *ArbG Wiesbaden*[243] nehmen beim Zusammentreffen eines mitgliedschaftlich legitimierten und eines allgemeinverbindlichen Tarifvertrags über gemeinsame Einrichtungen (Sozialkassentarifvertrag) zwar zu Recht eine Tarifkonkurrenz an[244], lösen sie allerdings nach dem als Kollisionsregel generell ungeeigneten[245] Spezialitätsprinzip zugunsten des mitgliedschaftlich legiti-

---

[239] Vgl. bereits oben § 10 F I 4.

[240] BAG AP Nr. 11 zu § 4 TVG Tarifkonkurrenz, Bl. 3R; AP Nr. 12 zu § 4 TVG Tarifkonkurrenz, Bl. 3R; AP Nr. 16 zu § 4 TVG Tarifkonkurrenz, Bl. 4; AP Nr. 22 zu § 4 TVG Tarifkonkurrenz, Bl. 5R; AP Nr. 126 zu § 1 TVG Tarifverträge: Bau, Bl. 3R f.

[241] Für die neuen Bundesländer zuständig sind nunmehr das ArbG Berlin und das LAG Berlin.

[242] LAG Frankfurt a.M., Urteil vom 8.9.1987 – 5 Sa 1577/88 (n.v.), S. 15; Urteil vom 24.10.1988 – 14 Sa 1300/87 (n.v.), S. 19; Urteil vom 24.10.1988 – 14 Sa 1450/87 (n.v.), S. 19; Urteil vom 4.9.1989 – 14 Sa 873/88 (n.v.), S. 10 f.; Urteil vom 24.10.1989 – 5 Sa 818/88 (n.v.), S. 8; Urteil vom 12.12.1989 – 5 Sa 1418/88 (n.v.), S. 19 f.; Urteil vom 17.8.1990 – 15 Sa 1171/89 (n.v.), S. 14 ff.; Urteil vom 24.9.1990 – 16 Sa 664/90 (n.v.), S. 18 ff.; Urteil vom 12.8.1991 – 16 Sa 365/91 (n.v.), S. 22 ff.; Urteil vom 14.2.1992 – 15 Sa 163/89 (n.v.), S. 16 ff.

[243] ArbG Wiesbaden, Urteil vom 3.3.1988 – 4 Ca 4403/85 (n.v.), S. 11 f.; Urteil vom 5.5.1988 – 4 Ca 4180/87 (n.v.), S. 9 f.; Urteil vom 13.7.1989 – 4 Ca 5025/89 (n.v.), S. 11; Urteil vom 7.12.1989 – 5 Ca 1577/89 (n.v.), S. 6 f.

[244] Vgl. oben § 7 A II, unten § 15 C II 1.

[245] Näher oben § 16 A I.

mierten Tarifvertrags. Das Schrifttum stimmt zu, soweit es eine gesonderte Betrachtung überhaupt vornimmt: Der betriebliche Geltungsbereich der mitgliedschaftlich legitimierten Tarifverträge sei gegenüber denjenigen der allgemeinverbindlichen Tarifverträge über gemeinsame Einrichtungen stets auf einen bestimmten Wirtschaftsbereich beschränkt und deshalb spezieller[246]. Je weniger verschiedene betriebliche Tätigkeiten der Geltungsbereich eines Tarifvertrags erfasse, desto spezieller sei er in bezug auf die von ihm geregelte Materie.

bb) Spezialitätsprinzip und Vorrang des Tarifvertrags über gemeinsame Einrichtungen

Nur vereinzelt wird konstatiert, die zur Ermittlung des spezielleren Tarifvertrags maßgeblichen Merkmale wiesen auf die Sozialkassentarifverträge des Baugewerbes hin[247], oder immerhin eingeräumt, eine Tarifkonkurrenz zwischen den Sozialkassentarifverträgen des Baugewerbes und einem Abbruchtarifvertrag sei nicht ohne weiteres nach dem Grundsatz der Spezialität zu lösen, da letzterer nicht eindeutig speziellere Regelungen enthalte[248]. Die *15. Kammer* des *LAG Frankfurt a.M.* hat einmal sogar die Sozialkassentarifverträge des Baugewerbes für spezieller als den konkurrierenden, mitgliedschaftlich legitimierten RTV Land- und Forstwirtschaft gehalten, da dieser im Gegensatz zu den Sozialkassentarifverträgen die vom Beklagten überwiegend betrieblich ausgeübte Verlegung von Drainagerohrleitungen nicht ausdrücklich nenne[249].

---

[246] *Ruberg*, KTS 1994, S. 333 f.; *H. Wiedemann/Arnold*, ZTR 1994, S. 409 f.; wohl auch *H. Koch*, Rn. 204; für das Zurücktreten des allgemeinverbindlichen Tarifvertrags über gemeinsame Einrichtungen im Ergebnis ferner *Rieble*, Rn. 1807.

[247] LAG Frankfurt a.M., Urteil vom 5.10.1976 – 3 Sa 1208/75 (n.v.), S. 13; vgl. auch die Erwägung der 4. Kammer des ArbG Wiesbaden, Urteil vom 23.6.1988 – 4 Ca 7278/87 (n.v.), S. 14; Urteil vom 8.9.1988 – 4 Ca 1630/86 (n.v.), S. 16.

[248] BAG AP Nr. 120 zu § 1 TVG Tarifverträge: Bau, Bl. 3R; kritisch auch *Konzen*, Anm. zu BAG vom 24.9.1975, SAE 1977, S. 62; LAG Frankfurt a.M., Urteil vom 14.2.1992 – 15 Sa 163/89 (n.v.), S. 15.

[249] LAG Frankfurt a.M., Urteil vom 30.6.1989 – 15 Sa 1566/88 (n.v.), S. 24 f.; anders dann die Revisionsentscheidung „Drainage I", BAG AP Nr. 126 zu § 1 TVG Tarifverträge: Bau, Bl. 3R f.

cc) Normzweck des § 4 Abs. 2 TVG und Vorrang des Tarifvertrags über gemeinsame Einrichtungen

Dem in Rechtsprechung und Literatur zum Ausdruck kommenden sozialpolitischen Unbehagen über die Verdrängung der Sozialkassentarifverträge des Baugewerbes durch Tarifverträge „speziellerer" Branchen[250] bei der Lösung von Tarifkonkurrenzen ist durch einen Rückgriff auf den Normzweck des § 4 Abs. 2 TVG[251], der durch die Sicherungsfunktion der Allgemeinverbindlicherklärung[252] flankiert wird, Rechnung zu tragen. Ob Tarifverträge über gemeinsame Einrichtungen möglicherweise umgekehrt spezieller sind als Tarifverträge ohne entsprechende Normen, weil sie „mehr" als jene regeln, kann deshalb dahinstehen.

Der Vorrang eines allgemeinverbindlichen Tarifvertrags vor einem mitgliedschaftlich legitimierten Tarifvertrag ist entgegen den allgemeinen Grundsätzen ausnahmsweise gerechtfertigt. Die dem Schutz des Art. 9 Abs. 3 Satz 1 GG unterliegende Tarifautonomie der Tarifvertragsparteien des mitgliedschaftlich legitimierten Tarifvertrags ist durch den Vorrang des allgemeinverbindlichen Tarifvertrags über gemeinsame Einrichtungen zwar tangiert, der Eingriff überschreitet aber nicht die Grenze der Verfassungswidrigkeit[253]. Ein sachlicher Grund, der den Entzug von Regelungsgegenständen durch die Allgemeinverbindlicherklärung rechtfertigt[254], liegt in der Sicherung des Normzwecks des § 4 Abs. 2 TVG. Er erfordert den Vorrang des allgemeinverbindlichen Tarifvertrags über gemeinsame Einrichtungen („betriebsweite Tarifkonkurrenz").

Gemeinsame Einrichtungen konkretisieren die Fürsorgepflicht des Arbeitgebers, wirken aktiv bei der Erhaltung und der Förderung des sozialen Schutzes des einzelnen Arbeitnehmers mit (Fürsorge- und Sozialfunktion) und erreichen darüber hinaus einen sozialen Lastenausgleich zwischen den Arbeitgebern einer Branche durch die Übernahme von Aufgaben des einzelnen Arbeitgebers, die dieser alleine nicht erfüllen kann (Ausgleichsfunktion). Durch die gleichmäßige Belastung der erfaßten Unternehmen und die Angleichung der Rechtspositionen

---

[250] Vgl. nur BAG AP Nr. 120 zu § 1 TVG Tarifverträge: Bau, Bl. 3R; LAG Frankfurt a.M., Urteil vom 5.10.1976 – 3 Sa 1208/75 (n.v.), S. 13; Urteil vom 30.6.1989 – 15 Sa 1566/88 (n.v.), S. 24 f.; Urteil vom 14.2.1992 – 15 Sa 163/89 (n.v.), S. 15; *Kohte*, Anm. zu BAG vom 24.1.1994, SAE 1996, S. 16 f.; vgl. aber *Rieble*, Rn. 1807.

[251] S. oben § 8 B I 3 c.

[252] S. oben § 10 F I 4.

[253] Anders offenbar BAG AP Nr. 22 zu § 4 TVG Tarifkonkurrenz, Bl. 5.

[254] Vgl. MünchArbR-*Löwisch*, Bd. 3, § 269 Rn. 24 ff.; *Löwisch/Rieble*, § 4 Rn. 297 ff.

der Arbeitnehmer dieser Unternehmen stabilisieren sie die soziale Ordnung und sichern die Funktionsfähigkeit bestimmter Branchen (Stabilitätsfunktion)[255].

Diese Zwecke des § 4 Abs. 2 TVG gehen ins Leere, wenn nicht sämtliche Arbeitgeber einer Branche in Anspruch genommen werden können: Bei einem betriebsweiten Verständnis der Tarifeinheit, wie sie der Rechtsprechung des *BAG* zugrunde liegt[256], wird einzelnen Arbeitnehmern beim Wechsel zwischen nach § 5 Abs. 4, § 4 Abs. 2 TVG tarifgebundenen und nach § 3 Abs. 1 TVG tarifgebundenen Arbeitgebern die Erfüllung bestimmter Anspruchsvoraussetzungen unmöglich gemacht, mindestens aber erheblich erschwert. Ein Beitragsvolumen, das geringer als bei einer brancheneinheitlichen Erfassung aller Arbeitgeber ist, beeinträchtigt überdies erheblich die Zweckerfüllung gemeinsamer Einrichtungen, deren Aufgabenwahrnehmung aber auch behindert wird, wenn bestimmte Arbeitgeber nur mit einem Teil ihrer Arbeitnehmer – den nicht von der Tarifkonkurrenz betroffenen – von den allgemeinverbindlichen Tarifverträgen erfaßt würden (§ 5 Abs. 4 TVG): Die gebotene gleichmäßige Behandlung aller Arbeitnehmer wäre nicht möglich, das Beitragsaufkommen zudem empfindlich geschwächt. Ein Indiz, das mindestens mittelbar für den Vorrang allgemeinverbindlicher Tarifverträge über gemeinsame Einrichtungen spricht, läßt sich im übrigen der gesetzlichen Wertung des § 1b AÜG entnehmen. Nach dessen Satz 2 ist die an sich unzulässige gewerbsmäßige Arbeitnehmerüberlassung in Betrieben des Baugewerbes für Arbeiten, die üblicherweise von Arbeitern verrichtet werden (Satz 1), zwischen Betrieben des Baugewerbes ausnahmsweise gestattet, wenn diese Betriebe von denselben Rahmen- und Sozialkassentarifverträgen oder deren Allgemeinverbindlichkeit erfaßt werden. Das Kriterium der „Deckungsgleichheit" der Tarifverträge bezweckt – insoweit wie der Vorrang des allgemeinverbindlichen Sozialkassentarifvertrags – eine Sicherung der Finanzkraft der Sozialkassen und damit deren Funktionsfähigkeit, wie der Gesetzgeber für § 12a AFG, die Vorgängervorschrift des § 1b AÜG, ausdrücklich anerkannt hat[257].

Da die Allgemeinverbindlicherklärung von Tarifverträgen über gemeinsame Einrichtungen der einzige Weg ist, die genannten Funktionen – den Normzweck des § 4 Abs. 2 TVG – zu garantieren (Sicherungsfunktion)[258], muß ein allgemeinverbindlicher Tarifvertrag über gemeinsame Einrichtungen einem mitgliedschaftlich legitimierten Tarifvertrag vorgehen. Die Sicherungsfunktion der

[255] Näher oben § 8 B I 3 c.

[256] S. näher oben § 5 C II 2.

[257] BT-Drs. 12/7564, S. 3; vgl. auch *Düwell*, BB 1995, S. 1084; *Sahl/Bachner*, NZA 1994, S. 1065.

[258] S. oben § 10 F I 4.

Allgemeinverbindlicherklärung ist anders als die meisten der übrigen Zwecke[259] alleine mit mitgliedschaftlich legitimierten Tarifverträgen nicht zu erfüllen. Sie wird durch die Verdrängung eines allgemeinverbindlichen Sozialkassentarifvertrags aus dem Arbeitsverhältnis jedenfalls bei einer größeren Zahl von Tarifkonkurrenzen im Betrieb ausgehebelt. Die Einbindung des Arbeitgebers in das System der „Vergemeinschaftung“[260] von Arbeitgeberaufgaben, die Wettbewerbsgleichheit der branchenangehörigen Arbeitgeber und die gleichmäßige Behandlung der Arbeitnehmer werden unmöglich gemacht.

Ein letzter Blick auf das Verhältnis zwischen Individualvereinbarung und Tarifvertrag über gemeinsame Einrichtungen bestätigt dieses Ergebnis. Nur vereinzelt läßt man günstigere einzelvertragliche Abmachungen nach § 4 Abs. 3 2. Var. TVG vorgehen[261]. Umgekehrt wird sogar erwogen (es spreche „alles dafür“), in Tarifnormen nach § 4 Abs. 2 TVG stets die günstigere Regelung zu sehen[262]. Nach ganz h.M. in Rechtsprechung und Literatur ist der Rückgriff auf das Günstigkeitsprinzip (§ 4 Abs. 3 2. Var. TVG) bei Tarifverträgen über gemeinsame Einrichtungen zu Recht aber versperrt: Eine entsprechende tarifliche Regelung kann durch eine für den einzelnen Arbeitnehmer günstigere individualrechtliche Abrede nicht verdrängt werden[263]. Sie bedeutete einen Vertrag zu Lasten der gemeinsamen Einrichtung und damit einen unzulässigen Eingriff in die Beitragsbeziehung zwischen Arbeitgeber und gemeinsamer Einrichtung. Das Ausscheren einzelner Arbeitgeber aus der gemeinsamen Einrichtung würde eine gerechte Lasten- und Risikoverteilung unter den Arbeitgebern verhindern[264].

Der Vorrang des allgemeinverbindlichen Tarifvertrags mit Normen über gemeinsame Einrichtungen gilt bei einer Tarifkonkurrenz freilich, das ist abschließend festzuhalten, nicht nur gegenüber einem mitgliedschaftlich legiti-

---

[259] S. oben § 10 F I 1-3.

[260] *Däubler*, TVR, Rn. 1146.

[261] Vgl. MünchArbR-*Löwisch*, Bd. 3, § 265 Rn. 29 f.; *Löwisch/Rieble*, § 4 Rn. 184 f.

[262] ArbG Wiesbaden, Urteil vom 8.9.1988 – 4 Ca 1630/86 (n.v.), S. 18.

[263] BAG AP Nr. 1 zu § 4 TVG Ausgleichskasse, Bl. 5; LAG Frankfurt a.M. LAGE § 4 TVG Tarifkonkurrenz Nr. 1, S. 5 f., 11; *Bötticher*, Einrichtungen, S. 74 ff., insb. S. 76 ff.; *Gamillscheg*, Arbeitsrecht, Bd. 1, § 18 V 4 e; *A. Hueck/Nipperdey*, Bd. II 1, S. 641; *Kempen/Zachert*, § 4 Rn. 168; *Reichold*, Anm. zu BAG vom 22.9.1993, SAE 1995, S. 23; *Richardi*, AR-Blattei (D), Tarifvertrag VI A, IV 1; *H. Wiedemann/Stumpf*, § 4 Rn. 225; *Wlotzke*, S. 31; *Zöllner*, Gutachten, S. G 102 ff.; ArbG Wiesbaden, Urteil vom 23.6.1988 – 4 Ca 7278/87 (n.v.), S. 17; vgl. auch BAG AP Nr. 21 zu § 4 TVG Tarifkonkurrenz, Bl. 3R.

[264] Vgl. auch MünchArbR-*Löwisch*, Bd. 3, § 265 Rn. 28; *Löwisch/Rieble*, § 4 Rn. 183.

mierten Tarifvertrag, sondern erstreckt sich auch auf konkurrierende allgemeinverbindliche Tarifverträge ohne Normen nach § 4 Abs. 2 TVG[265]. Der Normzweck des § 4 Abs. 2 TVG ist insoweit auch ihnen gegenüber einschlägig.

d) Konkurrenz eines nach § 3 Abs. 3 TVG fortgeltenden und eines allgemeinverbindlichen Tarifvertrags

Die Allgemeinverbindlicherklärung kann zur Vermeidung einer Tarifkonkurrenz ausdrücklich anderweitig organisierte Arbeitgeber ausgenommen haben[266]. Wenn die Tarifbindung an den bisher vorrangigen Tarifvertrag nach § 3 Abs. 1 TVG endet, entfällt diese Einschränkung: Der allgemeinverbindliche Tarifvertrag gilt neben dem nach § 3 Abs. 3 TVG fortgeltenden Tarifvertrag. Das *BAG* löst diese Tarifkonkurrenz nach den allgemeinen Grundsätzen, also nach dem Spezialitätsprinzip[267]. Aus § 3 Abs. 3 TVG ließen sich weder Konsequenzen für das rechtliche Verhältnis der konkurrierenden Tarifverträge zueinander noch zur Lösung der auf diese Weise entstandenen Tarifkonkurrenz herauslesen. Auch *Däubler* greift auf die allgemeinen Grundsätzen zurück: Der günstigere Tarifvertrag gehe vor[268]. *Rieble* meint, die nachwirkende mitgliedschaftliche Legitimation (§ 3 Abs. 3 TVG) sei stärker als die eines allgemeinverbindlichen Tarifvertrags[269]. Letzterer müsse deshalb zurücktreten. Die verlängerte Tarifbindung nach § 3 Abs. 3 TVG beruhe zudem nicht auf staatlicher Anordnung, sondern sei Ausdruck der Vertragstreue: Würde man dem allgemeinverbindlichen Tarifvertrag den Vorrang einräumen, könne der Staat durch Allgemeinverbindlicherklärung von der Vertragstreuepflicht entbinden[270].

Dem Vorrang des nach § 3 Abs. 3 TVG geltenden Tarifvertrag ist im Ergebnis zuzustimmen. Die zu § 3 Abs. 3 TVG entwickelte Sphärentheorie[271] ist freilich unanwendbar, denn es liegt keine tarifautonome Tarifkonkurrenz vor. Maßgeblich sind vielmehr die Grundsätze für die Kollision eines mitgliedschaftlich legitimierten und eines allgemeinverbindlichen Tarifvertrags[272]: Der

---

265 Vgl. bereits die Erwägungen oben § 17 A II 1 a a.E.

266 S. oben § 7 C III.

267 BAG AP Nr. 3 zu § 3 TVG, Bl. 2R f.; zustimmend *P. Hanau*, ZfA 1984, S. 460; *Kempen/Zachert*, § 3 Rn. 36.

268 *Däubler*, TVR, Rn. 1493 ff. i.V.m. Rn. 303, 1484.

269 MünchArbR-*Löwisch*, Bd. 3, § 269 Rn. 28; *Löwisch/Rieble*, § 4 Rn. 301; ebenso *Zöllner/Loritz*, § 37 V 1 b.

270 *Rieble*, Rn. 1810.

271 S. oben § 17 A I 3 c.

272 S. oben § 17 A II 1 b cc.

nach § 3 Abs. 3 TVG fortgeltende Tarifvertrag geht vor, da er ursprünglich mitgliedschaftlich legitimiert war.

e) Tarifkonkurrenz und AEntG

Zu besonderen Problemen der Tarifkonkurrenz kann es im Zusammenhang mit allgemeinverbindlichen Tarifverträgen kommen, die in den Anwendungsbereich des AEntG fallen[273].

aa) Kollision mit ausländischem Tarifvertrag

Wenn entsandte Arbeitnehmer von allgemeinen Tarifverträgen ihres Heimatlandes oder sogar von speziellen Entsendetarifverträgen erfaßt werden, ist zu erwägen, ob diese Tarifverträge die allgemeinverbindlichen deutschen Tarifverträge, die in den Anwendungsbereich des AEntG fallen, aus dem Arbeitsverhältnis verdrängen. Welche Grundsätze für die Lösung einer „internationalen Tarifkonkurrenz“[274] heranzuziehen sind, bei der ausländische und deutsche Tarifverträge im Arbeitsverhältnis kollidieren, ist umstritten und dogmatisch weitgehend ungeklärt.

Bei Erbringung der Arbeitsleistung im Ausland wird unter Hinweis auf den Rechtsgedanken des Art. 30 Abs. 1 EGBGB das Günstigkeitsprinzip für maßgeblich erklärt[275] oder dem ausländischen Tarifvertrag generell der Vorrang eingeräumt[276]. Wird die Arbeitsleistung im Inland erbracht, sollen allgemeinverbindliche deutsche Tarifverträge zwingende Vorschriften im Sinne des Art. 34 EGBGB sein[277]. Namentlich *Birk* stellt auf die Regeln der lex fori ab, wonach vor einem deutschen Gericht die deutschen Regeln der Tarifkonkurrenz – also das Spezialitätsprinzip – anzuwenden wären, so daß allgemeinverbindli-

---

[273] Dazu oben § 10 F I 5.

[274] Vgl. dazu *Birk*, FS Beitzke, S. 862 ff.; *Franzen*, DZWir 1996, S. 97 f.

[275] *Däubler*, TVR, Rn. 1682; ebenso Autoren des ausländischen Schrifttums, Nachweise bei *Birk*, FS Beitzke, S. 863 Fn. 129.

[276] *Deinert*, RdA 1996, S. 344 ff.; *Walz*, S. 151; ebenso *Birk*, FS Beitzke, S. 864, wenn allgemeinverbindliche Tarifverträge kollidieren.

[277] *Däubler*, TVR, Rn. 1698; *Franzen*, DZWir 1996, S. 91; *Kempen/Zachert*, § 4 Rn. 74, § 5 Rn. 33; kritisch *Junker*, S. 432.

che deutsche Tarifverträge als die weniger speziellen hinter mitgliedschaftlich legitimierte ausländische Tarifverträge zurückzutreten hätten[278].

Für die aufgeworfene Frage, ob allgemeinverbindliche deutsche Tarifverträge im Anwendungsbereich des AEntG bei einer Kollision mit ausländischen Tarifverträgen durch diese verdrängt werden, steht die Antwort aber fest: Die Regeln des AEntG sind insoweit als „Vorfahrtregelung"[279] lex specialis, der allgemeinverbindliche deutsche Tarifvertrag geht zwingend vor[280]. Von diesem Vorrang geht man offenbar auch im Schrifttum aus, wenn eine Verletzung der Tarifautonomie ausländischer Koalitionen durch das AEntG beklagt wird[281].

bb) Konkurrenz mit deutschen Tarifverträgen

Gefahr droht allgemeinverbindlichen deutschen Tarifverträgen im Anwendungsbereich des AEntG aber auch durch deutsche Firmen- oder Verbandstarifverträge nach § 3 Abs. 1 TVG. Nach der Rechtsprechung des *BAG* und der h.M. im Schrifttum ist eine Tarifkonkurrenz zwischen einem allgemeinverbindlichen Tarifvertrag und einem Firmentarifvertrag oder einem mitgliedschaftlich legitimierten Verbandstarifvertrag nach Maßgabe des Spezialitätsprinzips zu Lasten des ersteren aufzulösen[282]. Nach der umstrittenen Judikatur des *4. Senats* und des *10. Senats* des *BAG* erfolgt die Verdrängung des nachrangigen Tarifvertrags sogar betriebsweit[283]. So besehen könnte ein deutscher Bauarbeitgeber durch den Abschluß eines Firmentarifvertrags allgemeinverbindliche Tarifverträge im Anwendungsbereich des AEntG aus den tarifgebundenen Arbeitsverhältnissen, nach Meinung des *BAG* sogar aus dem Betrieb, drängen[284]. Damit ergibt sich, sollten Tarifverträge nach Maßgabe des AEntG praktische Bedeutung erlangen, dasselbe Problem wie bei Tarifverträgen über gemeinsame Einrichtungen.

---

[278] *Birk*, FS Beitzke, S. 863 f.; ebenso *Hergenröder*, AR-Blattei SD 1550.15, Rn. 77; vgl. auch *Franzen*, DZWir 1996, S. 97; *Gerken/Löwisch/Rieble*, BB 1995, S. 2374.

[279] *Junker/Wichmann*, NZA 1996, S. 511.

[280] *Franzen*, DZWir 1996, S. 98; *Junker/Wichmann*, NZA 1996, S. 511; *Kempen/Zachert*, § 5 Rn. 33; vgl. dazu auch die Begründung des Gesetzgebers im Regierungsentwurf, BT-Drs. 13/2414, S. 9.

[281] *Gerken/Löwisch/Rieble*, BB 1995, S. 2374; *Rieble*, Rn. 332.

[282] Vgl. näher oben § 17 A I 2 a, II 1 b aa.

[283] S. näher oben § 5 B II 2, 3.

[284] Vgl. *Junker/Wichmann*, NZA 1996, S. 509; das gilt nicht für Tarifverträge zwischen ausländischen Arbeitgebern oder Arbeitgeberverbänden und deutschen Gewerkschaften, ausführlich dazu *Junker/Wichmann*, NZA 1996, S. 511.

Die Verdrängung ist in bezug auf das Arbeitsverhältnis im Ergebnis zu billigen, soweit der Firmentarifvertrag die Regelungsmaterien des AEntG enthält (Kongruenz). Weder aus § 1 Abs. 1 Satz 4 AEntG noch aus dem Sinn und Zweck des AEntG ist auf einen unbedingten Vorrang des allgemeinverbindlichen Tarifvertrags im Anwendungsbereich des AEntG auch gegenüber deutschen Tarifverträgen zu schließen. Wie es in der Gesetzesbegründung zum AEntG heißt, stellt § 1 Abs. 1 Satz 4 AEntG für den deutschen Arbeitgeber „lediglich die sich bereits aus § 5 des Tarifvertragsgesetzes ergebenden Verpflichtungen zur Gewährung der in allgemeinverbindlichen Tarifverträgen vorgeschriebenen Arbeitsbedingungen klar“[285]. Ein eigenständiger materiellrechtlicher Gehalt kommt § 1 Abs. 1 Satz 4 AEntG nur verweisungstechnisch für die in § 5 AEntG vorgesehenen Bußgeldsanktionen zu[286]. Anders als etwa bei Tarifverträgen über gemeinsame Einrichtungen, die ohne Allgemeinverbindlicherklärung nicht funktionieren können, ist der Schutzzweck des AEntG nicht berührt, wenn ein deutscher Bauarbeitgeber die nach dem AEntG maßgeblichen Arbeitsbedingungen in einem Firmentarifvertrag vereinbart[287].

Dem Abschluß eines Firmentarifvertrags zwischen einem ausländischen Bauarbeitgeber und einer deutschen Gewerkschaft stehen jedenfalls rechtliche Hindernisse nicht entgegen[288]. Ein ausländischer Bauarbeitgeber kann sich deshalb nicht auf eine Verletzung seiner Dienstleistungsfreiheit nach Art. 59, 60 EG-Vertrag berufen, da ihm dieselben Möglichkeiten wie einem deutschen Bauarbeitgeber offenstehen.

Eine Verdrängung des allgemeinverbindlichen Entsendetarifvertrags aus dem Arbeitsverhältnis scheidet freilich dann aus, wenn der Firmentarifvertrag etwa keine Mindestlohnregelungen enthält (Inkongruenz). Ähnlich wie bei allgemeinverbindlichen Tarifverträgen über gemeinsame Einrichtungen (§ 4 Abs. 2 TVG)[289] ist der Vorrang des allgemeinverbindlichen Entsendetarifvertrags dann mit dem Zweck des AEntG zu rechtfertigen.

---

[285] BT-Drs. 13/2414, S. 9.

[286] So die Begründung des Gesetzgebers, BT-Drs. 13/2414, S. 9; *Junker/Wichmann*, NZA 1996, S. 510.

[287] Ebenso *Junker/Wichmann*, NZA 1996, S. 509 ff.

[288] Vgl. *Junker/Wichmann*, NZA 1997, S. 511 m.w.N.

[289] S. oben § 17 A II 1 c cc.

2. *§ 4 Abs. 5 TVG und Tarifkonkurrenz*

Zu einer Tarifkonkurrenz kann es bei der Kollision eines aktuell geltenden und eines nach § 4 Abs. 5 TVG nachwirkenden Tarifvertrags kommen. Auch sie ist staatlich veranlaßt[290]: Der nachwirkende Tarifvertrag war zwar – soweit nicht allgemeinverbindlich – ehemals wie ein nach § 3 Abs. 3 TVG fortgeltender Tarifvertrag mitgliedschaftlich legitimiert. Im Nachwirkungszeitraum beansprucht der Tarifvertrag aber von sich aus keine Geltung mehr. Sein zeitlicher Geltungsbereich ist abgelaufen, so daß die Normwirkung ausschließlich auf der gesetzlichen Anordnung des § 4 Abs. 5 TVG beruht (staatliche Natur der Nachwirkung)[291].

a) Fallgruppen

Bei einer Tarifkollision unter Beteiligung nachwirkender Tarifverträge (§ 4 Abs. 5 TVG) sind vor allem folgende Fallgruppen zu unterscheiden.

aa) Anschlußtarifvertrag und nachwirkender Tarifvertrag

Keine Tarifkonkurrenz liegt vor, wenn während der Nachwirkung von denselben Tarifvertragsparteien ein neuer Tarifvertrag als Anschlußregelung vereinbart wird und die Arbeitsvertragsparteien weiterhin tarifgebunden sind. Es handelt sich vielmehr um eine andere Abmachung nach § 4 Abs. 5 TVG[292]. Das gilt auch für den Abschluß eines Firmentarifvertrags.

bb) Bislang nach den Grundsätzen der Tarifkonkurrenz verdrängter Tarifvertrag und nachwirkender Tarifvertrag

Ob es zu einer Tarifkonkurrenz im Zusammenhang mit § 4 Abs. 5 TVG kommen kann, wenn der mit dem nachwirkenden Tarifvertrag kollidierende, nach § 3 Abs. 1 oder § 5 Abs. 4 TVG geltende Tarifvertrag schon vor Beginn der Nachwirkung galt, bisher aber nach den Grundsätzen der Tarifkonkurrenz

---

[290] Die Möglichkeit einer Tarifkonkurrenz zwischen tariflichem und staatlichem Recht bezweifelt *Rotter*, S. 96.

[291] Näher oben § 9 F II 3.

[292] S. oben § 9 F II 4.

verdrängt war, ist streitig[293]. Bisweilen wird die Auffassung vertreten, zu einer Tarifkonkurrenz komme es nicht: Der bislang vorrangige Tarifvertrag wirke nicht nach, vielmehr trete der bisher verdrängte Tarifvertrag als „andere Abmachung" (§ 4 Abs. 5 TVG) an seine Stelle[294]. Das ist indessen nicht richtig[295]. Die Existenz eines weiteren, bislang verdrängten Tarifvertrags kann die Nachwirkung des bisher vorrangigen Tarifvertrags grundsätzlich nicht hindern. Beide wirken unmittelbar (§ 4 Abs. 1 Satz 1, § 4 Abs. 5 TVG), „gelten" also. Auf die zwingende Wirkung des Tarifvertrags (§ 4 Abs. 1 Satz 1 TVG) kommt es für das Entstehen einer Tarifkonkurrenz aber nicht an[296].

Der bislang verdrängte Tarifvertrag kann darüber hinaus auch nicht eine andere Abmachung nach § 4 Abs. 5 TVG sein, weil dessen Tarifvertragsparteien das erforderliche Bewußtsein fehlt, den nachwirkenden – bislang vorrangigen – Tarifvertrag im Nachwirkungszeitraum zu ersetzen[297]. Das gilt aus diesem Grund auch dann, wenn der mit dem nachwirkenden Tarifvertrag kollidierende Tarifvertrag, in dessen Geltungsbereich die Arbeitsvertragsparteien zwar schon bisher fielen, an den sie aber nicht gebunden waren, so daß es zu einer Tarifkonkurrenz bislang nicht kommen konnte, erst im Nachwirkungszeitraum allgemeinverbindlich wird. Damit steht fest, daß eine Tarifkonkurrenz auch dann vorliegt, wenn ein Tarifvertrag, der bislang nach den Grundsätzen zur Lösung von Tarifkonkurrenzen vorrangig war, in das Stadium der Nachwirkung tritt (§ 4 Abs. 5 TVG) und der bislang verdrängte Tarifvertrag (§ 3 Abs. 1 TVG) Tarifwirkung auf das Arbeitsverhältnis entfaltet.

cc) Verbandswechsel des Arbeitgebers und nachwirkender Tarifvertrag

Treffen ein Verbandswechsel des Arbeitgebers (§ 3 Abs. 3 TVG) und ein nachwirkender Tarifvertrag (§ 4 Abs. 5 TVG) zusammen, ist freilich eine Präzisierung dieser Grundsätze angezeigt. Besteht nach einem Verbandswechsel des Arbeitgebers nach Ablauf des Tarifvertrags des alten Arbeitgeberverbands, an

---

293 Beispiel: Bislang verdrängte ein Firmentarifvertrag einen Verbandstarifvertrag, nunmehr kündigt der Arbeitgeber den Firmentarifvertrag.

294 BAG AP Nr. 11 zu § 5 TVG, Bl 1R; *J.-H. Bauer*, FS Schaub, S. 45; *A. Hueck/Nipperdey*, Bd. II 1, S. 651 f.; Staudinger-*Richardi*, Vorbem. zu §§ 611 ff. Rn. 1062; ähnlich *Däubler*, TVR, Rn. 1496 (der Tarifvertrag habe keine Verdrängungswirkung mehr); *Thüsing*, NZA 1997, S. 295; vgl. auch *Hromadka/Maschmann/Wallner*, Rn. 478 (für Tarifverträge, die nach § 3 Abs. 3 TVG gelten).

295 Vgl. auch *Delbos*, S. 24; *Löwisch/Rieble*, FS Schaub, S. 462f.; *Witzig*, S. 97 f.

296 S. oben § 7 A.

297 Vgl. § 9 F II 4.

den sich die Nachwirkung gemäß § 4 Abs. 5 TVG anschließt[298], ein anderer Tarifvertrag des neuen Arbeitgeberverbands, in dessen Geltungsbereich der Betrieb des Arbeitgebers jetzt fällt, ist der neue Tarifvertrag eine andere Abmachung im Sinne des § 4 Abs. 5 TVG, aber nur für diejenigen Arbeitsverhältnisse, deren Vertragsparteien beide an den neuen Tarifvertrag tarifgebunden sind[299]. Es kommt an dieser Stelle nicht darauf an, ob der neue Tarifvertrag bereits vor der Nachwirkung galt. Durch den Verbandswechsel hat der Arbeitgeber erkennen lassen, daß ein Anschlußtarifvertrag des alten Arbeitgeberverbands für seinen Betrieb nicht mehr in Betracht kommt. Insoweit kann es also bei einem Verbandswechsel nach Ablauf des bislang vorrangigen, nach § 3 Abs. 3 TVG geltenden Tarifvertrags zu einer Kollision mit dem neuen Tarifvertrag nicht kommen: für die an den neuen Tarifvertrag nach § 3 Abs. 1, § 5 Abs. 4 TVG tarifgebunden Arbeitsverhältnisse nicht, weil dieser andere Abmachung ist (§ 4 Abs. 5 TVG) und den alten Tarifvertrag ablöst, für die nicht nach § 3 Abs. 1, § 5 Abs. 4 TVG an den neuen Tarifvertrag tarifgebundenen Arbeitsverhältnisse, weil nur ein Tarifvertrag auf ihr Arbeitsverhältnis einwirkt – nämlich der alte, nunmehr nur noch nachwirkende (§ 3 Abs. 3, § 4 Abs. 5 TVG) – und nicht mehrere, wie es eine Tarifkonkurrenz erfordert[300].

b) Lösungswege

Damit kann es zu einer Tarifkonkurrenz im Zusammenhang mit einem nach § 4 Abs. 5 TVG nachwirkenden Tarifvertrag nur dann kommen, wenn der mit diesem kollidierende, nach § 3 Abs. 1, § 5 Abs. 4 TVG geltende Tarifvertrag schon vor Beginn der Nachwirkung galt, bisher aber nach den Grundsätzen der Tarifkonkurrenz verdrängt war[301].

---

298 Zur Kumulation von § 3 Abs. 3 TVG und § 4 Abs. 5 TVG s. näher oben § 10 C III 5 c.

299 Ebenso BAG AP Nr. 5 zu § 1 TVG Bezugnahme auf Tarifvertrag, Bl. 3R f., wenn beide Tarifverträge von derselben Gewerkschaft abgeschlossen worden sind; *Buchner*, Anm. zu BAG vom 4.9.1996, EzA § 3 TVG Bezugnahme auf Tarifvertrag Nr. 7, S. 13; *B. Gaul*, Anm. zu BAG vom 4.9.1996, EzA § 3 TVG Bezugnahme auf Tarifvertrag Nr. 7, S. 28; ungenau *Gerhards*, BB 1997, S. 363; vgl. auch *Haußmann*, S. 122 f.

300 S. dazu oben § 7 A I.

301 S. soeben § 17 A II 2 a bb.

aa) Vorrang des unmittelbar und zwingenden Tarifvertrags

Die h.M. löst eine Tarifkonkurrenz zwischen einem nach § 3 Abs. 1, § 5 Abs. 4 unmittelbar und zwingend wirkendem und einem nach § 4 Abs. 5 TVG nachwirkenden Tarifvertrag – wenigstens vereinzelt mit dem begrenzten Schutzzweck der Nachwirkung oder der geringeren Normenqualität nachwirkender Tarifnormen begründet – zu Lasten des letzteren auf: Der nachwirkende Tarifvertrag sei nachrangig[302].

bb) Vorrang nach allgemeinen Regeln

Witzig will demgegenüber die allgemeinen Regeln zur Lösung von Tarifkonkurrenzen anwenden, denn der nachwirkende Tarifvertrag sei dem unmittelbar und zwingend wirkenden gleichgestellt[303]. Aus dem Wortlaut des § 4 Abs. 5 TVG könne jedenfalls nicht auf ein automatisches Zurücktreten des nachwirkenden Tarifvertrags geschlossen werden. Ähnlich lassen sich eher beiläufige Bemerkungen des *1. Senats* des *BAG* im „Versand- und EDV-Service"-Fall deuten[304].

cc) Vorrang des nachwirkenden Tarifvertrags

Im Anwendungsbereich des § 4 Abs. 5 TVG ist – wie bereits ausgeführt – eine Tarifkonkurrenz nur möglich, wenn ein bislang nach den Grundsätzen der Tarifkonkurrenz vorrangiger Tarifvertrag endet und in die Nachwirkungsphase tritt: Da dieselben Tarifverträge wie bisher kollidieren, liegt – bildlich gesprochen – eine „Tarifkonkurrenz in neuem Gewande" vor. Ein genereller Nachrang des abgelaufenen, nunmehr nachwirkenden Tarifvertrags, der bisher immerhin vorrangig war, kann nicht überzeugen: Auch nachwirkende Tarifnormen wirken gesetzesgleich, es handelt sich nicht um Tarifnormen minderer Qualität[305].

---

[302] *Bobrowski/D. Gaul*, Bd. 2, M IV Rn. 9; *Gamillscheg*, Arbeitsrecht, Bd. 1, § 17 III 3 c (5); *D. Gaul*, RdA 1966, S. 179; *Löwisch/Rieble*, FS Schaub, S. 462 f.; *Memminger*, S. 86; *Gis. Schneider*, S. 122; *Thüsing*, NZA 1997, S. 295; *H. Wiedemann*, Anm. zu BAG vom 4.12.1974, AP Nr. 2 zu § 3 TVG, Bl. 3R; *H. Wiedemann/Stumpf*, § 4 Rn. 160.

[303] *Witzig*, S. 98 f.; ebenso *Kania*, Anm. zu BAG vom 28.5.1997, AP Nr. 26 zu § 4 TVG Nachwirkung, Bl. 9R (Spezialität).

[304] BAG EzA § 4 TVG Geltungsbereich Nr. 10, S. 10.

[305] Vgl. oben § 16 E I, II.

Umgekehrt ist – zumindest zeitlich begrenzt – der generelle Vorrang des nachwirkenden Tarifvertrags zu erwägen. Zwar ginge die Schutz- und Überbrückungsfunktion des § 4 Abs. 5 TVG durch die Anwendung des konkurrierenden, ebenfalls unmittelbar und zwingend wirkenden Tarifvertrags, der einen tariflosen Zustand verhindert, ins Leere[306]. Maßgeblich für den Vorrang des nachwirkenden Tarifvertrags ist jedoch die Beständigkeitsfunktion der Nachwirkung, die nicht deren bloße Nebenfolge, sondern eigenständiger Normzweck ist[307]: Da die Anschlußregelung regelmäßig wieder vorrangig ist, verhindert der Vorrang des nachwirkenden Tarifvertrags, daß es bis zu einer tarifvertraglichen Anschlußregelung zu einem sachwidrigen „Hin und Her" zwischen den konkurrierenden Tarifverträgen kommt.

Ähnlich hat sich *Rieble* im Hinblick auf den speziellen Fall der Konkurrenz eines nachwirkenden und eines allgemeinverbindlichen Tarifvertrags geäußert und daraus den Vorrang des nachwirkenden Tarifvertrags abgeleitet[308]. Es sei eine unverantwortliche Beeinflussung freier Tarifvertragsverhandlungen zum Nachteil der nicht vom allgemeinverbindlichen Tarifvertrag begünstigten Tarifvertragspartei, wenn der allgemeinverbindliche Tarifvertrag im kurzen Zeitraum zwischen Ablauf des alten Tarifvertrags und Neuabschluß die tariflich geregelten Arbeitsverhältnisse vom allgemeinverbindlichen Tarifvertrag erfassen würde. Zudem seien etwa bei Mantel- und Lohntarifverträgen mit unterschiedlichen Laufzeiten unerträgliche Anwendungsfolgen zu befürchten.

Der Vorrang des nachwirkenden Tarifvertrags kann freilich nicht ewig bestehen. *Rieble* hat vorgeschlagen, den Vorrang des nachwirkenden Tarifvertrags gegenüber dem allgemeinverbindlichen mit Blick auf § 613a Abs. 1 Satz 2 BGB auf ein Jahr zu begrenzen, wenn es zu einem Anschlußtarifvertrag nicht kommt[309]. Das ist für die Kollision eines nach § 4 Abs. 5 TVG nachwirkenden und eines nach § 3 Abs. 1 TVG geltenden Tarifvertrags zu übernehmen.

---

306 *Witzig*, S. 98.

307 Näher oben § 9 F II 1.

308 *Rieble*, Rn. 1808; für den Vorrang des nachwirkenden Tarifvertrags auch *Buchner*, Anm. zu BAG vom 15.10.1986, AR-Blattei (D), Tarifvertrag III, Tarifgebundenheit, Entscheidungen 4 a.E.

309 *Rieble*, Rn. 1809.

III. Ergebnis

Bei einer Tarifkonkurrenz aufgrund einer Doppelmitgliedschaft einer oder beider Arbeitsvertragsparteien steht dem Arbeitnehmer ein Wahlrecht über den anzuwendenden Tarifvertrag zu. Bei einer vertikalen Tarifkonkurrenz geht der Firmentarifvertrag dem Verbandstarifvertrag, der Tarifvertrag eines Mitgliedsverbands dem einer Spitzenorganisation vor. Bei Tarifkonkurrenzen im Anwendungsbereich des § 3 Abs. 3 TVG ist die Sphärentheorie maßgeblich, die auch bei inhaltlich aufeinander abgestimmten Tarifverträgen grundsätzlich für jeden Tarifvertrag gesondert anzuwenden ist. Ist das Verhalten, das den Tatbestand des § 3 Abs. 3 TVG verwirklicht, dem Arbeitgeber zuzurechnen, bleibt der nach § 3 Abs. 3 TVG geltende Tarifvertrag vorrangig. Fällt es in die Sphäre einer der Tarifvertragsparteien, geht der aktuell mitgliedschaftlich legitimierte Tarifvertrag vor.

Bei einer Tarifkonkurrenz zwischen einfachem und allgemeinverbindlichem Tarifvertrag gebührt dem mitgliedschaftlich legitimierten der Vortritt. Umgekehrt ist ein allgemeinverbindlicher Tarifvertrag über gemeinsame Einrichtungen ausnahmsweise vorrangig. Kollidieren allgemeinverbindliche Tarifverträge, ist die Tarifkonkurrenz nach dem Quantitätsprinzip zu lösen. Ein allgemeinverbindlicher Tarifvertrag im Anwendungsbereich des AEntG wird durch einen ausländischen Tarifvertrag nicht verdrängt, ein deutscher Firmen- oder Verbandstarifvertrag kann ihm aber vorgehen, soweit er die vom AEntG geforderten Regelungsgegenstände enthält. Bei der Nachwirkung kommt es zu einer „neuen Tarifkonkurrenz", wenn der bislang verdrängte Tarifvertrag wiederauflebt. Er bleibt auch jetzt nachrangig, allerdings begrenzt auf ein Jahr.

B. Tarifkonkurrenz bei Kollektivnormen

Zu einer Kollision von Kollektivnormen kommt es, wenn der Arbeitgeber an mehrere Tarifverträge mit betrieblichen oder betriebsverfassungsrechtlichen Normen tarifgebunden ist (§ 3 Abs. 2, § 5 Abs. 4 TVG). Auf die Tarifbindung der bei ihm beschäftigten Arbeitnehmer kommt es nicht an[310]. Auch für Kollektivnormen gilt die Tarifeinheit im Arbeitsverhältnis[311]. Da die Kollektivnormen jedes Tarifvertrags betriebseinheitliche Geltung beanspruchen, ist die Tarifkonkurrenz aber anders als sonst nicht nur im Arbeitsverhältnis, sondern einheitlich

[310] S. oben § 10 E.

[311] S. oben § 15 C I 2 a.

auf betrieblicher Ebene zu lösen („betriebsweite Tarifkonkurrenz")[312]. Diese Eigenarten der Kollektivnormen hindert die Übertragbarkeit der Grundsätze, die zur Auflösung einer Tarifkonkurrenz von Individualnormen entwickelt worden sind. Vielmehr sind für Kollektivnormen eigene Lösungswege zu entwikkeln.

I. Herkömmliche Lösungsgrundsätze

Schrifttum und Judikatur erörtern die Lösung einer Tarifkonkurrenz von Kollektivnormen mit ganz wenigen Ausnahmen pauschal, ohne dabei besondere Fallgestaltungen zu berücksichtigen[313]. Folgende Lösungsgrundsätze sind bislang vorgeschlagen worden.

1. Spezialitätsprinzip

Vereinzelt wird auch zur Lösung der Kollision von Kollektivnormen das Spezialitätsprinzip herangezogen, zumindest, wenn die konkurrierenden Tarifverträge neben betrieblichen und betriebsverfassungsrechtlichen Regelungen auch Inhalts- und Abschlußnormen enthalten[314]. Die für die Individualnormen entwickelte Lösung der Tarifkonkurrenz nach dem Spezialitätsprinzip erstrecke sich auch auf betriebliche und betriebsverfassungsrechtliche Normen. Immer wieder ist aber festzuhalten: Das Spezialitätsprinzip scheidet bereits von vornherein als Lösungsgrundsatz für Tarifkonkurrenzen aus[315].

---

[312] S. oben § 15 C I 2 b.

[313] Vgl. aber *Haußmann*, S. 146 ff.

[314] *Memminger*, S. 95; *H. Wiedemann/Stumpf*, § 4 Rn. 166; ähnlich *Gamillscheg*, Arbeitsrecht, Bd. 1, § 17 III 3 c (1) (d): Grundsatz der Sachnähe; vgl. ferner *Bruhn*, Tarifeinheit, S. 208, 221; *Hj. Otto*, Arbeitsrecht, Rn. 461.

[315] Vgl. oben § 16 A I.

2. *Günstigkeitsprinzip*

Däubler plädiert auch an dieser Stelle für das Günstigkeitsprinzip[316]. Die Durchführung eines Günstigkeitsvergleichs stößt jedoch namentlich bei Kollektivnormen auf beträchtliche praktische Schwierigkeiten[317]. Darüber hinaus ist das Günstigkeitsprinzip ohnehin ungeeignet zur Lösung von Tarifkonkurrenzen[318].

3. *Kompetenz des Betriebsrats*

Rieble erwägt das Scheitern einer betriebseinheitlichen Ordnung durch Tarifvertrag, wenn mehr als ein Tarifvertrag mit Kollektivnormen Geltung beansprucht[319]. Der Arbeitgeber wäre dann allenfalls zu einem bestimmten Verhalten gegenüber Nichtorganisierten, nicht aber gegenüber Andersorganisierten verpflichtet, so daß die Kompetenz über die anzuwendende betriebliche Ordnung auf den Betriebsrat zurückfiele. *Biedenkopf* verlangt eine Mehrheitsentscheidung und will den Betriebsrat über den anzuwendenden Tarifvertrag abstimmen lassen[320]. Ein Scheitern der konkurrierenden Kollektivnormenregelungen ist mit der normativen Wirkung der Tarifverträge auch für Kollektivnormen (§ 4 Abs. 1 Satz 2 TVG) freilich genauso wenig in Einklang zu bringen wie eine Entscheidungskompetenz des Betriebsrats mit dem Vorrang der tariflichen gegenüber der betrieblichen Normsetzungsbefugnis, der in § 77 Abs. 3 Satz 1, § 87 Abs. 1 Einleitungssatz BetrVG zum Ausdruck kommt.

4. *Quantitätsprinzip*

Im Schrifttum will man überwiegend das Quantitätsprinzip anwenden, um den vorrangigen Tarifvertrag bei der Kollektivnormenkonkurrenz zu ermitteln[321]. Umstritten ist aber dessen Maßstab. Sachwidrig wäre das Abstellen auf

---

[316] *Däubler*, TVR, Rn. 1493 f.

[317] *Reuter*, JuS 1992, S. 109; vgl. auch *Etzel*, NZA 1987, Beilage Nr. 1, S. 19; LAG Frankfurt a.M. LAGE § 4 TVG Tarifkonkurrenz Nr. 1, S. 11.

[318] S. oben § 16 D.

[319] *Rieble*, Rn. 1817; anders noch *Löwisch/Rieble*, § 4 Rn. 303; MünchArbR-*Löwisch*, Bd. 3, § 269 Rn. 30.

[320] *Biedenkopf*, S. 317 f.

[321] Vgl. etwa *Gis. Schneider*, S. 169 ff.; *Witzig*, S. 104 ff.

die meisten Arbeitsverhältnisse der Branche insgesamt[322], da eine solche Lösung weder die Besonderheiten des Arbeitsverhältnisses noch die des einzelnen Betriebs berücksichtigte. Näher liegt es, mit der älteren Literatur dem Tarifvertrag den Vorrang einzuräumen, dessen Geltungsbereich die meisten Arbeitsverhältnisse des Betriebs erfaßt[323]. Freilich könnten sich die Tarifvertragsparteien dann den Vorrang des eigenen Tarifvertrags durch eine Ausweitung des Geltungsbereichs sichern. Zudem zielen Kollektivnormen gerade auf sämtliche Arbeitsverhältnisse des Betriebs, so daß diese Lösung bei einer Kollektivnormenkonkurrenz ausscheiden muß[324].

Vorzugswürdig ist es jedenfalls im Grundsatz, den vorrangigen Tarifvertrag aus Gründen der demokratischen Legitimation nach der größten Zahl der tarifgebundenen Arbeitnehmer im Betrieb zu ermitteln[325], nicht im gesamten Geltungsbereich des Tarifvertrags[326]. Tarifbindungen nach § 5 Abs. 4 TVG an einen der konkurrierenden Tarifverträge bleiben freilich außer acht: Der allgemeinverbindliche Tarifvertrag gänge sonst regelmäßig vor. Maßgeblich sind deshalb nur mitgliedschaftlich begründete Tarifbindungen (§ 3 Abs. 1 TVG)[327]. Daß es auf sie für die Tarifnormwirkung wegen § 3 Abs. 2 TVG nicht ankommt[328], spielt aufgrund des Demokratieaspekts für die Lösung der Tarifkonkurrenz keine Rolle. Knappe Mehrheitsverhältnisse im Betrieb, die einen ständigen Wechsel des anzuwendenden Tarifvertrags bewirken könnten, sind zwar

[322] So in Österreich für die Kollektivvertragskollision bei einer Mischverwendung des Arbeitnehmers in verschiedenen Betrieben des Arbeitgebers die Regelung des § 10 Abs. 2 ArbVG (der Kollektivvertrag findet Anwendung, dessen Geltungsbereich in ganz Österreich die größere Zahl von Arbeitnehmern erfaßt), wenn eine überwiegend ausgeübte Beschäftigung in einem der Betriebe des Arbeitgebers nach § 10 Abs. 1 ArbVG nicht zu ermitteln ist.

[323] Vgl. *Delbos*, S. 135 f.; *Gumpert*, Anm. zu BAG vom 22.2.1957, AP Nr. 2 zu § 4 TVG Tarifkonkurrenz, Bl. 5; *ders.*, BB 1953, S. 116; *A. Hueck/Nipperdey*, Bd. II. 1, S. 650 f.; *A. Hueck/Nipperdey/Tophoven*, § 4 Rn. 107; *A. Hueck/Nipperdey/Tophoven/Stahlhacke*, § 4 Rn. 261.

[324] *Däubler*, TVR, Rn. 1492; *H. Wiedemann/Stumpf*, § 4 Rn. 166; *Witzig*, S. 104.

[325] *Dieterich*, S. 104; *Gramm*, AR-Blattei (D), Tarifvertrag XII, C IX; *Küchenhoff*, AuR 1965, S. 33 f.; *Löwisch/Rieble*, § 4 Rn. 303; MünchArbR-*Löwisch*, Bd. 3, § 269 Rn. 30; *D. Mann*, BB 1957, S. 551; *Maus*, § 4 Rn. 196; *Memminger*, S. 99, *Nikisch*, Bd. 2, S. 487; *Hj. Otto*, Arbeitsrecht, Rn. 461; *Gis. Schneider*, S. 170; DKK-*Trümner*, § 3 Rn. 47; *Witting*, BArbBl. 1957, S. 547; *Witzig*, S. 104 ff.; kritisch *Rieble*, Rn. 1816.

[326] So DKK-*Däubler*, § 117 Rn. 11.

[327] Vgl. *Witzig*, S. 104

[328] So der Einwand von *Haußmann*, S. 146 f.

denkbar, wegen des Industrieverbandsprinzips und der Zuständigkeitsabgrenzung innerhalb der DGB-Gewerkschaften praktisch aber ausgeschlossen[329].

Zwar können sich kleine Gewerkschaften nach dieser Lösung mit eigenen Kollektivnormen regelmäßig nicht durchsetzen[330]. Das ist im Interesse einer möglichst hohen demokratischen Legitimation aber hinzunehmen. Zudem nimmt die Verdrängungswirkung des vorrangigen Tarifvertrags wegen des Verzichts auf eine einheitliche Anwendung von Individual- und Kollektivnormen der konkurrierenden Tarifverträge im Arbeitsverhältnis (Ausnahme von der Tarifeinheit im Arbeitsverhältnis) immerhin die Individualnormen der in bezug auf Kollektivnormen nachrangigen Tarifverträge aus[331]. Den kleinen Gewerkschaften ist es deshalb im Bereich der Individualnormen weiterhin unbenommen, eine eigenständige Tarifpolitik zu betreiben.

II. Notwendigkeit einer Differenzierung

Wie schon bei der Tarifkonkurrenz von Individualnormen ist eine pauschale und einheitliche Behandlung aller denkbaren Fallgruppen nach nur einem Lösungsgrundsatz – bei der Kollektivnormenkonkurrenz nach dem Quantitätsprinzip – zu verwerfen. Vielmehr ist erneut zu differenzieren. Die Anwendbarkeit des Quantitätsprinzips auf die einzelnen Fallgestaltungen ist kritisch zu hinterfragen. In Betracht kommt auch für die Kollektivnormenkollision ein Rückgriff auf die für die einzelnen Fallgruppen der Tarifkonkurrenz von Individualnormen entwickelten Lösungsgrundsätze. Deren Übertragbarkeit auf die Kollektivnormenkonkurrenz hängt freilich von der Vergleichbarkeit der zu beachtenden gesetzlichen Wertungen ab.

1. Doppelmitgliedschaft

Beruht die „betriebsweite Tarifkonkurrenz" darauf, daß der Arbeitgeber oder ein Arbeitgeberverband, dessen Mitglied er ist, mit mehreren Gewerkschaften Tarifverträge mit Kollektivnormen abgeschlossen hat, scheidet das für die Tarifkonkurrenz von Individualnormen entwickelte Wahlrecht des Arbeitnehmers[332] aus, da der vorrangige Tarifvertrag betriebsweit einheitlich gelten muß.

---

[329] Vgl. auch *Dutti*, DB 1969, S. 220; *Schulz*, S. 152.

[330] So die Bedenken von *Däubler*, TVR, Rn. 1492.

[331] S. oben § 15 C III.

[332] S. dazu oben § 17 A I 1.

Zu denken ist allenfalls an eine kollektive Ausübung des Wahlrechts durch alle Arbeitnehmer des Betriebs im Wege der Mehrheitsentscheidung. Vorzuziehen ist freilich das Quantitätsprinzip, das den vorrangigen Tarifvertrag nach der Anzahl der mitgliedschaftlich legitimierten Tarifbindungen (§ 3 Abs. 1 TVG) im Betrieb ermittelt[333]. Es ist auch dann anzuwenden, wenn der Arbeitgeber Mitglied in mehreren Verbänden ist, die mit verschiedenen Gewerkschaften Tarifverträge mit Kollektivnormen abgeschlossen haben.

Das Quantitätsprinzip, das auf die mitgliedschaftlich legitimierten Tarifbindungen der Arbeitnehmer des Betriebs abstellt, scheidet als Lösungsgrundsatz der Kollektivnormenkonkurrenz nur in dem Fall aus, wenn mehrere Arbeitgeberverbände, deren Mitglied der Arbeitgeber ist, mit nur einer Gewerkschaft verschiedene Tarifverträge abgeschlossen haben: Ein Vorrang nach der größten Zahl der Arbeitnehmertarifbindungen im Betrieb ist dann nicht zu ermitteln. Ausnahmsweise ist deshalb dem Arbeitgeber ein Wahlrecht über die anzuwendenden Kollektivnormen einzuräumen.

2. *Vertikale Tarifkonkurrenz*

Bei der „betriebsweiten Tarifkonkurrenz" zwischen Kollektivnormen eines Firmentarifvertrags und eines Verbandstarifvertrags kommt der bei der Lösung einer Tarifkonkurrenz von Individualnormen maßgebliche Gesichtspunkt der spezielleren gemeinsamen Tarifzuständigkeit, der zum Vorrang des Firmentarifvertrags führt[334], nur in Betracht, wenn beide Tarifverträge von derselben Gewerkschaft abgeschlossen worden sind. Das Quantitätsprinzip kann dann erneut nicht maßgeblich sein, da verschiedene Arbeitnehmertarifbindungen im Betrieb nicht bestehen[335]. Sind dagegen beide Tarifverträge von unterschiedlichen Gewerkschaften vereinbart worden, scheidet die speziellere gemeinsame Tarifzuständigkeit als Lösungsgrundsatz schon deshalb aus, weil sie wegen der Verschiedenheit der Tarifvertragsparteien nicht zu ermitteln ist[336]. Ein Wahlrecht des Arbeitnehmers, das in diesem Fall bei der Tarifkonkurrenz von Individualnormen zu favorisieren ist[337], kann wegen der notwendigerweise betriebsweit einheitlich zu lösenden Tarifkonkurrenz von Kollektivnormen aber-

---

[333] S. oben § 17 B I 4.

[334] S. oben § 17 A I 2 a aa.

[335] Das gilt auch für die Tarifkonkurrenz zwischen Tarifverträgen einer Mitgliederorganisation und eines Spitzenverbandes.

[336] S. oben § 17 A I 2 a bb.

[337] S. oben § 17 A I 2 a bb.

mals nicht herangezogen werden. Vorzugswürdig ist mit Blick auf eine möglichst hohe demokratische Legitimation des vorrangigen Tarifvertrags wiederum das Quantitätsprinzip[338].

3. Tarifkonkurrenz und § 3 Abs. 3 TVG

Kommt es nach einem Verbandswechsel des Arbeitgebers zur Tarifkonkurrenz zwischen Kollektivnormen des nach § 3 Abs. 3 TVG weitergeltenden und denen eines neuen, nach § 3 Abs. 1 TVG durch den Arbeitgeber mitgliedschaftlich legitimierten Tarifvertrags, schlägt man im Schrifttum[339] vereinzelt und in Parallele zur Tarifkonkurrenz von Individualnormen den Vorrang des neuen Tarifvertrags vor: Mit dem Eintritt in den neuen Verband übe der Arbeitgeber die positive individuelle Koalitionsfreiheit nach Art. 9 Abs. 3 Satz 1 GG aus, die als aktuelle Grundrechtsbetätigung den Vorrang vor der vorangegangenen habe. Der Schutzzweck des § 3 Abs. 3 TVG stehe dem nicht entgegen.

Daran ist richtig, daß die im Rahmen des § 3 Abs. 3 TVG zur Lösung einer Tarifkonkurrenz von Individualnormen entwickelten Grundsätze auf die Kollektivnormenkonkurrenz übertragbar sind. Das bedeutet im Ergebnis freilich eine Übernahme der Sphärentheorie, die alleine eine dem Zweck des § 3 Abs. 3 TVG entsprechende Differenzierung ermöglicht[340]: Ist die Anwendung des § 3 Abs. 3 TVG der Sphäre des Arbeitgebers zuzurechnen (so zum Beispiel bei einem Verbandswechsel), ist der nach § 3 Abs. 3 TVG weitergeltende Tarifvertrag auch mit seinen Kollektivnormen bis zu seinem Ende vorrangig, ist sie durch eine in der Sphäre einer der Tarifvertragsparteien liegenden Grund bedingt (z.B. durch eine Satzungsänderung), ist der Tarifvertrag des neuen Arbeitgeberverbands vorzuziehen.

Das Quantitätsprinzip, das wegen des Abstellens auf die größte Anzahl der Arbeitnehmertarifbindungen ohnehin nur in Betracht käme, wenn der Tarifvertrag des neuen Arbeitgeberverbands mit einer anderen Gewerkschaft abgeschlossen worden wäre als mit der Vertragspartnerin des alten Arbeitgeberverbands, wird durch die gesetzliche Wertung des § 3 Abs. 3 TVG überlagert und scheidet als Lösungsgrundsatz für die Kollektivnormenkonkurrenz aus.

---

338 S. oben § 17 B I 4.

339 *Haußmann*, S. 147 ff.

340 Dazu ausführlich oben § 17 A I 3 c.

4. Allgemeinverbindlicherklärung

Bei der Tarifkonkurrenz allgemeinverbindlicher Tarifverträge liegt wegen § 5 Abs. 4 TVG schon für Individualnormen eine „betriebsweite Tarifkonkurrenz“ vor, die nach dem Quantitätsprinzip zu lösen ist[341]. Für Kollektivnormen, die auch ohne Allgemeinverbindlicherklärung „betriebsweit“ kollidieren, kann deshalb nichts anderes gelten. Kollidieren die Kollektivnormen eines durch den Arbeitgeber mitgliedschaftlich legitimierten (§ 3 Abs. 1 TVG) und eines allgemeinverbindlichen (§ 5 Abs. 4 TVG) Tarifvertrags, ist die Anwendung des Quantitätsprinzips allerdings zweifelhaft. Vieles spricht dafür, wie bei der Konkurrenz von Individualnormen die durch Art. 9 Abs. 3 Satz 1 GG geschützte Tarifautonomie der Tarifvertragsparteien des mitgliedschaftlich legitimierten Tarifvertrags höher zu gewichten als den Legitimationsaspekt des Quantitätsprinzips und deshalb das zur Tarifkonkurrenz von Individualnormen entwikkelte Lösungsmodell zu übernehmen: Die Kollektivnormen des mitgliedschaftlich legitimierten Tarifvertrags gehen denen des allgemeinverbindlichen vor. Bei einer Kollision eines nach § 3 Abs. 3 TVG weitergeltenden Tarifvertrags mit einem allgemeinverbindlichen Tarifvertrag ist die zu § 3 Abs. 3 TVG entwickelte Sphärentheorie schon bei der Tarifkonkurrenz von Individualnormen nicht anwendbar, da wegen der Allgemeinverbindlicherklärung eine tarifautonome Tarifkonkurrenz nicht gegeben ist[342]. Statt das Quantitätsprinzip anzuwenden, ist wegen Art. 9 Abs. 3 Satz 1 GG aber auch hier der ehemals mitgliedschaftlich legitimierte Tarifvertrag, auch wenn er nur noch weitergilt (§ 3 Abs. 3 TVG), dem allgemeinverbindlichen vorzuziehen.

5. Nachwirkung

Eine Kollektivnormenkonkurrenz im Zusammenhang mit § 4 Abs. 5 TVG ist nur möglich, wenn ein bislang nach den Grundsätzen der Tarifkonkurrenz vorrangiger Tarifvertrag in das Stadium der Nachwirkung (§ 4 Abs. 5 TVG) übergeht, so daß nunmehr ein nachwirkender und ein – bislang verdrängter – aktuell geltender Tarifvertrag nebeneinander gelten[343]. Erneut wird der Gesichtspunkt einer möglichst hohen demokratischen Legitimation, der Grund für die Anwendung des Quantitätsprinzips ist, durch gesetzliche Wertungen überlagert: Die Beständigkeitsfunktion der Nachwirkung nach § 4 Abs. 5 TVG rechtfertigt

---

[341] Näher oben § 17 A II 1 a; vgl. ferner unten § 19 B I 2.

[342] S. oben § 17 A II 1 d.

[343] S. oben § 17 A II 2 a bb.

nicht nur bei der Tarifkonkurrenz von Individualnormen, sondern auch bei der Kollision von Kollektivnormen einen zeitlich begrenzten Vorrang des nachwirkenden Tarifvertrags[344].

III. Ergebnis

Die Tarifkonkurrenz von Kollektivnormen ist über das einzelne Arbeitsverhältnis hinaus betriebsweit aufzulösen („betriebsweite Tarifkonkurrenz"). Soweit gesetzliche Wertungen nicht entgegenstehen, ist grundsätzlich das Quantitätsprinzip der geeignete Lösungsgrundsatz: Vorrangig ist der Tarifvertrag mit den meisten mitgliedschaftlich legitimierten Tarifbindungen (§ 3 Abs. 1 TVG) im Betrieb. Ausnahmen bestehen bei der Doppelmitgliedschaft des Arbeitgebers in mehreren Verbänden (Wahlrecht des Arbeitgebers) und bei der vertikalen Tarifkonkurrenz zwischen Firmen- und Verbandstarifvertrag (speziellere gemeinsame Tarifzuständigkeit), jeweils wenn die konkurrierenden Tarifverträge von derselben Gewerkschaft abgeschlossen worden sind. Im übrigen gilt die Sphärentheorie für § 3 Abs. 3 TVG auch bei der Kollektivnormenkonkurrenz ebenso wie der Vorrang eines mitgliedschaftlich legitimierten Tarifvertrags vor einem allgemeinverbindlichen Tarifvertrag. Bei der Nachwirkung nach § 4 Abs. 5 TVG geht der nachwirkende Tarifvertrag – wenn auch zeitlich begrenzt – vor.

C. Einzelne Probleme der Tarifkollision

Kollisionsprobleme können sich auch außerhalb einer klassischen Tarifkonkurrenz von Individual- oder Kollektivnormen ergeben.

I. Bezugnahme eines Tarifvertrags und Tarifkonkurrenz

1. Bezugnahme eines Tarifvertrags und Günstigkeitsprinzip

Bei einer Kollision von Tarifverträgen, bei der einer der Tarifverträge individualrechtlich in Bezug genommen ist und nicht kraft Tarifbindung gilt, liegt eine Tarifkonkurrenz nicht vor: Da die einzelvertragliche Bezugnahme nur schuldrechtlich wirkt, fehlt die für eine Tarifkonkurrenz erforderliche gesetzes-

[344] Ausführlich oben § 17 A II 2 b cc.

gleiche Wirkung des Tarifvertrags[345]. Das gilt auch für die einzelvertragliche Bezugnahme aufgrund gesetzlicher Zulassungsnormen sowie für Bezugnahmen durch betriebliche Übung oder Gesamtzusage und solche, die durch den allgemeinen arbeitsrechtlichen Gleichbehandlungsgrundsatz oder tarifliche Außenseiterklauseln bedingt sind[346].

Maßgebliche Kollisionsregel in diesen Fällen ist mit der ganz h.M. in Rechtsprechung[347] und Literatur[348] § 4 Abs. 3 2. Var. TVG und nicht das Spezialitätsprinzip[349] oder der grundsätzliche Vorrang der individualrechtlichen Regelung[350]: Die in Bezug genommene Regelung geht vor, soweit sie günstiger als der normativ wirkende Tarifvertrag ist. Kann eine günstigere Regelung nicht ermittelt werden, bleibt es beim Vorrang der normativen Regelung[351].

Eine Tarifkonkurrenz entsteht auch nicht bei einer Bezugnahme auf einen Tarifvertrag in einer Betriebsvereinbarung: Die normative Wirkung der Betriebsvereinbarung beruht in diesen Fällen wie auch sonst auf § 77 Abs. 4 Satz 1

---

345 Vgl. oben § 7 C V, § 10 I I 1.

346 Vgl. oben § 7 C V, § 10 II I 2, 3.

347 S. etwa BAG EzA § 4 TVG Geltungsbereich Nr. 10, S. 8 (1. Senat); Urteil vom 11.3.1987 – 4 AZR 236/86 (n.v.), S. 8 f.; LAG Bremen LAGE § 4 TVG Tarifpluralität Nr. 2, S. 7; LAG Düsseldorf LAGE § 4 TVG Günstigkeitsprinzip Nr. 5, S. 3; LAG Frankfurt a.M. LAGE § 4 TVG Tarifkonkurrenz Nr. 1, S. 5 ff., 8 ff.; ebenso BAG AP Nr. 21 zu § 4 TVG Tarifkonkurrenz, Bl. 3 ff. (4. Senat), jedenfalls dann, wenn Tarifbindung des Arbeitgebers an den in Bezug genommenen Tarifvertrag nicht besteht; wohl auch LAG Hamm, Urteil vom 26.8.1991 – 19 Sa 474/91 (n.v.), S. 15.

348 *B. Gaul*, Anm. zu BAG vom 4.9.1996, EzA § 3 TVG Bezugnahme auf Tarifvertrag Nr. 7, S. 41; *ders.*, NZA 1998, S. 15; *Danne*, Anm. zu BAG vom 4.9.1996, SAE 1998, S. 113; *P. Hanau/Kania*, FS Schaub, S. 241; *Haußmann*, S. 132 ff.; *Kraft*, RdA 1992, S. 167; *Ph. Merten*, BB 1993, S. 577; *Oetker*, Anm. zu BAG vom 28.5.1997, AP Nr. 6 zu § 1 TVG Bezugnahme auf Tarifvertrag, Bl. 10; *Rieble*, Anm. zu BAG vom 22.3.1994, EzA § 4 TVG Geltungsbereich Nr. 10, S. 17; *Salje*, Anm. zu BAG vom 20.3.1991, SAE 1993, S. 82; *Schleusener*, Anm. zu BAG vom 28.5.1997, SAE 1998, S. 13 f.; *Stein*, Rn. 261; *Unterhinninghofen*, Anm. zu LAG Düsseldorf vom 30.5.1995, AiB 1997, S. 120; *Wank*, Anm. zu BAG vom 26.1.1994, EzA § 4 TVG Tarifkonkurrenz Nr. 9, S. 19; ebenso *Hauck*, FS Schaub, S. 271, wenn eine Tarifbindung des Arbeitgebers an den in Bezug genommenen Tarifvertrag nicht besteht.

349 So aber BAG AP Nr. 20 zu § 4 TVG Tarifkonkurrenz, Bl. 5 (4. Senat), wenn über die Bezugnahme hinaus Tarifbindung des Arbeitgebers an den in Bezug genommenen Tarifvertrag besteht.

350 So aber *B. Müller*, NZA 1989, S. 450, 452.

351 BAG AP Nr. 13 zu § 4 TVG Günstigkeitsprinzip, Bl. 1R; AP Nr. 1 zu § 4 TVG Sozialzulagen, Bl. 1R f.; LAG Frankfurt a.M. LAGE § 4 TVG Tarifkonkurrenz Nr. 1, S. 10; *Däubler*, TVR, Rn. 213; *A. Hueck/Nipperdey*, Bd. II 1, S. 613 f.; *Kempen/Zachert*, § 4 Rn. 190; *Löwisch/Rieble*, § 4 Rn. 207; *H. Wiedemann/Stumpf*, § 4 Rn. 251.

BetrVG und nicht auf § 4 Abs. 1 TVG[352]. Kollisionsrechtlich kommt es auf § 77 Abs. 3, § 87 Abs. 1 Einleitungssatz BetrVG an. Nimmt ein Tarifvertrag auf einen anderen Tarifvertrag Bezug, kommt eine Tarifkonkurrenz nur zwischen verweisendem und konkurrierendem Tarifvertrag in Betracht. Sie ist nach den allgemeinen Grundsätzen zu lösen. An den Tarifvertrag, auf den verwiesen wird, besteht keine Tarifgebundenheit[353]. Insoweit kann es zu Tarifkonkurrenz also nicht kommen.

2. Günstigkeitsprinzip bei allgemeinverbindlichem Tarifvertrag über gemeinsame Einrichtungen

Für das Verhältnis eines allgemeinverbindlichen Tarifvertrags mit Normen über gemeinsame Einrichtungen der Tarifvertragsparteien und individualrechtlicher Bezugnahme eines anderen Tarifvertrags hat das *ArbG Wiesbaden* erwogen, generell in den Tarifnormen die günstigeren Bestimmungen zu sehen[354]. Das wäre indes nur im Ergebnis richtig. Der Rückgriff auf das Günstigkeitsprinzip des § 4 Abs. 3 2. Var. TVG bei der individualrechtlichen Bezugnahme auf einen günstigeren Tarifvertrag muß bei Normen über gemeinsame Einrichtungen der Tarifvertragsparteien generell versperrt sein[355]. Für die individualrechtliche Bezugnahme auf einen Tarifvertrag kann nichts anderes gelten als für die bloße einzelvertragliche Vereinbarung. Letztere verdrängt aber, selbst wenn sie günstiger ist (§ 4 Abs. 3 2. Var. TVG), auch nach h.M. Tarifnormen über gemeinsame Einrichtungen nicht[356].

---

[352] Dazu oben § § 10 I II.

[353] S. oben § 10 I III.

[354] ArbG Wiesbaden, Urteil vom 8.9.1988 – 4 Ca 1630/86 (n.v.), S. 18.

[355] Ebenso LAG Frankfurt a.M. LAGE § 4 TVG Tarifkonkurrenz Nr. 1, S. 5 f., 11; vgl. auch *Reichold*, Anm. zu BAG vom 22.9.1993, SAE 1995, S. 23; bejaht wohl von BAG AP Nr. 21 zu § 4 TVG Tarifkonkurrenz, Bl. 3; *Kraft*, Anm. zu BAG vom 22.9.1993 und 26.1.1994, AuR 1994, S. 391.

[356] Dazu bereits oben § 17 A II 1 c cc.

II. Rechtsnachfolge und Tarifkonkurrenz

1. § 613a Abs. 1 Sätze 2-4 BGB und Tarifkonkurrenz

Keine echte Tarifkonkurrenz kann ferner bei der Anwendung des § 613a Abs. 1 Sätze 2-4 BGB – bei der Gesamtrechtsnachfolge in bezug auf Verbandstarifverträge, bei der Einzelrechtsnachfolge in bezug auf Firmen- und Verbandstarifverträge[357] – entstehen. Gleichwohl sind Kollisionsfragen beim Zusammentreffen von transformierten Tarifnormen (nach § 613a Abs. 1 Satz 2 BGB) und Tarifverträgen, die beim Rechtsnachfolger bestehen, nach Maßgabe des § 613a Abs. 1 Satz 3 BGB zu beantworten.

a) § 613a Abs. 1 Satz 2 BGB

aa) Normativ wirkende Tarifverträge

Eine echte Tarifkonkurrenz[358] erfordert die unmittelbare und zwingende Wirkung mehrerer Tarifverträge auf ein Arbeitsverhältnis, die bei § 613a Abs. 1 Satz 2 BGB gerade fehlt: Die zum Zeitpunkt der Einzelrechtsnachfolge im Betrieb des Rechtsvorgängers unmittelbar und zwingend geltenden Tarifnormen werden in den Arbeitsvertrag transformiert. Der Tarifvertrag gilt deshalb auch nicht partiell fort, wie vereinzelt behauptet wird[359]. Daraus folgt, daß auch die Tarifbindung des Rechtsvorgängers nach § 3 Abs. 1, Abs. 2 TVG nicht auf den Rechtsnachfolger übergeht[360]. Allerdings bleibt eine Tarifgebundenheit nach § 5 Abs. 4 TVG von § 613a Abs. 1 Satz 2 BGB unberührt, wenn der Geltungsbereich des bisherigen allgemeinverbindlichen Tarifvertrags auch beim Rechtsnachfolger paßt[361]. Dasselbe gilt wegen der positiven Koalitionsfreiheit des Rechtsnachfolgers auch für die Tarifbindung nach § 3 Abs. 1, Abs. 2 TVG, wenn er im Zeitpunkt der Rechtsnachfolge demselben Arbeitgeberverband wie der Rechtsvorgänger angehört[362]. Schließlich tritt der Rechtsnachfolger bei der

---

[357] S. näher oben § 10 J I 1 b, 2.

[358] S. oben § 7 A.

[359] So die ganz h.M., anders nur *Zöllner*, DB 1995, S. 1401 ff.; dazu näher oben § 10 J I 3.

[360] S. näher oben § 10 J I 3.

[361] HzA-*Hattesen*, Rn. 3418; *Kamlah*, S. 137; *Kania*, DB 1994, S. 533; *Kempen/Zachert*, § 3 Rn. 60; abw. *D. Gaul*, S. 277: trotz § 5 Abs. 4 TVG individualrechtliche Weitergeltung.

[362] RGRK-*Ascheid*, § 613a Rn. 182; *Blank/Blanke*, S. 242; Erman-*P. Hanau*, § 613a Rn. 79; *P. Hanau/Vossen*, FS Hilger/Stumpf, S. 288 f.; HzA-*Hattesen*, Rn. 3418, 3421;

Gesamtrechtsnachfolge in die Rechtsstellung als Firmentarifvertragspartei ein (§ 3 Abs. 1 TVG); § 613a Abs. 1 Satz 2 BGB ist für den Firmentarifvertrag nur bei der Einzelrechtsnachfolge lex specialis[363].

Um eine Umgehung des § 613a Abs. 1 Satz 2 BGB durch vorherigen Verbandsaustritt des Rechtsvorgängers zu vermeiden, erfaßt die Transformation auch Tarifnormen, die nach § 3 Abs. 3 TVG weitergelten[364], und darüber hinaus nachwirkende Tarifnormen (§ 4 Abs. 5 TVG)[365]. Freilich ist § 613a Abs. 1 Satz 2 BGB für letztere insoweit teleologisch zu reduzieren, daß die Veränderungssperre von einem Jahr nicht gilt, denn die Nachwirkung hätte auch beim Rechtsvorgänger durch eine andere Abmachung beendet werden können[366].

§ 613a Abs. 1 Satz 2 BGB gilt ebenfalls für Tarifnormen, die zwar zum Zeitpunkt der Rechtsnachfolge bereits Bestandteil des Tarifvertrags sind, aber erst danach wirksam werden[367]. Umgekehrt scheidet eine Transformation rückwirkender Tarifverträge aus[368]. Da § 613a Abs. 1 Satz 2 BGB Tarifnormen transformiert, sind Arbeitsverhältnisse, die nach dem Betriebsübergang begründet werden, nicht erfaßt[369]. Die Verweisung in § 613a Abs. 1 Satz 2 BGB ist statisch, so daß Änderungen des Tarifvertrags nach dem Betriebsübergang keine Auswirkungen auf die übernommenen Arbeitsverhältnisse haben[370]. Die

---

Hromadka/Maschmann/Wallner, Rn. 495; *Jung*, RdA 1981, S. 362; *Kamlah*, S. 136; *Kania*, DB 1994, S. 529, 533 f.; *Kempen*, BB 1991, S. 2006 ff., Staudinger-*Richardi*, § 613a Rn. 163, 165 f.; *Stein*, Rn. 180; *Wank*, NZA 1987, S. 505 f.; MünchArbR-*Wank*, Bd. 2, § 120 Rn. 168.

[363] S. näher oben § 10 J I 1 a, 2 a.

[364] *D. Gaul*, S. 276 f.; *ders.*, ZTR 1989, S. 435; *Stein*, Rn. 184.

[365] BAG AP Nr. 22 zu § 4 TVG Nachwirkung, Bl. 3R; *Gamillscheg*, Arbeitsrecht, Bd. 1, § 17 V 4 b (4); *Gerhards*, BB 1997, S. 363; *Gussen/Dauck*, S. 202; *Löwisch/Rieble*, Anm. zu BAG vom 27.11.1991, AP Nr. 22 zu § 4 TVG Nachwirkung, Bl. 7R; *Oetker*, gem. Anm. zu BAG vom 27.11.1991 und 18.3.1992, EzA § 4 TVG Nachwirkung, Nr. 14, 15, S. 26 ff.; Soergel-*Raab*, 12. Aufl., § 613a Rn. 107; *Stein*, Rn. 184; anders RGRK-*Ascheid*, § 613a Rn. 203; HzA-*Hattesen*, Rn. 3426; *Heinze*, FS Schaub, S. 279 f.; *ders.*, DB 1998, S. 1862; *Kamlah*, S. 92; MünchArbR-*Wank*, Bd. 2, § 120 Rn. 178.

[366] *Gamillscheg*, Arbeitsrecht, Bd. 1, § 17 V 4 b (4); *Moll*, RdA 1996, S. 278; *Stein*, Rn. 184.

[367] *Moll*, RdA 1996, S. 279; ArbG Mainz, Urteil vom 6.3.1996 – 4 Ca 3005/94, S. 9 f. = DB 1996, S. 2500 ff. (insoweit nicht abgedruckt).

[368] *Heinze*, DB 1998, S. 1862; LAG Brandenburg LAGE § 613a BGB Nr. 24, S. 4 f.

[369] *Däubler*, TVR, Rn. 1549; *Gamillscheg*, Arbeitsrecht, Bd. 1, § 17 V 4 b (6); Erman-*P. Hanau*, § 613a Rn. 89; HzA-*Hattesen*, Rn. 3423; Soergel-*Raab*, 12. Aufl., § 613a Rn. 104; *Stein*, Rn. 184; *Wank*, NZA 1987, S. 507.

[370] BAG AP Nr. 46 zu § 613a BGB, Bl. 2R; *Buchner*, GmbHR 1997, S. 438; Erman-*P. Hanau*, § 613a Rn. 89; HzA-*Hattesen*, Rn. 3430; *Heinze*, DB 1998, S. 1862; *Kam-*

Transformation erfaßt Individualnormen[371] – Abschlußnormen freilich nur, wenn sie nicht ausschließlich Neueinstellungen betreffen[372] –, wegen der notwendig einheitlichen Geltung aber weder Kollektivnormen[373], noch Normen über gemeinsame Einrichtungen[374], die freilich regelmäßig auf allgemeinverbindlichen Tarifverträgen beruhen und deshalb auch beim Rechtsnachfolger gelten, wenn der Betrieb weiterhin in deren Geltungsbereich unterfällt.

Der Inhalt der ins Arbeitsverhältnis transformierten Tarifnormen ist der Disposition der Arbeitsvertragsparteien entzogen. Sie können vor Ablauf eines Jahres nicht zum Nachteil des Arbeitnehmers geändert werden (§ 613a Abs. 1 Satz 2 BGB). Ausnahmen ergeben sich allerdings aus § 613a Abs. 1 Satz 4 BGB. „Nicht mehr gilt" im Sinne des § 613a Abs. 1 Satz 4 1. Var. BGB meint das Ende des Tarifvertrags, nicht das Ende der Nachwirkung (§ 4 Abs. 5

---

lah, S. 95 ff.; *Kania*, DB 1994, S. 530; *Kempen*, BB 1991, S. 2009; *Kempen/Zachert*, § 3 Rn. 59; *Moll*, RdA 1996, S. 278; MünchArbR-*Wank*, Bd. 2, § 120 Rn. 179.

[371] *Däubler*, TVR, Rn. 1537; *Gamillscheg*, Arbeitsrecht, Bd. 1, § 17 V 4 b (2); Erman-*P. Hanau*, § 613a Rn. 87; *P. Hanau/Vossen*, FS Hilger/Stumpf, S. 289; HzA-*Hattesen*, Rn. 3424; *Kania*, DB 1994, S. 530; *Kempen*, BB 1991, S. 2009; *Lieb*, Arbeitsrecht, Rn. 312; *Löwisch/Rieble*, § 3 Rn. 83; *Preis/Steffan*, FS Kraft, S. 482; Staudinger-*Richardi*, § 613a Rn. 168; *Seiter*, Betriebsinhaberwechsel, S. 93; *ders.*, DB 1980, S. 878; *Wank*, NZA 1987, S. 506; MünchArbR-*Wank*, Bd. 2, § 120 Rn. 177.

[372] Vgl. RGRK-*Ascheid*, § 613a Rn. 193; *Däubler*, TVR, Rn. 1538; *Gussen/Dauck*, S. 203 f.; HzA-*Hattesen*, Rn. 3424; *Henssler*, FS Schaub, S. 318; *Kamlah*, S. 80 f., *Kempen*, BB 1991, S. 2009; *Löwisch/Rieble*, § 3 Rn. 83; *Moll*, RdA 1996, S. 277; Soergel-*Raab*, 12. Aufl., § 613a Rn. 110; MünchKomm-*Schaub*, § 613a Rn. 154; gegen jede Transformation *Gamillscheg*, Arbeitsrecht, Bd. 1, § 17 V 4 b (2); *P. Hanau/Vossen*, FS Hilger/Stumpf, S. 290; *Knigge*, BB 1980, S. 1276; *Preis/Steffan*, FS Kraft, S. 482; *Seiter*, DB 1980, S. 878; MünchArbR-*Wank*, Bd. 2, § 120 Rn. 177.

[373] Vgl. dazu *Blank/Blanke*, S. 247; *Gamillscheg*, Arbeitsrecht, Bd. 1, § 17 V 4 b (2), (3); *D. Gaul*, S. 291 ff.; *Gussen/Dauck*, S. 211 ff.; Erman-*P. Hanau*, § 613a Rn. 87; *P. Hanau/Vossen*, FS Hilger/Stumpf, S. 290 f.; HzA-*Hattesen*, Rn. 3418; *Henssler*, FS Schaub, S. 318; *Kempen*, BB 1991, S. 2009; *Kempen/Zachert*, § 3 Rn. 56; *Löwisch/Rieble*, § 3 Rn. 83; *Moll*, RdA 1996, S. 277; *Preis/Steffan*, FS Kraft, S. 482; Staudinger-*Richardi*, § 613a Rn. 168; MünchKomm-*Schaub*, § 613a Rn. 156; grds. auch *Kania*, DB 1994, S. 530; abw. *Däubler*, TVR, Rn. 1541; vgl. auch *Kamlah*, S. 82 ff.; Soergel-*Raab*, 12. Aufl., § 613a Rn. 112 f.; *Schreiber*, RdA 1982, S. 147.

[374] RGRK-Ascheid, § 613a Rn. *Däubler*, TVR, Rn. 1542; *Gussen/Dauck*, S. 216 ff., 222; HzA-*Hattesen*, Rn. 3425; *Kamlah*, S. 85 f.; *Kempen/Zachert*, § 3 Rn. 56; *Moll*, RdA 1996, S. 277 f.; *Preis/Steffan*, FS Kraft, S. 482; Soergel-*Raab*, 12. Aufl., § 613a Rn. 114; MünchArbR-*Wank*, Bd. 2, § 120 Rn. 177; wohl auch *H. Wiedemann/Th. Müller*, Anm. zu BAG vom 5.10.1993, AP Nr. 42 zu § 1 BetrAVG Zusatzversorgungskassen, Bl. 6 f.; abw. ohne Begründung BAG AP Nr. 42 zu § 1 BetrAVG Zusatzversorgungskassen, Bl. 4R.

TVG)[375]. § 613a Abs. 1 Satz 4 2. Var. BGB führt zu einer Verkürzung der Jahresfrist, wenn die neuen Arbeitsvertragsparteien einzelvertraglich und vollständig einen Tarifvertrag in Bezug nehmen, in dessen Geltungsbereich das Arbeitsverhältnis fällt, der aber mangels Tarifgebundenheit einer oder beider Seiten[376] nicht unmittelbar und zwingend gilt[377].

bb) In Bezug genommene Tarifverträge

Bei Arbeitnehmern, für die der beim Rechtsvorgänger geltende Tarifvertrag kraft arbeitsvertraglicher Bezugnahme Anwendung fand, gilt dessen Inhalt nach § 613a Abs. 1 Satz 1 BGB fort, § 613a Abs. 1 Satz 2 BGB kommt nicht in Betracht[378]. Zu Wertungswidersprüchen kommt es, wenn beim Rechtsnachfolger nach § 613a Abs. 1 Satz 3 BGB – auf diese Vorschrift ist gleich zurückzukommen – ein neuer, aber ungünstigerer Tarifvertrag normativ gilt: Die einst nicht tarifgebundenen Arbeitnehmer würden dann, da wegen § 613a Abs. 1 Satz 1 BGB das Günstigkeitsprinzip (§ 4 Abs. 3 2. Var. TVG) und nicht § 613a Abs. 1 Satz 3 BGB gilt, besser stehen als die vormals tarifgebundenen. Handelt es sich um eine dynamische Verweisung, kommt freilich wegen deren Gleichstellungszwecks im Wege ergänzender Vertragsauslegung meist eine Ersetzung der

---

375 Erman-*P. Hanau*, § 613a BGB Rn. 98; HzA-*Hattesen*, Rn. 3432; *Moll*, RdA 1996, S. 284; Soergel-*Raab*, 12. Aufl., § 613a Rn. 135; Staudinger-*Richardi*, § 613a Rn. 178.

376 Nach h.M. genügt zu Recht das Fehlen der Tarifgebundenheit nur einer Arbeitsvertragspartei (vgl. auch unten § 17 C II 1 b bb), *Kania*, DB 1994, S. 531; Erman-*P. Hanau*, § 613a Rn. 99; Staudinger-*Richardi*, § 613a BGB Rn. 179; MünchKomm-*Schaub*, § 613a Rn. 172; *Seiter*, Betriebsinhaberwechsel, S. 96; MünchArbR-*Wank*, Bd. 2, § 120 Rn. 182; NZA 1987, S. 509; vgl. auch *Moll*, RdA 1996, S. 281 f.; a.A. *Röder*, DB 1981, S. 1982: Keine der Arbeitsvertragsparteien darf tarifgebunden sein.

377 HzA-*Hattesen*, Rn. 3433 f.; *Kamlah*, S. 100 ff.; *Moll*, RdA 1996, S. 284 f.; Staudinger-*Richardi*, § 613a Rn. 179.

378 BAG AP Nr. 6 zu § 1 TVG Bezugnahme auf Tarifvertrag, Bl. 6; *Balze/Rebel/Schuck*, 3 Rn. 160; *J.-H. Bauer*, FS Schaub, S. 135; *Boecken*, Rn. 146; *Buchner*, GmbHR 1997, S. 439; *B. Gaul*, Anm. zu BAG vom 4.9.1996, EzA § 3 TVG Bezugnahme auf Tarifvertrag, S. 43; *ders.*, NZA 1998, S. 16; *Gussen/Dauck*, S. 257; Erman-*P. Hanau*, § 613a BGB Rn. 100; *P. Hanau*/Kania, FS Schaub, S. 256; *P. Hanau/Vossen*, FS Hilger/Stumpf, S. 271; *Heinze*, DB 1998, S. 1865; *Henssler*, FS Schaub, S. 322; *Hromadka/Maschmann/Wallner*, Rn. 327; *Kamlah*, S. 124; *Kania*, DB 1994, S. 532; *Moll*, RdA 1996, S. 285; *Preis/Steffan*, FS Kraft, S. 477 f.; Soergel-*Raab*, 12. Aufl., § 613a Rn. 108; Staudinger-*Richardi*, § 613a BGB Rn. 173, 180; MünchKomm-*Schaub*, § 613a BGB Rn. 194; *Schiefer*, NJW 1998, S. 1822; *Seiter*, Betriebsinhaberwechsel, S. 94 f.; *Wank*, NZA 1987, S. 506; MünchArbR-*Wank*, Bd. 2, § 120 Rn. 183; kritisch *Zöllner*, DB 1995, S. 1406: § 613a Abs. 1 Satz 2 BGB.

Verweisung auf den alten Tarifvertrag durch eine Verweisung auf den neuen (§ 613a Abs. 1 Satz 3 BGB) in Betracht[379]. Andernfalls – oder bei einer statischen Verweisung – könnte die Besserstellung der nicht tarifgebundenen Arbeitnehmer durch eine Analogie zu § 613a Abs. 1 Satz 3 BGB[380] oder zu § 613a Abs. 1 Satz 4 BGB[381] vermieden werden. Sachgerechter ist es allerdings, die Besserstellung der nicht tarifgebundenen Arbeitnehmer dann als Ausfluß der Vertragsfreiheit hinzunehmen und auf eine Gleichstellung um jeden Preis zu verzichten[382].

b) § 613a Abs. 1 Satz 3 BGB

Die Transformation nach § 613a Abs. 1 Satz 2 BGB ist nach § 613a Abs. 1 Satz 3 BGB ausgeschlossen, wenn Rechte und Pflichten im übergegangenen Arbeitsverhältnis beim Rechtsnachfolger durch Rechtsnormen eines Tarifvertrags geregelt werden: Individualrechtliche Weitergeltung und einjährige Veränderungssperre entfallen[383]. Das wirft die Frage auf, wann eine solche Regelung vorliegt. Notwendig ist zunächst, daß der Betrieb in den Geltungsbereich des neuen Tarifvertrags fällt[384] und zwischen den transformierten und den neuen Tarifnormen annähernd Regelungsidentität besteht[385]. Es kommt nicht darauf

---

[379] *Boecken*, Rn. 147; *B. Gaul*, Anm. zu BAG vom 4.9.1996, EzA § 3 TVG Bezugnahme auf Tarifvertrag, S. 44; *ders.*, NZA 1998, S. 17; *P. Hanau/Vossen*, FS Hilger/Stumpf, S. 294; *Kamlah*, S. 125; *Kania*, DB 1994, S. 531; *Kempen*, BB 1991, S. 2010; *Lieb*, Arbeitsrecht, Rn. 315; *Moll*, RdA 1996, S. 286; Staudinger-*Richardi*, § 613a BGB Rn. 181; MünchKomm-*Schaub*, § 613a BGB Rn. 194; *Zöllner*, DB 1995, S. 1406 f.; vgl. auch *P. Hanau/Kania*, FS Schaub, S. 257; *Kania*, DB 1994, S. 532; *Wank*, NZA 1987, S. 509; MünchArbR-*Wank*, Bd. 2, § 120 Rn. 183.

[380] *Henssler*, FS Schaub, S. 322 f.; MünchKomm-*Schaub*, § 613a BGB Rn. 195; *Wank*, NZA 1987, S. 509; *Zöllner*, DB 1995, S. 1406; LAG Köln LAGE § 613a BGB Nr. 50, S. 4; im Ergebnis auch *D. Gaul*, S. 281.

[381] *Schaub*, Handbuch, § 119 III 2.

[382] Vgl. *Gussen/Dauck*, S. 262; *Kamlah*, S. 126 f.; *Kania*, DB 1994, S. 532; *Moll*, RdA 1996, S.286.

[383] Deutlich *Zöllner*, DB 1995, S. 1403.

[384] BAG AP Nr. 15 zu § 4 TVG Ordnungsprinzip, Bl. 2R; Erman-*P. Hanau*, § 613a BGB Rn. 95; HzA-*Hattesen*, Rn. 3436; *Kania*, DB 1994, S. 530; *Moll*, RdA 1996, S. 280; MünchArbR-*Wank*, Bd. 2, § 120 Rn. 182; *Zöllner*, DB 1995, S. 1403.

[385] Näher BAG AP Nr. 108 zu § 613a BGB, Bl. 4 f.; RGRK-*Ascheid*, § 613a BGB Rn. 224; *J.-H. Bauer*, FS Schaub, S. 38; *Bruhn*, Tarifeinheit, S. 210; *Däubler*, TVR, Rn. 1556; *Gamillscheg*, Arbeitsrecht, Bd. 1, § 17 V 4 c (1); *B. Gaul*, NZA 1998, S. 16; *P. Hanau/Vossen*, FS Hilger/Stumpf, S. 292 f.; HzA-*Hattesen*, Rn. 3440; *Heinze*, DB 1998, S. 1865; *Hromadka*, DB 1996, S. 1875; *Hromadka/Maschmann/Wallner*, Rn. 345; *Kamlah*, S. 113 f.; Soergel-*Raab*, 12. Aufl., § 613a Rn. 126; MünchKomm-

an, ob die neuen Tarifnormen günstiger sind als die transformierten, es gilt insoweit nicht das Günstigkeits- (§ 4 Abs. 3 2. Var. TVG), sondern das Ablösungsprinzip[386]. Da die neuen, für die übernommenen Arbeitnehmer meist ungünstigeren Tarifnormen ebenfalls nach § 3 Abs. 1 TVG mitgliedschaftlich – fordert man für § 613a Abs. 1 Satz 3 BGB richtigerweise beiderseitige Tarifgebundenheit[387] –, mindestens aber aufgrund einer Allgemeinverbindlicherklärung nach § 5 Abs. 4 TVG staatlich legitimiert sind, entfällt die Schutzfunktion des § 613a Abs. 1 Satz 2 BGB: Einen Schutz davor, daß Gewerkschaften sich auf schlechtere Arbeitsbedingungen einlassen, gibt es nicht. Unerheblich ist, ob der neue Tarifvertrag bereits zum Zeitpunkt der Rechtsnachfolge vorliegt und die Transformation nach § 613a Abs. 1 Satz 2 BGB damit von vornherein ausschließt, oder ob er erst zu einem späteren Zeitpunkt Anwendung findet und die transformierten Tarifnormen nachträglich verdrängt, weil erst dann der Tarifvertrag abgeschlossen oder weil erst dann Tarifgebundenheit durch die Arbeitsvertragsparteien oder durch Allgemeinverbindlicherklärung hergestellt wird[388].

Heftig umstritten und mit weitreichenden Konsequenzen verbunden ist die Frage, ob § 613a Abs. 1 Satz 3 BGB die Tarifgebundenheit beider Arbeitsvertragsparteien erfordert. Ließe man die einseitige Tarifgebundenheit des rechtsnachfolgenden Arbeitgebers genügen, bliebe für § 613a Abs. 1 Satz 2 BGB nur wenig Anwendungsspielraum: Der neue Arbeitgeber könnte durch Beitritt in einen neuen Verband, über den er autonom entscheidet, die alte tarifliche Ord-

---

Schaub, § 613a Rn. 181; HAS-*Waas*, Rn. 73; *Wank*, NZA 1987, S. 508 f.; *Zöllner*, DB 1995, S. 1403.

[386] BAG AP Nr. 49 zu § 613a BGB, Bl. 3; AP Nr. 108 zu § 613a BGB, Bl. 4R; AP Nr. 15 zu § 4 TVG Ordnungsprinzip, Bl. 2R; ArbG Mainz, AuR 1996, S. 240, 241; *Gamillscheg*, Arbeitsrecht, Bd. 1, § 17 V 4 c (1); *Gussen/Dauck*, S. 227 ff.; HzA-*Hattesen*, Rn. 3441; *Hromadka*, DB 1996, S. 1876; *Kamlah*, S. 110 ff.; *Kania*, DB 1994, S. 530; *Kempen*, BB 1991, S. 2010; *Kempen/Zachert*, § 3 Rn. 59; *Lieb*, Arbeitsrecht, Rn. 314; Soergel-*Raab*, 12. Aufl., § 613a Rn. 127; Staudinger-*Richardi*, § 613a Rn. 171; *Röder*, DB 1981, S. 1981 f.; MünchKomm-*Schaub*, § 613a BG Rn. 189 ff.; *Seiter*, Betriebsinhaberwechsel, S. 94; *ders.*, DB 1980, S. 878; *H. Wiedemann*, FS Fleck, S. 455; *Willemsen*, Anm. zu BAG vom 26.9.1979, AP Nr. 17 zu § 613a BGB, Bl. 6R.

[387] Dazu gleich unten § 17 C II 1 b bb.

[388] BAG AP Nr. 49 zu § 613a BGB, Bl. 3; AP Nr. 108 zu § 613a BGB, Bl. 3R f.; AP Nr. 15 zu § 4 TVG Ordnungsprinzip, Bl. 2; RGRK-*Ascheid*, § 613a Rn. 217; *Däubler*, TVR, Rn. 1555; Erman-*P. Hanau*, § 613a Rn. 93; *P. Hanau/Vossen*, FS Hilger/Stumpf, S. 282; HzA-*Hattesen*, Rn. 3438; *Henssler*, FS Schaub, S. 319; *Hromadka/Maschmann/Wallner*, Rn. 357 f.; *Kamlah*, S. 115; *Kania*, DB 1994, S. 530; *Moll*, RdA 1996, S. 282; *Seiter*, Betriebsinhaberwechsel, S. 94; *Zöllner*, DB 1995, S. 1403; ArbG Mainz, DB 1996, S. 2500; abw. etwa *Henssler*, NZA 1994, S. 919; ArbG Hamburg, Urteil vom 23.11.1994 – 21 Ca 165/94 (n.v.), S. 18; vgl. ferner *Kempen/Zachert*, § 3 Rn. 60, die einen neuen Tarifvertrag verlangen.

nung sofort ablösen. Übernommene Arbeitnehmer hätten, wenn sie nicht an den neuen Tarifvertrag des Rechtsnachfolgers gebunden wären, eine spürbare Verschlechterung ihrer Arbeitsbedingungen zu erwarten: Statt der in Individualarbeitsrecht transformierten Tarifnormen würden gesetzliche Mindestvorschriften – soweit vorhanden – gelten. Nur wenn man auf § 612 Abs. 2 BGB abstellt[389], sind die Arbeitsbedingungen des neuen Tarifvertrags auch ohne Tarifbindung maßgeblich[390].

aa) Einseitige Tarifbindung des Rechtsnachfolgers

Nach einer starken Mindermeinung im Schrifttum[391] soll § 613a Abs. 1 Satz 3 BGB schon bei einseitiger Tarifgebundenheit des Arbeitgebers eingreifen: keine „Tarifpluralität", sondern „Tarifeinheit im Betrieb". Dafür spreche bereits dessen Wortlaut: Für eine bloße „Regelung" im Sinne der Vorschrift sei die arbeitnehmerseitige Tarifgebundenheit entbehrlich. Auch bei der Parallele des § 87 Abs. 1 Einleitungssatz BetrVG komme es nur darauf an, ob eine tarifliche Regelung bestehe oder nicht, alleine die Tarifbindung des Arbeitgebers sei maßgeblich. Das zeige, daß die Koalitionsfreiheit der nicht tarifgebundenen Arbeitnehmer nicht berührt werde. Dem Schutzzweck des § 613a Abs. 1 BGB sei ausreichend Rechnung getragen, wenn ein Regelungswerk zur Verfügung stehe, dessen sich der Arbeitnehmer bedienen könne. Entscheidend komme es aber auf den Sinn des § 613a Abs. 1 Satz 3 BGB an, der eine Anpassung und Vereinheitlichung der Arbeitsbedingungen im Hinblick auf die betrieblichen Verhältnisse beim Rechtsnachfolger ermöglichen wolle. Er entspreche systematisch überdies den vom *BAG* entwickelten Grundsätzen zur Verhinderung einer Tarifpluralität (Tarifeinheit im Betrieb). Greife § 613a Abs. 1 Satz 3 BGB nur, wenn auch der Arbeitnehmer tarifgebunden sei, für den dann ein schlechterer Tarifvertrag einer neuen Gewerkschaft gelte, komme es schließlich zu einer unzulässigen Privilegierung der Mitglieder der alten Gewerkschaft.

---

389 Zu § 612 Abs. 2 BGB allgemein s. bereits oben § 9 F II 1; in diesem Zusammenhang auch unten § 17 C II 1 b cc.

390 *P. Hanau*, ArbRGegwart Bd. 34 (1997), S. 30; *Kania*, DB 1996, S. 1922 f.; *Moll*, RdA 1996, S. 282; *Zöllner*, DB 1995, S. 1405.

391 *Balze/Rebel/Schuck*, 3 Rn. 168 f.; *J.-H. Bauer*, FS Schaub, S. 39 f. („§ 613a Abs. 1 Satz 3 BGB analog"); *Heinze*, FS Schaub, S. 290 f.; *ders.*, DB 1998, S. 1864 f., 1866; *Henssler*, FS Schaub, S. 319 ff.; *Moll*, RdA 1996, S. 280 ff.; ErfKomm-*Schaub*, § 4 TVG Rn. 106; *Schiefer*, NJW 1998, S. 1821; *Zöllner*, DB 1995, S. 1403 ff.; vgl. auch *Baeck*, NZA 1997, S. 876, 929; *Hromadka/Maschmann/Wallner*, Rn. 354; *Kamlah*, S. 115 ff.; *Röder*, DB 1981, S. 1982; *Schwerdtner*, Anm. zu BAG vom 19.3.1986, EWiR 1986, S. 882.

bb) Beidseitige Tarifbindung des Rechtsnachfolgers und des Arbeitnehmers

Das *BAG*, das anfangs nicht Stellung beziehen mußte[392], fordert heute[393] zu Recht und unter Zustimmung der Instanzrechtsprechung[394] sowie der h.M. im Schrifttum[395] die Tarifgebundenheit auch des Arbeitnehmers als Voraussetzung für § 613a Abs. 1 Satz 3 BGB: Tarifeinheit im Arbeitsverhältnis („Tarifkonkurrenz"). Es läßt damit freilich die Geltung unterschiedlicher Arbeitsbedingungen im Betrieb zu („Tarifpluralität"). Zumindest der *4. Senat* des *BAG* muß sich deshalb einen Wertungswiderspruch zu seiner Judikatur zur Tarifpluralität, die er nach einem Prinzip der Tarifeinheit betriebsweit auflöst[396], vorwerfen lassen.

Im übrigen vermögen die Argumente der Mindermeinung nicht zu überzeugen. Der Verweis auf den Wortlaut („Regelung" statt „Geltung") ist bei § 613a Abs. 1 BGB, einer gesetzgebungstechnisch verunglückten Vorschrift[397], ohne-

---

[392] BAG AP Nr. 49 zu § 613a BGB, Bl. 2R f.; der 4. Senat ging aber offenbar vom Erfordernis der beiderseitigen Tarifgebundenheit aus, da es sonst argumentativ nicht auf § 4 Abs. 3 2. Var. TVG angekommen wäre.

[393] BAG AP Nr. 15 zu § 4 TVG Ordnungsprinzip, Bl. 2 f. (3. Senat); AP Nr. 108 zu § 613a BGB, Bl. 3R (4. Senat); AP Nr. 153 zu § 613a BGB, Bl. 2 (9. Senat).

[394] LAG Frankfurt a.M. LAGE § 613a BGB Nr. 6, S. 18; ArbG Hamburg, AuR 1997, S. 82 (Ls.); ArbG Lübeck, AuR 1997, S. 166 (Ls.); AiB 1997, S. 418 f.; ArbG Mainz, AuR 1996, S. 240, 241; DB 1996, S. 2501.

[395] RGRK-*Ascheid*, § 613a Rn. 220; *Bachner/Köstler/Trittin/Trümner*, V 2 d; *Blank*, S. 80; *Boecken*, Rn. 147, 194; *Bruhn*, Tarifeinheit, S. 209; *Däubler*, TVR, Rn. 1557; *Gamillscheg*, Arbeitsrecht, Bd. 1, § 17 V 4 c (1); *ders.*, FS Kehrmann, S. 257; *B. Gaul*, Anm. zu BAG vom 4.9.1996, EzA § 3 TVG Bezugnahme auf Tarifvertrag Nr. 7, S. 43; *ders.*, NZA 1998, S. 16; *D. Gaul*, S. 323; *Gussen/Dauck*, S. 233 ff., Erman-*P. Hanau*, § 613a BGB Rn. 95; *ders.*, FS D. Gaul, S. 298; *ders.*, RdA 1998, S. 69 f.; *P. Hanau/Vossen*, FS Hilger/Stumpf, S. 292; HzA-*Hattesen*, Rn. 3436; *Hromadka*, DB 1996, S. 1875; *Kania*, DB 1994, S. 530; *ders.*, DB 1995, S. 626; *Kempen/Zachert*, § 3 Rn. 60; *Kohte*, Anm. zu BAG vom 22.1.1994, SAE 1996, S. 17; *Preis/Steffan*, FS Kraft, S. 486; Soergel-*Raab*, 12. Aufl., § 613a Rn. 125; *Rieble*, Rn. 1246; MünchKomm-*Schaub*, § 613a BGB Rn. 186; *ders.*, ZTR 1997, S. 247; *Schipp*, NZA 1994, S. 868; *Unterhinninghofen*, Anm. zu ArbG Lübeck vom 15.8.1996, AiB 1997, S. 420; *ders.*, Anm. zu BAG vom 19.11.1996, AiB 1998, S. 115 f.; HAS-*Waas*, Rn. 73; MünchArbR-*Wank*, Bd. 2, § 120 Rn. 182; *ders.*, NZA 1987, S. 508; *ders.*, NJW 1996, S. 2279; *H. Wiedemann*, FS Fleck, S. 455; *Wieland*, Rn. 275 f.; *Willemsen*, Anm. zu BAG vom 26.9.1979, AP Nr. 17 zu § 613a BGB, Bl. 7; wohl auch *Konzen*, Anm. zu BAG vom 26.9.1976, SAE 1980, S. 67; *Lieb*, Arbeitsrecht, Rn. 314; *Seiter*, Betriebsinhaberwechsel, S. 94; *von Stebut*, Anm. zu BAG vom 19.3.1986, AP Nr. 49 zu § 613a BGB, Bl. 4R f.

[396] Zuletzt etwa BAG AP Nr. 16 zu § 4 TVG Tarifkonkurrenz, Bl. 4 ff.; AP Nr. 20 zu § 4 TVG Tarifkonkurrenz, Bl. 3 ff.; AP Nr. 126 zu § 1 TVG Tarifverträge: Bau, Bl. 3R f.; AP Nr. 4 zu § 3 TVG, Bl. 3.

[397] Kritisch zur Rechtstechnik des Gesetzgebers etwa *Seiter*, DB 1980, S. 881; MünchArbR-*Wank*, Bd. 2, § 120 Rn. 167; vgl. ferner *Hromadka*, DB 1996, S. 1876;

hin ein schwaches Argument. Dann darf aber nicht unerwähnt bleiben, daß § 613a Abs. 1 Satz 3 BGB von „Rechtsnormen“ spricht, die „Rechtsnormwirkung“ des Tarifvertrags grundsätzlich aber nur bei beiderseitiger Tarifbindung eintritt (§ 4 Abs. 1 Satz 1 i.V.m. § 3 Abs. 1, § 5 Abs. 4 TVG).

Auf den Wortlaut kommt es aber bereits aus systematischen Gründen nicht an. § 613a Abs. 1 Satz 3 knüpft im Wege einer Ausnahmevorschrift an § 613a Abs. 1 Satz 2 BGB an. Unstreitig findet die Transformation nach § 613a Abs. 1 Satz 2 BGB aber nur statt, wenn beiderseitige Tarifgebundenheit an den im Betrieb des Rechtsvorgängers einschlägigen Tarifvertrag bestanden hat. Folglich kann für § 613a Abs. 1 Satz 3 TVG nichts anderes gelten. Andernfalls würde im übrigen § 613a Abs. 1 Satz 4 2. Var. BGB als Ergänzung zu § 613a Abs. 1 Satz 3 BGB sinnlos: Dessen Normzweck besteht darin, dem Rechtsnachfolger die Möglichkeit zu geben, die Geltung eines Tarifvertrags, an den nur er tarifgebunden ist, mit einem nicht tarifgebundenen Arbeitnehmer zu vereinbaren, um erst auf diese Weise eine Tarifeinheit im Betrieb herbeizuführen. Läßt man für § 613a Abs. 1 Satz 3 BGB die einseitige Tarifgebundenheit des Arbeitgebers genügen, verbliebe für § 613a Abs. 1 Satz 4 2. Var. BGB nur ein schmaler Anwendungsbereich, wenn beide Arbeitsvertragsparteien nicht tarifgebunden wären. Rechtssystematisch ist darüber hinaus von Interesse, daß sich § 613a Abs. 1 BGB, das zeigt auch dessen Stellung in den § 611 ff. BGB, auf das einzelne Arbeitsverhältnis bezieht. Zu einer Tarifeinheit im Betrieb nach Maßgabe des § 613a Abs. 1 Satz 3 BGB paßt das nicht.

Auch der Normzweck des § 613a Abs. 1 Satz 3 BGB fordert die Tarifbindung beider Arbeitsvertragsparteien an den neuen Tarifvertrag. Dem Rechtsnachfolger soll die Vereinheitlichung der Arbeitsbedingungen erleichtert werden: In diesem Sinn sperrt § 613a Abs. 1 Satz 3 BGB die Anwendbarkeit des Günstigkeitsprinzips nach § 4 Abs. 3 2. Var. TVG, das maßgebliche Kollisionsnorm wäre, wenn sich das Arbeitsverhältnis wegen § 613a Abs. 1 Satz 2 BGB nach dem alten und – gleichzeitig – wegen § 4 Abs. 1 Satz 1 TVG nach dem neuen Tarifvertrag zu richten hätte.

Daneben ist ferner ein Blick auf die Entstehungsgeschichte des § 613a Abs. 1 Satz 3 BGB aufschlußreich. In der Begründung der Bundesregierung zum Gesetzesentwurf heißt es: „Satz 3 stellt klar, daß gegenüber den in Satz 2 geregelten individualrechtlichen Verpflichtungen die kollektiven Verpflichtungen *wie üblich* vorgehen“[398]. „Wie üblich“ kann nur bedeuten, daß wie sonst bei

---

Moll, RdA 1996, S. 277; *Seiter*, Betriebsinhaberwechsel, S. 90; *Willemsen*, Anm. zu BAG vom 26.9.1979, AP Nr. 17 zu § 613a BGB, Bl. 4R f.

[398] BT-Drs. 8/3317, S. 11 (Hervorhebung vom Verfasser).

der Tarifnormwirkung beidseitige Tarifgebundenheit bestehen muß: Dem Schutzzweck des § 613a Abs. 1 Satz 2 BGB ist nur entsprochen, wenn ein neuer Tarifvertrag das Arbeitsverhältnis normativ gestaltet. Das ergibt sich auch aus einer richtlinienkonformen Auslegung des § 613a Abs. 1 Satz 3 BGB. In Art. 3 Abs. 2 der Richtlinie 77/187/EWG[399] wird die Aufrechterhaltung der beim Veräußerer geltenden Arbeitsbedingungen u.a. bis zur „*Anwendung* eines anderen Kollektivvertrags“[400] verlangt. Für die Anwendung eines Tarifvertrags genügt außerhalb von § 3 Abs. 2 TVG die alleinige Tarifgebundenheit des Arbeitgebers aber nicht.

Statt auf einen Vergleich zu § 87 Abs. 1 Einleitungssatz BetrVG abzustellen, bei dem die alleinige Tarifgebundenheit des Arbeitgebers als Anwendungsvoraussetzung des Tarifvorbehalts ohnehin nicht unumstritten ist[401] und der sowieso einen anderen Zweck als § 613a Abs. 1 Satz 3 BGB verfolgt, ist schließlich die Rechtslage bei der Nachwirkung, die eine ähnliche Zielrichtung verfolgt, zu bedenken: Dort ist das Erfordernis der beidseitigen Tarifgebundenheit an einen Tarifvertrag als anderer Abmachung im Sinne des § 4 Abs. 5 TVG unbestritten[402]. Der *4. Senat* des BAG hat im „EDV-Anlagen“-Fall ausdrücklich entschieden, daß die Ablösung des nachwirkenden Tarifvertrags hinsichtlich der Tarifgebundenheit vollständig erfolgen muß: Ansonsten bleibt es für Teile der Belegschaft bei der Geltung des nachwirkenden Tarifvertrags[403].

cc) § 613a Abs. 1 Satz 3 BGB als lex specialis gegenüber der Tarifeinheit im Betrieb

Ein Teil des Schrifttums akzeptiert zwar das Erfordernis der beiderseitigen Tarifgebundenheit als Voraussetzung für die Anwendbarkeit des § 613a Abs. 1 Satz 3 BGB, korrigiert die vorgegebenen gesetzlichen Wertungen aber sogleich mit einem Rückgriff auf die tarifrechtliche Behandlung der echten Tarifpluralität durch das *BAG*[404]. Abweichend von seinem bisherigen Standpunkt[405] sieht

---

[399] RL 77/187/EWG vom 14.2.1977, Abl. EG Nr. L 61 vom 5.3.1977, S. 26 = EAS A 3040.

[400] Hervorhebung vom Verfasser.

[401] Dazu unten näher § 20 C III 1 b aa bbb.

[402] Vgl. oben § 9 F II 4.

[403] BAG AP Nr. 22 zu § 4 TVG Nachwirkung, Bl. 3; vgl. auch AP Nr. 10 zu § 3 TVG, Bl. 1R.

[404] Vgl. zuerst *Kania*, DB 1996, S. 1922 f.; dann *P. Hanau*, ArbRGegwart Bd. 34 (1997), S. 27 ff.

[405] *Kania*, DB 1994, S. 529 ff.

Kania § 613a Abs. 1 Satz 3 BGB für das Zusammentreffen mehrerer DGB-Tarifverträge nicht mehr als lex specialis gegenüber dem allgemeinen Tarifrecht: Es bestehe kein Anlaß mehr, vom „normalen Tarifrecht“[406] abzuweichen. Dort akzeptiert aber auch er jetzt – wiederum anders als früher[407] – in teilweiser Übereinstimmung mit dem *BAG* ein Rechtsprinzip der Tarifeinheit im Betrieb jedenfalls bei der Kollision von DGB-Tarifverträgen[408]. Diesen Ansatz hat *P. Hanau* – anders als *Kania* allerdings begrenzt auf die Fälle des Betriebszweck- „und/oder“ des Betriebsinhaberwechsels – modifiziert: Soweit es sich um kollidierende DGB-Tarifverträge handele, folge aus deren Auslegung, daß sie ihre Wirkung ganz verlieren sollten, wenn der Betrieb in den Geltungsbereich eines anderen Tarifvertrags derselben oder einer anderen DGB-Gewerkschaft gelange[409]. Dasselbe Ergebnis müsse dann aber auch durch Auslegung des § 613a Abs. 1 Satz 3 BGB zu gewinnen sein: Die Verdrängung der nach § 613a Abs. 1 Satz 2 BGB zu übernehmenden Tarifwirkungen sei mit der „vereins- und satzungsmäßigen Unterwerfung“ des Arbeitnehmers unter das Prinzip der Einheitsgewerkschaft zu begründen[410]. Lückenhafte Arbeitsverhältnisse seien nach § 612 Abs. 2 BGB analog unter Rückgriff auf den nunmehr einschlägigen DGB-Tarifvertrag zu schließen[411].

Weder die Verdrängung des § 613a Abs. 1 Satz 3 BGB durch das allgemeine Prinzip der Tarifeinheit im Betrieb noch die Differenzierung zwischen DGB- und anderen Gewerkschaften können aber überzeugen[412]. Bereits der Ausgangspunkt ist systematisch verfehlt: Im Zusammenhang mit § 613a Abs. 1 BGB kann es zu echter Tarifkonkurrenz oder Tarifpluralität[413] nicht kommen: Der in den Arbeitsvertrag transformierte Tarifvertrag (§ 613a Abs. 1 Satz 2 BGB) gilt nicht mehr normativ[414]. Eine Gleichbehandlung ist deshalb zwingend nicht geboten. Ein Blick auf § 4 Abs. 3 Var. 2 TVG – auch dort handelt es sich

---

[406] *Kania*, DB 1996, S. 1922 f.; *ders.*, Anm. zu BAG vom 28.5.1997, AP Nr. 26 zu § 4 TVG Nachwirkung, Bl. 9R f.

[407] *P. Hanau/Kania*, Anm. zu BAG vom 20.3.1991, AP Nr. 20 zu § 4 TVG Tarifkonkurrenz, Bl. 7 ff.

[408] *Kania*, DB 1996, S. 1921 f.

[409] *P. Hanau*, ArbRGegwart Bd. 34 (1994), S. 29; dazu ferner *P. Hanau/Kania*, FS Schaub, S. 256 ff.

[410] *P. Hanau*, ArbRGegwart Bd. 34 (1994), S. 30.

[411] *P. Hanau*, ArbRGegwart Bd. 34 (1994), S. 30; *ders.*, RdA 1998, S. 69 f.; zur Reichweite des § 612 Abs. 2 BGB s. bereits oben § 9 F II 1.

[412] So im Ergebnis jetzt auch *Preis/Steffan*, FS Kraft, S. 486 f.

[413] Näher oben § 7 A, B.

[414] Dazu näher oben § 10 J I 3.

um eine Kollision zwischen normativ wirkenden und einzelvertraglichen Arbeitsbedingungen – legt sogar das Gegenteil nahe.

Die Parallele zur echten Tarifpluralität kommt darüber hinaus ohnehin nur in Betracht, soweit man ein Rechtsprinzip der Tarifeinheit im Betrieb mit dem *BAG* vollständig oder mit *Kania* zumindest innerhalb des DGB anerkennt[415]. Wenn man der umstrittenen Rechtsprechung des *BAG* folgte, wäre § 613a Abs. 1 Satz 3 BGB aber als abschließende Spezialregelung zu verstehen, die nur „Tarifkonkurrenzen" vermeiden will, „Tarifpluralität" aber unberührt läßt.[416] Auch steht die geforderte Tarifvertragsauslegung weder mit den für die Auslegung von Tarifverträgen geltenden Grundsätzen in Einklang[417] noch ist sie mit dem verfassungsrechtlich garantierten und nur durch Art. 9 Abs. 3 Satz 1 GG begrenzten Recht jeder Gewerkschaft zur autonomen Satzungsbestimmung vereinbar[418]. Wie bereits dargelegt worden ist, geht schließlich die Prämisse fehl, Arbeitnehmer, die Mitglieder einer DGB-Gewerkschaft seien, würden sich „vereins- und satzungsmäßig" dem Prinzip der Einheitsgewerkschaft unterwerfen[419]. Beides ist nicht richtig. Das Industrieverbandsprinzip ist derzeit selbst für DGB-Gewerkschaften rechtlich unverbindlich. Es gilt nur nach Maßgabe der Satzungen der Einzelgewerkschaften[420]. Diese sind weder gesetzlich noch durch den Dachverband DGB verpflichtet, das Industrieverbandsprinzip konsequent umzusetzen noch haben sie es bislang tatsächlich getan[421]. Eine unmittelbare Legitimation des DGB durch die Mitglieder der Einzelgewerkschaften fehlt ebenfalls[422].

2. Rechtsnachfolge außerhalb des § 613a BGB und Tarifkonkurrenz

Tarifkonkurrenzen anläßlich einer Rechtsnachfolge können auch außerhalb des § 613a Abs. 1 BGB nicht entstehen. Bei der Gesamtrechtsnachfolge tritt der Rechtsnachfolger, soweit es um einen Firmentarifvertrag geht, zwar in die Rechtsstellung des Rechtsvorgängers ein, so daß die Tarifbindung nach § 3

[415] Ausführlich dazu unten §§ 20 ff.

[416] Ebenso ArbG Lübeck, AiB 1997, S. 419; vgl. auch *Gussen/Dauck*, S. 275 ff.; *Kania*, DB 1994, S. 530 f.

[417] Zu ihnen oben § 13 A I.

[418] Dazu oben § 12 A I.

[419] Ausführlich oben § 12 A II.

[420] Näher oben § 12 A II 2 a, b.

[421] Näher oben § 12 A II 2 a.

[422] Näher oben § 12 A II 2 c.

Abs. 1 TVG bestehen bleibt und § 613a Abs. 1 Satz 2 BGB nicht anwendbar ist[423]. Eine Tarifkonkurrenz des Firmentarifvertrags des Rechtsvorgängers mit Tarifverträgen, die beim Rechtsnachfolger für dessen Arbeitnehmer gelten, scheidet aber aus, da sich der Firmentarifvertrag nur auf die betrieblichen Verhältnisse des Rechtsvorgängers bezieht. Insoweit liegt also nicht Tarifkonkurrenz, sondern Tarifpluralität vor[424].

III. Tarifkonkurrenz im aufgespaltenen Arbeitsverhältnis

1. Tarifkonkurrenz bei gewerblicher Arbeitnehmerüberlassung

Die tarifrechtliche Zuordnung von Leiharbeitnehmern bei gewerblicher Arbeitnehmerüberlassung knüpft in aller Regel an das Arbeitsverhältnis zwischen Verleiher und Leiharbeitnehmer an. Sie betrifft nicht nur Individual-, sondern auch Kollektivnormen, so daß es zu einer Tarifkonkurrenz zwischen Verleiher- und Entleihertarifverträgen nicht kommen kann[425]. Eine Tarifkonkurrenz im Arbeitsverhältnis zwischen Leiharbeitnehmer und Verleiher ist nach den entwickelten Grundsätzen zu lösen[426]. Eine arbeitsvertragliche Beziehung des Leiharbeitnehmers zum Entleiher entsteht nur ausnahmsweise (§ 10 Abs. 1 Satz 1 i.V.m. § 9 Nr. 1 AÜG)[427]. Auch dann sind Tarifkonkurrenzen zwischen Verleiher- und Entleihertarifverträgen nicht möglich: Mangels Arbeitsvertrags zwischen Leiharbeitnehmer und Verleiher scheidet eine tarifvertragliche Gestaltung ihrer Rechtsbeziehung aus.

2. Tarifkonkurrenz im Konzern

Im Konzern erfolgt die Zuordnung der Tarifbindung wie sonst auch im Arbeitsverhältnis: Arbeitgeber können sowohl Konzernmutter als auch Konzerntöchter jeweils für die bei ihnen beschäftigten Arbeitnehmer sein[428]. Kommt es in einem Arbeitsverhältnis zur Kollision von Tarifverträgen, ist die Tarifkon-

---

[423] Näher oben § 10 J I 1 a.
[424] S. oben § 10 J I 1 a.
[425] S. oben § 10 J II 1.
[426] Vgl. oben § 16, § 17 A-C.
[427] S. oben § 10 J II 1.
[428] Näher oben § 10 J II 2.

kurrenz nach den dazu entwickelten Grundsätzen aufzulösen[429]. Der Konzerntatbestand erfordert insoweit keine besondere Betrachtungsweise.

3. Tarifkonkurrenz im gemeinsamen Betrieb mehrerer Unternehmen

a) Gemeinsamer Betrieb und „betriebsweite Tarifkonkurrenz"

Im gemeinsamen Betrieb mehrerer Unternehmen kann es wegen der individualrechtlichen Zuordnung der einzelnen Arbeitnehmer zu den verschiedenen Trägerunternehmen zu einer Tarifkonkurrenz von Inhaltsnormen regelmäßig nicht kommen: Insoweit liegt Tarifpluralität vor[430]. Bei Kollektivnormen kommt es zwar ebenfalls nicht zu einer Kollision im Arbeitsverhältnis. Gleichwohl können im gemeinsamen Betrieb nur die Kollektivnormen eines Tarifvertrags angewandt werden[431]. Man kann deshalb von einer „betriebsweiten Tarifkonkurrenz" sprechen[432]. Generell untauglich zu deren Lösung sind das Günstigkeitsprinzip[433] und das Spezialitätsprinzip[434], auf die vereinzelt abgestellt wird. Wie bei einer Kollektivnormenkollision generell geht der Tarifvertrag vor, der die größte mitgliedschaftliche Legitimation im Betrieb besitzt: Der Tarifvertrag der Gewerkschaft mit den meisten Verbandsmitgliedern im Betrieb setzt sich durch (Quantitätsprinzip)[435].

Der vorrangige Tarifvertrag gilt entgegen den allgemeinen Grundsätzen wegen zwingender Bedürfnisse des Rechtsverkehrs im Wege gesetzesübersteigender Rechtsfortbildung[436] auch für diejenigen Arbeitgeber, deren Tarifverträge zwar aus dem Betrieb verdrängt worden sind, die an den vorrangigen Tarifvertrag aber nicht nach § 3 Abs. 2 TVG tarifgebunden sind. Da die vorrangigen Kollektivnormen nur betriebseinheitlich gelten können[437], bliebe der gemeinsame Betrieb andernfalls kollektivnormenfrei. Die Trägerunternehmen könnten

---

[429] S. § 16, § 17 A-C.

[430] S. oben § 10 J II 3 a.

[431] Vgl. bereits oben § 15 C I 2 b.

[432] S. bereits oben § 10 J II 3 a.

[433] So *Däubler*, TVR, Rn. 273b i.V.m. Rn. 1493 f.; kritisch jetzt *ders.*, FS Zeuner, S. 34; zur fehlenden Eignung des Günstigkeitsprinzips als Lösungsgrundsatz für Tarifkonkurrenzen s. bereits oben § 16 D.

[434] So *Herrmann*, S. 169; zur Ungeeignetheit des Spezialitätsprinzips s. bereits oben § 16 A I.

[435] *Däubler*, FS Zeuner, S. 34; zur Betriebsnormenkollision s. bereits oben § 17 B.

[436] Zur richterlichen Rechtsfortbildung ausführlich unten § 20 C.

[437] S.bereits oben § 8 B I 2 b, c.

auf diese Weise die Geltung von Kollektivnormen im gemeinsamen Betrieb gezielt verhindern. Effektiver Arbeitnehmerschutz kann in diesem Fall aber nicht erst an den Tatbestand rechtsmißbräuchlicher Tarifumgehung anknüpfen[438]. Bliebe der gemeinsame Betrieb kollektivnormenfrei, würde die individuelle positive Koalitionsfreiheit (Art. 9 Abs. 3 Satz 1 GG)[439] derjenigen Arbeitnehmer verletzt, die die auf der Tarifbindung ihres Arbeitgebers (§ 3 Abs. 2 TVG) beruhende Tarifnormwirkung der Kollektivnormen nicht in Anspruch nehmen könnten. Weniger schwer wiegt dagegen die Verletzung der negativen Koalitionsfreiheit der Arbeitgeber (Art. 9 Abs. 3 Satz 1 GG)[440], deren eigene Kollektivnormen verdrängt worden sind und die nun Kollektivnormen fremder Verbände akzeptieren müssen: Sie haben es im gemeinsamen Betrieb mehrerer Unternehmen in der Hand, eine entsprechende Rechtsgestaltung vorzunehmen.

b) „Tarifkonkurrenz" im einheitlichen Arbeitsverhältnis

Auch im einheitlichen Arbeitsverhältnis, das namentlich im gemeinsamen Betrieb mehrerer Unternehmen auftreten kann, gilt die Tarifeinheit im Arbeitsverhältnis[441]. Da die Tarifverträge zwar im Arbeitsverhältnis kollidieren, gleichwohl keine Arbeitgeberidentität besteht, liegt eine Tarifkonkurrenz im engeren Sinn allerdings nicht vor[442]. Ein Rückgriff auf die allgemeinen Regeln zur Tarifkonkurrenz, so offenbar *Däubler* auch an dieser Stelle für die Kollision von Kollektivnormen[443], ist deshalb nicht ohne weiteres möglich. Die „Tarifkonkurrenz" im einheitlichen Arbeitsverhältnis ist entgegen der Auffassung *Windbichlers*[444] gleichwohl lösbar.

In diesem speziellen Fall bietet es sich an, auf die Tätigkeit des Arbeitnehmers im Betrieb abzustellen und bei aller Unschärfe ausnahmsweise den Tarifvertrag vorzuziehen, der die größte Sachnähe zur ausgeübten Tätigkeit aufweist[445]. Ist eine größere Sachnähe nicht zu ermitteln, ist jedenfalls dem doppelt

---

438 So aber *Windbichler*, S. 447 f.

439 Zu ihr noch unten § 21 A I 1 a aa.

440 Zu ihr noch unten § 21 A I 1 a bb.

441 S. oben § 15 C II 2.

442 S. oben § 7 A; vgl. ferner *Windbichler*, S. 437: „eine Art teilweiser Tarifkonkurrenz".

443 *Däubler*, TVR, Rn. 273d.

444 *Windbichler*, S. 446: „die ohne Sonderregelung durch die Tarifparteien nicht befriedigend zu lösen sind".

445 Vgl. *Windbichler*, S. 437; zur Sachnähe als grundsätzlich untauglichem Lösungsansatz s. oben § 16 A II.

tarifgebundenen Arbeitnehmer trotz struktureller Unterschiede zwischen der rechtlichen Konstruktion des einheitlichen und des klassischen zweipoligen Arbeitsverhältnisses hilfsweise ein Wahlrecht einzuräumen[446].

Auch im einheitlichen Arbeitsverhältnis kann anders als bei einer klassischen Tarifkonkurrenz die Rechtsfolge nicht bloße Verdrängung der nachrangigen Tarifverträge sein[447]. Die Rechtsbeziehung des Arbeitnehmers zu dem Arbeitgeber, der an den verdrängten Tarifvertrag gebunden ist, bliebe dann ungewollt tariffrei. Wie im gemeinsamen Betrieb mehrerer Unternehmen bei Kollektivnormen[448] sind die Arbeitgeber, deren Tarifverträge aus dem einheitlichen Arbeitsverhältnis verdrängt werden, wegen zwingender Bedürfnisse des Rechtsverkehrs im Wege gesetzesübersteigender Rechtsfortbildung deshalb auch der Tarifnormwirkung des vorrangigen Tarifvertrags zu unterwerfen. Auf ihre Tarifbindung kommt es insoweit nicht an. Die Verletzung ihrer durch Art. 9 Abs. 3 Satz 1 GG geschützten negativen Koalitionsfreiheit[449] ist als Konsequenz aus der Rechtsgestaltung der Führungsgesellschaft des gemeinsamen Betriebs als Gesellschaft bürgerlichen Rechts hinzunehmen. Von den Nachteilen dieser Rechtskonstruktion, die von den Trägerunternehmen des gemeinsamen Betriebs jederzeit korrigiert werden kann, ist der Arbeitnehmer freizuhalten.

IV. Ergebnis

Das Zusammentreffen zwischen Tarifvertrag und individualrechtlicher Bezugnahme auf einen Tarifvertrag ist nach dem Günstigkeitsprinzip (§ 4 Abs. 3 2. Var. TVG) zu lösen. Das gilt nur bei Tarifverträgen über gemeinsame Einrichtungen nicht, auf die § 4 Abs. 3 2. Var. TVG nicht anwendbar ist. Bei Tarifkollisionen nach einer Rechtsnachfolge ist § 613a Abs. 1 Satz 3 BGB maßgeblich, dessen Anwendung die Tarifgebundenheit beider Arbeitsvertragsparteien voraussetzt. Bei der gewerblichen Arbeitnehmerüberlassung und im Konzern gelten die allgemeinen Grundsätze für Tarifkonkurrenzen. Bei der „betriebsweiten Tarifkonkurrenz" von Kollektivnormen im gemeinsamen Betrieb mehrerer Unternehmen ist derjenige Tarifvertrag vorrangig, der die größte mitgliedschaftliche Legitimation im Betrieb hat. Die Kollektivnormen gelten dann auch für die Arbeitsverhältnisse, deren Tarifverträge verdrängt worden sind. Im einheitlichen Arbeitsverhältnis entscheidet die größte Sachnähe über den anzu-

[446] Zum Wahlrecht oben § 16 C III, § 17 A I 1.
[447] Zu den Rechtsfolgen einer Tarifkonkurrenz s. oben § 15 C II 4.
[448] Dazu oben § 17 C III 3 a.
[449] Zu ihr noch unten § 21 A I 1 a bb.

wendenden Tarifvertrag. Auch die Rechtsbeziehungen zu denjenigen Arbeitgebern, deren Tarifverträge aus dem einheitlichen Arbeitsverhältnis gedrängt werden, werden vom vorrangigen Tarifvertrag mitgestaltet.

D. Zusammenfassung

Bei der Lösung von Tarifkonkurrenzen ist zwischen privatautonomen und staatlich veranlaßten Tarifkonkurrenzen zu unterscheiden. Davon ist ferner die Konkurrenz von Kollektivnormen abzugrenzen. Schließlich sind zahlreiche Besonderheiten bei einzelnen Fallgestaltungen zu beachten.

§ 18 Ergebnis

Die Tarifeinheit im Arbeitsverhältnis ist die maßgebliche Kollisionsregel für Tarifkonkurrenzen. Welcher der konkurrierenden Tarifverträge vorrangig ist, kann nicht nach pauschalen, für alle Fallgruppen geltenden Regeln wie etwa dem Spezialitätsprinzip entschieden werden. Notwendig sind vielmehr einzelfallbezogene, an der Teleologie des TVG orientierte Lösungen.

Sechster Teil

Tarifeinheit im Betrieb

Kommt es zur Tarifkollision im Betrieb, ist zu entscheiden, ob betriebsweit nur ein Tarifvertrag angewandt werden darf (Tarifeinheit im Betrieb) oder ob für verschiedene Arbeitsverhältnisse unterschiedliche Tarifverträge gelten können (Tarifpluralität). Dabei ist zunächst erneut der Begriff der Tarifpluralität aufzugreifen und der Begriff der Tarifeinheit im Betrieb zu präzisieren, um deren Reichweite und eine Abgrenzung zur „betriebsweiten Tarifkonkurrenz“ vornehmen zu können (§ 19). Sodann folgt eine Untersuchung möglicher Rechtsgrundlagen eines Rechtsgrundsatzes der Tarifeinheit im Betrieb, deren Schwerpunkt in einer möglichen Legitimation durch richterliche Rechtsfortbildung liegt (§ 20). Selbst wenn man die Lehre von der Tarifeinheit im Betrieb mangels Rechtsgrundlage ablehnt, stellt sich die Anschlußfrage, ob sie nicht ohnehin gegen Verfassungsrecht – namentlich gegen Art. 9 Abs. 3 Satz 1 GG – (§ 21) oder einfaches Gesetzesrecht verstößt (§ 22).

§ 19 Tarifpluralität und Tarifeinheit im Betrieb

A. Tarifeinheit im Betrieb als Kollisionsregel für Tarifpluralität

I. Tarifpluralität

Eine Tarifpluralität liegt vor, wenn die normativen Bestimmungen mehrerer Tarifverträge für verschiedene Arbeitsverhältnisse eines Betriebes Geltung beanspruchen, so daß auf manche Arbeitsverhältnisse der eine und auf manche ein anderer Tarifvertrag anzuwenden ist[1]. Ein Tarifvertrag gilt im Arbeitsverhältnis nur, wenn es dem tariflichen Geltungsbereich unterfällt und beide Arbeitsvertragsparteien tarifgebunden sind. Die kollidierenden Tarifverträge müssen des-

[1] Näher oben § 7 B I.

halb entweder auf Arbeitgeber- oder auf Arbeitnehmerseite von verschiedenen Tarifvertragsparteien abgeschlossen worden sein, damit es zu einer Tarifpluralität kommen kann.

1. Fallgruppen zur Tarifpluralität in der Judikatur des BAG

Fast allen maßgeblichen Entscheidungen des *4. Senats* und des *10. Senats* des *BAG* zum Prinzip der Tarifeinheit im Betrieb liegen Tarifpluralitäten zugrunde, die auf einem Nebeneinander eines allgemeinverbindlichen Tarifvertrags über gemeinsame Einrichtungen der Tarifvertragsparteien (§ 5 Abs. 4 TVG) und eines nach § 3 Abs. 1 TVG geltenden Tarifvertrags beruhen[2]. Nur zum Teil sind die kollidierenden Tarifverträge dabei von derselben Gewerkschaft (IG BSE) abgeschlossen worden[3]. Meist treffen Tarifverträge verschiedener Gewerkschaften zusammen (IG BSE und Gewerkschaft GLF[4], IG BSE und IG Metall[5], HBV/DAG und IG Medien, Druck und Papier, Publizistik und Kunst/DAG[6]). Im umstrittenen „real-kauf"-Urteil hatte der *4. Senat* über eine Tarifpluralität eines Firmentarifvertrags (DAG) und eines allgemeinverbindlichen – darüber hinaus einzelvertraglich in Bezug genommenen – Verbandstarifvertrags (DAG/HBV) zu entscheiden[7]. Tarifpluralität kann – das zeigt der „EDV-Anlagen"-Fall – auch zwischen einem nachwirkenden (DAG/HBV) und einem einfachen Tarifvertrag (DAG) bestehen[8]. Die Ausführungen des *4. Senats* in den beiden „Heizung-Klima-Sanitär"-Entscheidungen, die eine Tarifpluralität bei nachwirkenden Tarifverträgen (§ 4 Abs. 5 TVG) ablehnen, überzeugen nicht[9]. Das Fallmaterial läßt erkennen, daß Tarifpluralität in der Regel unter Beteiligung eines allgemeinverbindlichen Tarifvertrags vorkommt:

---

[2] BAG AP Nr. 11 zu § 4 TVG Tarifkonkurrenz; AP Nr. 12 zu § 4 TVG Tarifkonkurrenz; AP Nr. 16 zu § 4 TVG Tarifkonkurrenz; AP Nr. 126 zu § 1 TVG Tarifverträge: Bau; AP Nr. 19 zu § 4 TVG Tarifkonkurrenz; AP Nr. 22 zu § 4 TVG Tarifkonkurrenz; Urteil vom 26.1.1994 – 10 AZR 130/92 (n.v.), II 3 c.

[3] BAG AP Nr. 11 zu § 4 TVG Tarifkonkurrenz; AP Nr. 12 zu § 4 TVG Tarifkonkurrenz.

[4] BAG AP Nr. 126 zu § 1 TVG Tarifverträge: Bau; AP Nr. 22 zu § 4 TVG Tarifkonkurrenz.

[5] BAG AP Nr. 16 zu § 4 TVG Tarifkonkurrenz.

[6] BAG AP Nr. 19 zu § 4 TVG Tarifkonkurrenz.

[7] BAG AP Nr. 20 zu § 4 TVG Tarifkonkurrenz.

[8] BAG AP Nr. 22 zu § 4 TVG Nachwirkung; vgl. ferner LAG Brandenburg LAGE § 4 TVG Nachwirkung Nr. 3, S. 5 f.: IG-Metall und Christliche Gewerkschaft Metall.

[9] BAG AP Nr. 26 zu § 4 TVG Nachwirkung, Bl. 6 ff.; AP Nr. 27 zu § 4 TVG Nachwirkung, Bl. 5R ff.; näher oben § 7 B II.

Nur die Allgemeinverbindlicherklärung führt praktisch die für eine Tarifpluralität erforderliche mehrfache Tarifbindung des Arbeitgebers herbei.

2. Sonstige Fallgruppen der Tarifpluralität

Das Spektrum der Tarifpluralität beschränkt sich gleichwohl nicht auf allgemeinverbindliche Tarifverträge. Eine Tarifpluralität liegt vor, wenn ein Arbeitgeber oder sein Verband mit mehreren Gewerkschaften Tarifverträge abgeschlossen haben und an jeden der Tarifverträge mindestens ein Arbeitnehmer im Betrieb tarifgebunden ist. Meist handelt es sich um Tarifverträge von Gewerkschaften, die wie die DAG und die HBV einerseits oder eine DGB- und eine christliche Gewerkschaft andererseits unabhängig voneinander sind. Tarifpluralität kann aber auch zwischen DGB-Gewerkschaften entstehen: Die Überschneidung von Tarifzuständigkeiten zweier Industriegewerkschaften ist entgegen der neueren Rechtsprechung des *1. Senats* des *BAG*[10] selbst nach einem DGB-Schiedsspruch (§ 16 DGB-Satzung) zulässig. Zu einer Tarifpluralität kommt es ferner, wenn ein Arbeitgeber Mitglied in mehreren Arbeitgeberverbänden ist, die mit verschiedenen Gewerkschaften Tarifverträge vereinbart haben, und an jeden der Tarifverträge mindestens ein Arbeitnehmer im Betrieb tarifgebunden ist. Eine Tarifpluralität entsteht weiter, wenn ein verbandsangehöriger Arbeitgeber einen Firmentarifvertrag mit einer anderen Gewerkschaft als derjenigen abschließt, die Tarifvertragspartei des Verbandstarifvertrags ist, und wenn im Betrieb des Arbeitgebers Mitglieder beider Gewerkschaften als Arbeitnehmer beschäftigt sind. Ferner kann es beim Verbandswechsel des Arbeitgebers[11] und bei arbeitstechnischen oder räumlichen Umstrukturierungen in dessen Betrieb[12] zu einer Tarifpluralität kommen, wenn der alte Tarifvertrag nach § 3 Abs. 3 TVG fortgilt, ein neuer, von anderen Tarifvertragsparteien geschlossener Tarifvertrag nach § 3 Abs. 1 TVG oder § 5 Abs. 4 TVG gilt und Mitglieder beider Gewerkschaften Arbeitnehmer des Betriebs sind. Daß eine Tarifpluralität auch unter Beteiligung eines nachwirkenden Tarifvertrags möglich ist (§ 4 Abs. 5 TVG), macht wiederum der „EDV-Anlagen"-Fall des *4. Senats* deutlich[13].

---

[10] BAG AP Nr. 10 zu § 2 TVG Tarifzuständigkeit; AP Nr. 11 zu § 2 TVG Tarifzuständigkeit.

[11] S. oben § 10 C III 4 c.

[12] S. oben § 10 C III 4 d.

[13] BAG AP Nr. 22 zu § 4 TVG Nachwirkung; ebenso LAG Brandenburg LAGE § 4 TVG Nachwirkung Nr. 3, S. 5 f.; anders jetzt BAG AP Nr. 26 zu § 4 TVG Nachwirkung, Bl. 6 ff.; AP Nr. 27 zu § 4 TVG Nachwirkung, Bl. 5R ff.; dazu oben § 7 B.

II. Tarifeinheit im Betrieb

1. Aussage der Tarifeinheit im Betrieb

Nach der Lehre von der Tarifeinheit im Betrieb kann bei einer Tarifpluralität nur einer der kollidierenden Tarifverträge die Arbeitsverhältnisse im Betrieb normativ gestalten. In Anlehnung an die h.M. zur Lösung von Tarifkonkurrenzen wird der weniger spezielle Tarifvertrag ungeachtet der an ihn bestehenden Tarifbindungen aus dem Betrieb gedrängt. Eine Tarifpluralität im Betrieb ist demnach nicht möglich.

2. Meinungsstand zur Tarifeinheit im Betrieb

a) Rechtsprechung des BAG

Ein Prinzip der Tarifeinheit im Betrieb wird – sieht man von der „EDV-Anlagen"-Entscheidung und im Ergebnis auch von den „Heizung-Klima-Sanitär"-Urteilen ab[14] – vom *4. Senat* des *BAG* in ständiger Rechtsprechung vertreten[15]. Dasselbe Ergebnis (Tarifeinheit im Betrieb) hat das Gericht nach einem Verbandswechsel des Arbeitgebers durch die Auslegung einzelvertraglicher Bezugnahmeklauseln herbeigeführt[16]. Ohne Beachtung ist bislang die Tatsache geblieben, daß zahlreiche Entscheidungen einschränkende Formulierungen enthalten wie es könne „grundsätzlich"[17], „im allgemeinen"[18] oder „in aller

[14] BAG AP Nr. 22 zu § 4 TVG Nachwirkung, Bl. 3; BAG AP Nr. 26 zu § 4 TVG Nachwirkung, Bl. 6 ff.; AP Nr. 27 zu § 4 TVG Nachwirkung, Bl. 5R ff.

[15] BAG AP Nr. 3 zu § 4 TVG Tarifkonkurrenz, Bl. 1R; AP Nr. 4 zu § 4 TVG Tarifkonkurrenz, Bl. 2R f.; AP Nr. 6 zu § 4 TVG Tarifkonkurrenz, Bl. 1R f.; AP Nr. 8 zu § 4 TVG Tarifkonkurrenz, Bl. 1R; AP Nr. 11 zu § 4 TVG Tarifkonkurrenz, Bl. 3R f.; AP Nr. 12 zu § 4 TVG Tarifkonkurrenz, Bl. 3 f.; AP Nr. 16 zu § 4 TVG Tarifkonkurrenz, Bl. 4 ff.; AP Nr. 19 zu § 4 TVG Tarifkonkurrenz, Bl. 2R ff.; AP Nr. 20 zu § 4 TVG Tarifkonkurrenz, Bl. 3 ff., 4R; AP Nr. 22 zu § 4 TVG Tarifkonkurrenz, Bl. 4R ff.; AP Nr. 126 zu § 1 TVG Tarifverträge: Bau, Bl. 3R f.; AP Nr. 1 zu § 1 TVG Tarifverträge: Papierindustrie, Bl. 2R; AP Nr. 4 zu § 3 TVG, Bl. 3; AP Nr. 49 zu § 613a BGB, Bl. 3; Urteil vom 2.8.1984 – 4 AZR 259/83 (n.v.); Urteil vom 11.3.1987 – 4 AZR 236/86 (n.v.), S. 8; Urteil vom 14.10.1987 – 4 AZR 342/87 (n.v.), S. 9 f.; Urteil vom 20.1.1988 – 4 AZR 492/87 (n.v.), S. 10 f.; Urteil vom 26.1.1994 – 10 AZR 130/92 (n.v.), II 3 c.

[16] BAG AP Nr. 5 zu § 1 TVG Bezugnahme auf Tarifvertrag, Bl. 2 ff.

[17] BAG AP Nr. 4 zu § 4 TVG Tarifkonkurrenz, Bl. 3.

[18] BAG AP Nr. 49 zu § 613a BGB, Bl. 3; Urteil vom 29.8.1984 – 4 AZR 259/83 (n.v.).

Regel"[19] nur ein Tarifvertrag im Betrieb zur Anwendung kommen, es „solle"[20] oder es solle „nach Möglichkeit"[21] in jedem Betrieb nur ein Tarifvertrag gelten. Weniger einheitlich ist die Rechtsprechung des *1. Senats*. Manchmal wird die Judikatur des *4. Senats* zum Prinzip der Tarifeinheit im Betrieb kritisch gewürdigt, ohne freilich abschließend urteilen zu müssen[22]. Anders als früher[23] postuliert der *1. Senat* heute aber auf der Ebene der Tarifzuständigkeit für das Verhältnis von DGB-Gewerkschaften die Tarifeinheit im Betrieb und verhindert auf diese Weise Tarifkonkurrenzen und Tarifpluralität im Betrieb zwischen mehreren DGB-Tarifverträgen[24]. Faktisch kommt das einem Prinzip der Tarifeinheit im Betrieb als Kollisionsregel für Tarifpluralität ziemlich gleich. Der *10. Senat* hat sich zunächst ebenfalls kritisch mit der Rechtsprechung des *4. Senats* auseinandergesetzt[25], später aber entschieden, ihr trotzdem zu folgen, jedenfalls soweit es um Tarifpluralität unter Beteiligung eines Tarifvertrags über gemeinsame Einrichtungen der Tarifvertragsparteien nach § 4 Abs. 2 TVG geht[26].

b) Instanzrechtsprechung

Der Meinungsstand innerhalb der Berufungsgerichte ist nicht einheitlich. Das *LAG Frankfurt a.M.*, das sich wegen der alleinigen Zuständigkeit für Verfahren mit gemeinsamen Einrichtungen bis zum 1.4.1991[27] immer wieder mit der Tarifeinheit im Betrieb auseinanderzusetzen hatte, hat den zunächst geleisteten

---

[19] BAG AP Nr. 6 zu § 4 TVG Tarifkonkurrenz, Bl. 1R; Urteil vom 11.3.1987 – 4 AZR 236/86 (n.v.), S. 8.

[20] BAG AP Nr. 16 zu § 4 TVG Tarifkonkurrenz, Bl. 5; AP Nr. 19 zu § 4 TVG Tarifkonkurrenz, Bl. 2R; AP Nr. 20 zu § 4 TVG Tarifkonkurrenz, Bl. 3; ähnlich AP Nr. 1 zu § 1 TVG Tarifverträge: Papierindustrie, Bl. 2R.

[21] BAG AP Nr. 126 zu § 1 TVG Tarifverträge: Bau, Bl. 3R.

[22] BAG EzA § 4 TVG Geltungsbereich Nr. 10, S. 8 f.

[23] BAG AP Nr. 4 zu § 2 TVG Tarifzuständigkeit, Bl. 7R; AP Nr. 5 zu § 2 TVG Tarifzuständigkeit, Bl. 2R.

[24] BAG AP Nr. 10 zu § 2 TVG Tarifzuständigkeit, Bl. 4 ff.; AP Nr. 11 zu § 2 TVG Tarifzuständigkeit, Bl. 3 ff.

[25] BAG AP Nr. 21 zu § 4 TVG Tarifkonkurrenz, Bl. 3 ff., insb. Bl. 4.

[26] BAG AP Nr. 22 zu § 4 TVG Tarifkonkurrenz, Bl. 4 ff.

[27] Für die neuen Bundesländer sind seither zuständig das ArbG Berlin und das LAG Berlin.

Widerstand[28] gegen das *BAG* später aufgegeben[29]. Sieht man im übrigen von älteren Entscheidungen, die dem *BAG* vorbehaltlos gefolgt sind, ab[30], ist Zustimmung selten: Alleine das *LAG Baden-Württemberg* erkennt die höchstrichterlichen Vorgaben an, aber nur, wenn der Arbeitgeber den spezielleren Tarifvertrag wegen einzelvertraglicher Bezugnahme oder tatsächlicher, von den Arbeitnehmern nicht beanstandeter Handhabung auch auf die nicht an den spezielleren Tarifvertrag tarifgebundenen Arbeitnehmer anwende[31]. Andere Berufungsgerichte lehnen die Tarifeinheit im Betrieb, soweit sie sich mit ihm zu beschäftigen hatten, generell[32] oder zumindest für den Entgeltbereich[33] ab. Unter den Arbeitsgerichten halten sich befürwortende[34] und ablehnende[35] Entscheidungen die Waage.

---

[28] LAG Frankfurt a.M., Urteil vom 24.10.1988 – 14 Sa 1300/87 (n.v.), S. 16 ff.; Urteil vom 24.10.1988 – 14 Sa 1450/87 (n.v.), S. 16 ff.; wohl auch Urteil vom 9.4.1974 – 3 Sa 748/72 (n.v.), S. 15; vgl. ferner Urteil vom 5.10.1976 – 3 Sa 1208/75 (n.v.), S. 1 ff.

[29] LAG Frankfurt a.M., Urteil vom 30.6.1989 – 15 Sa 1566/88 (n.v.), S. 21 ff. (nicht für „Tarifpluralität"); Urteil vom 4.9.1989 – 14 Sa 873/88 (n.v.), S. 9 ff.; Urteil vom 24.10.1989 – 5 Sa 818/88 (n.v.), S. 8 f.; Urteil vom 12.12.1989 – 1418/88 (n.v.), S. 19 ff., 22; Urteil vom 17.8.1990 – 15 Sa 1171/89 (n.v.), S. 14 ff.; Urteil vom 24.9.1990 – 16 Sa 664/90 (n.v.), S. 18 ff.; Urteil vom 14.2.1992 – 15 Sa 163/89 (n.v.), S. 16 ff.

[30] OAG Rheinland-Pfalz AP 51 Nr. 208; LAG Berlin, WA 1964, S. 30; LAG Düsseldorf, WA 1951, S. 153; DB 1953, S. 23; SAE 1954, S. 84; LAG Frankfurt a.M., WA 1948, S. 96; AP 50 Nr. 59; AP 51 Nr. 232; LAG Hamburg, ARSt X Nr. 689; LAG Hamm AP 52 Nr. 212; DB 1967, S. 689; LAG Kiel, BB 1950, S. 479; BB 1951, S. 82; LAG Mannheim, BB 1954, S. 379; LAG Saarbrücken, DB 1963, S. 902; LAG Stuttgart, BB 1955, S. 416; BB 1960, S. 327.

[31] LAG Baden-Württemberg, Urteil vom 19.12.1989 – 8 Sa 67/89 (n.v.), S. 8 f.; vgl. allerdings LAG Düsseldorf, Urteil vom 20.2.1987 – 2 Sa 1807/86 (n.v.), S. 9 (in jedem Betrieb „soll" nur ein Tarifvertrag gelten); LAG Köln, Urteil vom 18.1.1995 – 2 Sa 1109/94 (n.v.), S. 15 f. (zur Tarifkonkurrenz allgemeinverbindlicher Tarifverträge, einem Fall „betriebsweiter Tarifkonkurrenz", die nach der Tarifeinheit im Arbeitsverhältnis zu lösen ist, dazu gleich unten § 19 B I 2 sowie bereits oben § 17 A II 1 a); aus der ordentlichen Gerichtsbarkeit OLG Düsseldorf, Urteil vom 19.5.1988 – 2 U 129/87 (n.v.), S. 10.

[32] LAG Berlin LAGE § 256 ZPO Nr. 6, S. 8 f.; ZTR 1994, S. 330; LAG Bremen LAGE § 4 TVG Tarifpluralität Nr. 2, S. 6 ff.; LAG Niedersachsen LAGE § 4 TVG Tarifpluralität Nr. 1, S. 4 ff.; Urteil vom 8.8.1990 – 4 Sa 874/90 (n.v.), S. 9 ff.; abl. wohl auch LAG Düsseldorf, Beschluß vom 1.3.1996 – 9 TaBV 78/95 (n.v.), S. 18.

[33] LAG Brandenburg LAGE § 4 TVG Nachwirkung Nr. 3, S. 6 ff.; Urteil vom 17.3.1995 – 5 (4) Sa 711/94 (n.v.), S. 13, 14 ff.

[34] ArbG Mainz, DB 1996, S. 2501 („im allgemeinen" komme für jeden Betrieb nur ein Tarifvertrag in Betracht); ArbG Mosbach, ARSt XI Nr. 110; ArbG Stuttgart, AfP 1989, S. 691; ArbG Wiesbaden, Urteil vom 3.3.1988 – 4 Ca 4403/85 (n.v.), S. 11; Urteil vom 13.7.1989 – 4 Ca 5025/87 (n.v.), S. 9 ff.; Urteil vom 7.12.1989 – 5 Ca 1577/88 (n.v.), S. 6 f.; ArbG Wilhelmshaven, ARSt XI Nr. 483.

c) Schrifttum

Im Schrifttum hält man zwar vereinzelt ein Anknüpfen alleine an die Tarifbindung des Arbeitgebers als Geltungsvoraussetzung eines Tarifvertrags – Folge wie bei § 3 Abs. 2 TVG: Tarifeinheit im Betrieb – unter Hinweis auf ausländische Rechtsordnungen de lege feranda auch für das deutsche Tarifvertragsrecht erwägenswert[36], lehnt de lege lata eine rechtsverbindliche Tarifeinheit im Betrieb aber mit einer beeindruckenden, im Arbeitsrecht seltenen Einmütigkeit ab[37]. Einige Stimmen in der Literatur stimmen dem *BAG* immerhin partiell zu:

---

[35] ArbG Hannover, Urteil vom 12.4.1990 – 8 Ca 247/89 (n.v.), S. 8 ff.; ArbG Wiesbaden, Urteil vom 23.6.1988 – 4 Ca 7278/87 (n.v.), S. 14 f.; Urteil vom 8.9.1988 – 4 Ca 1630/86 (n.v.), S. 15 f.; kritisch ArbG Celle, Urteil vom 1.8.1995 – 1 Ca 126/95 (n.v.), S. 13 f. (DB 1996, S. 730 Ls.); ebenso, im Ergebnis aber offengelassen, ArbG Stuttgart, Urteil vom 30.6.1994 – 25 BV 34/94 (n.v.), S. 7.

[36] *H. Wiedemann*, Anm. zu BAG vom 29.11.1978, AP Nr. 12 zu § 4 TVG Tarifkonkurrenz, Bl. 3R; *H. Wiedemann/Arnold*, Anm. zu BAG vom 14.6.1989, AP Nr. 16 zu § 4 TVG Tarifkonkurrenz, Bl. 6R; *dies.*, ZTR 1994, S. 406, 448.

[37] *Blank*, S. 73 ff.; *Bobrowski/D. Gaul*, Bd. 2, M IV Rn. 3; *Buchner*, FS Kissel, S. 103 ff.; *ders.*, RdA 1997, S. 267; *Buschmann*, AuR 1998, S. 411; *Buschmann/Ulber*, S. 46; *Däubler*, TVR, Rn. 1502 ff.; *ders.*, NZA 1996, S. 230; *Däubler/Hege*, TVR, Rn. 622; *Delheid*, S. 78; *Fenn*, FS Kissel, S. 229 ff.; *B. Gaul*, Anm. zu BAG vom 4.9.1996, EzA § 3 TVG Bezugnahme auf Tarifvertrag Nr. 7, S. 40 ff.; *ders.*, NZA 1998, S. 15; *Hagemeier/Kempen/Zachert/Zilius*, § 2 Rn. 104, § 4 Rn. 101, 103 (*Hagemeier*); MünchArbR-*P. Hanau*, Bd. 1, § 60 Rn. 33; *ders.*, FS D. Gaul, S. 298; *P. Hanau/Kania*, Anm. zu BAG vom 20.3.1991, AP Nr. 20 zu § 4 TVG Tarifkonkurrenz, Bl. 7 ff.; *Haußmann*, S. 143 ff.; *Herschel*, Anm. zu BAG vom 4.6.1980, AP Nr. 32 zu § 1 TVG Tarifverträge: Bau, Bl. 4 f.; *ders.*, AuR 1984, S. 206; *Hillebrand*, S. 107; *Hohenstatt*, DB 1992, S. 1679 ff.; *Hottgenroth*, S. 86 f.; *Kaiser*, ZfA 1996, S. 193; *Kania*, DB 1994, S. 529, 533 f.; *Kempen/Zachert*, § 4 Rn. 130, 137 (*Kempen*); *Knauß-Klug/Ladwig*, Anm. zu LAG Niedersachsen vom 14.6.1990 und 8.8.1990, AiB 1991, S. 28; *Kohte*, Anm. zu BAG vom 26.1.1994, SAE 1996, S. 15; *Konzen*, RdA 1978, S. 150 ff.; *ders.*, Anm. zu BAG vom 24.9.1975, SAE 1977, S. 60 ff.; *ders.*, Anm. zu BAG vom 26.9.1979, SAE 1980, S. 67; *ders.*, FS Kraft, S. 309 f.; *Kraft*, FS Schnorr von Carolsfeld, S. 272; *ders.*, RdA 1992, S. 165 ff.; *ders.*, gem. Anm. zu BAG vom 22.9.1993 und 26.1.1994, AuR 1994, S. 391 f.; GK-*ders.*, Bd. 1, § 2 Rn. 20; *Kutscher*, S. 9, 32 f.; *Lieb*, ZfA 1970, S. 209; MünchArbR-*Löwisch*, Bd. 3, § 238 Rn. 70, § 269 Rn. 17 ff.; *Löwisch/Rieble*, § 1 Rn. 160, § 4 Rn. 290 ff.; *dies.*, FS Schaub, S. 461; *Loritz*, ZTR 1993, S. 98; *Mayer-Maly*, RdA 1966, S. 203; *Ph. Merten*, BB 1993, S. 573 ff.; *B. Müller*, NZA 1989, S. 451; *ders.*, Rn. 136; *Nickel*, ZfA 1979, S. 367 f.; *Hj. Otto*, Arbeitsrecht, Rn. 461; *Reichold*, Anm. zu BAG vom 22.9.1993, SAE 1995, S. 22 f.; *Reuter*, JuS 1992, S. 106 ff.; *ders.*, Anm. zu BAG vom 19.11.1985, AP Nr. 4 zu § 2 TVG Tarifzuständigkeit, Bl. 11R; *Richardi*, BetrVG § 2 Rn. 27; *Rieble*, Anm. zu BAG vom 22.3.1994, EzA § 4 TVG Geltungsbereich Nr. 10, S. 13 ff.; *ders.*, Anm. zu BAG vom 27.6.1995, SAE 1996, S. 231; *ders.*, Rn. 1796 ff., 1801 ff.; *Salje*, Anm. zu BAG vom 20.3.1991, SAE 1993, S. 79 ff.; *Gis. Schneider*, S. 96; *von Stebut*, Anm. zu BAG vom 19.3.1986, AP Nr. 49 zu § 613a BGB, Bl. 6R; *Stein*, Rn. 111 Fn. 31, Rn. 260 f., 284; *van Venrooy*, ZfA 1983, S. 67, 68 Fn. 87 a.E.; *Vogg*, Anm. zu BAG vom 20.3.1991,

Tarifeinheit im Betrieb gelte für Tarifpluralität zwischen DGB-Tarifverträgen, nicht hingegen beim Zusammentreffen eines DGB-Tarifvertrags mit einem Tarifvertrag eines Berufsverbands[38]. Soweit die ältere[39] und die moderne[40] Literatur die Tarifeinheit im Betrieb undifferenziert und meist nur mit einem Satz kommentarlos akzeptiert, formuliert man nicht selten – den genannten Wendungen in den Urteilen des *4. Senats* entsprechend – relativierend, daß in einem

---

EzA § 4 TVG Tarifkonkurrenz Nr. 7, S. 14 ff.; *Wank*, Anm. zu BAG vom 26.1.1994, EzA § 4 TVG Tarifkonkurrenz Nr. 9, S. 17; *Ch. Weber*, ZfA 1992, S. 603 f.; *H. Wiedemann*, RdA 1975, S. 79 Fn. 7; *ders.*, FS Fleck, S. 451 f.; *ders.*, Anm. zu BAG vom 24.9.1975, AP Nr. 11 zu § 4 TVG Tarifkonkurrenz, Bl. 5; *ders.*, Anm. zu BAG vom 29.11.1978, AP Nr. 12 zu § 4 TVG Tarifkonkurrenz, Bl. 3R f.; *H. Wiedemann/Arnold*, Anm. zu BAG vom 14.6.1989, AP Nr. 16 zu § 4 TVG Tarifkonkurrenz, Bl. 6 ff.; *dies.*, ZTR 1994, S. 444 ff.; *H. Wiedemann/Stumpf*, § 4 Rn. 75; *Zöllner*, Arbeitsrecht, § 37 IV 2; *Zöllner/Loritz*, § 37 V 2 (*Loritz*); *Zunft*, Anm. zu BAG vom 20.3.1991, EWiR 1991, S. 1129 f.; abl. wohl auch *Bieback*, DB 1989, S. 480; *Danne*, Anm. zu BAG vom 4.9.1996, SAE 1998, S. 112; *P. Hanau/Adomeit*, H II 2 a.E. („Bedenken"); *Huber*, Bd. 2, S. 441; Staudinger-*Richardi*, Vorbem. zu §§ 611 ff. Rn. 1059; *Thüsing*, NZA 1997, S. 295; *Zachert*, S. 101; zumindest zweifelnd *Hromadka*, DB 1996, S. 1874; *Hromadka/Maschmann/Wallner*, Rn. 158; *Lieb*, Arbeitsrecht, Rn. 523; *Nickel*, ZfA 1979, S. 367; *Preis*, ZfA 1992, S. 134 f.; kritisch auch *P. Hanau*, GMH 1994, S. 130; *H.-W. Friedrich*, FS Schaub, S. 203.

[38] *Gamillscheg*, Arbeitsrecht, Bd. 1, § 17 III 3 c (1) (c); *P. Hanau/Kania*, FS Schaub, S. 252 f.; *Kania*, DB 1996, S. 1921, 1923; *ders.*, Anm. zu BAG vom 28.5.1997, AP Nr. 26 zu § 4 TVG Nachwirkung, Bl. 9 f.; ErfKomm-*Schaub*, § 4 TVG Rn. 103 (für die Tarifeinheit im Betrieb noch *ders.*, Handbuch, § 203 VII 3, kritisch hingegen *ders.*, BB 1995, S. 2005; differenzierend *ders.*, BB 1996, S. 2300; offen gelassen noch *ders.*, AuR 1996, S. 346); vgl. auch *P. Hanau*, ArbRGegwart Bd. 34 (1997), S. 29 f.

[39] *Dräger*, BB 1970, S. 1142; *Dutti*, DB 1969, S. 219; *ders.*, BB 1968, S. 1336 ff. (für den Verbandswechsel des Arbeitgebers); *D. Gaul*, Anm. zu LAG Düsseldorf vom 7.10.1981, LAGE § 3 TVG Nr. 3, S. 22 f.; *Gumpert*, Anm. zu BAG vom 22.2.1957, AP Nr. 2 zu § 4 TVG Tarifkonkurrenz, Bl. 4 f.; *ders.*, Anm. zu BAG vom 29.3.1957, AP Nr. 4 zu § 4 TVG Tarifkonkurrenz, Bl. 3R f.; *Hoffmann*, DB 1968, S. 616; *G. Hueck*, Anm. zu BAG vom 2.11.1960, AP Nr. 8 zu § 4 TVG Tarifkonkurrenz, Bl. 2; *A. Hueck/Nipperdey*, TVR, 2. Aufl., § 4 Rn. 105, vgl. auch Rn. 16; *dies.*, Grundriß, S. 241, 259; *Iffland*, DB 1964, S. 1739 f.; *Kaskel/Dersch*, S. 70; *Küchenhoff*, AuR 1965, S. 33, vgl. aber S. 34 f.; *D. Mann*, BB 1957, S. 549; *Maus*, § 4 Rn. 32; *Meissinger*, DB 1950, S. 313, 523; *ders.*, RdA 1951, S. 49; *ders.*, DB 1951, S. 230, 446; *ders.*, AuR 1953, S. 99; *ders.*, DB 1954, S. 1104; *ders.*, S. 84; *G. Müller*, Ablösung, S. 51 f.; *G. Schröder*, DB 1957, S. 657; *Waechter*, BlStSozArbR 1951, S. 138; ähnlich *Hasford*, BB 1973, S. 527 („Gebot der Tarifeinheit"); wohl auch *Biedenkopf*, Anm. zu BAG vom 10.6.1965, SAE 1966, S. 142 f.

[40] *Brox/Rüthers*, Arbeitsrecht, Rn. 294; *Etzel*, FS Schaub, S. 174; *Fitting/Kaiser/Heither/Engels*, § 77 Rn. 71; *Gerhards*, BB 1995, S. 1292; *Hauck*, FS Schaub, S. 271; *Meik*, DB 1990, S. 252; *Söllner*, Grundriß, § 16 V 2; zustimmend wohl auch *Henssler*, FS Schaub, S. 327; *Kissel*, ArbRGegwart Bd. 31 (1994), S. 32 („Gebot der praktischen Vernunft"); *Kreuder*, KritV 1994, S. 290, 306; *Moll*, RdA 1996, S. 280 f.

Betrieb „grundsätzlich“[41], „im allgemeinen“[42] oder „möglichst“[43] nur ein Tarifvertrag gelten könne. Nicht wenige Autoren nehmen die klassische Tarifpluralität (z.B. DAG- und HBV-Tarifverträge in einem Betrieb) ohnehin aus dem Anwendungsbereich der Tarifeinheit im Betrieb heraus[44]. Der Mühe einer gründlichen dogmatischen Rechtfertigung der Tarifeinheit im Betrieb unterziehen sich nur *Koch*[45] und vor allem *Säcker* und *Oetker*[46].

3. Betriebsbegriff der Tarifeinheit

Die Frage, ob die Tarifvertragsparteien bei der Festlegung des betrieblichen Geltungsbereichs an einen bestimmten Betriebsbegriff oder an einen Grundsatz der Tarifeinheit im Betrieb gebunden sind, ist bereits an anderer Stelle untersucht und verneint worden: Zwar knüpft der betriebliche Geltungsbereich zumindest bei Tarifverträgen von DGB-Gewerkschaften regelmäßig an den allgemeinen arbeitsrechtlichen Betriebsbegriff an; das ist wegen der Satzungsautonomie der Tarifvertragsparteien (Art. 9 Abs. 3 Satz 1 GG) aber keineswegs zwingend[47]. Daß umgekehrt die Frage nach dem Betriebsbegriff des Grundsatzes der Tarifeinheit bislang kaum gestellt worden ist, mag daran liegen, daß es dazu bislang keinen praktischen Anlaß gab. Sie ist gleichwohl mindestens von dogmatischem Interesse, selbst wenn man die Rechtsprechung des *BAG* zur Tarifeinheit im Betrieb ablehnt.

Eine Legaldefinition des Betriebs fehlt, obgleich der Begriff in zahlreichen Gesetzen verwendet wird. Nach ganz h.M. ist ein Betrieb im allgemeinen arbeitsrechtlichen Sinn eine organisatorische Einheit, innerhalb derer ein Arbeitgeber allein oder in Gemeinschaft mit seinen Mitarbeitern mit Hilfe von sächlichen und immateriellen Mitteln bestimmte arbeitstechnische Zwecke fortgesetzt

---

[41] Etwa *Berger-Delhey*, Anm. zu ArbG Stuttgart vom 13.4.1989, AfP 1989, S. 692; *Dietz*, FS Nikisch, S. 39 f.; *Gramm*, AR-Blattei (D), Tarifvertrag XII, A 4; *Hess*, ZfA 1976, S. 56; *Meier-Krenz*, S. 88.

[42] *Gramm*, AR-Blattei (D), Tarifvertrag XII, C VIII; *A. Hueck/Nipperdey*, Bd. II 1, S. 648.

[43] *Kamlah*, S. 128.

[44] *D. Gaul*, ZTR 1991, S. 452; *A. Hueck/Nipperdey*, Bd. II 1, S. 643; *A. Hueck/Nipperdey/Stahlhacke*, § 4 Rn. 253; *Gumpert*, gem. Anm. zu BAG vom 19.12.1958 und 19.12.1958, BB 1959, S. 489; *Maus*, § 4 Rn. 188; *Meier-Krenz*, S. 88; *Nikisch*, Bd. 2, S. 479.

[45] *H. Koch*, Rn. 203.

[46] *Säcker/Oetker*, ZfA 1993, S. 7 ff.

[47] Näher oben § 12 B, § 13.

verfolgt[48]. Der Hauptbetrieb ist dabei abzugrenzen vom Nebenbetrieb und vom Betriebsteil (Betriebsabteilung). Der Nebenbetrieb unterscheidet sich vom Hauptbetrieb nur dadurch, daß er einen diesem dienenden und zugeordneten Zweck erfüllt[49]. Der Betriebsteil weist dagegen weder eine eigene betriebliche Zwecksetzung noch eine selbständige, in sich geschlossene Organisation auf, sondern ist in Zielsetzung und Organisation in den Hauptbetrieb eingegliedert[50]. Das BetrVG und das KSchG setzen den allgemeinen arbeitsrechtlichen Betriebsbegriff voraus, enthalten darüber hinaus aber abweichende und in Rechtsprechung und Literatur zum Teil kontrovers diskutierte Sonderbestimmungen zur Anwendbarkeit des Gesetzes (§ 1 BetrVG, § 23 Abs. 1 Satz 2 KSchG) sowie zur betriebsverfassungsrechtlichen Behandlung von Betriebsteilen (§ 4 Satz 1 BetrVG) und Nebenbetrieben (§ 4 Satz 2 BetrVG)[51]. Das TVG erwähnt den Betrieb lediglich in § 3 Abs. 2, § 8 TVG. Soweit das Schrifttum einen tarifrechtlichen Betriebsbegriff überhaupt anführt, soll er auf den allgemeinen arbeitstechnischen Betriebsbegriff bezogen sein[52]. Ein einheitlicher tarifrechtlicher Betriebsbegriff ist damit bislang anders als im allgemeinen Arbeits- und Betriebsverfassungsrecht nicht existent.

Um so schwieriger ist eine Bestimmung des Betriebs im Sinne der Tarifeinheit. In der Nachkriegszeit hat der *1. Senat* des *BAG* ohne Begründung formuliert, das Prinzip der Tarifeinheit im Betrieb gelte auch für fachfremde Nebenbetriebe und unselbständige Betriebsabteilungen[53]. Namentlich die Instanzrechtsprechung[54] hat aber gegen einzelne Stimmen im Schrifttum[55] Ausnahmen

---

[48] Vgl. *Dütz*, Rn. 37; KR-*Etzel*, § 1 KSchG Rn. 139; *Hromadka/Maschmann/Wallner*, Rn. 48; GK *Kraft*, Bd. 1, § 1 Rn. 5; *Löwisch*, Arbeitsrecht, Rn. 419; MünchArbR-*Richardi*, Bd. 1, § 30 Rn. 5; *Schaub*, Handbuch, § 18 I 1; *Söllner*, Grundriß, § 3 IV, jeweils m.w.N.

[49] Vgl. *Hromadka/Maschmann/Wallner*, Rn. 50; GK-*Kraft*, Bd. 1, § 4 Rn. 46; MünchArbR-*Richardi*, Bd. 1, § 30 Rn. 23; *Schaub*, Handbuch, § 18 II 2; DKK-*Trümner*, § 4 Rn. 54, ebenfalls jeweils m.w.N.

[50] Vgl. GK-*Kraft*, Bd. 1, § 4 Rn. 50; *Schaub*, Handbuch, § 18 III; DKK-*Trümner*, § 4 Rn. 28, wiederum jeweils m.w.N.

[51] Vgl. zum BetrVG z.B. GK-*Kraft*, Bd. 1, § 4 Rn. 3 ff., 46 ff.; DKK-*Trümner*, § 4 Rn. 7 ff., 28 ff., 54 ff.; zum KSchG etwa KR-*Etzel*, § 1 KSchG Rn. 138 ff.; *A. Hueck/von Hoyningen-Huene*, § 23 Rn. 3 ff., jeweils m.w.N.

[52] *Buchner*, FS Schaub, S. 86 f.; *Kempen/Zachert*, § 2 Rn. 67; ähnlich BAG AP Nr. 6 zu § 1 TVG Bezugnahme auf Tarifvertrag, Bl. 5R.

[53] BAG AP Nr. 6 zu § 4 TVG Tarifkonkurrenz, Bl. 1R; AP Nr. 6 zu § 4 TVG Geltungsbereich, Bl. 1R f.

[54] LAG Düsseldorf, WA 1951, S. 153; LAG Frankfurt a.M., WA 1949, S. 95, 96; AP 50, Nr. 59; AP 51, Nr. 232; LAG Kiel, BB 1951, S. 82; LAG Mannheim, BB 1954, S. 379; OAG Rheinland-Pfalz AP 51 Nr. 208; zustimmend *Gramm*, AR-Blattei (D), Tarifvertrag XII, A 4; *Nikisch*, Bd. 2, S. 480.

zumindest für fachfremde selbständige Betriebsabteilungen oder Nebenbetriebe anerkannt. Heute sind Stellungnahmen zu diesem Problem selten. *Rieble* meint, der für das Prinzip der Tarifeinheit maßgebliche Betriebsbegriff könne nur der betriebsverfassungsrechtliche sein, da das *BAG* das Prinzip der Tarifeinheit im Betrieb auf den betriebseinheitlichen Vorrang des § 87 Abs. 1 Einleitungssatz BetrVG und auf die schwierige Abgrenzbarkeit von Inhalts-, Abschluß- und Beendigungsnormen einerseits und betrieblichen und betriebsverfassungsrechtlichen Normen andererseits stütze[56]. Daß für die Annahme einer Tarifkonkurrenz nur der Arbeitgeber tarifgebunden sein müsse, zeige die gedankliche Nähe zu den Tarifnormen des § 3 Abs. 2 TVG. *Buchner* zieht für das Prinzip der Tarifeinheit einen eigenständigen tarifrechtlichen Betriebsbegriff in Erwägung: Es sei zwar davon auszugehen, daß dieser sich in seiner grundsätzlichen Ausrichtung vom betriebsverfassungsrechtlichen Betriebsbegriff nicht unterscheide, da letzterer aus dem allgemeinen arbeitsrechtlichen Betriebsbegriff abzuleiten sei[57]. Bei verschiedenen Betriebsstätten eines Unternehmens sei aber jeweils konkret zu prüfen, ob die Voraussetzungen eines einheitlichen Betriebs bei jeder einzelnen Betriebsstätte oder nur für die Mehrheit der Betriebsstätten insgesamt gegeben seien. Im Hinblick auf § 4 BetrVG komme es darauf betriebsverfassungsrechtlich häufig nicht an, da auch unselbständige Betriebsstätten als selbständige Betriebe fingiert werden könnten, wenn sie räumlich weit vom Hauptbetrieb entfernt oder durch Aufgabenbereich und Organisation eigenständig seien.

Beide Auffassungen vermögen nicht zu überzeugen. Daß sich das *BAG* auf die ohnehin nicht überzeugende Analogie zu § 87 Abs. 1 Einleitungssatz BetrVG[58] oder auf die schwierige Abgrenzbarkeit von Individual- und Kollektivnormen[59] stützt, kann jedenfalls nicht maßgeblich sein: § 4 BetrVG ist lex specialis des Betriebsverfassungsrechts und nicht auf das Tarifvertragsrecht übertragbar. Der pauschale Rückgriff auf den allgemeinen arbeitsrechtlichen Betriebsbegriff läßt umgekehrt tarifrechtliche Wertungen außer acht. Auf Grundlage der *BAG*-Rechtsprechung zur Tarifeinheit im Betrieb kann deshalb nur ein dynamischer Betriebsbegriff richtig sein: Ausschlaggebend muß der Betriebsbegriff des spezielleren der im Betrieb kollidierenden Tarifverträge

---

[55] *A. Hueck/Nipperdey*, Bd. II 1, S. 644; *A. Hueck/Nipperdey/Stahlhacke*, § 4 Rn. 259.

[56] *Rieble*, Rn. 1799 f.; *ders.*, Anm. zu BAG vom 22.3.1994, EzA § 4 TVG Geltungsbereich Nr. 10, S. 18 f.

[57] *Buchner*, ZfA 1995, S. 112.

[58] Dazu unten § 20 C III 1 b aa bbb.

[59] Dazu unten § 20 C III 2 a bb bbb.

sein. Daß der Umfang der Verdrängungswirkung der Tarifeinheit im Betrieb durch den verdrängenden Tarifvertrag zu bestimmen ist, ist schon denkgesetzlich zwingend: Er kann nicht mehr Arbeitsverhältnisse verdrängen, als er überhaupt erfaßt. Alleine der dynamische Betriebsbegriff vermeidet darüber hinaus Wertungswidersprüche: Es besteht kein Grund, einen Betriebsteil, der vom vorrangigen Tarifvertrag erfaßt wird, von dessen Verdrängungswirkung auszunehmen, weil der Betriebsteil nach der Fiktion des § 4 Satz 1 BetrVG als eigenständiger Betrieb zu behandeln ist. Dessen Ratio, alle Arbeitnehmer einer unternehmenszugehörigen Organisationseinheit – gleich, ob sie Betriebsteil oder Nebenbetrieb genannt wird – in den Geltungsbereich der Betriebsverfassung einzubeziehen, um ihnen die Bildung einer Interessenvertretung zu ermöglichen[60], ist auf das Tarifvertragsrecht nicht übertragbar. Umgekehrt gilt Entsprechendes: Nimmt der Betriebsbegriff des spezielleren Tarifvertrags fachfremde Betriebsteile eines Betriebs aus, bleiben diese von der Verdrängungswirkung unberührt.

4. Rechtsfolgen der Tarifeinheit im Betrieb

Der Grundsatz der Tarifeinheit im Betrieb führt nach der Rechtsprechung des *BAG* nicht zur automatischen Anwendung des betriebsweit spezielleren Tarifvertrags auch auf die Arbeitsverhältnisse des Betriebs, die nicht an den vorrangigen Tarifvertrag tarifgebunden sind[61]. Ein solches Verständnis verstoße gegen die negative Koalitionsfreiheit sowie gegen die Regelungen des TVG über die Tarifbindung[62]. Dagegen soll nach Auffassung des *BAG* umgekehrt ein tariffreier Raum hinzunehmen sein: Das Prinzip der Tarifeinheit im Betrieb bewirke die betriebsweite Verdrängung des nachrangigen Tarifvertrags, der in diesem Betrieb – solange der spezieller Tarifvertrag gelte – nicht zur Anwendung kommen könne, auch wenn Tarifbindung an ihn bestehe[63].

Der Frage, wie der durch die Verdrängung des weniger speziellen Tarifvertrags entstandene tariffreie Raum ausgefüllt werden kann (mittelbare Rechtsfolge), ist bislang kaum nachgegangen worden. Nach Auffassung *Kanias* ist zumindest bei der Kollision von DGB-Tarifverträgen § 612 Abs. 2 BGB entspre-

---

[60] *Richardi*, BetrVG, § 4 Rn. 4; *Fitting/Kaiser/Heither/Engels*, § 4 Rn. 2; DKK-*Trümner*, § 4 Rn. 2.

[61] BAG AP Nr. 20 zu § 4 TVG Tarifkonkurrenz, Bl. 4; ebenso *Säcker/Oetker*, ZfA 1993, S. 21.

[62] BAG AP Nr. 20 zu § 4 TVG Tarifkonkurrenz, Bl. 4.

[63] BAG AP Nr. 20 zu § 4 TVG Tarifkonkurrenz, Bl. 4.

chend heranzuziehen, der die Anwendung der Arbeitsbedingungen des spezielleren Tarifvertrags auch auf die nicht tarifgebundenen Arbeitsverhältnisse ermögliche[64]. Das überzeugt nicht: Die Anwendung des § 612 Abs. 2 BGB würde auf Umwegen eine betriebsweite faktische Gleichstellung nach Maßgabe des spezielleren Tarifvertrags bedeuten, die wegen Art. 9 Abs. 3 Satz 1 GG gerade ausscheidet. Üblich im Sinne des § 612 Abs. 2 BGB kann zudem für Mitglieder einer bestimmten Gewerkschaft nur deren Tarifvertrag, nicht aber der einer fremden Konkurrenzgewerkschaft sein[65]. Das gilt auch für das Verhältnis mehrerer DGB-Gewerkschaften zueinander: Jedes Mitglied einer DGB-Gewerkschaft mag durch die Mitgliedschaft in der Einzelgewerkschaft zugleich deren Verankerung im DGB und damit dessen Organisationsstruktur nach dem Industrieverbandsprinzip akzeptieren. Ein Einverständnis in die Übernahme fremder Tarifverträge von Schwestergewerkschaften für das eigene Arbeitsverhältnis ist darin aber nicht zu sehen.

Eine „Nachwirkung" des verdrängten Tarifvertrags in Analogie zu § 4 Abs. 5 TVG oder § 3 Abs. 3 TVG analog scheidet schon deshalb aus, weil sie der Zielrichtung der Tarifeinheit im Betrieb (einheitliche tarifliche Arbeitsbedingungen im Betrieb) gerade zuwiderliefe. Konsequent ist auf Grundlage der Tarifeinheit im Betrieb deshalb allein ein Minimalschutz auf der Basis dispositiven Gesetzesrechts (z.B. § 3 Abs. 1 BUrlG, § 3 ArbZG), soweit nicht arbeitsvertraglich eine Gleichstellung mit den an den spezielleren Tarifvertrag tarifgebundenen Arbeitnehmern erreicht wird.

Daß der nachrangige Tarifvertrag nicht nichtig ist, sondern nur für die Dauer der Kollision zurückgedrängt wird, ist zwar nirgends angesprochen, in Parallele zur Tarifeinheit im Arbeitsverhältnis aber evident[66].

III. Ergebnis

Die Tarifeinheit im Betrieb ist eine Kollisionsregel für Tarifpluralität: Nur einer der im Betrieb kollidierenden Tarifverträge kann normative Wirkung entfalten. Der Betriebsbegriff des Grundsatzes der Tarifeinheit bestimmt sich nach demjenigen des vorrangigen Tarifvertrags. Der verdrängte Tarifvertrag ist nicht nichtig. Das durch die Verdrängung entstehende tarifliche Schutzdefizit kann nur durch den gesetzlichen Mindestschutz kompensiert werden.

---

64 *Kania*, DB 1996, S. 1922.

65 Anders *Kania*, DB 1996, S. 1922.

66 Dazu oben § 15 C II 4.

B. Abgrenzung

I. „Betriebsweite Tarifkonkurrenz“ und Tarifeinheit im Arbeitsverhältnis

Die Tarifeinheit im Betrieb bei Tarifpluralität ist abzugrenzen von der Tarifeinheit im Arbeitsverhältnis bei „betriebsweiter Tarifkonkurrenz“. Auch wenn Tarifpluralität und Tarifkonkurrenz bei der „betriebsweiten Tarifkonkurrenz“ vollständig und nicht nur partiell kongruent sind, ist maßgebliche Kollisionsregel nicht der Grundsatz der Tarifeinheit im Betrieb, sondern derjenige der Tarifeinheit im Arbeitsverhältnis. Die Tarifeinheit im Arbeitsverhältnis ist Gewohnheitsrecht[67]. Ob die Tarifeinheit im Betrieb rechtlichen Bestand hat, ist für die „betriebsweite Tarifkonkurrenz“ deshalb ohne Belang. Ohne diese Abgrenzung wären im übrigen die unterschiedlichen Rechtsfolgen der Tarifeinheit nicht zu erklären: Im Unterschied zur Tarifpluralität gilt bei „betriebsweiter Tarifkonkurrenz“ der vorrangige Tarifvertrag betriebsweit für alle Arbeitsverhältnisse. Das gilt aus Sicht des *BAG* zumindest für die Kollision von Kollektivnormen, nach der hier vertretenen Ansicht aber darüber hinaus auch für drei weitere Fallgruppen.

1. Tarifkonkurrenz bei Kollektivnormen (§ 3 Abs. 2 TVG)

Kollidieren Kollektivnormen (§ 3 Abs. 2 TVG) verschiedener Tarifverträge im Betrieb, kann nur ein Tarifvertrag maßgeblich sein: Dessen Kollektivnormen müssen betriebseinheitlich für alle Arbeitsverhältnisse gelten. Konsequenz: Die Tarifeinheit im Arbeitsverhältnis gilt betriebsweit („Tarifeinheit im Betrieb“, aber nicht als Folge eines Grundsatzes der Tarifeinheit im Betrieb)[68].

2. Tarifkonkurrenz allgemeinverbindlicher Tarifverträge (§ 5 Abs. 4 TVG)

Nichts anderes als bei der Kollektivnormenkollision gilt im Ergebnis für die seltene Konkurrenz allgemeinverbindlicher Tarifverträge (§ 5 Abs. 4 TVG). Die Tarifkonkurrenz entsteht zwar wieder im einzelnen Arbeitsverhältnis, ist aber zwingend auf betrieblicher Ebene aufzulösen, da wegen der Allgemeinver-

---

[67] Näher oben § 15 C II 3.

[68] S. näher oben § 15 C I 2 a, b aa.

bindlichkeit der kollidierenden Tarifverträge alle Arbeitsverhältnisse gleichzubehandeln sind (wieder nur: „Tarifeinheit im Betrieb“)[69].

3. Tarifkonkurrenz und allgemeinverbindliche Tarifverträge über gemeinsame Einrichtungen der Tarifvertragsparteien (§ 5 Abs. 4, § 4 Abs. 2 TVG)

Bei der Tarifkonkurrenz eines allgemeinverbindlichen Tarifvertrags über gemeinsame Einrichtungen der Tarifvertragsparteien (§ 5 Abs. 4, § 4 Abs. 2 TVG) und eines mitgliedschaftlich legitimierten Tarifvertrags (§ 3 Abs. 1 TVG) entsteht zwar nur in den Arbeitsverhältnissen eine Tarifkonkurrenz, die auch mitgliedschaftlich tarifgebunden sind. Aus der Auflösung der Tarifkonkurrenz in diesen Arbeitsverhältnissen folgt freilich die betriebsweite Geltung nur eines Tarifvertrags: des vorrangigen allgemeinverbindlichen Tarifvertrags über gemeinsame Einrichtungen (erneut lediglich: „Tarifeinheit im Betrieb“)[70]. Auch die Tarifkonkurrenz allgemeinverbindlicher Tarifverträge (§ 5 Abs. 4 TVG) von denen nur einer Normen nach § 4 Abs. 2 TVG enthält, ist nach diesem Maßstab, also betriebsweit, aufzulösen[71].

4. Tarifkonkurrenz und allgemeinverbindliche Tarifverträge im Anwendungsbereich des AEntG

Diese Überlegungen sind schließlich auch für die Tarifkonkurrenz eines allgemeinverbindlichen Tarifvertrags im Anwendungsbereich des AEntG und eines mitgliedschaftlich legitimierten Tarifvertrags (§ 3 Abs. 1 TVG) maßgeblich, wenn der konkurrierende Tarifvertrag nicht die vom AEntG geforderten Regelungen enthält (Inkongruenz) und deshalb der Entsendetarifvertrag vorgeht: Da der vorrangige Tarifvertrag wieder allgemeinverbindlich ist, gestaltet er die tariflichen Arbeitsbedingungen betriebseinheitlich für alle Arbeitsverhältnisse (abermals nur: „Tarifeinheit im Betrieb“)[72].

---

[69] S. näher oben § 17 A II 1 a.

[70] S. näher oben § 17 A II 1 c cc.

[71] S. näher oben § 17 A II 1 a a.E. i.V.m. § 17 A II 1 c cc.

[72] S. näher oben § 17 A II 1 e bb a.E.

II. Tarifeinheit im Unternehmen und im Konzern

Von der Tarifeinheit im Betrieb sind ferner die Tarifeinheit im Unternehmen und im Konzern abzugrenzen.

1. Tarifeinheit im Unternehmen

Das *BAG* hat schon vor über vierzig Jahren in zwei Entscheidungen zu Recht festgestellt, freilich ohne sich mit Tarifkonkurrenz befassen zu müssen, daß der Grundsatz der Tarifeinheit nicht für das Unternehmen, sondern für den Betrieb gelte[73] und daß ein Unternehmen nicht in bezug auf alle seine Betriebe tarifgebunden sein müsse[74]. An diesem Befund hat sich bis heute nichts geändert: Die Tarifeinheit ist nach h.M. allenfalls auf den Betrieb, nicht aber auf das Unternehmen zu beziehen[75]. Im Unternehmen, dessen Spektrum wirtschaftlicher Zwecksetzung weit gefächert sein kann, wäre der Zwang zur Vereinheitlichung durch die Tarifeinheit absurd. Abweichende Stimmen im Schrifttum sind selten. *G. Müller* plädiert mit Blick auf die „Ordnungs- und Friedensaufgabe der Tarifautonomie" und die erforderliche Effizienz unternehmerischer Tätigkeit für ein Prinzip der Tarifeinheit im Unternehmen, soweit nicht ausnahmsweise zwischen den Betrieben einzelner Unternehmen „derartige Verschiedenheiten" bestünden, die eine Tarifpluralität im Unternehmen rechtfertigten[76]. *Buchner* verweist auf ein praktisches Bedürfnis für die Tarifeinheit im Unternehmen, wenn verschiedene Betriebe eines Unternehmens produktionstechnisch verflochten seien und Arbeitnehmer zwischen ihnen ausgetauscht würden oder wenn es sich bei sämtlichen Betrieben um Mischbetriebe handele[77]. Eine Überprüfung und Ausdehnung des Prinzips der Tarifeinheit auf das Unternehmen erscheine deshalb „nicht schlechthin ausgeschlossen". Die Vermeidung praktischer Schwierigkeiten bei der Anwendung mehrerer Tarifverträge in einem Betrieb und das Inter-

---

[73] BAG AP Nr. 1 zu § 4 TVG Geltungsbereich, Bl. 1R.

[74] BAG AP Nr. 6 zu § 4 TVG Geltungsbereich (Ls. 2).

[75] *Ebenso* LAG München LAGE § 2 TVG Tarifzuständigkeit Nr. 1, S. 10; *Hromadka/Maschmann/Wallner*, Rn. 40; *A. Hueck/Nipperdey*, Bd. II 1, § 26 V 3 f; *H. Wiedemann*, FS Fleck, S. 452; wohl auch *Nikisch*, Bd. 2, S. 480; ungenau *H. Wiedemann* aber in anderen Stellungnahmen (die Rechtsprechung des BAG beziehe sich auf ein Prinzip der Tarifeinheit im „Unternehmen", gemeint ist wohl im „Betrieb"): *H. Wiedemann/Arnold*, Anm. zu BAG vom 14.6.1989, AP Nr. 16 zu § 4 TVG Tarifkonkurrenz, Bl. 7; *dies.*, ZTR 1994, S. 401, 403, 405 f., 443 f., 445 f.; *H. Wiedemann/Stumpf*, § 4 Rn. 164.

[76] *G. Müller*, Ablösung, S. 51 f.

[77] *Buchner*, ZfA 1995, S. 111; vgl. auch *Kempen/Zachert*, § 2 Rn. 68.

esse der Rechtssicherheit und Rechtsklarheit rechtfertigen indessen nicht einmal ein Prinzip der Tarifeinheit im Betrieb[78] und damit erst recht nicht im Unternehmen[79].

2. *Tarifeinheit im Konzern*

Daß es eine Tarifeinheit im Konzern nicht gibt, ist augenfällig und auch nirgends behauptet worden, der Vollständigkeit halber aber festzuhalten: Gibt es keinen Grundsatz der Tarifeinheit im Unternehmen, so gilt das erst recht für den Konzern, der Verbindung mehrerer Unternehmen (Arbeitgeber). Die verschiedenen Industriebereiche, in denen ein Konzern tätig ist, und die unterschiedliche Wettbewerbssituation seiner einzelnen Unternehmen sorgen auch in der Praxis überwiegend für eine dezentrale Personal- und Sozialpolitik, die die branchenspezifischen Gegebenheiten berücksichtigen kann („tarifpluralistisches Gebilde“[80]).

III. Ergebnis

Die Tarifeinheit im Betrieb ist vom Anwendungsbereich der Tarifeinheit im Arbeitsverhältnis bei der „betriebsweiten Tarifkonkurrenz“ abzugrenzen, die eigenen Regeln folgt. Eine Tarifeinheit im Unternehmen gibt es genauso wenig wie im Konzern.

C. Zusammenfassung

Der Grundsatz der Tarifeinheit im Betrieb ist nach der im Schrifttum abgelehnten Rechtsprechung des *BAG* eine Kollisionsnorm zur Auflösung einer Tarifpluralität. Praktisch betroffen sind meist Tarifkollisionen unter Beteiligung allgemeinverbindlicher Tarifverträge über gemeinsame Einrichtungen der Tarifvertragsparteien. Der speziellere verdrängt danach den nachrangigen Tarifvertrag aus dem Betrieb. Die Verdrängungswirkung reicht soweit wie der Betriebsbegriff des vorrangigen Tarifvertrags. Ein tariffreier Raum infolge der Verdrängung ist hinzunehmen, es bleibt der gesetzliche Mindestschutz. Die Ta-

---

[78] Dazu unten § 20 C III 2 a.

[79] Anders *Buchner*, ZfA 1995, S. 113.

[80] *K.P. Martens*, Anm. zu BAG vom 19.11.1985, SAE 1987, S. 10.

rifeinheit im Betrieb ist von der Tarifeinheit im Unternehmen und im Konzern – beide gibt es nicht – und von der „betriebsweiten Tarifkonkurrenz“ abzugrenzen, deren Auflösung nach der Tarifeinheit im Arbeitsverhältnis eigenen Regeln folgt.

§ 20 Rechtsgrundlagen der Tarifeinheit im Betrieb

A. Tarifeinheit im Betrieb als Rechtsnorm

I. Tarifeinheit im Betrieb und Gesetzesrecht

1. Fehlen einer ausdrücklichen gesetzlichen Regelung

Daß die Tarifeinheit im Betrieb weder im TVG noch anderweitig ausdrücklich gesetzlich fixiert ist, bedürfte zwar, auch wenn es immer wieder betont wird[81], keiner Erwähnung, ist aber mit Blick auf die nachfolgenden Überlegungen – insbesondere zur richterlichen Rechtsfortbildung – noch einmal in Erinnerung zu rufen.

2. Auslegung des Art. 9 Abs. 3 GG

Die *8. Kammer* des *LAG Baden-Württemberg* hat versucht, das Prinzip der Tarifeinheit im Betrieb durch Auslegung von Art. 9 Abs. 3 Satz 1 GG zu rechtfertigen. Sie sieht bei einer Tarifpluralität einen mit der individuellen positiven Koalitionsfreiheit kaum vereinbaren mittelbaren Druck auf die Arbeitnehmer, die an den spezielleren Tarifvertrag nach § 3 Abs. 1 TVG tarifgebunden sind, entstehen, aus ihrer Gewerkschaft aus- oder nicht erst einzutreten, da diese anders als die Nichtorganisierten – lehnte man die Tarifeinheit im Betrieb ab –

---

[81] Vgl. BAG AP Nr. 19 zu § 4 TVG Tarifkonkurrenz, Bl. 2R; AP Nr. 20 zu § 4 TVG Tarifkonkurrenz, Bl. 3R; LAG Berlin, ZTR 1994, S. 330; LAGE § 256 ZPO Nr. 6, S. 8 f.; LAG Frankfurt a.M., Urteil vom 12.12.1989 – 5 Sa 1418/88 (n.v.), S. 22; ArbG Wiesbaden, Urteil vom 23.6.1988 – 4 Ca 7278/87 (n.v.), S. 14; Urteil vom 8.9.1988 – 4 Ca 1630/86 (n.v.), S. 15; *Bruhn*, Tarifeinheit, S. 176; *P. Hanau*, RdA 1998, S. 69; *Konzen*, RdA 1978, S. 150; *Ph. Merten*, BB 1993, S. 573; *Stein*, Rn. 284; *Vogg*, Anm. zu BAG vom 20.3.1991, EzA § 4 TVG Tarifkonkurrenz Nr. 7, Bl. 15; *H. Wiedemann/Arnold*, ZTR 1994, S. 402; *Witzig*, S. 31.

nicht an den Leistungen gemeinsamer Einrichtungen (§ 4 Abs. 2 TVG) teilhaben könnten[82]. Eine Ableitung der Tarifeinheit im Betrieb aus Art. 9 Abs. 3 Satz 1 GG ist aber verfehlt. Nach richtiger Auffassung ist die Tarifkonkurrenz zwischen einem mitgliedschaftlich legitimierten und einem allgemeinverbindlichen Tarifvertrag über gemeinsame Einrichtungen zu Gunsten des letzteren und mit der Konsequenz aufzulösen, daß der allgemeinverbindliche nach § 5 Abs. 4 TVG für alle Arbeitnehmer des Betriebs gilt („betriebsweite Tarifkonkurrenz“)[83]. Aus Sicht des *LAG Baden-Württemberg* ist eine Schlechterstellung aber hinzunehmen: Die an den nach h.M. spezielleren Tarifvertrag tarifgebundenen Arbeitnehmer haben sich freiwillig dem Verhandlungsgeschick ihrer Gewerkschaft unterworfen und können verbandsintern Einfluß auf eine Verbesserung nehmen, etwa die Einrichtung einer gemeinsamen Einrichtung[84].

II. Tarifeinheit im Betrieb als Gewohnheitsrecht

Hätte sich die Tarifeinheit im Betrieb im Laufe der Jahre zu Gewohnheitsrecht verfestigt, käme es auf dessen vom *BAG* vorgenommene Absicherung durch Prinzipien der Rechtssicherheit und Rechtsklarheit oder den Hinweis auf kaum überwindbare praktische Schwierigkeiten bei der Anwendung mehrerer Tarifverträge in einem Betrieb genauso wenig an wie auf die Parallele zu § 87 Abs. 1 Einleitungssatz BetrVG: Gewohnheitsrecht wirkt gesetzesgleich, ohne daß es einer weiteren Legitimation bedarf[85]. Man kann daraus folgern, daß selbst das *BAG* die Tarifeinheit im Betrieb nicht in den Rang von Gewohnheitsrecht erhebt[86]. Im Schrifttum sieht man das bisweilen anders: Der Grundsatz der Tarifeinheit im Betrieb sei „längst Gewohnheitsrecht“, denn er werde von den

---

[82] LAG Baden-Württemberg, Urteil vom 19.12.1989 – 8 Sa 67/89 (n.v.), S. 9.

[83] Dazu ausführlich oben § 17 A II 1 c cc.

[84] *Ph. Merten*, BB 1993, S. 575 Fn. 40.

[85] BGH, NJW 1958, S. 709; Soergel-*W. Hartmann*, Art. 2 EGBGB Rn. 12; *Hergenröder*, S. 146; *von Hoyningen-Huene*, FS Juristische Fakultät der Universität Heidelberg, S. 359; *Köhler*, § 1 Rn. 9 f.; *Larenz*, Methodenlehre, S. 433; *Larenz/Canaris*, S. 258; *Mayer-Maly*, S. 16 f.; Staudinger-*D. Merten/F. Kirchhof*, Art. 2 EGBGB Rn. 90; MünchKomm-*Säcker*, Einleitung Rn. 78; *Vogel*, § 3 I 2 b; vgl. auch § 293 ZPO (Gewohnheitsrechte als „Rechtsnormen“).

[86] Gegen die gewohnheitsrechtliche Anerkennung des Prinzips der Tarifeinheit im Betrieb im Ergebnis auch *Herschel*, Anm. zu BAG vom 4.6.1980, AP Nr. 32 zu § 1 TVG Tarifverträge: Bau, Bl. 4; *Witzig*, S. 35.

am Arbeitsleben Beteiligten mit gerichtlicher Billigung tagtäglich in dem Bewußtsein angewandt, daß es sich um geltendes Recht handele[87].

Daran ist nur richtig, daß sich die Praxis zwangsläufig den Vorgaben einer höchstrichterlichen Rechtsprechung zu beugen hat. Freilich führt die widerspruchslose Hinnahme einer bestimmten Judikatur durch die Rechtspraxis, auch wenn es sich um eine ständige Rechtsprechung handelt, noch nicht zur Anerkennung einer Rechtsregel als Gewohnheitsrecht[88]. Die Hinnahme muß darüber hinaus Ausdruck einer begleitenden Rechtsüberzeugung sein[89]. Mit anderen Worten: Es muß eine einheitlich herrschende Überzeugung bestehen, daß etwas rechtens sei[90]. Dabei kommt es aber nicht nur auf die Akzeptanz der Recht Praktizierenden, sondern auch auf die Billigung durch die Rechtslehre an[91]. Unter Zugrundelegung dieser Maßstäbe erklärt sich die gewohnheitsrechtliche Anerkennung etwa der Rechtsinstitute der culpa in contrahendo oder der positiven Forderungsverletzung sowie der Sicherungsübereignung oder des allgemeinen Persönlichkeitsrechts.

Anders ist es bei der Tarifeinheit im Betrieb. Eine begleitende Rechtsüberzeugung sucht man vergebens. Im Gegenteil: Neben dem wissenschaftlichen Schrifttum[92] lehnt auch die überwiegende Zahl der Instanzgerichte[93] die höchstrichterliche Judikatur zum Prinzip der Tarifeinheit im Betrieb nachdrücklich ab, letztere sogar, obwohl stets eine Entscheidungskorrektur durch das *BAG* droht.

Ein Blick auf die historische Entwicklung der Tarifeinheit im Betrieb bestätigt dieses Ergebnis. Die tarifpolitische Entwicklung während der Weimarer

---

[87] *H. Koch*, Rn. 203; im Ergebnis ebenso *D. Gaul*, S. 273 f.; *ders.*, ZTR 1991, S. 451, 454; *Söllner*, Grundriß, § 16 V 2.

[88] *Larenz*, Methodenlehre, S. 433; *Larenz/Canaris*, S. 258; *Larenz/Wolf*, § 3 Rn. 40; vgl. auch *Köhler*, § 1 Rn. 8.

[89] Vgl. etwa BVerfGE 9, S. 109, 117; 15, S. 226, 232 ff.; 22, S. 114, 121; 28, S. 21, 28 f.; 34, S. 293, 303 f.; 57, S. 121, 134 f.; *Bydlinski*, S. 215; Staudinger-*Coing*, 13. Bearb., Einl zum BGB Rn. 232, 238; Soergel-*W. Hartmann*, Art. 2 EGBGB Rn. 12; *von Hoyningen-Huene*, FS Juristische Fakultät der Universität Heidelberg, S. 360; *Köhler*, § 1 Rn. 7; *Larenz*, Methodenlehre, S. 356, 433; *Larenz/Canaris*, S. 176 f., 258; Staudinger-*D. Merten/F. Kirchhof*, Art. 2 EGBGB Rn. 90; Erichsen-*Ossenbühl*, § 6 VIII 1 Rn. 73; *Rehbinder*, JuS 1991, S. 543; *Schmalz*, Rn. 39; *Schwacke*, 2.2.1; *Vogel*, § 3 I 2 b; *Zippelius*, § 3 I a; vgl. bereits oben § 15 C II 3.

[90] *Köhler*, § 1 Rn. 7.

[91] BAG AP Nr. 64 zu Art. 9 GG Arbeitskampf, Bl. 7R; *Esser*, FS F. von Hippel, S. 126; *Horn*, Rn. 29 f.; *Raisch*, L 3.2.3; *Rehbinder*, JuS 1991, S. 543; *Rüthers*, FS Molitor, S. 303; vgl. auch BVerfGE 15, S. 226, 232; AP Nr. 22 zu § 112 BetrVG 1972, Bl. 3 f.; BAG AP Nr. 93 zu § 611 BGB Haftung des Arbeitnehmers, Bl. 5 ff.

[92] S. bereits oben § 5 D II 2, § 19 A II 2 c.

[93] S. bereits oben § 5 C II, § 19 A II 2 b.

Republik hin zum Industrieverbandsprinzip mündete in der Folge der damaligen Tarifzersplitterung zwar in einer überwiegenden Anerkennung einer Tarifeinheit im Betrieb[94], die sich unter den rechtlichen Rahmenbedingungen des AOG sogar verfestigt hat[95]. Unter dem TVG ist die Tarifeinheit im Betrieb aber nicht zu Gewohnheitsrecht erstarkt. Eine konstante Billigung seitens der Instanzgerichte und der Literatur ist ausgeblieben[96]. Daß der Widerstand gegen die Judikatur des *BAG* relativ spät erwacht ist, mag daran liegen, daß die problematische Entscheidungsserie zum Prinzip der Tarifeinheit im Betrieb erst mit dem „Abbruch"-Fall im Jahr 1975[97] begonnen hat. Hinzu kommt, daß der bislang einzigen gesetzlichen Normierung einer Tarifkonkurrenz in § 2 Abs. 2 TVVO und sämtlichen Gesetzesentwürfen zur Tarifkonkurrenz für die TVVO und das TVG die Tarifeinheit im Arbeitsverhältnis, nicht aber die Tarifeinheit im Betrieb zugrunde gelegen hat[98]. Schließlich spricht auch die heutige tarifpolitische Praxis gegen die Annahme als Gewohnheitsrecht: DAG- und HBV-Tarifverträge bestehen nebeneinander in einem Betrieb, sogar Industriegewerkschaften streiten um überschneidende Tarifzuständigkeiten[99].

III. Ergebnis

Die Tarifeinheit im Betrieb ist nicht normiert. Sie ist auch durch Auslegung des Art. 9 Abs. 3 GG nicht zu gewinnen und kann sich auf eine gewohnheitsrechtliche Anerkennung nicht berufen.

B. Tarifeinheit im Betrieb als Rechtsprinzip

Auf die Kompetenz des *BAG* zur richterlichen Rechtsfortbildung käme es ferner nicht an, wenn die Tarifeinheit im Betrieb als Rechtsprinzip[100] unmittelbar Normqualität aufweisen würde. Immerhin wird es manchmal als „allgemeiner Grundsatz"[101], „grundlegende Wertung"[102] oder „Rechtsmaxime"[103] des

---

[94] S. näher oben § 3 D.

[95] S. näher oben § 4.

[96] Vgl. die Nachweise oben § 19 A II 2.

[97] BAG AP Nr. 11 zu § 4 TVG Tarifkonkurrenz.

[98] S. oben § 3 B I, III, § 5 A II.

[99] S. näher oben § 12 A II 2 c.

[100] Man spricht auch von „Rechtsgrundsätzen", „allgemeinen Rechtsgedanken" oder „Leitlinien des Rechts", vgl. *Zeller*, S. 7.

[101] LAG Frankfurt a.M., Urteil vom 30.6.1989 – 15 Sa 1566/88 (n.v.), S. 23.

deutschen Arbeitsrechts bezeichnet. § 7 Satz 2 des österreichischen ABGB schreibt – freilich nur im Rahmen richterlicher Rechtsfortbildung – die Entscheidung nach „natürlichen Rechtsgrundsätzen“ vor. Im Schrifttum wird Rechtsprinzipien aber nur selten und ausnahmsweise unmittelbar Normwirkung zugewiesen, etwa wenn sie auf fundamentale, der Disposition des Gesetzgebers entzogene Rechtsgrundsätze zurückzuführen seien[104].

Diesen Ansatz hält die methodenrechtliche Literatur aber zu Recht für verfehlt[105]: Rechtsprinzipien enthalten nur allgemeine Richtlinien für die Rechtsgestaltung[106]. Sie können damit zwar Grundlage für die Entwicklung von Rechtsregeln sein[107], sind aber (noch) nicht zu Rechtssätzen in Form von Obersätzen verdichtet, die eine Subsumtion ermöglichen, und scheiden deshalb für die unmittelbare Entscheidung von Rechtsstreitigkeiten aus[108]. Sie können allenfalls dem Zweck einer Norm zugerechnet und damit deren Bestandteil in weiterem Sinne werden[109], um im Hinblick auf die Vermeidung von Wertungswidersprüchen Argumente für oder gegen eine bestimmte Auslegung der Norm zu erhalten[110], oder im Wege der Rechtsfortbildung der Schließung von Gesetzeslücken dienen[111]. Wenn Rechtsprinzipien aber keine Rechtssätze mit Rechtsnormqualität sind, kann auch die Tarifeinheit im Betrieb kein unmittelbar geltender, zwingender Rechtsgrundsatz sein[112].

---

102 *Gamillscheg*, Arbeitsrecht, Bd. 1, § 16 I 6 (1).

103 *G. Müller*, Ablösung, S. 52.

104 Vgl. *Schmalz*, Rn. 40, 260; *Schmidt-Bleibtreu/Klein*, Art. 97 Rn. 4c; *Schwacke*, 2.2.1.

105 Näher *Bydlinski*, S. 481 ff.; *Canaris*, Systemdenken, S. 57; *Esser*, Grundsatz und Norm, S. 51 f.; *Köhler*, § 1 Rn. 4; *Larenz*, Methodenlehre, S. 421; *ders.*, Richtiges Recht, S. 23; *Vogel*, § 5 III 2; wohl auch Sachs-*Sachs*, Art. 20 Rn. 64; ebenso *P. Hanau/Kania*, Anm. zu BAG vom 20.3.1991, AP Nr. 20 zu § 4 TVG Tarifkonkurrenz, Bl. 7R; *Kraft*, RdA 1992, S. 166.

106 *Köhler*, § 1 Rn. 4; *Kraft*, RdA 1992, S. 166.

107 *Esser*, Grundsatz und Norm, S. 51 f.; *Köhler*, § 1 Rn. 4; *Kraft*, RdA 1992, S. 166; *Larenz*, Methodenlehre, S. 421; von Münch/Kunig-*W. Meyer*, Art. 97 Rn. 22.

108 Vgl. *Larenz*, Methodenlehre, S. 474, 479; *Zeller*, S. 9 f.

109 Vgl. *Schmalz*, Rn. 259; *Schwacke*, 2.2.1.

110 Vgl. *Larenz*, Methodenlehre, S. 336; *Schmalz*, Rn. 260; *Vogel*, § 5 III 3; *Zippelius*, § 10 III c.

111 Dazu unten § 20 C III 1 b bb.

112 So im Ergebnis auch LAG Berlin LAGE § 256 ZPO Nr. 6, S. 8; *Bruhn*, Tarifeinheit, S. 195; *Hagemeier/Kempen/Zachert/Zilius*, § 4 Rn. 103 (*Hagemeier*); MünchArbR-*P. Hanau*, Bd. 1, § 60 Rn. 33; *Herschel*, Anm. zu BAG vom 4.6.1980, AP Nr. 32 zu § 1 TVG Tarifverträge: Bau, Bl. 4; *Kempen/Zachert*, § 4 Rn. 130, 137 (*Kempen*); *Konzen*, RdA 1978, S. 153; *Kraft*, RdA 1992, S. 166 f.; *Kutscher*, S. 9, 32; *Ph. Merten*, BB 1993, S. 576; *Stein*, Rn. 111 Fn. 31; *H. Wiedemann*, Anm. zu BAG vom 24.9.1975,

C. Tarifeinheit im Betrieb als richterliche Rechtsfortbildung

Damit bleibt als Rechtsgrundlage für die Tarifeinheit im Betrieb richterliche Rechtsfortbildung. Diese ist freilich nicht nur in Einzelheiten umstritten, sondern berührt Kernfragen des Verfassungsrechts und der Methodenlehre. Daß es auf die Zulässigkeit der Rechtsfortbildung für die Tarifeinheit wegen Verstoßes gegen Art. 9 Abs. 3 Satz 1 GG sowie gegen das Demokratie- und Rechtsstaatsprinzip nicht ankomme[113], kann nur im Ergebnis richtig sei.

I. „Richterrecht" als Präjudiz

Vorab ist festzuhalten, daß rechtsfortbildende Gerichtsentscheidungen im Geltungsrang Gesetzen nicht gleich stehen, sondern nur präjudiziell wirken[114]. Das wird zwar von einem Teil des Schrifttums bestritten, das ihnen „gesetzesähnliche" Wirkung zumißt, da das Gericht an Stelle des Gesetzgebers handele[115]. Dabei wird freilich verkannt, daß Gerichte Einzelfälle judizieren. Ihre Entscheidungen sind – das folgt im Umkehrschluß aus § 31 Abs. 2 BVerfGG, § 132 Abs. 2 GVG, § 47 Abs. 6 Satz 2 VwGO – gerade nicht allgemein verbindlich[116], auch nicht als „subsidiäre Rechtsquelle"[117]. Jeder Richter hat über

AP Nr. 11 zu § 4 TVG Tarifkonkurrenz, Bl. 5; *ders.*, FS Fleck, S. 451; *H. Wiedemann/Arnold*, Anm. zu BAG vom 14.6.1989, AP Nr. 16 zu § 4 TVG Tarifkonkurrenz, Bl. 7; *dies.*, ZTR 1994, S. 446.

[113] So *Rieble*, Rn. 1796; *ders.*, Anm. zu BAG vom 22.3.1994, EzA § 4 TVG Geltungsbereich Nr. 10, S. 14.

[114] Gegen eine gesetzesgleiche Wirkung auch BVerfGE 18, S. 224, 240; 87, S. 273, 278; AP Nr. 117 zu Art. 9 GG Arbeitskampf, Bl. 5R; AP Nr. 126 zu Art. 9 GG Arbeitskampf, Bl. 4R; BAG AP Nr. 64 zu Art. 9 GG Arbeitskampf, Bl. 7R; *Badura*, D Rn. 60; Staudinger-*Coing*, 13. Bearb., Einl zum BGB Rn. 224 ff.; Sachs-*Degenhart*, Art. 70 Rn. 21; *Hergenröder*, S. 146; *Horn*, Rn. 190; *Ipsen*, Richterrecht, S. 60 f.; *Kissel*, FS Schaub, S. 381; *Konzen*, ZfA 1980, S. 95; *ders.*, Anm. zu BVerfG vom 26.6.1991, SAE 1991, S. 337; *ders.*, FS Prugberger, S. 166; *Larenz*, Methodenlehre, S. 429 ff.; *Larenz/Canaris*, S. 252 ff.; *Larenz/Wolf*, § 3 Rn. 36 ff., 72; *Neuner*, S. 56 f.; *Picker*, JZ 1984, S. 158; *ders.*, JZ 1988, S. 72 f.; *Rehbinder*, JuS 1991, S. 543; *Rose*, FS Stege, S. 203 f.; Sachs-*Sachs*, Vor Art. 1 Rn. 86, Art. 20 Rn. 65; *Schmalz*, Rn. 55 f.; *Schwacke*, 2.2.1 a.E.; *Söllner*, RdA 1985, S. 331 ff.; *Vogel*, § 6 I 1; ebenso wohl *P. Kirchhof*, FS Juristische Fakultät der Universität Heidelberg, S. 15 f.; Erichsen-*Ossenbühl*, § 6 IX 3 Rn. 83; AK-*Wassermann*, Bd. 2, Art. 97 Rn. 53; *Zöllner/Loritz*, § 6 V 2.

[115] *R. Herzog*, S. 207 („zweite Legalitätsquelle"); *Stern*, Bd. II, § 37 II 2 e; ähnlich Erichsen-*Ossenbühl*, § 6 IX 3 Rn. 83 ff.; vgl. auch *Fikentscher*, Bd. IV, S. 323 ff.; *Gamillscheg*, Arbeitsrecht, Bd. 1, § 1 II 3 c (1); *Rüthers*, FS Molitor, S. 303 f., 307.

[116] *Larenz*, Methodenlehre, S. 432; *Larenz/Canaris*, S. 255; *Neuner*, S. 58.

[117] So aber *Bydlinski*, S. 501 ff.

eine Rechtsfrage selbständig und nach seiner gewissenhaft gebildeten Überzeugung zu entscheiden[118]. Andere, auch unterinstanzliche Gerichte können grundsätzlich abweichend urteilen. Selbst das Gericht, das Recht fortgebildet hat, kann seine Rechtsprechung ändern[119]. Präjudizien kommen damit zwar für künftige Entscheidungen über gleiche oder ähnliche Fälle als Vorbilder in Betracht[120]. Mehr als eine „gewisse Verbindlichkeit"[121] rechtsfortbildender Entscheidungen resultiert daraus freilich nicht.

Diese Feststellung ist bedeutsam für die Instanzrechtsprechung zur Tarifeinheit im Betrieb. Auch wenn das *BAG* weiter an seiner Judikatur festhält und sich auf seine Kompetenz zur Rechtsfortbildung beruft: Ein Prinzip der Tarifeinheit im Betrieb kann auch aus Sicht des *BAG* nicht im Rang einer verbindlichen Rechtsnorm stehen. So lange das Schrifttum nicht vollständig umschwenkt, wird auch die Grenze zum Gewohnheitsrecht nicht überschritten[122]. *LAG* und *ArbG* haben deshalb über die Rechtmäßigkeit der Tarifeinheit im Betrieb immer wieder selbständig und nach ihrer gewissenhaft gebildeten, freien Überzeugung zu entscheiden.

II. Grundlagen und Methodik richterlicher Rechtsfortbildung

1. Zulässigkeit richterlicher Rechtsfortbildung

Daß die Bedeutung richterlicher Rechtsfortbildung im Arbeitsrecht besonders groß ist, liegt nicht allein an dessen zum Teil geringer Regelungsdichte – im Arbeitskampfrecht etwa fehlt eine umfassende gesetzliche Ausgestaltung –, sondern ist auch auf dessen besondere Anfälligkeit gegenüber Versuchen rechtspolitischer Einflußnahme zurückzuführen. Nicht umsonst hat das *BVerfG* die Grenzen der Rechtsfortbildung gerade gegenüber dem *BAG*, dem man im Schrifttum ein ständig gewachsenes „Regelungs-Selbstbewußtsein" attestiert[123],

---

[118] *Larenz*, Methodenlehre, S. 430; *Larenz/Canaris*, S. 254; vgl. auch *Raisch*, L 3.1.

[119] *Vogel*, § 10 III 3.

[120] *Schwacke*, 5.1.5 (4).

[121] *Zippelius*, § 13 II; ähnlich *Larenz*, Methodenlehre, S. 428; *Larenz/Canaris*, S. 252 ff.

[122] Vgl. dazu bereits oben § 20 A III.

[123] *Rüthers*, FS Molitor, S. 304.

betont[124]. Diesen Befund bestätigt die höchstrichterliche Judikatur zur Tarifeinheit im Betrieb, die sich über nahezu das gesamte Schrifttum hinwegsetzt[125].

a) Legitimation richterlicher Rechtsfortbildung

Positives Recht, das lückenlos ist, gibt es nicht: Kein Gesetzgeber vermag den stetigen ökonomischen, technologischen und sozialen Wandel bereits vorbeugend in seiner Gesetzgebung zu berücksichtigen[126]. Die Gerichte stehen wegen des Rechtsverweigerungsverbots, das aus dem Rechtsstaatsprinzip (Art. 20 Abs. 2 Satz 2, Abs. 3 GG) folgt, aber unter Entscheidungszwang[127]. Richterliche Rechtsfortbildung ist deshalb „harte Rechtswirklichkeit"[128], ihre Zulässigkeit wird jedenfalls im Grundsatz nicht in Frage gestellt[129].

Die Befugnis zur Rechtsfortbildung ist anders als in ausländischen Rechtsordnungen[130] im deutschen Recht zwar nicht kodifiziert, wird aber immerhin in einzelnen Gesetzen erwähnt, etwa in § 132 Abs. 4 GVG[131] oder in § 45 Abs. 4

---

[124] BVerfG AP Nr. 22 zu § 112 BetrVG 1972, Bl. 2R ff. (Sozialplanansprüche im Konkurs); AP Nr. 9 zu Art. 140 GG, Bl. 3 ff. (gewerkschaftliches Zugangsrecht zu kirchlichen Anstalten).

[125] S. bereits oben § 19 A II 2 a, c.

[126] Dazu etwa BVerfGE 82, S. 6, 12; Erichsen-*Ossenbühl*, § 6 IX 1 Rn. 78; *Rüthers*, FS Molitor, S. 294 ff.; *Söllner*, ZG Bd. 10 (1995), S. 7; *Wank*, Grenzen, S. 119 ff.; AK-*Wassermann*, Bd. 2, Art. 97 Rn. 16.

[127] BVerfG AP Nr. 117 zu Art. 9 GG Arbeitskampf, Bl. 5R; AP Nr. 126 zu Art. 9 GG Arbeitskampf, Bl. 4R; *Konzen*, FS 25 Jahre BAG, S. 275; *Neuner*, S. 56; *Schmalz*, Rn. 165, 314; *Schwacke*, 5.2.1; *Söllner*, RdA 1985, S. 330; *ders.*, ZG Bd. 10 (1995), S. 7 f.; *Stern*, Bd. II, § 37 II 2 e; kritisch *Ipsen*, Richterrecht, S. 53 ff.; *Mayer-Maly*, JZ 1986, S. 560; abl. *Mösch*, S. 96 ff.

[128] *Herschel*, AuR 1972, S. 129.

[129] Vgl. aus der unübersehbaren Rechtsprechung etwa BVerfGE 3, S. 225, 243; 25, S. 167, 178 ff.; 26, S. 327, 337; 49, S. 304, 318; 69, S. 315, 371; 71, S. 354, 362; AP Nr. 21 zu Art. 2 GG, Bl. 7; AP Nr. 117 zu Art. 9 GG Arbeitskampf, Bl. 5R; AP Nr. 126 zu Art. 9 GG Arbeitskampf, Bl. 4 f.; AP Nr. 22 zu § 112 BetrVG 1972, Bl. 1R; NJW 1992, S. 1219; aus der ebenfalls kaum noch überschaubaren Literatur etwa *Kissel*, FS Schaub, S. 377 f.; *P. Koller*, S. 206 f.; *Larenz*, Methodenlehre, S. 366, 370; HBdStR-*Ossenbühl*, Bd. III, § 61 Rn. 40; *Schmalz*, Rn. 49 ff., 313; *Stern*, Bd. I, § 20 IV 4 a, Bd. II, § 37 II 2 e; *Zippelius*, § 13 vor I, III.

[130] S. etwa Art. 1 Abs. 2, Abs. 3 ZGB (Schweiz): „Kann dem Gesetze keine Vorschrift entnommen werden, so soll der Richter nach Gewohnheitsrecht und, wo auch ein solches fehlt, nach der Regel entscheiden, der er als Gesetzgeber aufstellen würde. Er folgt dabei bewährter Lehre und Überlieferung."

[131] Die Vorgängervorschrift (§ 137 1. Var. GVG) ist verfassungsgemäß: BVerfGE 2, S. 79, 91; 6, S. 239, 242; vgl. auch BGHZ 3, S. 308, 315.

1. Var. ArbGG. Ihre verfassungsrechtliche Legitimation folgt aus diesen einfachgesetzlichen Normen alleine aber ebenso wenig wie daraus, daß Rechtsfortbildung in der deutschen Rechtsgeschichte „seit jeher eine anerkannte Funktion der Rechtsprechung“ gewesen sei[132].

Sie ist vielmehr unmittelbar aus Art. 20 Abs. 3 GG abzuleiten: Der Richter ist nicht nur an das Gesetz, sondern auch an „Recht“ gebunden. Letzteres umfaßt nicht nur das positive Recht, sondern darüber hinaus auch alle Gerechtigkeitsvorstellungen, die in der Verfassung, der übrigen Rechtsordnung oder sonst in einer allgemeinen Rechtsüberzeugung ihren Ausdruck gefunden haben (Gerechtigkeitsfunktion des Rechts)[133]. Zwar wird die materielle Gerechtigkeit durch das förmliche Gesetz und seine Anwendung regelmäßig realisiert. Besteht jedoch ausnahmsweise ein Mehr an „Recht“, muß der Richter berechtigt sein, das Recht fortzubilden, um der Gerechtigkeit Geltung zu verschaffen[134].

b) Schranken richterlicher Rechtsfortbildung

Natürlich ist die Befugnis zu richterlicher Rechtsfortbildung nicht unbegrenzt. Sie unterliegt verfassungsrechtlichen Schranken und folgt auch methodisch bestimmten Regeln. Eine allgemeingültige griffige Formel, die Grenze der Unzulässigkeit präzise bezeichnet, gibt es nicht[135]. Eine verbindliche Grenzziehung im Spannungsverhältnis zwischen gesetztem Recht und richterlicher Rechtsfortbildung kann deshalb nur im Einzelfall erfolgen.

---

[132] So BVerfGE 69, S. 188, 203; AP Nr. 22 zu § 112 BetrVG 1972, Bl. 1R; ähnlich bereits 3, S. 225, 242 f.; 26, S. 327, 337; 49, S. 304, 318; AP Nr. 21 zu Art. 2 GG, Bl. 7.

[133] Vgl. näher BVerfGE 49, S. 304, 318; 69, S. 315, 371 f.; 82, S. 6, 12; AP Nr. 21 zu Art. 2 GG, Bl. 6R; Staudinger-*Coing*, 13. Bearb., Einl zum BGB Rn. 209 f.; Sachs-*Degenhart*, Art. 70 Rn. 21; *Enneccerus/Nipperdey*, S. 319 f.; *P. Kirchhof*, FS Juristische Fakultät der Universität Heidelberg, S. 12 f.; *Maunz/Zippelius*, § 13 III 4 b; Sachs-*Sachs*, Art. 20 Rn. 64; MünchKomm-*Säcker*, Einleitung Rn. 134a; *Söllner*, RdA 1985, S. 329 f.; *Stern*, Bd. II, § 37 II 2 e; *Wank*, Grenzen, S. 88 f.; AK-*Wassermann*, Bd. 2, Art. 92 Rn. 17; *Zippelius*, § 13 III; ausführlich *Neuner*, S. 5 ff.; abw. *Mösch*, S. 88 ff.; *F. Müller*, FS Juristische Fakultät der Universität Heidelberg, S. 67 f., 76, 82, 91; *ders.*, 222.32; ähnlich *Krey*, JZ 1978, S. 465.

[134] BVerfG AP Nr. 21 zu Art. 2 GG, Bl. 6R f.; *Horn*, Rn. 192; *Köhler*, § 4 Rn. 24; *Zippelius*, § 13 III a.E.; ähnlich *Bydlinski*, S. 222, 289 f.

[135] BVerfG AP Nr. 21 zu Art. 2 GG, Bl. 7; *P. Hanau*, BlStSozArbR 1985, S. 18; MünchKomm-*Säcker*, Einleitung Rn. 134a; HBdStR-*Schmidt-Aßmann*, Bd. I, Rn. 66; *Schmidt-Bleibtreu/Klein*, Art. 97 Rn. 3; *Stern*, Bd. I, § 20 IV 4; *Wank*, Grenzen, S. 85.

aa) Vorrang des Gesetzes und Grundsatz der Gewaltenteilung

Unstreitig haben die Gerichte zunächst die verfassungsrechtlichen Begrenzungen aus Art. 20 Abs. 3 Hs. 2, Art. 97 Abs. 1 GG (Vorrang des Gesetzes) zu beachten[136]: Die Gesetzesbindung zwingt die Judikative, bestehende Gesetze und überhaupt den erkennbar gewordenen Willen des Gesetzgebers zu beachten und schließt als absolute Schranke die Rechtsfortbildung contra legem jedenfalls im Grundsatz aus[137]. Insoweit wirkt im übrigen für Fachgerichte auch das Verwerfungsmonopol des *BVerfG* nach Art. 100 Abs. 1 GG als Grenze der Rechtsfortbildung[138].

Eine wichtige Schranke richterlicher Rechtsfortbildung ist als elementare Maxime des Grundgesetzes daneben die Funktionsteilung zwischen Gesetzgebung und Rechtsprechung (Prinzip der Gewaltenteilung, Art. 20 Abs. 2 S. 2 GG)[139]. Auch wenn eine gewisse Verschränkung beider Staatsgewalten nicht zu leugnen ist[140], sind sie nicht, wie bisweilen behauptet[141], „mit prinzipiell gleichem Rang" dazu berufen, Recht zu setzen. Der Richter darf der Einschätzungs-, Wertungs- und Gestaltungsfreiheit des Gesetzgebers vielmehr weder vorausgreifen noch in sie eingreifen[142]. Rechtspolitik ist nicht Aufgabe der Ge-

---

[136] BVerfGE 8, S. 28, 35; 49, S. 304, 320; 69, S. 315, 371 f.; 82, S. 6, 11 f.; 87, S. 273, 279 f.; AP Nr. 22 zu § 112 BetrVG 1972, Bl. 2; *Badura*, D Rn. 60; Staudinger-*Coing*, 13. Bearb., Einl zum BGB Rn. 236; *Fenn*, FS Kissel, S. 225; *Herschel*, AuR 1972, S. 133; *R. Herzog*, FS Simon, S. 107 ff.; *Kissel*, FS Schaub, S. 376; *P. Koller*, S. 207 f.; von Münch/Kunig-*W. Meyer*, Art. 97 Rn. 23; HBdStR-*Schmidt-Aßmann*, Bd. I, § 24 Rn. 66; *Schmidt-Bleibtreu/Klein*, Art. 97 Rn. 3; *Söllner*, ZG Bd. 10 (1995), S. 9 f.; *Stern*, Bd. I, § 20 IV 4 a; *Vogel*, § 6 I 3, 4; *Wank*, Auslegung, § 11 II; AK-*Wassermann*, Bd. 2, Art. 97 Rn. 47; ausführlich *Neuner*, S. 85 ff.

[137] BVerfGE 8, S. 28, 35; 56, S. 99, 107 ff.; 61, S. 68, 72 f.; 69, S. 315, 371 f.; 82, S. 6, 11 ff.; 87, S. 273., 280; AP Nr. 22 zu § 112 BetrVG 1972, Bl. 3 f.; *Fenn*, FS Kissel, S. 217; *von Hoyningen-Huene*, FS Juristische Fakultät der Universität Heidelberg, S. 355; *Köhler*, § 4 Rn. 24; *H.-J. Koch/Rüßmann*, § 22, 2; *P. Koller*, S. 208; *Konzen*, ZfA 1980, S. 95; *Peter*, RdA 1985, S. 341 f.; *Rose*, FS Stege, S. 208 f.; *Rüthers*, FS Molitor, S. 299; Sachs-*Sachs*, Art. 20 Rn. 74; AK-*Wassermann*, Bd. 2, Art. 97 Rn. 47; s. aber unten § 20 C III 2.

[138] Dazu *Hillgruber*, JZ 1996, S. 119 f.; *Jarass/Pieroth*, Art. 20 Rn. 28.

[139] *Hillgruber*, JZ 1996, S. 122; *Ipsen*, DVBl. 1984, S. 1104 f.; *Mösch*, S. 92 f.; *Peter*, RdA 1985, S. 342 ff.; *Wank*, Grenzen, S. 89 ff., 93 ff.; *ders.*, Auslegung, § 11 II; AK-*Wassermann*, Bd. 2, Art. 92 Rn. 20.

[140] Dazu BVerfGE 3, S. 225, 247 f.

[141] So *Raiser*, ZRP 1985, S. 116; kritisch zu Recht *Mayer-Maly*, FS E. Wolf, S. 473 f.; *Rüthers*, FS Molitor, S. 304 f.

[142] BVerfGE 82, S. 6, 12; *Hillgruber*, JZ 1996, S. 122; *Ipsen*, Richterrecht, S. 236; *Larenz*, Methodenlehre, S. 427; *Rüthers*, FS Molitor, S. 299; *Söllner*, RdA 1985,

richte[143]. Reform und Neugestaltung sind ausschließlich Sache des Gesetzgebers[144]. Den Gerichten fehlt nicht nur – selbst wenn der Berufung der Richter wie bei den obersten Gerichten des Bundes eine Richterwahl vorausgeht (Art. 95 Abs. 2 GG)[145] – die demokratische Legitimation[146]. Sie sind dem Parlament auch institutionell und organisatorisch unterlegen[147], die Prozeßverfahren billigen ihnen lediglich begrenzte Erkenntnismöglichkeiten zu. Nur das parlamentarische Gesetzgebungsverfahren bietet zudem die Gewähr für Öffentlichkeit und Diskussion[148]. Das Prinzip der Gewaltenteilung ist wegen des Rechtsverweigerungsverbots zwar keine absolute Schranke, es zwingt den rechtsfortbildenden Richter aber zu Zurückhaltung.

Als erstes Zwischenergebnis ist deshalb festzuhalten: Von richterlicher Rechtsfortbildung ist nur behutsam Gebrauch zu machen, zudem hat sie sich eng an die Rechtsordnung zu halten[149]. Die Anforderungen an richterliche Rechtsfortbildung sind um so höher, je offener die Rechtsfortbildung ist[150] und je stärker Rechtspositionen verkürzt werden[151].

S. 335; *ders.*, ZG Bd. 10 (1995), S. 16; vgl. auch BVerfGE 20, S. 162, 218; 58, S. 257, 268 ff.; *Fikentscher*, Bd. IV, S. 332 f.

[143] BVerfGE 49, S. 302, 322; AP Nr. 22 zu § 112 BetrVG 1972, Bl. 3; *Kissel*, FS Schaub, S. 378 f.; *P. Koller*, S. 212 f.; *Konzen*, Anm. zu BAG vom 24.9.1975, SAE 1977, S. 61; *ders.*, Anm. zu BAG vom 27.6.1995, 11.7.1995 und 11.7.1995, AP Nr. 139 zu Art. 9 GG Arbeitskampf, Bl. 14R; *Vogel*, § 8 III 3 b.

[144] BVerfG, NJW 1992, S. 1219; *Konzen*, Rechtsfragen, S. 86 = NZA 1995, S. 869 f.; *Larenz*, Methodenlehre, S. 428; *Rüthers*, FS Molitor, S. 299.

[145] Anders AK-*Wassermann*, Bd. 2, Art. 92 Rn. 17; kritisch *Ipsen*, Richterrecht, S. 199 ff.

[146] Dazu auch *Krey*, JZ 1978, S. 466; *Wank*, Grenzen, S. 207 ff.; vgl. ferner *Fenn*, FS Kissel, S. 219 ff.

[147] Staudinger-*Coing*, 13. Bearb., Einl zum BGB Rn. 236; *Fenn*, FS Kissel, S. 222; *Fikentscher*, Bd. IV, S. 332; *Krey*, JZ 1978, S. 466; *Larenz*, Methodenlehre, S. 426 f.; *Picker*, JZ 1984, S. 156; *ders.*, JZ 1988, S. 71 f.; *Söllner*, ZG Bd. 10 (1995), S. 10 ff.; AK-*Wassermann*, Bd. 2, Art. 92 Rn. 19.

[148] *Ipsen*, DVBl. 1984, S. 1104; *ders.*, S. 140 ff.

[149] Vgl. *Mayer-Maly*, FS E. Wolf, S. 473 f.; *Schmalz*, Rn. 315; vgl. aber *Söllner*, ZG Bd. 10 (1995), S. 16.

[150] Vgl. BVerfGE 69, S. 315, 371 f.; AP Nr. 22 zu § 112 BetrVG 1972, Bl. 1R f., 2R ff., *Hergenröder*, S. 197; *Hillgruber*, JZ 1996, S. 118 ff.; *Mayer-Maly*, JZ 1986, S. 560 f.; *Vogel*, § 6 I 3; *Wank*, Grenzen, S. 73 f.; *Zippelius*, § 11 II d; zu den verschiedenen Stufen der Rechtsfortbildung gleich unten § 20 C III.

[151] *Jarass/Pieroth*, Art. 20 Rn. 28; vgl. auch BVerfGE 71, S. 354, 362.

bb) Vorbehalt des Gesetzes und Wesentlichkeitstheorie

Ob auch der Vorbehalt des Gesetzes[152] Schranke richterlicher Rechtsfortbildung sein kann, wird nicht einheitlich beurteilt. Zum Teil plädiert man selbst dann für dessen Anwendbarkeit, wenn der Gesetzgeber wissentlich und wollentlich untätig bleibe[153]. Überwiegend wird die Erstreckung des Gesetzesvorbehalts auf die Judikative aber zu Recht abgelehnt[154]. Er paßt systematisch nur für das Eingriffsverhältnis Staat–Bürger. Nur die Exekutive kann zielgerichtet in die Rechtssphäre einzelner Grundrechtsträger eingreifen. Gerichte sprechen dagegen Recht. Sie gleichen Streitigkeiten gleichberechtigter Grundrechtsträger aus, betreffen deren Rechtsstellung also nur mittelbar. Die Exekutive ist deshalb mit unabhängigen Gerichten, denen die Verfassung überdies einen besonderen Vertrauensvorschuß einräumt (vgl. etwa Art. 13 Abs. 2, Art. 104 Abs. 2 GG), nicht vergleichbar.

Aus dem Vorbehalt des Gesetzes hat das *BVerfG*[155] die im Schrifttum grundsätzlich gebilligte[156] Wesentlichkeitstheorie entwickelt. Sie verpflichtet den Gesetzgeber, alle wesentlichen Fragen des Gemeinwesens selbst zu entscheiden, auch wenn sie nicht unmittelbar in die Rechtssphäre des einzelnen eingreifen. Es genügt ein substantieller Grundrechtsbezug. Das ist nach der Rechtsprechung des *BVerfG* bei staatlichen Maßnahmen der Fall, die für die Verwirklichung der Grundrechte „wesentlich" sind[157] oder den Freiheits- und Gleichheitsbereich betreffen[158]. Die Wesentlichkeitstheorie gilt nach einer starken Literaturmeinung anders als der Gesetzesvorbehalt, der ausschließlich das Eingriffsverhältnis Staat–Bürger betrifft, auch für die Judikative, die über das Ver-

---

[152] Zu ihm etwa *Degenhart*, Rn. 278 ff.; *Kloepfer*, JZ 1984, S. 685; *Maunz/Zippelius*, § 13 II 4 a; HBdStR-*Ossenbühl*, Bd. III, § 62 Rn. 7 ff.; Sachs-*Sachs*, Art. 20 Rn. 70; HBdStR-*Schmidt-Aßmann*, Bd. I, Rn. 63 ff.; *Stern*, Bd. I, § 20 IV 4 b.

[153] Vgl. *Hillgruber*, JZ 1996, S. 123 f.; in diese Richtung auch *Fenn*, FS Kissel, S. 221; HBdStR-*Ossenbühl*, Bd. III, § 62 Rn. 48.

[154] *R. Herzog*, FS Simon, S. 108 f.; Sachs-*Sachs*, Art. 20 Rn. 71; *Söllner*, ZG Bd. 10 (1995), S. 2 f., 8.

[155] BVerfGE 33, S. 1, 10; 33, S. 125, 157; 33, S. 303, 346; 34, S. 165, 192; 40, S. 237, 248 ff.; 41, S. 251, 259; 45, S. 400, 417; 47, S. 46, 78 f.; 48, S. 210, 221; 49, S. 89, 126 f.; 56, S. 1, 13; 57, S. 295, 320 f., 326; 58, S. 257, 268 ff.; 64, S. 261, 268; AP Nr. 126 zu Art. 9 GG Arbeitskampf, Bl. 4R.

[156] Vgl. nur *Maunz/Zippelius*, § 12 III 4; HBdStR-*Ossenbühl*, Bd. III, § 62 Rn. 41 ff.; *Stern*, Bd. I, § 20 IV 4 b, jeweils m.w.N.

[157] BVerfGE 34, S. 165, 192; 40, S. 237, 248; 41, S. 251, 260 f.; 47, S. 46, 79; 49, S. 89, 127; 58, S. 257, 274; AP Nr. 126 zu Art. 9 GG Arbeitskampf, Bl. 4R.

[158] BVerfGE 49, S. 89, 126 f.

hältnis gleichgeordneter Grundrechtsträger entscheidet[159]. Daran ist richtig, daß die Wesentlichkeitstheorie anders als der Gesetzesvorbehalt jedenfalls in ihrem Kern wegen des demokratischen Gestaltungsauftrags des Gesetzgebers und dessen spezifischer Verantwortung für den Grundrechtsbereich auf die Rechtsprechung übertragbar sein muß. Die Ansicht eines Teils des Schrifttums[160] und des *BVerfG*[161], die Geltung der Wesentlichkeitstheorie in Parallele zum Vorbehalt des Gesetzes auf das Eingriffsverhältnis Staat–Bürger zu beschränken, greift zu kurz[162]. Auch das *BVerfG* hält die Bindung der Wesentlichkeitstheorie an das Eingriffsverhältnis Staat–Bürger nicht konsequent durch. Das lassen insbesondere die Urteile zur zivilen Nutzung der Kernkraft[163] und zur Einführung des Privatrundfunks[164] erkennen, die beide nur formell das Eingriffsverhältnis Staat–Bürger betreffen, dem Gesetzgeber im Ergebnis aber den Ausgleich zwischen gleichberechtigten Grundrechtsträgern abverlangen[165].

Zwar kann die Wesentlichkeitstheorie wegen des Rechtsverweigerungsverbots genauso wenig wie der Grundsatz der Gewaltenteilung eine rechtsfortbildende Entscheidung des Gerichts hindern[166]. Zumindest ist ihm die Möglichkeit der „vorläufigen" Lückenfüllung" zuzubilligen[167]. Die zweite Zwischenbilanz lautet deshalb: Der Freiraum für richterliche Rechtsfortbildung ist um so gerin-

---

[159] Vgl. *Fenn*, FS Kissel, S. 221, 231; *Friauf*, RdA 1986, S. 192; *B. Gaul*, Anm. zu BAG vom 4.9.1996, EzA § 3 TVG Bezugnahme auf Tarifvertrag Nr. 7, S. 41; *Hergenröder*, S. 201 ff.; *Kissel*, FS Schaub, S. 376 f.; *Kloepfer*, NJW 1985, S. 2498 ff.; *P. Koller*, S. 208; *Löwisch*, DB 1988, S. 1013; *Rieble*, Anm. zu BVerfG vom 26.6.1991, EzA Art. 9 GG Arbeitskampf Nr. 97, S. 33 f.; *Seiter*, RdA 1986, S. 171; ähnlich *Fikentscher*, Bd. IV, S. 335: „Rechtspolitisch weittragende Ordnungsentscheidungen sind dem Parlament vorbehalten."

[160] *Däubler*, AuR 1992, S. 5; *Ehrich*, DB 1993, S. 1238 f.; *Ipsen*, DVBl. 1984, S. 1105 f.; *Jarass/Pieroth*, Art. 9 Rn. 33; *Konzen*, Anm. zu BVerfG vom 26.6.1991, SAE 1991, S. 337.

[161] BVerfG AP Nr. 117 zu Art. 9 GG Arbeitskampf, Bl. 5R; abw. aber AP Nr. 126 zu Art. 9 GG Arbeitskampf, Bl. 4 f. (Geltung der Wesentlichkeitstheorie, wenn es „– zumindest auch – um das Verhältnis von Staat und Privatrechtssubjekten" gehe).

[162] So auch *Hergenröder*, S. 201 f.; *Rieble*, Anm. zu BVerfG vom 26.6.1991, EzA Art. 9 GG Arbeitskampf Nr. 97, S. 33 f.

[163] BVerfGE 49, S. 89, 126 f.; vgl. ferner 53, S. 30, 56.

[164] BVerfGE 57, S. 295, 320 ff.

[165] Näher *Ehrich*, DB 1993, S. 1238 f.; *Hergenröder*, S. 201 f.; *Rieble*, Anm. zu BVerfG vom 26.6.1991, EzA Art. 9 GG Arbeitskampf Nr. 97, S. 33 f.

[166] Ebenso BVerfG AP Nr. 117 zu Art. 9 GG Arbeitskampf, Bl. 5R; *Fenn*, FS Kissel, S. 224; *Konzen*, Anm. zu BVerfG vom 26.6.1991, SAE 1991, S. 337; wohl auch *Ehrich*, DB 1993, S. 1239; *Hergenröder*, S. 203 f.; ferner *Söllner*, ZG Bd. 10 (1995), S. 8.

[167] *Friauf*, RdA 1986, S. 192; ähnlich *Fenn*, FS Kissel; S. 224; *Ipsen*, Richterrecht, S. 234; *Löwisch*, DB 1988, S. 1015; *Rieble*, Anm. zu BVerfG vom 26.6.1991, EzA Art. 9 GG Arbeitskampf Nr. 97, S. 36.

ger, je wesentlicher eine zu entscheidende Rechtsfrage ist[168]. Oder umgekehrt: Je wesentlicher eine Rechtsfrage ist, desto mehr hat sich die Rechtsfortbildung auf das unerläßliche Maß zu beschränken.

cc) Verhältnismäßigkeitsgrundsatz

Als weitere Schranke richterlicher Rechtsfortbildung kommt der aus dem Rechtsstaatsprinzip (Art. 20 Abs. 2 Satz 2, Abs. 3 GG) abgeleitete Verhältnismäßigkeitsgrundsatz in Betracht[169]. Sein Anwendungsbereich ist grundsätzlich zwar auf Eingriffe der Legislative und der Exekutive in verfassungsmäßig geschützte Rechtsgüter begrenzt[170]. Nur in diesen Bereichen besteht regelmäßig ein Ermessensspielraum, der dem Richter, wenn er Recht spricht, gerade verwehrt ist. Daraus folgt aber, daß der Verhältnismäßigkeitsgrundsatz dann auch für die Judikative gilt, wenn ihr ausnahmsweise ein Ermessen eingeräumt ist[171]. Das hat das *BVerfG* nicht nur im Bereich des Strafrechts immer wieder bestätigt[172]. Es hat den Verhältnismäßigkeitsgrundsatz zu Recht mehrfach als verfassungsrechtlichen Prüfungsmaßstab für die rechtsfortbildende Rechtsprechung des *BAG* anerkannt, etwa als dieses über den satzungsmäßigen Ausschluß von Versorgungsansprüchen gegen betriebliche Unterstützungskassen[173] oder die Rechtmäßigkeit von Abwehraussperrungen zu entscheiden hatte[174]. Tritt nämlich der rechtsfortbildende Richter an die Stelle des Gesetzgebers (gesetzesübersteigende Rechtsfortbildung)[175], haben für ihn die gleichen Prüfungsmaßstäbe wie für diesen zu gelten[176].

---

[168] Ähnlich *Fenn*, FS Kissel, S. 224; *Friauf*, RdA 1986, S. 192; *Kissel*, NJW 1982, S. 1781, 1784; *P. Koller*, S. 208.

[169] Zu ihm näher unten § 21 A I 2 bb, cc aaa.

[170] Vgl. nur *Degenhart*, Rn. 224; *Maunz/Dürig*, § 13 III 6; Sachs-*Sachs*, Art. 20 Rn. 93 ff.; *Stern*, Bd. III 2, § 84, jeweils m.w.N.

[171] *Degenhart*, Rn. 334; für die Judikatur nicht ausgeschlossen auch von Sachs-*Sachs*, Art. 20 Rn. 96 f.; *Stern*, Bd. III 2, § 84 III 1 vor a.

[172] Vgl. BVerfGE 75, S. 1, 16 (Strafzumessung); 27, S. 211, 219 (Maßnahmen nach § 81a StPO); 70, S. 297, 311 ff. (Unterbringung in einem psychiatrischen Krankenhaus); 80, S. 367, 380 (Verwertbarkeit von Tagebuchaufzeichnungen im Strafprozeß).

[173] BVerfG AP Nr. 2 zu § 1 BetrAVG Unterstützungskassen, Bl. 6 f.

[174] BVerfG AP Nr. 117 zu Art. 9 GG Arbeitskampf, Bl. 6.

[175] Dazu unten § 20 C II 2 b.

[176] Ebenso *Fenn*, FS Kissel, S. 225; *Herschel*, AuR 1972, S. 133; *Konzen*, ZfA 1980, S. 94; *ders.*, Anm. zu BVerfG vom 26.6.1991, SAE 1991, S. 340; *ders.*, FS Prugberger, S. 166.

Eine solche Rechtsfortbildung – so das dritte Zwischenresultat – muß deshalb geeignet, erforderlich und angemessen sein: Die angeordnete Rechtsfolge hat insbesondere unter mehreren für die Verwirklichung des angestrebten Zwecks der Regelung in Betracht kommenden, gleichermaßen geeigneten Rechtsfolgen die am geringsten belastende Rechtsfolge auszusprechen und darf nicht außer Verhältnis zu dem mit der Regelung verfolgten Zweck stehen.

dd) Methodengerechtes Arbeiten

Im Schrifttum unbestritten ist zuletzt jedenfalls im Ausgangspunkt, daß richterliche Rechtsfortbildung der rechtsmethodisch geleiteten Begründung bedarf, da sie sonst unberechenbar und willkürlich wäre[177]. Die Rechtsmethodik mag zwar überfordert sein, richterlicher Rechtsfortbildung eine verbindliche Grenze zu setzen. Sie sichert aber immerhin nicht nur die Vollständigkeit aller, sondern auch die Beschränkung auf juristische Gesichtspunkte und garantiert dadurch eine kontrollierbare und diskussionsfähige Argumentation[178]. Auch das *BVerfG* scheint die Grenze richterlicher Rechtsfortbildung jedenfalls dann als überschritten anzusehen, wenn das Ergebnis auf einem Weg erreicht wurde, der den Regeln juristischer Methodenlehre offensichtlich widerspricht[179]. Dem ist zuzustimmen. Eine Rechtsfortbildung, die den Rahmen des methodisch anerkannten Konsenses erkennbar verläßt, ist deshalb zugleich stets verfassungswidrig: Sie verstößt gegen den Grundsatz der Gewaltenteilung nach Art. 20 Abs. 2 Satz 2 GG[180].

---

[177] *Larenz*, Methodenlehre, S. 369; ebenso *Bydlinski*, S. 473; *Däubler*, AuR 1992, S. 5; *Konzen*, Anm. zu BAG vom 27.6.1995, 11.7.1995 und 11.7.1995, AP Nr. 139 zu Art. 9 GG Arbeitskampf, Bl. 14R; *ders.*, FS Prugberger, S. 166; *Schwacke*, 5.2.1 a.E.; *Söllner*, RdA 1985, S. 331; *ders.*, ZG Bd. 10 (1995), S. 16; *Vogel*, § 8 III 3 b; *Wank*, Grenzen, S. 78 ff.; *Zippelius*, § 13 III; vgl. auch *Bydlinski*, S. 473; *Peter*, RdA 1985, S. 344 f.; kritisch aber *Ipsen*, DVBl. 1984, S. 1103; *ders.*, S. 88 f.; zur Methodik der Rechtsfortbildung näher unten § 20 C II 2.

[178] *Wank*, Grenzen, S. 42 ff., 79.

[179] BVerfG AP Nr. 21 zu Art. 2 GG, Bl. 4R f.; ähnlich BVerfGE 82, S. 6, 12; AP Nr. 117 zu Art. 9 GG Arbeitskampf, Bl. 5R; AP Nr. 126 zu Art. 9 GG Arbeitskampf, Bl. 4R; BAG AP Nr. 93 zu § 611 BGB Haftung des Arbeitnehmers, Bl. 5; *Konzen*, Anm. zu BAG vom 27.6.1995, 11.7.1995 und 11.7.1995, AP Nr. 139 zu Art. 9 GG Arbeitskampf, Bl. 14R.

[180] *P. Hanau*, BlStSozArbR 1985, S. 18.

2. Methodik richterlicher Rechtsfortbildung

Auch wenn viele Einzelheiten umstritten sind, kann die Rechtspraxis auf eine gesicherte, im Kern verbindliche Methodik der Rechtsfortbildung zurückgreifen. Die überkommene Methodenlehre unterscheidet dabei verschiedene Stufen richterlicher Rechtsfortbildung. Vorherrschend ist heute die auf *Larenz*[181] zurückgehende Einteilung in gesetzesimmanente und gesetzesübersteigende Rechtsfortbildung[182]. Die Terminologie ist freilich nicht einheitlich, und eine trennscharfe Abgrenzung bereitet nicht selten Schwierigkeiten[183]. Lediglich Vorstufe der gesetzesimmanenten und damit nicht Rechtsfortbildung im engeren Sinn ist die Gesetzesauslegung nach den Kriterien Entstehungsgeschichte, Wortlaut, Systematik und Teleologie der Norm[184]: Da jenseits des möglichen Wortsinns[185] oder des Zwecks[186] einer Norm Gesetzesauslegung nicht mehr möglich ist, ist richterliche Rechtsfortbildung aber deren logische Fortsetzung.

a) Gesetzesimmanente Rechtsfortbildung

aa) Gesetzeslücke

Gesetzesimmanente Rechtsfortbildung ist nichts anderes als die Ausfüllung von Gesetzeslücken[187]. Die ganz h.M. sieht eine solche zu Recht in der plan-

---

[181] *Larenz*, Methodenlehre, S. 370 ff., 413 ff.

[182] Vgl. aus der methodenrechtlichen Literatur etwa *Bydlinski*, S. 472, 496 ff.; *Hergenröder*, S. 139; *H.-J. Koch/Rüßmann*, § 21, 1; *Köhler*, § 4 Rn. 21 ff., 24; *Larenz/Canaris*, S. 191 ff., 232 ff.; *Peter*, RdA 1985, S. 338; *Schmalz*, Rn. 338 ff., 353 f.; *Schwacke*, 5.2, 5.3; *Wank*, Grenzen, S. 71; *Zippelius*, § 11, § 13.

[183] Die gesetzesimmanente Rechtsfortbildung wird auch bezeichnet als „Rechtsfortbildung im gesetzlichen Rechtsraum“, „Lückenergänzung“, „Lückenfüllung“, „ergänzende Rechtsfindung“ oder „Rechtsergänzung“; mit „Rechtsfortbildung über den Plan des Gesetzes hinaus“, „Rechtsfortbildung extra legem, aber intra ius“, „Rechtsfortbildung außerhalb des gesetzlichen Rechtsraums, aber innerhalb der Gesamtrechtsordnung“, „berichtigende Rechtsfortbildung“, „abändernde Rechtsfindung“ oder als „Rechtsfortbildung contra legem“ beschreibt man die gesetzesübersteigende Rechtsfortbildung.

[184] Vgl. aber *Larenz*, Methodenlehre, S. 366 (erstmalige Auslegung als „Rechtsfortbildung“); *Larenz/Canaris*, S. 187; *Wank*, Grenzen, S. 71 (Auslegung als „Richterrecht“); ähnlich *Horn*, Rn. 189.

[185] Theorie der Wortsinngrenze, so *Larenz*, Methodenlehre, S. 366; *Larenz/Canaris*, S. 187; *Schwacke*, 5.2.1; vgl. auch *H.-J. Koch/Rüßmann*, § 21, 1.

[186] Theorie der Normzweckgrenze, so *Wank*, Auslegung, § 5 I 2, § 11 vor I.

[187] *Bydlinski*, S. 472; *Larenz*, Methodenlehre, S. 370; *Larenz/Canaris*, S.191; *Schmalz*, Rn. 338 f.; *Wank*, Auslegung, S. 11 I; *Zippelius*, § 11.

widrigen Unvollständigkeit des Gesetzes[188]. Die bloße Unvollständigkeit einer Regelung genügt nicht – es kann sich um beredtes Schweigen des Gesetzgebers handeln –, hinzukommen muß deren Ergänzungsbedürftigkeit. Ob ein Gesetz planwidrig unvollständig ist, ist anhand des gesetzlichen Regelungsplans und Gesamtzusammenhangs[189] und nicht, wie ein Teil des Schrifttums meint[190], am Maßstab der gesamten Rechtsordnung zu bewerten: Andernfalls wäre gesetzesübersteigende Rechtsfortbildung entbehrlich[191]. Ob eine planwidrige Unvollständigkeit des Gesetzes vorliegt, ist anhand der anerkannten Auslegungsmethoden zu ermitteln[192]. Ein Gesetz ist unvollständig, wenn ein bestimmter Tatbestand nicht geregelt ist (offene Lücke). Bei der verdeckten Lücke enthält das Gesetz dem Wortlaut nach zwar eine Regel für einen bestimmten Tatbestand, dieser soll aber nach der Teleologie des Rechtssatzes nicht erfaßt werden. Die Lücke liegt im Fehlen einer Einschränkung[193].

Im Gegensatz dazu bereitet die Beurteilung der Planwidrigkeit regelmäßig Schwierigkeiten. Der Wille des historischen Gesetzgebers kann im Wandel der Zeiten in den Hintergrund treten. Er muß die Regelung nicht von vornherein übersehen haben (anfängliche Lücke), die Unvollkommenheit des Gesetzes kann sich auch nachträglich aus tatsächlich oder rechtlich veränderten Umständen ergeben, die er nicht kennen konnte (nachträgliche Lücke)[194]. Für eine Planwidrigkeit spricht jedenfalls bei einer anfänglichen Lücke, wenn dem historischen Gesetzgeber die Unvollständigkeit nicht bewußt war oder wenn er eine Entscheidung bewußt der Ausformung durch Rechtsprechung und Wissenschaft überlassen wollte und dadurch zum Ausdruck gebracht hat, daß ein Regelungs-

---

[188] *Bydlinski*, S. 473; *Canaris*, Lücken, § 19; *Fenn*, FS Kissel, S. 226; *P. Koller*, S. 210; *Kraft*, RdA 1992, S. 166; *Larenz*, Methodenlehre, S. 370 ff.; *Larenz/Canaris*, S. 191 ff.; *Rüthers*, FS Molitor, S. 300; *Schwacke*, 5.2.2; *Vogel*, § 8 III 2 a; *Wank*, Grenzen, S. 70; kritisch zum Lückenbegriff etwa *Esser*, Vorverständnis, S. 177; *H.-J. Koch/Rüßmann*, § 22, 1.

[189] *Larenz*, Methodenlehre, S. 373 ff.; ebenso etwa *Köhler*, § 4 Rn. 21; *Konzen*, Rechtsfragen, S. 86 = NZA 1995, S. 869; *Larenz/Canaris*, S. 194 ff.; *Larenz/Wolf*, § 4 Rn. 68; *Rüthers*, FS Molitor, S. 300; *Schwacke*, 5.2.2, 5.3; vgl. ferner *Schmalz*, Rn. 225.

[190] *Bydlinski*, S. 473; *Canaris*, Lücken, §§ 24 ff., 49, 84 ff.; *Fenn*, FS Kissel, S. 226; *P. Koller*, S. 208; *Peter*, RdA 1985, S. 339.

[191] Vgl. auch *Wank*, Grenzen, S. 71; *ders.*, Auslegung, § 11 I 2.

[192] Zu ihnen näher etwa *Bydlinski*, S. 428 ff.; *Schmalz*, Rn. 230 ff., *Schwacke*, 5.1.3; *Wank*, Auslegung, §§ 5 ff.

[193] Näher zu offenen und verdeckten Lücken etwa *Canaris*, Lücken, § 128; *Larenz*, Methodenlehre, S. 377 f.; *Larenz/Canaris*, S. 198 f.; *Schwacke*, 5.2.2.

[194] *Canaris*, Lücken, §§ 126 f.; *Larenz*, Methodenlehre, S. 379 ff.; *Larenz/Canaris*, S. 199 ff.; *Schwacke*, 5.2.2; *Vogel*, § 8 III 2 a.

bedarf besteht[195]. Für die Feststellung der Planwidrigkeit kommt es wegen des gesellschaftlichen Wandels besonders auf den Gesetzeszweck an[196]. Fehlt eine Regel im Gesetz, die nach dessen Teleologie enthalten sein müßte, liegt eine planwidrige Lücke vor. Mit anderen Worten: Eine Regelung ist nicht lückenhaft, wenn der Gesetzgeber bestimmte Tatbestände bewußt nicht geregelt hat und diese Regelung der (heutigen) Teleologie des Gesetzes entspricht[197], mag eine Komplementierung auch rechtspolitisch[198] oder aufgrund allgemeiner Zweckmäßigkeitserwägungen[199] als wünschenswert empfunden werden.

bb) Lückenausfüllung

Bei der Lückenschließung ist die Differenzierung zwischen offenen und verdeckten Lücken zu beachten. Verdeckte Lücken sind regelmäßig – durch Hinzufügung der Einschränkung – im Wege der teleologischen Reduktion zu schließen: Der Anwendungsbereich der nach ihrem Wortlaut einschlägigen Norm wird entsprechend ihrer Teleologie eingegrenzt, so daß bestimmte Tatbestände nicht mehr erfaßt werden[200].

Die Ausfüllung offener Lücken erfolgt im Wege des Analogieschlusses, hilfsweise unter Rückgriff auf allgemeine Rechtsprinzipien. Bei der Analogie bedient sich der Richter einer unmittelbar nicht passenden Norm (Gesetzes- oder Einzelanalogie), um deren Rechtsfolgen auf den wertungsmäßig gleichen („ähnlichen") Fall zu erstrecken[201]. Die Analogietauglichkeit der herangezogenen Norm bestimmt sich nach deren Zweck[202]. Bei der analogen Anwendung mehrerer Normen, denen derselbe Rechtsgrundsatz zugrunde liegt, handelt es

---

[195] *Schmalz*, Rn. 325.

[196] *Rüthers*, FS Molitor, S. 300.

[197] Vgl. *Schwacke*, 5.2.2.

[198] Vgl. *Schwacke*, 5.2.1.

[199] Vgl. *Hergenröder*, S. 207.

[200] Dazu näher BGHZ 59, S. 236, 240 (zu § 181 BGB); *Bydlinski*, S. 480 f.; *Canaris*, Lücken, §§ 145 ff.; *P. Koller*, S. 217 ff.; *Larenz*, Methodenlehre, S. 391 ff.; *Larenz/Canaris*, S. 210 ff.; *Schmalz*, Rn. 342 ff.; *Schwacke*, 5.2.5; *Vogel*, § 8 III 2 a; *Wank*, Auslegung, § 11 III 1; *Zippelius*, § 11 II b.

[201] Näher *Bydlinski*, S. 475 ff.; *P. Koller*, S. 213 ff.; *Larenz*, Methodenlehre, S. 381 ff.; *Larenz/Canaris*, S. 202 ff.; *Larenz/Wolf*, § 4 Rn. 69; *Schmalz*, Rn. 317 ff.; *Schwacke*, 5.2.4 (1); *Wank*, Auslegung, § 11 III 1; *Zippelius*, § 11 II a.

[202] *Köhler*, § 4 Rn. 22; *Larenz/Wolf*, § 4 Rn. 68.

sich um eine Rechts- oder Gesamtanalogie[203]. Der Rückgriff auf den Rechtsgrundsatz ist in diesem Fall entbehrlich, weil analogiefähige Rechtsnormen zur Verfügung stehen[204]. Ein besonderer Fall der Analogie ist der Erst-recht-Schluß: Der Normzweck der analog anzuwendenden Vorschrift erfaßt den unmittelbar nicht geregelten Fall noch stärker als den geregelten Tatbestand[205].

Scheidet eine Analogie aus, weil kein analogiefähiger Rechtssatz zur Verfügung steht, sind – nicht nur zur Rechtfertigung oder Unterstützung anderer „Argumente"[206] – ungeschriebene allgemeine Rechtsprinzipien heranzuziehen[207]. Im österreichischen Recht schreibt § 7 Satz 2 ABGB in einem solchen Fall sogar die Entscheidung nach den „natürlichen Rechtsgrundsätzen" vor[208]. Ein Teil des Schrifttums beschränkt den Rückgriff auf „im Gesetz angelegte Prinzipien": Das sei der Fall, wenn mehreren gesetzlichen Bestimmungen, die an verschiedene Tatbestände die gleiche Rechtsfolge knüpften, ein „allgemeiner Rechtsgrundsatz" entnommen werden könne[209]. Nach richtiger Auffassung liegt in einem solchen Fall eine Rechts- oder Gesamtanalogie vor, die die Herausarbeitung eines allgemeinen Rechtsgrundsatzes entbehrlich macht: Heranzuziehen sind im Wege der Analogie unmittelbar die Bestimmungen, denen der allgemeine Rechtsgrundsatz zu entnehmen ist.

Der Rückgriff auf allgemeine Rechtsprinzipien zur Lückenschließung ist gleichwohl nicht unproblematisch: Rechtsprinzipien entfalten weder unmittelbare Normwirkung noch enthalten sie einen subsumtionsfähigen Tatbestand samt Rechtsfolge[210]. Insoweit sind allgemeine Rechtsprinzipien nicht mit (analogiefähigen) Normen vergleichbar. Gesetzesimmanente Rechtsfortbildung unter

---

[203] Zur Unterscheidung zwischen Gesetzes- oder Einzelanalogie einerseits und Rechts- oder Gesamtanalogie andererseits vgl. nur *Bydlinski*, S. 477 ff.; *Schmalz*, Rn. 334; *Schwacke*, 5.2.4 (1); *Vogel*, § 8 III 2 a.

[204] Anders offenbar *Bydlinski*, S. 478 f.; *Larenz*, Methodenlehre, S. 383 ff.; *Larenz/Canaris*, S. 204 ff.

[205] Näher *Schwacke*, 5.2.4 (1); *Zippelius*, § 11 II a; ähnlich *P. Koller*, S. 216 f.; *Larenz*, Methodenlehre, S. 389 f.; *Larenz/Canaris*, S. 208 f. („der Analogie nahe verwandt").

[206] So *P. Koller*, S. 219 f.

[207] So auch BAG AP Nr. 20 zu § 4 TVG Tarifkonkurrenz, Bl. 3R; *Bieback*, DB 1989, S. 479; *Bydlinski*, S. 481 ff., 485; *Schmalz*, Rn. 340; *Schwacke*, 5.2.4 (3); *Vogel*, § 5 III 3; *Wank*, Auslegung, § 11 III 4; ähnlich BAG AP Nr. 93 zu § 611 BGB Haftung des Arbeitnehmers, Bl. 5 (Lückenschließung durch „fundierte allgemeine Gerechtigkeitsvorstellungen der Gemeinschaft"); kritisch *Rüthers*, S. 453 ff.; vgl. ferner *ders.*, FS Molitor, S. 301 f.

[208] S. bereits oben § 20 B.

[209] *Larenz*, Methodenlehre, S. 381, 384 ff.; *Larenz/Canaris*, S. 202, 204 ff.

[210] S. bereits oben § 20 B; vgl. ferner *Bydlinski*, S. 485.

Rückgriff auf allgemeine Rechtsprinzipien setzt aber beides nicht voraus. Das folgt nicht nur daraus, daß nicht einmal den Ergebnissen richterlicher Rechtsfortbildung selbst Rechtsnormqualität zukommt[211]. Maßgeblich ist vielmehr, daß sich die Heranziehung von Rechtsprinzipien zur Lückenfüllung innerhalb eines rechtsmethodisch anerkannten Verfahrens vollzieht, das eine kontrollierbare Tatbestands- und Rechtsfolgenbestimmung durch „richterliche Eigenwertung“[212] erlaubt.

b) Gesetzesübersteigende Rechtsfortbildung

aa) Begriff und Voraussetzungen

Die offenste Rechtsfortbildung ist die gesetzesübersteigende Rechtsfortbildung. Sie ist nach h.M. nur ausnahmsweise und unter bestimmten Voraussetzungen zulässig[213]. Ablehnende Stimmen im Schrifttum[214] finden wenig Gehör, ihre Auffassung wäre auch praktisch nicht durchsetzbar. Gesetzesübersteigende Rechtsfortbildung bewegt sich zwar nicht mehr innerhalb des positiven Rechts, so daß es auf eine Gesetzeslücke nicht ankommt[215]. Sie verläßt aber nicht den Rahmen der Rechtsordnung insgesamt (Art. 20 Abs. 3 GG: „Recht“)[216], ist also Rechtsfortbildung intra ius[217]. Erst wenn die Grenze gesetzesübersteigender Rechtsfortbildung überschritten ist, handelt es sich um unzulässige Rechtsfortbildung contra ius[218].

Auch wenn die Voraussetzungen gesetzesübersteigender Rechtsfortbildung nicht durchweg einheitlich beschrieben werden, besteht jedenfalls im Kern

---

[211] Dazu noch näher unten § 20 C I.

[212] Vgl. *Bydlinski*, S. 486.

[213] Näher BVerfG AP Nr. 21 zu Art. 2 GG, Bl. 6R f.; BAG AP Nr. 93 zu § 611 BGB Haftung des Arbeitnehmers, Bl. 4R ff.; *Bydlinski*, S. 496 ff.; *Köhler*, § 4 Rn. 24; *Larenz*, Methodenlehre, S. 413 ff.; *Larenz/Canaris*, S. 232 ff.; *Schmalz*, Rn. 353 ff.; *Schwacke*, 5.3; *Zippelius*, § 11 II d.

[214] *Gusy*, DÖV 1992, S. 464 ff.; *H.-J. Koch/Rüßmann*, § 25; *F. Müller*, FS Juristische Fakultät der Universität Heidelberg, S. 83 f.

[215] Vgl. nur *von Hoyningen-Huene*, FS Juristische Fakultät der Universität Heidelberg, S. 355; *Larenz*, Methodenlehre, S. 413 f.; *Larenz/Canaris*, S. 232 f.; *Schwacke*, 5.3.

[216] Zu „Gesetz“ und „Recht“ (Art. 20 Abs. 3 GG) bereits oben § 20 C II 1 a.

[217] *Köhler*, § 4 Rn. 24; *Larenz*, Methodenlehre, S. 413 f.; *Larenz/Canaris*, S. 232 f.; *Schmalz*, Rn. 356.

[218] *Hergenröder*, S. 139; *H.-J. Koch/Rüßmann*, § 22, 2; *Köhler*, § 4 Rn. 24; näher *Krey*, JZ 1978, S. 361 ff.; *Neuner*, S. 132 ff.

Übereinstimmung, daß ihr insbesondere wegen des Gewaltenteilungsgrundsatzes[219] nur wenig Spielraum einzuräumen ist[220]. Sie setzt einen zwingenden Grund voraus. Praktische Beispiele sind die Untätigkeit des Gesetzgebers im Arbeitskampfrecht oder ein gravierender Wandel der Lebensverhältnisse wie bei einer Hyperinflation[221]. Die bloße Unzweckmäßigkeit einer Regelung oder rechtspolitische Erwägungen rechtfertigen ein Hinwegsetzen über die Normsetzungsprärogative des Gesetzgebers nicht[222].

bb) Kasuistik

Mehr Halt als solche Wendungen bieten die auf *Larenz*[223] zurückgehenden und von der methodenrechtlichen Literatur aufgegriffenen[224] Fallgruppen, die zwar im einzelnen von Überschneidungen nicht völlig frei sind, aber eine gewisse Berechenbarkeit richterlicher Rechtsfortbildung garantieren.

Die größte Bedeutung kommt der Rechtsfortbildung mit Rücksicht auf zwingende Bedürfnisse des Rechtsverkehrs zu. Schulbeispiel ist die Entwicklung der Sicherungsübereignung[225]. Deren Kreditsicherungszweck konnte das Besitzpfandrecht des § 1205 BGB im Wirtschaftsverkehr nicht erfüllen. Ein dringendes Bedürfnis des Rechtsverkehrs war für ihre Anerkennung durch die Rechtsprechung ausschlaggebend.

Nahezu konturenlos ist die Rechtsfortbildung mit Rücksicht auf die Natur der Sache: Bei ihr soll es darauf ankommen, daß die Eigengesetzlichkeit eines Sachverhalts so zwingend ist, daß selbst eine entgegenstehende gesetzliche Re-

---

[219] Dazu bereits oben § 20 C II 1 b aa.

[220] Vgl. etwa *Schwacke*, 5.3; *Zippelius*, § 11 II d; *Wank*, Auslegung, § 11 I 2.

[221] Vgl. etwa BVerfG AP Nr. 117 zu Art. 9 GG Arbeitskampf, Bl. 5; *RGZ* 107, S. 78, 88 ff.; ferner BGHZ 39, S. 124, 131; *Köhler*, § 4 Rn. 24; *Schmalz*, Rn. 356; *Schwacke*, 5.2.1, 5.3; *Zippelius*, § 11 II d.

[222] S. bereits oben § 20 C II 1 b aa; vgl. ferner BVerfG AP Nr. 22 zu § 112 BetrVG 1972, Bl. 3; *Kania*, DB 1996, S. 1921; *Kraft*, RdA 1992, S. 166; *Larenz*, Methodenlehre, S. 426 f.; *Larenz/Canaris*, S. 245 f.; *Wank*, Anm. zu BAG vom 26.1.1994, EzA § 4 TVG Tarifkonkurrenz Nr. 9, S. 17.

[223] *Larenz*, Methodenlehre, S. 414 ff., 417 ff., 421 ff.

[224] Vgl. etwa *Bydlinski*, S. 472 ff., 496 ff.; *Köhler*, § 4 Rn. 21 ff.; *Larenz/Canaris*, S. 233 ff., 236 ff., 240 ff.; *Larenz/Wolf*, § 4 Rn. 71; *Schmalz*, Rn. 357 ff.; *Schwacke*, 5.3; *Wank*, Auslegung, § 11 I 2.

[225] Näher *Larenz*, Methodenlehre, S. 414 f.; *Larenz/Canaris*, S. 233 f.; *Schmalz*, Rn. 357.

gelung zurückzutreten hat[226]. Die methodenrechtliche Literatur nennt als Beispiel meist die Behandlung des nichtrechtsfähigen Vereins durch die Rechtsprechung[227]. Indem der historische Gesetzgeber in § 54 Satz 1 BGB den nichtrechtsfähigen Verein den Regeln der Gesellschaft bürgerlichen Rechts unterstellt hat, um die Gewerkschaften zur Eintragung in das Vereinsregister zu veranlassen und sie dadurch einer staatlichen Kontrolle zu unterwerfen, hat er einen grundlegenden Strukturunterschied beider Gesellschaftsformen mißachtet: Die §§ 705 ff. BGB passen nicht für Vereinigungen mit hohem Mitgliederbestand und starker Fluktuation. Daß die Gewerkschaften heute weithin wie rechtsfähige Vereine behandelt werden[228], beruht zwar auf einem Sinneswandel ihnen gegenüber, ist rechtsmethodisch damit aber aus der Natur der Sache zu erklären.

Zu nennen ist schließlich die Rechtsfortbildung mit Rücksicht auf ein rechtsethisches Prinzip. Rechtsprinzipien als solche entfalten zwar keine Normwirkung[229]. Als fundamentale Leitgedanken des Rechts können sie aber eine gesetzesübersteigende Rechtsfortbildung veranlassen und den gesetzesfreien Raum innerhalb der Rechtsordnung konkretisieren[230]. Mit anderen Worten: Soweit hinter den Anordnungen des positiven Rechts stehende Grundwertungen keine ausreichende gesetzestechnische Umsetzung gefunden haben, fordern sie eine Ergänzung und Weiterbildung des Rechts mit Hilfe von Rechtsprinzipien. Ein Beispiel ist das Grundprinzip von Treu und Glauben, auf das sich über eine Auslegung des § 242 BGB hinausgehend etwa die Lehren vom Wegfall der Geschäftsgrundlage oder vom Rechtsmißbrauch zurückführen lassen[231].

---

[226] Näher *Larenz*, Methodenlehre, S. 417 ff.; *Larenz/Canaris*, S. 236 ff.; *Schmalz*, Rn. 357; *Schwacke*, 5.3; vgl. auch *Canaris*, Lücken, § 108; zu weitgehend *Kübler*, FS Stimpel, S. 13: Die Rechtsprechung habe kraft Autorität der Sachnähe das Recht, die bessere richterliche gegen die schlechtere gesetzliche Regelung durchzusetzen.

[227] Dazu *Larenz*, Methodenlehre, S. 419 f.; *Larenz/Canaris*, S. 239 f.; *Schmalz*, Rn. 357.

[228] Dazu *Gamillscheg*, Arbeitsrecht, Bd. 1, § 2, 3 b (1), § 9 II 4 b m.w.N.

[229] Dazu bereits oben § 20 B.

[230] Näher *Larenz*, Methodenlehre, S. 421 ff.; *Larenz/Canaris*, S. 240 ff.; *Schmalz*, Rn. 358; *Schwacke*, 5.3.

[231] Dazu *Larenz*, Methodenlehre, S. 422; *Larenz/Canaris*, S. 241.

III. Richterliche Rechtsfortbildung als Legitimation für die Tarifeinheit im Betrieb

Ob die Tarifeinheit im Betrieb durch richterliche Rechtsfortbildung legitimiert ist, ist im folgenden zu untersuchen. Daß der Gesetzgeber mit dem TVG nur eine Rahmenregelung zur Verfügung gestellt hat, die keine vollständige und alle Rechtsbereiche tarifvertraglicher Gestaltungsmacht umfassende Normierung darstellt, macht eine Einpassung der Tarifeinheit im Betrieb in die allgemeinen Regeln der Methodenlehre um so wichtiger.

1. Tarifeinheit im Betrieb und gesetzesimmanente Rechtsfortbildung

a) Tarifeinheit im Betrieb, Tarifpluralität und Lücke im TVG

Gesetzesimmanente Rechtsfortbildung setzt eine Normlücke – eine planwidrige Unvollständigkeit des Gesetzes – voraus, die mit Hilfe der anerkannten Auslegungskriterien anhand des gesetzlichen Regelungsplans zu ermitteln ist[232]. Dabei sind die verfassungsrechtlichen Schranken richterlicher Rechtsfortbildung in Erinnerung zu rufen[233]. So ist etwa die Verhinderung von „rechtlichen und tatsächlichen Unzuträglichkeiten, die sich aus dem Nebeneinander von Tarifverträgen im Betrieb ergeben“, auf die der *4. Senat* des *BAG* zuletzt in der „real-kauf“-Entscheidung abgestellt hat[234], durch Zweckmäßigkeitserwägungen motiviert und daher als rechtspolitische Gesetzeskorrektur zu bewerten, zu der der Richter grundsätzlich nicht befugt ist[235]. Daß die durch das TVG vorgegebene Tarifpluralität zu unzweckmäßigen Ergebnissen führen kann, taugt deshalb – das ist vorab festzuhalten – nicht zur Begründung einer Regelungslücke[236]. Hinzu kommt, daß der richterliche Freiraum für richterliche Rechtsfortbildung um so enger wird, je wesentlicher eine zu entscheidende Rechtsfrage ist[237]. Die Verdrängung eines normativ wirkenden Tarifvertrags aus dem Arbeitsverhältnis durch die Tarifeinheit im Betrieb bedeutet aber wegen dessen hoher Grund-

---

[232] Näher oben § 20 C II 2 a aa.

[233] Zu ihnen näher oben § 20 C II 1 b.

[234] BAG AP Nr. 20 zu § 4 TVG Tarifkonkurrenz, Bl. 3R; ebenso bereits AP Nr. 12 zu § 4 TVG Tarifkonkurrenz, Bl. 3R; AP Nr. 16 zu § 4 TVG Tarifkonkurrenz, Bl. 5; AP Nr. 19 zu § 4 TVG Tarifkonkurrenz, Bl. 3.

[235] Näher oben § 20 C II 1 b aa.

[236] *Fenn*, FS Kissel, S. 231; *Kraft*, RdA 1992, S. 166; *Wank*, Anm. zu BAG vom 26.1.1994, EzA § 4 TVG Tarifkonkurrenz Nr. 9, S. 17.

[237] S. oben § 20 C II 1 b bb.

rechtsrelevanz[238] eine wesentliche Ergänzung des TVG. *Fenn* hat sie zu Recht als Musterbeispiel einer wesentlichen Entscheidung im Sinne der Wesentlichkeitstheorie bezeichnet[239]. Das schränkt den Spielraum bei der Prüfung einer planwidrigen Gesetzeslücke erheblich ein.

aa) Offene Gesetzeslücke

aaa) Unvollständigkeit

Zunächst ist zu prüfen, ob das TVG eine offene Gesetzeslücke enthält, ob ihm also – insbesondere entgegen dem Willen des historischen Gesetzgebers oder dem Gesetzeszweck – eine Norm fehlt, die das Verhältnis mehrerer für verschiedene Arbeitnehmer geltender Tarifverträge in einem Betrieb negativ (Tarifeinheit im Betrieb) oder positiv (Tarifpluralität) regelt[240].

Zwar ist die Unvollständigkeit des TVG in bezug auf eine Tarifeinheit im Betrieb nicht zweifelhaft: Eine ausdrückliche Formulierung etwa des Inhalts, „in jedem Betrieb darf nur ein Tarifvertrag zur Anwendung gelangen", enthält das TVG nicht[241]. Eine Tarifeinheit im Betrieb läßt sich auch nicht durch historische oder systematische Auslegung der § 3 Abs. 1, Abs. 2, § 4 Abs. 1, Abs. 2, § 5 Abs. 4 TVG gewinnen. Das bedarf keiner näheren Ausführungen. In Betracht käme mit Blick auf die Ordnungsfunktion des Tarifvertrags[242] freilich ein Abstellen auf den Gesetzeszweck. Die Ordnungsfunktion des Tarifvertrags bezieht sich aber allenfalls beim Firmentarifvertrag auf den einzelnen Betrieb und ist zudem – sieht man von der Allgemeinverbindlicherklärung nach § 5 Abs. 4 TVG ab – durch die Beschränkung der Rechtssetzungskompetenz der Koalitionen auf ihre Mitglieder begrenzt (§ 3 Abs. 1, § 4 Abs. 1 TVG). Zudem schließt die vereinheitlichende und typisierende Regelung der Arbeitsverhältnisse durch Tarifverträge die Geltung mehrerer Tarifverträge in einem Betrieb nicht aus: Die Ordnungsaufgabe des Tarifvertrags besteht nicht darin, unklare tarifrechtliche Verhältnisse im Betrieb zu vermeiden. Der jeweilige Tarifvertrag ordnet

---

[238] Dazu ausführlich unten § 21.

[239] *Fenn*, FS Kissel, S. 231; ebenso *B. Gaul*, Anm. zu BAG vom 4.9.1996, EzA § 3 TVG Bezugnahme auf Tarifvertrag Nr. 7, S. 41; *ders.*, NZA 1998, S. 15.

[240] Vgl. *P. Hanau/Kania*, Anm. zu BAG vom 20.3.1991, AP Nr. 20 zu § 4 TVG Tarifkonkurrenz, Bl. 7R f.; *Kraft*, RdA 1992, S. 166; *Reuter*, JuS 1992, S. 107; *Säcker/Oetker*, ZfA 1993, S. 7 ff.; *Vogg*, Anm. zu BAG vom 20.3.1991, EzA § 4 TVG Tarifkonkurrenz Nr. 7, S. 15; *Witzig*, S. 44.

[241] S. oben § 20 A I 1.

[242] Dazu oben § 8 A II.

diejenigen Arbeitsverhältnisse, die dem Geltungsbereich unterfallen und dessen Arbeitsvertragsparteien tarifgebunden sind.

Das TVG ist also insoweit lückenhaft, als ihm keine negative Verbotsregel (Tarifeinheit im Betrieb) entnommen werden kann. Wenn dem TVG eine positive Regelung über Tarifpluralität zu entnehmen ist, die eine Tarifeinheit im Betrieb ausschließt, kommt es auf die ausdrückliche Formulierung einer Verbotsregel freilich nicht an. Die Konsequenzen des Nebeneinanders mehrerer Tarifverträge im Betrieb sind dann hinzunehmen[243], wenn nicht eine verdeckte Gesetzeslücke vorliegt[244]. Damit kommt es für die Unvollständigkeit darauf an, ob das TVG eine Regelung über Tarifpluralität enthält.

Ein kleiner Teil des Schrifttums[245] und der *4. Senat* des *BAG*[246] vertreten die Auffassung, daß das TVG keine Regelung für Tarifpluralität enthält. Die Entstehungsgeschichte des TVG verdeutliche, so argumentieren namentlich *Säcker/Oetker*, daß der historische Gesetzgeber die Problematik der Tarifpluralität bewußt ausgeklammert habe: Sie sei wegen der organisatorischen Entwicklung der Gewerkschaften, die das Industrieverbandsprinzip als „Garant für das Ausbleiben von Tarifpluralitäten im Betrieb" verstanden habe, als nicht regelungsbedürftig angesehen worden[247]. Der historische Gesetzgeber habe einen Koalitionspluralismus nicht gutgeheißen und deshalb durch das TVG (§ 3 Abs. 1, § 4 Abs. 1 TVG) nicht „abgesegnet"[248]. Das TVG sei lückenhaft geworden, als sich herausgestellt habe, daß es in der Tarifpraxis entgegen der Absicht des Industrieverbandsprinzips zu Tarifpluralitäten gekommen sei[249].

Dieser Argumentation ist man in der Literatur überzeugend entgegengetreten[250]. Tarifpluralität ist in der Systematik des TVG eindeutig angelegt. Die Be-

---

243 Anders *Fenn*, FS Kissel, S. 229.

244 Sie wäre mittels teleologischer Reduktion zu schließen; näher dazu oben § 20 C II 2 a aa, ferner unten § 20 C III 1 a bb.

245 *H. Koch*, Rn. 203; *Säcker/Oetker*, ZfA 1993, S. 8.

246 BAG AP Nr. 20 zu § 4 TVG Tarifkonkurrenz, Bl. 3R.

247 Näher *Säcker/Oetker*, ZfA 1993, S. 8.

248 *Säcker/Oetker*, ZfA 1993, S. 8 (vgl. aber S. 10: Art. 9 Abs. 3 GG schütze den Koalitionspluralismus); ebenso *H. Koch*, Rn. 203.

249 *Säcker/Oetker*, ZfA 1993, S. 8.

250 Gegen eine Gesetzeslücke etwa *Bruhn*, Tarifeinheit, S. 176 f.; *Fenn*, FS Kissel, S. 231; *P. Hanau/Kania*, Anm. zu BAG vom 20.3.1991, AP Nr. 20 zu § 4 TVG Tarifkonkurrenz, Bl. 7 f.; *Kraft*, RdA 1992, S. 166, 168; *Ph. Merten*, BB 1993, S. 576; *Reuter*, JuS 1992, S. 107; *Stein*, Rn. 284; *Vogg*, Anm. zu BAG vom 20.3.1991, EzA § 4 TVG Tarifkonkurrenz Nr. 7, S. 15 f.; *Wank*, Anm. zu BAG vom 26.1.1994, EzA § 4 TVG Tarifkonkurrenz Nr. 9, S. 17; *H. Wiedemann/Arnold*, ZTR 1994, S. 446; *Witzig*, S. 44 f.;

schränkung der normativen Wirkung von Individualnormen (§ 4 Abs. 1 Satz 1 TVG) auf die Arbeitsverhältnisse beiderseits tarifgebundener Arbeitsvertragsparteien (§ 3 Abs. 1, § 5 Abs. 4 TVG) führt zwangsläufig zur Geltung verschiedener Tarifverträge in verschiedenen Arbeitsverhältnissen und damit zu einem Nebeneinander mehrerer Tarifverträge in einem Betrieb, wenn Arbeitgeber und Arbeitnehmer an verschiedene Tarifverträge tarifgebunden sind[251]. Die Tarifgebundenheit bei Individualnormen nimmt auf das Einzelarbeitsverhältnis und nicht auf den Betrieb Bezug (§ 3 Abs. 1 TVG). Die Systematik des TVG bestätigt diesen Befund: Da es die Tarifgeltung nur bei Kollektivnormen alleine von der Tarifbindung des Arbeitgebers abhängig macht (§ 3 Abs. 2 TVG)[252], folgt im Umkehrschluß für Individualnormen zwingend, daß verschiedene Arbeitsverhältnisse eines Betriebs den Individualnormen unterschiedlicher Tarifverträge unterfallen können[253].

bbb) Planwidrigkeit

Sieht man im Fehlen einer ausdrücklichen Formulierung der Tarifeinheit im Betrieb eine Unvollständigkeit des TVG oder erkennt man deren Vorgaben zur Tarifpluralität nicht an, scheitert eine Lückenhaftigkeit des Gesetzes mindestens an dessen fehlender Planwidrigkeit. Die Planwidrigkeit ist jedenfalls bei einer anfänglichen Lücke anzunehmen, wenn dem historischen Gesetzgeber die Unvollständigkeit nicht bewußt war oder wenn er eine Entscheidung bewußt der Ausformung durch Rechtsprechung und Wissenschaft überlassen wollte[254].

Der historische Gesetzgeber des TVG wußte aber, daß die Systematik der § 3 Abs. 1, Abs. 2, § 4 Abs. 1, Abs. 2, § 5 Abs. 4 TVG Tarifpluralität ermöglicht. Tarifpluralität war dem Gesetzgeber mit Blick auf die Weimarer Republik weder als solche ein unbekanntes Phänomen[255] noch war ihm nicht bewußt, daß

---

wohl auch *Kempen/Zachert*, § 4 Rn. 130; aus der Instanzrechtsprechung LAG Brandenburg LAGE § 4 TVG Nachwirkung Nr. 3, S. 8.

[251] S. dazu *Däubler*, TVR, Rn. 1503; *P. Hanau/Kania*, Anm. zu BAG vom 20.3.1991, AP Nr. 20 zu § 4 TVG Tarifkonkurrenz, Bl. 8; *Kraft*, RdA 1992, S. 166, 168; *Ph. Merten*, BB 1993, S. 576; *Reichold*, Anm. zu BAG vom 22.9.1993, SAE 1995, S. 22; *Vogg*, Anm. zu BAG vom 20.3.1991, EzA § 4 TVG Tarifkonkurrenz, Nr. 7, S. 16; *Wank*, Anm. zu BAG vom 26.1.1994, EzA § 4 TVG Tarifkonkurrenz Nr. 9, S. 17; *H. Wiedemann/Arnold*, Anm. zu BAG vom 14.6.1989, AP Nr. 16 zu § 4 TVG Tarifkonkurrenz, Bl. 6R; *dies.*, ZTR 1994, S. 446; vgl. auch *Reuter*, JuS 1992, S. 107.

[252] Dazu näher oben § 10 E.

[253] Vgl. auch *Kraft*, RdA 1992, S. 166; *Säcker/Oetker*, ZfA 1993, S. 7.

[254] S. bereits oben § 20 C II 2 a aa.

[255] S. bereits oben § 3 C, D.

es auch unter dem TVG zu Tarifpluralität kommen könnte. Die DAG wurde bereits im Jahr 1945 gegründet, zu einem Zeitpunkt also, als die Diskussion über ein Tarifvertragsgesetz noch nicht einmal begonnen hatte[256]. Damit waren zumindest Tarifpluralitäten zwischen der DAG und einzelnen Gewerkschaften des 1949 gegründeten DGB, dessen Organisationsstruktur an das Industrieverbandsprinzip angelehnt ist, vorgezeichnet[257]. Trotzdem ist das TVG unter Verzicht auf eine Festschreibung des Industrieverbandsprinzips in der heutigen Form verabschiedet worden. Ob man wegen der faktischen Vorherrschaft der DGB-Gewerkschaften Kollisionsproblemen nur geringe Bedeutung zumaß, kann deshalb dahinstehen.

Die Planwidrigkeit ist allerdings auch dann in Betracht zu ziehen, wenn der historische Gesetzgeber eines Gesetzes eine bestimmte Regelungsfrage ausdrücklich der Ausformung durch Wissenschaft und Rechtsprechung überlassen hat: Er bringt damit zum Ausdruck, daß die Frage regelungsbedürftig ist. Diesen Standpunkt scheint der *4. Senat* des *BAG*[258] im „real-kauf"-Fall einzunehmen, als er auf die „Begründung des Entwurfs eines TVG"[259] – gemeint ist die Begründung zum Entwurf eines TVG des Gewerkschaftsrats der Vereinten Zonen vom 7.9.1948[260] – und § 8 des Zusmarshausener oder Stuttgarter Entwurfs vom Juli 1948[261] verweist, in die das Prinzip der Tarifeinheit Eingang gefunden habe. Der *4. Senat* verkennt dabei aber, daß sich der „Auftrag an Wissenschaft und Rechtsprechung" in der Entwurfsbegründung des Gewerkschaftsrats ausschließlich auf echte Tarifkonkurrenzen und nicht auf Tarifpluralität bezog[262]. Die Begründung nimmt ausdrücklich Bezug auf § 8 des Zusmarshausener oder Stuttgarter Entwurfs, auf den auch das *BAG* abstellt, und der sich an § 2 Abs. 2 TVVO[263] anlehnt. Beide regeln aber Tarifkonkurrenz, nicht Tarifpluralität[264]. Der *4. Senat* übersieht darüber hinaus, daß die Entwurfsbegründung lediglich den Willen des Gewerkschaftsrats der Vereinten Zonen widerspiegelt: Es han-

---

[256] Dazu bereits oben § 5 A.

[257] Vgl. auch die Einschätzung von *A. Hueck/Nipperdey*, Bd. II, 6. Aufl., S. 458.

[258] BAG AP Nr. 20 zu § 4 TVG Tarifkonkurrenz, Bl. 3R.

[259] BAG AP Nr. 20 zu § 4 TVG Tarifkonkurrenz, Bl. 3R.

[260] Näher oben § 5 A II 4.

[261] Näher oben § 5 A II 3.

[262] Ebenso *P. Hanau/Kania*, Anm. zu BAG vom 20.3.1991, AP Nr. 20 zu § 4 TVG Tarifkonkurrenz, Bl. 8.

[263] Dazu oben § 3 C III.

[264] S. oben § 3 C III, § 5 A II 3, ferner *P. Hanau/Kania*, Anm. zu BAG vom 20.3.1991, AP Nr. 20 zu § 4 TVG Tarifkonkurrenz, Bl. 8.

delt sich nicht um eine amtliche Begründung des Gesetzgebers, auf die es bei der Feststellung der Planwidrigkeit aber ankäme[265].

bb) Verdeckte Gesetzeslücke

Ergänzend ist festzuhalten, daß in bezug auf Tarifpluralität im TVG auch die Annahme einer verdeckten Gesetzeslücke[266] ausgeschlossen ist[267]: Das TVG regelt Tarifpluralität nicht nur dem Wortlaut nach, sie entspricht – das zeigen die Ausführungen zur Planwidrigkeit[268] – auch dessen Sinn und Zweck sowie dem Willen des Gesetzgebers.

b) Lückenausfüllung

Das TVG ist zwar nicht lückenhaft: Es enthält – wie eben dargelegt worden ist – eindeutige Vorgaben zur Tarifpluralität, die eine gesetzesimmanente Rechtsfortbildung als Legitimation der Tarifeinheit im Betrieb ausschließen[269]. Eine gründliche Auseinandersetzung mit der Judikatur des *BAG* zum Prinzip der Tarifeinheit im Betrieb kann das Problem der Lückenschließung gleichwohl nicht auslassen, zumal der *4. Senat* in anderem Zusammenhang betont hat, die Ausfüllung einer Gesetzeslücke sei „im Hinblick auf die verschiedenen Regelungsmöglichkeiten nicht Aufgabe der Rechtsprechung, sondern Sache des Gesetzgebers"[270]. Eine Gesetzeslücke ist deshalb bei den folgenden Ausführungen zu unterstellen. Die Ausfüllung offener Gesetzeslücken erfolgt im Wege des Analogieschlusses, hilfsweise unter Rückgriff auf allgemeine Rechtsprinzipien[271]. Erneut ist an die verfassungsrechtlichen Schranken richterlicher Rechtsfortbildung zu erinnern[272], insbesondere daran, daß die Tarifeinheit im Betrieb eine wesentliche Ergänzung des TVG bedeutet, der Spielraum bei der Lückenfüllung also beträchtlich verengt ist.

---

[265] So schon *Reuter*, JuS 1992, S. 106 Fn. 9.

[266] Zu ihr oben § 20 C II 2 a aa.

[267] Anders (offenbar) nur *H. Koch*, Rn. 203.

[268] Vgl. soeben § 20 C III 1 a aa bbb.

[269] S. eben § 20 C III 1 a.

[270] BAG AP Nr. 26 zu § 4 TVG Nachwirkung, Bl. 3, AP Nr. 27 zu § 4 TVG Nachwirkung, Bl. 2R.

[271] Näher oben § 20 C II 2 a bb.

[272] Oben § 20 C II 1 b.

aa) Analogieschluß

Der Analogieschluß setzt das Vorhandensein einer Norm voraus, die unmittelbar zwar nicht paßt, deren Rechtsfolgen aber entsprechend ihres Normzwecks auch auf den „ähnlichen" Fall übertragen werden können[273]. Erforderlich ist also eine Norm, deren Rechtsfolge eine Tarifeinheit im Betrieb beinhaltet und deren Zweck eine Übertragung auf das TVG und Tarifpluralität gestattet.

aaa) Analogie zu § 3 Abs. 2 TVG

Das *LAG Frankfurt a.M.* hat mehrfach erwogen, zur Begründung der Tarifeinheit im Betrieb auch für Individualnormen eine Parallele zu § 3 Abs. 2 TVG zu ziehen[274]. Die Norm bewirkt durch eine Erstreckung der Tarifbindung auch auf Außenseiter die unmittelbare und zwingende Geltung der Kollektivnormen eines Tarifvertrags für alle Arbeitsverhältnisse in Betrieben, deren Arbeitgeber tarifgebunden sind (§ 3 Abs. 2, § 4 Abs. 1 Satz 2 TVG)[275]. In dieselbe Richtung zielen einige Entscheidungen des *BAG* und eines Teils der Instanzrechtsprechung, die – ohne sich freilich ausdrücklich auf § 3 Abs. 2 TVG zu berufen – für die Annahme einer Tarifkonkurrenz auch bei Individualnormen die mehrfache Tarifgebundenheit des Arbeitgebers und die bloße Möglichkeit für ausreichend erachten, daß ein Arbeitnehmer im Betrieb beschäftigt wird, der einer der vertragsschließenden Gewerkschaften angehört[276].

Die Tarifeinheit im Betrieb kann bei Individualnormen mit § 3 Abs. 2 TVG aber nicht begründet werden[277]. Da es alleine auf die Tarifbindung des Arbeitgebers ankommt, wird die Frage der Tarifkonkurrenz bei Kollektivnormen zwar auf den Betrieb projiziert, darin erschöpft sich der betriebsweite Bezug jedoch: Auch die Tarifkonkurrenz von Kollektivnormen ist mit Hilfe der Tarifeinheit im

[273] S. bereits oben § 20 C II 2 a bb.

[274] Vgl. LAG Frankfurt a.M., Urteil vom 24.10.1988 – 14 Sa 1300/87 (n.v.), S. 18; Urteil vom 24.10.1988 – 14 Sa 1450/87 (n.v.), S. 18; Urteil vom 14.2.1992 – 15 Sa 163/89 (n.v.), S. 18.

[275] Vgl. zu tarifvertraglichen Betriebsnormen und § 3 Abs. 2 TVG näher oben § 8 B I 2, § 10 E.

[276] Näher oben § 7 A I.

[277] Vgl. auch die Erwägungen des LAG Frankfurt a.M., Urteil vom 24.10.1988 – 14 Sa 1300/87 (n.v.), S. 18; Urteil vom 24.10.1988 – 14 Sa 1450/87 (n.v.), S. 18; Urteil vom 14.2.1992 – 15 Sa 163/89 (n.v.), S. 18.

Arbeitsverhältnis aufzulösen („betriebsweite Tarifkonkurrenz")[278]. Daneben läßt sich der ausschließlich auf Kollektivnormen zugeschnittene Regelungszweck des § 3 Abs. 2 TVG – nur bei ihnen ist mit den Worten der h.M. die einheitliche Anwendung auf alle Arbeitnehmer des Betriebs aus tatsächlichen oder rechtlichen Gründen unumgänglich[279] – nicht auf eine Tarifpluralität von Individualnormen übertragen. Auch der Umkehrschluß aus § 3 Abs. 1, § 5 Abs. 4 TVG[280], die den Bezugspunkt Betrieb für Individualnormen ausschließen, spricht gegen eine Analogie: Er ist bei Individualnormen systemwidrig. Ausschlaggebend ist schließlich die Inkongruenz der Rechtsfolgen: Die Tarifeinheit im Betrieb bewirkt nach der insoweit konsequenten Rechtsprechung des *BAG*[281] – anders als § 3 Abs. 2 TVG – keine positive Tarifgeltung für Außenseiter, sondern negativ einen Ausschluß der Tarifgeltung für tarifgebundene Arbeitsvertragsparteien[282]. § 3 Abs. 2 TVG scheidet deshalb als Analogiegrundlage für eine Tarifeinheit im Betrieb aus.

bbb) Analogie zu § 87 Abs. 1 Einleitungssatz BetrVG

Der *4. Senat* des *BAG* bemüht seit dem „Schlosserei"-Urteil § 87 Abs. 1 Einleitungssatz BetrVG, um die Tarifkonkurrenz auf die Ebene des Betriebs zu heben: Es komme wie beim Tarifvorbehalt auch für das Prinzip der Tarifeinheit nur auf die Tarifbindung des Arbeitgebers an[283]. Bereits sie allein schließe, soweit der Tarifvertrag den Betrieb erfasse, Mitbestimmungsrechte des Betriebsrats nach § 87 Abs. 1 Einleitungssatz BetrVG auch für nicht tarifgebundene Arbeitnehmer aus. Die Außenseiter könnten durch Beitritt zur tarifvertragsschließenden Gewerkschaft jederzeit den Schutz des Tarifvertrags erlangen[284]: Das

---

[278] Im einzelnen dazu oben § 15 C I 2 a, § 17 B, § 19 B I 1.

[279] S. oben § 8 B I 2 b.

[280] Dazu oben § 20 C III 1 a aa.

[281] Zur Rechtsfolge des Prinzips der Tarifeinheit im Betrieb oben § 19 A II 4.

[282] *Rieble*, Anm. zu BAG vom 22.3.1994, EzA § 4 TVG Geltungsbereich Nr. 10, S. 20.

[283] BAG AP Nr. 16 zu § 4 TVG Tarifkonkurrenz, Bl. 5; ebenso AP Nr. 19 zu § 4 TVG Tarifkonkurrenz, Bl. 3; AP Nr. 20 zu § 4 TVG Tarifkonkurrenz, Bl. 4; aus der Instanzrechtsprechung LAG Frankfurt a.M., Urteil vom 30.6.1989 – 15 Sa 1566/88 (n.v.), S. 24.

[284] So BAG AP Nr. 21 zu § 77 BetrVG 1972, Bl. 7R.

gelte beim Prinzip der Tarifeinheit gleichermaßen für die nicht an den spezielleren Tarifvertrag tarifgebundenen Arbeitnehmer des Betriebs[285].

Auch eine Analogie zu § 87 Abs. 1 Einleitungssatz ist aber rechtsmethodisch verfehlt[286]. Man mag dem *4. Senat* zugute halten, daß § 87 Abs. 1 Einleitungssatz BetrVG wenigstens – anders als § 3 Abs. 2 TVG – keine positive Normwirkung bewirkt, sondern – ebenso wie die Tarifeinheit im Betrieb – eine Sperre für diejenige einer konkurrierenden Kollektivnorm errichtet. Immerhin dekken sich also die Rechtsfolgen. Dagegen ist der doppelte Normzweck des § 87 Abs. 1 Einleitungssatz BetrVG nicht auf die Tarifeinheit im Betrieb übertragbar.

Der Tarifvorbehalt schützt zunächst – wenn auch nicht im gleichen Umfang wie bei § 77 Abs. 3 BetrVG – die Tarifvertragsparteien vor Konkurrenz durch einen (beitragsfreien) Betriebsrat im Sinne einer Ersatzgewerkschaft und sichert damit die Vorrangkompetenz der Tarifvertragsparteien[287]. Die Tarifeinheit im Betrieb hindert hingegen die freie Koalitionsbetätigung mehrerer Gewerkschaften in einem Betrieb, indem sie den weniger speziellen Tarifvertrag einer der Gewerkschaften aus dem Betrieb drängt[288]. Diesen Zweck hat der Tarifvorbehalt gerade nicht. Der Schutz vor dem Betriebsrat und der Schutz vor einer Konkurrenzgewerkschaft sind nicht dasselbe. Der erste Zweck des Tarifvorbehalts paßt für die Tarifeinheit im Betrieb deshalb nicht.

Die zweite – primäre – Funktion des Tarifvorbehalts folgt aus dem Sinn der Mitbestimmung in sozialen Angelegenheiten: Sie soll die individualrechtlichen Gestaltungsmöglichkeiten des Arbeitgebers zum Schutz der Arbeitnehmer beschränken und durch kollektive betriebliche Regelungen ersetzen. Dieser Normzweck ist erfüllt, wenn tarifliche Regelungen bestehen, die bereits einen

---

[285] BAG AP Nr. 16 zu § 4 TVG Tarifkonkurrenz, Bl. 5; AP Nr. 19 zu § 4 TVG Tarifkonkurrenz, Bl. 3; AP Nr. 20 zu § 4 TVG Tarifkonkurrenz, Bl. 4; LAG Frankfurt a.M., Urteil vom 30.6.1989 – 15 Sa 1566/88 (n.v.), S. 24.

[286] Im Ergebnis ebenso *Hohenstatt*, DB 1992, S. 1681; *Ph. Merten*, BB 1993, S. 575; *Kraft*, RdA 1992, S. 168; *Vogg*, Anm. zu BAG vom 20.3.1991, EzA § 4 TVG Tarifkonkurrenz Nr. 7, S. 16; *H. Wiedemann/Arnold*, Anm. zu BAG vom 14.6.1989, AP Nr. 16 zu § 4 TVG Tarifkonkurrenz, Bl. 6R f.; *dies.*, ZTR 1994, S. 445; *Witzig*, S. 40.

[287] Dazu etwa *Richardi*, BetrVG, § 87 Rn. 143 f.; *Hj. Otto*, NZA 1992, S. 103; *H. Wiedemann/Arnold*, Anm. zu BAG vom 14.6.1989, AP Nr. 16 zu § 4 TVG Tarifkonkurrenz, Bl. 7; *dies.*, ZTR 1994, S. 445; abl. z.B. GK-*Wiese*, Bd. 2, § 87 Rn. 55; *ders.*, FS 25 Jahre BAG, S. 664; kritisch auch *Konzen*, BB 1977, S. 1309.

[288] Ebenso *Hohenstatt*, DB 1992, S. 1681; *Kraft*, RdA 1992, S. 168; *Ph. Merten*, BB 1993, S. 574; *Witzig*, S. 40.

ausreichenden Schutz gewährleisten[289]. Eine Übertragbarkeit auf das Verhältnis kollidierender Tarifverträge (Tarifpluralität) ist nicht möglich.

Überdies sprechen systematische Erwägungen gegen eine Analogie. Anders als im Verhältnis des Tarifvertrags zur Betriebsvereinbarung konkurrieren bei der Kollision von Tarifverträgen ranggleiche Regelungen[290]: Eine Vorrangkompetenz der Tarifvertragsparteien gegenüber dem Betriebsrat steht nicht in Frage[291]. Anders als eine Betriebsvereinbarung im Bereich des § 87 Abs. 1 BetrVG, deren Adressaten Arbeitgeber und alle Arbeitnehmer des Betriebs sind (§ 77 Abs. 4 Satz 1 BetrVG), setzt der Tarifvertrag zudem eine entsprechende Unterwerfung durch Mitgliedschaft in einer Koalition voraus[292]. Ein weiterer struktureller Unterschied liegt darin, daß die Regelungsgegenstände der Tarifverträge im Bereich des § 87 Abs. 1 Einleitungssatz BetrVG meist Kollektivnormen nach § 3 Abs. 2 TVG sind[293]. Deren Normwirkung richtet sich allein nach der Tarifgebundenheit des Arbeitgebers: Eine Prämisse, die der Tarifeinheit im Betrieb bei der praktisch relevanten Tarifpluralität von Individualnormen regelmäßig nicht zugrunde gelegt werden kann[294].

Schließlich ist die Frage der Tarifgebundenheit beim Tarifvorbehalt des § 87 Abs. 1 Einleitungssatz BetrVG – soweit sie nicht Kollektivnormen betrifft (§ 3 Abs. 2 TVG) – ohnedies umstritten und erlangt Bedeutung nur auf dem Boden der vom *BAG* vertretenen und ebenfalls umstrittenen Vorrangtheorie[295]. Das mindert die Überzeugungskraft der Argumentation des *4. Senats* erheblich und macht eine Analogie zu dieser Norm wenig plausibel. Zwar stellt der *1. Senat* des *BAG* seit der Leitentscheidung vom 24.2.1987[296], die er inzwischen unter

---

[289] Vgl. etwa BAG AP Nr. 21 zu § 77 BetrVG 1972, Bl. 5; AP Nr. 6 zu § 87 BetrVG 1972 Auszahlung, Bl. 3; *Fitting/Kaiser/Heither/Engels*, § 87 Rn. 38, 59; *Galperin/Löwisch*, § 87 Rn. 42; *Hess/Schlochauer/Glaubitz*, § 87 Rn. 46; DKK-*Klebe*, § 87 Rn. 29; *Richardi*, Anm. zu BAG vom 24.2.1987, AP Nr. 21 zu § 77 BetrVG 1972, Bl. 11; GK-*Wiese*, Bd. 2, § 87 Rn. 56; *ders.*, FS 25 Jahre BAG, S. 662 ff.

[290] *Ph. Merten*, BB 1993, S. 575; *H. Wiedemann/Arnold*, ZTR 1994, S. 445.

[291] *H. Wiedemann/Arnold*, ZTR 1994, S. 445.

[292] *H. Wiedemann/Arnold*, Anm. zu BAG vom 14.6.1989, AP Nr. 16 zu § 4 TVG Tarifkonkurrenz, Bl. 6R f.; *dies.*, ZTR 1994, S. 445.

[293] *Richardi*, BetrVG, § 87 Rn. 155; *Fitting/Kaiser/Heither/Engels*, § 87 Rn. 42; *Schmidt-Eriksen*, S. 221 ff.; GK-*Wiese*, Bd. 2, § 87 Rn. 68.

[294] *Kraft*, RdA 1992, S. 168; *H. Wiedemann/Arnold*, ZTR 1994, S. 445; vgl. auch *Witzig*, S. 39; ferner *Vogg*, Anm. zu BAG vom 20.3.1991, EzA § 4 TVG Tarifkonkurrenz Nr. 7, S. 16.

[295] Zum Streitstand vgl. nur *Hromadka*, DB 1987, S. 1991 m.w.N. in Fn. 1, 3.

[296] BAG AP Nr. 21 zu § 77 BetrVG 1972, Bl. 7R.

überwiegender Zustimmung im Schrifttum[297] mehrfach bestätigt hat[298], alleine auf die Tarifbindung des Arbeitgebers ab: Einem betrieblichen Nebeneinander einer betrieblichen und einer tariflichen Regelung in der gleichen Angelegenheit stünden nicht nur praktische Schwierigkeiten entgegen, es entspreche auch nicht dem Schutzzweck des § 87 Abs. 1 Einleitungssatz BetrVG. Dieser sei bereits erfüllt, wenn Tarifbindung des Arbeitgebers bestehe: Bislang nicht tarifgebundene Arbeitnehmer könnten durch Beitritt zur tarifvertragsschließenden Gewerkschaft jederzeit den Schutz der tarifvertraglichen Regelung erlangen. Selten wird ergänzend darauf abgestellt, daß zusätzlich zum Arbeitgeber mindestens ein Arbeitnehmer im Betrieb tarifgebunden sein müsse[299]. Zu Recht hält man diese Ansätze aber für wenig überzeugend und lehnt die Sperrwirkung des § 87 Abs. 1 Einleitungssatz BetrVG für nicht beiderseits tarifgebundene Arbeitsverhältnisse entweder ganz[300] oder zumindest dann ab, wenn nicht durch Bezugnahme auf den Tarifvertrag alle Arbeitnehmer praktisch tarifgemäß behandelt würden[301].

Akzeptierte Folge ist die bereits erwähnte Möglichkeit eines Nebeneinander einer betrieblichen und einer tariflichen Regelung über die gleiche Angelegenheit. Die Vorrangkompetenz der Tarifvertragsparteien ist ausreichend durch § 77 Abs. 3 BetrVG geschützt, ihre Sicherung nur sekundärer Zweck des § 87 Abs. 1 Einleitungssatz BetrVG. Der *1. Senat* des *BAG* hat an anderer Stelle[302] die befürchteten praktischen Schwierigkeiten offensichtlich nicht für unüber-

---

[297] S. etwa *Buchner*, Anm. zu BAG vom 30.1.1990, AR-Blattei ES, 1550.6 Nr. 29, S. 8; *Däubler*, TVR, Rn. 237; *Fitting/Kaiser/Heither/Engels*, § 87 Rn. 42; *Heinze*, NZA 1989, S. 46; *ders.*, FS Schaub, S. 290; *Hess/Schlochauer/Glaubitz*, § 87 Rn. 55; DKK-*Klebe*, § 87 Rn. 30; *Moll*, S. 22; *Reuter*, RdA 1994, S. 166; *Stege/Weinspach*, § 87 Rn. 33; *Zöllner/Loritz*, § 47 IV 5 c.

[298] BAG AP Nr. 6 zu § 87 BetrVG 1972 Auszahlung, Bl. 3 f.; AP Nr. 9 zu § 87 BetrVG 1972 Auszahlung, Bl. 2R; AP Nr. 12 zu § 87 BetrVG 1972 Auszahlung, Bl. 3; AP Nr. 78 zu § 99 BetrVG 1972, Bl. 2R.

[299] *Galperin/Löwisch*, § 87 Rn. 56; *Rumpff*, AuR 1972, S. 78.

[300] *Konzen*, BB 1977, S. 1309; GK-*Wiese*, Bd. 2, § 87 Rn. 68; *ders.*, FS 25 Jahre BAG, S. 670 ff.; ferner *Löwisch*, BetrVG, § 87 Rn. 31; *Rieble*, Rn. 1799; *ders.*, Anm. zu BAG vom 22.3.1994, EzA § 4 TVG Geltungsbereich Nr. 10, S. 18; wohl auch *Lieb*, Arbeitsrecht, Rn. 774 f.

[301] *Richardi*, BetrVG, § 87 Rn. 156 f.; *H. Wiedemann/Stumpf*, § 4 Rn. 284; ebenso die ganz h.M. in der personalvertretungsrechtlichen Literatur zu § 75 Abs. 3 BPersVG, vgl. etwa *Dietz/Richardi*, BPersVG, Bd. 2, § 75 Rn. 184 a.E.; Lorenzen/Eckstein-*Haas*, § 75 Rn. 110c; GKÖD-*Fischer/Goeres*, § 75 Rn. 71.

[302] BAG AP Nr. 2 zu § 77 BetrVG 1972 Tarifvorbehalt, Bl. 5; AP Nr. 22 zu § 23 BetrVG 1972, Bl. 4.

windbar gehalten[303]. Es ist deshalb kein zwingender Grund erkennbar, den nicht tarifgebundenen Arbeitnehmern den Schutz des § 87 Abs. 1 Einleitungssatz BetrVG nehmen, zumal die „trostreiche Empfehlung zum Gewerkschaftsbeitritt"[304] deren negative Koalitionsfreiheit (Art. 9 Abs. 3 Satz 1 GG) empfindlich berührt[305].

ccc) Analogie zu § 613a Abs. 1 Satz 3 BGB

Häufig wird – ohne ausdrücklich einen Analogieschluß zu ziehen – betont, daß sich die Tarifeinheit im Betrieb in § 613a Abs. 1 Satz 3 BGB niedergeschlagen habe[306]. Der Gesetzgeber habe mit dieser Vorschrift im Hinblick auf das Interesse des Rechtsnachfolgers an einer Vereinheitlichung der Arbeitsbedingungen in seinem Betrieb und im Interesse der Arbeitnehmer an einer betrieblichen Gleichbehandlung ausdrücklich ein Prinzip der Tarifeinheit im Betrieb anerkannt. Rechtsmethodisch gelangt man zu diesem Ergebnis, wenn man für die Sperrwirkung des § 613a Abs. 1 Satz 3 BGB alleine auf die Tarifgebundenheit des Rechtsnachfolgers abstellt (keine „Tarifpluralität" zugunsten einer Tarifeinheit im Betrieb)[307].

Wie an anderer Stelle bereits ausführlich dargelegt worden ist[308], ist es mit § 613a Abs. 1 Satz 3 BGB aber genau umgekehrt: Ungeachtet des speziellen, auf die Rechtsnachfolge zugeschnittenen und deshalb ohnehin nur begrenzt übertragbaren Regelungszwecks des § 613a Abs. 1 Satz 3 BGB macht dessen Systematik gerade deutlich, daß es eine Tarifeinheit im Betrieb auf dieser

---

[303] Dazu noch im Zusammenhang mit der Tarifeinheit im Betrieb unten § 20 C III 2 a.

[304] *Konzen*, BB 1977, S. 1309.

[305] Zur negativen Koalitionsfreiheit näher unten § 21 A I 1 a bb.

[306] Vgl. BAG AP Nr. 49 zu § 613a BGB, Bl. 3; AP Nr. 4 zu § 3 TVG; Bl. 2R; ArbG Mainz, DB 1996, S. 2501; *Gamillscheg*, FS Kehrmann, S. 257; *Hromadka/Maschmann/Wallner*, Rn. 326, 350; *Kamlah*, S. 112; *Moll*, RdA 1996, S. 280 f.; *Säcker/Oetker*, ZfA 1993, S. 9; *Schaub*, Handbuch, § 206 III 1; *ders.*, AuR 1996, S. 346; *ders.*, ZTR 1997, S. 246; *ders.*, FS Wiese, S. 538; ähnlich *Wank*, NZA 1997, S. 505; *Zöllner*, DB 1995, S. 1403 f.; ferner *P. Hanau*, ArbRGegwart Bd. 34 (1997), S. 27 ff.; *Kania*, DB 1996, S. 1922 ff. (für das Verhältnis von DGB-Tarifverträgen zueinander).

[307] *Moll*, RdA 1996, S. 280 ff.; *Zöllner*, DB 1995, S. 1403 ff.; vgl. auch *Hromadka/Maschmann/Wallner*, Rn. 354; *Kamlah*, S. 115 ff.; *Röder*, DB 1981, S. 1982; dazu bereits oben § 17 C II 1 b aa.

[308] S. oben § 17 C II 1 b bb.

Grundlage nicht geben kann[309]. Eine Analogie zu dieser Vorschrift scheidet aus. Eine Ablösung nach § 613a Abs. 1 Satz 3 BGB kommt nur in Betracht, wenn beide Arbeitsvertragsparteien tarifgebunden sind: Satz 3 bestätigt die Tarifeinheit nur im Arbeitsverhältnis für die Auflösung einer „Tarifkonkurrenz"[310]. Anders gewendet: Eine Tarifeinheit im Betrieb zur Verdrängung einer tarifvertraglichen Regelung ist durch § 613a Abs. 1 Satz 3 BGB nur insoweit anzuerkennen, als die Rechte der Arbeitnehmer durch eine anderweitige tarifvertragliche Regelung konkret gesichert sind. Das ist bei Tarifpluralität gerade nicht der Fall.

Der *4. Senat*[311] fordert für die Sperre des § 613a Abs. 1 Satz 3 BGB ebenfalls die beiderseitige Tarifgebundenheit und läßt damit unterschiedliche Arbeitsbedingungen in einem Betrieb zu („Tarifpluralität"), so daß er sich zur Rechtfertigung seiner Judikatur zum Prinzip der Tarifeinheit im Betrieb[312] schon deshalb nicht auf eine Analogie zu § 613a Abs. 1 Satz 3 BGB berufen könnte. Neben § 613a Abs. 1 Satz 3 BGB ermöglicht § 613a Abs. 1 Satz 4 2. Var. BGB (individualrechtliche Ablösung) dem Rechtsnachfolger, die Arbeitsbedingungen in seinem Betrieb zu vereinheitlichen. Sind beide Wege versperrt, hat er eine „Tarifpluralität" in seinem Betrieb hinzunehmen. Eine zwingende Tarifeinheit im Betrieb folgt deshalb aus § 613a Abs. 1 Satz 3 BGB nicht. Ein Nebeneinander verschiedener tariflicher Ordnungen im Betrieb ist möglich[313].

ddd) Analogie zu § 2 Abs. 2 TVVO

Eine Tarifeinheit im Betrieb läßt sich auch nicht mit einer Analogie zu § 2 Abs. 2 TVVO begründen[314]. Problematisch ist bereits die Analogiefähigkeit ei-

---

309 Im Ergebnis ebenso *Blank*, S. 79; *P. Hanau/Kania*, Anm. zu BAG vom 20.3.1991, AP Nr. 20 zu § 4 TVG Tarifkonkurrenz, Bl. 8R; *Kania*, DB 1994, S. 530; *Kempen/Zachert*, § 3 Rn. 59; *Kohte*, Anm. zu BAG vom 26.1.1994, SAE 1996, S. 17; *Konzen*, Anm. zu BAG vom 26.9.1979, SAE 1980, S. 67.

310 Näher bereits oben § 17 C II 1 b bb.

311 BAG AP Nr. 108 zu § 613a BGB, Bl. 3R; wohl auch AP Nr. 49 zu § 613a BGB, Bl. 2R f.

312 BAG AP Nr. 16 zu § 4 TVG Tarifkonkurrenz, Bl. 4 ff.; AP Nr. 20 zu § 4 TVG Tarifkonkurrenz, Bl. 3 ff.; AP Nr. 126 zu § 1 TVG Tarifverträge: Bau, Bl. 3R f.; AP Nr. 4 zu § 3 TVG, Bl. 3.

313 *B. Gaul*, NZA 1998, S. 15; *Kohte*, Anm. zu BAG vom 26.1.1994, SAE 1996, S. 17.

314 Ebenso LAG Berlin, ZTR 1994, S. 330; *B. Müller*, NZA 1989, S. 451.

ner nicht mehr gültigen Norm, die zudem von einem anderen Gesetzgeber erlassen worden ist. Die Analogie scheitert aber ohnehin daran, daß § 2 Abs. 2 TVVO nur die Regelung von Tarifkonkurrenzen, nicht von Tarifpluralität, betraf: Auf ein Arbeitsverhältnis durften nicht mehrere allgemeinverbindliche Tarifverträge angewandt werden (Tarifeinheit im Arbeitsverhältnis)[315]. Daran ändert der in der Rechtsfolge der Vorschrift zum Ausdruck kommende betriebliche Bezug der Norm (Vorrang des Tarifvertrags, der die größte Zahl von Arbeitsverhältnissen im Betrieb erfaßte) nichts.

bb) Rückgriff auf anerkannte Rechtsprinzipien

Da analogiefähige Rechtssätze nicht zur Verfügung stehen, bleibt zur Schließung der unterstellten Lücke im TVG nur der Rückgriff auf ungeschriebene allgemeine Rechtsprinzipien[316].

aaa) Tarifeinheit im Arbeitsverhältnis

Im Schrifttum wird vereinzelt die Tarifeinheit im Arbeitsverhältnis[317] zur Lückenschließung herangezogen[318]. Dessen Ausdehnung auf den Betrieb sei bei einer entsprechenden legislatorischen Wertentscheidung methodisch statthaft: Diese komme in der Vorstellung des historischen Gesetzgebers zum Ausdruck, der davon ausgegangen sei, daß wegen des Industrieverbandsprinzips Tarifpluralitäten nicht eintreten würden. Der *4. Senat* des *BAG* formuliert weniger konkret, stellt aber gleichfalls auf den „Grundsatz der Tarifeinheit" ab, der nicht nur ausdrücklich in der Begründung des Entwurfs eines TVG erwähnt worden sei, sondern auch Eingang in § 8 des Zusmarshausener oder Stuttgarter Entwurfs vom Juli 1948 gefunden habe[319].

Daran ist nur richtig, daß die Tarifeinheit im Arbeitsverhältnis ein ungeschriebener allgemeiner Rechtsgrundsatz des deutschen Tarifvertragsrechts und darüber hinaus sogar gewohnheitsrechtlich anerkannt ist[320]. Jeder weitergehende Schluß geht fehl: Daß der historische Gesetzgeber des TVG Tarifkonkurren-

---

[315] S. bereits oben § 3 C III.

[316] S. oben § 20 C II 2 a bb.

[317] Zu ihm oben § 15 C.

[318] *Säcker/Oetker*, ZfA 1993, S. 9.

[319] BAG AP Nr. 20 zu § 4 TVG Tarifkonkurrenz, Bl. 3R.

[320] S. oben § 15 C II 3.

zen ausdrücklich ausschließen wollte, ist der Gesetzgebungsgeschichte nicht zu entnehmen[321]. Die Fehleinschätzung des Gewerkschaftsrats der Vereinigten Zonen in der Begründung zum Entwurf eines Tarifvertragsgesetzes, Tarifkonkurrenzen seien infolge des Industrieverbandsprinzips nicht zu erwarten, rechtfertigt schon deshalb keine andere Beurteilung, weil der Gewerkschaftsrat nicht der Gesetzgeber ist. Ob diese Feststellung auch für den Zusmarshausener oder Stuttgarter Entwurf[322] gilt, der dem historischen Gesetzgeber – dem Wirtschaftsrat für das Vereinigte Wirtschaftsgebiet – zumindest näher steht als der Gewerkschaftsrat, kann dahinstehen: Dessen § 8 ermittelte den vorrangigen Tarifvertrag zwar nach betrieblichen Gesichtspunkten, war aber eine Kollisionsnorm für Tarifkonkurrenzen, bezog sich demgemäß auf das Arbeitsverhältnis und nicht auf den Betrieb.

Die Tarifeinheit im Arbeitsverhältnis regelt aber eine Normenkollision in einer konkreten vertraglichen Rechtsbeziehung: dem Arbeitsvertrag. Es kann deshalb zur Verhinderung von Tarifpluralität, einer Normenkollision im Betrieb, die das einzelne Arbeitsverhältnis nicht betrifft, nicht herangezogen werden. Tarifkonkurrenz und Tarifpluralität sind insoweit nicht vergleichbar, was eine Rückführung der Tarifeinheit im Betrieb auf die Tarifeinheit im Arbeitsverhältnis ausschließt.

bbb) Tarifeinheit im Betrieb während der Weimarer Republik

Näher liegt deshalb der Gedanke an die Weimarer Republik und den Nationalsozialismus, als zumindest die Rechtsprechung und ein Teil des Schrifttums ein Rechtsprinzip der Tarifeinheit im Betrieb gebilligt hatten[323]. Rechtsprinzipien eines fremden Rechtssystems – das gilt besonders für den Nationalsozialismus und dessen Tarifrecht[324] – können aber nicht unbesehen in die eigene Rechtsordnung übernommen werden. Eine Übernahme scheitert deshalb nicht nur an der Ablösung der TVVO und des AOG durch das heute maßgebliche TVG. Auch der historische Hintergrund der Tarifeinheit im Betrieb während der Weimarer Republik, die Zersplitterung der Gewerkschaften, hat sich heute wegen des dominierenden Industrieverbandsprinzips erledigt[325]. Ein Prinzip der

---

[321] Näher oben § 5 A.

[322] Zu ihm oben § 5 A II 3.

[323] Dazu eingehend oben § 3 D, § 4 B.

[324] Näher dazu oben § 4.

[325] Vgl. auch LAG Brandenburg LAGE § 4 TVG Nachwirkung Nr. 3, S. 7.

Tarifeinheit im Betrieb, wie es insbesondere der *4. Senat* des *BAG* vertritt, ist historisch deshalb nicht zu begründen.

ccc) Industrieverbandsprinzip und Art. 9 Abs. 3 Satz 1 GG

Daß es sich beim Industrieverbandsprinzip, dem die Organisationsstruktur des DGB grundsätzlich folgt, nicht um einen zwingenden Rechtsgrundsatz handelt, ist bereits ausgeführt worden: Einzelne Betriebe können deshalb von der Tarifzuständigkeit mehrerer Gewerkschaften erfaßt werden[326]. Für sich alleine kann das Industrieverbandsprinzip deshalb ein Rechtsprinzip der Tarifeinheit im Betrieb nicht begründen[327].

Anders sieht das *Kania* für kollidierende Tarifverträge mehrerer DGB-Gewerkschaften im Betrieb (Tarifpluralität) und beruft sich dabei ergänzend auf Art. 9 Abs. 3 Satz 1 GG als Grundlage einer richterlichen Rechtsfortbildung[328]. Das Industrieverbandsprinzip komme in § 15 DGB-Satzung, der Bestimmungen zur branchenmäßigen Abgrenzung der Organisationsbereiche enthalte, und in den Satzungen der einzelnen Mitgliedsgewerkschaften des DGB zum Ausdruck, namentlich in den Regelungen, wonach beim Ausscheiden aus dem Organisationsbereich einer DGB-Gewerkschaft der Übertritt in die branchenmäßig nunmehr zuständige DGB-Gewerkschaft nahegelegt werde. Daß die Abgrenzung nicht konsequent durchgehalten werde, stelle das Industrieverbandsprinzip nicht in Frage, da Zuständigkeitsüberschneidungen nur die Folge des durch Organisationsänderungen auf Arbeitgeberseite motivierten Bestrebens sei, möglichst flächendeckend die branchenzugehörigen Unternehmenseinheiten zu erfassen. Das Grundrecht der Koalitionsfreiheit (Art. 9 Abs. 3 Satz 1 GG) beinhalte die staatliche Verpflichtung, die Voraussetzungen für dessen sinnvolle und effektive Ausübung zu schaffen. Diese Schutzpflicht bestehe gerade gegenüber der das deutsche Tarifsystem prägenden Gewerkschaftsorganisation nach dem Industrieverbandsprinzip, das alleine eine sinnvolle Ordnung des Arbeitslebens garantiere[329]. Der Staat sei zumindest berechtigt, wenn nicht sogar verpflichtet,

---

[326] S. oben § 12 A II 1.

[327] Ebenso LAG Frankfurt a.M., Urteil vom 24.10.1988 – 14 Sa 1300/87 (n.v.), S. 19; Urteil vom 24.10.1988 – 14 Sa 1450/87 (n.v.), S. 19; wohl auch *Blank*, S. 74.

[328] *Kania*, DB 1996, S. 1922; *ders.*, Anm. zu BAG vom 28.5.1997, AP Nr. 26 zu § 4 TVG Nachwirkung, Bl. 9R; vgl. auch *P. Hanau/Kania*, FS Schaub, S. 253.

[329] Insoweit ähnlich bereits *Kreuder*, KritV 1994, S. 306: Die Tarifeinheit im Betrieb konkretisiere als „integraler Bestandteil" des Tarifvertragssystems die Tarifautonomie; *G. Müller*, Ablösung, S. 52: Tarifpluralität störe die Ordnungs- und Friedensfunktion

dieser spezifischen Form der Koalitionsbetätigung Hilfestellung zu leisten, indem er durch den Grundsatz der Tarifeinheit im Betrieb eine konsequente Umsetzung des Industrieverbandsprinzips ermögliche. Der Gesetzgeber habe diese Aufgabe den Gerichten überlassen, indem er bei der Verabschiedung des TVG bewußt auf eine gesetzliche Bestimmung über die Tarifkonkurrenz verzichtet und die Lösung der Problematik Wissenschaft und Rechtsprechung überlassen habe.

Eine solche Argumentation kann nicht unwidersprochen bleiben. Die Kritik knüpft dabei an die fehlende normative Verbindlichkeit des Industrieverbandsprinzips an, die, auch wenn sie ordnungspolitisch unerwünscht ist, mit einem Grundsatz der Tarifeinheit im Betrieb nicht korrigiert werden darf. Zudem ist das Industrieverbandsprinzip innerhalb des DGB eine Richtschnur nur nach Maßgabe der Satzungen der einzelnen Mitgliedsgewerkschaften. Manche Einzelsatzungen enthalten neben Hinweisen auf die Mitgliedschaft im DGB zwar eine Selbstverpflichtung, dessen Satzung einzuhalten oder dessen Beschlüsse durchzuführen, unterwerfen sich aber nicht der Organisationsgewalt des Dachverbands[330]. Auch der Hinweis *Kanias* auf Art. 9 Abs. 3 Satz 1 GG ist empirisch nicht abgesichert und juristisch wenig plausibel: Ob alleine eine Organisation der Koalitionen nach dem Industrieverbandsprinzip eine sinnvolle Ordnung des Arbeitslebens garantieren kann, ist mit rechtsvergleichendem Blick auf andere Staaten keineswegs sicher[331]. Aber selbst dann folgte aus Art. 9 Abs. 3 Satz 1 GG nicht eine staatliche Berechtigung, ausschließlich das Industrieverbandsprinzip zu fördern. Umgekehrt garantiert Art. 9 Abs. 3 Satz 1 GG gerade einen Koalitionspluralismus, dessen Schutz sich nicht auf DGB-Gewerkschaften beschränkt, sondern auch deren Konkurrenten, die Fachverbände, umfaßt[332]. Aus Art. 9 Abs. 3 Satz 1 GG folgt schließlich keine Optimierungspflicht: Auch eine Ausrichtung der Tarifzuständigkeit, die wenig tarifpolitischen Erfolg verspricht, steht unter dem Schutz der Koalitionsfreiheit[333].

---

der Tarifautonomie, die Tarifeinheit im Betrieb sichere dagegen eine sinnvolle Ordnung des Arbeitslebens.

[330] Ausführlich dazu oben § 12 A II 1, 2.

[331] Dazu *Gamillscheg*, Arbeitsrecht, Bd. 1, § 11 I 9 m.w.N.

[332] Zum Koalitionspluralismus und Art. 9 Abs. 3 GG s. noch unten § 21 A I 1 b bb bbb.

[333] *Gamillscheg*, Arbeitsrecht, Bd. 1, § 14 II 2 b (1).

ddd) Prinzipien der Rechtssicherheit und Rechtsklarheit

Nach Auffassung des *4. Senats* des *BAG*, der zunächst recht vage formuliert hatte, die Verdrängung des nachrangigen Tarifvertrags aus dem Betrieb sei „im Interesse der Rechtssicherheit und der Rechtsklarheit" in Kauf zu nehmen[334], folgt der Grundsatz der Tarifeinheit im Betrieb seit der „Redakteur"-Entscheidung „aus den übergeordneten Prinzipien der Rechtssicherheit und Rechtsklarheit"[335]. Die Tarifbindung des Arbeitgebers als Anknüpfungspunkt gewährleiste eine vom Wechsel des Arbeitnehmers und vom Zufall unabhängige betriebseinheitliche Anwendung desjenigen Tarifvertrags, der dem betrieblichen Geltungsbereich entspreche[336] sowie den Erfordernissen des Betriebs und der dort beschäftigten Arbeitnehmer am besten gerecht werde[337]. Rechtliche und tatsächliche Unzuträglichkeiten, die aus dem Nebeneinander oder aus der Nichtanwendung von Tarifverträgen in einem Betrieb folgten, etwa im Zusammenhang mit der Beitragsabrechnung für die Sozialkassen des Baugewerbes oder bei der Anwendung von Kollektivnormen, würden dadurch vermieden[338].

Die Prinzipien der Rechtssicherheit und Rechtsklarheit kommen zwar grundsätzlich, insoweit ist dem *BAG* zuzustimmen, als Maßstab für die richterliche Lückenschließung in Betracht[339]. Freilich darf dann die Vorfrage nach deren Inhalt nicht – wie durch das *BAG* – unbeantwortet bleiben. Unumstritten ist zwar deren Ableitung aus dem in Art. 1, Art. 20, Art. 79 Abs. 3 GG verankerten

---

[334] BAG AP Nr. 12 zu § 4 TVG Tarifkonkurrenz, Bl. 3 f.; AP Nr. 16 zu § 4 TVG Tarifkonkurrenz, Bl. 4R; ArbG Wiesbaden, Urteil vom 3.3.1988 – 4 Ca 4403/85 (n.v.), S. 11.

[335] BAG AP Nr. 19 zu § 4 TVG Tarifkonkurrenz, Bl. 2R; AP Nr. 20 zu § 4 TVG Tarifkonkurrenz, Bl. 3R; ebenso LAG Köln, Urteil vom 18.1.1995 – 2 Sa 1109/94 (n.v.), S. 15.

[336] BAG AP Nr. 11 zu § 4 TVG Tarifkonkurrenz, Bl. 3R; AP Nr. 12 zu § 4 TVG Tarifkonkurrenz, Bl. 3 (bis zu diesem Zeitpunkt nur, wenn die konkurrierende Tarifverträge von derselben Gewerkschaft abgeschlossen waren); AP Nr. 16 zu § 4 TVG Tarifkonkurrenz, Bl. 4R f.; AP Nr. 19 zu § 4 TVG Tarifkonkurrenz, Bl. 2R; AP Nr. 126 zu § 1 TVG Tarifverträge: Bau, Bl. 3R; LAG Frankfurt a.M., Urteil vom 24.10.1989 – 5 Sa 818/88 (n.v.), S. 9; ArbG Wiesbaden, Urteil vom 5.5.1988 – 4 Ca 4180/87 (n.v.), S. 8 f.; Urteil vom 13.7.1989 – 4 Ca 5025/87 (n.v.), S. 10.

[337] BAG AP Nr. 20 zu § 4 TVG Tarifkonkurrenz, Bl. 3R.

[338] BAG AP Nr. 12 zu § 4 TVG Tarifkonkurrenz, Bl. 3; AP Nr. 16 zu § 4 TVG Tarifkonkurrenz, Bl. 4R; AP Nr. 19 zu § 4 TVG Tarifkonkurrenz, Bl. 2R; AP Nr. 20 zu § 4 TVG Tarifkonkurrenz, Bl. 3R.; LAG Frankfurt a.M., Urteil vom 24.10.1989 – 5 Sa 818/88 (n.v.), S. 9; LAG Köln, Urteil vom 18.1.1995 – 2 Sa 1109/94 (n.v.), S. 15 f.; ArbG Wiesbaden, Urteil vom 3.3.1988 – 4 Ca 4403/85 (n.v.), S. 11; Urteil vom 13.7.1989 – 4 Ca 5025/87 (n.v.), S. 10.

[339] Vgl. auch *Fenn*, FS Kissel, S. 230.

Rechtsstaatsprinzip[340]. Auch über den Inhalt des Grundsatzes der Rechtssicherheit – das Gebot der Rechtsklarheit wird gemeinhin als dessen Unterprinzip verstanden[341] – besteht Einigkeit: Eine rechtliche Regelung ist so zu fassen, daß die Normadressaten ihre Normunterworfenheit und die Rechtsfolgen hinreichend konkret erkennen können, so daß sie in der Lage sind, ihr Verhalten normgerecht auszurichten[342]. Sie muß klar, bestimmt und eindeutig, mithin eine verläßliche Dispositionsgrundlage sein. Rechtssicherheit meint aber nicht – das ist hervorzuheben – den Schutz vor den Widrigkeiten des täglichen Lebens[343].

Daraus folgt, daß die Rechtsprinzipien der Rechtssicherheit und der Rechtsklarheit die Tarifeinheit im Betrieb nicht legitimieren können. Bei Tarifpluralität ist auf jeden Arbeitsvertrag der Tarifvertrag anwendbar, an den die Arbeitsvertragsparteien tarifgebunden sind[344]. Den Geboten der Rechtssicherheit ist damit Genüge getan. Eindeutiger geht es nicht. Vieles spricht darüber hinaus dafür, daß umgekehrt Tarifeinheit im Betrieb Rechtsunsicherheit im einzelnen Arbeitsverhältnis bewirkt: Der einzelne Arbeitnehmer kann nicht wissen, welche spezielleren Tarifverträge mit betriebsweit verdrängender Wirkung wegen Tarifbindung des Arbeitgebers und anderer Arbeitnehmer des Betriebs zur Anwendung kommen und den für ihn geltenden Tarifvertrag aus dem Betrieb drängen können[345]. Auch für den Arbeitgeber ist die Ermittlung des spezielleren Tarifvertrags mit Unsicherheiten behaftet[346]: Da es um die Ermittlung des betriebsweit vorrangigen Tarifvertrags geht, ist das Risiko einer Fehlentscheidung ungleich höher als bei einer seltenen und meist ohnehin nur punktuellen Tarifkonkurrenz.

---

[340] St. Rspr. des BVerfG, etwa BVerfGE 2, S. 380, 403; 49, S. 148, 164; 60, S. 253, 268 f.; ferner MD-*R. Herzog*, Art. 20 VII Rn. 26, 61 ff.; Sachs-*Sachs*, Art. 20 Rn. 75 ff.; HBdStR-*Schmidt-Aßmann*, Bd. I, § 24 Rn. 81; *Schmidt-Bleibtreu/Klein*, Art. 20 Rn. 35, 37, jeweils m.w.N.

[341] Vgl. MD-*R. Herzog*, Art. 20 Rn. 63; Sachs-*Sachs*, Art. 20 Rn. 76 ff.

[342] Näher *Badura*, D Rn. 50, 53; *Bleckmann*, Staatsrecht I, Rn. 566, 582; MD-*R. Herzog*, Art. 20 VII Rn. 61, 63; *Maunz/Zippelius*, § 13 I 3, III 5; Sachs-*Sachs*, Art. 20 Rn. 76 ff.; HBdStR-*Schmidt-Aßmann*, Bd. I, § 24 Rn. 81 ff.; *Schmidt-Bleibtreu/Klein*, Art. 20 Rn. 35; von Münch/Kunig-*Schnapp*, Art. 20 Rn. 23, 25.

[343] HBdStR-*Schmidt-Aßmann*, Bd. I, § 24 Rn. 81.

[344] Vgl. *Däubler*, TVR, Rn. 1504, 1505; *Kraft*, RdA 1992, S. 166; *Preis*, ZfA 1992, S. 134 f.; *Stein*, Rn. 284; *Vogg*, Anm. zu BAG vom 20.3.1991, EzA § 4 TVG Tarifkonkurrenz Nr. 7, S. 17; *Witzig*, S. 43; LAG Brandenburg LAGE § 4 TVG Nachwirkung Nr. 3, S. 8; LAG Frankfurt a.M., Urteil vom 24.10.1988 – 14 Sa 1300/87 (n.v.), S. 19; Urteil vom 24.10.1988 – 14 Sa 1450/87 (n.v.), S. 19.

[345] *Bruhn*, Tarifeinheit, S. 194; *Stein*, Rn. 284.

[346] *P. Hanau/Kania*, Anm. zu BAG vom 20.3.1991, AP Nr. 20 zu § 4 TVG Tarifkonkurrenz, Bl. 8R; MünchArbR-*Löwisch*, Bd. 3, § 269 Rn. 19 f.; *Löwisch/Rieble*, § 4 Rn. 292 f.

eee) Ordnungsfunktion des Tarifvertrags

Der *4. Senat* des *BAG* hat einmal – eher beiläufig – bemerkt, der Grundsatz der Tarifeinheit im Betrieb basiere „letztlich auf dem Ordnungsprinzip“[347]. Im Schrifttum spricht man von einem „Ordnungsziel der Tarifeinheit“ (im Betrieb)[348], ohne die die Bedeutung des Tarifvertrags als Kalkulationsgrundlage der Unternehmen entscheidend relativiert würde[349], und betont die mit einer Tarifpluralität verbundenen Schwierigkeiten für die betriebliche Praxis, die mit der Ordnungsfunktion des Tarifvertrags nicht vereinbar seien[350]. Die Rechtsprechung des *BAG*, wird dem Gericht zugute gehalten, werde erkennbar von der Sorge bestimmt, durch unklare tarifrechtliche Verhältnisse im Betrieb könne der Tarifvertrag als Institut Schaden nehmen[351]. Damit ist die Frage aufgeworfen, ob die Tarifeinheit im Betrieb im Wege gesetzesimmanenter Rechtsfortbildung auf die Ordnungsfunktion des Tarifvertrags gestützt werden könnte.

Im Ergebnis scheidet eine solche Rechtfertigung aber aus[352]. Dabei kann offenbleiben, ob die Ordnungsfunktion des Tarifvertrags, die ohnehin nicht unumstritten ist[353], überhaupt als „Rechtsprinzip“ zur Lückenschließung taugt. Maßgeblich ist, wie *Konzen* herausgearbeitet hat[354], daß ein Rückgriff auf die Ordnungsfunktion jedenfalls mit dem Ziel, den Arbeitnehmerschutz einzuschränken, ausscheidet. Die Rechtssetzungsmacht der Koalitionen ist – wie schon bei der Lückenfeststellung dargelegt worden ist[355] – auf ihre Mitglieder beschränkt (§ 3 Abs. 1, § 4 Abs. 1 TVG) und begrenzt damit außerhalb der Allgemeinverbindlicherklärung nach § 5 Abs. 4 TVG zugleich die Ordnungsaufgabe der Tarifvertragsparteien. Diese besteht nicht darin, unklare tarifrechtliche Verhältnisse im Betrieb zu vermeiden: Ein Tarifvertrag ordnet nur die Arbeits-

---

[347] BAG AP Nr. 12 zu § 4 TVG Tarifkonkurrenz, Bl. 3R; ähnlich bereits LAG Hamm, DB 1967, S. 689.

[348] *Blank*, S. 85; ähnlich *Hottgenroth*, S. 87; *H. Wiedemann/Arnold*, ZTR 1994, S. 444.

[349] *Blank*, S. 141.

[350] *Dutti*, DB 1968, S. 1337; *G. Müller*, Ablösung, S. 52.

[351] *Buchner*, FS Kissel, S. 104.

[352] *Konzen*, RdA 1978, S. 153; *H. Wiedemann*, Anm. zu BAG vom 29.11.1978, AP Nr. 12 zu § 4 TVG Tarifkonkurrenz, Bl. 4; LAG Frankfurt a.M., Urteil vom 24.10.1988 – 14 Sa 1300/87 (n.v.), S. 19; Urteil vom 24.10.1988 – 14 Sa 1450/87 (n.v.), S. 19; im Ergebnis auch *Witzig*, S. 35 ff.; ähnlich *Bruhn*, Tarifeinheit, S. 179; vgl. ferner *Hensche*, RdA 1971, S. 15.

[353] Dazu und zur Ordnungsfunktion des Tarifvertrags überhaupt oben § 8 A II.

[354] *Konzen*, RdA 1978, S. 153; vgl. bereits *ders.*, Anm. zu BAG vom 24.9.1975, SAE 1977, S. 61.

[355] Oben § 20 C III 1 a.

verhältnisse, die seinem Geltungsbereich unterfallen und dessen Arbeitsvertragsparteien tarifgebunden sind. Aus der Begrenzung der Ordnungsaufgabe folgt aber nicht nur, daß die nicht organisierten Arbeitnehmer von der Rechtssetzungsmacht der Koalitionen grundsätzlich verschont bleiben müssen (negative Koalitionsfreiheit[356]). Deren Tarifverträge dürfen zugleich – soweit sie speziellere Regelungen enthalten – nicht die Verdrängung eines kollidierenden Tarifvertrags, der für andere Arbeitnehmer kraft Tarifbindung gilt, aus dem Betrieb bewirken (positive Koalitionsfreiheit[357]). Daß die Ordnungsfunktion des Tarifvertrags darüber hinaus kein Rechtssatz ist, der geschriebenes Recht (§ 3 Abs. 1, § 4 Abs. 1 TVG) verdrängen könnte[358], ist evident und bedarf keiner Vertiefung. Abschließend ist die ordnende Wirkung der Tarifeinheit im Betrieb anzuzweifeln: Sie bewirkt zwar die Tariflosigkeit derjenigen Arbeitnehmer, die an den weniger speziellen Tarifvertrag tarifgebunden sind, nicht aber die Geltung des spezielleren Tarifvertrags in deren Arbeitsverhältnissen[359]. Da nicht sicher ist, welche Arbeitsbedingungen für die tariflosen Arbeitsverhältnisse gelten, wird die einheitliche und typisierende Wirkung des Tarifvertrags betriebsweit verfehlt. Vielmehr herrscht Rechtsunsicherheit.

fff) Allgemeiner Gleichbehandlungsgrundsatz

Vereinzelt hat man praktisch unbefriedigende Ergebnisse infolge einer ungleichen Behandlung der Arbeitnehmer durch Tarifpluralität beklagt[360] und erwogen, die Tarifeinheit im Betrieb mit dem Gleichbehandlungsgrundsatz[361] oder mindestens mit einer „mittelbaren Gleichstellungsverpflichtung“[362] zu rechtfertigen. Daneben wird auf § 613a Abs. 1 Satz 3 BGB verwiesen, mit dem der Gesetzgeber im Hinblick auf das Interesse der Arbeitnehmer an Gleichbehandlung im Betrieb ausdrücklich eine Tarifeinheit im Betrieb anerkannt habe[363]. Zwar können sich diese Auffassungen auf eine starke Literaturmeinung in

---

[356] Zu ihr näher unten § 21 A I 1 a bb.

[357] Zu ihr näher unten § 21 A I 1 a aa.

[358] *H. Wiedemann*, Anm. zu BAG vom 29.11.1978, AP Nr. 12 zu § 4 TVG Tarifkonkurrenz, Bl. 4; *Witzig*, S. 36.

[359] *Witzig*, S. 37; zur Rechtsfolge des Prinzips der Tarifeinheit im Betrieb s. bereits oben § 19 A II 4.

[360] *H. Koch*, Rn. 203.

[361] LAG Bremen LAGE § 4 TVG Tarifpluralität Nr. 2, S. 7.

[362] *H. Wiedemann*, Anm. zu BAG vom 29.11.1978, AP Nr. 12 zu § 4 TVG Tarifkonkurrenz, Bl. 4.

[363] *Säcker/Oetker*, ZfA 1993, S. 9.

der Weimarer Republik stützen, nach der tarifgebundene Arbeitgeber kraft Gleichbehandlungspflicht verpflichtet waren, organisierte und nichtorganisierte Arbeitnehmer tarifgemäß zu behandeln (Folge: Tarifeinheit im Betrieb)[364]. Sie ist aber unter dem TVG nicht haltbar, das eine Differenzierung zwischen Gewerkschaftsmitgliedern und Außenseitern zwingend vorschreibt (§ 3 Abs. 1, § 4 Abs. 1 TVG als sachlicher Grund) und eine Gleichbehandlung nur außerhalb des Tarifvertrags, etwa durch arbeitsvertragliche Vereinbarung oder betriebliche Übung, ermöglicht[365]. Eine Rechtfertigung der Tarifeinheit durch den allgemeinen Gleichbehandlungsgrundsatz ist damit ausgeschlossen[366].

cc) Teleologische Reduktion

Es ist bereits dargelegt worden, daß das TVG auch für Tarifpluralität keine verdeckte Gesetzeslücke enthält[367]. Die Ergänzung des TVG durch Hinzufügung einer Regel der Tarifeinheit im Betrieb im Wege teleologischer Reduktion als sinngemäße Einschränkung des Gesetzes scheidet deshalb aus. Allgemeine Zweckmäßigkeitsüberlegungen[368], die der Tarifeinheit zugrunde liegen, rechtfertigten eine teleologische Reduktion aber ohnehin nicht[369]. Das haben andere Senate des *BAG* in Fällen der Kollision von Zuständigkeiten stets anerkannt[370], der *1. Senat* etwa im Rahmen des § 50 BetrVG, als er die Zuständigkeit des Gesamtbetriebsrats aus bloßen Zweckmäßigkeitserwägungen abgelehnt hat[371]. Bei der Mitbestimmung bei Kündigungen nach § 102 BetrVG hat der *2. Senat* eine umfassende Informationspflicht des Arbeitgebers zur sozialen Auswahl auch damit begründet, daß eine teleologische Reduktion der Vorschrift aus Gründen der Unpraktikabilität und Unzweckmäßigkeit ausscheide[372].

---

[364] Nachweise bei *H. Wiedemann/Stumpf*, § 3 Rn. 125; vgl. auch *Reuter*, JuS 1992, S. 107.

[365] Ganz h.M., etwa BAG AP Nr. 7 zu § 4 TVG, Bl. 2; *Däubler*, TVR, Rn. 329 f.; *G. Hueck*, S. 66 f.; *Kempen/Zachert*, § 4 Rn. 4; *Nikisch*, Bd. 2, S. 432: dagegen *H. Wiedemann*, RdA 1969, S. 323 ff.; *H. Wiedemann/Stumpf*, § 3 Rn. 125.

[366] Ebenso *Reuter*, JuS 1992, S. 107; *Witzig*, S. 38.

[367] S. bereits oben § 20 C III 1 a bb.

[368] Dazu noch gleich § 20 C III 2 a.

[369] *Kohte*, Anm. zu BAG vom 26.1.1994, SAE 1996, S. 16; *Larenz*, Methodenlehre, S. 428.

[370] *Kohte*, Anm. zu BAG vom 26.1.1994, SAE 1996, S. 16.

[371] St. Rspr., etwa BAG AP Nr. 102 zu § 99 BetrVG 1972, Bl. 3R; aus der Literatur etwa GK-*Kreutz*, Bd. 1, § 50 Rn. 32, jeweils m.w.N.

[372] BAG AP Nr. 31 zu § 102 BetrVG 1972, Bl. 4; anders noch AP Nr. 16 zu § 102 BetrVG 1972, Bl. 5.

2. Tarifeinheit im Betrieb und gesetzesübersteigende Rechtsfortbildung

Die Untersuchung hat gezeigt, daß die Tarifeinheit im Betrieb durch gesetzesimmanente Rechtsfortbildung nicht zu legitimieren ist. Deren Voraussetzungen liegen nicht vor: Das TVG enthält weder eine Lücke, die ergänzt werden müßte, noch sind analogiefähige Rechtsnormen oder ungeschriebene Rechtsprinzipien zu deren Lückenschließung vorhanden. Damit ist die Prüfung der Tarifeinheit im Betrieb an der strengen Meßlatte der gesetzesübersteigenden Rechtsfortbildung vorgegeben. Deren Spielraum ist mit Blick auf die Wesentlichkeit der Tarifeinheit im Betrieb beträchtlich reduziert[373]. Die überkommene Rechtsmethodik kennt drei Fallgruppen: die gesetzesübersteigende Rechtsfortbildung mit Rücksicht auf zwingende Bedürfnisse des Rechtsverkehrs, mit Rücksicht auf die Natur der Sache und mit Rücksicht auf ein rechtsethisches Prinzip[374].

a) Praktikabilitätserwägungen als zwingende Bedürfnisse des Rechtsverkehrs

Anders als der *4. Senat* des *BAG*[375] beruft sich der *10. Senat* methodisch nicht auf die Prinzipien der Rechtssicherheit und Rechtsklarheit und folgt dessen Judikatur zum Prinzip der Tarifeinheit im Betrieb deshalb nur „im Ergebnis“[376] und auch nur für Tarifkollisionen unter Beteiligung mindestens eines allgemeinverbindlichen Tarifvertrags über gemeinsame Einrichtungen der Tarifvertragsparteien: Ausschlaggebend für das Prinzip der Tarifeinheit im Betrieb als Kollisionsregel für Tarifpluralität seien „allein Gründe der Praktikabilität“[377]. Dieser Hinweis auf Praktikabilitätserwägungen ist indessen nicht neu. Man findet ihn bereits in der tarifrechtlichen Diskussion während der Weimarer Republik[378]. Heute sind unbeholfene Formulierungen wie die eines Instanzgerichts („Bezüglich der Frage, ob der Grundsatz der Tarifeinheit existiert, steht Meinung der Literatur gegen Meinung der Rechtsprechung, wobei die des Bundesarbeitsgerichts praktikabeler ist“[379]) zwar selten: Recht ist das, was am wenigsten Arbeit macht. Auf die vermeintlichen Folgen einer rein dogmatisch begründeten Beantwortung der Kollisionsfrage, also auf „unüberwindliche prakti-

---

[373] S. oben § 20 C II 1 b bb.
[374] Dazu bereits oben § 20 C II 2 b bb.
[375] S. oben § 20 C III 1 b bb ddd.
[376] BAG AP Nr. 22 zu § 4 TVG Tarifkonkurrenz, Bl. 4R.
[377] BAG AP Nr. 22 zu § 4 TVG Tarifkonkurrenz, Bl. 5.
[378] S. oben § 3 D II.
[379] LAG Frankfurt a.M., Urteil vom 17.8.1990 – 15 Sa 1171/89 (n.v.), S. 15.

sche Schwierigkeiten"[380], auf „unabweisbare Gründe der Praktikabilität"[381] oder auf „tatsächlich und rechtlich solch hohe Schwierigkeiten"[382] – mindestens teilweise als „unerträglich"[383] empfunden –, hat die Rechtsprechung aber immer wieder ausdrücklich hingewiesen – auch der *4. Senat*[384]. Sie hat sich dabei, wie bei der bemühten Analogie zu § 87 Abs. 1 Einleitungssatz BetrVG[385], der Rechtsprechung des *1. Senats* bedient, der das Erfordernis der alleinigen Tarifgebundenheit des Arbeitgebers für den Tarifvorbehalt ebenfalls mit „praktischen Schwierigkeiten" begründet hat, „die ein Nebeneinander zweier Regelungen der gleichen Angelegenheit zur Folge haben müßte"[386].

Damit sind zwei Fragen aufgeworfen. Zunächst ist zu prüfen, ob bloße Praktikabilitätserwägungen zwingende Bedürfnisse des Rechtsverkehrs im Sinne gesetzesübersteigender Rechtsfortbildung sein können. Anschließend ist zu untersuchen, ob die behaupteten praktischen Schwierigkeiten im Betrieb tatsächlich überhaupt bestehen.

aa) Zweckmäßigkeit und Rechtsfortbildung

aaa) Grenzen gesetzesübersteigender Rechtsfortbildung

Das Schrifttum[387] – mit ganz wenigen Ausnahmen[388] – und ein Teil der Instanzrechtsprechung[389] sind der höchstrichterlichen Praktikabilitätsargumentati-

---

[380] BAG AP Nr. 22 zu § 4 TVG Tarifkonkurrenz, Bl. 5.

[381] LAG Köln, Urteil vom 18.1.1995 – 2 Sa 1109/94 (n.v.), S. 16.

[382] LAG Frankfurt a.M., Urteil vom 12.12.1989 – 5 Sa 1418/88 (n.v.), S. 22.

[383] ArbG Wiesbaden, Urteil vom 3.3.1988 – 4 Ca 4403/85 (n.v.), S. 11.

[384] BAG AP Nr. 16 zu § 4 TVG Tarifkonkurrenz, Bl. 5; AP Nr. 19 zu § 4 TVG Tarifkonkurrenz, Bl. 3; AP Nr. 20 zu § 4 TVG Tarifkonkurrenz, Bl. 3R.

[385] Dazu oben § 20 C III 1 b aa bbb.

[386] BAG AP Nr. 21 zu § 77 BetrVG 1972, Bl. 7R.

[387] *Blank*, S. 74 f.; *Bruhn*, Tarifeinheit, S. 194 f.; *Fenn*, FS Kissel, S. 229 ff.; *P. Hanau/Kania*, Anm. zu BAG vom 20.3.1991, AP Nr. 20 zu § 4 TVG Tarifkonkurrenz, Bl. 7R ff.; *Hohenstatt*, DB 1992, S. 1680; *Kania*, DB 1996, S. 1921 f.; *Kempen/Zachert*, § 4 Rn. 130; *Kohte*, Anm. zu BAG vom 26.1.1994, SAE 1996, S. 16; *Kraft*, RdA 1992, S. 167; *ders.*, gem. Anm. zu BAG vom 22.9.1993 und 26.1.1994, AuR 1994, S. 392; MünchArbR-*Löwisch*, Bd. 3, § 269 Rn. 19 f.; *Löwisch/Rieble*, § 4 Rn. 292 f.; *Merten*, BB 1993, S. 574; *Reuter*, JuS 1992, S. 106 f.; *Salje*, Anm. zu BAG vom 20.3.1991, SAE 1993, S. 80; *Stein*, Rn. 284; *Vogg*, Anm. zu BAG vom 20.3.1991, EzA § 4 TVG Tarifkonkurrenz, S. 16 f.; *Wank*, Anm. zu BAG vom 26.1.1994, EzA § 4 TVG Tarifkonkurrenz Nr. 9, S. 19 f.; *H. Wiedemann/Arnold*, Anm. zu BAG vom 14.6.1989, AP Nr. 16 zu § 4 TVG Tarifkonkurrenz, Bl. 7; *dies.*, ZTR 1994, S. 445 f.; *Witzig*, S. 40 ff.

[388] *H. Koch*, Rn. 203; *Säcker/Oetker*, ZfA 1993, S. 4 ff.

on entschieden entgegengetreten und reklamieren einen deutlichen Übertritt der Grenzen gesetzesübersteigender Rechtsfortbildung. „Mit den Postulaten der Rechtssicherheit und Rechtsklarheit läßt sich alles und nichts begründen“[390]. „Die Argumentation ausschließlich mit der Praktikabilität eröffnet den Weg zu beliebigen Ergebnissen!“[391]. „Die Tarifeinheit“ (im Betrieb) „ist immer ein schwaches Argument. Zwar ist sie "ein Ziel aufs innigste zu wünschen" (Hamlet III 1); aber sie ist nichts weiter als eine Angelegenheit der Zweckmäßigkeit“[392]. Diese Zitate fokussieren die berechtigte Kritik. Einige ergänzende Ausführungen sind dennoch hinzuzufügen.

Praktische Schwierigkeiten einer Rechtsanwendung entbinden den Richter nicht von der Verpflichtung, das Gesetz anzuwenden[393]. Das ist im allgemeinen unbestritten. Besonders die Anwendung arbeitsrechtlicher Schutznormen macht der Praxis stets Probleme. Auch sonst sieht man darin aber keinen Grund, der eine gesetzesübersteigende Rechtsfortbildung arbeitsrechtlicher Normen zu Lasten ihrer Schutzfunktion rechtfertigte[394]. Der *8. Senat* hat beim allgemeinen Weiterbeschäftigungsverhältnis zur bereicherungsrechtlichen Rückabwicklung nach § 818 Abs. 2, Abs. 3 BGB formuliert: „Die Gerichte sind jedoch nicht befugt, die Anwendung einer Norm zu verweigern, weil dies zu "Schwierigkeiten" führt“[395]. Das *BAG* hat sich beim Rückgriff auf Praktikabilitätserwägungen beim Prinzip der Tarifeinheit im Betrieb folgerichtig auch nicht ausdrücklich auf zwingende Bedürfnisse des Rechtsverkehrs bezogen. Allein die zweckmäßigere Handbarkeit einer Regelung für einen Teil der Normadressaten ist kein unabweisbares Verkehrsbedürfnis. Ein solches kann nur vorliegen, wenn das geschriebene Gesetz seine Funktion, ein Rechtsproblem gerecht zu lösen, nicht erfüllt. Dazu fehlen jegliche Ausführungen des *BAG*, mit Blick auf abweichende

[389] Etwa LAG Brandenburg LAGE § 4 TVG Nachwirkung Nr. 3, S. 8; LAG Düsseldorf, Beschluß vom 1.3.1996 – 9 TaBV 78/95 (n.v.), S. 18; LAG Niedersachsen LAGE § 4 TVG Tarifpluralität Nr. 1, S. 4; Urteil vom 8.8.1990 – 4 Sa 874/90 (n.v.), S. 10; ArbG Wiesbaden, Urteil vom 8.9.1988 – 4 Ca 1630/86 (n.v.), S. 16.

[390] *Konzen*, Anm. zu BAG vom 24.9.1975, SAE 1977, S. 61.

[391] *Kraft*, gem. Anm. zu BAG vom 22.9.1993 und 26.1.1994, AuR 1994, S. 392; ebenso *Wank*, Anm. zu BAG vom 26.1.1994, EzA § 4 TVG Tarifkonkurrenz Nr. 9, S. 20.

[392] *Herschel*, Anm. zu BAG vom 4.6.1980, AP Nr. 32 zu § 1 TVG Tarifverträge: Bau, Bl. 4.

[393] ArbG Wiesbaden, Urteil vom 8.9.1988 – 4 Ca 1630/86 (n.v.), S. 16; wohl auch *H. Wiedemann*, Anm. zu BAG vom 24.9.1975, AP Nr. 11 zu § 4 TVG Tarifkonkurrenz, Bl. 5.

[394] *Reuter*, JuS 1992, S. 106 f.; ebenso *Hohenstatt*, DB 1992, S. 1680; *H. Wiedemann/Arnold*, ZTR 1994, S. 445.

[395] BAG AP Nr. 1 zu § 611 BGB Weiterbeschäftigung, Bl. 4.

Judikatur[396] vielleicht nicht ganz zufällig. Offenkundig sieht es vielmehr rechtspolitischen Korrekturbedarf[397]. Rechtspolitik ist aber nicht Sache der Gerichte[398]. Das sehen arbeitsrechtliches[399] und methodenrechtliches Schrifttum[400] zu Recht nicht anders als das *BVerfG*[401]. Auch nach Auffassung des *1. Senats* und des *2. Senats* des *BAG* taugen Zweckmäßigkeitserwägungen nicht als Kollisionsregel[402]. Der *3. Senat* hat ebenfalls – in zum Teil identischer personeller Besetzung wie im „real-kauf"-Urteil des *4. Senats*, der die Tarifeinheit im Betrieb mit „praktischen Schwierigkeiten" zu begründen versucht hat[403] – bei der Prüfung der Frage, ob sich die Normsetzungsbefugnis der Betriebsparteien auch auf Betriebspensionäre erstreckt, mit bemerkenswerter Klarheit ausgeführt, daß Gründe der Zweckmäßigkeit „weder eine andere rechtliche Beurteilung noch eine Erweiterung der Regelungskompetenz im Wege der Rechtsfortbildung" rechtfertigen[404].

Festzuhalten ist deshalb: Die Anwendung mehrerer Tarifverträge im Betrieb (Tarifpluralität) mag zwar – das gilt insbesondere im Hinblick auf die Berechnung der Beiträge für die gemeinsamen Einrichtungen der Tarifvertragsparteien – zu tatsächlichen Schwierigkeiten führen und damit unzweckmäßig sein. Sie sind aber, wenn sie denn bestehen, wegen § 3 Abs. 1, § 4 Abs. 1 TVG hinzunehmen. Die für die Arbeitgeberseite und die DGB-Gewerkschaften mit der Anwendung der Tarifeinheit im Betrieb verbundenen Vorteile reichen für deren Rechtfertigung, wie zuerst *Zöllner* richtig gesehen hat[405], nicht aus.

---

[396] Dazu gleich unten § 20 C III 2 a aa bbb.

[397] So auch die Einschätzung von *Fenn*, FS Kissel, S. 231; *Kraft*, RdA 1992, S. 168; ähnlich *Wank*, Anm. zu BAG vom 26.1.1994, EzA § 4 TVG Tarifkonkurrenz Nr. 9, S. 17.

[398] S. bereits oben § 20 C II 1 b aa.

[399] S. z.B. *Konzen*, Anm. zu BAG vom 27.6.1995, 11.7.1995 und 11.7.1995, AP Nr. 139 zu Art. 9 GG Arbeitskampf, Bl. 14R; *ders.*, Rechtsfragen, S. 86 = NZA 1995, S. 869 f.; *Kraft*, RdA 1992, S. 168; *Söllner*, RdA 1985, S. 335; *ders.*, ZG Bd. 10 (1995), S. 16; *Wank*, Anm. zu BAG vom 26.1.1994, EzA § 4 TVG Tarifkonkurrenz Nr. 9, S. 17.

[400] Etwa *Hillgruber*, JZ 1996, S. 122; *Ipsen*, Richterrecht, S. 236; *P. Koller*, S. 212 f.; *Larenz*, Methodenlehre, S. 427 f.; *Rüthers*, FS Molitor, S. 299.

[401] BVerfGE 49, S. 302, 322; 82, S. 6, 12; AP Nr. 22 zu § 112 BetrVG 1972, Bl. 3; NJW 1992, S. 1219.

[402] BAG AP Nr. 102 zu § 99 BetrVG 1972, Bl. 3R; AP Nr. 31 zu § 102 BetrVG 1972, Bl. 4; dazu bereits oben § 20 C III 1 b cc.

[403] BAG AP Nr. 20 zu § 4 TVG Tarifkonkurrenz, Bl. 3R.

[404] BAG AP Nr. 1 zu § 1 BetrAVG Betriebsvereinbarung, Bl. 3.

[405] *Zöllner*, Arbeitsrecht, § 37 IV 2; ebenso *B. Müller*, NZA 1989, S. 451; *Salje*, Anm. zu BAG vom 20.3.1991, SAE 1993, S. 80; *Zöllner/Loritz*, § 37 V 2 (*Loritz*); LAG Niedersachsen LAGE § 4 TVG Tarifpluralität Nr. 1, S. 4.

bbb) Praktikabilität und einheitliche Rechtsprechung im Sinne des § 45 Abs. 4 2. Var. ArbGG

Bemerkenswert ist darüber hinaus, daß der *4. Senat* mit dem Rückgriff auf Praktikabilitätserwägungen – wie schon bei der Frage der Tarifgebundenheit in § 613a Abs. 1 Satz 3 BGB[406] – in Widerspruch zur eigenen Entscheidungspraxis zur Tarifpluralität gerät[407]. Die „unüberwindlichen praktischen Schwierigkeiten"[408] haben in anderen Entscheidungen keine Rolle gespielt: bei der Tarifpluralität zwischen DAG- und HBV-Tarifverträgen im „EDV-Anlagen"-Fall[409] genauso wenig wie bei der Tarifpluralität im gemeinsamen Betrieb mehrerer Unternehmen in der „Frachtführer"-Entscheidung[410]. Bei der Auslegung einer einzelvertraglichen Bezugnahmeklausel im „Eisen- und Stahlindustrie"-Urteil war der *4. Senat* einem ungleich komplizierterem Sachverhalt und erheblichen Schwierigkeiten bei der Ermittlung der in Bezug genommenen Tarifverträge ausgesetzt, hat sich aber gleichwohl nicht auf Zweckmäßigkeitsgründe berufen, um wie in der „co op"-Entscheidung[411] durch Auslegung der Bezugnahmeklausel eine Tarifeinheit im Betrieb herbeizuführen[412]. Das gilt im Ergebnis auch für die „Heizung-Klima-Sanitär"-Urteile[413]. Ergänzend ist darauf hinzuweisen, daß auch andere Senate nicht auf der Grundlage von Praktikabilitätserwägungen judizieren: Der *1. Senat* hat im „Spielbanken"-Urteil eine Tarifpluralität von DAG- und HBV-Tarifverträgen ebenso gebilligt[414] wie der *10. Senat* in „Drainage II" das betriebliche Nebeneinander verschiedener Tarifverträge für Arbeiter und Angestellte[415]. Eine einheitliche Rechtsprechung im Sinne des § 45 Abs. 4 2. Var. ArbGG ist das nicht. Es ist zu hoffen, daß einer der Senate den

---

[406] S. oben § 20 C III 1 b aa ccc.

[407] So im Ergebnis auch *Kohte*, Anm. zu BAG vom 26.1.1994, SAE 1996, S. 17; *Kraft*, gem. Anm. zu BAG vom 22.9.1993 und 26.1.1994, AuR 1994, S. 392; *Wank*, Anm. zu BAG vom 26.1.1994, EzA § 4 TVG Tarifkonkurrenz Nr. 9, S. 20; vgl. ferner *Blank*, S. 75.

[408] BAG AP Nr. 22 zu § 4 TVG Tarifkonkurrenz, Bl. 5.

[409] BAG AP Nr. 22 zu § 4 TVG Nachwirkung, Bl. 3; vgl. auch AP Nr. 10 zu § 3 TVG, Bl. 1R (ebenfalls 4. Senat).

[410] BAG AP Nr. 145 zu § 611 BGB Gratifikation, Bl. 1R.

[411] BAG AP Nr. 5 zu § 1 TVG Bezugnahme auf Tarifvertrag, Bl. 2R ff.

[412] BAG AP Nr. 6 zu § 4 TVG Bezugnahme auf Tarifvertrag, Bl. 6 f.; dazu bereits oben § 10 I I 1 d bb.

[413] BAG AP Nr. 26 zu § 4 TVG Nachwirkung, Bl. 6 ff.; AP Nr. 27 zu § 4 TVG Nachwirkung, Bl. 5R ff.

[414] BAG AP Nr. 44 zu Art. 9 GG Arbeitskampf, Bl 7.

[415] BAG AP Nr. 22 zu § 4 TVG Tarifkonkurrenz, Bl. 5R f.

Mut aufbringt, die Tarifeinheit im Betrieb dem *Großen Senat* des *BAG* vorzulegen.

bb) Praktische Schwierigkeiten im Betrieb

Damit steht fest, daß praktische Schwierigkeiten eine gesetzesübersteigende Rechtsfortbildung nicht rechtfertigen können. Hinzu kommt aber die Frage, ob die Probleme bei der Anwendung mehrerer Tarifverträge im Betrieb, wie das *BAG* behauptet, in der betrieblichen Praxis überhaupt existieren. Der erste Anschein – etwa die jahrelange Übung paralleler Tarifverträge der DAG und der HBV – spricht dagegen[416].

aaa) Erhöhte Verwaltungskosten

Auf den ersten Aspekt mangelnder Praktikabilität hat nicht das *BAG*, sondern ein Teil des Schrifttums hingewiesen: erhöhte Verwaltungskosten des Arbeitgebers, die bei der Anwendung mehrerer Tarifverträge im Betrieb entstünden. Die wirtschaftlichen Vorteile der Anwendung nur eines Tarifvertrags im Betrieb hat man schon während der Weimarer Republik unter der Geltung der TVVO hervorgehoben[417]. Auch heute argumentiert man so: Tarifpluralität erhöhe, so *Reuter*[418], die Verwaltungskosten des Arbeitgebers. *Säcker/Oetker*[419] sind der Auffassung, ein betriebliches Nebeneinander verschiedener tariflicher Arbeitsbedingungen stehe einer sinnvollen Ordnung der Arbeits- und Wirtschaftsbedingungen „kontraproduktiv“ entgegen: Die „Effizienzgewinne“ tariflicher Arbeitsbedingungen würden durch die Durchführungskosten, die mit dem betrieblichen Nebeneinander verschiedener Tarifverträge verbunden sind, und die vermehrten Informations- und Verhandlungskosten aufgesogen. Ein betriebsspezifisches über- und außertarifliches Vergütungsgefüge wäre angesichts unterschiedlicher tarifvertraglicher Mindestnormen im Betrieb mit gegebenenfalls divergierenden Laufzeiten kaum noch praktikabel. *Koch* meint, Tarifpluralität im Betrieb führe zu „praktisch unbefriedigenden Ergebnissen infolge ungleicher Behandlung der Arbeitnehmer bei Vergütungsgruppen, Urlaub, Ne-

---

[416] *Blank*, S. 75.

[417] S. oben § 3 D II.

[418] *Reuter*, JuS 1992, S. 107; ähnlich bereits *G. Müller*, Ablösung, S. 52 („Häufung von an sich überflüssiger Arbeit im Bereich der Personalverwaltung“).

[419] *Säcker/Oetker*, ZfA 1993, S. 12 f.; ähnlich schon *G. Müller*, Ablösung, S. 52: Tarifpluralität mindere die Effizienz des Betriebes.

benleistungen, Kündigungsfristen usw." und vervielfältige die betrieblichen Schwierigkeiten ohne großen Nutzen für die Arbeitnehmer[420].

Die überwiegende Meinung verwirft diese Argumentation zu Recht[421]. Tatsächlich bereitet es elektronischen Datenverarbeitungssystemen heute keine Mühe mehr, betriebliche Entgelt- oder Urlaubsberechnungen zu erstellen, auch wenn die Arbeitnehmer des Betriebs verschiedenen Gewerkschaften angehören[422]. Um das nachvollziehen zu können, genügt ein Blick auf die Entgeltabrechnung eines beliebigen größeren Unternehmens. Die von *Salje* befragte Lohnverwaltung eines norddeutschen Konzernunternehmens sieht keine Schwierigkeiten, gleichzeitig mit der Tarifbindung Metall und der Tarifbindung Gaststättengewerbe arbeiten zu müssen[423]. Zumindest ist der zeitliche und finanzielle Mehraufwand, EDV-Programme für die Personalabrechnung entsprechend einzurichten, gering[424]. Ein Aufsaugen von Effizienzgewinnen ist ausgeschlossen. Das betrifft nicht nur den Entgeltbereich, in welchem die Zahlung über- oder außertariflicher Entgelte der betrieblichen Praxis entspricht, so daß ohnehin individuelle Verdienstabrechnungen zu erstellen sind, die zudem unterschiedlichste persönliche Verhältnisse der Arbeitnehmer zu berücksichtigen haben[425]. Der Befund gilt uneingeschränkt, ohne daß ein größerer finanzieller Mehraufwand erforderlich wäre, auch für die monatlichen Meldungen und Zahlungen des Arbeitgebers an die gemeinsame Einrichtungen der Tarifvertragsparteien nach § 4 Abs. 2 TVG (etwa die Zusatzversorgungskasse des Baugewerbes in Wiesbaden): Die behaupteten Probleme sind im Zeitalter des Computers nicht nachvollziehbar[426]. *Kohte* weist zu Recht darauf hin, daß die Listen und Beitragsmeldungen, die gegenüber den Finanzämtern und Sozialversicherungstragern monatlich erstellt werden müssen, wesentlich komplexer sind, oh-

---

[420] *H. Koch*, Rn. 203 f.

[421] S. näher *Bruhn*, Tarifeinheit, S. 195; *Kohte*, Anm. zu BAG vom 26.1.1994, SAE 1994, S. 16; *Salje*, Anm. zu BAG vom 20.3.1991, SAE 1993, S. 79 f.; *Witzig*, S. 41; aus der Instanzrechtsprechung LAG Brandenburg LAGE § 4 TVG Nachwirkung Nr. 3, S. 8; ähnlich *Däubler*, TVR, Rn. 1504; MünchArbR-*Löwisch*, Bd. 3, § 269 Rn. 19; *Löwisch/Rieble*, § 4 Rn. 292; ArbG Wiesbaden, Urteil vom 6.7.1994 – 6 BV 68/94 (n.v.), S. 10.

[422] *Bruhn*, Tarifeinheit, S. 195; *Salje*, Anm. zu BAG vom 20.3.1991, SAE 1993, S. 80; *Witzig*, S. 41.

[423] *Salje*, Anm. zu BAG vom 20.3.1991, SAE 1993, S. 80.

[424] *Witzig*, S. 41 Fn. 205, dessen Nachfragen bei großen Unternehmen dieses Ergebnis bestätigen.

[425] LAG Brandenburg LAGE § 4 TVG Nachwirkung Nr. 3, S. 8.

[426] *Kohte*, Anm. zu BAG vom 26.1.1994, SAE 1994, S. 16; *Salje*, Anm. zu BAG vom 20.3.1991, SAE 1993, S. 79.

ne daß deren Rechtsverbindlichkeit deshalb in Frage gestellt würde[427]. Tarifpluralität verursacht dem Arbeitgeber, das ist festzuhalten, keine nennenswerten Verwaltungskosten, selbst wenn einer der kollidierenden Tarifverträge Regelungen über gemeinsame Einrichtungen enthält.

bbb) Abgrenzbarkeit von Normgruppen

Praktische Schwierigkeiten sollen weiter aus der mangelnden Abgrenzbarkeit von Normgruppen folgen. Gemeint sind Individualnormen einerseits und Kollektivnormen andererseits[428]. Mehrfach hat der *4. Senat* des *BAG* das Prinzip der Tarifeinheit im Betrieb mit den rechtlichen und tatsächlichen Unzuträglichkeiten begründet, die sich aus dem betrieblichen Nebeneinander mehrerer Tarifverträge bei der Anwendung von Kollektivnormen ergeben würden[429]. Konkreter heißt es in zwei jüngeren Entscheidungen, eine Abgrenzung zwischen Inhalts-, Abschluß- und Beendigungsnormen einerseits und betrieblichen und betriebsverfassungsrechtlichen Normen andererseits bereite tatsächliche Schwierigkeiten, zumal Überschneidungen möglich seien[430].

Auch an dieser Stelle ist aber zweifelhaft, ob die Anwendungsprobleme in der Praxis wirklich bestehen. Niemand bestreitet die Schwierigkeit einer Abgrenzbarkeit von Individual- und Kollektivnormen, soweit nicht die klassischen Solidar- oder Ordnungsnormen betroffen sind. Der Begriff der betrieblichen Norm nach § 3 Abs. 2 TVG ist bereits alleine betrachtet schwer faßbar[431]. Tarifnormen mit Doppelcharakter sind freilich regelmäßig in einen individual- und einen betriebsbezogenen Teil aufspaltbar, so daß der Hinweis auf die Unmöglichkeit einer getrennten Behandlung nicht überzeugt[432]. Die Trennung ist vom Gesetz vorgegeben und aus Rechtsgründen nicht disponibel: Der Schutz tariflicher Außenseiter, die sich bei Individualnormen auf die negative Koalitions-

---

[427] *Kohte*, Anm. zu BAG vom 26.1.1994, SAE 1994, S. 16.

[428] Zu Unterscheidung der einzelnen tariflichen Normgruppen s. bereits oben § 8 B I.

[429] BAG AP Nr. 12 zu § 4 TVG Tarifkonkurrenz, Bl. 3; AP Nr. 16 zu § 4 TVG Tarifkonkurrenz, Bl. 4R; AP Nr. 19 zu § 4 TVG Tarifkonkurrenz, Bl. 2R; AP Nr. 20 zu § 4 TVG Tarifkonkurrenz, Bl. 3R.; LAG Frankfurt a.M., Urteil vom 24.10.1989 – 5 Sa 818/88 (n.v.), S. 9; ArbG Wiesbaden, Urteil vom 3.3.1988 – 4 Ca 4403/85 (n.v.), S. 11; Urteil vom 13.7.1989 – 4 Ca 5025/87 (n.v.), S. 10.

[430] BAG AP Nr. 19 zu § 4 TVG Tarifkonkurrenz, Bl. 3; AP Nr. 20 zu § 4 TVG Tarifkonkurrenz, Bl. 3R.

[431] Näher oben § 8 B I 2 b.

[432] Dazu auch oben § 15 C I 3.

freiheit (Art. 9 Abs. 3 Satz 1 GG) berufen können[433], mutet dem Rechtsanwender die Abgrenzungsschwierigkeiten zu[434]. Die Tarifeinheit im Betrieb darf nicht zur Korrektur einer gesetzlich vorgeschriebenen Normgruppenbildung bemüht werden[435]. Schwierigkeiten sind durch eine Verbesserung der Abgrenzungskriterien zu beseitigen[436]. Wieder, das ist abschließend zu festzuhalten, sehen andere Senate des *BAG* keine unüberwindbaren Abgrenzungsprobleme und beachten die gesetzlich vorgegebene Differenzierung[437].

ccc) Ermittlung der Gewerkschaftszugehörigkeit

„Tatsächliche Unzuträglichkeiten", die einer Anwendung mehrerer Tarifverträge in einem Betrieb entgegenstehen, erwachsen nach Auffassung des *BAG* weiter bei der Ermittlung der Gewerkschaftszugehörigkeit der Arbeitnehmer. Die Entscheidungen des *4. Senats* haben zunächst Tarifkollisionen unter Beteiligung allgemeinverbindlicher Tarifverträge über gemeinsame Einrichtungen nach § 4 Abs. 2 TVG betroffen, so daß dieser mit einigen Instanzgerichten[438] vor allem auf praktische Schwierigkeiten im Beitragseinzugsverfahren abgestellt hat[439]. Erst in der „real-kauf"-Entscheidung ist diese Argumentation auch auf allgemeine Tarifkollisionen erstreckt worden[440]. Eine Klärung der Beitragspflicht zu gemeinsamen Einrichtungen im Beitragseinzugsverfahren setze eine rechtlich nicht begründbare und tatsächlich nicht durchsetzbare Pflicht zur Offenbarung der Gewerkschaftsmitgliedschaft gegenüber Arbeitgeber und ge-

[433] Zu ihr noch unten § 21 A I 1 a bb.

[434] *Haußmann*, S. 145; *Hohenstatt*, DB 1992, S. 1680; *Ph. Merten*, BB 1993, S. 573 f.; *Reuter*, JuS 1992, S. 106 f.; *H. Wiedemann/Arnold*, ZTR 1994, S. 446; ebenso selbst *Säcker/Oetker*, ZfA 1993, S. 6.

[435] *Mayer-Maly*, RdA 1966, S. 203; ebenso *B. Gaul*, Anm. zu BAG vom 4.9.1996, EzA § 3 TVG Bezugnahme auf Tarifvertrag Nr. 7, S. 41; *ders.*, NZA 1998, S. 15; *Konzen*, Anm. zu BAG vom 24.9.1975, SAE 1977, S. 61.

[436] *Reuter*, JuS 1992, S. 106.

[437] BAG AP Nr. 57 zu Art. 9 GG, Bl. 7 (1. Senat); AP Nr. 1 zu § 3 TVG Betriebsnormen, Bl. 2 ff. (3. Senat); AP Nr. 1 zu § 1 BeschFG 1985, Bl. 3 f. (7. Senat); vgl. auch *H. Wiedemann/Arnold*, ZTR 1994, S. 446.

[438] Vgl. LAG Frankfurt a.M., Urteil vom 24.10.1989 – 5 Sa 818/88 (n.v.), S. 9; Urteil vom 12.12.1989 – 5 Sa 1418/88 (n.v.), S. 22; Urteil vom 17.8.1990 – 15 Sa 1171/89 (n.v.), S. 15; ArbG Wiesbaden, Urteil vom 3.3.1988 – 4 Ca 4403/85 (n.v.), S. 11; Urteil vom 13.7.1989 – 4 Ca 5025/87 (n.v.), S. 10.

[439] BAG AP Nr. 12 zu § 4 TVG Tarifkonkurrenz, Bl. 3; AP Nr. 16 zu § 4 TVG Tarifkonkurrenz, Bl. 4R; AP Nr. 19 zu § 4 TVG Tarifkonkurrenz, Bl. 2R.

[440] BAG AP Nr. 20 zu § 4 TVG Tarifkonkurrenz, Bl. 3R.

meinsamer Einrichtung voraus, die im Streitfall überdies zu beweisen wäre[441]. Wegen unvermeidlichen Änderungen im Wechsel der Gewerkschaftsangehörigkeit der Arbeitnehmer gewährleiste nur der betriebseinheitliche Vorrang des spezielleren Tarifvertrags eine praktikable Lösung[442]. Die *5. Kammer* des *LAG Frankfurt a.M.* hat darüber hinaus einmal sogar befürchtet, der Arbeitgeber werde zur Vermeidung dieser Schwierigkeiten nur noch Gewerkschaftsmitglieder oder nur noch Außenseiter einstellen („sozialpolitisch unerwünschte Wirkung" einer Tarifpluralität)[443]. Der *10. Senat* hat sich dieser Judikatur nur mit Einschränkungen angeschlossen und sieht die praktischen Schwierigkeiten bei wiederholten Änderungen in der Gewerkschaftszugehörigkeit nur im Beitragseinzugsverfahren zu den gemeinsamen Einrichtungen: Der Arbeitgeber sei ohne die Tarifeinheit im Betrieb gezwungen, monatlich die Gewerkschaftszugehörigkeit seiner Arbeitnehmer festzustellen. Ob der Arbeitgeber oder die gemeinsame Einrichtung von der Gewerkschaftsangehörigkeit der Arbeitnehmer Kenntnis erlangen könnten, sei aber umstritten[444].

Die Literatur folgt, soweit sie dem *BAG* zustimmt, der restriktiveren Linie des *10. Senats*. So kann man bei *Gamillscheg* lesen, daß die geäußerte Kritik an der Tarifeinheit im Betrieb zur Überwindung der vom *BAG* nicht erfundenen tatsächlichen Schwierigkeiten nichts beitrage und die Feststellung der Tarifbindung eines klagenden Arbeitnehmers dem Richter anders als dem Arbeitgeber in der täglichen Praxis keine Schwierigkeiten bereite[445]. Die Meldepflicht für die gemeinsamen Einrichtungen dürfe, meint *Koch*, nicht von der Zufälligkeit abhängen, ob der Arbeitgeber von der Tarifbindung einzelner Arbeitnehmer an einen spezielleren Tarifvertrag erfahre, denn dessen Leistungen an die gemeinsamen Einrichtungen seien ein wichtiger Kostenfaktor, dessen Kalkulationsbasis mindestens ein Jahr im voraus gesichert sein müsse[446].

Mit größerem Begründungsaufwand als die *14. Kammer* des *LAG Frankfurt a.M.*, die sich mit dem lapidaren, aber richtigen Hinweis begnügt, die Frage der

---

[441] BAG AP Nr. 16 zu § 4 TVG Tarifkonkurrenz, Bl. 5; AP Nr. 19 zu § 4 TVG Tarifkonkurrenz, Bl. 3R; LAG Frankfurt a.M., Urteil vom 12.12.1989 – 5 Sa 1418/88 (n.v.), S. 22; vgl. auch ArbG Wiesbaden, Urteil vom 5.5.1988 – 4 Ca 4180/87 (n.v.), S. 8 f.

[442] Vgl. BAG AP Nr. 16 zu § 4 TVG Tarifkonkurrenz, Bl. 5; AP Nr. 19 zu § 4 TVG Tarifkonkurrenz, Bl. 3 f.; AP Nr. 20 zu § 4 TVG Tarifkonkurrenz, Bl. 3R f.; vgl. auch ArbG Wiesbaden, Urteil vom 5.5.1988 – 4 Ca 4180/87 (n.v.), S. 8 f.

[443] LAG Frankfurt a.M., Urteil vom 12.12.1989 – 5 Sa 1418/88 (n.v.), S. 22.

[444] BAG AP Nr. 22 zu § 4 TVG Tarifkonkurrenz, Bl. 5.

[445] *Gamillscheg*, Arbeitsrecht, Bd. 1, § 17 III 3 c (1) (c); ähnlich *H. Koch*, Rn. 204.

[446] *H. Koch*, Rn. 204; ähnlich LAG Frankfurt a.M., Urteil vom 17.8.1990 – 15 Sa 1171/89 (n.v.), S. 15.

Beitragspflicht einzelner Arbeitnehmer sei im Beitragseinzugsverfahren zu beantworten[447], lehnt die Literatur die Argumentation des *BAG* zu Recht ab[448]. Ihm ist zunächst entgegengehalten worden, daß der Arbeitgeber auch bei strenger Beachtung der Tarifeinheit im Betrieb praktisch nicht besser stehe, da sie die Existenz nichtorganisierter Arbeitnehmer im Betrieb nicht berühre, auf deren Arbeitsverhältnisse die nach dem Spezialitätsprinzip vorrangigen Tarifverträge aber keine normative Anwendung fänden[449]. Ein Differenzierungszwang bestehe auch insoweit. Knüpfe ein Tarifvertrag Leistungspflichten an die Gewerkschaftszugehörigkeit, seien die vom *BAG* betonten praktischen Schwierigkeiten unvermeidbar[450]. Das ist nur insoweit richtig, als es dem Arbeitgeber freisteht, Außenseiter ebenfalls tarifgemäß zu behandeln. So verfährt die Praxis in aller Regel. Bei einer Tarifkollision unter Beteiligung eines allgemeinverbindlichen Tarifvertrags über gemeinsame Einrichtungen passen diese Erwägungen freilich nicht. Alle Arbeitnehmer, die nicht nach § 3 Abs. 1 TVG tarifgebunden sind, unterfallen nur dem allgemeinverbindlichen Tarifvertrag. Die Gestaltung ihrer Arbeitsverträge nach dem nicht allgemeinverbindlichen Tarifvertrag scheitert an § 5 Abs. 4 TVG, auch wenn diese günstiger sind: § 4 Abs. 3 2. Var. TVG ist bei Tarifnormen über gemeinsame Einrichtungen (§ 4 Abs. 2 TVG) generell unanwendbar[451].

Die Auffassung des *BAG* überzeugt aber ohnehin aus anderen Gründen nicht. Ob eine Pflicht des Arbeitnehmers zur Offenbarung seiner Gewerkschaftszugehörigkeit während des Arbeitsverhältnisses besteht, ist zwar bislang – anders als die Zulässigkeit einer solchen Frage bei der Anbahnung des Arbeitsverhältnisses – nicht sicher geklärt. Das *BAG*[452] und einige Instanzgerichte[453] lehnen eine

---

[447] LAG Frankfurt a.M., Urteil vom 24.10.1988 – 14 Sa 1300/87 (n.v.), S. 20; Urteil vom 24.10.1988 – 14 Sa 1450/87 (n.v.), S. 20.

[448] Vgl. *Blank*, S. 74; *Bruhn*, Tarifeinheit, S. 194; *Däubler*, TVR, Rn. 1504; *P. Hanau/Kania*, Anm. zu BAG vom 20.3.1991, AP Nr. 20 zu § 4 TVG Tarifkonkurrenz, Bl. 8R; *Kohte*, Anm. zu BAG vom 26.1.1994, SAE 1994, S. 16; MünchArbR-*Löwisch*, Bd. 3, § 269 Rn. 19 f.; *Löwisch/Rieble*, § 4 Rn. 292; *Reichold*, Anm. zu BAG vom 22.9.1993, SAE 1995, S. 22; *Reuter*, JuS 1992, S. 107; *Wank*, Anm. zu BAG vom 26.1.1994, EzA § 4 TVG Tarifkonkurrenz Nr. 9, S. 20; *H. Wiedemann/Arnold*, ZTR 1994, S. 445; *Witzig*, S. 41.

[449] Vgl. *Blank*, S. 74; *Bruhn*, Tarifeinheit, S. 194; MünchArbR-*Löwisch*, Bd. 3, § 269 Rn. 19; *Löwisch/Rieble*, § 4 Rn. 292; *H. Wiedemann/Arnold*, ZTR 1994, S. 445.

[450] *Reuter*, JuS 1992, S. 107; *Wank*, Anm. zu BAG vom 26.1.1994, EzA § 4 TVG Tarifkonkurrenz Nr. 9, S. 20.

[451] S. bereits oben § 17 C I 2.

[452] BAG AP Nr. 16 zu § 4 TVG Tarifkonkurrenz, Bl. 5; AP Nr. 19 zu § 4 TVG Tarifkonkurrenz, Bl. 3R, wohl auch AP Nr. 20 zu § 4 TVG Tarifkonkurrenz, Bl. 3R; AP Nr. 22 zu § 4 TVG Tarifkonkurrenz, Bl. 5.

derartige Pflicht ohne Begründung ab. Auch ein Teil des Schrifttums bezweifelt sie im Hinblick auf Art. 9 Abs. 3 Satz 1 GG[454], wobei in Einzelfällen das Verschweigen auf eine Frage des Arbeitgebers nach der Gewerkschaftszugehörigkeit rechtsmißbräuchlich sein könne (§ 242 BGB)[455]. Der überwiegende Teil der Literatur billigt dem Arbeitgeber richtigerweise unter Hinweis auf den ausreichenden Schutz durch das Maßregelungsverbot (§ 612a BGB) immerhin nach Abschluß des Arbeitsvertrags ein Fragerecht zu[456], läßt die Konsequenzen bei Nicht- oder Falschbeantwortung der Frage freilich offen.

Diese lassen sich insbesondere bei Tarifkollisionen unter Beteiligung allgemeinverbindlicher Tarifverträge problemlos ziehen, wenn man eine materiellrechtliche Obliegenheit zur Offenbarung der Gewerkschaftszugehörigkeit anerkennt. Wird die Frage nach der Gewerkschaftszugehörigkeit nicht beantwortet, droht ein Rechtsverlust: Die Arbeitsbedingungen richten sich dann nicht nach dem selbstgewählten (§ 3 Abs. 1 TVG), sondern nach dem allgemeinverbindlichen Tarifvertrag (§ 5 Abs. 4 TVG)[457]. Es bleibt damit dem Arbeitnehmer überlassen, dem Arbeitgeber nach dessen Aufforderung eine Gewerkschaftsmitgliedschaft mitzuteilen[458].

Prozessuale Erwägungen bestätigen den materiellrechtlichen Befund. Die Tarifgeltung hängt zwar einerseits nicht von der Kenntnis der tarifgebundenen Arbeitsvertragsparteien ab. Andererseits hat ein Arbeitnehmer aber, wenn er tarifliche Rechte vor Gericht geltend macht, nicht nur die Tarifbindung des Arbeitgebers, sondern auch seine eigene Verbandszugehörigkeit zu behaupten und

---

[453] Vgl. LAG Frankfurt a.M., Urteil vom 24.10.1989 – 5 Sa 818/88 (n.v.), S. 9; Urteil vom 12.12.1989 – 5 Sa 1418/88 (n.v.), S. 22; Urteil vom 17.8.1990 – 15 Sa 1171/89 (n.v.), S. 15; ArbG Wiesbaden, Urteil vom 3.3.1988 – 4 Ca 4403/85 (n.v.), S. 11; Urteil vom 13.7.1989 – 4 Ca 5025/87 (n.v.), S. 10.

[454] *Meik*, DB 1990, S. 2526; vgl. auch *B. Gaul*, Anm. zu BAG vom 4.9.1996, EzA § 3 TVG Bezugnahme auf Tarifvertrag Nr. 7, S. 25.

[455] *Nikisch*, Bd. 2, S. 270, 471; ähnlich *H. Wiedemann/Stumpf*, § 4 Rn. 359, jeweils m.w.N. und Beispielen.

[456] MünchArbR-*Buchner*, Bd. 1, § 38 Rn. 119; *Danne*, Anm. zu BAG vom 4.9.1996, SAE 1998, S. 115; *P. Hanau/Kania*, Anm. zu BAG vom 20.3.1991, AP Nr. 20 zu § 4 TVG Tarifkonkurrenz, Bl. 8R f.; *Knevels*, BB 1965, S. 337 f.; Staudinger-*Richardi*, § 611 Rn. 97; *Wank*, Anm. zu BAG vom 26.1.1994, EzA § 4 TVG Tarifkonkurrenz Nr. 9, S. 20; wohl auch *Hromadka*, Anm. zu BAG vom 17.6.1997, AuA 1998, S. 75; *Schaub*, Handbuch, § 26 III 3.

[457] Im Ergebnis ebenso *Däubler*, TVR, Rn. 1504; *Reuter*, JuS 1992, S. 107; *Wank*, Anm. zu BAG vom 26.1.1994, EzA § 4 TVG Tarifkonkurrenz Nr. 9, S. 20.

[458] *Kohte*, Anm. zu BAG vom 26.1.1994, SAE 1994, S. 16.

zu beweisen[459]. Das folgt aus dem allgemeinen prozessualen Grundsatz, daß jede Prozeßpartei die Darlegungs- und Beweislast dafür trägt, daß der Tatbestand einer ihr günstigen Rechtsnorm erfüllt ist[460]. Die Ermittlung von Amts wegen nach § 293 ZPO, der nach allgemeiner Auffassung Tarifverträge als Statuten umfaßt[461], betrifft nur deren Inhalt, nicht aber die Tarifgebundenheit der Arbeitsvertrags- und Prozeßparteien.

Auch ein Blick ins Schwerbehindertenrecht stützt die Argumentation[462]. Den Hinweis auf unüberwindliche praktische Schwierigkeiten sucht man dort vergebens. Die Eigenschaft als Schwerbehinderter beginnt zwar, ohne daß es einer förmlichen Anerkennung nach § 4 SchwbG bedarf, wenn die Voraussetzungen des § 1 SchwbG erfüllt sind. Auf das Wissen der Arbeitgebers kommt es nicht an. Die Schutzwirkungen des SchwbG können aber, das ist unbestritten, nur eintreten, wenn die Behinderung offenkundig ist oder der Schwerbehinderte, der zur Inanspruchnahme des gesetzlichen Schutzes nicht verpflichtet ist, seine Schwerbehinderteneigenschaft darlegt und nachweist: Andernfalls darf ihn der Arbeitgeber als Nichtschwerbehinderten behandeln[463].

Ein letztes Wort schließlich an die Adresse des *10. Senats*, demzufolge das Prinzip der Tarifeinheit im Betrieb für Angestellte und Arbeiter nicht gleichermaßen gelten soll, weil die Gruppe der Angestellten leicht von der Gruppe der Arbeiter abzugrenzen sei und der Arbeitgeber damit für die Angestellten die Verpflichtungen nach den Sozialkassentarifverträgen unschwer erfüllen könne[464]. Ob das zutrifft, ist mit *Wank*, der sich mit der Abgrenzung beider Arbeitnehmergruppen eingehend beschäftigt hat, angesichts der Unschärfe des Arbeiter- und des Angestelltenbegriffs mehr als zweifelhaft[465].

---

459 *Hauck*, § 58 Rn. 35 a.E.; *Knevels*, BB 1965, S. 337; MünchArbR-*Löwisch*, Bd. 3, § 269 Rn. 19; *Löwisch/Rieble*, § 3 Rn. 95, § 4 Rn. 292; *Schaub*, Arbeitsgerichtsverfahren, § 97 V 1; *Witzig*, S. 41.

460 Statt aller Stein/Jonas-*Leipold*, § 286 Rn. 37 ff. m.w.N.

461 BAG AP Nr. 4 zu § 4 TVG Tarifkonkurrenz, Bl. 2R; AP Nr. 55 zu § 616 BGB, Bl. 3R; AP Nr. 8 zu § 293 ZPO, Bl. 2R f.; aus der Literatur etwa Stein/Jonas-*Leipold*, § 293 Rn. 70 m.w.N.

462 *Reuter*, JuS 1992, S. 107.

463 S. etwa BAG AP Nr. 1 zu § 15 SchwbG 1986, Bl. 2; *Cramer*, § 1 Rn. 10 ff.; *Neumann/Pahlen*, § 4 Rn. 38; *Schaub*, Handbuch, § 178 III 1.

464 BAG AP Nr. 22 zu § 4 TVG Tarifkonkurrenz, Bl. 5R f.

465 *Wank*, Anm. zu BAG vom 26.1.1994, EzA § 4 TVG Tarifkonkurrenz Nr. 9, S. 20; näher *ders.*, Arbeiter und Angestellte, S. 504 ff.

ddd) Wahrung des Betriebsfriedens

Praktikabilitätserwägungen liegen schließlich einer Argumentation zugrunde, die bei einer Mehrheit von Tarifverträgen im Betrieb eine Störung des Betriebsfriedens für möglich hält[466]. Sie hat man bereits während der Weimarer Republik befürchtet[467]. Diese empirisch zweifelhafte Folge einer Tarifpluralität wäre jedenfalls als Folge unterschiedlicher Gewerkschaftszugehörigkeit hinzunehmen[468]: Jeder Arbeitnehmer erntet die Früchte seiner eigenen Koalitionsbestätigung (Art. 9 Abs. 3 Satz 1 GG), jedem Arbeitnehmer steht es offen, seine bisherige Gewerkschaft zu verlassen, wenn er seine Interessen nicht mehr angemessen vertreten glaubt, um gegebenenfalls Mitglied einer anderen Organisation zu werden.

eee) Prozessualer Exkurs: „Unüberwindliche praktische Schwierigkeiten" bei der Anwendung mehrerer Tarifverträge in einem Betrieb als Normtatsachen

Der *4. Senat*[469] und der *10. Senat*[470] des *BAG* haben das Prinzip der Tarifeinheit im Betrieb immer wieder mit den bei der Anwendung mehrerer Tarifverträge in einem Betrieb zu erwartenden „praktischen Schwierigkeiten", die kaum lösbar seien, zu rechtfertigen versucht. Die prozessuale Bedeutung dieser Tatsachengrundlage haben bislang weder die tarif- oder die zivilprozeßrechtliche Literatur noch das *BAG* erkannt. Anders als konkrete Einzeltatsachen eines Rechtsstreits, die als Sachverhalt im Untersatz unter die feststehenden Tatbestandsmerkmale einer Rechtsnorm subsumiert werden (Subsumtionstatsachen), handelt es sich bei den „praktischen Schwierigkeiten" um Tatsachen, die der Begründung einer neuen richterlichen Rechtsregel (hier: Tarifeinheit im Betrieb), also der Bildung des Obersatzes dienen. Man spricht insoweit von Rechtsfortbildungstatsachen oder – allgemeiner – Normtatsachen[471]. Auch wenn

---

466 Vgl. *Reuter*, JuS 1992, S. 107; ferner *Hess*, ZfA 1976, S. 71.

467 S. oben § 3 D II.

468 Im Ergebnis ebenso *Witzig*, S. 42 f.

469 BAG AP Nr. 12 zu § 4 TVG Tarifkonkurrenz, Bl. 3R; AP Nr. 16 zu § 4 TVG Tarifkonkurrenz, Bl. 5; AP Nr. 19 zu § 4 TVG Tarifkonkurrenz, Bl. 3; AP Nr. 20 zu § 4 TVG Tarifkonkurrenz, Bl. 3R; AP Nr. 126 zu § 1 TVG Tarifverträge: Bau, Bl. 3R f.; dazu bereits oben § 20 C III 2 a bb.

470 BAG AP Nr. 22 zu § 4 TVG Tarifkonkurrenz, Bl. 5.

471 Dazu allgemein näher etwa *Hergenröder*, S. 329 ff.; *Konzen*, FS H.F. Gaul, S. 335 ff.; *Lames*, S. 52 ff.; *Ger. Schneider*, S. 16 ff.; *Seiter*, FS Baur, S. 573 ff., jeweils m.w.N.

die ZPO auf Subsumtionstatsachen zugeschnitten ist, ist sich das zivilprozeßrechtliche Schrifttum, das von Normtatsachen allerdings nur zögerlich Kenntnis nimmt, einig, daß deren Verfahrensregeln zumindest teilweise auch für sie passen.

Zwar kann der Verhandlungsgrundsatz im Urteilsverfahren, der auf Subsumtionstatsachen zugeschnitten ist, das *BAG* nicht hindern, „praktische Schwierigkeiten" als Begründungselement der Tarifeinheit im Betrieb auch dann heranzuziehen, wenn sie nicht durch die Parteien in das Verfahren eingeführt worden sind: Es hat umgekehrt Normtatsachen, die es bei der Rechtsfortbildung nach pflichtgemäßem Ermessen für relevant hält, nach Maßgabe des § 293 ZPO sogar von Amts wegen zu ermitteln[472]. Auch § 561 ZPO, der ebenfalls nur für Subsumtionstatsachen gilt, bildet für das *BAG* als Revisionsinstanz insoweit keine Sperre[473]. Der Anwendungsbereich anderer Verfahrensvorschriften geht aber mindestens teilweise über Subsumtionstatsachen hinaus: Der Anspruch auf rechtliches Gehör (§ 139, § 278 Abs. 3 ZPO) etwa betrifft auch Normtatsachen, so daß den Parteien Gelegenheit zu Stellungnahmen und Beweisanträgen zu geben ist, wenn solche für die Rechtsfortbildung herangezogen werden[474]. Andernfalls liegt ein Verstoß gegen Art. 103 Abs. 1 GG vor, der zur Verfassungsbeschwerde berechtigt[475]. Normtatsachen können ferner beweisbedürftig sein, wenn das Gericht sie bei der Rechtsfortbildung für bedeutsam hält. Es ist dann allerdings nicht auf das Strengbeweisverfahren beschränkt und kann sich seine Überzeugung auch durch Literaturstudium oder ähnliches verschaffen[476]. Das rechtliche Gehör verlangt dann freilich nicht nur die Wiedergabe des Beweisergebnisses, sondern auch eine Nachvollziehbarkeit des Beweisgangs, um den Parteien eine Stellungnahme zu ermöglichen[477]. Das Beweismaß des § 286 ZPO

---

[472] S. etwa *Hergenröder*, S. 401 ff.; *Konzen*, FS H.F. Gaul, S. 347 ff., 350 f.; *Seiter*, FS Baur, S. 589 f.; ferner Stein/Jonas-*Leipold*, vor § 128 Rn. 90a; *Rosenberg/Schwab/Gottwald*, § 113 III a.E.; *Ger. Schneider*, S. 76 ff.

[473] Vgl. *Hergenröder*, S. 433 ff.; *Konzen*, FS H.F. Gaul, S. 351 f., 356; *Lames*, S. 71 f.; MünchKommZPO-*Prütting*, Bd. 1, § 291 Rn. 20; *Rosenberg/Schwab/Gottwald*, § 143 I 3; *E. Schmidt*, FS Wassermann, S. 814; *Ger. Schneider*, S. 136 f.; *Seiter*, FS Baur, S. 591.

[474] Vgl. näher *Hergenröder*, S. 304 ff.; *Konzen*, FS H.F. Gaul, S. 350 f.; *Lames*, S. 66 f.; Stein/Jonas-*Leipold*, vor § 128 Rn. 90a; MünchKommZPO-*Prütting*, Bd. 1, § 291 Rn. 20; *ders.*, FS 600 Jahre Universität Köln, S. 318, 323; *Ger. Schneider*, S. 79 ff., 82 ff.; *Seiter*, FS Baur, S. 589.

[475] *Konzen*, FS H.F. Gaul, S. 351; *Seiter*, FS Baur, S. 589.

[476] Näher *Hergenröder*, S. 414 ff.; *Konzen*, FS H.F. Gaul, S. 353 f.; *Lames*, S. 66 f.; Stein/Jonas-*Leipold*, vor § 128 Rn. 90a; *Rosenberg/Schwab/Gottwald*, § 133 III a.E.; *Ger. Schneider*, S. 97 ff.; *Seiter*, FS Baur, S. 590.

[477] *Konzen*, FS H.F. Gaul, S. 353.

für Subsumtionstatsachen paßt allerdings nicht: Es genügt vielmehr, daß die Normtatsachen als Teil des Obersatzes dem Richter plausibel erscheinen. Schärfere Anforderungen bestehen auch beim juristischen Wertungsvorgang im Rahmen bestehender Gesetze nicht[478]. Schließlich gibt es zwar keine Beweislast im engeren Sinn, da bei der Rechtsfortbildung eine gesetzliche Regelung und damit der normative Bezugspunkt fehlt[479]. Es besteht freilich ein Aufklärungsrisiko, das – ist der Beweis für die Rechtsfortbildung entscheidend – die Partei trifft, der die Rechtsfortbildung genützt hätte[480].

All das ist vom *BAG* bislang nicht beachtet worden und sollte zukünftig von den Verfahrensbeteiligten zum Gegenstand des Verfahrens gemacht werden. Ob die „praktischen Schwierigkeiten" unter Beachtung der angeführten Grundsätze dann weiterhin als Begründungselement der Tarifeinheit im Betrieb in Betracht kommen, ist auf der Grundlage des derzeitigen Kenntnisstandes[481] unwahrscheinlich.

b) Rücksicht auf die Natur der Sache und auf ein rechtsethisches Prinzip

Vereinzelt ist die Tarifeinheit im Betrieb auf die Natur der Sache zurückgeführt worden: Der Tarifvertrag sei eine Erscheinung des Kollektivrechts, die – auf den Betrieb bezogen – für gleichliegende Arbeitsverhältnisse einheitliches Recht schaffen solle[482]. Dagegen spricht ungeachtet der Konturenlosigkeit der Natur der Sache[483], daß die zwingende Eigengesetzlichkeit eines Sachverhalts nicht aus bloßen Praktikabilitätserwägungen folgen kann. Die tarifpolitische Realität legt sogar im Gegenteil nahe, Tarifpluralität als naturgemäß anzusehen. Daß auch der Rückgriff auf ein rechtsethisches Prinzip fehlschlägt, ist nur der Vollständigkeit halber festzuhalten[484]: Ein solches ist neben den an anderer Stelle behandelten allgemeinen Rechtsprinzipien[485] nicht zu erkennen.

---

[478] *Konzen*, FS H.F. Gaul, S. 354 f.; *Lames*, S. 63 f.

[479] *Hergenröder*, S. 426 f.; *Lames*, S. 62 f.; *Ger. Schneider*, S. 147 ff.

[480] *Konzen*, FS H.F. Gaul, S. 355; *Rüssmann*, KritV 1991, S. 413 f.; *E. Schmidt*, KritV 1989, S. 310.

[481] S. oben § 20 C III 2 a bb aaa-ddd.

[482] *Dietz*, FS Nikisch, S. 41 f.

[483] Dazu bereits oben § 20 C II 2 b bb.

[484] *Kraft*, RdA 1992, S. 167.

[485] S. oben § 20 C III 1 b bb.

IV. Ergebnis

Richterliche Rechtsfortbildung – in engen Grenzen zulässig, aber ohnehin ohne verbindliche Rechtsnormwirkung – scheidet als Legitimationsgrundlage für ein Rechtsprinzip der Tarifeinheit im Betrieb aus. Für die gesetzesimmanente Rechtsfortbildung folgt das nicht nur aus dem Fehlen einer ergänzungsbedürftigen Lücke im TVG in bezug auf Tarifpluralität. Auch eine Lückenausfüllung wäre weder im Wege des Analogieschlusses noch mit Hilfe allgemeiner Rechtsprinzipien möglich. Die gesetzesübersteigende Rechtsfortbildung, bei der der Handlungsspielraum des Richters noch begrenzter ist, scheitert, weil zwingende Bedürfnisse des Rechtsverkehrs nicht mit bloßen Zweckmäßigkeitserwägungen zu begründen sind. Zudem gehen die vom *BAG* genannten praktischen Schwierigkeiten nicht über das Maß hinaus, das jede Gesetzesanwendung dem Normanwender zumutet.

D. Zusammenfassung

Für die Judikatur des *BAG* zum Prinzip der Tarifeinheit im Betrieb gibt es keine Rechtsgrundlage. Eine solche ist weder dem TVG noch Art. 9 Abs. 3 Satz 1 GG zu entnehmen und ergibt sich auch nicht aus Gewohnheitsrecht. Ob die Tarifeinheit im Betrieb den allgemeinen Rechtsprinzipien zuzurechnen ist, kann dahinstehen, da solchen jedenfalls keine unmittelbare Rechtsnormqualität zukommt. Schließlich scheidet auch eine Legitimation durch richterliche Rechtsfortbildung aus.

§ 21 Tarifeinheit im Betrieb als Verfassungsverstoß

Für die Tarifeinheit im Betrieb gibt es keine Legitimation. Insbesondere ist sie nicht durch richterliche Rechtsfortbildung zu rechtfertigen. Verstößt sie überdies gegen Verfassungsrecht, sprengt sie darüber hinaus deren Grenzen. Im Zentrum der verfassungsrechtlichen Prüfung steht die durch Art. 9 Abs. 3 Satz 1 GG gewährleistete Koalitionsfreiheit.

A. Verstoß gegen die Koalitionsfreiheit (Art. 9 Abs. 3 Satz 1 GG)

I. Inhalt und Dogmatik des Art. 9 Abs. 3 Satz 1 GG

1. Schutzrichtung der Koalitionsfreiheit

a) Individuelle Koalitionsfreiheit

aa) Positive Koalitionsfreiheit

Der Wortlaut des Art. 9 Abs. 3 Satz 1 GG gewährleistet zunächst nur das Recht einzelner Arbeitnehmer oder Arbeitgeber, sich zu einer Koalition zusammenzuschließen („Vereinigungen zu bilden“)[486]. Der Inhalt von Art. 9 Abs. 3 Satz 1 GG reicht aber unbestritten über dessen Wortlaut hinaus. Die individuelle positive Koalitionsfreiheit enthält als ein „weniger“ der Koalitionsbildung auch die Berechtigung des einzelnen, einer beliebigen Koalition im Rahmen ihrer Satzung beizutreten, in ihr zu verbleiben sowie in eine andere Koalition freier Wahl überzutreten und garantiert darüber hinaus die Betätigung für die Koalition, etwa – im einzelnen umstritten – durch Werbung für sie im Betrieb[487]. Andernfalls liefe der Schutz des Zusammenschlusses leer. Sie umfaßt ferner das Recht, die Früchte der Mitgliedschaft in einer Koalition in Anspruch nehmen zu können. Das sind nicht nur verschiedene Informationsrechte und Beratungs- und Beihilfeansprüche gegen den Verband[488], sondern – wenn die Tarifbindung des Arbeitgebers nicht ausschließlich durch § 5 Abs. 4 TVG vermittelt ist, sondern entweder auf dessen Verbandsmitgliedschaft oder beim Firmentarifvertrag auf dessen Stellung als Tarifvertragspartei beruht (§ 3 Abs. 1

---

[486] Zu deren Voraussetzungen bereits oben § 8 B II 1.

[487] Zum Ganzen s. z.B. BVerfG AP Nr. 1 zu § 1 MitbestG, Bl. 24; AP Nr. 28 zu Art. 2 GG, Bl. 4; AP Nr. 7 zu Art. 9 GG, Bl. 3R; AP Nr. 16 zu Art. 9 GG, Bl. 3; AP Nr. 80 zu Art. 9 GG, Bl. 2; AP Nr. 117 zu Art. 9 GG Arbeitskampf, Bl. 4R; AP Nr. 9 zu Art. 140 GG, Bl. 3; AP Nr. 15 zu § 5 TVG, Bl. 9; AP Nr. 21 zu § 9 BergmannsversorgungsscheinG NRW, Bl. 2; BAG (GS) AP Nr. 13 zu Art. 9 GG, Bl. 17; AP Nr. 87 zu Art. 9 GG, Bl. 3; *Badura*, C Rn. 98; *Dreier-H. Bauer*, Art. 9 Rn. 76; HBdTPG-*Dietz*, S. 444 ff.; *Friauf*, RdA 1986, S. 190; *Gamillscheg*, Grundrechte, S. 86 f.; *Höfling*, FS Friauf, S. 379; *von Hoyningen-Huene*, AR-Blattei SD 1650.1 Rn. 45 ff.; *Jarass/Pieroth*, Art. 9 Rn. 25; ErfKomm-*Kissel*, Art. 9 GG Rn. 15 f.; AK-*Kittner*, Bd. 1, Art. 9 Abs. 3 Rn. 38 f.; von Münch/Kunig-*Löwer*, Art. 9 Rn. 70; MünchArbR-*Löwisch*, Bd. 3, § 237 Rn. 2, § 238 Rn. 1 ff.; *Löwisch/Rieble*, Grundl. Rn. 11; *Pieroth/Schlink*, Rn. 736; MD-*Scholz*, Art. 9 Rn. 169, 222 ff.; HBdStR-*ders.*, Bd. VI, § 151 Rn. 80; *Scholz/Konzen*, S. 123; *Sodan*, JZ 1998, S. 422; *Treber*, S. 292; *W. Weber*, S. 11 ff.; *Zöllner/Loritz*, § 8 IV 3.

[488] Beispielhaft § 16 IG BAU-Satzung.

TVG) – vor allem die unmittelbare und zwingende Wirkung des Tarifvertrags nach § 4 Abs. 1 Satz 1 TVG und damit dessen Schutz[489]. Die individuelle positive Koalitionsfreiheit schützt schließlich den einzelnen Arbeitgeber, der selbst als Tarifvertragspartei auftreten und Firmentarifverträge abschließen kann.

bb) Negative Koalitionsfreiheit

Daß auch die negative Koalitionsfreiheit verfassungsrechtlich geschützt ist, wird heute nicht mehr in Frage gestellt. Sie bewahrt nicht- oder andersorganisierte Arbeitnehmer und Arbeitgeber vor einem merklichen unmittelbaren oder mittelbaren Koalitionszwang, garantiert also das Recht, sich nicht zu einer Koalition zusammenschließen zu müssen, ihr fernbleiben und satzungsgemäß aus ihr austreten zu können sowie – jedenfalls im Grundsatz[490] – von der Normsetzung der Tarifvertragsparteien unberührt zu bleiben[491].

Umstritten ist mit Blick auf die Reichweite und Beschränkbarkeit der negativen Koalitionsfreiheit aber deren grundrechtliche Ableitung. Nicht selten sieht man in der negativen Koalitionsfreiheit nur einen Teilaspekt der allgemeinen Handlungsfreiheit und reduziert den Schutz des Außenseiters mit Hinweis auf Wortlaut und Zweck des Art. 9 Abs. 3 GG sowie die Geschichte der Koalitionsfreiheit auf das Auffanggrundrecht des Art. 2 Abs. 1 GG, der gesetzlichen Einschränkungen vergleichsweise einfach zugänglich ist.[492] Nur vereinzelt wird auf Art. 9 Abs. 1 GG abgestellt[493].

---

[489] BAG AP Nr. 22 zu § 4 TVG Tarifkonkurrenz, Bl. 5; LAG Brandenburg LAGE § 4 TVG Nachwirkung Nr. 3, S. 7; LAG Bremen LAGE § 4 TVG Tarifpluralität Nr. 2, S. 7; *Däubler*, TVR, Rn. 1505; *Dütz*, Rn. 579; *Fenn*, FS Kissel, S. 232 f.; MünchArbR-*P. Hanau*, Bd. 1, § 60 Rn. 33; *P. Hanau/Kania*, Anm. zu BAG vom 20.3.1991, AP Nr. 20 zu § 4 TVG Tarifkonkurrenz, Bl. 9 f.; *Kempen/Zachert*, § 4 Rn. 130, 137; *Kraft*, RdA 1992, S. 168; MünchArbR-*Löwisch*, Bd. 3, § 269 Rn. 17; *Löwisch/Rieble*, FS Schaub, S. 457; *B. Müller*, Rn. 136; *Hj. Otto*, Arbeitsrecht, Rn. 461; *Schleusener*, ZTR 1998, S. 101; *Stein*, Rn. 284; ähnlich *Salje*, Anm. zu BAG vom 20.3.1991, SAE 1993, S. 81 (ansonsten „funktionslose Mitgliedschaft").

[490] Vgl. aber § 3 Abs. 2 TVG und § 5 Abs. 4 TVG sowie – weniger intensiv – § 3 Abs. 3 TVG, die alle verfassungsgemäß sind, dazu näher bereits oben § 8 B I 2 a, § 10 C III 2, F II.

[491] S. näher z.B. MünchArbR-*Löwisch*, Bd. 3, § 237 Rn. 3 f., § 238 Rn. 35 ff.; MD-*Scholz*, Art. 9 Rn. 226 ff.

[492] So etwa *Biedenkopf*, S. 93 ff. Fn. 127; *Gamillscheg*, Differenzierung, S. 53 ff.; *ders.*, BB 1988, S. 556 f.; *ders.*, Grundrechte, S. 101 f.; *ders.*, Arbeitsrecht, Bd. 1, § 8, 4; *ders.*, AuR 1998, S. 200; *Hellermann*, S. 249 und passim; *A. Hueck/Nipperdey*, Bd. II 1, S. 154 ff.; *Ipsen*, Staatsrecht II, Rn. 664; AK-*Kittner*, Bd. 1, Art. 9 Abs. 3 Rn. 41; *Lauschke*, AuR 1965, S. 110; *Söllner*, Grundriß, § 9 IV; ähnlich *Kempen/Zachert*,

Das *BVerfG* und das *BAG*, die anfangs eine Festlegung vermieden haben[494], weisen die negative Koalitionsfreiheit heute[495] zu Recht und im Einklang mit der arbeitsrechtlichen Instanzjudikatur[496] sowie dem herrschenden Schrifttum[497] Art. 9 Abs. 3 Satz 1 GG zu. Daß dessen Wortlaut, auf den sich die Mindermeinung beruft, nicht entscheidend sein kann, liegt auf der Hand: Von ihm hat man sich bei der Koalitionsfreiheit längst gelöst. Das gilt in zunehmendem Maß auch für historische Gründe. Entscheidend ist demgegenüber der Normzweck: Die positive Koalitionsfreiheit ist nur dann eine echte Freiheit, wenn sie die Möglichkeit einschließt, die geschützten Handlungen nicht vorzunehmen. Anders gewendet: Positive und negative Freiheitsausübung entsprechen sich zwangsläufig.

Grundlagen Rn. 132 („Reflex" der positiven Koalitionsfreiheit); differenzierend *Säcker*, Koalitionsfreiheit, S. 36 f.

[493] *Däubler/Hege*, Koalitionsfreiheit, Rn. 174; weitere Nachweise bei *Hellermann*, S. 27 Fn. 36; vgl. auch *Salje*, Anm. zu BAG vom 20.3.1991, SAE 1993, S. 81.

[494] BVerfG AP Nr. 24 zu § 2 TVG, Bl. 3R; AP Nr. 34 zu § 11 ArbGG, Bl. 2; AP Nr. 15 zu § 5 TVG, Bl. 7R f., 9; BAG AP Nr. 12 zu Art. 9 GG, Bl. 3R.

[495] Statt vieler BVerfG AP Nr. 1 zu § 1 MitbestG, Bl. 24; AP Nr. 17 zu § 5 TVG, Bl. 5; AP Nr. 28 zu Art. 2 GG, Bl. 4; AP Nr. 9 zu Art. 140 GG, Bl. 3; AP Nr. 21 zu § 9 BergmannsversorgungsscheinG NRW, Bl. 2; AP Nr. 117 zu Art. 9 GG Arbeitskampf, Bl. 4R; AP Nr. 27 zu § 5 TVG, Bl. 2R f.; BAG (GS) AP Nr. 13 zu Art. 9 GG, Bl. 18 ff.; AP Nr. 47 zu Art. 9 GG, Bl. 5R; AP Nr. 57 zu Art. 9 GG, Bl. 6R; AP Nr. 25 zu § 5 TVG, Bl. 5; AP Nr. 42 zu § 1 BetrAVG Zusatzversorgungskassen, Bl. 3R.

[496] LAG Düsseldorf, ZTR 1993, S. 464; LAG Frankfurt a.M., JZ 1951, S. 181; LAG Hamm, BB 1952, S. 549; DB 1954, S. 1048; ArbG Bremerhaven, AuR 1965, S. 282; ArbG Hameln, DB 1950, S. 595.

[497] Etwa *Badura*, C Rn. 98; *J.-H. Bauer/Diller*, DB 1993, S. 1088; Dreier-*H. Bauer*, Art. 9 Rn. 64; *Birk/Konzen/Löwisch/Raiser/Seiter*, S. 13; *Bleckmann*, Staatsrecht II, § 30 Rn. 90; HBdTPG-*Dietz*, S. 453 ff.; *Hesse*, Rn. 288, 415; *von Hoyningen-Huene*, AR-Blattei SD 1650.1 Rn. 72 ff.; *Huber*, Bd. 2, S. 383; HBdStR-*Isensee*, Bd. V, § 115 Rn. 229; *Jarass/Pieroth*, Art. 9 Rn. 25; *Junker*, Anm. zu BAG vom 23.10.1996, SAE 1997, S. 178 f.; Erf-Komm-*Kissel*, Art. 9 GG Rn. 17; *Kühling*, AuR 1994, S. 132; *Lerche*, S. 25; von Münch/Kunig-*Löwer*, Art. 9 Rn. 70; MünchArbR-*Löwisch*, Bd. 3, § 237 Rn. 3 f., § 238 Rn. 35 ff.; *Löwisch/Rieble*, Grdl. Rn. 11; *Maunz/Zippelius*, § 24 VI; *Meik*, S. 123 f.; *Neumann*, RdA 1989, S. 245 f., *Nikisch*, Bd. 2, S. 28 ff.; *Pieroth/Schlink*, Rn. 736; *Reinemann/Schulz-Henze*, JA 1995, S. 812; *Reuter*, RdA 1994, S. 163; Staudinger-*Richardi*, Vorbem. zu § 611 ff. Rn. 846 ff.; MD-*Scholz*, Art. 9 Rn. 169, 221; HBdStR-*ders.*, Bd. VI, § 151 Rn. 82 ff.; *Schwarze*, S. 195 f.; *H. Wiedemann/Stumpf*, Einl. Rn. 72; *Zöllner*, Differenzierungsklauseln, S. 25 ff.; *Zöllner/Loritz*, § 8 IV 5; weitere Nachweise bei *Gamillscheg*, Arbeitsrecht, Bd. 1, § 8, 4 Fn. 35.

b) Kollektive Koalitionsfreiheit

aa) Grundrechtsträgerschaft

Ein Teil der Literatur sieht nicht die Koalitionen selbst, sondern nur deren Mitglieder als materiellrechtliche Träger der positiven Koalitionsfreiheit. Sie weist den Verbänden mit Blick auf den Wortlaut und die Entstehungsgeschichte der Norm, die nicht notwendig gleichlaufenden Interessen von Verband und Mitgliedern, Abgrenzungsschwierigkeiten zwischen individueller und kollektiver Koalitionsfreiheit sowie aus Furcht, „der Kollektivität Eigenwert zu verleihen“[498], in der Art einer Treuhand lediglich eine „korporativ gebündelte Wahrnehmung“ der Mitgliederinteressen zu und plädiert für eine Vermittlung verfassungsrechtlichen Schutzes über Art. 19 Abs. 3 GG[499].

Diese Auffassung stimmt freilich mit der koalitionspolitischen Realität nicht überein, in der nicht einzelne Koalitionsmitglieder, sondern Gewerkschaften und Arbeitgeberverbände das Geschehen dominieren. Auch ihre Einpassung in das kollektive Arbeitsrecht bereitet Schwierigkeiten. Sie steht etwa mit § 2 Abs. 1 TVG nicht in Einklang, wonach Gewerkschaften und Arbeitgeberverbände Tarifvertragsparteien sein können, nimmt Art. 9 Abs. 3 Satz 2 GG, der in erster Linie auf die Koalitionen zielt, seine Bedeutung und kann auch die ausdrückliche Erwähnung des Arbeitskampfs in Art. 9 Abs. 3 Satz 3 GG als einer spezifisch kollektiven Ausübungsform nicht erklären[500]. Daß mit der herrschenden Auffassung in Rechtsprechung[501] und Literatur[502] auch die Koalitionen

---

[498] *Zöllner*, AöR Bd. 98 (1973), S. 79.

[499] Bündelungstheorie, vgl. etwa *Bruhn*, Tariffähigkeit, S. 83 f.; *Höfling*, FS Friauf, S. 380; *Ipsen*, Staatsrecht II, Rn. 657, 661; HBdStR-*Isensee*, Bd. V, § 118 Rn. 65 ff.; *Konzen*, AcP Bd. 177 (1977), S. 494 f.; *ders.*, FS 25 Jahre BAG, S. 275; *Lieb*, Arbeitsrecht, Rn. 433; *Pieroth/Schlink*, Rn. 737; Staudinger-*Richardi*, Vorbem. §§ 611 ff. Rn. 859; *Scholz*, S. 62 ff., 121 ff., 135, 283 ff. und passim; MD-*ders.*, Art. 9 Rn. 22 ff., 170, 240; HBdStR-*ders.*, Bd. VI, § 151 Rn. 73 ff.; *Scholz/Konzen*, S. 124; *A. Wiedemann*, S. 49 ff.; *Zöllner*, AöR Bd. 98 (1973), S. 78 ff.; *Zöllner/Loritz*, § 8 IV 4 e; weitere Nachweise bei *Gamillscheg*, Arbeitsrecht, Bd. 1, § 4 II 2 b (1) Fn. 167.

[500] Ausführlich *Gamillscheg*, Arbeitsrecht, Bd. 1, § 4 II 2 a, b (2), (3).

[501] Etwa BVerfG AP Nr. 28 zu Art. 2 GG, Bl. 4; AP Nr. 1 zu Art. 9 GG, Bl. 2R f.; AP Nr. 7 zu Art. 9 GG, Bl. 3R; AP Nr. 16 zu Art. 9 GG, Bl. 3; AP Nr. 76 zu Art. 9 GG, Bl. 4; AP Nr. 77 zu Art. 9 GG, Bl. 2; AP Nr. 80 zu Art. 9 GG, Bl. 2; AP Nr. 87 zu Art. 9 GG, Bl. 3; AP Nr. 50 zu Art. 9 GG Arbeitskampf, Bl. 3; AP Nr. 117 zu Art. 9 GG Arbeitskampf, Bl. 4R; AP Nr. 126 zu Art. 9 GG Arbeitskampf, Bl. 3R; AP Nr. 9 zu Art. 140 GG, Bl. 3; AP Nr. 1 zu Art. 81 PersVG Bayern, Bl. 4; AP Nr. 1 zu § 1 MitbestG, Bl. 24; AP Nr. 4 zu § 116 AFG, Bl. 8 f.; AP Nr. 31 zu § 2 TVG, Bl. 3; AP Nr. 15 zu § 5 TVG, Bl. 5R, 6R; BAG AP Nr. 5 zu Art. 9 GG, Bl. 3; AP Nr. 10 zu Art. 9 GG, Bl. 2R; (GS) AP Nr. 13 zu Art. 9 GG, Bl. 17; AP Nr. 35 zu Art. 9 GG, Bl. 1R; AP Nr. 38 zu Art. 9 GG, Bl. 1R; AP Nr. 45 zu Art. 9 GG, Bl. 2; AP Nr. 49 zu Art. 9 GG,

selbst unmittelbar dem Schutz des Art. 9 Abs. 3 Satz 1 GG unterliegen (Lehre vom Doppelgrundrecht), liegt demgegenüber auf der Hand: Andernfalls wäre die Gewährleistung der individuellen positiven Koalitionsfreiheit zur Bildung einer Koalition nutzlos. Der Koalitionszweck der Wahrung und Förderung der Arbeits- und Wirtschaftsbedingungen ist nur durch die Koalitionen selbst sinnvoll zu realisieren.

bb) Zielrichtungen

Bei grober Betrachtungsweise weist die kollektive Koalitionsfreiheit zwei Zielrichtungen auf: den Bestands- und den Betätigungsschutz der Koalitionen[503]. Das Schrifttum fächert teilweise – terminologisch und systematisch uneinheitlich – in weitere Teilgarantien auf[504].

aaa) Bestandsgarantie und Koalitionspluralismus

Daß es neben dem Grundrecht auf Koalitionsbildung auch eine Bestandsgarantie geben muß, die die Koalitionen vor äußerer Einflußnahme schützt und deren Betätigungen zum Zweck der Existenzsicherung umfaßt, wird im Grund-

---

Bl. 2R; AP Nr. 81 zu Art. 9 GG Arbeitskampf, Bl. 4R, 10; AP Nr. 101 zu Art. 9 GG Arbeitskampf, Bl. 2.

[502] Z.B. *Badura*, ArbRGegwart Bd. 15 (1977), S. 19 f.; *ders.*, C Rn. 98 f.; Dreier-*H. Bauer*, Art. 9 Rn. 64; *Biedenkopf*, S. 88; *Bleckmann*, Staatsrecht II, § 30 Rn. 53; *Däubler/Hege*, Koalitionsfreiheit, Rn. 100; HBdTPG-*Dietz*, S. 458 f.; *Gamillscheg*, Grundrechte, S. 87 f.; *ders.*, Arbeitsrecht, Bd. 1, § 4 II 2 a mit Nachweisen in Fn. 162, b (2), (3); *Hesse*, Rn. 415; *von Hoyningen-Huene*, AR-Blattei SD 1650.1 Rn. 34 f., 109; *Jarass/Pieroth*, Art. 9 Rn. 27; AK-*Kittner*, Bd. 1, Art. 9 Abs. 3 Rn. 25, 44; *Konzen*, Anm. zu BVerfG vom 26.6.1991, SAE 1991, S. 338; von Münch/Kunig-*Löwer*, Art. 9 Rn. 59; MünchArbR-*Löwisch*, Bd. 3, § 237 Rn. 7; *Pieroth*, AuR 1998, S. 192; *Reinemann/Schulz-Henze*, JA 1995, S. 812; *Säcker*, Koalitionsfreiheit, S. 37 ff.; *ders.*, AuR 1994, S. 6 f.; *Schmidt-Bleibtreu/Klein*, Art 9 Rn. 12; *Schwarze*, S. 62 ff.; *ders.*, JuS 1994, S. 654; *Treber*, S. 298 ff.; *W. Weber*, S. 14; *H. Wiedemann/Stumpf*, Einl. Rn. 29.

[503] Ebenso z.B. BVerfG AP Nr. 76 zu Art. 9 GG, Bl. 4; AP Nr. 77 zu Art. 9 GG, Bl. 2; *Badura*, C Rn. 99; *Jarass/Pieroth*, Art. 9 Rn. 28 f.; *Schmidt-Bleibtreu/Klein*, Art 9 Rn. 12; MD-*Scholz*, Art. 9 Rn. 239; *Treber*, S. 305 ff.; *H. Wiedemann/Stumpf*, Einl. Rn. 29.

[504] Z.B. Koalitionsverfahrens-, Koalitionsmittel-, Koalitionsbetätigungs-, Koalitionszweck- oder Koalitionszweckverfolgungsgarantie, Existenzgarantie oder instrumentelle Garantie der Organisationsautonomie.

satz weder durch die Judikatur[505] noch durch das Schrifttum[506] in Frage gestellt. Zu den bestandssichernden Tätigkeiten gehören nicht nur Maßnahmen zur Erhaltung oder zum Ausbau des Mitgliederbestands wie zum Beispiel die Werbung neuer Mitglieder im Betrieb – entweder durch informelle gewerkschaftliche Selbstdarstellung oder durch attraktive Tarifverträge, die Arbeitnehmer zum Beitritt motivieren –, sondern umgekehrt auch der Ausschluß von Mitgliedern, die gegen die Ziele der Koalition verstoßen. Zur Bestandsgarantie in weiterem Sinne gehört untrennbar auch die Organisationsautonomie: Jede Koalition hat das Recht, frei und eigenverantwortlich über ihre Organisationsform und Aufgabenstellung sowie über das Verfahren der inneren Willensbildung zu entscheiden[507].

Die Bestandsgarantie des Art. 9 Abs. 3 Satz 1 GG umfaßt darüber hinaus als Möglichkeit zugleich das Nebeneinander mehrerer gebildeter Koalitionen im Arbeitsleben. Der Koalitionspluralismus ist dogmatisch Teil der (kollektiven) Bestandsgarantie, auch wenn er logische Folge der (individuellen) Koalitionsneubildungsfreiheit ist[508]. Über den Koalitionspluralismus ist der Wettbewerb in Mitgliederwerbung und -erhaltung geschützt, der entscheidet, welche Koalitio-

---

[505] Näher BVerfG AP Nr. 16 zu Art. 9 GG, Bl. 3 f.; AP Nr. 76 zu Art. 9 GG, Bl. 4; AP Nr. 80 zu Art. 9 GG, Bl. 2; AP Nr. 87 zu Art. 9 GG, Bl. 3; AP Nr. 117 zu Art. 9 GG Arbeitskampf, Bl. 4R; AP Nr. 126 zu Art. 9 GG Arbeitskampf, Bl. 3R; AP Nr. 2 zu § 57a HRG, Bl. 4R; BAG AP Nr. 29 zu Art. 9 GG, Bl. 2R; AP Nr. 30 zu Art. 9 GG, Bl. 4R; AP Nr. 35 zu Art. 9 GG, Bl. 1R.

[506] Dazu näher etwa *Badura*, C Rn. 98; Dreier-*H. Bauer*, Art. 9 Rn. 77; *Dörner*, FS Schaub, S. 143; *ders.*, NZA 1998, S. 563; *Dörrwächter*, S. 35; *Gamillscheg*, Arbeitsrecht, Bd. 1, § 6 I; *von Hoyningen-Huene*, AR-Blattei SD 1650.1 Rn. 114 ff.; *Jarass/Pieroth*, Art. 9 Rn. 28; AK-*Kittner*, Bd. 1, Art. 9 Abs. 3 Rn. 58 ff.; *Kemper*, S. 134; *Konzen*, FS 25 Jahre BAG, S. 275; *ders.*, Anm. zu BVerfG vom 26.6.1991, SAE 1991, S. 338; *Lieb*, Arbeitsrecht, Rn. 437 ff.; von Münch/Kunig-*Löwer*, Art. 9 Rn. 71; MünchArbR-*Löwisch*, Bd. 3, § 239 Rn. 6 ff.; *Säcker*, Koalitionsfreiheit, S. 33 ff.; *Schmidt-Bleibtreu/Klein*, Art. 9 Rn. 12; MD-*Scholz*, Art. 9 Rn. 243 ff.; HBdStR-*ders.*, Bd. VI, § 151 Rn. 90; *W. Weber*, S. 15; *H. Wiedemann/Stumpf*, Einl. Rn. 29; *Zöllner*, AöR Bd. 98 (1973), S. 82 ff.; *Zöllner/Loritz*, § 8 IV 4 a.

[507] S. BVerfG AP Nr. 80 zu Art. 9 GG, Bl. 2; AP Nr. 117 zu Art. 9 GG Arbeitskampf, Bl. 4R; AP Nr. 126 zu Art. 9 GG Arbeitskampf, Bl. 3R; AP Nr. 2 zu § 57a HRG, Bl. 4R; *Badura*, C Rn. 98 f.; Dreier-*H. Bauer*, Art. 9 Rn. 77; *Däubler*, AuR 1992, S. 3; *Dörrwächter*, S. 35; *Gamillscheg*, Grundrechte, S. 87; *ders.*, Arbeitsrecht, Bd. 1, § 6 I 2 b; *Jarass/Pieroth*, Art. 9 Rn. 28; *Kemper*, S. 135 f.; AK-*Kittner*, Bd. 1, Art. 9 Abs. 3 Rn. 60; *Konzen*, RdA 1978, S. 153; *ders.*, Anm. zu BVerfG vom 26.6.1991, SAE 1991, S. 338; MünchArbR-*Löwisch*, Bd. 3, § 239 Rn. 16 ff.; *Säcker*, Koalitionsfreiheit, S. 61 ff.; MD-*Scholz*, Art. 9 Rn. 246 ff.; HBdStR-*ders.*, Bd. VI, § 151 Rn. 90; *W. Weber*, S. 15, 16 ff.; *Zacher*, FS Fröhler, S. 533 f.; zur Satzungsautonomie der Koalitionen näher oben § 4 A I.

[508] MD-*Scholz*, Art. 9 Rn. 253.

nen sich im Arbeitsleben bilden und behaupten können[509]. Erst der Koalitionspluralismus eröffnet Arbeitnehmern und Arbeitgebern die Möglichkeit, unter mehreren Koalitionen wählen zu können[510].

bbb) Betätigungsgarantie und Tarifautonomie

Die kollektive Koalitionsfreiheit schützt neben dem Bestand auch die Tätigkeiten der Koalitionen zur Erreichung des Koalitionszwecks (Wahrung und Förderung der Arbeits- und Wirtschaftsbedingungen). Ohne diesen Schutz wäre die Bestandsgarantie sinnlos. Das steht im Grundsatz ebenfalls nicht in der Kritik[511]. In zahlreichen Einzelfragen besteht freilich genauso wenig Einigkeit wie über die grundrechtsdogmatische Konzeption des Betätigungsschutzes, worauf noch zurückzukommen ist[512]. Prinzipiell jedenfalls sind die Koalitionen bei der

---

[509] Zum Koalitionspluralismus näher BVerfG AP Nr. 15 zu § 2 TVG, Bl. 6R; AP Nr. 17 zu § 5 TVG, Bl. 6; *Blank*, S. 71, 73; *Bruhn*, Tarifeinheit, S. 189; *Gamillscheg*, Arbeitsrecht, Bd. 1, § 3 2 a (1), § 6 I 1 a (1); *P. Hanau/Kania*, Anm. zu BAG vom 20.3.1991, AP Nr. 20 zu § 4 TVG Tarifkonkurrenz, Bl. 9; *Kempen/Zachert*, § 2 Rn. 118; AK-*Kittner*, Art. 9 Abs. 3 Rn. 75; *Konzen*, RdA 1978, S. 153 f.; *Kraft*, RdA 1992, S. 166, 168; *Löwisch*, RdA 1975, S. 56; *Ph. Merten*, BB 1993, S. 575 f.; *Rieble*, FS Stahlhacke, S. 477; *ders.*, Rn. 128 ff.; *Säcker*, Koalitionsfreiheit, S. 35; *Salje*, Anm. zu BAG vom 20.3.1991, SAE 1993, S. 81; MD-*Scholz*, Art. 9 Rn. 253; *H. Wiedemann*, FS Fleck, S. 452; *H. Wiedemann/Arnold*, ZTR 1994, S. 446; ähnlich BVerfG AP Nr. 15 zu § 2 TVG, Bl. 6R f.; einschränkend *Säcker/Oetker*, ZfA 1993, S. 11; *Söllner*, AuR 1976, S. 324.

[510] *Konzen*, RdA 1978, S. 154.

[511] Vgl. BVerfG AP Nr. 16 zu Art. 9 GG, Bl. 3 f.; AP Nr. 76 zu Art. 9 GG, Bl. 4; AP Nr. 80 zu Art. 9 GG, Bl. 2; AP Nr. 117 zu Art. 9 GG Arbeitskampf, Bl. 4R; AP Nr. 126 zu Art. 9 GG Arbeitskampf, Bl. 3R; AP Nr. 9 zu Art. 140 GG, Bl. 3 f.; AP Nr. 31 zu § 2 TVG, Bl. 3; AP Nr. 17 zu § 5 TVG, Bl. 5; AP Nr. 2 zu § 57a HRG, Bl. 4R; BAG AP Nr. 81 zu Art. 9 GG Arbeitskampf, Bl. 10; HBdTPG-*Dietz*, S. 460 ff.; *Gamillscheg*, Arbeitsrecht, Bd. 1, § 6 III 2; *Henssler*, ZfA 1998, S. 13 f.; *von Hoyningen-Huene*, AR-Blattei SD 1650.1 Rn. 132 ff.; *Kemper*, S. 137; *Kissel*, FS Schaub, S. 373; AK-*Kittner*, Bd. 1, Art. 9 Abs. 3 Rn. 63 ff.; *Konzen*, FS 25 Jahre BAG, S. 275; *ders.*, RdA 1978, S. 153; *ders.*, Anm. zu BVerfG vom 26.6.1991, SAE 1991, S. 338; *Kraft*, RdA 1992, S. 168; *Lieb*, Arbeitsrecht, Rn. 442 ff.; von Münch/Kunig-*Löwer*, Art. 9 Rn. 71; MünchArbR-*Löwisch*, Bd. 3, § 239 Rn. 34 ff.; *B. Müller*, NZA 1989, S. 451; *Säcker*, Koalitionsfreiheit, S. 39 ff., 69 ff.; *Schmidt-Bleibtreu/Klein*, Art. 9 Rn. 12; HBdStR-*Scholz*, Bd. VI, § 151 Rn. 92; *W. Weber*, S. 25 ff., *H. Wiedemann/Arnold*, ZTR 1994, S. 446; *Zöllner/Loritz*, § 8 IV 4 b, c.

[512] Dazu gleich unten § 21 A I 2.

Wahl der Mittel zur Erreichung des Koalitionszwecks frei. Art. 9 Abs. 3 Satz 1 GG enthält keinen abschließenden Koalitionsmittelkatalog[513].

Die wichtigsten Koalitionsbetätigungsmittel sind die Tarifautonomie und die Arbeitskampffreiheit. Wie das *BVerfG* formuliert hat[514], gilt der verfassungsrechtliche Schutz des Art. 9 Abs. 3 Satz 1 GG der Tarifautonomie ganz allgemein und „umfaßt nicht die besondere Ausprägung, die das Tarifvertragssystem in dem zur Zeit des Inkrafttretens des Grundgesetzes geltenden Tarifvertragsgesetz erhalten hat". Umgekehrt hat der Staat den „Kernbereich eines Tarifvertragssystems" überhaupt zur Verfügung zu stellen[515]. Einfachgesetzlich ist die Tarifautonomie durch das TVG konkretisiert. Die Koalitionsbetätigungsgarantie umfaßt deshalb, wie insbesondere das *BVerfG* immer wieder betont hat[516], den Abschluß von Tarifverträgen durch die Koalitionen für deren Mitglieder[517]. Er ist essentieller und wesentlicher Zweck der kollektiven Koalitionsfreiheit[518]. Aus dem Recht auf Abschluß von Tarifverträgen folgt zwingend – spiegelbildlich zur individuellen positiven Koalitionsfreiheit, die Früchte der Koalitionsmitgliedschaft in Anspruch nehmen zu können – das Recht auf

---

513 Vgl. etwa BVerfG AP Nr. 7 zu Art. 9 GG, Bl. 3R ff.; AK-*Kittner*, Bd. 1, Art. 9 Abs. 3 Rn. 63; HBdStR-*Scholz*, Bd. VI, § 151 Rn. 100.

514 BVerfG AP Nr. 24 zu § 2 TVG, Bl. 2; AP Nr. 1 zu § 1 MitbestG, Bl. 24R; ähnlich AP Nr. 31 zu § 2 TVG, Bl. 3R.

515 BVerfG AP Nr. 24 zu § 2 TVG, Bl. 2; ähnlich AP Nr. 1 zu Art. 9 GG, Bl. 2R f.; AP Nr. 23 zu Art. 9 GG, Bl. 9; AP Nr. 1 zu § 1 MitbestG, Bl. 24R; AP Nr. 15 zu § 2 TVG, Bl. 4R.

516 BVerfG AP Nr. 7 zu Art. 9 GG, Bl. 4; AP Nr. 16 zu Art. 9 GG, Bl. 3R; AP Nr. 23 zu Art. 9 GG, Bl. 9; AP Nr. 76 zu Art. 9 GG, Bl. 4; AP Nr. 117 zu Art. 9 GG Arbeitskampf, Bl. 4R; AP Nr. 126 zu Art. 9 GG Arbeitskampf, Bl. 3R; AP Nr. 1 zu § 1 MitbestG, Bl. 24; AP Nr. 24 zu § 2 TVG, Bl. 3; AP Nr. 31 zu § 2 TVG, Bl. 3; AP Nr. 15 zu § 5 TVG, Bl. 5R; AP Nr. 17 zu § 5 TVG, Bl. 5R; AP Nr. 2 zu § 57a HRG, Bl. 4R; AP Nr. 4 zu § 116 AFG, Bl. 8R.

517 Aus dem Schrifttum etwa *Badura*, C Rn. 98, 100; Dreier-*H. Bauer*, Art. 9 Rn. 77; *Birk/Konzen/Löwisch/Raiser/Seiter*, S. 13; *Bleckmann*, Staatsrecht II, § 30 Rn. 92 ff.; *Dörner*, FS Schaub, S. 143; *ders.*, NZA 1998, S. 563; *Dörrwächter*, S. 35 ff.; *Friauf*, RdA 1986, S. 190; *Gamillscheg*, Grundrechte, S. 88 f.; *ders.*, Arbeitsrecht, Bd. 1, § 7; Sachs-*Höfling*, Art. 9 Rn. 84 ff.; *ders.*, FS Friauf, S. 380; *Isensee*, S. 174; *Jarass/Pieroth*, Art. 9 Rn. 29; *Kemper*, S. 137 f.; *Kissel*, FS Schaub, S. 373; ErfKomm-*ders.*, Art. 9 GG Rn. 25; AK-*Kittner*, Bd. 1, Art. 9 Abs. 3 Rn. 65; *Konzen*, 25 Jahre BAG, S. 275; *Kraft*, RdA 1992, S. 168; *B. Müller*, NZA 1989, S. 452; *Lieb*, Arbeitsrecht, Rn. 442; MünchArbR-*Löwisch*, Bd. 3, § 239 Rn. 40 ff.; *Löwisch/Rieble*, FS Schaub, S. 457; *Pieroth/Schlink*, Rn. 738; *Reinemann/Schulz-Henze*, JA 1995, S. 812; *Schmidt-Bleibtreu/Klein*, Art 9 Rn. 12a, 13; MD-*Scholz*, Art. 9 Rn. 299 ff.; HBdStR-*ders.*, Bd. VI, § 151 Rn. 101 ff.; *Sodan*, JZ 1998, S. 422; *A. Wiedemann*, S. 61 ff.; *Zöllner/Loritz*, § 8 IV 4 c.

518 BVerfG AP Nr. 2 zu § 57a HRG, Bl. 4R; BAG AP Nr. 87 zu Art. 9 GG, Bl. 3; ähnlich *Dörrwächter*, S. 157; *Sodan*, JZ 1998, S. 422.

Normwirkung gegenüber den Koalitionsmitgliedern: Ein Abschlußrecht ohne nachfolgende Anwendbarkeit wäre eine „inhaltsleere Hülse“[519]. Auch der Arbeitskampf wird als notwendige Folge der Tarifautonomie durch Art. 9 Abs. 3 Satz 1 GG geschützt, insbesondere die Kampfmittel des Streiks und – nach richtiger und herrschender Auffassung – der Abwehraussperrung[520].

2. Koalitionsfreiheit und Methodik der Verfassungsinterpretation

Namentlich bei der Konkretisierung und der Reichweite der Koalitionsbetätigungsgarantie ist die Frage nach der Grundrechtsdogmatik des Art. 9 Abs. 3 GG zu beantworten.

a) Abschied von der Kernbereichslehre des BVerfG

aa) Kernbereichslehre

Das *BVerfG* hat lange Zeit mit wechselnden Formulierungen die Ansicht vertreten, die Koalitionsfreiheit unterliege nur in einem Kernbereich dem Schutz des Art. 9 Abs. 3 GG[521]. Die Koalitionsfreiheit räume den Koalitionen und deren Mitgliedern keinen inhaltlich unbegrenzten und gesetzlich unbegrenzbaren Handlungsspielraum ein[522]. In den Kernbereich, der einer Reglementierung durch den Gesetzgeber oder durch den rechtsfortbildenden Richter entzogen sei, hat es nicht nur einzelne Teilbereiche der Koalitionsfreiheit wie

---

[519] *Witzig*, S. 47.

[520] S. dazu näher etwa BVerfG AP Nr. 117 zu Art. 9 GG Arbeitskampf, Bl. 5 ff.; AP Nr. 126 zu Art. 9 GG Arbeitskampf, Bl. 3R f.; AP Nr. 4 zu § 116 AFG, Bl. 8 ff.; BAG (GS) AP Nr. 43 zu Art. 9 GG Arbeitskampf, Bl. 3R ff.; *Brox/Rüthers*, Arbeitskampfrecht, Rn. 30 ff.; *Gamillscheg*, Grundrechte, S. 95 ff.; *ders.*, Arbeitsrecht, Bd. 1, § 21; Sachs-*Höfling*, Art. 9 Rn. 94 ff.; *von Hoyningen-Huene*, AR-Blattei SD 1650.1 Rn. 148 ff., 157 ff.; *Konzen*, Anm. zu BVerfG vom 26.6.1991, SAE 1991, S. 335 ff.; MD-*Scholz*, Art. 9 Rn. 309 ff.; HBdStR-*ders.*, Bd. VI, § 151 Rn. 105 ff., 114 ff., 116 ff.; *Scholz/Konzen*, S. 106 ff., 186 ff.

[521] Vgl. BVerfG AP Nr. 1 zu Art. 9 GG, Bl. 2R; AP Nr. 7 zu Art. 9 GG, Bl. 7; AP Nr. 16 zu Art. 9 GG, Bl. 3; AP Nr. 23 zu Art. 9 GG, Bl. 9; AP Nr. 50 zu Art. 9 GG Arbeitskampf, Bl. 3; AP Nr. 9 zu Art. 140 GG, Bl. 3R; AP Nr. 1 zu § 1 MitbestG, Bl. 24; AP Nr. 24 zu Art. 2 TVG, Bl. 2; AP Nr. 31 zu § 2 TVG, Bl. 3 f.; AP Nr. 15 zu § 5 TVG, Bl. 5R f.

[522] BVerfG AP Nr. 50 zu Art. 9 GG Arbeitskampf, Bl. 3; AP Nr. 9 zu Art. 140 GG, Bl. 3R; AP Nr. 1 zu § 1 MitbestG, Bl. 24; AP Nr. 31 zu § 2 TVG, Bl. 3.

die Garantie eines gesetzlich geregelten Tarifvertragssystems einbezogen[523]. Nicht selten hat es ganz allgemein vom Kernbereich der Koalitionsbetätigung[524] oder einem Kernbereich gesprochen, in dem die Gestaltung der Arbeits- und Wirtschaftsbedingungen gewährleistet sei[525].

Einigen Entscheidungen lassen sich im Wege einer Güterabwägung Vorgaben zu dessen Bestimmung entnehmen: Beschränkungen der Koalitionsfreiheit seien nur zulässig, wenn sie zum Schutz anderer Rechtsgüter von der Sache her geboten seien[526]. Andernfalls sei der Kernbereich angetastet[527]. In anderen Judikaten hat das *BVerfG* die Reichweite der Koalitionsfreiheit auf diejenigen Tätigkeiten beschränkt, die für die Erhaltung und die Sicherung des Bestands der Koalitionen unerläßlich seien[528], und darauf hingewiesen, daß es Sache des Gesetzgebers sei, deren Tragweite dadurch zu bestimmen, daß er die Befugnisse der Koalitionen unter Beachtung des Kernbereichs ausgestalte[529].

bb) Kritik

Das *BAG*[530] und die Literatur[531] haben diese Vorgaben des *BVerfG* zunächst akzeptiert. Die heute h.M. im arbeits-[532] und staatsrechtlichen[533] Schrifttum

---

[523] BVerfG AP Nr. 1 zu Art. 9 GG, Bl. 2R; AP Nr. 24 zu § 2 TVG, Bl. 2; AP Nr. 23 zu Art. 9 GG, Bl. 9; AP Nr. 1 zu § 1 MitbestG, Bl. 24R; ähnlich AP Nr. 15 zu § 5 TVG, Bl. 5R.

[524] BVerfG AP Nr. 7 zu Art. 9 GG, Bl. 7; AP Nr. 16 zu Art. 9 GG, Bl. 3.

[525] BVerfG AP Nr. 16 zu Art. 9 GG, Bl. 3R.

[526] BVerfG AP Nr. 7 zu Art. 9 GG, Bl. 7; AP Nr. 16 zu Art. 9 GG, Bl. 3; AP Nr. 23 zu Art. 9 GG, Bl. 9; AP Nr. 9 zu Art. 140 GG, Bl. 3R; AP Nr. 1 zu § 1 MitbestG, Bl. 24 f.; AP Nr. 31 zu § 2 TVG, Bl. 3 f.

[527] BVerfG AP Nr. 1 zu § 1 MitbestG, Bl. 24R; AP Nr. 9 zu Art. 140 GG, Bl. 3R; AP Nr. 31 zu § 2 TVG, Bl. 3 f.

[528] BVerfG AP Nr. 16 zu Art. 9 GG, Bl. 3R; AP Nr. 23 zu Art. 9 GG, Bl. 9; AP Nr. 9 zu Art. 140 GG, Bl. 3R; AP Nr. 1 zu Art. 81 PersVG Bayern, Bl. 4R.

[529] BVerfG AP Nr. 9 zu Art. 140 GG, Bl. 3R; AP Nr. 1 zu Art. 81 PersVG Bayern, Bl. 4R; AP Nr. 1 zu § 1 MitbestG, Bl. 24 f.; AP Nr. 24 zu § 2 TVG, Bl. 2; AP Nr. 31 zu § 2 TVG, Bl. 3 f.; AP Nr. 15 zu § 5 TVG, Bl. 6.

[530] Z.B. BAG AP Nr. 28 zu Art. 9 GG, Bl. 2R; AP Nr. 29 zu Art. 9 GG, Bl. 2R; AP Nr. 30 zu Art. 9 GG, Bl. 1, 4R; AP Nr. 35 zu Art. 9 GG, Bl. 1R; AP Nr. 38 zu Art. 9 GG, Bl. 1R; AP Nr. 45 zu Art. 9 GG, Bl. 2 f.; AP Nr. 81 zu Art. 9 GG Arbeitskampf, Bl. 4R; AP Nr. 19 zu § 4 TVG Tarifkonkurrenz, Bl. 3R; AP Nr. 20 zu § 4 TVG Tarifkonkurrenz, Bl. 4R; AP Nr. 7 zu § 611 BGB Abmahnung, Bl. 2R; AP Nr. 1 zu § 57a HRG, Bl. 2R; abweichend aber neuere Entscheidungen, vgl. AP Nr. 56 zu Art. 9 GG, Bl. 4R f.; AP Nr. 113 zu Art. 9 GG Arbeitskampf, Bl. 5.

lehnt den grundrechtssystematischen Sonderweg der Kernbereichslehre zu Recht ab und bevorzugt eine Einpassung des Art. 9 Abs. 3 GG in die allgemeine Grundrechtsdogmatik, die zu keinem anderen Ergebnis als die Kernbereichslehre führen muß. Sie bemängelt die „diffuse Bereichsdogmatik zur Koalitionsfreiheit“[534], die die grundrechtssystematischen Elementarkategorien von Schutzbereich, Grundrechtsschranke und Grundrechtsschranken-Schranke nicht zur Kenntnis nimmt und sich deshalb nicht in die allgemeine Grundrechtsme-

---

[531] Vgl. etwa *Birk/Konzen/Löwisch/Raiser/Seiter*, S. 15 ff.; *Isensee*, S. 172 ff.; *Kemper*, S. 138 ff.; *Konzen*, FS 25 Jahre BAG, S. 275; *ders.*, gem. Anm. zu BAG vom 8.12.1978 und 23.2.1979, AP Nr. 29 zu Art. 9 GG, Bl. 4R ff.; *ders.*, ArbRGegwart Bd. 18 (1981), S. 28 f.; *ders.*, JZ 1986, S. 160; *ders.*, DB 1990, Beilage Nr. 6, S. 8; *ders.*, Anm. zu BVerfG vom 26.6.1991, SAE 1991, S. 338 f.; *ders.*, FS Kissel, S. 586 ff.; *Meik*, S. 27 ff.; *Reuter*, RdA 1994, S. 162; Staudinger-*Richardi*, Vorbem. zu §§ 611 ff. Rn. 861 ff.; *Säcker*, Koalitionsfreiheit, S. 89 ff.; *Schaub*, RdA 1995, S. 66; *Schmidt-Bleibtreu/Klein*, Art. 9 Rn. 12b; *Zöllner/Loritz*, § 8 IV 4 c; differenzierend *Konzen*, Anm. zu BVerfG vom 4.7.1995, SAE 1996, S. 220 (für die Tarifautonomie).

[532] *Boerner*, ZTR 1996, S. 441 f.; *Butzer*, RdA 1994, S. 377 f., 380; *Däubler*, AuR 1992, S. 2 f., 7; *Dörrwächter*, S. 154; HBdVerfR-*Farthmann/Coen*, § 19 Rn. 31 f.; *Gröbing*, AuR 1986, S. 299 ff.; *P. Hanau*, GMH 1994, S. 130 f.; *ders.*, ZIP 1996, S. 447; *Heilmann*, AuR 1996, S. 121 ff.; *Heimes*, MDR 1996, S. 562 ff.; *Henssler*, ZfA 1998, S. 8 ff.; *Henssler/Suckow*, Anm. zu BVerfG vom 4.7.1995, EzA § 116 AFG Nr. 5, S. 19 f.; *Herschel*, AuR 1981, S. 266 ff.; *von Hoyningen-Huene*, AR-Blattei SD 1650.1 Rn. 19; *Kammerer*, AuR 1984, S. 68 f.; *Kempen/Zachert*, Grundlagen Rn. 102 ff.; ErfKomm-*Kissel*, Art. 9 GG Rn. 23; AK-*Kittner*, Bd. 1, Art. 9 Abs. 3 Rn. 32 f.; *Kühling*, AuR 1994, S. 131; *Th. Müller/Thüsing*, Anm. zu BVerfG vom 24.4.1996, EzA Art. 9 GG Nr. 61, S. 19 ff.; *Nauditt*, AuR 1987, S. 154 f.; *Oppholzer/Zachert*, BB 1993, S. 1355; *Hj. Otto*, Gewährleistung, S. 40 ff.; *Pieper*, AuR 1987, S. 128 ff.; *Schleusener*, ZTR 1998, S. 103 f.; *Schwarze*, S. 70 ff., 87 f.; *ders.*, JuS 1994, S. 657 f.; *Thüsing*, Anm. zu BVerfG vom 14.11.1995, EzA Art. 9 GG Nr. 60, S. 12 f.; *Treber*, S. 371 ff.; *Wank*, Anm. zu BVerfG vom 10.1.1995, AP Nr. 76 zu Art. 9 GG, Bl. 8R ff.; *A. Wiedemann*, S. 60 f.; *H. Wiedemann*, Anm. zu BVerfG vom 4.7.1995, EWiR 1995, S. 890; *Zachert*, NZA 1994, S. 531 ff.; kritisch auch *Dütz*, JA 1987, S. 410 f.; *Gamillscheg*, AuR 1996, S. 41; *Seiter*, AöR Bd. 109 (1984), S. 98 f.; ebenfalls kritisch, aber im Grundsatz weiterhin für die Kernbereichslehre *Gamillscheg*, Arbeitsrecht, Bd. 1, § 6 III 2 b (2); *Konzen*, Anm. zu BVerfG vom 26.6.1991, SAE 1991, S. 338 f.; *ders.*, Anm. zu BVerfG vom 4.7.1995, SAE 1996, S. 217, 219 f.

[533] S. etwa Dreier-*H. Bauer*, Art. 9 Rn. 80; HBdVerfR-*Farthmann/Coen*, § 19 Rz. 30 ff.; Sachs-*Höfling*, Art. 9 Rn. 71 ff.; *ders.*, FS Friauf, S. 381 ff.; *Hufen*, Anm. zu BVerfG vom 24.4.1996, SAE 1997, S. 138; *Jarass*, NZA 1990, S. 506 f.; *Jarass/Pieroth*, Art. 9 Rn. 28, 33 f.; *Lübbe-Wolff*, DB 1988, Beilage Nr. 9, S. 2 f.; *Pieroth*, AuR 1998, S. 192; *Reinemann/Schulz-Henze*, JA 1995, S. 811 ff.; *Scholz*, Anm. zu BVerfG vom 14.11.1995, SAE 1996, S. 321; *Zechlin*, NJW 1985, S. 591 f.; kritisch auch *Friauf*, RdA 1986, S. 190 f.; ebenso wohl *Hufen*, Anm. zu BVerfG vom 24.4.1996, SAE 1997, S. 138; von Münch/Kunig-*Löwer*, Art. 9 Rn. 56.

[534] Sachs-*Höfling*, Art. 9 Rn. 71; *ders.*, FS Friauf, S. 380 f.

thodik einpassen läßt[535]. Das dogmatische Verhältnis zwischen Kern- und Schutzbereich sowie zwischen Grundrechtsschranke und Wesensgehalt (Art. 19 Abs. 2 GG) ist ungeklärt[536]. Zu beanstanden ist die ungesicherte Reichweite der einzelnen Elemente Kernbereich und Unerläßlichkeit, die nicht selten unverknüpft nebeneinander stehen[537], sowie die fehlende Trennschärfe bei deren Abgrenzung[538]. Auch Unerläßlichkeits- und Abwägungsformel stehen trotz ihres unterschiedlichen grundrechtstheoretischen Ausgangspunkts immer wieder unverbunden beisammen[539]. Eine klare Linie fehlt[540]. Die Einzelelemente der Kernbereichslehre lassen sich nicht in ein schlüssiges Gesamtkonzept einpassen.

cc) Neue Rechtsprechung des BVerfG

Im Aussperrungsbeschluß hat der *1. Senat* des *BVerfG* erstmals nicht mehr auf die Kernbereichslehre zurückgegriffen[541] und ist jedenfalls im Ergebnis in weiteren Entscheidungen endgültig von ihr abgerückt[542]. Die Koalitionsfreiheit sei vorbehaltlos gewährleistet. Damit sei aber nicht jede Einschränkung ausgeschlossen: Ein Eingriff könne vielmehr durch Grundrechte Dritter oder andere

---

[535] Dreier-*H. Bauer*, Art. 9 Rn. 80; *Höfling*, FS Friauf, S. 380 f.; ähnlich *Schwarze*, S. 72.

[536] Dazu näher etwa *Butzer*, RdA 1994, S. 378, 380; HBdVerfR-*Farthmann/Coen*, § 19 Rn. 31; *Gröbing*, AuR 1986, S. 300; *P. Hanau*, AuR 1983, S. 258; *Heilmann*, AuR 1996, S. 121 f.; *Heimes*, Anm. zu BVerfG vom 14.11.1995, MDR 1996, S. 562 f.; *Herschel*, AuR 1981, S. 268; *Höfling*, FS Friauf, S. 381; *Kühling*, AuR 1994, S. 131 f.; *Pieper*, AuR 1987, S. 130; HBdStR-*Scholz*, Bd. VI, § 151 Rn. 77 f.; *Wank*, Anm. zu BVerfG vom 10.1.1995, AP Nr. 76 zu Art. 9 GG, Bl. 9 f.; *Zechlin*, NJW 1985, S. 591 f.

[537] BVerfG AP Nr. 16 zu Art. 9 GG, Bl. 3 f.; AP Nr. 9 zu Art. 140 GG, Bl. 3R.

[538] Vgl. *Butzer*, RdA 1994, S. 378, 380; *Höfling*, FS Friauf, S. 381; *von Hoyningen-Huene*, AR-Blattei SD 1650.1 Rn. 19.

[539] Dazu *Höfling*, FS Friauf, S. 382 f.; *Konzen*, ArbRGegwart Bd. 18 (1981), S. 28; *Kühling*, AuR 1994, S. 131; *Schwarze*, JuS 1994, S. 655.

[540] *Butzer*, RdA 1994, S. 378; *Dütz*, JA 1987, S. 410 f.; *Konzen*, Anm. zu BVerfG vom 4.7.1995, SAE 1996, S. 219; *Seiter*, AöR Bd. 109 (1984), S. 98 f.; *Zachert*, NZA 1994, S. 532 („fragmentarischer Charakter"); *Zechlin*, NJW 1985, S. 591; kritisch auch *Konzen*, gem. Anm. zu BAG vom 8.12.1978 und 23.2.1979, AP Nr. 29 zu Art. 9 GG, Bl. 4R f.

[541] BVerfG AP Nr. 117 zu Art. 9 GG Arbeitskampf, Bl. 6; nicht mehr erwähnt auch in AP Nr. 126 zu Art. 9 GG Arbeitskampf, Bl. 3R f.; AP Nr. 76 zu Art. 9 GG, Bl. 5; AP Nr. 77 zu Art. 9 GG, Bl. 2 f.; AP Nr. 4 zu § 116 AFG, Bl. 8R.

[542] BVerfG AP Nr. 80 zu Art. 9 GG, Bl. 2R f., freilich mit dem Hinweis, die Kernbereichsjudikatur sei bislang fehlgedeutet worden; AP Nr. 2 zu § 57a HRG, Bl. 1R.

mit Verfassungsrang ausgestattete Rechtsgüter gerechtfertigt sein[543]. Die Koalitionsfreiheit bedürfe darüber hinaus der gesetzlichen Ausgestaltung, soweit das Verhältnis der Tarifvertragsparteien zueinander als Träger widerstreitender Interessen berührt werde[544]. Ob der Gesetzgeber weitergehende Befugnisse zum Schutz sonstiger Rechtsgüter habe, ließ der *1. Senat* ausdrücklich offen, da kein Anlaß bestehe, die Grenze eines unantastbaren Kernbereichs der Koalitionsfreiheit näher zu bestimmen[545]. Die Beschränkung der Aussperrungsbefugnis verletze weder den Wesensgehalt der Koalitionsfreiheit noch den Verhältnismäßigkeitsgrundsatz[546].

Nachdem das *BVerfG* zwischenzeitlich auf den „objektiven Gehalt" der Koalitionsfreiheit abgestellt hatte, der die Grenze des gesetzgeberischen Gestaltungsspielraums markiere[547], sah es sich in einem späteren Beschluß durch „nicht fernliegende" Mißverständnisse zu einer „Klarstellung" veranlaßt[548]. Die Kernbereichsformel sei bislang von der Überzeugung getragen worden, daß Art. 9 Abs. 3 GG die Betätigungsfreiheit der Koalitionen nicht schrankenlos gewährleiste, sondern eine Ausgestaltung durch den Gesetzgeber zulasse. Sie habe dabei die Grenze markiert, die überschritten werde, soweit einschränkende Regelungen nicht zum Schutz anderer Rechtsgüter von der Sache her geboten seien. Damit habe der Schutzbereich der Koalitionsfreiheit auch bisher schon weiter als der Kernbereich verstanden werden müssen. Der jüngste Beschluß zu §§ 57a ff. HRG stellt folgerichtig klar, daß der Schutz des Art. 9 Abs. 3 GG nicht von vornherein auf einen Kernbereich koalitionsmäßiger Betätigung beschränkt sei[549]. Dem Gesetzgeber komme im Schutzbereich der Koalitionsfreiheit ein Ausgestaltungsspielraum zu, soweit das Verhältnis der Tarifvertragsparteien zueinander berührt werde. Eine gesetzliche Regelung im Bereich, der auch Tarifverträgen offenstehe, komme in Betracht, wenn sich der Gesetzgeber auf Grundrechte Dritter oder sonstige Rechtsgüter mit Verfassungsrang stützen könne und den Grundsatz der Verhältnismäßigkeit wahre[550].

---

[543] BVerfG AP Nr. 117 zu Art. 9 GG Arbeitskampf, Bl. 6; AP Nr. 76 zu Art. 9 GG, Bl. 5.

[544] BVerfG AP Nr. 117 zu Art. 9 GG Arbeitskampf, Bl. 6; AP Nr. 126 zu Art. 9 GG Arbeitskampf, Bl. 4 f.; AP Nr. 76 zu Art. 9 GG, Bl. 5; AP Nr. 4 zu § 116 AFG, Bl. 8R.

[545] BVerfG AP Nr. 117 zu Art. 9 GG Arbeitskampf, Bl. 6.

[546] BVerfG AP Nr. 117 zu Art. 9 GG Arbeitskampf, Bl. 6.

[547] BVerfG AP Nr. 4 zu § 116 AFG, Bl. 8R.

[548] BVerfG AP Nr. 80 zu Art. 9 GG, Bl. 2R f.

[549] BVerfG AP Nr. 2 zu § 57a HRG, Bl. 4R.

[550] BVerfG AP Nr. 2 zu § 57a HRG, Bl. 5 f.

b) Art. 9 Abs. 3 GG als normales Grundrecht

Einzelaussagen dieser Judikatur, der ein schlüssiges Gesamtkonzept bislang nicht entnommen werden kann, lassen sich systematisch aufbereiten und in die allgemeine Grundrechtsmethodik einpassen. Auch wenn zahlreiche Besonderheiten bei einzelnen Grundrechten bestehen und dogmatisch vieles umstritten und terminologisch uneinheitlich ist, besteht doch weitgehend Einigkeit über folgende Grundrechtssystematik[551]: Ein Verstoß gegen ein Grundrecht setzt zunächst einen Eingriff in dessen Schutzbereich[552] voraus. Der Eingriff kann durch Grundrechtsschranken gerechtfertigt sein. Die Grundrechtsschranken ihrerseits ermöglichen keine unbegrenzte Einschränkung des Grundrechts, sondern unterliegen einem weiteren Kontrollmaßstab: den Grundrechtsschranken-Schranken.

aa) Schutzbereich des Grundrechts und dessen Ausgestaltung

aaa) Reichweite des Schutzbereichs

Der Schutzbereich eines Grundrechts markiert dessen materielle Substanz und umschreibt den Lebensbereich, in dem von dem Grundrecht Gebrauch gemacht werden kann. Ob ein Verhalten grundrechtlich geschützt ist, hängt damit zunächst von der Reichweite des Schutzbereichs ab. Je enger dessen Grenzen gezogen werden, desto geringer ist die Wahrscheinlichkeit einer Schutzbereichsverletzung, die durch Grundrechtsschranken gerechtfertigt werden muß[553]. In diesem Sinn hat ein Teil des Schrifttums die Kernbereichslehre zur Koalitionsfreiheit verstanden: Geschützt sei die Koalitionsbetätigungsfreiheit nur in einem stark eingegrenzten Schutzbereich[554].

---

[551] Vgl. zum Ganzen etwa *Alexy*, S. 249 ff.; *Bleckmann*, Staatsrecht II, § 12 Rn. 6, 13 ff.; *Höfling*, Jura 1994, S. 169 ff.; *ders.*, FG Batliner, S. 343, 344 ff.; *Ipsen*, Staatsrecht II, Rn. 105 ff.; *Jarass/Pieroth*, Vorb. vor Art. 1 Rn. 13 ff.; *A. Katz*, Rn. 260 ff.; *Pieroth/Schlink*, Rn. 195 ff., jeweils m.w.N. und mit nicht immer einheitlicher Terminologie.

[552] Die Terminologie schwankt auch hier: Man spricht weitgehend synonym auch von Norm- oder Geltungsbereich des Grundrechts, Grundrechtsinhalt oder Grundrechtstatbestand.

[553] So im Ausgangspunkt alle engen Tatbestandstheorien, vgl. statt vieler *Alexy*, S. 280 ff.; HBdStR-*Isensee*, Bd. V, § 111 Rn. 171 ff., jeweils m.w.N.

[554] S. etwa *Isensee*, S. 172 ff.; *Konzen*, ArbRGegwart Bd. 18 (1980), S. 27 ff.; *ders.*, Anm. zu BVerfG vom 26.6.1991, SAE 1991, S. 338 f.; *Reuter*, RdA 1994, S. 162.

Ein enges Schutzbereichsverständnis nimmt eine Güterabwägung freilich schon auf der Tatbestandsebene vor und führt auf diese Weise zu einer Relativierung des Schutzbereichs. Vorzugswürdig ist deshalb ein tendenziell weiter Schutzbereichsbegriff, der erst in einem zweiten Schritt mit Hilfe der Grundrechtsschranken eine Abwägung zwischen dem Grund für den verfassungsrechtlichen Schutz und dem Gegengrund ermöglicht[555]. Auf diese Weise läßt sich der Schutzbereich abstrakt und dadurch eindeutig bestimmen. Güterkollisionen werden transparent und nicht verwischt. Ein stufenweises Vorgehen ist berechenbar, aus diesem Grund nachvollziehbar und sichert auf diese Weise eine optimale Grundrechtsgewährleistung.

Für die Koalitionsfreiheit folgt daraus, daß deren Schutzbereich grundsätzlich weit ist. Der verfassungsrechtliche Schutz erstreckt sich entgegen der früheren Judikatur des *BVerfG* deshalb nicht nur auf einen Kernbereich koalitionsmäßiger Betätigung. Er erfaßt vielmehr, wie heute auch das *BVerfG*[556] unter Zustimmung des Schrifttums[557] umfassend formuliert, „alle Verhaltensweisen, die koalitionsspezifisch sind", also der Wahrung und Förderung der Arbeits- und Wirtschaftsbedingungen dienen. Dazu zählen die bereits genannten Teilelemente der individuellen und kollektiven Koalitionsfreiheit, im Rahmen letzterer insbesondere der Abschluß von Tarifverträgen durch die Koalitionen für deren Mitglieder[558].

---

[555] *Alexy*, S. 278 ff., 289 („Spiel von Grund und Gegengrund"); *Bleckmann*, Staatsrecht II, § 12 Rn. 14 ff.; *Höfling*, S. 175 ff.; *ders.*, FG Batliner, S. 346, 361 f.; *ders.*, Jura 1994, S. 171 f.; *Katz*, Rn. 636; *Lübbe-Wolff*, S. 87 ff.; *Manssen*, Rn. 259 ff.; *Schwabe*, S. 152 ff., 163; ähnlich *Ipsen*, Staatsrecht II, Rn. 113, abw. aber Rn. 121.

[556] BVerfG AP Nr. 80 zu Art. 9 GG, Bl. 2R; AP Nr. 2 zu § 57a HRG, Bl. 4R.

[557] *Badura*, C Rn. 98; *Dörner*, FS Schaub, S. 143; *ders.*, NZA 1998, S. 563; *Dörrwächter*, S. 156; HBdVerfR-*Farthmann/Coen*, § 19 Rn. 31; *P. Hanau*, GMH 1994, S. 130 f.; *ders.*, RdA 1998, S. 71; *Heimes*, MDR 1996, S. 563 f.; *Jarass*, NZA 1990, S. 506; ErfKomm-*Kissel*, Art. 9 GG Rn. 23; AK-*Kittner*, Bd. 1, Art. 9 Abs. 3 Rn. 32; *Th. Müller/Thüsing*, Anm. zu BVerfG vom 24.4.1996, EzA Art. 9 GG Nr. 61, S. 19; *Pieroth*, AuR 1998, S. 192; *Schleusener*, ZTR 1998, S. 103 f.; *Scholz*, Anm. zu BVerfG vom 14.11.1995, SAE 1996, S. 321 f.; *Thüsing*, Anm. zu BVerfG vom 14.11.1995, EzA Art. 9 GG Nr. 60, S. 12 f.; *Wank*, Anm. zu BVerfG vom 10.1.1995, AP Nr. 76 zu Art. 9 GG, Bl. 9R, 13; *ders.*, Anm. zu BVerfG vom 14.11.1995, JZ 1996, S. 631; *Zechlin*, NJW 1985, S. 591; zust. wohl auch *Gamillscheg*, Grundrechte, S. 88; *Henssler*, ZfA 1998, S. 8; *Zachert*, NZA 1994, S. 532 f.; ähnlich schon *Lerche*, S. 25 f.; differenzierend *Höfling*, FS Friauf, S. 384.

[558] *Dörner*, FS Schaub, S. 143; *ders.*, NZA 1998, S. 563; ErfKomm-*Kissel*, Art. 9 GG Rn. 25; dazu bereits oben § 21 A I 1 b bb bbb.

bbb) Ausgestaltung als Grundrechtskonkretisierung

(1) Notwendigkeit der Ausgestaltung und Verpflichtung zur Ausgestaltung nur in einem „Kernbereich“

Eine Reihe von Grundrechten bedarf allerdings der gesetzlichen Ausgestaltung durch inhaltliche und organisatorische Regelungen, um eine Grundrechtsausübung zu ermöglichen[559]. Dazu gehört – mindestens soweit die Beziehungen zwischen den Tarifvertragsparteien betroffen sind[560] – auch Art. 9 Abs. 3 GG[561]. Ausgestaltungsgesetze konturieren, ergänzen oder präzisieren das Grundrecht, dienen der optimalen Entfaltung des objektiv-rechtlichen Grundrechtsgehalts und fördern damit bei genereller Betrachtung die Grundrechtseffektivität[562]. Sie gehören systematisch deshalb zum Schutzbereich, dem sie Gestalt gegeben, und sind nicht Grundrechtsschranke, selbst wenn sie wie diese einzelne Grundrechtsträger beschränken[563].

---

[559] Vgl. *Hesse*, Rn. 303; *Ipsen*, Staatsrecht II, Rn. 149; *Jarass/Pieroth*, Vorb. vor Art. 1 Rn. 26; *A. Katz*, Rn. 636; *Pieroth/Schlink*, Rn. 209; *Ruck*, AöR Bd. 117 (1992), S. 548; näher *Häberle*, S. 180 ff.; HBdStR-*Lerche*, Bd. V, § 121 Rn. 38 ff.; *ders.*, S. 99: „Grundrechtsprägung“.

[560] BVerfG AP Nr. 117 zu Art. 9 GG Arbeitskampf, Bl. 6; AP Nr. 126 zu Art. 9 GG Arbeitskampf, Bl. 4 f.; AP Nr. 76 zu Art. 9 GG, Bl. 5; AP Nr. 4 zu § 116 AFG, Bl. 8R; AP Nr. 2 zu § 57a HRG, Bl. 5; dazu *Konzen*, Anm. zu BVerfG vom 4.7.1995, SAE 1996, S. 219; *Kühling*, AuR 1994, S. 132.

[561] Etwa BVerfG AP Nr. 76 zu Art. 9 GG, Bl. 5; AP Nr. 117 zu Art. 9 GG Arbeitskampf, Bl. 6; AP Nr. 126 zu Art. 9 GG Arbeitskampf, Bl. 4 f.; AP Nr. 9 zu Art. 140 GG, Bl. 3R; AP Nr. 1 zu Art. 81 PersVG Bayern, Bl. 4R; AP Nr. 1 zu § 1 MitbestG, Bl. 24 f.; AP Nr. 24 zu § 2 TVG, Bl. 2; AP Nr. 31 zu § 2 TVG, Bl. 3 f.; AP Nr. 15 zu § 5 TVG, Bl. 6; AP Nr. 76 zu Art. 9 GG, Bl. 5; AP Nr. 4 zu § 116 AFG, Bl. 8R; *Dörner*, FS Schaub, S. 144 f.; *ders.*, NZA 1998, S. 563 f.; *Dörrwächter*, S. 38; *Jarass*, NZA 1990, S. 507; *Konzen*, FS 25 Jahre BAG, S. 275; *ders.*, RdA 1978, S. 154; MD-*Scholz*, Art. 9 Rn. 167.

[562] Zu den Zielen der Grundrechtsausgestaltung näher *Butzer*, RdA 1994, S. 380; *Höfling*, FS Friauf, S. 384 f.; HBdVerfR-*Hoffmann-Riem*, § 7 Rn. 34; *Ipsen*, Staatsrecht II, Rn. 151; *Jarass*, AöR Bd. 120 (1995), S. 368; *Jarass/Pieroth*, Vorb. vor Art. 1 Rn. 26, Art. 9 Rn. 34; *A. Katz*, Rn. 636; *Konzen*, Anm. zu BVerfG 4.7.1995, SAE 1996, S. 218 f.; *Pieroth/Schlink*, Rn. 209; *Ruck*, AöR Bd. 117 (1992), S. 545 f.; *Stern*, Bd. III 1, § 65 VI 1 b; *Treber*, S. 378, 381; *Wank*, Anm. zu BVerfG vom 10.1.1995, AP Nr. 76 zu Art. 9 GG, Bl. 9R.

[563] Vgl. *Jarass*, AöR Bd. 110 (1985), S. 392; *A. Katz*, Rn. 636. Schulbeispiel für Ausgestaltungsgesetzgebung sind die §§ 1353 ff. BGB und das Ehegesetz, die das Rechtsinstitut der Ehe so ausbilden, daß von der durch Art. 6 Abs. 1 GG geschützten Eheschließungsfreiheit auch Gebrauch gemacht werden kann, s. nur *Ipsen*, Staatsrecht II, Rn. 150; weitere Beispiele bei *Butzer*, RdA 1994, S. 380; *Hesse*, Rn. 305; HBdStR-*Isensee*, Bd. V, § 115 Rn. 139.

Der Gesetzgeber ist bei der Ausgestaltung des Grundrechts freilich nur verpflichtet, einen verfassungsrechtlichen Mindeststandard – das zu dessen Zweckverfolgung notwendige Instrumentarium – zur Verfügung zu stellen. Alleine dieser Garantieumfang – das Grundrecht darf nicht völlig leerlaufen – ist bei Art. 9 Abs. 3 GG als Kernbereich koalitionsspezifischer Betätigung zu bezeichnen[564]. Der Kernbereich bei Art. 9 Abs. 3 Satz 1 GG ist damit als Handlungsgebot an den ausgestaltenden Gesetzgeber und nicht wie ein Eingriffsverbot im Sinne des Art. 19 Abs. 2 GG zu verstehen: Insoweit sind Kernbereich und Wesensgehalt nicht identisch[565].

(2) Verfassungsrechtlicher Prüfungsmaßstab der Ausgestaltung

Trotz ihrer Bedeutung bewegt sich die Dogmatik der Grundrechtsausgestaltung vor allem bei der Frage nach deren Grenzen noch immer auf weitgehend ungesichertem Terrain[566]. Einigkeit besteht immerhin darüber, daß sie, auch wenn sie belastend wirkt, nicht der Schrankensystematik zu unterwerfen ist[567]. Sie unterliegt eigenen Prüfungsmaßstäben[568], deren Konturen freilich nicht klar umrissen sind.

Nach Ansicht des *BVerfG* und der Literatur sind bei der Ausgestaltung vor allem der Grundsatz der Verhältnismäßigkeit[569], der freilich im Verfassungs-

---

[564] Vgl. BVerfG AP Nr. 24 zu § 2 TVG, Bl. 2; ähnlich AP Nr. 1 zu Art. 9 GG, Bl. 2R f.; AP Nr. 23 zu Art. 9 GG, Bl. 9; AP Nr. 1 zu § 1 MitbestG, Bl. 24R; AP Nr. 15 zu § 2 TVG, Bl. 4R; aus der Literatur *Höfling*, FS Friauf, S. 385 f.; *von Hoyningen-Huene*, AR-Blattei SD 1650.1 Rn. 22; AK-*Kittner*, Bd. 1, Art. 9 Abs. 3 Rn. 33; *Schwarze*, JuS 1994, S. 657; wohl auch *Gamillscheg*, Grundrechte, S. 88 f.; vgl. ferner *Kemper*, S. 138 ff.

[565] *Schwarze*, JuS 1994, S. 657.

[566] So auch der Befund von *Butzer*, RdA 1994, S. 378; *Stern*, Bd. III 1, § 65 VI 1 b.

[567] BVerfGE 73, S. 118, 166; *Alexy*, S. 302 f., 306 f.; *Butzer*, RdA 1994, S. 380; HBdVerfR-*Hoffmann-Riem*, § 7 Rn. 34; *Jarass/Pieroth*, Vorb. vor Art. 1 Rn. 25; *Konzen*, Anm. zu BVerfG vom 4.7.1995, SAE 1996, S. 219; *Reinemann/Schulz-Henze*, JA 1995, S. 813; *Ruck*, AöR Bd. 117 (1992), S. 549 f.; *Treber*, S. 376; *Wank*, Anm. zu BVerfG vom 10.1.1995, AP Nr. 76 zu Art. 9 GG, Bl. 9R; vgl. bereits oben § 6 C I 1 b bb aaa (2) (a).

[568] *Konzen*, Anm. zu BVerfG vom 4.7.1995, SAE 1996, S. 219; *Ruck*, AöR Bd. 117 (1992), S. 547 ff.

[569] Vgl. *Boerner*, ZTR 1996, S. 443; *Butzer*, RdA 10994, S. 380 f.; *Dörner*, FS Schaub, S. 145; *ders.*, NZA 1998, S. 564; HBdVerfR-*Hoffmann-Riem*, § 7 Rn. 34; *Jarass/Pieroth*, Vorb. vor Art. 1 Rn. 26, Art. 9 Rn. 34; von Münch/Kunig-*Löwer*, Art. 9 Rn. 56; *Rieble*, Anm. zu BVerfG vom 26.6.1991, EzA Art. 9 GG Arbeitskampf Nr. 97, S. 21; *Ruck*, AöR Bd. 117 (1992), S. 549 f.; MD-*Scholz*, Art. 9 Rn. 271; *Wank*, Anm. zu BVerfG vom 10.1.1995, AP Nr. 76 zu Art. 9 GG, Bl. 10; wohl auch *Ruck*, AöR Bd. 117

recht herkömmlich als Grundrechtsschranken-Schranke verstanden wird[570], und der Zweck der konkretisierten Norm[571] zu beachten. Vereinzelt heißt es, die Ausgestaltung dürfe die Grundrechtswahrnehmung nicht unzumutbar erschweren[572]. Andere fordern die Beachtung der Wertentscheidung des Grundrechts und anderer Verfassungsentscheidungen[573]. Namentlich zu Art. 9 Abs. 3 GG liest man schließlich immer wieder, der Gesetzgeber dürfe nur solche „Eingriffe" vornehmen, die zum Schutz anderer Rechtsgüter von der Sache her geboten seien[574]. Dabei sollen einerseits vernünftige Erwägungen des Allgemeinwohls genügen[575], andererseits beliebige öffentliche Interessen nicht ausreichen[576].

Bei aller dogmatischer Unschärfe läßt sich als Ergebnis skizzieren, daß Ausgestaltungsgesetze zum Schutz anderer, nicht notwendig verfassungsrechtlicher Rechtsgüter zulässig sind, soweit sie dem Normziel des auszugestaltenden Grundrechts entsprechen. Sie sind darüber hinaus am Verhältnismäßigkeitsgrundsatz, der als allgemeines Verfassungsprinzip auch im Rahmen der Grundrechtsausgestaltung Geltungsanspruch erhebt, zu messen. Dem Gesetzgeber kommt dabei ein weiter Einschätzungs- und Gestaltungsspielraum zu[577]. Ent-

---

(1992), S. 549; ähnlich HBdStR-*Isensee*, Bd. V, § 115 Rn. 144 f.; BVerfGE 60, S. 53, 64 („geeignet und erforderlich"); S. 253, 295 („sachgerecht, geeignet und zumutbar").

[570] S. unten § 21 A I 2 b cc aaa.

[571] BVerfG AP Nr. 76 zu Art. 9 GG, Bl. 5; *Dörner*, FS Schaub, S. 145; *ders.*, NZA 1998, S. 564; *Jarass/Pieroth*, Art. 9 Rn. 34; *Konzen*, Anm. zu BVerfG vom 4.7.1995, SAE 1996, S. 219; *Ruck*, AöR Bd. 117 (1992), S. 549.

[572] BVerfGE 77, S. 275, 284; 60, S. 253, 268 f.; *Jarass/Pieroth*, vor Art. 1 Rn. 26.

[573] *Jarass/Pieroth*, Vorb. vor Art. 1 Rn. 26; ähnlich *Thüsing*, Anm. zu BVerfG vom 14.11.1995, EzA Art. 9 GG Nr. 60, S. 13 f.; vgl. auch HBdStR-*Isensee*, Bd. V, § 115 Rn. 142 f. m.w.N.

[574] BVerfG AP Nr. 9 zu Art. 140 GG, Bl. 3R; AP Nr. 1 zu § 1 MitbestG, Bl. 24R; AP Nr. 31 zu § 2 TVG, Bl. 3R; BAG AP Nr. 81 zu Art. 9 GG Arbeitskampf, Bl. 10R; AP Nr. 85 zu Art. 9 GG Arbeitskampf, Bl. 4R; ebenso *Butzer*, RdA 1994, S. 380 f.; *Dörner*, FS Schaub, S. 145; *ders.*, NZA 1998, S. 564; *Heimes*, MDR 1996, S. 565; von Münch/Kunig-*Löwer*, Art. 9 Rn. 56; ähnlich *Th. Müller/Thüsing*, Anm. zu BVerfG vom 24.4.1996, EzA Art. 9 GG Nr. 61, S. 19; *Treber*, S. 385.

[575] *Th. Müller/Thüsing*, Anm. zu BVerfG vom 24.4.1996, EzA Art. 9 GG Nr. 61, S. 19.

[576] *Jarass/Pieroth*, Vorb. vor Art. 1 Rn. 26, Art. 9 Rn. 34.

[577] BVerfGE 57, S. 295, 321; AP Nr. 1 zu § 1 MitbestG, Bl. 24R; AP Nr. 24 zu § 2 TVG, Bl. 2; AP Nr. 31 zu § 2 TVG, Bl. 3R; AP Nr. 4 zu § 116 AFG, Bl. 8R; *Butzer*, RdA 1994, S. 381; HBdVerfR-*Hoffmann-Riem*, § 7 Rn. 34; *Jarass/Pieroth*, Art. 9 Rn. 34; *Konzen*, Anm. zu BVerfG vom 4.7.1995, SAE 1996, S. 218 f.; *Ruck*, AöR Bd. 117 (1992), S. 549; *Schwarze*, JuS 1994, S. 658; *Treber*, S. 380.

spricht eine Regelung diesen Anforderungen nicht, handelt es sich um eine verfassungswidrige Ausgestaltung[578].

Nicht hinreichend geklärt ist die Frage, ob es einen unantastbaren „Kernbereich" des Grundrechts gibt, den der Ausgestaltungsgesetzgeber zu beachten hat[579]. Darauf, daß die allgemeine Schrankensystematik als Prüfungsmaßstab der Grundrechtsausgestaltung ausscheidet, ist bereits hingewiesen worden. Gleichwohl greift man, wie eben dargelegt worden ist, auf den Verhältnismäßigkeitsgrundsatz zurück, den die verfassungsrechtliche Literatur systematisch als Grundrechtsschranken-Schranke versteht. Dogmatische Bedenken, deshalb auch Art. 19 Abs. 2 GG, der ebenfalls Grundrechtsschranken-Schranke ist[580], auf Ausgestaltungsgesetze anzuwenden, anstatt von einem Kernbereich[581] oder einem objektiven Gehalt[582] zu sprechen, müssen sich zumindest diesen Wertungswiderspruch entgegenhalten lassen. Namentlich der Zweck der Wesensgehaltsgarantie, eine Aushöhlung der Grundrechte zu verhindern, spricht umgekehrt dafür, Art. 19 Abs. 2 GG wie schon den Verhältnismäßigkeitsgrundsatz nicht ausschließlich als Grundrechtsschranken-Schranke zu verstehen, sondern unmittelbar auch für die Ausgestaltung heranzuziehen[583].

---

[578] *Butzer*, RdA 1994, S. 378, 381; HBdVerfR-*Hoffmann-Riem*, § 7 Rn. 34; *Jarass/Pieroth*, Vorb. vor Art. 1 Rn. 25; *Ruck*, AöR Bd. 117 (1992), S. 549 f.; *Treber*, S. 380; *H. Wiedemann*, FS Stahlhacke, S. 682; anders *Heimes*, MDR 1996, S. 565: eine verfassungswidrige Ausgestaltung schlage zum Eingriff um.

[579] *H. Wiedemann*, FS Stahlhacke, S. 682.

[580] S. unten § 21 A I 2 b cc bbb.

[581] Von Münch/Kunig-*Löwer*, Art. 9 Rn. 56; *Rieble*, Anm. zu BVerfG vom 26.6.1991, EzA Art. 9 GG Arbeitskampf Nr. 97, S. 21; *Treber*, S. 389 f.; wohl auch *Biedenkopf*, S. 104; *Bleckmann*, Staatsrecht II, § 30 Rn. 93; ähnlich *Butzer*, RdA 1994, S. 380, der in diesem Zusammenhang die Variabilität des Kernbereichsbegriffs betont; so will auch das BVerfG seine bisherige Rechtsprechung zum Kernbereich verstanden wissen, BVerfG AP Nr. 80 zu Art. 9 GG, Bl. 2R; kritisch dazu *Konzen*, Anm. zu BVerfG vom 4.7.1995, SAE 1996, S. 219.

[582] BVerfG AP Nr. 4 zu § 116 AFG, Bl. 8R; *Dörner*, FS Schaub, S. 145; *ders.*, NZA 1998, S. 564.

[583] Im Ergebnis ebenso *Jarass*, NZA 1990, S. 507; *Konzen*, Anm. zu BVerfG vom 4.7.1995, SAE 1996, S. 219; HBdStR-*Lerche*, Bd. V, § 122 Rn. 31; *L. Schneider*, S. 75; *Scholz*, Anm. zu BVerfG vom 14.11.1995, SAE 1996, S. 323; *W. Weber*, S. 25; *H. Wiedemann*, FS Stahlhacke, S. 682; in der Begründung auch *Wank*, Anm. zu BVerfG vom 10.1.1995, AP Nr. 76 zu Art. 9 GG, Bl. 10, der aber an der Bezeichnung „Kernbereich" festhält.

bb) Grundrechtsschranken

Liegt ein Eingriff in den Schutzbereich eines Grundrechts vor, ist in einem zweiten Schritt zu prüfen, ob der Eingriff durch Grundrechtsschranken gerechtfertigt ist. Die Literatur unterscheidet bei nicht einheitlicher Terminologie verschiedene Arten von Grundrechtsschranken. Verfassungsunmittelbare Schranken wie etwa Art. 9 Abs. 2 GG, dessen Anwendbarkeit auf Art. 9 Abs. 3 GG freilich bestritten wird[584], sind im Grundgesetz unmittelbar niedergelegt. Anderen Grundrechten ist ein einfacher oder qualifizierter Gesetzesvorbehalt beigefügt, der den Gesetzgeber zu Eingriffen in das Grundrecht ermächtigt.

aaa) Verfassungsimmanente Schranken

Bei der Prüfung von Art. 9 Abs. 3 Satz 1 GG, der die Koalitionsfreiheit dem Wortlaut nach vorbehaltlos gewährleistet, kommen zur Rechtfertigung eines Eingriffs freilich – läßt man die bereits erwähnte, praktisch wenig relevante Regelung des Art. 9 Abs. 2 GG außer acht – nur verfassungsimmanente Schranken in Betracht[585]. Daß auch dem Wortlaut nach unbeschränkte Grundrechte nicht vorbehaltlos gewährleistet sind, ist unbestritten. Es ist darüber hinaus in Rechtsprechung[586] und Literatur[587] allgemein anerkannt, daß sich verfassungsimmanente Schranken nur aus der Verfassung selbst gewinnen lassen: Eingriffe in das Grundrecht – auch in Art. 9 Abs. 3 Satz 1 GG – sind mithin nur aufgrund

---

[584] Dazu Dreier-*H. Bauer*, Art. 9 Rn. 87; *Butzer*, RdA 1994, S. 381; Sachs-*Höfling*, Art. 9 Rn. 126 f.; AK-*Kittner*, Bd. 1, Art. 9 Abs. 3 Rn. 36; *Pieroth/Schlink*, Rn. 754 f.; *Reinemann/Schulz-Henze*, JA 1995, S. 814; HBdStR-*Scholz*, Bd. VI, § 151 Rn. 123 f., jeweils m.w.N.

[585] Statt vieler *Gamillscheg*, AuR 1996, S. 42; Sachs-*Höfling*, Art. 9 Rn. 38 ff., 126 ff.; *Katz*, Rn. 630, 639 ff.; Sachs-*Sachs*, Vor Art. 1 Rn. 71 ff.

[586] S. BVerfGE 28, S. 243, 261; 30, S. 173, 193; 67, S. 213, 228; 83, S. 130, 139 ff.; AP Nr. 117 zu Art. 9 GG Arbeitskampf, Bl. 6; AP Nr. 76 zu Art. 9 GG, Bl. 5; AP Nr. 2 zu § 57a HRG, Bl. 5 f.; BAG AP Nr. 87 zu Art. 9 GG, Bl. 5R.

[587] Dreier-*H. Bauer*, Art. 9 Rn. 88; *Boerner*, ZTR 1996, S. 443f.; *Butzer*, RdA 1994, S. 381 f.; *Dörner*, FS Schaub, S. 145 f.; *ders.*, NZA 1998, S. 564; *Dörrwächter*, S. 153 f.; HBdVerfR-*Farthmann/Coen*, § 19 Rn. 33; *Höfling*, Jura 1994, S., 171; *ders.*, FS Friauf, S. 387; *Hufen*, Anm. zu BVerfG vom 24.4.1996, SAE 1997, S. 138; *Jarass*, AöR Bd. 120 (1995), S. 371 f.; *Jarass/Pieroth*, Vorb. vor Art. 1 Rn. 37 ff.; *Katz*, Rn. 643 f.; *Manssen*, Rn. 608 ff.; *Pieroth*, AuR 1998, S. 192; *Pieroth/Schlink*, Rn. 756 ff.; *Th. Müller/Thüsing*, Anm. zu BVerfG vom 24.4.1996, EzA Art. 9 GG Nr. 61, S. 19; *Reinemann/Schulz-Henze*, JA 1995, S. 814 ff.; *Scholz/Konzen*, S. 152 f., *Schwarze*, JuS 1994, S. 658; *Thüsing*, Anm. zu BVerfG vom 14.11.1995, EzA Art. 9 GG Nr. 60, S. 14; *Wank*, Anm. zu BVerfG vom 10.1.1995, AP Nr. 76 zu Art. 9 GG, Bl. 12R ff.; vgl. dazu auch *Pieroth/Schlink*, Rn. 345 ff.

„kollidierender Grundrechte Dritter und anderer mit Verfassungsrang ausgestatteter Rechtswerte" möglich. Grundgedanke der verfassungsimmanenten Grundrechtsschranken ist das Prinzip der Einheit der Verfassung. Deren Bestimmungen stehen in einem Sinnzusammenhang. Kollidieren verschiedene Verfassungsgüter, muß im Wege praktischer Konkordanz ein Ausgleich erzielt werden. Das eine Grundrecht oder Verfassungsgut dient als Rechtfertigung für den Eingriff in ein anderes Grundrecht. Da stets eine Güterabwägung vorzunehmen ist, kann eine präzise und für alle Grundrechte allgemein verbindliche Grenzlinie freilich nicht gezogen werden[588], auch nicht für Art. 9 Abs. 3 Satz 1 GG.

bbb) Abgrenzung zur Ausgestaltung

Schwierigkeiten bereitet die Abgrenzung zwischen Grundrechtsschranke und Grundrechtsausgestaltung, wenn letztere zugleich eine Belastung für einzelne Grundrechtsträger darstellt[589]. Wie dargelegt worden ist, sind die verfassungsrechtlichen Anforderungen an Grundrechtsschranken ungleich strenger als an Ausgestaltungsgesetze. Ein extensives Ausgestaltungsverständnis birgt deshalb die Gefahr, daß die Anforderungen der Grundrechtsschranken unterlaufen werden[590]. Auch wenn der Verlauf der Grenzlinie aus diesem Grund von erheblicher Bedeutung ist[591], sind überzeugende und allgemein akzeptierte Abgrenzungskriterien zwischen zulässiger und unzulässiger Ausgestaltung noch nicht herausgearbeitet worden[592]. Die Bandbreite der Vorschläge ist groß, soweit eine präzise Grenzziehung nicht ohnehin für unmöglich gehalten wird[593].

Wenig griffige Aussagen, daß Schrankenregelungen naturgemäß stets einschränkenden Charakter hätten[594] und den objektiven Bedeutungsgehalt des Grundrechts generell verkürzten[595], eignen sich als Abgrenzungskriterien ge-

---

[588] *Jarass*, AöR Bd. 120 (1995), S. 372.

[589] *Ipsen*, Staatsrecht II, Rn. 151; *Jarass*, AöR Bd. 110 (1985), S. 390 f.

[590] Näher *Alexy*, S. 300; *Jarass*, AöR Bd. 110 (1985), S. 392; *Jarass/Pieroth*, Vorb. vor Art. 1 Rn. 26.

[591] Vgl. *Konzen*, Anm. zu BVerfG vom 4.7.1995, SAE 1996, S. 219.

[592] Zur Abgrenzung etwa *Höfling*, FS Friauf, S. 384 f.; *Th. Müller/Thüsing*, Anm. zu BVerfG vom 24.4.1996, EzA Art. 9 GG Nr. 61, S. 20 f.; *Thüsing*, Anm. zu BVerfG vom 14.11.1995, EzA Art. 9 GG Nr. 60, S. 14 f.; *Wank*, Anm. zu BVerfG vom 10.1.1995, AP Nr. 76 zu Art. 9 GG, Bl. 9R f. m.w.N.

[593] S. *Henssler*, ZfA 1998, S. 11.

[594] *Alexy*, S. 303.

[595] *Jarass*, AöR Bd. 110 (1985), S. 392.

nauso wenig wie Vorschläge, wonach eine Regelung, die mit der Tradition breche, Eingriff und keine Ausgestaltung mehr sei[596], oder daß bei Schrankengesetzen die Begrenzung des Grundrechts von außen, bei Ausgestaltungsgesetzen von innen heraus erfolge[597]. Ein Teil des Schrifttums meint, wenn die Grundrechtsausübung bereits als Ausdruck natürlicher Freiheit – also ohne ausgestaltende Vorgaben – möglich sei, könne auf eine Rechtfertigung nach Ausgestaltungsmaßstäben verzichtet werden[598]. Damit ist über eine Abgrenzung im Bereich, der Ausgestaltung voraussetzt, freilich nichts entschieden. Zur Koalitionsfreiheit heißt es weiter, je weniger es um Rahmenbedingungen anstatt um Einzelfragen gehe, desto eher liege eine Schrankenregelung nahe[599]. In eine ähnliche Richtung zielt der Vorschlag, auf die Intensität des „Eingriffs" abzustellen[600].

Vorzugswürdiger als die genannten Standpunkte ist mit *Thüsing* eine Abgrenzung nach der Intention des Gesetzgebers[601]. Dabei ist insbesondere nach den Rechtsgütern zu fragen, deren Schutz der Gesetzgeber mit der Regelung anstrebt: Schrankengesetze dienen regelmäßig anderen Rechtsgütern als der Entfaltung des auszugestaltenden Grundrechts und wollen aus diesem Grund ein Verhalten in dessen Schutzbereich verwehren. Ausgestaltungsgesetze bezwekken dagegen, im Schutzbereich des Grundrechts die Verhaltensmöglichkeiten zu eröffnen, die zu dessen Gebrauch erforderlich sind[602]. Eine trennscharfe Abgrenzung ist freilich nicht immer möglich, Übergänge zwischen Ausgestaltung und Schranke können verfließen[603]. Im Zweifel ist wegen der Gefahr, die von einem extensiven Ausgestaltungsverständnis ausgeht, von einer Grundrechtsschranke auszugehen.

Nach dieser Maßgabe ist das TVG, das durch die Schaffung von Rahmenbedingungen die durch Art. 9 Abs. 3 Satz 1 GG geschützte Tarifautonomie ausformt, Ausgestaltungsgesetzgebung[604]. Daß Normen wie § 5 Abs. 4 TVG ein-

---

596 *Pieroth/Schlink*, Rn. 213.

597 So mittelbar BVerfGE 7, S. 377, 404.

598 *Höfling*, FS Friauf, S. 384 f.; *Konzen*, Anm. zu BVerfG vom 4.7.1995, SAE 1996, S. 219.

599 *Wank*, Anm. zu BAG vom 10.1.1995, AP Nr. 76 zu Art. 9 GG, Bl. 9R; ähnlich *Butzer*, RdA 1994, S. 380.

600 *Schwarze*, JuS 1994, S. 658.

601 Vgl. *Thüsing*, Anm. zu BVerfG vom 14.11.1995, EzA Art. 9 GG Nr. 60, S. 15.

602 *Konzen*, Anm. zu BVerfG vom 4.7.1995, SAE 1996, S. 219; *Ruck*, AöR Bd. 117 (1992), S. 552; *Treber*, S. 381.

603 *Hesse*, Rn. 306.

604 *Butzer*, RdA 1994, S. 380; *Dörner*, FS Schaub, S. 145; *ders.*, NZA 1998, S. 564; *Dörrwächter*, S. 38 ff.; *Höfling*, FS Friauf, S. 386; *Isensee*, S. 166; *Konzen*, Anm. zu

zelne Grundrechtsträger belasten und deren negative Koalitionsfreiheit tangieren, steht ihrer Charakterisierung als ausgestaltende Regelungen nicht entgegen[605]: Die Allgemeinverbindlicherklärung will ein Verhalten im Schutzbereich des Art. 9 Abs. 3 Satz 1 GG nicht zum Schutz von Rechtsgütern verwehren, die außerhalb der Koalitionsfreiheit liegen, sondern bezweckt, die Entfaltung der Tarifautonomie flankierend zu sichern, wie der Blick auf die Sozial- und Kartellfunktion sowie die Schutzfunktionen zur Sicherung der Funktionsfähigkeit gemeinsamer Einrichtungen und speziell für die Tarifautonomie zeigt[606]. Freilich muß nicht jede weitere Norm, die der Gesetzgeber dem TVG hinzufügte, Ausgestaltung sein, nur weil das TVG als Ganzes auf die Ausgestaltung der Tarifautonomie zielt. Eine Norm, die andere Zielvorstellungen als die Entfaltung der Tarifautonomie verfolgte – etwa ein gesetzliches Verbot für bestimmte Personengruppen, Tarifverträge abzuschließen – wäre Grundrechtsschranke und nicht Ausgestaltung.

Gegenbeispiel und damit Grundrechtsschranke sind die §§ 57a ff. HRG, die spezielle Befristungsregelungen für wissenschaftliches Personal an Hochschulen enthalten und entgegenstehende tarifvertragliche Befristungsregeln verdrängen[607]. Sie dienen nicht der Ausgestaltung der Tarifautonomie, sondern sollen im Interesse der Wissenschafts- und Forschungsfreiheit die Leistungs- und Funktionsfähigkeit der Hochschulen durch ständige Fluktuation wissenschaftlichen Personals erhalten und verbessern.

cc) Grundrechtsschranken-Schranken

Die Grundrechtsprüfung ist damit nicht beendet. Die verfassungsrechtliche Rechtfertigung eines Grundrechtseingriffs durch eine Grundrechtsschranke ist ihrerseits einem weiteren Kontrollmaßstab unterworfen: den Grundrechtsschranken-Schranken[608]. Das Prinzip der größtmöglichen Grundrechtseffekti-

---

BVerfG vom 4.7.1995, SAE 1996, S. 219; *Söllner*, ArbRGegwart Bd. 35 (1998), S. 26; *H. Wiedemann*, FS Stahlhacke, S. 681; auch *Schleusener*, S. 57, der freilich „Ausgestaltung" und „Schrankenziehung" vermengt.

[605] Für die Charakterisierung von § 5 Abs. 4 TVG als Ausgestaltungsnorm auch *H. Wiedemann*, FS Stahlhacke, S. 683.

[606] S. oben § 10 F I.

[607] Dazu BVerfG AP Nr. 2 zu § 57a HRG; BAG AP Nr. 1 zu § 57a HRG.

[608] Zuerst *Bettermann*, S. 5; ferner etwa *Alexy*, S. 267 ff.; *Höfling*, S. 172 ff.; *ders.*, FG Batliner, S. 355 ff.; *ders.*, Jura 1994, S. 171 f.; *Katz*, Rn. 646 ff., *Pieroth/Schlink*, Rn. 274 ff.; Sachs-*Sachs*, Vor Art. 1 Rn. 108 ff.; HBdStR-*Stern*, Bd. V, § 109 Rn. 81; *ders.*, Bd. III 2, § 83 I 7 d, e; kritisch z.B. *Manssen*, Rn. 472 f.

vität im Sinne einer optimalen Verwirklichung aller Grundrechte für alle Grundrechtsträger verlangt eine Limitierung der Grundrechtsschranken. Mit Hilfe der Grundrechtsschranken-Schranken findet deshalb eine abschließende Gesamtgüterabwägung statt, die in einem gerechten und schonenden Interessenausgleich sämtliche Grundrechte der beteiligten Grundrechtsträger berücksichtigt und den Grundrechtskonflikt harmonisiert[609]. Die Grundrechtslehre kennt verschiedene Arten von Grundrechtsschranken-Schranken, etwa das Verbot des einschränkenden Einzelfallgesetzes (Art. 19 Abs. 1 Satz 1 GG) oder das Zitiergebot (Art. 19 Abs. 1 Satz 2 GG). Für Art. 9 Abs. 3 Satz 1 GG kommt zunächst die spezielle, aber praktisch wenig bedeutsame Grundrechtsschranke des Art. 9 Abs. 3 Satz 3 GG in Betracht[610]. Wichtig sind vor allem die Wesensgehaltsgarantie (Art. 19 Abs. 2 GG)[611] und insbesondere der aus dem Rechtsstaatsprinzip abgeleitete Verhältnismäßigkeitsgrundsatz (Übermaßverbot)[612].

aaa) Verhältnismäßigkeitsgrundsatz

Wichtigste Grundrechtsschranken-Schranke ist der Verhältnismäßigkeitsgrundsatz, der die Geeignetheit und die Erforderlichkeit der grundrechtsverkürzenden Maßnahme sowie deren Angemessenheit, die Verhältnismäßigkeit im engeren Sinne, verlangt[613]. Der Grundrechtseingriff muß zunächst geeignet sein, den Schutz des verfassungsrechtlich garantierten Rechtsguts zu bewirken, um dessentwillen er vorgenommen wird[614]. Eine geeignete Maßnahme ist jedoch unzulässig, wenn eine gleich geeignete, für den betroffenen Grundrechtsträger

---

[609] Zum Ganzen näher BVerfGE 30, S. 173, 195; 35, S. 202, 225; 59, S. 231, 261 ff.; 76, S. 213, 228; 81, S. 278, 292; 93, S. 1, 21; *Hesse*, Rn. 317 f. („praktische Konkordanz"); *Jarass/Pieroth*, Vor Art. 1 Rn. 41; *Katz*, Rn. 646 ff.; HBdStR-*Lerche*, Bd. V, § 122 Rn. 3 ff. („schonendster Ausgleich"); von Münch/Kunig-*von Münch*, Vorb. Art. 1-19 Rn. 47; *Stern*, Bd. III 2, § 82 III 4 d.

[610] S. Dreier-*H. Bauer*, Art. 9 Rn. 90; Sachs-*Höfling*, Art. 9 Rn. 140; HBdStR-*Scholz*, Bd. VI, § 151 Rn. 125; *Scholz/Konzen*, S. 108 ff.

[611] Allgemein dazu *Bleckmann*, Staatsrecht II, § 12 Rn. 135 ff.; *Hesse*, Rn. 332 ff.; *Höfling*, Jura 1994, S. 172; *Ipsen*, Staatsrecht II, Rn. 196 ff.; *Katz*, Rn. 661 f.; Sachs-*Krüger*, Art. 19 Rn. 27 ff.; *Pieroth/Schlink*, Rn. 298 ff.

[612] Hierzu allgemein *Bleckmann*, Staatsrecht II, § 12 Rn. 113 ff.; *Hesse*, Rn. 318; *Höfling*, FG Batliner, S. 356 f.; *ders.*, Jura 1994, S. 172; *Ipsen*, Staatsrecht II, Rn. 169 ff.; *Katz*, Rn. 205, 651; *Pieroth/Schlink*, Rn. 279 ff.; Sachs-*Sachs*, Vor Art. 1 Rn. 109, Art. 20 Rn. 93 ff.; *Stern*, Bd. III 2, § 84.

[613] *Hesse*, Rn. 318; *Höfling*, Jura 1994, S. 172; Sachs-*Sachs*, Art. 20 Rn. 97, jeweils m.w.N.

[614] Näher *Höfling*, Jura 1994, S. 172; *Ipsen*, Staatsrecht II, Rn. 176 f.; *Manssen*, Rn. 627 f.; *Pieroth/Schlink*, Rn. 3283 f.; Sachs-*Sachs*, Art. 20 Rn. 98 f.

jedoch mildere Handlungsvariante zur Verfügung steht: Der Eingriff darf nicht weiter gehen, als erforderlich[615]. Schließlich ist der Grundrechtseingriff unverhältnismäßig im engeren Sinne, wenn dessen Ziel nicht in einem angemessenen Verhältnis zu dem Gewicht und der Bedeutung des verletzten Grundrechts steht[616]. Namentlich auf dieser Prüfungsstufe kommt es durch die Herstellung praktischer Konkordanz zur Harmonisierung des Grundrechtskonflikts. Dabei sind unter Berücksichtigung aller erkennbaren Konsequenzen die verfassungsrechtlich geschützten Rechtsgüter, die den Eingriff rechtfertigen, und das Ausmaß ihres beabsichtigten Nutzens mit dem beeinträchtigten Grundrecht und dem Gewicht seiner Verletzung gegeneinander abzuwägen. Feste Markierungspunkte bestehen freilich nicht. Für Art. 9 Abs. 3 Satz 1 GG bestehen insoweit keine Besonderheiten: Jeder Eingriff in die Koalitionsfreiheit muß als Grundrechtsschranken-Schranke den Grundsatz der Verhältnismäßigkeit beachten[617].

bbb) Wesensgehaltsgarantie (Art. 19 Abs. 2 GG)

Grundrechtseingriffe sind nicht nur verfassungswidrig, wenn sie gegen den Verhältnismäßigkeitsgrundsatz verstoßen, sondern auch dann, wenn sie den Wesensgehalt[618] des Grundrechts verletzen. Art. 19 Abs. 2 GG garantiert, daß vom Grundrecht in jedem Fall „noch etwas bleiben muß"[619]. Eindeutige und einheitliche Kriterien fehlen allerdings. Dogmatisch ist vieles streitig, insbesondere ob die Bestimmung des Wesensgehalts absolut – entweder mit Blick auf den einzelnen Grundrechtsträger (individuell) oder bezogen auf das Grundrecht als Institution (generell) – vorzunehmen oder ob der Wesensgehalt im Einzelfall relativ zu bestimmen ist[620]. Gegen einen relativen Wesensgehalt spricht, daß er

---

[615] Ausführlich *Höfling*, Jura 1994, S. 172; *Ipsen*, Staatsrecht II, Rn. 178 f.; *Manssen*, Rn. 629 ff.; *Pieroth/Schlink*, Rn. 285 ff.; Sachs-*Sachs*, Art. 20 Rn. 100 f.

[616] Als Proportionalität, Zumutbarkeit, Verhältnismäßigkeit im engeren Sinne, Zweck-Mittel-Relation oder Angemessenheit bezeichnet, s. näher *Höfling*, Jura 1994, S. 172; *Ipsen*, Staatsrecht II, Rn. 180 ff.; *Manssen*, Rn. 632 ff.; *Pieroth/Schlink*, Rn. 289 ff.; Sachs-*Sachs*, Art. 20 Rn. 102 ff.

[617] Dreier-*H. Bauer*, Art. 9 Rn. 91 ff.; *Boerner*, ZTR 1996, S. 443; *Butzer*, RdA 1994, S. 382; *Dörner*, FS Schaub, S. 146; *ders.*, NZA 1998, S. 564; HBdVerfR-*Farthmann/Coen*, § 19 Rn. 33; *P. Hanau*, GMH 1994, S. 131; Sachs-*Höfling*, Art. 9 Rn. 139; *Jarass/Pieroth*, Art. 9 Rn. 36, 41; *Oppholzer/Zachert*, BB 1993, S. 1355; *Pieroth*, AuR 1998, S. 192; *Scholz/Konzen*, S. 155; anders wohl AK-*Kittner*, Bd. 1, Art. 9 Abs. 3 Rn. 36.

[618] Synonym wird auch von Substanz, Mindestinhalt oder Kerngehalt gesprochen.

[619] *Pieroth/Schlink*, Rn. 301.

[620] Zum Streit um die Wesensgehaltstheorien näher z.B. *Alexy*, S. 267 ff.; *Hesse*, Rn. 333 f.; *Ipsen*, Staatsrecht II, Rn. 199 ff.; von Münch/Kunig-*W. Krebs*, Art. 19

nur den Grundsatz der Verhältnismäßigkeit wiederholt, dem ebenfalls zu entnehmen ist, daß ein Grundrecht nicht mehr als notwendig eingeschränkt werden darf[621]. Im übrigen ist der absolute Wesensgehalt grundsätzlich generell zu bestimmen. Das folgt vor allem aus dem systematischen Standort in Art. 19 GG, dessen Regelungen nicht einzelne Grundrechtspositionen betreffen. Art. 19 Abs. 2 GG will vor allem eine institutionelle Aushöhlung des Grundrechts verhindern. Der Charakter der Grundrechte als subjektive Rechte spricht freilich gegen eine ausschließlich generelle Sichtweise. Andernfalls würde der Grundrechtsschutz für den einzelnen Grundrechtsträger jede Bedeutung verlieren, solange nur das Grundrecht institutionell nicht angetastet würde. Deshalb ist nicht nur auf einen objektiven Standpunkt, sondern ergänzend auch auf eine subjektive Sichtweise abzustellen[622].

Im Bereich der Koalitionsfreiheit ist Art. 19 Abs. 2 GG bislang kaum thematisiert worden. Zum Teil wird eine Anwendung des Art. 19 Abs. 2 GG auf verfassungsimmanente Schranken – nur sie spielen bei Art. 9 Abs. 3 Satz 1 GG eine Rolle[623] – bezweifelt, da die Vorschrift auf Gesetzesvorbehalte zugeschnitten sei[624]. Der grundrechtssichernde Zweck der Wesensgehaltsgarantie, der auch für verfassungsimmanente Schranken paßt, spricht freilich gegen eine solche Einengung. Art. 19 Abs. 2 GG gilt deshalb für jede Grundrechtsbeschränkung[625]. Gute Gründe sprechen darüber hinaus dafür, den Kernbereich des Art. 9 Abs. 3 GG, soweit nicht das Handlungsgebot an den Ausgestaltungsgesetzgeber gemeint ist[626], als Wesensgehalt im Sinne des Art. 19 Abs. 2 GG zu verstehen[627].

Rn. 22 ff.; HBdStR-*Lerche*, Bd. V, § 122 Rn. 26 ff.; *Manssen*, Rn. 653 ff.; *L. Schneider*, S. 76 ff., 158 ff.; *Stern*, Bd. III 2, § 85.

[621] Vgl. *Alexy*, S. 269; *Ipsen*, Staatsrecht II, Rn. 199; *Manssen*, Rn. 656.

[622] So auch *Alexy*, S. 268; *Höfling*, Jura 1994, S. 172; von Münch/*W. Krebs*, Art. 19 Rn. 23 f., Sachs-*Krüger*, Art. 19 Rn. 34; *Stern*, Bd. III 2, § 85 III 2 b; vgl. auch *Hesse*, Rn. 332 ff.

[623] S. oben § 21 A I 2 b bb aaa.

[624] AK-*Kittner*, Bd. 1, Art. 9 Abs. 3 Rn. 36.

[625] Von Münch/Kunig-*W. Krebs*, Art. 19 Rn. 19; Sachs-*Krüger*, Art. 19 Rn. 23; HBdStR-*Lerche*, Bd. V, § 122 Rn. 32; *L. Schneider*, S. 74 f.; *Stern*, Bd. III 2, § 85 IV 1 a.

[626] Dazu oben § 21 A I 2 b aa bbb (1).

[627] *Butzer*, RdA 1994, S. 380, 384; *Däubler*, RdA 1994, S. 3 f.; *Dörrwächter*, S. 155; *P. Hanau*, GMH 1994, S. 131; *Heimes*, MDR 1996, S. 566 und in Fn. 52; *Jarass*, NZA 1990, S. 507; *Reinemann/Schulz-Henze*, JA 1995, S. 814; HBdStR-*Scholz*, Bd. VI, § 151 Rn. 78; *ders.*, Anm. zu BVerfG vom 14.11.1995, SAE 1996, S. 323; wohl auch *P. Hanau*, ZIP 1996, S. 447; *von Hoyningen-Huene*, AR-Blattei SD 1650.1 Rn. 18; *Seiter*, Streikrecht, S. 114; *Wank*, Anm. zu BVerfG vom 10.1.1995, AP Nr. 76 zu Art. 9 GG, Bl. 9 f.; *H. Wiedemann*, Anm. zu BVerfG vom 4.7.1995, EWiR 1995, S. 890; BVerfG AP Nr. 117 zu Art. 9 GG Arbeitskampf, Bl. 6, das freilich nicht nur vom „Wesensgehalt

Er stellt als unantastbares Minimum einen kleinen Ausschnitt des Schutzbereichs dar, der in keinem Fall angetastet werden darf. Seine Verletzung ist verfassungswidrig, weil er gegen Art. 19 Abs. 2 GG verstößt. Praktisch heißt das für die Koalitionsfreiheit, daß etwa ein Gesetz, das Tariflohnerhöhungen zum Schutz der Volkswirtschaft auf bestimmte Prozentzahlen begrenzen oder generell den Abschluß von Tarifverträgen zur Regelung von Arbeitsentgelten verbieten und die Entgeltfestsetzung auf staatliche Behörden übertragen würde, verfassungswidrig wäre[628]. Der Wesensgehalt der Koalitionsfreiheit wäre auch verletzt, wenn die unmittelbare und zwingende Wirkung des Tarifvertrags abgeschafft würde[629].

II. Art. 9 Abs. 3 Satz 1 GG und Tarifeinheit im Betrieb

Nicht selten wird ganz allgemein beklagt, das Prinzip der Tarifeinheit im Betrieb stelle einen unzulässigen Eingriff in Art. 9 Abs. 3 GG dar[630]. Dem wird nicht minder pauschal entgegengehalten, die Tarifeinheit im Betrieb verstoße nicht gegen die Koalitionsfreiheit, die nur in einem Kernbereich geschützt sei[631]. Beides ist in dieser Allgemeinheit nicht richtig. Eine Differenzierung ist nicht nur in bezug auf die verschiedenen Teilgarantien der Koalitionsfreiheit erforderlich. Auch eine methodische Präzisierung ist angezeigt. Dabei ist wegen der unterschiedlichen Prüfungsmaßstäbe von Grundrechtsausgestaltung und Grundrechtsschranken zunächst zu untersuchen, ob es sich bei der Tarifeinheit

---

der Koalitionsfreiheit (Art. 19 Abs. 2 GG)", sondern auch vom „unantastbaren Kernbereich" spricht; vgl. ferner *Henssler*, ZfA 1998, S. 9 f., 13; *Kemper*, S. 89 f.; *H. Wiedemann*, FS Stahlhacke, S. 682; *Zachert*, KJ 1997, S. 427; anders AK-*Kittner*, Bd. 1, Art. 9 Abs. 3 Rn. 36; *Konzen*, AcP Bd. 177 (1977), S. 508; *Hj. Otto*, FS Zeuner, S. 128 f.; *Schwarze*, JuS 1994, S. 657; wohl auch *Boerner*, ZTR 1996, S. 442; vgl. schließlich *Kühling*, AuR 1994, S. 131 f.

[628] Vgl. *Bleckmann*, Staatsrecht II, § 30 Rn. 97; *Gamillscheg*, Grundrechte, S. 91; *ders.*, AuR 1996, S. 44; ähnlich *Biedenkopf*, S. 104.

[629] Vgl. BVerfG AP Nr. 15 zu § 5 TVG, Bl. 5R („unabdingbare Gesamtvereinbarungen"); *Däubler*, TVR, Rn. 352; *Gamillscheg*, AuR 1996, S. 44; *Konzen*, Tarifautonomie, S. 29 = NZA 1995, S. 915; *Löwisch/Rieble*, Grundl. Rn. 32; wohl auch Staudinger-*Richardi*, Vorbem. zu §§ 611 ff. Rn. 876; abw. *Henssler*, ZfA 1998, S. 16; vgl. dazu auch *Löwisch*, NJW 1997, S. 909.

[630] *B. Gaul*, Anm. zu BAG vom 4.9.1996, EzA § 3 TVG Bezugnahme auf Tarifvertrag Nr. 7, S. 41; *ders.*, NZA 1998, S. 15; *B. Müller*, NZA 1989, S. 451; LAG Brandenburg LAGE § 4 TVG Nachwirkung Nr. 3, S. 7.

[631] BAG AP Nr. 19 zu § 4 TVG Tarifkonkurrenz, Bl. 3R; LAG Frankfurt a.M., Urteil vom 14.2.1992 – 15 Sa 163/89 (n.v.), S. 18; LAG Köln, Urteil vom 18.1.1995 – 2 Sa 1109/94 (n.v.), S. 16.

im Betrieb um eine grundrechtsausgestaltende oder eine grundrechtsbeschränkende Regel handelt.

1. Tarifeinheit im Betrieb als Schranke der Koalitionsfreiheit

Wie ausgeführt worden ist, kommt es für die Abgrenzung zwischen Grundrechtsausgestaltung und Grundrechtsschranken auf den Normzweck an[632]. Eine Regelung, die anderen Rechtsgütern als der Entfaltung des auszugestaltenden Grundrechts dient und deshalb ein Verhalten in dessen Schutzbereich zu verhindern beabsichtigt, ist Grundrechtsschranke. Soll die Regelung eine Handlung im Schutzbereich des Grundrechts ermöglichen, die zu dessen Gebrauch erforderlich ist, handelt es sich um Grundrechtsausgestaltung. Zu erinnern ist, daß wegen der Gefahr eines extensiven Ausgestaltungsverständnisses im Zweifel von einer Grundrechtsschranke auszugehen ist.

Die Tarifeinheit im Betrieb, die bei der Geltung mehrerer Tarifverträge im Betrieb (Tarifpluralität) dem Tarifvertrag, der nach dem vom *BAG* und der h.M. im Schrifttum für maßgeblich gehaltenen Spezialitätsprinzip nachrangig ist, betriebsweit die normative Geltung (§ 4 Abs. 1 TVG) verwehrt, ist nach diesen Abgrenzungskriterien grundrechtsbeschränkend und nicht grundrechtsausgestaltend. Die Tarifeinheit im Betrieb bezweckt nicht die Ermöglichung eines Verhaltens im Schutzbereich des Art. 9 Abs. 3 Satz 1 GG, das Voraussetzung für den Gebrauch der Koalitionsfreiheit ist. Es ist gerade umgekehrt: Dem Verhalten – etwa dem Abschluß von Tarifverträgen oder der Mitgliedschaft in einer Gewerkschaft – wird durch die Verdrängung des Tarifvertrags aus dem Betrieb jeder Sinn genommen. Für eine Gewerkschaft ist die Vereinbarung eines Tarifvertrags, der nicht zur gesetzlich angeordneten Normwirkung (§ 4 Abs. 1 TVG) für deren Mitglieder führt, zwecklos. Für Arbeitnehmer, die wissen, daß der Tarifvertrag ihres Verbandes nicht zur Anwendung kommt, ist der Verbleib in der Gewerkschaft ohne Nutzen.

Die Tarifeinheit im Betrieb ist vielmehr anderen Rechtsgütern förderlich, die außerhalb der Koalitionsfreiheit liegen. Zu nennen ist zunächst das Vereinfachungsinteresse des Arbeitgebers, „rechtliche oder tatsächliche Unzuträglichkeiten“ durch die Anwendung mehrerer Tarifverträge im Betrieb vermeiden zu können[633]. Soweit die Tarifeinheit im Betrieb damit ein „Ordnungsziel“ verfolgte[634], wäre sie alleine betriebsbezogen und auf eine verbesserte betriebswirt-

---

[632] S. oben § 21 A I 2 b bb bbb.

[633] S. näher schon oben § 20 C III 2 a bb.

[634] *Blank*, S. 85.

schaftliche Kalkulationsgrundlage des Arbeitgebers gerichtet. Sie berührt dagegen nicht die Ordnungsfunktion des Tarifvertrags, der als Rechtsinstitut durch die behaupteten „unklaren“ tarifliche Verhältnisse im Betrieb keinen Schaden nimmt[635]. Hinzu kommt das Streben des DGB nach einer möglichst konsequenten Umsetzung des rechtlich unverbindlichen Industrieverbandsprinzips[636], um das tarifpolitische Postulat „Ein Betrieb – eine Gewerkschaft“[637] realisieren zu können. Erneut geht es aber nur um das Vereinfachungsinteresse eines Verbands, das der Entfaltung der Koalitionsfreiheit, die den Koalitionspluralismus voraussetzt, nicht dient.

Der Vergleich zwischen der Tarifeinheit im Betrieb und der Tariffähigkeit von Tarifvertragsparteien, die nach h.M. Wirksamkeitsvoraussetzung des Tarifvertrags ist[638], ergibt nichts anderes. Das Erfordernis einer gewissen sozialen Mächtigkeit als Teilelement der Tariffähigkeit schließt zwar kleine Vereinigungen, die zur Wahrung und Förderung der Arbeits- und Wirtschaftsbedingungen gegründet worden sind, von der aktiven Teilnahme am Tarifvertragssystem aus und stellt insoweit – ähnlich wie die Tarifeinheit im Betrieb – eine Art Tarifsperre dar. Anders als jenes, das lediglich dem Arbeitgeber die praktische Handhabung der in seinem Betrieb anzuwendenden Tarifverträge erleichtert, stellt das Erfordernis der Tariffähigkeit aber sicher, daß Tarifverträge bei genereller Betrachtungsweise ausgewogene Resultate erbringen, dadurch erhebliche Störungen des Arbeitslebens vermieden werden und befriedigt damit das Bedürfnis nach einer Ausgestaltung des Tarifvertragswesens in Richtung auf eine „Tarifklarheit“[639]. Die Tariffähigkeit dient also im Unterschied zur Tarifeinheit im Betrieb der Entfaltung der Tarifautonomie, nicht aber anderen Rechtsgütern außerhalb der Koalitionsfreiheit. Sie gehört deshalb anders als die Tarifeinheit im Betrieb zur Grundrechtsausgestaltung und nicht zu den Grundrechtsschranken.

---

[635] Näher schon oben § 20 C III 1 b bb eee.

[636] Zum Industrieverbandsprinzip bereits oben § 12 A II 1.

[637] Ziffer 2 a) der DGB-Richtlinien für die Abgrenzung von Organisationsbereichen und die Veränderung der Organisationsbezeichnung vom 11.3.1992.

[638] Anders *Säcker/Oetker*, ZfA 1993, S. 11 f.; zur Tariffähigkeit bereits oben § 8 B II 1.

[639] S. BVerfG AP Nr. 1 zu Art. 9 GG, Bl. 3 f.; AP Nr. 24 zu § 2 TVG, Bl. 2 f.; AP Nr. 31 zu § 2 TVG, Bl. 3R; *Konzen*, RdA 1978, S. 154; *Lieb*, Arbeitsrecht, Rn. 556; *Reuter*, JuS 1992, S. 108.

2. Tarifeinheit im Betrieb und einzelne Schutzrichtungen der Koalitionsfreiheit

Damit steht der Prüfungsmaßstab für die Tarifeinheit im Betrieb fest. Sie kann als verfassungsimmanente Grundrechtsschranke einen Eingriff in die Koalitionsfreiheit nur rechtfertigen, wenn „kollidierende Grundrechte Dritter und andere mit Verfassungsrang ausgestattete Rechtswerte" bei einer Güterabwägung mit der Koalitionsfreiheit im Wege praktischer Konkordanz überwiegen[640] und wenn sie – so die maßgeblichen Grundrechtsschranken-Schranken – verhältnismäßig ist sowie nicht gegen Art. 19 Abs. 2 GG verstößt[641]. Dabei ist zwischen den einzelnen Schutzrichtungen des Art. 9 Abs. 3 Satz 1 GG zu unterscheiden.

a) Individuelle Koalitionsfreiheit und Tarifeinheit im Betrieb

aa) Individuelle Koalitionsfreiheit der Arbeitnehmer

aaa) Positive Koalitionsfreiheit

(1) Früchte der Koalitionsmitgliedschaft (Tarifgeltung als Hauptzweck)

Die individuelle positive Koalitionsfreiheit von Arbeitnehmern und Arbeitgebern umfaßt nicht nur die Befugnis, sich zu Koalitionen zusammenzuschließen, einer Koalition beizutreten, in ihr zu verbleiben und sich für sie zu betätigen, sondern – das ist der eigentliche Zweck der Mitgliedschaft – gewährt auch das Recht, deren Früchte – in erster Linie den Schutz des Tarifvertrags – in Anspruch nehmen zu können[642].

Gleichwohl sehen ein Teil der Literatur[643] und das *BAG*[644] in der Tarifeinheit im Betrieb, die dem bei einer Tarifkollision nachrangigen Tarifvertrag die normative Geltung nach § 4 Abs. 1 TVG für diejenigen Arbeitsverhältnisse verwehrt, deren Arbeitsvertragsparteien nach § 3 Abs. 1 TVG tarifgebunden sind, keinen Verstoß gegen Art. 9 Abs. 3 Satz 1 GG. Da der Arbeitgeber im allgemeinen den Tarifvertrag, der sich durchgesetzt habe, auf alle Arbeitsverhältnis-

---

640 Näher oben § 21 A I 2 b bb aaa.

641 Näher oben § 21 A I 2 b cc.

642 Dazu bereits oben § 21 A I 1 a aa.

643 *Gamillscheg*, Arbeitsrecht, Bd. 1, § 17 III 3 c (1) (c); *Moll*, RdA 1996, S. 281.

644 BAG AP Nr. 20 zu § 4 TVG Tarifkonkurrenz, Bl. 4.

se im Betrieb anzuwenden pflege, seien Bedenken, Arbeitnehmer des verdrängten Tarifvertrags stünden dann tariflos da, nur theoretischer Natur. Zudem, empfiehlt der *4. Senat*, könnten Arbeitnehmer jederzeit der Gewerkschaft beitreten, die den spezielleren Tarifvertrag abgeschlossen habe, andernfalls sei ein „tariffreier Raum" hinzunehmen[645].

Diese Argumentation ist im Schrifttum[646] und in der Instanzrechtsprechung[647], die im Ergebnis einen Verstoß gegen Art. 9 Abs. 3 Satz 1 GG bejahen, nicht akzeptiert worden. Die Tarifeinheit im Betrieb entziehe den betroffenen Arbeitnehmern durch die Verdrängung des für sie geltenden Tarifvertrags den wichtigsten Ertrag ihrer Verbandsmitgliedschaft (§ 3 Abs. 1 TVG), nämlich dessen Inhalte in Anspruch nehmen zu können. Sie würden vielmehr, soweit sie nicht mehrfach organisiert seien, zu „Außenseitern" herabgestuft: Für sie gelte weder der verdrängte (Tarifeinheit im Betrieb) noch der speziellere Tarifvertrag (keine Tarifbindung nach § 3 Abs. 1 TVG)[648].

Im Grundsatz ist der h.M. zuzustimmen, freilich sind einige ergänzende Anmerkungen erforderlich. Die Tarifeinheit im Betrieb greift jedenfalls dann in den Schutzbereich der individuellen positiven Koalitionsfreiheit der Arbeitnehmer ein, wenn die Tarifbindung nicht nur auf Arbeitnehmer-, sondern auch auf Arbeitgeberseite mitgliedschaftlich legitimiert ist oder – beim Firmentarifvertrag[649] – auf der Stellung des Arbeitgebers als Tarifvertragspartei beruht[650].

---

[645] BAG AP Nr. 19 zu § 4 TVG Tarifkonkurrenz, Bl. 3R; AP Nr. 20 zu § 4 TVG Tarifkonkurrenz, Bl. 4.

[646] *Däubler*, TVR, Rn. 1505; *Dütz*, Rn. 579; *Fenn*, FS Kissel, S. 232 f.; MünchArbR-*P. Hanau*, Bd. 1, § 60 Rn. 33; *P. Hanau/Kania*, Anm. zu BAG vom 20.3.1991, AP Nr. 20 zu § 4 TVG Tarifkonkurrenz, Bl. 9 f.; *Kempen/Zachert*, § 4 Rn. 130, 137; *Kraft*, RdA 1992, S. 168; MünchArbR-*Löwisch*, Bd. 3, § 269 Rn. 17; *Löwisch/Rieble*, § 4 Rn. 290; *Ph. Merten*, BB 1993, S. 575 f.; *B. Müller*, Rn. 136; *Hj. Otto*, Arbeitsrecht, Rn. 461; *Rieble*, Rn. 1796; *ders.*, Anm. zu BAG vom 22.3.1994, EzA § 4 TVG Geltungsbereich Nr. 10, S. 14; *Stein*, Rn. 284; kritisch auch *Buchner*, FS Kissel, S. 104 f.; ähnlich *Salje*, Anm. zu BAG vom 20.3.1991, SAE 1993, S. 81 (Verletzung der positiven Vereinigungsfreiheit); *P. Hanau/Adomeit*, H II 2 a.E. („Bedenken"); einschränkend *Kania*, DB 1996, S. 1921, für die Kollision eines DGB- Tarifvertrags mit dem Tarifvertrag einer anderen Gewerkschaft (Grundrechtskonformität „zweifelhaft").

[647] LAG Brandenburg LAGE § 4 TVG Nachwirkung Nr. 3, S. 7; LAG Bremen LAGE § 4 TVG Tarifpluralität Nr. 2, S. 7.

[648] S. MünchArbR-*Löwisch*, Bd. 3, § 269 Rn. 17; *Löwisch/Rieble*, § 4 Rn. 290; *Rieble*, Rn. 1796; *ders.*, Anm. zu BAG vom 22.3.1994, EzA § 4 TVG Geltungsbereich Nr. 10, S. 14.

[649] Praktisch kaum denkbar, da Firmentarifverträge stets für vorrangig gehalten werden, vgl. oben § 17 A I 2 a.

[650] S. bereits oben § 21 A I 1 a aa; ebenso, aber ohne Begründung *Hohenstatt*, DB 1992, S. 1682; unpräzise dagegen *Fenn*, FS Kissel, S. 233 Fn. 90; *Stein*, Rn. 284.

Ist nämlich die Tarifbindung nach § 3 Abs. 1 TVG lediglich auf Arbeitnehmerseite vorhanden, kommt es zur normativen Wirkung auf das Arbeitsverhältnis nur bei Allgemeinverbindlicherklärung des Tarifvertrags, die nach § 5 Abs. 4 TVG die Verbandsmitgliedschaft des Arbeitgebers insoweit ersetzt. Ist der Tarifvertrag aber allgemeinverbindlich, kommt es auf die Verbandsmitgliedschaft auch auf Arbeitnehmerseite nicht an, da § 5 Abs. 4 TVG für beide Arbeitsvertragsparteien gilt und die Verbandsmitgliedschaft des Arbeitnehmers nach § 3 Abs. 1 TVG jedenfalls in bezug auf die tarifvertragliche Normwirkung entbehrlich macht. Ein Eingriff in den Schutzbereich der individuellen positiven Koalitionsfreiheit durch die Tarifeinheit im Betrieb scheidet also aus, wenn die Tarifbindung des Arbeitgebers an den verdrängten Tarifvertrag ausschließlich auf § 5 Abs. 4 TVG beruht. Die Verbandsmitgliedschaft des Arbeitnehmers ist dann nicht kausal für die Tarifgeltung des verdrängten Tarifvertrags.

Anders ist es freilich, wenn die normative Wirkung eines verdrängten allgemeinverbindlichen Tarifvertrags im Arbeitsverhältnis nicht ausschließlich auf § 5 Abs. 4 TVG zurückzuführen ist, sondern zusätzlich auf der Mitgliedschaft beider Arbeitsvertragsparteien in den tarifvertragsschließenden Verbänden oder – auf seiten des Arbeitgebers – auf dessen Stellung als Tarifvertragspartei beruht (§ 3 Abs. 1 TVG). Die Tarifbindung nach § 3 Abs. 1 TVG ist entweder mitgliedschaftlich legitimiert oder – beim Firmentarifvertrag – selbst gewählt und wird durch die staatlich angeordnete des § 5 Abs. 4 TVG nicht überlagert. Soweit allgemeinverbindliche Sozialkassentarifverträge der Bauwirtschaft von „spezielleren" Tarifverträgen anderer Gewerkschaften durch einen Grundsatz der Tarifeinheit aus dem Betrieb gedrängt werden[651], ist Arbeitnehmern, die Mitglieder der IG BAU sind, trotz der Allgemeinverbindlicherklärung der Sozialkassentarifverträge wegen Verletzung der individuellen positiven Koalitionsfreiheit der Weg zur Verfassungsbeschwerde nach Art. 93 Nr. 4a GG eröffnet, wenn auch der Arbeitgeber Mitglied des Bauarbeitgeberverbands ist. In künftigen Verfahren ist deshalb darauf zu achten, daß es nicht bei der Feststellung der Allgemeinverbindlichkeit der Sozialkassentarifverträge bleibt, sondern auch mitgliedschaftlich legitimierte Tarifbindungen der Arbeitsvertragsparteien festgestellt werden.

---

[651] So in BAG AP Nr. 16 zu § 4 TVG Tarifkonkurrenz; AP Nr. 22 zu § 4 TVG Tarifkonkurrenz (jeweils IG BSE und Gewerkschaft GLF); AP Nr. 126 zu § 1 TVG Tarifverträge: Bau (IG BSE und IG Metall); in allen Entscheidungen ist freilich die Mitgliedschaft mindestens eines Arbeitnehmers des Betriebs in der IG BSE nicht erörtert worden; man hat sich mit der Allgemeinverbindlicherklärung begnügt.

Im übrigen ändert die Ermunterung des *4. Senats* zum Gewerkschaftswechsel[652] an einem Eingriff in den Schutzbereich nichts: Art. 9 Abs. 3 Satz 1 GG sichert auch die Möglichkeit der freien Koalitionswahl. Die individuelle positive Koalitionsfreiheit ist nicht darauf begrenzt, irgendeinen Tarifschutz zu gewähren. Art. 9 Abs. 3 Satz 1 GG ist deshalb auch dann beeinträchtigt, wenn die Tarifgeltung nur durch den Beitritt oder den Wechsel in eine ganz bestimmte Gewerkschaft zu erlangen ist[653]. Der Hinweis des *BAG* ist überdies praktisch nicht immer umsetzbar, etwa wenn der speziellere ein Tarifvertrag der DAG ist, in der Arbeiter nicht Mitglieder werden können[654], und kann mit massiven koalitionspolitischen Auswirkungen verbunden sein, zum Beispiel wenn ein Tarifvertrag der CGM einen IG Metall-Tarif verdrängt und es zu massenhaften Gewerkschaftsübertritten kommt[655].

Nur selten begnügt sich das Schrifttum nicht mit der Gleichsetzung von Eingriff in den Schutzbereich und Verstoß gegen Art. 9 Abs. 3 Satz 1 GG und fragt in einem zweiten Prüfungsschritt nach der Aktualisierung anderer Verfassungsentscheidungen, die die individuelle positive Koalitionsfreiheit als Grundrechtsschranke begrenzen können, sowie nach der Verhältnismäßigkeit des Eingriffs als Grundrechtsschranken-Schranke[656]. Die Suche nach kollidierenden Grundrechten Dritter und anderen mit Verfassungsrang ausgestatteten Rechtswerten, die im Rahmen einer Güterabwägung mit der Koalitionsfreiheit im Wege praktischer Konkordanz diese überwiegen und damit den Grundrechtseingriff rechtfertigen könnten[657], bleibt aber vergebens[658]. Wie bereits dargelegt worden ist, genügt eine Tarifpluralität den Anforderungen der aus Art. 1, Art. 20, Art. 79 Abs. 3 GG abgeleiteten Prinzipien der Rechtssicherheit und der Rechtsklarheit,

---

[652] BAG AP Nr. 19 zu § 4 TVG Tarifkonkurrenz, Bl. 3; AP Nr. 20 zu § 4 TVG Tarifkonkurrenz, Bl. 4.

[653] Vgl. *Däubler*, TVR, Rn. 1505; *Rieble*, Rn. 1799; *ders.*, Anm. zu BAG vom 22.3.1994, EzA § 4 TVG Geltungsbereich Nr. 10, S. 16; LAG Brandenburg LAGE § 4 TVG Nachwirkung Nr. 3, S. 7.

[654] § 2, § 7 Abs. 2 DAG-Satzung; vgl. auch *P. Hanau/Kania*, Anm. zu BAG vom 20.3.1991, AP Nr. 20 zu § 4 TVG Tarifkonkurrenz, Bl. 9R.

[655] Vgl. die Konstellation in LAG Brandenburg LAGE § 4 TVG Nachwirkung Nr. 3; Urteil vom 17.3.1995 – 5 (4) Sa 711/94 (n.v.); ferner als Revisionsinstanz BAG AP Nr. 26 zu § 4 TVG Nachwirkung; AP Nr. 27 zu § 4 TVG Nachwirkung, das freilich wegen § 4 Abs. 5 TVG das Vorliegen einer Tarifpluralität verneint (s. bereits oben § 7 B II).

[656] *Fenn*, FS Kissel, S. 233; ähnlich, aber unpräzise LAG Brandenburg LAGE § 4 TVG Nachwirkung Nr. 3, S. 8.

[657] S. oben § 21 A I 2 b bb aaa.

[658] Ähnlich *Fenn*, FS Kissel, S. 233 („äußerst zweifelhaft“).

die schon deshalb als kollidierende Verfassungsrechtsgüter ausscheiden[659]. Eine Rechtfertigung des Eingriffs mit Hilfe der ebenfalls durch Art. 9 Abs. 3 Satz 1 GG geschützten Tarifautonomie, deren Funktionsfähigkeit im ganzen schwerer als die individuelle positive Koalitionsfreiheit wiegen könnte, scheidet aus, weil der Tarifeinheit im Betrieb eine Wirkung, die die Tarifautonomie ausgestaltet, stabilisiert oder anderweitig fördert, nicht zukommt[660]. Grundrechte, die das Vereinfachungsinteresse des Arbeitgebers erfassen könnten, sind ebenfalls nicht erkennbar: In Betracht kommen allenfalls Art. 12 oder Art. 14 GG, deren Schutzbereiche aber durch eine bloße betriebswirtschaftliche Nützlichkeit, die überdies tatsächlich zweifelhaft ist[661], nicht tangiert sind. Da Verfassungsrechtsgüter fehlen, die sich zur Eingriffsrechtfertigung eignen, entfällt eine Güterabwägung.

Hilfsweise ist festzuhalten, daß ein gerechtfertigter Eingriff in den Schutzbereich des Art. 9 Abs. 3 Satz 1 GG jedenfalls nicht verhältnismäßig wäre[662]. Bereits der Nachweis der Geeignetheit, den Schutz des kollidierenden Verfassungsrechtsguts zu bewirken, ist – wie eben dargelegt – nur mit Mühe zu führen. Daß aber das Ziel des Eingriffs in die individuelle positive Koalitionsfreiheit – der Schutz anderer Verfassungsrechtsgüter – in einem angemessenen Verhältnis zu deren Gewicht und Bedeutung für den einzelnen Arbeitnehmer steht, ist nicht ersichtlich. Daneben kommt auch eine Verletzung des Wesensgehalts der positiven individuellen Koalitionsfreiheit in Betracht[663]. Bei dessen Bestimmung ist grundsätzlich eine generelle Betrachtungsweise maßgeblich. Eine institutionelle Aushöhlung der positiven individuellen Koalitionsfreiheit und damit eine Verletzung des Art. 19 Abs. 2 GG durch die Tarifeinheit im Betrieb ist aber – jedenfalls ohne nähere empirische Grundlagen – nicht sicher feststellbar: Es betrifft stets nicht alle Arbeitnehmer eines Betriebs und darüber hinaus nicht alle Betriebe im Geltungsbereich des Tarifvertrags. Es kommt aber auch auf die subjektive Sicht des einzelnen Grundrechtsträgers an. Aus dessen Blickwinkel spricht vieles für eine Verletzung des Wesensgehalts. Auch wenn von der individuellen positiven Koalitionsfreiheit „etwas übrig bleibt", etwa Informationsrechte oder Rechtsberatungs- und Beihilfeansprüche gegen die Gewerkschaft, nimmt die Tarifeinheit im Betrieb dem Arbeitnehmer den Kern der positiven individuellen Koalitionsfreiheit.

[659] Dazu oben § 20 C III 1 b bb ddd.

[660] S. etwa oben § 20 C III 1 b bb ccc, eee.

[661] Dazu oben § 20 C III 2 a bb aaa-ccc.

[662] So auch *Fenn*, FS Kissel, S. 233; zum Verhältnismäßigkeitsgrundsatz als Grundrechtsschranken-Schranke näher oben § 21 A I 2 b cc aaa.

[663] Zum Wesensgehalt näher oben § 21 A I 2 b cc bbb.

(2) Koalitionsbildung

Art. 9 Abs. 3 Satz 1 GG gewährleistet das Recht einzelner Arbeitnehmer oder Arbeitgeber zur Bildung einer Koalition[664]. Daß der Grundsatz der Tarifeinheit im Betrieb diese Freiheit verfassungswidrig einschränkt, wird zwar manchmal behauptet[665], ist im Ergebnis aber abzulehnen. Die Möglichkeit des freien Zusammenschlusses mehrerer Arbeitnehmer zu einer Gewerkschaft wird durch die Tarifeinheit im Betrieb nicht berührt. Ob sich zu einem späteren Zeitpunkt die Tarifverträge einer neu gebildeten Gewerkschaft als nachrangig erweisen, aus dem Betrieb gedrängt werden und die Tarifeinheit im Betrieb auf diese Weise deren Bestand gefährden kann, ist im Gründungsstadium noch nicht absehbar und kann die Entwicklungsphase demzufolge nicht behindern. Der Schutzbereich des Art. 9 Abs. 3 Satz 1 GG ist insoweit nicht betroffen.

bbb) Negative Koalitionsfreiheit

Ein Teil der Literatur[666] sieht unter instanzgerichtlicher Zustimmung[667] in der Tarifeinheit im Betrieb auch einen Verstoß gegen die negative Koalitionsfreiheit derjenigen Arbeitnehmer, deren Tarifvertrag aus dem Betrieb gedrängt werde. Um normativen Tarifschutz zu erlangen, würden sie faktisch gezwungen, in die Gewerkschaft überzuwechseln, die Vertragspartei des verdrängenden Tarifvertrags sei. Damit bewirke die Tarifeinheit im Betrieb faktisch eine Rechtsnormwirkung des vorrangigen Tarifvertrags auch für Außenseiter[668].

Das *BAG* hält diese Einwände nicht für stichhaltig: Ein „tariffreier Raum" sei hinzunehmen, weil die betroffenen Arbeitnehmer durch Beitritt zur tarifvertragsschließenden Gewerkschaft jederzeit den unabdingbaren Schutz der tariflichen Regelung erlangen könnten[669]. Mindestens im Ergebnis ist dem für die negative Koalitionsfreiheit zuzustimmen. Ein Eingriff in deren Schutzbereich liegt

---

[664] Dazu oben § 21 A I 1 a aa.

[665] LAG Niedersachsen LAGE § 4 TVG Tarifpluralität Nr. 1, S. 5; *Witzig*, S. 48.

[666] *Blank*, S. 73; *Bruhn*, Tarifeinheit, S. 183; *Hohenstatt*, DB 1992, S. 1681; *Ph. Merten*, BB 1993, S. 575 Fn. 41; *Wank*, Anm. zu BAG vom 26.1.1994, EzA § 4 TVG Tarifkonkurrenz Nr. 9, S. 17; ähnlich *Salje*, Anm. zu BAG vom 20.3.1991, SAE 1993, S. 81 (Verletzung der negativen Vereinigungsfreiheit).

[667] LAG Bremen LAGE § 4 TVG Tarifpluralität Nr. 2, S. 8; LAG Niedersachsen LAGE § 4 TVG Tarifpluralität Nr. 1, S. 5.

[668] Vgl. *Rieble*, Rn. 1796 a.E.; *ders.*, Anm. zu BAG vom 22.3.1994, EzA § 4 TVG Geltungsbereich Nr. 10, S. 14; *Salje*, Anm. zu BAG vom 20.3.1991, SAE 1993, S. 80.

[669] BAG AP Nr. 19 zu § 4 TVG Tarifkonkurrenz, Bl. 3; AP Nr. 20 zu § 4 TVG Tarifkonkurrenz, Bl. 4.

anders als bei der positiven individuellen Koalitionsfreiheit nicht vor. Die durch Art. 9 Abs. 3 Satz 1 GG geschützte negative Koalitionsfreiheit schützt Nicht- oder Andersorganisierte zwar vor einem merklichen unmittelbaren oder mittelbaren Koalitionszwang und garantiert, sich nicht zu einer Koalition zusammenzuschließen zu müssen oder ihr fernbleiben zu können. Bei der Verdrängung eines Tarifvertrags durch die Tarifeinheit im Betrieb übersteigt aber, wie *Fenn* zutreffend festgestellt hat, der auf dem nunmehr tariflosen Arbeitnehmer lastende Druck nicht dasjenige Maß, das auf jedem Nichtorganisierten lastet, der sich Tarifschutz nur durch einen Koalitionsbeitritt verschaffen kann.[670] Dieser „Anreiz zum Beitritt“[671] ist Teil der rechtlichen Freiheit, sich einer Koalition anzuschließen oder nicht, und wird in § 3 Abs. 1 TVG denknotwendig vorausgesetzt[672].

bb) Individuelle positive Koalitionsfreiheit der Arbeitgeber

Nur vereinzelt wird im Schrifttum ausdrücklich hervorgehoben, daß auch der Arbeitgeber, in dessen Betrieb eine Tarifpluralität besteht, weil er Mitglied in mehreren Arbeitgeberverbänden ist oder weil sein Verband mit verschiedenen Gewerkschaften Tarifverträge geschlossen hat, durch die Tarifeinheit im Betrieb in seiner individuellen positiven Koalitionsfreiheit verletzt wird[673]. Die Verdrängung eines durch den Arbeitgeber mitgliedschaftlich legitimierten und damit gewollten Tarifvertrags aus dem Betrieb ist jedenfalls dann verfassungswidrig, wenn mindestens ein Arbeitnehmer im Betrieb Mitglied der tarifvertragsschließenden Gewerkschaft ist: Die Verbandsmitgliedschaft des Arbeitgebers bezweckt nicht anders als auf Arbeitnehmerseite vor allem, die Wirkungen des vom Verband abgeschlossenen Tarifvertrags, also dessen normative Geltung für Arbeitnehmer des Betriebs, in Anspruch nehmen zu können. Daß der Arbeitgeber bei einer Tarifpluralität freiwillig für einen Teil der Belegschaft diesen, für andere jenen Tarifvertrag gelten lassen will, steht dem nicht entgegen.

Ergänzend ist hinzuzufügen, daß die individuelle positive Koalitionsfreiheit des Arbeitgebers auch dann verletzt ist, wenn ein Firmentarifvertrag durch die Tarifeinheit im Betrieb aus dem Betrieb gedrängt wird. Dabei handelt es sich freilich um eine Erkenntnis ohne praktischen Wert, da die ganz h.M. bei einer

---

[670] *Fenn*, FS Kissel, S. 233.

[671] BVerfG AP Nr. 34 zu § 11 ArbGG 1953, Bl. 2.

[672] *Fenn*, FS Kissel, S. 233.

[673] *Bruhn*, Tarifeinheit, S. 185.

Tarifvertragskollision, wenn auch mit unterschiedlicher Begründung, im Firmentarifvertrag stets den spezielleren und damit vorrangigen Tarifvertrag sieht[674].

b) Kollektive Koalitionsfreiheit und Tarifeinheit im Betrieb

aa) Koalitionsfreiheit der Gewerkschaft

aaa) Koalitionsbetätigungsgarantie

Die kollektive Koalitionsfreiheit schützt die Tätigkeiten der Koalitionen, die zur Erreichung des Koalitionszwecks der Wahrung und Förderung der Arbeits- und Wirtschaftsbedingungen erforderlich sind, namentlich also den Abschluß von Tarifverträgen für deren Mitglieder[675].

Der *4. Senat* des *BAG*[676] sieht die Koalitionsbetätigungsfreiheit durch die Tarifeinheit im Betrieb nicht verletzt. Sie sei nur in einem Kernbereich geschützt. Art. 9 Abs. 3 GG verbürge die gewerkschaftliche Betätigung nur insoweit, als diese für die Erhaltung und Sicherung der Existenz der Koalition als unerläßlich betrachtet werden müsse, und garantiere keinen inhaltlich unbegrenzten und unbegrenzbaren Handlungsspielraum. Der Kernbereich der kollektiven Koalitionsfreiheit sei durch die Verdrängung eines Tarifvertrags aus einem Betrieb aber „bei weitem nicht berührt"[677]. Das Prinzip der Tarifeinheit im Betrieb betreffe im allgemeinen nur einen geringen Teil des gesamten tarifvertraglichen Geltungsbereichs. Es bleibe jeder Koalition, deren Tarifvertrag durch einen spezielleren Tarifvertrag einer anderen Koalition verdrängt werde, unbenommen, ebenfalls einen solchen speziellen Tarifvertrag abzuschließen, dafür zu werben und sich entsprechend zu betätigen. Außerdem bestimme ohnehin der Wettbewerb, ob sich eine Koalition im Arbeitsleben behaupten könne. Zustimmung hat der *4. Senat* nur durch das *LAG Köln*[678] und insbesondere – allerdings begrenzt auf Tarifpluralität zwischen Tarifverträgen von DGB-Mitgliedsgewerkschaften – durch *Kania*[679] erfahren: Nach seiner Auffassung ist die Geltung mehrerer DGB-Tarifverträge in einem Betrieb ungewollt, so daß die Korrektur

[674] Dazu näher oben § 17 A I 2 a.
[675] S. oben § 21 A I 1 b bb bbb.
[676] BAG AP Nr. 20 zu § 4 TVG Tarifkonkurrenz, Bl. 4R.
[677] BAG AP Nr. 20 zu § 4 TVG Tarifkonkurrenz, Bl. 4R.
[678] LAG Köln, Urteil vom 18.1.1995 – 2 Sa 1109/94 (n.v.), S. 16.
[679] *Kania*, DB 1996, S. 1922.

einer Tarifpluralität durch das Prinzip der Tarifeinheit im Betrieb nicht gegen Art. 9 Abs. 3 GG verstoße.

Die ganz herrschende Literatur stellt sich gegen das *BAG*[680]. Die Tarifeinheit im Betrieb verletze als „Zugangs- und Geltungssperre“[681] für konkurrierende Tarifverträge die durch Art. 9 Abs. 3 Satz 1 GG geschützte Koalitionsbetätigungsfreiheit derjenigen Gewerkschaft, deren Tarifverträge aus dem Betrieb gedrängt würden. Sie verwehre ihr, durch die Anwendung ihrer Tarifverträge für ihre Mitglieder (§ 4 Abs. 1 TVG) deren Arbeits- und Wirtschaftsbedingungen zu wahren und zu fördern. Sie wirke, so die plastische Beschreibung *Riebles*[682], als „staatliches Tarifkataster“, das dem *BAG* wie einer Verwaltungsbehörde ermögliche, den Tarifvertragsparteien Betriebe als Ganzes zuzuteilen. Einem Verstoß gegen Art. 9 Abs. 3 Satz 1 GG stehe dabei nicht entgegen, daß, wie das *BAG* meint, regelmäßig nur ein geringer Teil des gesamten Geltungsbereichs eines Tarifvertrags durch das Prinzip der Tarifeinheit im Betrieb betroffen sei[683].

Auch an dieser Stelle ist der Literatur im Ergebnis zustimmen. Erneut sind freilich Präzisierungen angezeigt. Die Koalitionsbetätigungsfreiheit kann nur verletzt sein, wenn die Tarifbindung an den verdrängten Tarifvertrag für mindestens ein Arbeitsverhältnis im Betrieb beiderseitig mitgliedschaftlich legitimiert ist oder – beim Firmentarifvertrag[684] – auf der Stellung des Arbeitgebers als Tarifvertragspartei beruht (§ 3 Abs. 1 TVG). Ist die Normwirkung des Tarifvertrags auf Arbeitgeberseite ausschließlich durch § 5 Abs. 4 TVG vermittelt, scheidet ein Eingriff in den Schutzbereich der Koalitionsbetätigungsfreiheit aus[685].

---

680 *Blank*, S. 73 f.; *Buschmann/Ulber*, S. 46; *Däubler*, TVR, Rn. 1505; *Dütz*, Rn. 579; *Fenn*, FS Kissel, S. 234 f.; *Hohenstatt*, DB 1992, S. 1681 f.; *Konzen*, RdA 1978, S. 153 f.; *Kraft*, RdA 1992, S. 168 f.; MünchArbR-*Löwisch*, Bd. 3, § 269 Rn. 17; *Löwisch/Rieble*, § 4 Rn. 290; *Ph. Merten*, BB 1993, S. 575 f.; *B. Müller*, NZA 1989, S. 452; *Richardi*, BetrVG § 2 Rn. 27; *Rieble*, Rn. 1796; *ders.*, Anm. zu BAG vom 22.3.1994, EzA § 4 TVG Geltungsbereich Nr. 10, S. 14; *Wank*, Anm. zu BAG vom 26.1.1994, EzA § 4 TVG Tarifkonkurrenz Nr. 9, S. 17; schwächer *P. Hanau/Adomeit*, H II 2 a.E. („Bedenken“).

681 *H. Wiedemann/Arnold*, ZTR 1994, S. 406.

682 *Rieble*, Rn. 1797; *ders.*, Anm. zu BAG vom 22.3.1994, EzA § 4 TVG Geltungsbereich Nr. 10, S. 14.

683 So im Ergebnis wohl *Fenn*, FS Kissel, S. 234 f.; *Konzen*, RdA 1978, S. 153; *Kraft*, RdA 1992, S. 168 f.; *B. Müller*, NZA 1989, S. 452; *Reuter*, JuS 1992, S. 108; *Salje*, Anm. zu BAG vom 20.3.1991, SAE 1993, S. 81; *Witzig*, S. 49.

684 Praktisch kaum denkbar, da Firmentarifverträge stets für vorrangig gehalten werden, vgl. oben § 17 A I 2 a.

685 Vgl. bereits oben § 21 A II 2 a aa aaa (1).

Wie bei der individuellen positiven Koalitionsfreiheit sind darüber hinaus auch bei der kollektiven Koalitionsfreiheit Eingriff in den Schutzbereich und Verstoß gegen Art. 9 Abs. 3 Satz 1 GG nicht gleichzusetzen. Die betriebliche Annullierung eines bestehenden Tarifvertrags stellt zwar einen Eingriff in die durch Art. 9 Abs. 3 Satz 1 GG geschützte kollektive Koalitionsfreiheit dar, die Tarifeinheit im Betrieb als Eingriff kann aber im Rahmen einer Güterabwägung, wie man im Schrifttum bisweilen feststellt[686], durch kollidierende Grundrechte Dritter oder andere mit Verfassungsrang ausgestattete Rechtswerte gerechtfertigt sein. Solche Rechte sind indessen auch an dieser Stelle nicht ersichtlich. Insbesondere scheiden die Prinzipien der Rechtssicherheit und Rechtsklarkeit sowie die Tarifautonomie als Rechtfertigung aus[687]. Auch tangierte Grundrechte des Arbeitgebers sind nicht erkennbar: Er selbst oder mindestens sein durch Mitgliedschaft legitimierter Verband hat die im Betrieb kollidierenden Tarifverträge abgeschlossen, braucht also vor deren Geltung (Tarifpluralität) nicht bewahrt zu werden[688]. Wieder ist hilfsweise festzuhalten, daß ein gerechtfertigter Eingriff in den Schutzbereich des Art. 9 Abs. 3 Satz 1 GG jedenfalls nicht verhältnismäßig wäre[689]. Die Frage, ob der Wesensgehalt der Koalitionsbetätigungsfreiheit verletzt sein könnte, ist mit einem Rückgriff auf die Argumentation zu beantworten, derer sich das *BAG* bedient, um einen Verstoß gegen Art. 9 Abs. 3 Satz 1 GG zu verneinen[690]: Wenn durch die Tarifeinheit im Betrieb regelmäßig nur ein geringer Teil des tarifvertraglichen Geltungsbereichs betroffen ist, ist eine Verletzung des Wesensgehalts mindestens zweifelhaft. Im übrigen überzeugt die von *Kania* reklamierte Ausnahme bei einer Tarifpluralität, an der ausschließlich Tarifverträge von DGB-Gewerkschaften beteiligt sind, nicht. Die Betätigungsgarantie der DGB-Gewerkschaften als Teilelement der durch Art. 9 Abs. 3 Satz 1 GG geschützten kollektiven Koalitionsfreiheit ist verletzt, wenn die Tarifeinheit im Betrieb zu deren Lasten wirkt. Auf die Mitgliedschaft im DGB kommt es dafür nicht an. Das Industrieverbandsprinzip ist auch im DGB nur nach Maßgabe der Einzelsatzungen der Mitgliedsgewerkschaften umgesetzt, die sich ihrer Satzungsautonomie gerade nicht zugunsten des Dachverbands entledigt haben[691]. Daß der DGB die Verwirklichung des Grundsatzes

[686] *Däubler*, TVR, Rn. 1505.

[687] S. bereits oben § 21 A II 2 a aa aaa (1).

[688] MünchArbR-*Löwisch*, Bd. 3, § 269 Rn. 17; *Löwisch/Rieble*, § 4 Rn. 290; *Rieble*, Rn. 1796; *ders.*, Anm. zu BAG vom 22.3.1994, EzA § 4 TVG Geltungsbereich Nr. 10, S. 14.

[689] Näher bereits oben § 21 A II 2 a aa aaa (1).

[690] BAG AP Nr. 20 zu § 4 TVG Tarifkonkurrenz, Bl. 4R.

[691] Ausführlich dazu oben § 12 A II 1, 2.

„Ein Betrieb – eine Gewerkschaft" anstrebt[692], nimmt der einzelnen Mitgliedsgewerkschaft nicht den Schutz des Art. 9 Abs. 3 Satz 1 GG für eine Koalitionsbetätigung nach Maßgabe der eigenen Satzung (Tarifzuständigkeit). Die von *Kania* unterstellte Sichtweise, die Geltung mehrerer Tarifverträge im Betrieb sei ungewollt, mag für den Dachverband DGB zutreffen, ist aber für die Einzelgewerkschaften, die vornehmlich eigene tarifpolitische Interessen verfolgen, nicht zwingend.

Abschließend ist festzuhalten, daß es für eine Verletzung der Koalitionsbetätigungsfreiheit nicht, wie man in der Literatur manchmal eher beiläufig bemerkt[693], auf die Größe der aus dem Betrieb gedrängten Gewerkschaft ankommt. Die Tarifeinheit im Betrieb trifft auch große Gewerkschaften, etwa die IG BSE[694]. Umgekehrt schränkt die Tarifeinheit im Betrieb die Betätigungsmöglichkeit kleiner Gewerkschaften nicht nur ein, wenn deren Tarifverträge bei einer Kollision mit „gleichspeziellen" Tarifverträgen wegen des Quantitätsprinzips, das hilfsweise heranzuziehen sein soll, ohne Chance bleiben[695]. Die Behauptung, daß kleinere Gewerkschaften wie die DAG oder eine Mitgliedsgewerkschaft des CGB durch die Tarifeinheit im Betrieb besonders benachteiligt seien, da sie faktisch nicht die Möglichkeit hätten, einen spezielleren Tarifvertrag als eine DGB-Gewerkschaft zu schließen[696], stimmt mit der Rechtswirklichkeit nicht überein[697] und ist auf der Grundlage des nach h.M. für Individualnormen maßgeblichen Spezialitätsprinzips, das gerade nicht wie das Quantitätsprinzip auf die Anzahl der mitgliedschaftlich legitimierten Tarifbindungen im Betrieb abstellt[698], auch nicht schlüssig dargelegt.

---

692 Ziffer 2 a) der DGB-Richtlinien für die Abgrenzung von Organisationsbereichen und die Veränderung der Organisationsbezeichnung vom 11.3.1992, nach § 15 Nr. 1 DGB-Satzung Bestandteil derselben.

693 S. aber *Ph. Merten*, BB 1993, S. 575; *Zöllner*, Arbeitsrecht, § 37 IV 2; *Zöllner/Loritz*, § 37 V 2 (*Loritz*).

694 Vgl. BAG AP Nr. 16 zu § 4 TVG Tarifkonkurrenz; AP Nr. 22 zu § 4 TVG Tarifkonkurrenz; AP Nr. 126 zu § 1 TVG Tarifverträge: Bau.

695 So offenbar *Ph. Merten*, BB 1993, S. 575.

696 So *Ph. Merten*, BB 1993, S. 575; *P. Hanau/Kania*, Anm. zu BAG vom 20.3.1991, AP Nr. 20 zu § 4 TVG Tarifkonkurrenz, Bl. 9.

697 BAG AP Nr. 20 zu § 4 TVG Tarifkonkurrenz: speziellerer DAG-Tarifvertrag (Kollisionstarifvertrag der HBV).

698 Dazu oben § 16 E III.

bbb) Koalitionsbestandsgarantie und Koalitionspluralismus

Schwieriger fällt eine Antwort auf die Frage, ob die Tarifeinheit im Betrieb auch gegen die Koalitionsbestandsgarantie als Teilelement der durch Art. 9 Abs. 3 Satz 1 GG geschützten kollektiven Koalitionsfreiheit verstößt. Die Koalitionsbestandsgarantie schützt insbesondere Tätigkeiten der Koalition, die darauf gerichtet sind, deren Bestand zu erhalten und auszubauen[699].

(1) Koalitionsbestand

Zuerst hat das *LAG Bremen* auf eine Gefährdung für den Bestand der durch die Tarifeinheit aus dem Betrieb gedrängten Gewerkschaft hingewiesen: Für Arbeitnehmer sei die Mitgliedschaft in einer Gewerkschaft sinnlos, deren Tarifvertrag nicht zur Anwendung komme[700]. Das Schrifttum flankiert diesen Ansatz und weist darauf hin, daß nur die Anwendung eines Tarifvertrags Arbeitnehmer zum Beitritt zu oder zum Verbleib in einer Gewerkschaft veranlasse[701]. Die Tarifeinheit im Betrieb bewirke umgekehrt mindestens den Austritt aus der verdrängten Gewerkschaft, der jede Entfaltungsmöglichkeit im Betrieb genommen werde. Die Folge sei ein „Tarifvertragsmonopol"[702] der vorrangigen Gewerkschaft, die überdies durch Übertritte gestärkt werde.

Dem richtigen Ergebnis sind wenige Bemerkungen hinzuzufügen. Eine Verletzung der Koalitionsbestandsgarantie scheidet aus, wenn die Tarifbindung auf Arbeitgeberseite nur durch § 5 Abs. 4 TVG vermittelt ist und nicht – mindestens zusätzlich – mitgliedschaftlich legitimiert ist oder auf der Stellung des Arbeitgebers als Tarifvertragspartei beruht[703]. Ein Eingriff in den Schutzbereich der Koalitionsbestandsgarantie ist überdies nicht erst gegeben, wenn der Koalitionsbestand über den einzelnen Betrieb hinaus konkret gefährdet ist, zum Beispiel durch erheblichen Mitgliederschwund, sondern liegt schon vor, wenn Tätigkeiten der Gewerkschaft, die darauf gerichtet sind, deren Bestand zu erhalten oder auszubauen, in einzelnen Betrieben behindert oder unmöglich gemacht werden. Gewerkschaften sind praktisch darauf angewiesen, betriebliche Präsenz zu zeigen. Das geschieht nur vordergründig durch Informations- und

---

[699] Dazu bereits oben § 21 A I 1 b bb aaa.

[700] LAG Bremen LAGE § 4 TVG Tarifpluralität Nr. 2, S. 8.

[701] *Salje*, Anm. zu BAG vom 20.3.1991, SAE 1993, S. 80; *Witzig*, S. 47 f.

[702] *Witzig*, S. 47.

[703] S. bereits oben § 21 A II 2 a aa aaa (1), b aa aaa; die Verdrängung eines Firmentarifvertrags durch die Tarifeinheit im Betrieb scheidet freilich praktisch, darauf ist bereits hingewiesen worden, aus.

Werbemaßnahmen. Es ist bereits darauf hingewiesen worden, daß der Abschluß von Tarifverträgen entscheidender Teil gewerkschaftlicher „Daseinsvorsorge" ist: Nur die Tarifgeltung motiviert Mitglieder zum Verbleib in der Gewerkschaft und fördert den Eintritt Nichtorganisierter. Die Tarifeinheit im Betrieb verwehrt der aus dem Betrieb verdrängten Gewerkschaft diese Form der Bestandssicherung und greift damit in den Schutzbereich der Koalitionsbestandsgarantie ein.

Wie schon bei der individuellen positiven Koalitionsfreiheit und der Koalitionsbetätigungsgarantie scheidet eine Rechtfertigung des Eingriffs durch Grundrechte Dritter oder andere verfassungsrechtlich geschützte Rechtsgüter auch an dieser Stelle aus. Ein Teil der Literatur meint zwar, die mit der Tarifeinheit im Betrieb verbundene Einschränkung der Entfaltungschancen einer Koalition sei zugunsten der Funktionsfähigkeit des Tarifsystems im ganzen hinzunehmen, so daß ein Verstoß gegen Art. 9 Abs. 3 Satz 1 GG auszuschließen sei[704]. Das zeige zum einen der Vergleich zur Anerkennung der Tariffähigkeit. Außerdem dürfe der Normgeber das Bedürfnis nach möglichst einheitlicher tariflicher Gestaltung der betrieblichen Arbeitsbedingungen im Interesse der Effizienz des Gesamtsystems als vorrangig werten. Ein uneingeschränktes Nebeneinander verschiedener Tarifverträge im Betrieb stehe einer sinnvollen Ordnung der Arbeits- und Wirtschaftsbedingungen kontraproduktiv entgegen[705]. Dieser Argumentation ist bereits an anderen Stellen entgegengetreten worden: Eine Eingriffsrechtfertigung durch die von Art. 9 Abs. 3 Satz 1 GG geschützte Tarifautonomie kommt nicht in Betracht, weil die Tarifeinheit im Betrieb keine Stabilisierung oder anderweitige Förderung der Tarifautonomie bewirkt[706]. Tarifpluralität führt umgekehrt nicht zur Funktionsunfähigkeit des Tarifvertragssystems.

(2) Koalitionspluralismus

Häufig wird in der Literatur nicht nur eine Gefährdung des Koalitionsbestands durch die Tarifeinheit im Betrieb gesehen, sondern auch auf eine Gefahr für den Koalitionspluralismus hingewiesen[707]. Das wird von einzelnen Stimmen

---

[704] Näher *Säcker/Oetker*, ZfA 1993, S. 11 ff.; ähnlich *Gamillscheg*, Arbeitsrecht, Bd. 1, § 17 III 3 c (1) (c), der auf die Nähe des Prinzips der Tarifeinheit im Betrieb zum Mehrheitsgrundsatz des amerikanischen Rechts verweist, welcher aus amerikanischer Sicht nicht nur demokratisch sei, sondern eine effektive Koalitionsausübung garantiere und die Gefahr von Streiks banne.

[705] Dazu schon oben § 20 C III 2 a bb aaa.

[706] S. oben § 21 C III 1 b bb ccc, eee, ferner § 21 A II 2 a aa aaa (1), b aa aaa.

[707] *Blank*, S. 71, 73 f.; *Konzen*, RdA 1978, S. 153; *Kraft*, RdA 1992, S. 168 f.; *ders.*, gem. Anm. zu BAG vom 22.9.1993 und 26.1.1994, AuR 1994, S. 392; *Mayer-Maly*,

im Schrifttum[708], nach denen die kollektive Koalitionsfreiheit den Koalitionspluralismus lediglich als verfassungsrechtlich gesicherte Möglichkeit, nicht aber im Sinne einer Gewährleistungspflicht umfasse, die dessen Förderung zum verfassungsrechtlichen Gebot erhebe, bestritten. Tarifpluralität ist aber die zwangsläufige Folge des in Art. 9 Abs. 3 GG vorausgesetzten Koalitionspluralismus[709]. Dieser schließt wiederum einen Koalitionswettbewerb ein[710], auf den sich zur Rechtfertigung des Prinzips der Tarifeinheit im Betrieb auch der *4. Senat* des *BAG* beruft[711]. Nur der Wettbewerb bestimmt, ob sich eine Koalition gegen Konkurrenten behaupten kann. Wettbewerb entscheidet sich durch Nachfrage, also durch die Wahl der Arbeitnehmer zwischen verschiedenen Gewerkschaften. Tarifeinheit im Betrieb schließt eine solche Auswahl aber aus. Sie steuert den Wettbewerb von oben und bringt ihn auf diese Weise zum Erliegen[712]. Sie verhindert Konkurrenz und erinnert deshalb an das verpönte closed-shop-Prinzip[713]: Sie zwingt die Mitglieder der verdrängten Gewerkschaft, deren Mitgliedschaft sich nicht mehr lohnt, mindestens faktisch zum Austritt, wenn sie nicht sogar den Eintritt in die „siegreiche" Gewerkschaft veranlaßt, da nur diese betrieblichen Tarifschutz garantiert[714]. Tarifeinheit im Betrieb wirkt sich damit kontraproduktiv auf den Wettbewerb aus und steigert die Gefahr einseitiger Machtstellungen. Die Funktionsfähigkeit der Tarifautonomie verlangt nicht den Schutz der Gewerkschaften vor Konkurrenz, sondern umgekehrt deren Förderung: Nur wenn Arbeitnehmer zwischen mehreren Angeboten wählen können, werden Tarifverträge, die Minderheiten benachteiligen, verhindert[715]. Koalitionspluralismus und Koalitionswettbewerb haben für die Tarifautonomie also eine enorme Bedeutung. Das verkennt der *4. Senat*[716].

RdA 1966, S. 203; *Ph. Merten*, BB 1993, S. 575 f.; *Salje*, Anm. zu BAG vom 20.3.1991, SAE 1993, S. 81; *Gis. Schneider*, S. 96; *H. Wiedemann*, FS Fleck, S. 452; *H. Wiedemann/Arnold*, ZTR 1994, S. 402, 446; *H. Wiedemann/Stumpf*, § 4 Rn. 64; *Witzig*, S. 48.

[708] *G. Müller*, Ablösung. S. 52; *Säcker/Oetker*, ZfA 1993, S. 11 ff.

[709] *Blank*, S. 71; ähnlich *Kohte*, Anm. zu BAG vom 26.1.1994, SAE 1996, S. 17; *Kraft*, gem. Anm. zu BAG vom 22.9.1993 und 26.1.1994, AuR 1994, S. 392.

[710] Vgl. oben § 21 A I 1 b bb aaa.

[711] BAG AP Nr. 20 zu § 4 TVG Tarifkonkurrenz, Bl. 4R.

[712] *Salje*, Anm. zu BAG vom 20.3.1991, SAE 1993, S. 79, 81; ähnlich *Blank*, S. 74; *Bruhn*, Tarifeinheit, S. 189 f.

[713] Zu ihm *Gamillscheg*, Arbeitsrecht, Bd. 1, § 8, 6 c (2) m.w.N.

[714] *Salje*, Anm. zu BAG vom 20.3.1991, SAE 1993, S. 80 f.; ähnlich *Rieble*, Rn. 1797; *ders.*, Anm. zu BAG vom 22.3.1994, EzA § 4 TVG Geltungsbereich Nr. 10, S. 14 f.

[715] *Reuter*, JuS 1992, S. 110.

[716] So auch *Salje*, Anm. zu BAG vom 20.3.1991, SAE 1993, S. 81.

(3) Satzungsautonomie

Bisweilen beklagt man in der Literatur schließlich, die Tarifeinheit im Betrieb verletze die durch Art. 9 Abs. 3 Satz 1 GG geschützte Satzungsautonomie (Tarifzuständigkeit) der aus dem Betrieb gedrängten Gewerkschaft[717]. Sie zwinge Gewerkschaften, sich auf eine spezielle Branche auszurichten und sich damit nach dem Industrieverbandsprinzip zu organisieren, privilegiere also Industrietarifverträge zu Lasten von Fachtarifverträgen. Darin liege ein Eingriff in die freie Wahl der Organisationsstruktur[718]. Daran ist nur richtig, daß die Tarifeinheit im Betrieb für einzelne Betriebe bisweilen zu einem partiellen „faktischen Entzug der Tarifzuständigkeit"[719] führt. Die Satzungsautonomie der Gewerkschaften, die ihre Tarifzuständigkeit auch unter der Geltung der Tarifeinheit im Betrieb frei festlegen können, bleibt aber rechtlich unberührt. Im Ergebnis korrigiert die Tarifeinheit im Betrieb zwar „Fehlentwicklungen" bei der Zuständigkeitsverteilung innerhalb des DGB. Tarifzuständigkeit von DGB-Gewerkschaften und der Grundsatz der Tarifeinheit im Betrieb sind deshalb Komplementärfunktionen. Sie verfolgen von unterschiedlichen Ansatzpunkten aus dasselbe Regelungsziel: Die Geltung einheitlicher Tarifverträge im Betrieb[720]. Anders aber als etwa ein Schiedsspruch des DGB nach § 16 DGB-Satzung wirkt der Grundsatz der Tarifeinheit im Betrieb nicht auf der Ebene der Tarifzuständigkeit, sondern setzt erst bei der Normwirkung an. Er verletzt deshalb zwar, wie dargelegt worden ist[721], die Koalitionsbetätigungsgarantie der aus dem Betrieb verdrängten Gewerkschaft, läßt deren Satzungsautonomie aber unberührt.

Im übrigen ist ohnehin nicht erkennbar, daß vom Grundsatz der Tarifeinheit im Betrieb ein Zwang zum Industrieverbandsprinzip ausginge. Nur wenige vom *BAG* entschiedenen Fälle betreffen Kollisionen zwischen Industrie- und Fachtarifverträgen, zumal der *4. Senat* einen DAG-Firmentarifvertrag für spezieller als einen HBV/DAG-Tarifvertrag gehalten hat[722]. Das Spezialitätsprinzip führt gerade nicht zum Vorrang des Industrietarifvertrags vor dem Fachtarifvertrag. Auch die vom *BAG* entschiedenen Fälle, die Tarifkollisionen zwischen DGB-

[717] *Bruhn*, Tarifeinheit, S. 187 ff.; *H. Wiedemann*, FS Fleck, S. 452; *H. Wiedemann/Arnold*, ZTR 1994, S. 446; ähnlich *Hohenstatt*, DB 1992, S. 1681: Verletzung des Art. 9 Abs. 3 Satz 1 GG, da die Koalition ihren Geltungsbereich nicht frei festlegen könne.

[718] *Bruhn*, Tarifeinheit, S. 187, 188 f.

[719] *H. Wiedemann*, FS Fleck, S. 452.

[720] *Blank*, S. 76.

[721] S. oben § 21 A II 2 b aa aaa.

[722] BAG AP Nr. 20 zu § 4 TVG Tarifkonkurrenz.

Gewerkschaften betreffen[723], haben innerhalb des DGB keine weitere Spezialisierung der einzelnen Mitgliedsgewerkschaften bewirkt. Der Trend weist in die andere Richtung, zu Gewerkschaftsfusionen und zur Ausweitung der eigenen Tarifzuständigkeit zu Lasten konkurrierender Gewerkschaften.

bb) Koalitionsfreiheit des Arbeitgeberverbands

Daß die Tarifeinheit im Betrieb nicht nur die Koalitionsfreiheit jener Gewerkschaften verletzt, deren Tarifverträge aus dem Betrieb gedrängt werden, sondern auch die der jeweiligen Vertragspartner, der Arbeitgeberverbände, wird nur vereinzelt bemerkt[724], ist aber im Ergebnis richtig. Der Entzug eines abgeschlossenen Tarifvertrags, der für mindestens einen Arbeitnehmer des Betriebs kraft Verbandsmitgliedschaft gilt (§ 3 Abs. 1 TVG), ist ein Eingriff in deren durch Art. 9 Abs. 3 Satz 1 GG geschützte Koalitionsbetätigungsfreiheit und wie auf Gewerkschaftsseite nicht durch kollidierende Grundrechte Dritter oder sonstige Verfassungsrechtsgüter gerechtfertigt[725].

c) Koalitionsfreiheit, gemeinsame Einrichtung nach § 4 Abs. 2 TVG und Tarifeinheit im Betrieb

aa) Unmittelbarer Schutz gemeinsamer Einrichtungen durch Art. 9 Abs. 3 Satz 1 GG

Das *BAG* hat das Prinzip der Tarifeinheit im Betrieb vor allem in Entscheidungen entwickelt, in denen allgemeinverbindliche Tarifverträge über gemeinsame Einrichtungen der Tarifvertragsparteien (§ 4 Abs. 2 TVG) mit weiteren normalen Tarifverträgen zusammengetroffen und von diesen aus dem Betrieb gedrängt worden sind[726]. Die Tarifeinheit im Betrieb berührt in diesen Konstellationen die Belange der gemeinsamen Einrichtungen – betroffen sind meist die

[723] BAG AP Nr. 16 zu § 4 TVG Tarifkonkurrenz; AP Nr. 22 zu § 4 TVG Tarifkonkurrenz; AP Nr. 126 zu § 1 TVG Tarifverträge: Bau.

[724] Ausdrücklich nur *Däubler*, TVR, Rn. 1505; wohl auch MünchArbR-*Löwisch*, Bd. 3, § 269 Rn. 17; *Löwisch/Rieble*, § 4 Rn. 290.

[725] Dazu (für die Gewerkschaften) näher oben § 21 A II 2 b aa aaa.

[726] BAG AP Nr. 11 zu § 4 TVG Tarifkonkurrenz; AP Nr. 12 zu § 4 TVG Tarifkonkurrenz; AP Nr. 16 zu § 4 TVG Tarifkonkurrenz; AP Nr. 19 zu § 4 TVG Tarifkonkurrenz; AP Nr. 22 zu § 4 TVG Tarifkonkurrenz; AP Nr. 126 zu § 1 TVG Tarifverträge: Bau.

Zusatzversorgungskasse des Baugewerbes VVaG und die Urlaubs- und Lohnausgleichskasse der Bauwirtschaft – in erheblichem Maße: Es verwehrt ihnen trotz § 5 Abs. 4 TVG, in ihr Finanzierungskonzept auch diejenigen Arbeitgeber einzubeziehen, in deren Betrieben „speziellere" Tarifverträge gelten, selbst wenn diese weder Regelungen über gemeinsame Einrichtungen enthalten noch für alle Arbeitsverhältnisse des Betriebs normative Wirkung entfalten. Damit stellt sich die bislang nicht aufgeworfene Frage, ob nicht auch gemeinsame Einrichtungen den Schutz des Art. 9 Abs. 3 Satz 1 GG für sich beanspruchen und den Weg einer Verfassungsbeschwerde beschreiten können.

Ein direkter Schutz gemeinsamer Einrichtungen durch Art. 9 Abs. 3 Satz 1 GG scheitert freilich nicht nur daran, daß diese keine Grundrechtsträger der Koalitionsfreiheit sind. Art. 9 Abs. 3 Satz 1 GG schützt unmittelbar nur einzelne Arbeitgeber und Arbeitnehmer sowie, folgt man der herrschenden Lehre vom Doppelgrundrecht[727], deren Koalitionen[728]. Gemeinsame Einrichtungen sind aber weder natürliche Personen, die sich zu Vereinigungen zur Wahrung und Förderung der Arbeits- und Wirtschaftsbedingungen zusammenschließen könnten, noch handelt es sich bei ihnen um solche Zusammenschlüsse, deren Voraussetzungen sie nicht erfüllen[729]. Ihnen fehlt insbesondere eines der wichtigsten Koalitionsmerkmale: Gemeinsame Einrichtungen sind, da sie von Arbeitgeberverbänden und Gewerkschaften gemeinsam getragen werden[730], nicht gegnerunabhängig. Sie haben keinen sozialen Gegenspieler, welchem gegenüber sie die Interessen ihrer Mitglieder vertreten könnten. Hinzu kommt, daß gemeinsame Einrichtungen keine Tarifverträge abschließen, um deren Verdrängung es bei der Tarifeinheit im Betrieb aber gerade geht.

bb) Mittelbarer Schutz gemeinsamer Einrichtungen durch Art. 9 Abs. 3 Satz 1 GG (gemeinsame Einrichtung als „Teilarbeitgeber" und Reflexwirkung der Koalitionsfreiheit)

Zu bedenken ist aber ein aus Art. 9 Abs. 3 Satz 1 GG abgeleiteter mittelbarer Grundrechtsschutz, wie man ihn offenbar auch im Schrifttum vereinzelt in Betracht zu ziehen scheint, wenn die aus Art. 9 Abs. 3 Satz 1 GG folgende Koali-

---

[727] S. oben § 21 A I 1 b aa.

[728] Vgl. statt vieler nur Dreier-*H. Bauer*, Art. 9 Rn. 62 ff.; *von Hoyningen-Huene*, AR-Blattei SD 1650.1 Rn. 31 ff., jeweils m.w.N.

[729] Dazu bereits oben § 8 B II 1.

[730] Beispiel: Träger der Zusatzversorgungskasse des Baugewerbes VVaG sind der Hauptverband der Deutschen Bauindustrie e.V., der Zentralverband des Deutschen Baugewerbes e.V. und die IG BAU.

tionsfreiheit als „grundlegende Basis der Zusatzversorgungskasse“[731] bezeichnet oder formuliert wird, daß gemeinsame Einrichtungen Formen der sozialpartnerschaftlichen Kooperation verkörperten, „wie sie im Grundrecht des Art. 9 III GG mit eingeschlossen ist“[732]. Sicher ist jedenfalls, daß das „ob“ und das „wie“ der Errichtung gemeinsamer Einrichtungen durch die Tarifvertragsparteien Teilelemente der Tarifautonomie sind und deshalb dem Schutz des Art. 9 Abs. 3 Satz 1 GG unterliegen[733].

Zu erwägen ist darüber hinaus zunächst, ob mit der Übertragung bestimmter arbeitsvertraglicher Ansprüche aus dem Arbeitsverhältnis auf das Leistungsverhältnis[734] („Gläubigerwechsel“ vom Arbeitgeber zur gemeinsamen Einrichtung) zugleich der Übergang eines Teils der Koalitionsfreiheit des einzelnen Arbeitgebers verbunden sein könnte. Die gemeinsame Einrichtung als „Teilarbeitgeber“ wäre dann mindestens partiell berechtigt, sich auf Art. 9 Abs. 3 Satz 1 GG zu berufen. Eine solche teilweise Übertragung scheiterte jedenfalls nicht an der fehlenden Dispositionsmöglichkeit des einzelnen über sein Grundrecht: In der Diskussion zum Grundrechtsverzicht ist allgemein anerkannt, daß der Grundrechtsträger bei prinzipiellem Fortbestand seiner Grundrechtsberechtigung konkrete Einzelelemente des Grundrechtsschutzes in begrenztem Umfang aufgeben kann[735]. Freilich disponieren im Dreiecksverhältnis zwischen Arbeitgeber, Arbeitnehmer und gemeinsamer Einrichtung nicht die einzelnen Arbeitgeber, die zudem meist nicht einmal Verbandsmitglieder sind, sondern die Tarifvertragsparteien. Verträge zu Lasten Dritter sind aber unzulässig. Für einen gesetzlichen partiellen Grundrechtsübergang fehlt jede Rechtsgrundlage.

Zu überdenken ist aber eine Partizipation gemeinsamer Einrichtungen an der Koalitionsfreiheit derjenigen Tarifvertragsparteien, die die entsprechenden Sozialkassentarifverträge abgeschlossen haben. Rechtsmethodisch kommt dafür nur ein Grundrechtsreflex in Betracht, der dem verfassungsrechtlichen Standardschrifttum freilich unbekannt ist. Auf den ersten Blick scheint eine Anleihe beim allgemeinen Rechtsreflex hilfreich, der besonders im Verwaltungsrecht geläufig ist[736]: Er bezeichnet die Begünstigung des Bürgers als tatsächliche

---

[731] *Kissel*, ZfA 1985, S. 44.

[732] MD-*Scholz*, Art. 9 Rn. 211.

[733] BAG AP Nr. 100 zu § 1 TVG Tarifverträge: Bau, Bl. 3; *Jarass/Pieroth*, Art. 9 Rn. 29a; *Kissel*, ZfA 1985, S. 46; *Meik*, S. 173; *Schmitt*, Anm. zu BAG vom 23.11.1988, SAE 1989, S. 274; vgl. auch BVerfG AP Nr. 17 zu § 5 TVG, Bl. 5R.

[734] Zur Wirkungsweise tarifvertraglicher Normen über gemeinsame Einrichtungen und den einzelnen Rechtsverhältnissen näher oben § 8 B I 3 a.

[735] Vgl. statt vieler Sachs-*Sachs*, Vor Art. 1 Rn. 33 ff.; *Stern*, Bd. III 2, § 86, jeweils m.w.N.

[736] Hier spricht man bisweilen vom Reflexrecht.

Auswirkung einer Regelung, verleiht ihm aber keinen gerichtlich verfolgbaren Anspruch – in Form eines subjektiven öffentlichen Rechts – auf diesen Vorteil[737]. Er gewährt einen tatsächlichen Status, aber keine Rechtsposition. Wären diese Grundsätze auch für Reflexwirkungen aus Grundrechten maßgeblich, könnten sich gemeinsame Einrichtungen auf einen Reflexschutz aus Art. 9 Abs. 3 Satz 1 GG gegen den Entzug der Tarifverträge, die ihr Finanzaufkommen sichern, nicht berufen. Eine Übertragbarkeit scheidet aber aus. Anders als das verwaltungsrechtliche Reflexrecht dient der Grundrechtsreflex im hier verstandenen Sinn nicht einer Abgrenzung im Anspruchsverhältnis Staat–Bürger, sondern betrifft die Frage, ob Grundrechtsschutz nicht nur unmittelbar für Grundrechtsträger besteht, sondern darüber hinaus auch auf gleichgeordnete Rechtsträger durchschlagen kann. Er wirkt damit nicht vertikal, sondern ist horizontal dimensioniert.

Immerhin wird im Verfassungsrecht manchmal ein horizontaler „mittelbarer, reflexartiger Schutz“ durch das Grundgesetz beschrieben, der die grundrechtliche Verbürgung einzelner Strukturelemente der Privatrechtsgesellschaft wie etwa der Vertragsfreiheit, des Eigentums oder der Berufsfreiheit flankiere und den Markt als solchen verfassungsrechtlich absichere[738]. Auch dem Koalitionsrecht ist der Grundrechtsreflex nicht unbekannt. *Säcker/Oetker* lehnen eine originäre Zuständigkeit der Koalitionen auch für Außenseiter ab, rechtfertigen den faktischen Einfluß auf diese aber als Reflex einer effektiven Interessenwahrnehmung durch die Koalitionen für deren Mitglieder[739]. *Kempen*, der der verfassungsrechtlichen Verankerung der negativen Koalitionsfreiheit in Art. 9 Abs. 3 Satz 1 GG prinzipiell eine Absage erteilt, bezeichnet die Möglichkeit des Austritts und des Fernbleibens als „Reflex des verfassungsrechtlich als Grundfreiheit ausschließlich geschützten positiven Koalitionsrechts“[740] und reduziert dessen Inhalt dadurch auf das Verbot einer staatlichen Koalitionsbeitrittspflicht. *Scholz* bemängelt beim gewerkschaftlich geführten Streik gegen einzelne Arbeitgeber oder bei einer Aussperrung, die nicht zwischen organisierten und nicht-organisierten Arbeitnehmern unterscheidet, das Fehlen eines

---

[737] Näher dazu *Bachof*, GS W. Jellinek, S. 287 ff.; *Badura*, C Rn. 5; *Bull*, Rn. 230; HBdStR-*Erichsen*, Bd. VI, § 152 Rn. 67; *Forsthoff*, S. 190; *G. Jellinek*, S. 67 ff.; *Stern*, Bd. III 1, § 65 II 3 b; auch im Zivilrecht bewirkt ein Rechtsreflex keine Rechtsposition: Ein Gesetz ist nicht Schutzgesetz i.S.d. § 823 Abs. 2 BGB, wenn der Schutz individueller Interessen bloßer Reflex des Gemeinschaftsschutzes ist, s. BGHZ 100, S. 13, 14 f.; MünchKomm-*Mertens*, § 823 Rn. 162; Staudinger-*Schäfer*, § 823 Rn. 580; Soergel-*Zeuner*, § 823 Rn. 252.

[738] *Canaris*, FS Lerche, S. 879; ähnlich *Scholz*, FS Rittner, S. 640.

[739] *Säcker/Oetker*, Tarifautonomie, S. 70; dagegen *Loritz*, S. 59 f.

[740] *Kempen/Zachert*, Grundlagen Rn. 132.

„kollektiv-rechtlichen Bezugs" hinsichtlich des bestreikten Arbeitgebers und der nicht-organisierten Arbeitnehmer und erklärt deren „Rechtsstellung bzw. die ihnen gegenüber gesetzten Rechtsfolgen als bloßen Rechtsreflex aus Art. 9 III GG"[741]. Der Grundrechtsreflex wird insoweit also nicht als bloßer tatsächlicher Vorteil verstanden, sondern mündet in eine eigenständige Rechtsposition ein.

Auch wenn sich die Beispiele nicht unmittelbar für den Grundrechtsschutz gemeinsamer Einrichtungen fruchtbar machen lassen, zeigen sie doch, daß es im Grundrechtsbereich einen Rechtsreflex geben kann, der – anders als der verwaltungsrechtliche Rechtsreflex – über die Gewährung eines tatsächlichen Status hinausgeht. Die Existenz und Reichweite eines solchen Grundrechtsreflexes kann nur anhand des jeweiligen Grundrechtszwecks zu ermitteln sein. Das gilt auch für die Koalitionsfreiheit.

Daß gemeinsame Einrichtungen reflexartig an der Koalitionsfreiheit der Tarifvertragsparteien, die die durch die Tarifeinheit im Betrieb verdrängten Tarifverträge abgeschlossen haben, partizipieren, damit als Folge eines Grundrechtsreflexes mittelbar dem Schutz des Art. 9 Abs. 3 Satz 1 GG unterliegen und zur Verfassungsbeschwerde berechtigt sind (Art. 93 Nr. 4a GG), kann sich folgerichtig nur aus dessen Sinngehalt ergeben. Art. 9 Abs. 3 Satz 1 GG garantiert – darauf ist bereits hingewiesen worden – das „ob" und das „wie" der Errichtung gemeinsamer Einrichtungen durch die Tarifvertragsparteien[742]. Diese bedienen sich, so gibt es § 4 Abs. 2 TVG vor, gemeinsamer Einrichtungen als „Werkzeug", um ihre tarif- und sozialpolitischen Absichten – etwa den Ausgleich von Entgelteinbußen von Arbeitnehmern im Winter – mit Hilfe von allgemeinverbindlichen Sozialkassentarifverträgen umsetzen zu können, und weisen ihnen damit eine Mittlerfunktion zwischen sich und den betroffenen Arbeitgebern und Arbeitnehmern zu. Beim verfassungsrechtlichen Schutz des „ob" und des „wie" der Einrichtung kann es aber nicht bleiben.

Vergleichbar der Rechtskonstruktion beim Besitzdiener (§ 855 BGB), den § 860 BGB zur Ausübung der dem Besitzer nach § 859 BGB zustehenden Selbsthilfe berechtigt, muß sich der verfassungsrechtliche Schutz der Tarifvertragsparteien, die Tarifverträge über gemeinsame Einrichtungen abgeschlossen haben, in den gemeinsamen Einrichtungen fortsetzen. Ähnlich wie bei der individuellen positiven Koalitionsfreiheit, die nicht auf den Zusammenschluß zu einer Koalition beschränkt sein kann, sondern darüber hinaus den Beitritt, den Verbleib und vor allem die Betätigung des einzelnen für die Koalition schützen

[741] MD-*Scholz*, Art. 9 Rn. 192.

[742] S. oben § 21 A II 2 c aa.

muß[743], erfordert der Zweck des Art. 9 Abs. 3 Satz 1 GG eine Reflexwirkung der Koalitionsfreiheit auf gemeinsame Einrichtungen. Deren Funktionen, die nur mit Hilfe der Allgemeinverbindlicherklärung zu realisieren sind, drohen andernfalls leerzulaufen. Das zeigt die Verdrängung allgemeinverbindlicher Sozialkassentarifverträge durch die Tarifeinheit im Betrieb ganz deutlich. Deren Tarifvertragsparteien können sich selbst auf Art. 9 Abs. 3 Satz 1 GG in aller Regel nicht berufen, da eine Verletzung der (kollektiven) Koalitionsbetätigungsfreiheit eine beiderseitig mitgliedschaftlich legitimierte Tarifgeltung (§ 3 Abs. 1 TVG) für mindestens ein Arbeitsverhältnis im Betrieb voraussetzt[744]. Ihnen sind wegen der Allgemeinverbindlicherklärung die Hände gebunden.

Für den Grundrechtsreflex zugunsten gemeinsamer Einrichtungen ist § 5 Abs. 4 TVG, der die mitgliedschaftliche Legitimation ersetzt, umgekehrt aber keine Sperre, da gemeinsame Einrichtungen anders als Tarifvertragsparteien weder selbständige Grundrechtsträger sind noch ihren Mitgliedern eine mitgliedschaftlich legitimierte Tarifgeltung vermitteln wollen. Vom Reflexschutz umfaßt ist, das ist abschließend festzuhalten, mindestens die normative Geltung der Sozialkassentarifverträge für solche Arbeitsverhältnisse, die nicht einer Tarifkonkurrenz unterliegen.

III. Ergebnis

Die Kernbereichslehre als verfassungsrechtlicher Kontrollmaßstab des Art. 9 Abs. 3 Satz 1 GG hat ausgedient. Maßgeblich ist heute nach den Vorgaben der allgemeinen Grundrechtsdogmatik vielmehr, ob ein Eingriff in den Schutzbereich der Koalitionsfreiheit durch die Grundrechtsschranke kollidierender Grundrechte Dritter oder anderer mit Verfassungsrang ausgestatteter Rechtswerte gerechtfertigt ist, die ihrerseits verhältnismäßig sein muß und den Wesensgehalt der Koalitionsfreiheit nicht antasten darf. Der Schutzbereich der Koalitionsfreiheit bedarf dabei der Ausgestaltung, die eigenen Prüfungsanforderungen unterliegt. Die Tarifeinheit im Betrieb ist allerdings nicht Grundrechtsausgestaltung, sondern Grundrechtsschranke. Da weder kollidierende Grundrechte Dritter noch andere verfassungsrechtlich geschützte Rechtsgüter erkennbar sind, ist der Eingriff durch die Tarifeinheit im Betrieb in den Schutzbereich der Koalitionsfreiheit nicht gerechtfertigt. Er wäre überdies nicht verhältnismäßig und beeinträchtigte mindestens teilweise den Wesensgehalt der Koalitionsfreiheit. Der Grundsatz der Tarifeinheit im Betrieb ist deshalb verfassungswid-

---

[743] S. oben § 21 A I 1 a aa.

[744] S. oben § 21 A II 2 b aa aaa.

rig. Dabei ist freilich zwischen den Schutzrichtungen des Art. 9 Abs. 3 Satz 1 GG zu differenzieren. Zunächst ist die individuelle positive Koalitionsfreiheit einzelner Arbeitnehmer und Arbeitgeber verletzt, denen die Tarifeinheit im Betrieb die normative Wirkung von Tarifverträgen ihres Verbands entzieht. Arbeitgeber können darüber hinaus in ihrer Rechtsstellung als Partei eines Tarifvertrags betroffen sein. Nicht tangiert sind das Recht auf Koalitionsbildung und die negative Koalitionsfreiheit. Ferner verstößt die Tarifeinheit im Betrieb gegen die Koalitionsbetätigungsfreiheit von Arbeitgeberverbänden und Gewerkschaften sowie gegen die Koalitionsbestandsgarantie letzterer – insoweit gefährdet sie auch den Koalitionspluralismus –, läßt freilich deren Satzungsautonomie unberührt. Für DGB-Gewerkschaften gelten im übrigen keine Besonderheiten. Gemeinsame Einrichtungen unterliegen zwar nicht unmittelbar dem Schutz der Koalitionsfreiheit, sind aber gegen eine betriebsweite Verdrängung von Sozialkassentarifverträgen mittelbar durch einen Grundrechtsreflex aus Art. 9 Abs. 3 Satz 1 GG geschützt.

B. Verstoß gegen die Vertragsfreiheit (Art. 2 Abs. 1 GG)

Arbeitsvertragliche Bestimmungen, die auf Tarifverträge Bezug nehmen, bewirken auf diese Weise deren Inkorporierung in den Arbeitsvertrag[745]. Die Auslegung solcher Klauseln führt wegen deren Gleichstellungszwecks in aller Regel faktisch zur Anwendung nur eines Tarifvertrags für alle Arbeitsverhältnisse und damit zu einer tatsächlichen Tarifeinheit im Betrieb, die freilich mit dem Grundsatz der Tarifeinheit im Betrieb als Kollisionsregel für Tarifpluralität nichts zu tun hat[746].

Von dieser Konstellation, in der es um die Auslegung einzelvertraglicher Bezugnahmeklauseln geht, ist die vom *BAG* im „real-kauf"-Urteil[747] aufgeworfene Frage zu unterscheiden, ob die Tarifeinheit im Betrieb nicht nur Tarifpluralität – das Nebeneinander mehrerer normativ wirkender Tarifverträge im Betrieb[748] – betrifft, für die sie als Kollisionsregel entwickelt wurde, sondern ob sie darüber hinaus, nachdem nach einer Auslegung der arbeitsvertraglichen Klauseln die in Bezug genommenen Tarifnormen feststehen, auch diese, schuldrechtlich wirkenden Tarifverträge verdrängt. Der *4. Senat* hat die Frage mit der Begründung bejaht, die vertragliche Bezugnahme eines Tarifvertrags sei „letzt-

---

[745] Dazu bereits oben § 10 I I 1 c.

[746] Näher oben § 10 I I 1 a.

[747] BAG AP Nr. 20 zu § 4 TVG Tarifkonkurrenz.

[748] Näher oben § 7 B I.

lich eine von mehreren Arten", „die Bindung an einen Tarifvertrag zu bewirken" und könne deshalb ebenfalls zum Entstehen einer Tarifpluralität führen[749]. Für deren Lösung sei der Ursprung der Tarifgeltung aber nicht von Bedeutung.

Ungeachtet eines Verstoßes gegen das Günstigkeitsprinzip des § 4 Abs. 3 2. Var. TVG, auf den noch zurückzukommen ist[750], hat man dieser Judikatur zu Recht einen massiven Eingriff in die einzelvertragliche Gestaltungsfreiheit der Arbeitsvertragsparteien vorgeworfen[751] und mindestens teilweise auch auf deren verfassungsrechtlichen Schutz durch Art. 2 Abs. 1 GG hingewiesen[752]. Flankierend wird betont, daß die Verdrängung eines in Bezug genommenen Tarifvertrags nach dem Grundsatz der Tarifeinheit den Tarifvertrag zu einem Unterwerfungsmittel in Bezug auf die jeweils im Betrieb geltende kollektive Ordnung denaturiere[753] und daß die Zwangssolidarisierung mittels der Tarifeinheit im Betrieb dem Geist des Privatrechts widerspreche[754].

Dem ist jedenfalls im Ergebnis nichts hinzuzufügen. Versteht man mit der ganz h.M. vorbehaltlich speziellerer Grundrechte das Recht des einzelnen, seine Rechtsverhältnisse nach seinem Willen frei gestalten zu können (Vertragsfreiheit), als Ausfluß der allgemeinen Handlungsfreiheit[755], kommen als Rechtfertigung des Eingriffs nur die verfassungsunmittelbaren Grundrechtsschranken des Art. 2 Abs. 1 GG in Betracht, unter welchen der „verfassungsmäßigen Ordnung" monopolartige Bedeutung zukommt[756]. Unter ihr versteht das *BVerfG* die

---

[749] BAG AP Nr. 20 zu § 4 TVG Tarifkonkurrenz, Bl. 5.

[750] Dazu unten § 22 B.

[751] *P. Hanau/Kania*, Anm. zu BAG vom 20.3.1991, AP Nr. 20 zu § 4 TVG Tarifkonkurrenz, Bl. 10 f.; *Kraft*, RdA 1992, S. 167; *Stein*, Rn. 284; *H. Wiedemann/Arnold*, ZTR 1994, S. 447; LAG Niedersachsen, Urteil vom 8.12.1994 – 7 Sa 574/94 (n.v.), S. 9; gegen das BAG im Ergebnis auch *Däubler*, TVR, Rn. 1506; *Hohenstatt*, DB 1992, S. 1683; *Reuter*, JuS 1992, S. 110; vgl. ferner LAG Bremen LAGE § 4 TVG Tarifpluralität Nr. 2, S. 7.

[752] *Fenn*, FS Kissel, S. 233 f.; *Schleusener*, Anm. zu BAG vom 28.5.1997, SAE 1998, S. 14.

[753] *Däubler*, TVR, Rn. 1506.

[754] *Reuter*, JuS 1992, S. 110.

[755] St. Rspr., etwa BVerfGE 8, S. 274, 328; 12, S. 341, 347; 70, S. 115, 123; 89, S. 214, 231; AP Nr. 11 zu § 1 BetrAVG Unterstützungskasse, Bl. 7R; aus der Literatur *Badura*, C Rn. 79, Dreier-*Dreier*, Art. 2 I Rn. 24; HBdStR-*Erichsen*, Bd. VI, § 152 Rn. 56 ff.; *Jarass/Pieroth*, Art. 2 Rn. 4; *Katz*, Rn. 686; von Münch/Kunig-*Kunig*, Art. 2 Rn. 29; *Maunz/Zippelius*, § 24 I 2; Sachs-*Murswiek*, Art. 2 Rn. 54; *Pieroth/Schlink*, Rn. 370; ferner *Canaris*, FS Lerche, S. 878 ff.

[756] BVerfGE 8, S. 274, 328; 12, S. 341, 347; 70, S. 115, 123; AP Nr. 11 zu § 1 BetrAVG Unterstützungskasse, Bl. 7R; Dreier-*Dreier*, Art. 2 I Rn. 38 ff.; HBdStR-*Erichsen*, Bd. VI, § 152 Rn. 31 ff.; von Münch/Kunig-*Kunig*, Art. 2 Rn. 22.

Gesamtheit aller Normen, soweit sie mit der Verfassung formell und materiell – sieht man von Art. 2 Abs. 1 GG selbst ab – in Einklang stehen[757]. Die Tarifeinheit im Betrieb könnte zur „verfassungsmäßigen Ordnung“ gehören und damit als Grundrechtsschranke den Eingriff rechtfertigen[758]. Daß es sich um ein Produkt richterlicher Rechtsfortbildung und nicht um ein förmliches Gesetz handelt, hindert eine solche Rechtfertigung nicht, da Art. 2 Abs. 1 GG nicht unter einem Gesetzes-, sondern unter einem Rechtsvorbehalt steht[759]. Die Tarifeinheit im Betrieb ist aber, wie ausführlich dargelegt wurde[760], verfassungswidrig, weil sie gegen Art. 9 Abs. 3 Satz 1 GG verstößt. Überdies gibt es, auch das ist eingehend untersucht worden[761], keine Rechtsgrundlage für sie. Der Eingriff in den Schutzbereich des Art. 2 Abs. 1 GG durch die betriebsweite Verdrängung einzelvertraglich in Bezug genommener Tarifverträge ist demnach nicht durch die Tarifeinheit im Betrieb als Grundrechtsschranke gerechtfertigt[762]. Sie verletzt insoweit vielmehr die durch Art. 2 Abs. 1 GG geschützte Vertragsfreiheit und ist auch deshalb verfassungswidrig.

C. Weitere Verfassungsverstöße

Die Tarifeinheit im Betrieb ist verfassungswidrig, weil sie gegen Art. 9 Abs. 3 Satz 1 GG (bei Tarifpluralität) und Art. 2 Abs. 1 GG (bei arbeitsvertraglicher Bezugnahme von Tarifverträgen) verstößt. Bereits zuvor ist festgestellt worden, daß es für sie keine Rechtsgrundlage gibt, insbesondere keine Rechtfertigung durch richterliche Rechtsfortbildung. Auf der Grundlage dieses Befundes ist im folgenden ergänzend auf weitere verfassungsrechtliche Konsequenzen hinzuweisen.

---

[757] St. Rspr. seit BVerfGE 6, S. 32, 38 f.; zuletzt etwa 74, S. 129, 152; 80, S. 137, 153; aus dem Schrifttum Dreier-*Dreier*, Art. 2 I Rn. 38 ff.; HBdStR-*Erichsen*, Bd. VI, § 152 Rn. 31 ff.; *Katz*, Rn. 692; von Münch/Kunig-*Kunig*, Art. 2 Rn. 22; *D. Merten*, JuS 1976, S. 346; Sachs-*Murswiek*, Art. 2 Rn. 89.

[758] Vgl. *Fenn*, FS Kissel, S. 234.

[759] BVerfG AP Nr. 11 zu § 1 BetrAVG Unterstützungskasse, Bl. 7R; Dreier-*Dreier*, Art. 2 I Rn. 38; von *Jarass/Pieroth*, Art. 2 Rn. 14; Münch/Kunig-*Kunig*, Art. 2 Rn. 23; *D. Merten*, JuS 1976, S. 346; *Söllner*, RdA 1989, S. 147; anders nur HBdStR-*Erichsen*, Bd. VI, § 152 Rn. 35.

[760] Oben § 21 A.

[761] Oben § 20.

[762] Ebenso *Fenn*, FS Kissel, S. 234.

I. Verstoß gegen den Vorrang des Gesetzes

Aus Art. 20 Abs. 3 Hs. 2, Art. 97 Abs. 1 GG folgt, daß die Gerichte den Vorrang des Gesetzes zu beachten haben[763]. Sie sind nicht nur an bestehende Gesetze, sondern überhaupt an den erkennbaren Willen des Gesetzgebers gebunden. Die Untersuchung hat gezeigt, daß die Tarifeinheit im Betrieb insbesondere nicht durch gesetzesimmanente Rechtsfortbildung zu legitimieren ist, weil das TVG eindeutige Vorgaben zur Tarifpluralität enthält und aus diesem Grund nicht lückenhaft ist[764]. Gesetzesübersteigende Rechtsfortbildung[765], die etwa wegen zwingender Bedürfnisse des Rechtsverkehrs eine Ausnahme vom Vorrang des Gesetzes rechtfertigen könnte, scheidet als Legitimationsgrundlage für das Prinzip der Tarifeinheit im Betrieb ebenfalls aus[766]. Die Judikatur des *BAG* zum Prinzip der Tarifeinheit im Betrieb, die diese Vorgaben mißachtet, verstößt deshalb gegen den Vorrang des Gesetzes und ist wegen Verletzung der Art. 20 Abs. 3, Art. 97 Abs. 1 GG verfassungswidrig.

II. Verstoß gegen das Prinzip der Gewaltenteilung

Der Grundsatz der Gewaltenteilung weist Judikative und Legislative unterschiedliche Aufgaben zu. Gerichte haben Recht zu sprechen und sich jeder Rechtspolitik zu enthalten. Die Rechtsprechung des *BAG* zum Prinzip der Tarifeinheit im Betrieb erfüllt – wie dargelegt wurde[767] – die Voraussetzungen richterlicher Rechtsfortbildung nicht. Vielmehr dient sie namentlich dem Vereinfachungsinteresse des Arbeitgebers und flankiert beim Schiedsspruch nach § 16 DGB-Satzung die Durchsetzung des Industrieverbandsprinzips innerhalb des DGB, ist also rechtspolitisch motiviert. Sie verstößt daher gegen Art. 20 Abs. 2 Satz 2 GG und ist verfassungswidrig. Ob die Judikatur darüber hinaus grob methodenwidrig ist und auch aus diesem Grund das Prinzip der Gewaltenteilung verletzt[768], kann deshalb offenbleiben.

---

[763] Dazu näher bereits oben § 20 C II 1 b aa.

[764] Näher oben § 20 C III 1.

[765] Zu ihr näher oben § 20 C II 2 b.

[766] Näher oben § 20 C III 2.

[767] S. oben § 20 C.

[768] Dazu oben § 20 B II 1 b aa.

III. Verstoß gegen das Demokratie- und Rechtsstaatsprinzip

Bisweilen wirft man der Rechtsprechung des *BAG* zum Prinzip der Tarifeinheit im Betrieb schließlich einen Verstoß gegen das Demokratie- und das Rechtsstaatsprinzip vor[769]. Den Tarifvertragsparteien des vorrangigen Tarifvertrags werde ohne jede Legitimation eine negative Normsetzungsmacht zu Lasten Andersorganisierter eingeräumt. Im Ergebnis ist der Vorwurf unberechtigt.

Zwar ist die Geltung des Demokratieprinzips grundsätzlich auf den Staat und seine Einrichtungen begrenzt[770]. Seine Normsetzung muß demokratisch legitimiert sein. Rechtssetzung erfolgt freilich nicht nur durch den Staat, sondern auch durch die Tarifvertragsparteien. Auch diese vom Staat abgeleitete Befugnis zur Setzung von Normen bedarf gegenüber den Normbetroffenen – wie staatliche Normsetzung – einer Legitimation. Im Tarifvertragsrecht liegt sie in der Mitgliedschaft in den tarifvertragsschließenden Verbänden, die zur Tarifgebundenheit und damit zur unmittelbaren und zwingenden Wirkung des Tarifvertrags führt (§ 4 Abs. 1 TVG). Ein Verstoß der Tarifeinheit im Betrieb gegen das Demokratieprinzip, soweit es sich auf tarifvertragliche Rechtssetzung überhaupt übertragen läßt, scheidet aber ungeachtet beträchtlicher Schwierigkeiten, dessen Inhalt präzise zu fixieren[771], bereits aus anderem Grund aus: Die Tarifeinheit im Betrieb setzt weder gegenüber Außenseitern noch gegenüber Andersorganisierten Normen. Die namentlich von *Rieble* unterstellte faktische Rechtsnormwirkung auf Andersorganisierte, denen die Tarifeinheit im Betrieb ihren Tarifvertrag entzieht, geht nicht über dasjenige Maß hinaus, das Art. 9 Abs. 3 Satz 1 GG jedem Nichtorganisierten zumutet, der sich Tarifschutz nur durch Beitritt zu einer Gewerkschaft verschaffen kann[772]. Ein Beitrittsdruck in dieser Form ist einer Normsetzung nicht gleichzusetzen. Der für spezieller gehaltene und betriebsweit vorrangige Tarifvertrag bedarf deshalb gegenüber Andersorganisierten keiner Legitimation. Ein Verstoß der Tarifeinheit im Betrieb gegen das Demokratieprinzip scheidet damit aus.

Wie bereits herausgearbeitet wurde, verletzt die Judikatur des *BAG* zum Prinzip der Tarifeinheit im Betrieb den Grundsatz der Gewaltenteilung (Art. 20

[769] *Rieble*, Rn. 1796; *ders.*, Anm. zu BAG vom 22.3.1994, EzA § 4 TVG Geltungsbereich Nr. 10, S. 14.

[770] Vgl. aber HBdStR-*Böckenförde*, Bd. I, § 22 Rn. 9 ff.; *Degenhart*, Rn. 2 ff.; *Hesse*, Rn. 127 ff.; *Jarass/Pieroth*, Art. 20 Rn. 4 ff.; *Katz*, Rn. 137 ff., 158; Sachs-*Sachs*, Art. 20 Rn. 10 ff.; von Münch/Kunig-*Schnapp*, Art. 20 Rn. 11 ff.

[771] *Hesse*, Rn. 127; *Katz*, Rn. 137; von Münch/Kunig-*Schnapp*, Art. 20 Rn. 11.

[772] Dazu bereits oben § 21 A II 2 a aa bbb.

Abs. 2 Satz 2 GG) und den Vorrang des Gesetzes (Art. 20 Abs. 3 Hs. 1 GG)[773]. Beide Elemente des Art. 20 GG sind, das ist unbestritten, Teilgarantien des Rechtsstaatsprinzips[774]. Insoweit liegt vordergründig auch ein Verstoß der Tarifeinheit im Betrieb gegen das Rechtsstaatsprinzip nahe. Der Rückgriff auf das Rechtsstaatsprinzip darf freilich nicht überstrapaziert werden[775]. Er ist methodisch deshalb nur dann zu akzeptieren, wenn die Verfassung spezielle Gewährleistungen einzelner Teilelemente des Rechtsstaatsprinzips nicht enthält[776]. Nur dann ist es nicht als deklaratorische, vor die Klammer gezogene Sammelbezeichnung verschiedener Teilgarantien zu begreifen, sondern mit eigenständigem dogmatischem Gehalt versehen. Das Prinzip der Gewaltenteilung und der Vorrang des Gesetzes sind aber beide ausdrücklich in Art. 20 Abs. 2 Satz 2 GG und in Art. 20 Abs. 3 Hs. 1 GG niedergelegt. Es bedarf insoweit keines Rückgriffs auf das Rechtsstaatsprinzip, das deshalb durch die Tarifeinheit im Betrieb nicht verletzt ist.

IV. Ergebnis

Die Judikatur des *BAG* zum Prinzip der Tarifeinheit im Betrieb verletzt den Grundsatz der Gewaltenteilung und den Vorrang des Gesetzes, die beide spezielle Ausprägungen des Rechtsstaatsprinzips sind. Das Rechtsstaatsprinzip selbst wird durch die Tarifeinheit im Betrieb aber genauso wenig berührt wie das Demokratieprinzip.

D. Zusammenfassung

Der Grundsatz der Tarifeinheit im Betrieb ist verfassungswidrig. Er verstößt nicht nur gegen Art. 9 Abs. 3 Satz 1 und Art. 2 Abs. 1 GG, sondern verletzt darüber hinaus Art. 20 Abs. 2 Satz 2 GG sowie Art. 20 Abs. 3 Hs. 1 GG.

---

[773] Oben § 21 C I, II.

[774] *Badura*, D Rn. 46; *Hesse*, Rn. 183; *Jarass/Pieroth*, Art. 20 Rn. 20; *Maunz/Zippelius*, § 13 III 1, 4; Sachs-*Sachs*, Art. 20 Rn. 52 f., 54 ff., 64 ff.; von Münch/Kunig-*Schnapp*, Art. 20 Rn. 23, 32 ff., 36 ff.; *Stern*, Bd. I, § 20 III 3 b, IV 3, 4a.

[775] *Stern*, Bd. I, § 20 III 2.

[776] Näher HBdStR-*Schmidt-Aßmann*, Bd. I, § 24 Rn. 7, 9; Sachs-*Sachs*, Art. 20 Rn. 52 („Spezialregelungen", die dem Rechtsstaatsprinzip vorgehen); ähnlich *Kunig*, S. 63 ff., 109 f., 457 ff., 464 ff. und passim; Münch/Kunig-*Schnapp*, Art. 20 Rn. 21.

§ 22 Tarifeinheit im Betrieb als Verstoß gegen das TVG

Für die Tarifeinheit im Betrieb gibt es keine Rechtsgrundlage. Sie ist zudem verfassungswidrig. Abschließend ist ergänzend – das ist hier zu unterstreichen – noch einmal darauf hinzuweisen, daß sie auch mit einfachem Gesetzesrecht nicht in Einklang steht.

A. Verstoß gegen die Systematik des TVG

I. Verstoß gegen § 3 Abs. 1, § 5 Abs. 4 TVG

Wie ausführlich dargelegt wurde, ist dem deutschen Tarifvertragsrecht Tarifpluralität systemimmanent. Das TVG ist insoweit nicht lückenhaft[777]. Umgekehrt ist deshalb festzuhalten, daß die Tarifeinheit im Betrieb gegen die Systematik der § 3 Abs. 1, § 5 Abs. 4 TVG verstößt, die es mit der Verdrängung eines Tarifvertrags aus dem Betrieb „durchkreuzt"[778]. Ihm steht die eindeutige Regelung der Tarifgebundenheit in § 3 Abs. 1, § 5 Abs. 4 TVG entgegen, die bei passendem tarifvertraglichen Geltungsbereich die unmittelbare und zwingende Wirkung des Tarifvertrags zur Folge hat[779].

II. Verstoß gegen § 3 Abs. 1, Abs. 2 TVG

Die Tarifeinheit im Betrieb ist auch mit der Systematik des § 3 TVG nicht konform. Tarifgebundenheit bei Individualnormen knüpft an das einzelne Arbeitsverhältnis an (§ 3 Abs. 1 TVG)[780]. Nur bei Kollektivnormen kommt es alleine auf die Tarifgebundenheit des Arbeitgebers an (§ 3 Abs. 2 TVG). Das *BAG* setzt Individual- und Kollektivnormen aber faktisch gleich, indem es die Tarifpluralität bei Individualnormen nach dem Prinzip der Tarifeinheit im Be-

---

[777] Näher oben § 20 C III 1 a.

[778] *Gamillscheg*, Arbeitsrecht, Bd. 1, § 17 I 2 a (10).

[779] *Blank*, S. 75; *Fenn*, FS Kissel, S. 232 Fn. 89; *Kraft*, RdA 1992, S. 167; LAG Niedersachsen LAGE § 4 TVG Tarifpluralität Nr. 1, S. 4; wohl auch *Däubler*, TVR, Rn. 1503; LAG Düsseldorf, Beschluß vom 1.3.1996 – 9 TaBV 78/95 (n.v.), S. 18.

[780] *Wank*, Anm. zu BAG vom 26.1.1994, EzA § 4 TVG Tarifkonkurrenz Nr. 9, S. 17; *H. Wiedemann*, Anm. zu BAG vom 24.9.1975, AP Nr. 11 zu § 4 TVG Tarifkonkurrenz, Bl. 5R.; *ders.*, Anm. zu BAG vom 29.11.1978, AP Nr. 12 zu § 4 TVG Tarifkonkurrenz, Bl. 3R; *H. Wiedemann/Arnold*, ZTR 1994, S. 406; LAG Frankfurt a.M., Urteil vom 24.10.1988 – 14 Sa 1300/87 (n.v.), S. 17; Urteil vom 24.10.1988 – 14 Sa 1450/87 (n.v.), S. 17; vgl. auch *Löwisch/Rieble*, § 1 Rn. 26, § 4 Rn. 93.

trieb betriebsweit auflöst und § 3 Abs. 2 TVG entgegen der ausdrücklichen Regelung im Gesetz auch auf Individualnormen anwendet[781]. Es mißachtet damit das Regel-Ausnahme-Verhältnis des § 3 Abs. 1, Abs. 2 TVG[782].

III. Ergebnis

Die Tarifeinheit im Betrieb verstößt gegen die Regelung der Tarifgebundenheit in § 3 Abs. 1, § 5 Abs. 4 TVG und übergeht darüber hinaus die Systematik des § 3 Abs. 1, Abs. 2 TVG.

B. Verstoß gegen den Rechtsgedanken des § 4 Abs. 3 2. Var. TVG

Ferner wurde bereits festgestellt, daß eine Tarifkonkurrenz nicht vorliegt, wenn ein normativ wirkender und ein individualrechtlich in Bezug genommener Tarifvertrag im Arbeitsverhältnis kollidieren. Maßgebliche Kollisionsregel ist dann § 4 Abs. 3 2. Var. TVG[783]. Auch Tarifpluralität setzt die betriebliche Kollision normativ wirkender Tarifverträge voraus[784]. Ein arbeitsvertraglich in Bezug genommener Tarifvertrag genügt zur Herbeiführung einer Tarifpluralität nicht. Nimmt man aber eine Verdrängung des in den Arbeitsvertrag transformierten Tarifvertrags durch die Tarifeinheit im Betrieb an, ist nicht nur Art. 2 Abs. 1 GG verletzt, der die Vertragsfreiheit verfassungsrechtlich garantiert[785]. Überdies ist zwar § 4 Abs. 3 2. Var. TVG unmittelbar nicht tangiert[786], da der speziellere Tarifvertrag auf das Arbeitsverhältnis, das den verdrängten Tarifvertrag in Bezug genommen hat, normativ nicht anwendbar ist. Mindestens verstößt die Auffassung des *4. Senats* des *BAG*[787] aber gegen den im Günstigkeitsprinzip zum Ausdruck kommenden Rechtsgedanken: Einzelvertragliche Abreden gehen, soweit sie günstiger sind, dem Tarifvertrag vor. Darauf, ob die Bezugnahme des Tarifvertrags nach Inkrafttreten des betriebsweit vorrangigen Ta-

---

[781] *Kraft*, RdA 1992, S. 162, 166; vgl. auch *Däubler*, TVR, Rn. 1505.

[782] *H. Wiedemann*, Anm. zu BAG vom 29.11.1978, AP Nr. 12 zu § 4 TVG Tarifkonkurrenz, Bl. 3R f.; vgl. auch *P. Hanau/Adomeit*, H II 2 a.E.

[783] S. oben § 17 C I 1.

[784] S. oben § 7 B I.

[785] Dazu oben § 21 B.

[786] So aber *Bruhn*, Tarifeinheit, S. 192 f.; *Kraft*, RdA 1992, S. 167; *H. Wiedemann/Arnold*, ZTR 1994, S. 447; LAG Niedersachsen, Urteil vom 8.12.1994 – 7 Sa 574/94 (n.v.), S. 8 f.

[787] BAG AP Nr. 20 zu § 4 TVG Tarifkonkurrenz, Bl. 5.

rifvertrags erfolgt ist, kommt es im übrigen für die Tarifeinheit im Betrieb nicht an[788]. Dem Zeitpunkt der Bezugnahme kommt allenfalls bei der Auslegung arbeitsvertraglicher Bezugnahmeklauseln, mithin bei der Frage, welcher Tarifvertrag konkret in Bezug genommen worden ist, Bedeutung zu. Für die Frage der betriebsweiten Verdrängung ist er irrelevant.

C. Verstoß gegen § 5 TVG

I. Umgehung der Allgemeinverbindlicherklärung

1. Schutzfunktion

Die Tarifeinheit im Betrieb verdrängt nachrangige Tarifverträge vollständig aus dem Betrieb[789]. Verdrängte Tarifverträge können nach § 3 Abs. 1 TVG mitgliedschaftlich legitimiert sein, so daß Arbeitnehmern, die Mitglieder der vertragsschließenden Gewerkschaft sind, der Schutz „ihres“ Tarifvertrags entzogen wird. Darin liegt eine Verletzung der individuellen positiven Koalitionsfreiheit[790]. Die meisten Entscheidungen des *BAG* zum Prinzip der Tarifeinheit im Betrieb betreffen freilich die betriebsweite Verdrängung allgemeinverbindlicher Tarifverträge (§ 5 Abs. 4 TVG) durch speziellere Verbands- oder Firmentarifverträge[791]. Die Tarifeinheit im Betrieb nimmt in diesen Fällen denjenigen Arbeitnehmern, für die die spezielleren Tarifverträge nicht nach § 3 Abs. 1, § 4 Abs. 1 Satz 1 TVG gelten, zwar nicht die Früchte ihrer Koalitionsbetätigung, versagt ihnen aber den Schutz des ebenfalls normativ wirkenden allgemeinverbindlichen Tarifvertrags. Dieses Schutzdefizit der tariflichen Außenseiter wirft die Frage nach einer Umgehung der Allgemeinverbindlicherklärung durch die Tarifeinheit im Betrieb auf.

Manche tun sie mit dem Hinweis ab, es handele sich um „ein theoretisches Bedenken“, da Arbeitgeber im allgemeinen den Tarifvertrag anzuwenden pflegten, der sich betriebsweit durchgesetzt habe[792]. Andere bestreiten eine

---

[788] *H. Wiedemann/Arnold*, ZTR 1994, S. 447; anders BAG AP Nr. 20 zu § 4 TVG Tarifkonkurrenz, Bl. 5.

[789] S. bereits oben § 19 A II 4.

[790] Dazu oben § 21 A II 2 a aa aaa (1).

[791] BAG AP Nr. 11 zu § 4 TVG Tarifkonkurrenz; AP Nr. 12 zu § 4 TVG Tarifkonkurrenz; AP Nr. 16 zu § 4 TVG Tarifkonkurrenz; AP Nr. 126 zu § 1 TVG Tarifverträge: Bau; AP Nr. 19 zu § 4 TVG Tarifkonkurrenz; AP Nr. 22 zu § 4 TVG Tarifkonkurrenz; Urteil vom 26.1.1994 – 10 AZR 130/92 (n.v.), II 3 c.

[792] *Gamillscheg*, Arbeitsrecht, Bd. 1, § 17 III 3 c (1) (c).

Verletzung des Schutzzwecks der Allgemeinverbindlicherklärung durch die Tarifeinheit im Betrieb und verneinen eine Umgehung des § 5 TVG[793]. Die Allgemeinverbindlicherklärung sichere in erster Linie die Effektivität tariflicher Normsetzung, wenn der jeweilige Tarifvertrag seine Ordnungsaufgabe im Einzelfall nicht erfüllen könne. Nach dieser Maßgabe sei es verfehlt, wenn die Allgemeinverbindlicherklärung eine Tarifpluralität im Betrieb herbeiführe: Gerade sichere sie die Effektivität des Tarifvertrags nicht, sondern beeinträchtige sie erheblich. Ein Wegfall des Tarifschutzes für Außenseiter durch die Tarifeinheit im Betrieb sei deshalb im Interesse der Effektivität des im Betrieb geltenden Tarifvertrags hinzunehmen.

Die h.M. im Schrifttum[794] und in der Instanzrechtsprechung[795] akzeptiert diese Funktionsbegrenzung des § 5 TVG zu Recht nicht und sieht durch die betriebsweite Verdrängung des allgemeinverbindlichen Tarifvertrags den Schutzzweck der Allgemeinverbindlicherklärung unterlaufen. Die Gegenauffassung verkennt insbesondere, daß Aufgabe der Allgemeinverbindlicherklärung nicht die Sicherung der Effektivität tariflicher Normsetzung ist. § 5 Abs. 4 TVG bezweckt vielmehr, diejenigen Arbeitnehmer dem Schutz des Tarifvertrags zu unterstellen, die mangels mitgliedschaftlich legitimierter Tarifbindung sonst ohne Tarifschutz stünden (Verhinderung von „Schmutzkonkurrenz“)[796]. Diese Funktion unterläuft die Tarifeinheit im Betrieb: Sie ermöglicht dem Arbeitgeber durch Abschluß eines Firmentarifvertrags oder durch Beitritt zu einem Arbeitgeberverband, der einen spezielleren Tarifvertrag abgeschlossen hat, die Flucht aus dem allgemeinverbindlichen Tarifvertrag, und zwar selbst dann, wenn nur

---

[793] *Säcker/Oetker*, ZfA 1993, S. 17 f.; im Ergebnis zuvor schon LAG Frankfurt a.M., Urteil vom 14.2.1992 – 15 Sa 163/89 (n.v.), S. 18.

[794] *Bruhn*, Tarifeinheit, S. 186; *Fenn*, FS Kissel, S. 235 f.; *P. Hanau/Kania*, Anm. zu BAG vom 20.3.1991, AP Nr. 20 zu § 4 TVG Tarifkonkurrenz, Bl. 9R; *Hohenstatt*, DB 1992, S. 1682; *Kempen/Zachert*, § 4 Rn. 130; *Kohte*, Anm. zu BAG vom 26.1.1994, SAE 1996, S. 17 f.; *Konzen*, Anm. zu BAG vom 24.9.1975, SAE 1977, S. 61; *ders.*, RdA 1978, S. 153 f.; *Kraft*, RdA 1992, S. 166; *ders.*, gem. Anm. zu BAG vom 22.9.1993 und 26.1.1994, AuR 1994, S. 392; MünchArbR-*Löwisch*, Bd. 3, § 269 Rn. 17; *Löwisch/Rieble*, § 4 Rn. 291; *Ph. Merten*, BB 1993, S. 575; *Stein*, Rn. 284; *Wank*, Anm. zu BAG vom 26.1.1994, EzA § 4 TVG Tarifkonkurrenz Nr. 9, S. 17; *H. Wiedemann*, Anm. zu BAG vom 24.9.1975, AP Nr. 11 zu § 4 TVG Tarifkonkurrenz, Bl. 5; *H. Wiedemann/Arnold*, Anm. zu BAG vom 14.6.1989, AP Nr. 16 zu § 4 TVG Tarifkonkurrenz, Bl. 6R; *dies.*, ZTR 1994, S. 445.

[795] LAG Frankfurt a.M., Urteil vom 24.10.1988 – 14 Sa 1300/87 (n.v.), S. 19; Urteil vom 24.10.1988 – 14 Sa 1450/87 (n.v.), S. 19; ArbG Wiesbaden, Urteil vom 23.6.1988 – 4 Ca 7278/87 (n.v.), S. 14 f.; Urteil vom 8.9.1988 – 4 Ca 1630/86 (n.v.), S. 16 f.

[796] *Kraft*, gem. Anm. zu BAG vom 22.9.1993 und 26.1.1994, AuR 1994, S. 392; *H. Wiedemann/Arnold*, Anm. zu BAG vom 14.6.1989, AP Nr. 16 zu § 4 TVG Tarifkonkurrenz, Bl. 6R; *dies.*, ZTR 1994, S. 445; s. ferner bereits oben § 10 F I 1.

wenige seiner Arbeitnehmer dem spezielleren Tarifvertrag nach § 3 Abs. 1, § 4 Abs. 1 Satz 1 TVG unterfallen[797].

2. Sicherungsfunktion

Überdies sichert das Rechtsinstitut der Allgemeinverbindlicherklärung maßgeblich die Existenz gemeinsamer Einrichtungen nach § 4 Abs. 2 TVG[798]. Sie ist deren elementare wirtschaftliche Grundlage. Die Tarifeinheit im Betrieb entzieht auch dieser, heute vielleicht wichtigsten Funktion des § 5 TVG ohne zwingenden Anlaß die Grundlage, indem es die allgemeinverbindlichen Sozialkassentarifverträge selbst für diejenigen Arbeitsverhältnisse aus dem Betrieb drängt, für die der speziellere Tarifvertrag nicht kraft Verbandsmitgliedschaft gilt[799].

II. Verstoß gegen § 5 Abs. 1 Satz 1 Nr. 2, Satz 2 TVG

Ergänzend ist auf § 5 Abs. 1 Satz 1 Nr. 2, Satz 2 TVG hinzuweisen. Die Allgemeinverbindlicherklärung eines Tarifvertrags erfolgt nur bei öffentlichem Interesse. Über dieses setzt sich das *BAG* mit dem Prinzip der Tarifeinheit im Betrieb hinweg, soweit allgemeinverbindliche Tarifverträge verdrängt werden. Dafür gibt es keinen sachlichen Grund. Die Ausschaltung des tariflichen Schutzes durch die Tarifeinheit im Betrieb, für die es keine Rechtsgrundlage gibt[800], ist auch in § 5 TVG nicht vorgesehen[801]. Noch drastischer sind die Konsequenzen der höchstrichterlichen Judikatur bei der Allgemeinverbindlicherklärung zur Behebung eines sozialen Notstands nach § 5 Abs. 1 Satz 2 TVG. Die Tarifeinheit im Betrieb bewirkt dann, daß die Außenseiter eines Betriebs weiterhin einem Notstand unterfallen, wenn in ihrem Betrieb ein speziellerer Tarifvertrag für einige Arbeitnehmer kraft Verbandszugehörigkeit gilt[802].

---

[797] *Hohenstatt*, DB 1992, S. 1682.

[798] Dazu oben § 10 F I 4.

[799] *Kohte*, Anm. zu BAG vom 26.1.1994, SAE 1996, S. 17; *H. Wiedemann/Arnold*, ZTR 1994, S. 445.

[800] Ausführlich oben § 20.

[801] *Bruhn*, Tarifeinheit, S. 186; *Kempen/Zachert*, § 4 Rn. 130.

[802] *Bruhn*, Tarifeinheit, S. 186 f.; *P. Hanau/Kania*, Anm. zu BAG vom 20.3.1991, AP Nr. 20 zu § 4 TVG Tarifkonkurrenz, Bl. 9R f.; MünchArbR-*Löwisch*, Bd. 3, § 269 Rn. 18; *Löwisch/Rieble*, § 4 Rn. 291.

III. Ergebnis

Die Tarifeinheit im Betrieb führt zu einer funktionswidrigen Umgehung der Allgemeinverbindlicherklärung und verstößt überdies gegen § 5 Abs. 1 Satz 1 Nr. 2, Satz 2 TVG.

D. Zusammenfassung

Der Grundsatz der Tarifeinheit im Betrieb verstößt auch gegen einfaches Gesetzesrecht. Er harmonisiert nicht mit der Regelung der Tarifgebundenheit in § 3 Abs. 1, § 5 Abs. 4 TVG, mißachtet die Systematik der § 3 Abs. 1, Abs. 2 TVG und steht, soweit er arbeitsvertraglich in Bezug genommene Tarifverträge verdrängt, mit dem Rechtsgedanken des § 4 Abs. 3 2. Var. TVG nicht im Einklang. Überdies ignoriert die Tarifeinheit im Betrieb insbesondere die Schutz- und die Sicherungsfunktion der Allgemeinverbindlicherklärung und bewirkt damit eine Umgehung des § 5 TVG.

§ 23 Ergebnis

Das vom *BAG* vertretene Rechtsprinzip der Tarifeinheit im Betrieb als Kollisionsregel zur Lösung von Tarifpluralität gibt es nicht. Von ihm ist die Auflösung „betriebsweiter Tarifkonkurrenz" nach der Tarifeinheit im Arbeitsverhältnis abzugrenzen. Die Tarifeinheit im Betrieb ist vor allem nicht durch richterliche Rechtsfortbildung legitimiert. Eine Rechtsgrundlage ist aber auch im übrigen nicht ersichtlich. Die Tarifeinheit im Betrieb verstößt überdies gegen die Verfassung. Sie ist insbesondere nicht mit Art. 9 Abs. 3 Satz 1 GG konform und verletzt darüber hinaus das Prinzip der Gewaltenteilung, den Vorrang des Gesetzes und, bei der individualrechtlichen Bezugnahme von Tarifverträgen, Art. 2 Abs. 1 TVG. Abschließend ist zu notieren, daß sie sich als Fremdkörper auch nicht in das Normengefüge des TVG einpassen läßt.

Siebenter Teil

Wesentliche Ergebnisse

I. Voraussetzungen von Tarifkonkurrenz und Tarifpluralität

1. Eine Tarifkonkurrenz liegt vor, wenn die normativen Teile mehrerer Tarifverträge, die sich weder ergänzen noch ablösen, auf ein Arbeitsverhältnis Anwendung finden. Ein Tarifvertrag gilt im Arbeitsverhältnis, wenn es dessen Geltungsbereich unterfällt und die Arbeitsvertragsparteien tarifgebunden sind. Der Regelungsinhalt der konkurrierenden Tarifverträge muß sich nicht vollständig decken. Die Tarifkonkurrenz ist staatlich veranlaßt, wenn mindestens eine Tarifbindung auf § 5 Abs. 4 TVG beruht oder wenn wenigstens ein Tarifvertrag gemäß § 4 Abs. 5 TVG nachwirkt. Ansonsten liegt eine tarifautonome Tarifkonkurrenz vor.

2. Von einer Tarifpluralität spricht man, wenn für verschiedene Arbeitsverhältnisse im Betrieb unterschiedliche Tarifverträge zur Anwendung kommen. Die Tarifverträge kollidieren nicht unmittelbar im Arbeitsverhältnis, sondern konkurrieren im Betrieb. Eine Tarifpluralität liegt auch vor, wenn einer der kollidierenden Tarifverträge nachwirkt (§ 4 Abs. 5 TVG).

3. Ein Tarifvertrag kann Inhalts-, Abschluß- und Beendigungsnormen (Individualnormen) enthalten, die die Tarifgebundenheit beider Arbeitsvertragsparteien erfordern (§ 3 Abs. 1, § 4 Abs. 1 Satz 1 TVG). Zu den Individualnormen sind auch die Normen über gemeinsame Einrichtungen der Tarifvertragsparteien nach § 4 Abs. 2 TVG zu rechnen, deren Normwirkung über das einzelne Arbeitsverhältnis hinausreicht und auch das jeweilige Verhältnis beider Arbeitsvertragsparteien zur gemeinsamen Einrichtung erfaßt. Für betriebliche und betriebsverfassungsrechtliche Normen (Kollektivnormen) genügt zur Normwirkung die alleinige Tarifgebundenheit des Arbeitgebers (§ 3 Abs. 2, § 4 Abs. 1 Satz 2 TVG). Verfassungsrechtliche Bedenken zwingen zu einer restriktiven Handhabung des Begriffs der betrieblichen Norm. Ein Tarifvertrag ist nur wirksam, wenn dessen Vertragsparteien tariffähig und tarifzuständig sind. Ein nachträglicher Wegfall der Tariffähigkeit oder der Tarifzuständigkeit läßt die tarifvertragliche Normwirkung entfallen.

4. Die potentielle Reichweite eines Tarifvertrags bestimmt sich nach seinem räumlichen, fachlichen, persönlichen, betrieblichen und zeitlichen Geltungsbereich. An den Ablauf des zeitlichen Geltungsbereichs, der nur ausnahmsweise durch eine außerordentliche Kündigung des Tarifvertrags eintreten kann, knüpft § 4 Abs. 5 TVG die tarifvertragliche Nachwirkung. Der Tarifvertrag wirkt dann bis zu einer anderen Abmachung nicht mehr zwingend, aber immer noch unmittelbar. Der Zweck der Nachwirkung besteht zum einen in der Überbrückung des Zeitraums zwischen dem Ablauf des Tarifvertrags und einer Nachfolgeregelung. Die Nachwirkung sichert darüber hinaus die Beständigkeit der tariflichen Ordnung. Mit Ausnahme von Abschlußnormen wirken grundsätzlich alle tariflichen Normenarten nach. Die Nachwirkung ist nicht tariflicher, sondern staatlicher Natur. Andere Abmachung im Sinne des § 4 Abs. 5 TVG kann neben einer einverständlichen arbeitsvertraglichen Vereinbarung und einer Änderungskündigung grundsätzlich auch eine Betriebsvereinbarung sein. Meist endet die Nachwirkung aber durch einen neuen Tarifvertrag. Die andere Abmachung kann nur im Nachwirkungszeitraum und im Bewußtsein ihres ablösenden Charakters getroffen werden. Bei einer tarifvertraglichen Ablösung ist Tarifgebundenheit beider Arbeitsvertragsparteien an den neuen Tarifvertrag erforderlich. Ein Verbandsaustritt des Arbeitgebers während der Nachwirkung beendet diese nicht. Wird ein Arbeitsverhältnis während der Nachwirkung begründet, unterfällt es nicht der Tarifnormwirkung. Das gilt auch für die Begründung der Tarifbindung im Nachwirkungszeitraum. Die Vereinbarung nachwirkender Tarifverträge ist ebenso unzulässig wie deren Änderung. Abgelaufene allgemeinverbindliche Tarifverträge wirken nach, nicht aber die Allgemeinverbindlicherklärung. Auch außerordentlich gekündigte Tarifverträge wirken nach.

5. Die Tarifgebundenheit aktualisiert die im tariflichen Geltungsbereich beschriebene potentielle Tarifgeltung. Das gilt allerdings nicht für die zulässige Verbandsmitgliedschaft ohne Tarifbindung, die eine Normwirkung nicht herbeiführt. Bei rückwirkenden Tarifnormen kommt es zur Normwirkung ab Verbandsbeitritt, wenn die Mitgliedschaft auch im Zeitpunkt des Tarifvertragsschlusses noch besteht. Im übrigen beginnt die Normwirkung mit dem Beginn der Tarifgebundenheit. § 3 Abs. 3 TVG, der verfassungsgemäß ist, sorgt zum Schutz des Arbeitnehmers beim Ende der Tarifgebundenheit für deren Aufrechterhaltung und eine fortdauernde Normwirkung. Ein zweiter Normzweck besteht im Schutz der Verbände. Die Weitergeltung nach § 3 Abs. 3 TVG ist tariflicher Natur. § 3 Abs. 3 TVG gilt nicht für Arbeitnehmer, die die Tarifgebundenheit durch eigenes Handeln beenden. Im Weitergeltungszeitraum begründete Arbeitsverhältnisse und Tarifbindungen fallen unter § 3 Abs. 3 TVG. Im übrigen kann das Eingreifen des § 3 Abs. 3 TVG auf einem Handeln des Arbeitgebers beruhen (Verbandsaustritt und -wechsel, Wechsel von der Voll- in die Verbandsmitgliedschaft ohne Tarifbindung, betriebliche oder räumliche

Umstrukturierungen) oder durch das Verhalten einer Tarifvertragspartei bedingt sein (Wegfall, Gewerkschaftsfusion, Verlust der Tariffähigkeit, Satzungsänderungen). Ende des Tarifvertrags im Sinne des § 3 Abs. 3 TVG meint beim unbefristeten Tarifvertrag das Ende nach tatsächlicher Kündigung. Nach dem Ende des Tarifvertrags wirkt dieser nach (§ 3 Abs. 3 i.V.m. § 4 Abs. 5 TVG). Änderungen am weitergeltenden Tarifvertrag beenden die Weitergeltung. § 3 Abs. 2 TVG läßt für die Tarifgeltung die Tarifgebundenheit des Arbeitgebers genügen. Rechtstechnisch fingiert § 3 Abs. 2 TVG die Tarifbindung der Arbeitnehmer. Tarifbindung für Außenseiter kann auch durch Allgemeinverbindlicherklärung nach § 5 Abs. 4 TVG, der verfassungsgemäß ist, hergestellt werden. Ihre wichtigste Funktion liegt heute in der Sicherung der Funktionsfähigkeit gemeinsamer Einrichtungen. Auch § 5 Abs. 4 TVG fingiert die fehlende Tarifgebundenheit. Bei Tarifnormen über gemeinsame Einrichtungen kommt es nur zur Normwirkung, wenn beide Arbeitsvertragsparteien tarifgebunden sind. Bei Tarifverträgen zwischen Spitzenorganisationen sind nicht nur deren Mitgliedsverbände, sondern auch deren Mitglieder tarifgebunden. Die einzelvertragliche Bezugnahme eines Tarifvertrags bewirkt keine Tarifbindung. Vielmehr wird die tarifliche Regelung Inhalt des Arbeitsvertrags. Ausgenommen sind allerdings Normen über gemeinsame Einrichtungen. Meist, aber nicht immer, dienen Bezugnahmeklauseln der Gleichstellung tarifgebundener und nichtorganisierter Arbeitnehmer und damit der Vereinheitlichung der Arbeitsbedingungen im Betrieb (Tarifeinheit im Betrieb). Auf welche tariflichen Inhalte sich die Bezugnahme erstreckt, ist durch Auslegung der Vertragsklausel zu ermitteln. Zu unterscheiden sind die statische Bezugnahme einerseits und die kleine und die große dynamische Bezugnahme andererseits. Die arbeitsvertragliche Bezugnahme aufgrund gesetzlicher Zulassungsnormen führt ebenfalls nicht zur Tarifbindung. Das gilt auch für die Bezugnahme aufgrund einer betrieblichen Übung, einer Gesamtzusage oder des allgemeinen Gleichbehandlungsgrundsatzes. Wird in einer Betriebsvereinbarung auf einen Tarifvertrag Bezug genommen, beruht die Normwirkung auf § 77 Abs. 4 BetrVG. Nimmt ein Tarifvertrag auf einen anderen Tarifvertrag Bezug, ist für die Normwirkung Tarifgebundenheit an den verweisenden Tarifvertrag entscheidend. Tarifliche Außenseiterklauseln können keine Tarifgebundenheit begründen. Bei der Rechtsnachfolge geht die Tarifbindung des Arbeitgebers nach § 3 TVG nicht auf den Rechtsnachfolger über. Einzige Ausnahme ist der Firmentarifvertrag bei der Gesamtrechtsnachfolge. § 613a Abs. 1 Satz 2 BGB leitet die Tarifgebundenheit des Rechtsvorgängers nicht auf den Rechtsnachfolger über. In Arbeitsverhältnissen mit Drittbezug ist die Tarifgebundenheit namentlich im Konzern und beim gemeinsamen Betrieb mehrerer Unternehmen regelmäßig im Verhältnis zwischen Arbeitnehmer und Vertragsarbeitgeber zu bestimmen. Auch bei der Arbeitnehmerüberlassung ist grundsätzlich die Tarifbindung im Verleiherbetrieb maßgeblich.

II. Tarifeinheit, Tarifzuständigkeit und tarifvertraglicher Geltungsbereich

1. Bereits im Vorfeld einer Tarifkonkurrenz oder Tarifpluralität stellt sich bei der Bestimmung der Tarifzuständigkeit und des betrieblichen Geltungsbereichs eines Tarifvertrags die Frage nach einer Tarifeinheit im Betrieb, die in diesem Zusammenhang freilich nicht als Kollisionsregel zu verstehen ist.

2. Tarifzuständigkeit ist die in der Satzung niedergelegte Befugnis tariffähiger Arbeitgeberverbände und Gewerkschaften, Tarifverträge mit einem bestimmten Geltungsbereich abzuschließen. Die Tarifzuständigkeit einzelner Arbeitgeber erstreckt sich auf sämtliche ihrer Arbeitnehmer. Die Koalitionen haben die Grenzen des Art. 9 Abs. 3 Satz 1 GG (Wahrung und Förderung der Arbeits- und Wirtschaftsbedingungen) einzuhalten. Im übrigen sind sie bei der Festlegung ihrer Tarifzuständigkeit frei. Das gilt auch für diejenigen Gewerkschaften, die sich im DGB zusammengeschlossen haben. Das Industrieverbandsprinzip ist eine ordnungspolitische Richtschnur, aber kein zwingender Rechtssatz. Es hat sich zwar in der Satzung des DGB, dessen Organisationsstruktur dem Prinzip „ein Betrieb – eine Gewerkschaft" folgt, niedergeschlagen. Die Abgrenzung nach Branchen innerhalb des DGB gilt aber nur nach Maßgabe der Satzungen der Mitgliedsgewerkschaften. Weder der Zustimmungsvorbehalt nach Satzungsänderungen gemäß § 15 Nr. 2 DGB-Satzung noch ein Spruch des DGB-Schiedsgerichts nach § 16 DGB-Satzung können die Tarifzuständigkeit der Mitgliedsgewerkschaften begrenzen und auf diese Weise eine Tarifeinheit im Betrieb herbeiführen. Für die Arbeitgeberseite und deren Tarifzuständigkeit ist der Schiedsspruch erst recht nicht bindend. Unterbleibt er, bleibt es bei einer sich überschneidenden Tarifzuständigkeit mehrerer DGB-Gewerkschaften. Der tarifrechtliche Charakter eines Unternehmens ist zur Bestimmung der Tarifzuständigkeit grundsätzlich nach dessen Gepräge zur ermitteln. Einzelne Arbeitgeber können in bezug auf branchenfremde Betriebe ihres Unternehmens eine Begrenzung ihrer Tarifzuständigkeit nicht durch Mitgliedschaft in dem für das Unternehmen branchenmäßig zuständigen Arbeitgeberverband herbeiführen.

3. Auch bei der Festlegung des betrieblichen Geltungsbereichs eines Tarifvertrags sind dessen Vertragsparteien in den Grenzen des Art. 9 Abs. 3 Satz 1 GG frei. Sie dürfen den Geltungsbereich auf alle Arbeitnehmer eines Betriebs erstrecken, müssen es aber nicht. Der tarifrechtliche Charakter bei der Bestimmung des betrieblichen Geltungsbereichs ist bei Mischbetrieben danach zu ermitteln, mit welchen Aufgaben die Arbeitnehmer im Kalenderjahr, das der Feststellung vorangeht, arbeitszeitlich überwiegend beschäftigt werden.

4. Die Tarifeinheit im Betrieb kann aber Auslegungsregel zur Bestimmung des betrieblichen Geltungsbereich eines Tarifvertrags sein, dessen exakte Reichweite nicht immer ohne weiteres eindeutig feststellbar ist. Tarifverträge sind grundsätzlich nicht wie Gesetze, sondern wie Verträge auszulegen. Es ist danach zu fragen, welche tarifliche Regelung die Tarifvertragsparteien gewollt haben. Deren Wille läßt sich insbesondere anhand der in der Satzung fixierten Tarifzuständigkeit ermitteln, die auf eine Tarifeinheit im Betrieb gerichtet sein kann. Bei der Auslegung einzelner Tarifverträge von DGB-Gewerkschaften bestehen deshalb keine Bedenken gegen eine Auslegungsregel „Tarifeinheit im Betrieb“: Wenn die Satzung entsprechende Regelungen enthält, soll der Betrieb im Zweifel als Ganzes erfaßt werden. Bei Fachgewerkschaften, die ihre Tarifzuständigkeit berufsbezogen ausrichten, gilt das nicht. Bei der Auslegung mehrerer Tarifverträge nebeneinander zum Zwecke der Abgrenzung ist zu differenzieren. Geht es um das unklare Verhältnis der Tarifverträge mehrerer DGB-Gewerkschaften zueinander, kommt die Tarifeinheit im Betrieb als Auslegungsregel in Betracht. Im Zweifel soll der Betrieb nur von einem Tarifvertrag erfaßt werden. Geht es um mehrere Tarifverträge nur einer DGB-Gewerkschaft, gilt das erst recht. Ein Tarifvertrag einer Fachgewerkschaft kann mit Hilfe einer Auslegungsregel „Tarifeinheit im Betrieb“ aber nicht zu Lasten eines konkurrierenden DGB-Tarifvertrags einschränkend ausgelegt werden.

III. Tarifeinheit im Arbeitsverhältnis und die Lösung von Tarifkonkurrenzen

1. Eine Tarifkonkurrenz muß aufgelöst werden. Der Inhalt eines Arbeitsverhältnisses kann denkgesetzlich nicht gleichzeitig durch verschiedene Tarifverträge bestimmt werden. Maßgebliche Kollisionsregel ist weder das Prinzip der Tarifsperre, nach welchem keiner der Tarifverträge normative Wirkung entfaltet, noch das Prinzip der Tarifvielfalt, das – in einer Variante nach Günstigkeitskriterien – eine Kombination der Einzelbestimmungen der konkurrierenden Tarifverträge ermöglicht. Die Tarifkonkurrenz ist vielmehr nach der Tarifeinheit im Arbeitsverhältnis aufzulösen. Das bedeutet, daß nur einer der konkurrierenden Tarifverträge, dieser aber vollständig, auf das Arbeitsverhältnis Anwendung findet. Für Kollektivnormen gilt die Tarifeinheit im Arbeitsverhältnis wegen ihres Betriebsbezugs betriebsweit („betriebsweite Tarifkonkurrenz“) und erlaubt auch keine betriebsweit einheitliche Kombination der Kollektivnormen verschiedener Tarifverträge. Andererseits sind Individual- und Kollektivnormen durch die Tarifeinheit im Arbeitsverhältnis nicht einheitlich zu bewerten. Die Individualnormen des einen Tarifvertrags können mit den Kollektivnormen eines anderen Tarifvertrags kombiniert werden. Die Tarifeinheit im Arbeitsverhältnis gilt nicht nur bei inhaltlicher Identität der konkurrierenden Tarifverträge, sondern auch bei teilweiser und vollständiger Inkongruenz. Sie gilt ferner im

einheitlichen Arbeitsverhältnis mehrerer Arbeitgeber beim gemeinsamen Betrieb mehrerer Unternehmen. Die Tarifeinheit im Arbeitsverhältnis ist Gewohnheitsrecht. Die Rechtsfolge der Tarifeinheit im Arbeitsverhältnis besteht nicht in der Nichtigkeit des nachrangigen Tarifvertrags, sondern nur in dessen zeitweiser Verdrängung.

2. Für die Lösung einer Tarifkonkurrenz stehen verschiedene Modelle zur Verfügung. Generell untauglich als Lösungsgrundsatz sind das Spezialitätsprinzip und der Grundsatz der größten Sachnähe (sachlich-betriebliche Kriterien). Das gilt auch für zeitliche Kriterien nach dem Posterioritäts- oder dem Prioritätsprinzip. Bei voluntativen Momenten ist zu differenzieren. Der Wille der Tarifvertragsparteien scheidet ebenso aus wie der Wille der Arbeitsvertragsparteien. Dagegen kommt ein Wahlrecht des Arbeitnehmers als Lösungsgrundsatz grundsätzlich in Betracht. Tarifkonkurrenzen können nicht nach dem Günstigkeitsprinzip aufgelöst werden (inhaltliche Gesichtspunkte). Bei qualitativen Kriterien scheidet eine Lösung nach der Art der Tarifgebundenheit und nach der Art der Rechtswirkung aus. Das Quantitätsprinzip, das nach der Zahl der mitgliedschaftlich legitimierten Tarifbindungen im Betrieb fragt, ist als Modell für die „betriebsweite Tarifkonkurrenz" in Erwägung zu ziehen. Das Rangprinzip scheidet dagegen aus. Schließlich ist das Legitimationsprinzip grundsätzlich ein geeignetes Lösungsprinzip, das freilich bei einigen Fallgruppen der Tarifkonkurrenz versagt und zudem gesetzliche Wertungen nicht immer hinreichend beachtet.

3. Keines der Modelle, die in Betracht kommen, taugt aber als schematischer Lösungsgrundsatz für alle Fallgruppen der Tarifkonkurrenz. Für jede der Konstellationen ist nach Maßgabe der Teleologie des TVG ein eigener Lösungsweg erforderlich. Dabei sind systematisch tarifautonome und staatlich veranlaßte Tarifkonkurrenzen zu unterscheiden. Bei der Doppelmitgliedschaft einer der Arbeitsvertragsparteien gebührt dem Arbeitnehmer ein Wahlrecht über den anzuwendenden Tarifvertrag. Das gilt auch für die beidseitige Doppelmitgliedschaft. Bei der vertikalen Tarifkonkurrenz ist zu unterscheiden. Bei der Tarifkonkurrenz eines Firmen- und eines Verbandstarifvertrags geht der Firmentarifvertrag vor, wenn beide Tarifverträge von derselben Gewerkschaft abgeschlossen worden sind. Sind verschiedene Gewerkschaften beteiligt, steht dem Arbeitnehmer wie bei der Doppelmitgliedschaft ein Wahlrecht zu. Bei einer Tarifkonkurrenz zwischen einem Tarifvertrag einer Spitzenorganisation und dem Tarifvertrag eines Mitgliedsverbands geht letzterer vor. Eine Tarifkonkurrenz im Anwendungsbereich des § 3 Abs. 3 TVG ist nach Maßgabe der Sphärentheorie zu lösen. Ist das Verhalten, das den Tatbestand des § 3 Abs. 3 TVG verwirklicht, dem Arbeitgeber zuzurechnen (Verbandsaustritt und -wechsel, Wechsel von der Voll- in die OT-Mitgliedschaft, betriebliche oder räumliche Umstrukturierun-

gen), bleibt der nach § 3 Abs. 3 TVG weitergeltende Tarifvertrag vorrangig bis zu seinem Ende. Danach ist die Vorrangfrage erneut zu beurteilen. Umgekehrt ist es, wenn die Tarifkonkurrenz durch die Handlung einer Tarifvertragspartei bedingt ist (deren Wegfall, Gewerkschaftsfusion, Verlust der Tariffähigkeit, Satzungsänderungen). Dann geht der aktuell mitgliedschaftlich legitimierte Tarifvertrag (§ 3 Abs. 1 TVG) dem nach § 3 Abs. 3 TVG weitergeltenden vor. Auch zusammenhängende und inhaltlich aufeinander abgestimmte Tarifverträge sind getrennt zu behandeln, es sei denn, es liegt eine im logischen Sinn untrennbare Einheit vor. Eine Tarifkonkurrenz allgemeinverbindlicher Tarifverträge ist nach dem Quantitätsprinzip zu lösen („betriebsweite Tarifkonkurrenz"). Ein allgemeinverbindlicher Tarifvertrag tritt hinter einen mitgliedschaftlich legitimierten zurück, auch wenn dieser nur noch nach § 3 Abs. 3 TVG weitergilt. Es ist genau umgekehrt, wenn der allgemeinverbindliche Tarifvertrag Normen über gemeinsame Einrichtungen der Tarifvertragsparteien enthält („betriebsweite Tarifkonkurrenz"). Bei einer Tarifkonkurrenz mit einem allgemeinverbindlichen Tarifvertrag im Sinne des AEntG ist zu differenzieren. Durch ausländische Tarifverträge kann er nicht verdrängt werden. Ein deutscher mitgliedschaftlich legitimierter Tarifvertrag geht ihm nur dann vor, wenn er die vom AEntG geforderten Regelungsgegenstände enthält. Andernfalls geht der allgemeinverbindliche Tarifvertrag vor („betriebsweite Tarifkonkurrenz"). Im Zusammenhang mit § 4 Abs. 5 TVG kommt es zu einer Tarifkonkurrenz nur, wenn ein Tarifvertrag, der bislang nach den Grundsätzen der Tarifkonkurrenz verdrängt war, wiederauflebt, weil der bisher vorrangige Tarifvertrag endet und in die Nachwirkungsphase tritt („neue Tarifkonkurrenz"). Der wiederaufgelebte Tarifvertrag bleibt auch jetzt nachrangig, allerdings begrenzt auf ein Jahr. Bei der Tarifkonkurrenz von Kollektivnormen ist grundsätzlich das Quantitätsprinzip maßgebliches Lösungsmodell („betriebsweite Tarifkonkurrenz"), das freilich nicht immer paßt. Bei der Doppelmitgliedschaft des Arbeitgebers in mehreren Verbänden und bei der Tarifkonkurrenz eines Firmen- und eines Verbandstarifvertrags hat der Arbeitgeber statt dessen ein Wahlrecht über den anzuwendenden Tarifvertrag, wenn die konkurrierenden Tarifverträge von derselben Gewerkschaft abgeschlossen worden sind. Bei der Kollektivnormenkonkurrenz im Zusammenhang mit § 3 Abs. 3 TVG gilt statt des Quantitätsprinzips die Sphärentheorie. Die Kollektivnormen eines durch den Arbeitgeber mitgliedschaftlich legitimierten Tarifvertrags gehen denen eines allgemeinverbindlichen vor, diejenigen eines gemäß § 4 Abs. 5 TVG nachwirkenden denen eines wiederaufgelebten. Bei der individualrechtlichen Bezugnahme eines Tarifvertrags kommt es nicht zu einer Tarifkonkurrenz. Maßgebliche Kollisionsregel ist § 4 Abs. 3 2. Var. TVG. Das gilt nur dann nicht, wenn die Bezugnahme mit einem allgemeinverbindlichen Tarifvertrag über gemeinsame Einrichtungen kollidiert. Dieser geht vor. Bei einer Rechtsnachfolge kann es zu einer Tarifkonkurrenz ebenfalls nicht kommen, da die Tarifnormen beim Rechtsvorgänger gemäß § 613a Abs. 1 Satz 2 BGB in den Arbeitsvertrag transformiert werden. In Bezug genommene Tarifregelungen gehen nach § 613a Abs. 1 Satz 1 BGB über. Transformierte Tarifnormen können gemäß § 613a Abs. 1 Satz 3 BGB abgelöst werden, wenn beide Arbeitsvertragsparteien an den neuen Tarifvertrag tarifgebunden sind (Auflösung einer „Tarifkonkurrenz" durch eine „Tarifeinheit im Arbeitsverhältnis"). Auch wenn man die Tarifeinheit im Betrieb akzeptiert, ist § 613a Abs. 1 Satz 3 BGB insoweit lex specialis. Bei der Tarifkonkurrenz bei gewerblicher Arbeitnehmerüberlassung und im Konzern gelten keine Besonderheiten. Im gemeinsamen Betrieb mehrerer Unternehmen können nach Maßgabe des Quantitätsprinzips aber nur die Kollektivnormen eines Tarifvertrags angewandt werden („betriebsweite Tarifkonkurrenz"). Die Kollektivnormen des vorrangigen Tarifvertrags sind auch für diejenigen Arbeitgeber maßgeblich, deren Tarifverträge zwar aus dem Betrieb gedrängt worden sind, die an den vorrangigen Tarifvertrag aber nicht tarifgebunden sind. Im einheitlichen Arbeitsverhältnis mit mehreren Arbeitgebern ist bei der Lösung einer „Tarifkonkurrenz" ausnahmsweise auf die größere Sachnähe der vom Arbeitnehmer ausgeübten Tätigkeit abzustellen. Ist die größere Sachnähe nicht zu ermitteln, kommt hilfsweise ein Wahlrecht des Arbeitnehmers in Betracht. Der vorrangige Tarifvertrag gilt auch an dieser Stelle für die Rechtsbeziehungen zwischen Arbeitnehmer und denjenigen Arbeitgebern, die nicht an den vorrangigen Tarifvertrag tarifgebunden sind.

IV. Tarifeinheit im Betrieb

1. Eine Tarifpluralität muß nicht aufgelöst werden. Eine Tarifeinheit im Betrieb, wie sie vom *BAG* insoweit als Kollisionsregel verstanden wird, gibt es nicht. Akzeptiert man sie jedoch, richtet sich der Betriebsbegriff der Tarifeinheit nach dem Betriebsbegriff des vorrangigen Tarifvertrags. Rechtsfolge der Tarifeinheit im Betrieb ist dann die vorübergehende Verdrängung, aber nicht die Nichtigkeit des nachrangigen Tarifvertrags. Der durch die Tarifeinheit im Betrieb entstandene tariffreie Raum kann nur durch den gesetzlichen Minimalschutz ausgefüllt werden. Abzugrenzen von der Anwendung der Tarifeinheit im Betrieb bei Tarifpluralität ist der Einsatz der Tarifeinheit im Arbeitsverhältnis bei der „betriebsweiten Tarifkonkurrenz". Übereinstimmung besteht insoweit nur hinsichtlich des betriebsweiten Bezugs. Eine Tarifeinheit gibt es auch nicht im Unternehmen und erst recht nicht im Konzern.

2. Daß es ein Rechtsprinzip der Tarifeinheit im Betrieb nicht gibt, ist näher zu begründen. Zunächst ist keine Rechtsgrundlage für eine Tarifeinheit im Betrieb vorhanden. Sie ist weder ausdrücklich im TVG normiert noch folgt sie aus einer Auslegung von Art. 9 Abs. 3 Satz 1 GG. Die Tarifeinheit im Betrieb hat sich nie zu Gewohnheitsrecht verfestigt und kann auch nicht als allgemeiner zwingender Rechtsgrundsatz verstanden werden. Wichtig ist, daß sie insbeson-

dere nicht durch die richterliche Befugnis zur Rechtsfortbildung legitimiert ist. Richterliche Rechtsfortbildung, die stets nur präjudiziell und nicht gesetzesgleich wirkt, ist zwar grundsätzlich zulässig, so lange sie die von der Verfassung gezogenen Schranken beachtet und in die allgemein anerkannte Methodik richterlicher Rechtsfortbildung eingepaßt ist. Die Tarifeinheit im Betrieb ist jedoch weder durch gesetzesimmanente noch durch gesetzesübersteigende Rechtsfortbildung gerechtfertigt. Gesetzesimmanente Rechtsfortbildung setzt eine planwidrige Gesetzeslücke voraus, die in bezug auf Tarifpluralität im TVG nicht vorhanden ist. Tarifpluralität ist in der Systematik des TVG eindeutig angelegt. Überdies würde aber auch eine Lückenausfüllung scheitern. Als analogiefähige Normen scheiden § 3 Abs. 2 TVG, § 87 Abs. 1 Einleitungssatz BetrVG, § 613a Abs. 1 Satz 3 BGB und § 2 Abs. 2 TVVO aus. Geeignete anerkannte Rechtsprinzipien sind ebenfalls nicht ersichtlich. Das gilt für die Tarifeinheit im Arbeitsverhältnis ebenso wie für die Tarifeinheit im Betrieb, wie sie während der Weimarer Republik verstanden wurde, das Industrieverbandsprinzip i.V.m. Art. 9 Abs. 3 Satz 1 GG, die Prinzipien der Rechtssicherheit und Rechtsklarheit, die Ordnungsfunktion des Tarifvertrags und den allgemeinen Gleichbehandlungsgrundsatz. Auch die Voraussetzungen gesetzesübersteigender Rechtsfortbildung sind nicht gegeben. Praktikabilitätsschwierigkeiten bei Tarifpluralität sind keine zwingenden Bedürfnisse des Rechtsverkehrs. Zweckmäßigkeitserwägungen überschreiten die Grenzen richterlicher Rechtsfortbildung. Im übrigen bestehen die behaupteten praktischen Schwierigkeiten auch nicht. Es entstehen keine nennenswerten Verwaltungskosten durch Tarifpluralität, die Normgruppen des TVG sind auch voneinander abgrenzbar, die Ermittlung der Gewerkschaftszugehörigkeit bereitet keine Schwierigkeiten und Störungen des Betriebsfriedens infolge Tarifpluralität wären hinzunehmen. Die „unüberwindlichen praktischen Schwierigkeiten“ sind Normtatsachen, die prozessual den Subsumtionstatsachen, auf die die ZPO zugeschnitten ist, in nicht wenigen Punkten gleichzustellen sind. Die gesetzesübersteigende Rechtsfortbildung ist auch nicht mit Rücksicht auf die Natur der Sache oder auf ein rechtsethisches Prinzip zu legitimieren.

3. Die Tarifeinheit im Betrieb verstößt ungeachtet einer fehlenden Rechtsgrundlage auch gegen Verfassungsrecht. Tangiert ist insbesondere Art. 9 Abs. 3 Satz 1 GG, der die individuelle positive und negative sowie die kollektive Koalitionsfreiheit schützt. Maßgeblich ist bei der Prüfung der Verfassungsmäßigkeit nach Maßgabe der allgemeinen Grundrechtsdogmatik, ob ein Eingriff in den Schutzbereich der Koalitionsfreiheit durch die Grundrechtsschranke kollidierender Grundrechte Dritter oder anderer mit Verfassungsrang ausgestatteter Rechtswerte gerechtfertigt ist. Diese müßte ihrerseits verhältnismäßig sein und dürfte den Wesensgehalt der Koalitionsfreiheit nicht antasten. Der Schutzbereich des Art. 9 Abs. 3 Satz 1 GG bedarf der Ausgestaltung, die eigenen, milde-

ren Prüfungsanforderungen unterliegt. Die Tarifeinheit im Betrieb ist aber Grundrechtsschranke und nicht Grundrechtsausgestaltung. Kollidierende Grundrechte Dritter oder andere verfassungsrechtlich geschützte Rechtsgüter sind nicht erkennbar. Der Eingriff der Tarifeinheit im Betrieb in den Schutzbereich der Koalitionsfreiheit ist deshalb nicht gerechtfertigt. Er wäre überdies nicht verhältnismäßig und tastete mindestens teilweise den Wesensgehalt des Art. 9 Abs. 3 Satz 1 GG an. Im einzelnen verletzt die Tarifeinheit im Betrieb die individuelle positive Koalitionsfreiheit einzelner Arbeitnehmer und Arbeitgeber, denen die Tarifeinheit im Betrieb die normative Wirkung ihrer Verbandstarifverträge entzieht. Arbeitgeber können darüber hinaus in ihrer Rechtsstellung als Partei eines Tarifvertrags betroffen sein. Nicht tangiert sind dagegen das Recht auf Koalitionsbildung und die negative Koalitionsfreiheit. Die Tarifeinheit im Betrieb verstößt auch gegen die Koalitionsbetätigungsfreiheit von Arbeitgeberverbänden und Gewerkschaften sowie gegen die Koalitionsbestandsgarantie der Gewerkschaften. Insoweit liegt auch eine Gefährdung des Koalitionspluralismus vor. Die Satzungsautonomie der Gewerkschaften läßt sie freilich unberührt. Für DGB-Gewerkschaften gelten keine Besonderheiten. Gemeinsame Einrichtungen sind durch die Koalitionsfreiheit zwar nicht unmittelbar geschützt. Ein Grundrechtsreflex aus Art. 9 Abs. 3 Satz 1 GG, der zur Verfassungsbeschwerde berechtigt, sichert sie aber mittelbar gegen eine Verdrängung von Sozialkassentarifverträgen aus dem Betrieb. Hinzu kommt eine Verletzung weiterer Grundrechte durch die Tarifeinheit im Betrieb. Die Verdrängung eines in Bezug genommenen Tarifvertrags aus dem Betrieb verletzt die durch Art. 2 Abs. 1 GG geschützte Vertragsfreiheit der Arbeitsvertragsparteien. Die Tarifeinheit im Betrieb verstößt schließlich gegen den Grundsatz der Gewaltenteilung (Art. 20 Abs. 2 Satz 2 GG) und den Vorrang des Gesetzes (Art. 20 Abs. 3, Art. 97 Abs. 1 GG).

4. Die Tarifeinheit im Betrieb verletzt auch einfaches Gesetzesrecht. Sie stellt nicht nur die Regelungen zur Tarifbindung in § 3 Abs. 1, § 5 Abs. 4 TVG in Frage, sondern übergeht auch die Systematik der § 3 Abs. 1, Abs. 2 TVG. Soweit sie arbeitsvertraglich in Bezug genommene Tarifverträge verdrängt, widerspricht sie dem Rechtsgedanken des § 4 Abs. 3 2. Var. TVG. Außerdem hat die Tarifeinheit im Betrieb eine Umgehung des § 5 TVG zur Folge, da sie die Schutz- und die Sicherungsfunktion der Allgemeinverbindlicherklärung mißachtet.

Literaturverzeichnis

Abel, Max: Anm. zu RAG vom 30.9.1921 – 28/21 III, JW 1922, S. 101.

Adams, Hans Ernst: Bezirkstarif oder Branchentarif. Honnef am Rhein 1933.

Adomeit, Klaus: Rechtsquellenfragen im Arbeitsrecht. München 1969 (zitiert: Adomeit, Rechtsquellenfragen).

– Regelung von Arbeitsbedingungen und ökonomische Notwendigkeiten. Eine Untersuchung zu aktuellen Fragen des deutschen Tarifrechts. Bonn 1996 (zitiert: Adomeit, Arbeitsbedingungen).

Aigner, Martin: Ausgewählte Probleme im Zusammenhang mit der Erteilung der Allgemeinverbindlicherklärung von Tarifverträgen. DB 1994, S. 2545-2547.

Alexy, Robert: Theorie der Grundrechte. Frankfurt a.M., 2. Aufl. 1994.

Ansey, Siegfried / *Koberski*, Wolfgang: Die Allgemeinverbindlicherklärung von Tarifverträgen. AuR 1987, S. 230-237.

Anthes Hans-Georg: Tarifkonkurrenz. Hauptfragen des Tarifrechts. Arbeitsrechtliche Seminarvorträge, Band II (Hrsg.: Walter Kaskel). Berlin 1927, S. 166-173.

Arnold, Markus: Anm. zu BAG vom 11.9.1991 – 4 AZR 71/91, AP Nr. 29 zu Internat. Privatrecht, Arbeitsrecht, Bl. 7R-11R.

Bachner, Michael / *Köstler*, Roland / *Trittin*, Wolfgang / *Trümner*, Ralf: Arbeitsrecht bei Unternehmensumwandlung. Handbuch für Praktiker. Köln 1997.

– Individualarbeits- und kollektivrechtliche Auswirkungen des neuen Umwandlungsgesetzes. NJW 1995, S. 2881-2887.

Bachof, Otto: Reflexwirkungen und subjektive Rechte im öffentlichen Recht. Gedächtnisschrift für Walter Jellinek: Forschungen und Berichte aus dem öffentlichen Recht, Band 6 (Hrsg.: Otto Bachof, Martin Drath, Otto Gönnenwein, Ernst Walz). München 1995, S. 287-309.

Badura, Peter: Das Recht der Koalitionen – Verfassungsrechtliche Fragestellungen –. ArbRGegwart Bd. 15 (1977), S. 17-36.

– Staatsrecht. Systematische Erläuterung des Grundgesetzes für die Bundesrepublik Deutschland. 2. Aufl., München 1996.

Baeck, Ulrich: Besprechung von „Wolfgang Balze, Wolfgang Rebel, Peter Schuck, Outsourcing und Arbeitsrecht. München 1997". NZA 1997, S. 876.

– Besprechung von „Wolfgang Hromadka, Frank Maschmann, Franz Wallner: Der Tarifwechsel. Tarifvertrag und Arbeitsvertrag bei Änderung von Verbandsmitgliedschaft, Betriebszweck und Betriebsinhaber. München 1996". NZA 1997, S. 929.

Ballerstedt, Kurt: Empfiehlt es sich, das Recht der gemeinsamen Einrichtungen der Tarifvertragsparteien (§ 4 Abs. 2 des Tarifvertragsgesetzes) gesetzlich näher zu regeln, gegebenenfalls wie? Referat zu den Verhandlungen der Arbeitsrechtlichen Arbeitsgemeinschaft. Verhandlungen des 48. Deutschen Juristentags. München 1970, S. Q 7-30.

Balze, Wolfgang / *Rebel*, Wolfgang / *Schuck*, Peter: Outsourcing und Arbeitsrecht. München 1997.

Bauer, Jobst-Hubertus: Flucht aus Tarifverträgen: Königs- oder Irrweg? Festschrift für Günter Schaub zum 65. Geburtstag: Tarifautonomie für ein neues Jahrhundert (Hrsg.: Monika Schlachter, Reiner Ascheid, Hans-Wolf Friedrich). München 1998, S. 19-46.

Bauer, Jobst-Hubertus / *Diller*, Martin: Flucht aus Tarifverträgen – Konsequenzen und Probleme –. DB 1993, S. 1085-1090.

Bauer, Jobst-Hubertus / *Lingemann*, Stefan: Das neue Umwandlungsrecht und seine arbeitsrechtlichen Auswirkungen. NZA 1994, S. 1057-1063.

Baum, Georg: Das Arbeitsrecht des neuen Deutschland, Heft II, Tarifverträge, Arbeiter- und Angestelltenausschüsse, Schlichtung von Arbeitsstreitigkeiten. Stuttgart 1919.

Baumann, Thomas: Arbeitsrechtliche Aspekte des neuen Umwandlungsrechts. DStR 1995, S. 888-892.

Bauschke, Hans-Joachim: Zur Problematik tariflicher Bezugnahmeklauseln. ZTR 1993, S. 416-418.

Becker, Erich: Die Tarifnormen-Kollision. Erlangen, Leipzig 1924.

Becker, Friedrich: Zur Frage einer gesetzlichen Neuregelung der gewerbsmäßigen Arbeitnehmerüberlassung. AuR 1980, S. 12-20.

Becker, Friedrich / *Etzel*, Gerhard / *Friedrich*, Hans-Wolf / *Hillebrecht*, Wilfried / *Lipke*, Gert-Albert / *Pfeifer*, Thomas / *Rost*, Friedhelm / *Spilger*, Andreas / *Weigand*, Horst / *Wolff*, Ingeborg: Gemeinschaftskommentar zum Kündigungsschutzgesetz und zu sonstigen kündigungsschutzrechtlichen Vorschriften. 4. Aufl., Neuwied, Kriftel, Berlin 1994 (zitiert: KR-Bearbeiter).

Becker, Friedrich / *Kreikebaum*, Hartmut: Zeitarbeit – gewerbsmäßige Arbeitnehmerüberlassung –. Arbeitsrechtliche, betriebswirtschaftliche, gewerberechtliche, privatrechtliche, sozialversicherungsrechtliche, steuerrechtliche und vermittlungsrechtliche Probleme. 2. Aufl., Wiesbaden, Stuttgart 1982.

Becker, Friedrich / *Wulfgramm*, Jörg: Kommentar zum Arbeitnehmerüberlassungsgesetz. 3. Aufl., Neuwied, Darmstadt 1985.

Beckers, Markus: Jahressonderzahlungen: Wegfall der Zahlungsverpflichtung – Zulässigkeit von Bindungs- und Rückzahlungsklauseln. NZA 1997, S. 129-138.

Behrens, Walter / *Hohenstatt*, Klaus-Stefan: Nachwirkung betriebsverfassungsrechtlicher Normen nach Ablauf des Tarifvertrags (§ 4 Abs. 5 TVG)? DB 1991, S. 1877-1878.

Belling, Detlev Werner: Das Günstigkeitsprinzip im Betriebsverfassungsrecht. DB 1982, S. 2513-2517.

– Das Günstigkeitsprinzip im Betriebsverfassungsrecht. Berlin 1984.

– Die außerordentliche Anpassung von Tarifverträgen an veränderte Umstände. NZA 1996, S. 906-913.

Belling, Detlev W. / *Hartmann*, Christian: Die Unzumutbarkeit als Begrenzung der Bindung an den Tarifvertrag. ZfA 1997, S. 87-144.

Benda, Ernst / *Maihofer*, Werner / *Vogel*, Hans-Jochen (Hrsg.): Handbuch des Verfassungsrechts der Bundesrepublik Deutschland. 2. Aufl. Berlin, New York 1994 (zitiert: HBdVerfR-Bearbeiter).

Berger-Delhey, Ulf: Anm. zu ArbG Stuttgart vom 13.4.1989 – 6 Ca 3510/88, AfP 1988/1989, S. 692-693.

Bernstein, Rainer: Anm. zu BAG vom 13.12.1995 – 4 AZR 1062/94, EzA § 3 TVG Nr. 11, S. 9-21.

Berscheid, Ernst-Dieter: Die Auswirkungen der arbeitsrechtlichen Vorschriften des Umwandlungsgesetzes auf die einzelnen Arbeitsverhältnisse und die Beteiligungsrechte des Betriebsrats. Festschrift zum 70. Geburtstag von Eugen Stahlhacke (Hrsg.: Friedhelm Farthmann, Peter Hanau, Udo Isenhardt, Ulrich Preis). Neuwied, Kriftel, Berlin 1995, S. 15-56.

Besgen, Nicolai: Mitgliedschaft im Arbeitgeberverband ohne Tarifbindung. Tarifflucht statt Verbandsflucht. Baden-Baden 1998.

Bettermann, Karl August: Grenzen der Grundrechte. Berlin 1968.

Bettermann, Karl August / *Nipperdey*, Hans Carl / *Scheuner*, Ulrich (Hrsg.): Die Grundrechte. Handbuch der Theorie und Praxis der Grundrechte. Dritter Band, 1. Halbband. 2. Aufl., Berlin 1972 (zitiert: HBdTPG-Bearbeiter).

Beuthien, Volker: Tarifverträge betriebsverfassungsrechtlichen Inhalts. ZfA 1986, S. 131-155.

– Unternehmensbezogene Tarifverträge und paritätische Mitbestimmung in Unternehmen. BB 1975, S. 477-484.

Beuthien, Volker / *Meik*, Frank: Wenn Tariftreue unzumutbar wird – Rückschau auf den Arbeitskampf in der ostdeutschen Metallindustrie –. DB 1993, S. 1518-1520.

Bieback, Karl-Jürgen: Tarifrechtliche Probleme des Verbandswechsels von Arbeitgebern. DB 1989, S. 477-482.

Biedenkopf, Kurt: Anm. zu BAG vom 10.6.1965 – 5 AZR 432/64, SAE 1966, S. 142-143.

– Grenzen der Tarifautonomie. Karlsruhe 1964.

Birk, Rolf: Internationales Tarifvertragsrecht – Eine kollisionsrechtliche Skizze –. Festschrift für Günther Beitzke zum 70. Geburtstag (Hrsg.: Otto Sandrock). Berlin, New York 1979, S. 831-872.

– Tarifrechtliche Folgen von Strukturänderungen im Unternehmens- und Betriebsbereich. AuR 1975, S. 312-318.

Birk, Rolf / *Konzen*, Horst /*Löwisch*, Manfred / *Raiser*, Thomas / *Seiter*, Hugo: Gesetz zur Regelung kollektiver Arbeitskonflikte. – Entwurf und Begründung –. Tübingen 1988.

Blank, Michael: Die Tarifzuständigkeit der DGB-Gewerkschaften. Baden-Baden 1996.

Blank, Michael / *Blanke*, Hermann / *Klebe*, Thomas / *Kümpel*, Winfried / *Wendeling-Schröder*, Ulrike / *Wolter*, Henner: Arbeitnehmerschutz bei Betriebsaufspaltung und Unternehmensteilung. 2. Aufl., Köln 1987 (zitiert: Blank/Blanke).

Bleckmann, Albert: Staatsrecht I. – Staatsorganisationsrecht. Grundlagen, Staatszielbestimmungen und Staatsorganisationsrecht. Köln, Berlin, Bonn, München 1993.

– Staatsrecht II. – Die Grundrechte. 4. Aufl., Köln, Berlin, Bonn, München 1997.

Blomeyer, Wolfgang: Anm. zu BAG vom 11.11.1970 – 4 AZR 522/69, SAE 1972, S. 109-113.

– Besitzstandswahrung durch Tarifvertrag – Zugleich ein Beitrag zu den Grenzen der Tarifmacht –. ZfA 1980, S. 1-76.

Bobrowski, Paul / *Gaul*, Dieter: Das Arbeitsrecht im Betrieb. 2 Bände, 8. Aufl., Heidelberg 1986.

Bodmann, Vorname unbekannt: Zur Rangordnung konkurrierender Tarifverträge: Konkurrenz der Tarifnormengeber. AR Bd. 19 (1932), Sp. 507-516.

Boecken, Winfried: Der Übergang von Arbeitsverhältnissen bei Spaltung nach dem neuen Umwandlungsrecht. ZIP 1994, S. 1087-1095.

– Unternehmensumwandlungen und Arbeitsrecht. Köln, 1996.

Boerner, Dietmar: Die Reform der Entgeltfortzahlung und der Urlaubsanrechnung im Lichte der Tarifautonomie. ZTR 1996, S. 435-449.

Bogs, Walter: Zur Entwicklung der Rechtsform des Tarifvertrags. Festschrift für Julius von Gierke zu seinem goldenen Doktorjubiläum am 25. Oktober 1948. Berlin 1950, S. 39-69.

Bollinger, Ekkehard: Die Arbeitnehmerüberlassung. Zivilrechtliche und arbeitsrechtliche Probleme zwischen Verleiher, Entleiher und Leiharbeitnehmer. Bad Schwartau 1973.

Borsdorf, Ulrich / *Hemmer*, Hans O. / *Martiny*, Martin: Grundlagen der Einheitsgewerkschaft. Köln, Frankfurt a.M. 1977.

Bösche, Burchhard / *Kirchgäßner*, Gerhard / *Trautwein*, Norbert / *Rose*, Wolfgang / *Schmidt*, Frank: DGB-Organisationsreform: Verändern ohne Konzept? GMH 1996, S. 17-29.

Bötticher, Eduard: Die gemeinsamen Einrichtungen der Tarifvertragsparteien. Heidelberg 1966 (zitiert: Bötticher, Einrichtungen).

– Gestaltungsrecht und Unterwerfung im Privatrecht. Berlin 1964 (zitiert: Bötticher, Gestaltungsrecht).

Brox, Hans / *Rüthers*, Bernd: Arbeitskampfrecht. 2. Aufl., Stuttgart, Berlin, Köln, Mainz 1982 (zitiert: Brox/Rüthers, Arbeitskampfrecht).

Brox, Hans / *Rüthers*, Bernd: Arbeitsrecht. 13. Aufl., Stuttgart, Berlin, Köln 1997 (zitiert: Brox/Rüthers, Arbeitsrecht).

Bruhn, Claus-Jürgen: Tarifeinheit im Betrieb als Eingriff in die Koalitionsfreiheit. Eine Kritik der Rechtsprechung des Bundesarbeitsgerichts, zugleich ein Beitrag zu einer Allgemeinen Republiklehre. Frankfurt a.M., Berlin, Bern, New York, Paris, Wien, 1997 (zitiert: Bruhn, Tarifeinheit).

– Tariffähigkeit von Gewerkschaften und Autonomie. Eine Kritik an der Mächtigkeitslehre des BAG. Berlin 1993 (zitiert. Bruhn: Tariffähigkeit).

Buchner, Herbert: Anm. zu BAG vom 14.2.1973 – 4 AZR 176/72, AR-Blattei (D), Tarifvertrag IV, Entscheidungen 12.

– Anm. zu BAG vom 15.10.1986 – 4 AZR 289/85, AR-Blattei (D), Tarifvertrag III, Entscheidungen 4.

– Anm. zu BAG vom 18.12.1996 – 4 AZR 129/96, AR-Blattei ES, Tarifvertrag VIII Beendigung 1550.8 Entscheidung Nr. 4, S. 7-14.

– Anm. zu BAG vom 19.11.1985 – 1 ABR 37/83, AR-Blattei (D), Tarifvertrag II A, Betriebsverfassungsnormen, Entscheidungen 1.

– Anm. zu BAG vom 22.11.1988 – 1 ABR 6/87, AR-Blattei (D), Tarifvertrag II A, Tariffähigkeit und Tarifzuständigkeit, Entscheidungen 2.

– Anm. zu BAG vom 30.1.1990 – 1 ABR 98/88, AR-Blattei ES, Tarifvertrag VI Rechtswirkungen 1550.6 Entscheidung Nr. 29, S. 6-12.

– Anm. zu BAG vom 4.9.1996 – 4 AZR 135/95, EzA § 3 TVG Bezugnahme auf Tarifvertrag Nr. 7, S. 11-23.

– Anm. zu HessLAG vom 7.11.1996 – 12 Sa 1565/95, AR-Blattei ES, Tarifvertrag III Tarifgebundenheit 1550.3 Entscheidung Nr. 13, S. 3-6.

– Der Umfang tariflicher Abschlußnormen, insbesondere ihre Abgrenzung zu den Normen über betriebliche Fragen. RdA 1966, S. 208-210.

– Die Ausgliederung von betrieblichen Funktionen (Betriebsteilen) unter arbeitsrechtlichen Aspekten. GmbHR 1997, S. 377-383, S. 434-442.

– Die Reichweite der Regelungssperre aus § 77 Abs. 3 Satz 1 BetrVG. DB 1997, S. 573-577.

– Die tarifrechtliche Situation bei Verbandsaustritt und bei Auflösung eines Arbeitgeberverbands. RdA 1997, S. 259-267.

– Kündigung der Tarifregelungen über die Entgeltanpassung in der Metallindustrie der östlichen Bundesländer. NZA 1993, S. 289-299.

– Mitgliedschaft in Arbeitgeberverbänden ohne Tarifbindung. NZA 1994, S. 2-12.

– Tarifvertragsgesetz und Koalitionsfreiheit. Zur verfassungsrechtlichen Problematik der §§ 3 Abs. 2, 3 Abs. 3, 5 und 9 Abs. 1 TVG. München 1964.

– Tarifzuständigkeit bei Abschluß von Verbands- und Firmentarifverträgen. ZfA 1995, S. 95-121.

– Verbandsmitgliedschaft ohne Tarifgebundenheit. NZA 1995, S. 761-769.

– Vereinheitlichung tariflicher Strukturen im Unternehmens- und Konzernbereich. Festschrift für Günter Schaub zum 65. Geburtstag: Tarifautonomie für ein neues Jahrhundert (Hrsg.: Monika Schlachter, Reiner Ascheid, Hans-Wolf Friedrich). München 1998, S. 75-93.

– Wirkliche und vermeintliche Gefährdungen der Tarifautonomie. Festschrift für Otto Rudolf Kissel zum 65. Geburtstag: Arbeitsrecht in der Bewährung (Hrsg.: Meinhard Heinze, Alfred Söllner). München 1994, S. 97-117.

Bull, Hans Peter: Allgemeines Verwaltungsrecht. 5. Aufl., Heidelberg 1997.

Bulla, Gustav-Adolf: Das sozialrechtliche Schutzprinzip als der Grundgedanke des Arbeitsrechts. MDArbGV 1957, Nr. 15, S. 1 ff.

– Soziale Selbstverwaltung der Sozialpartner als Rechtsprinzip. Festschrift für Hans Carl Nipperdey zum 70. Geburtstag, Band 2 (Hrsg.: Rolf Dietz, Heinz Hübner). München und Berlin 1965, S. 79-104.

– Tarifgebundenheit bei Verbandsaustritt. DB 1951, S. 818-819.

Buschmann, Rudolf: Die Günstigkeit der Nachtarbeit. NZA 1990, S. 387-388.

– Besprechung von „Tarifautonomie für ein neues Jahrhundert, Festschrift für Günter Schaub, von Monika Schlachter, Reiner Ascheid, Hans-Wolf Friedrich (Hrsg.), München 1998“. AuR 1998, S. 410-411.

Buschmann, Rudolf / *Ulber*, Jürgen: Flexibilisierung: Arbeitszeit – Beschäftigung. Basiskommentar. Köln 1989.

Butzer, Hermann: Verfassungsrechtliche Grundlagen zum Verhältnis zwischen Gesetzgebungshoheit und Tarifautonomie. RdA 1994, S. 375-385.

Bydlinski, Franz: Juristische Methodenlehre und Rechtsbegriff. 2. Aufl., Wien, New York 1991.

Canaris, Claus-Wilhelm: Die Feststellung von Lücken im Gesetz. 2. Aufl., München 1983 (zitiert: Canaris, Lücken).

– Die Vertrauenshaftung im deutschen Privatrecht. München 1971 (zitiert: Canaris, Vertrauenshaftung).

– Systemdenken und Systembegriff in der Jurisprudenz. 2. Aufl., Berlin 1983 (zitiert: Canaris, Systemdenken).

– Verfassungs- und europarechtliche Aspekte der Vertragsfreiheit in der Privatrechtsgesellschaft. Festschrift für Peter Lerche zum 65. Geburtstag: Wege und Verfahren des Verfassungslebens (Hrsg.: Peter Badura, Rupert Scholz). München 1993, S. 873-891.

Cramer, Horst H.: Schwerbehindertengesetz. Kommentar. 4. Aufl., München 1992.

Dahlbender, Frank: Der Austritt des Arbeitgebers aus seinem Verband zwecks Loslösung von Tarifverträgen. Bonn 1995.

Dammann, Klaus: Tarifvertrag und Arbeitskampf. Rechtliche Rahmenbedingungen aktiver Lohnpolitik. Köln 1977.

Danne, Harald Th.: Anm. zu BAG vom 4.9.1996 – 4 AZR 4 AZR 135/95, SAE 1998, S. 111-116.

Däubler, Wolfgang: Arbeitskampfrecht mit neuen Konturen. AuR 1992, S. 1-8.

– Das Arbeitsrecht im neuen Umwandlungsgesetz. RdA 1995, S. 136-147.

– Der Gemeinschaftsbetrieb im Arbeitsrecht. Festschrift für Albrecht Zeuner zum siebzigsten Geburtstag (Hrsg.: Karl August Bettermann, Manfred Löwisch, Hansjörg Otto, Karsten Schmidt). München 1994, S. 19-38.

– Die Allgemeinverbindlicherklärung – notwendiges Mittel zum Schutz der Tarifautonomie? Festschrift für Karl Kehrmann zum 65. Geburtstag: Arbeitsrecht in der Bewährung (Hrsg.: Ursula Engelen-Kefer, Michael Schoden, Ulrich Zachert). Köln 1997, S. 281-294.

– Die Anpassung von Tarifverträgen an veränderte wirtschaftliche Umstände. ZTR 1996, S. 241-245.

– Tarifausstieg – Erscheinungsformen und Rechtsfolgen. NZA 1996, S. 225-233.

– Tarifflucht – eine aussichtsreiche Strategie zur Reduzierung von Lohnkosten? ZTR 1994, S. 448-455.

– Tarifvertragsrecht. Ein Handbuch. 3. Aufl., Baden-Baden 1993 (zitiert: Däubler, TVR).

Däubler, Wolfgang / *Hege*, Hans: Koalitionsfreiheit. Baden-Baden 1976 (zitiert: Däubler/Hege, Koalitionsfreiheit).

– Tarifvertragsrecht. 2. Aufl., Baden-Baden 1981 (zitiert: Däubler/Hege, TVR).

Däubler, Wolfgang / *Kittner*, Michael / *Klebe*, Thomas: Betriebsverfassungsgesetz. Kommentar für die Praxis. 6. Aufl., Köln 1998 (zitiert: DKK-Bearbeiter).

Debus, Norbert: Leiharbeit – das Geschäft mit der Ware Arbeitskraft. Marburg 1982.

Dechant, Hans: Der Kollektivvertrag nach österreichischem und deutschem Rechte unter Berücksichtigung des schweizerischen Obligationenrechtes. Wien, Leipzig, München 1923.

– Normenkollision im Tarifrechte. AR Bd. 11 (1924), Sp. 15-19.

Deckers, Hans: Betrieblicher oder überbetrieblicher Tarifvertrag? Die unterschiedlichen räumlichen Geltungsbereiche der Tarifverträge und ihre wirtschafts- und gesellschaftspolitische Beurteilung, dargestellt im Vergleich Deutschland–USA. München 1960.

Degenhart, Christoph: Staatsrecht I, Staatszielbestimmungen, Staatsorgane, Staatsfunktionen. 12. Aufl., Heidelberg 1996.

Dehmer, Hans: Umwandlungsgesetz. Umwandlungssteuergesetz. 2. Aufl., München 1996.

Deinert, Olaf: Arbeitnehmerentsendung im Rahmen der Erbringung von Dienstleistungen innerhalb der Europäischen Union. RdA 1996, S. 339-352.

Delbos, Roland: Tarifkonkurrenz und Tarifeinheit. Würzburg 1970.

Delheid, Johannes: Tarifzuständigkeit. Zugleich ein Beitrag zu den Problemen einer betriebsnahen Tarifpolitik. Köln 1973.

Deregulierungskommission (Unabhängige Expertenkommission zum Abbau marktwidriger Regulierungen): Marktöffnung und Wettbewerb. Stuttgart 1991.

Dersch, Hermann: Entwicklungslinien der Fürsorgepflicht des Arbeitgebers im Arbeitsverhältnis. RdA 1949, S. 325-331.

Deventer, Klaus: Arbeitsrecht im Nationalsozialismus. JuS 1988, S. 13-20.

Dieterich, Thomas: Die betrieblichen Normen nach dem Tarifvertragsgesetz vom 9.4.1949. Heidelberg 1964.

Dieterich, Thomas / *Hanau*, Peter / *Schaub*, Günter (Hrsg.): Erfurter Kommentar zum Arbeitsrecht. München 1998 (zitiert: ErfKomm-Bearbeiter).

Dietz, Rolf: Selbständigkeit des Betriebsteils und des Nebenbetriebs – betriebsverfassungsrechtlich und tarifrechtlich –. Festschrift für Arthur Nikisch. Tübingen 1958, S. 23-47.

Dietz, Rolf /*Richardi*, Reinhard: Bundespersonalvertretungsgesetz. Kommentar unter Berücksichtigung der Landespersonalvertretungsgesetze. 2. Band (§ 58-Schluß mit Wahlordnung). 2. Aufl., München 1978 (zitiert: Dietz/Richardi, BPersVG).

Dörner, Hans-Jürgen: Die Anrechnung von Krankheits- und Kurtagen auf den tarifvertraglich geregelten Erholungsurlaub nach § 4a I EFZG und § 10 I BUrlG. Festschrift für Günter Schaub zum 65. Geburtstag: Tarifautonomie für ein neues Jahrhundert

(Hrsg.: Monika Schlachter, Reiner Ascheid, Hans-Wolf Friedrich). München 1998, S. 135-156.

– Die Anrechnungsbestimmungen des § 4a I EFZG und des § 10 I BUrlG und die Tarifautonomie. NZA 1998, S. 561-567.

– Tarifvertrag. Gruppe 18, Teilbereich 1. Handbuch zum Arbeitsrecht (Hrsg.: Wolfgang Leinemann). Neuwied 1996, S. 101-258 (zitiert: HzA-Dörner).

Dörrwächter, Jan Christoph: Tendenzschutz im Tarifrecht. Berlin 1998.

Dragenscheck, Vorname unbekannt: Zur Frage der Wirkung der Allgemeinverbindlichkeitserklärung von Tarifverträgen. BlfArbR 1927, Nr. 24, S. 1.

Dräger, Jürgen: Tariffragen bei Änderung des Unternehmensgegenstandes durch Beschränkung auf bisherige Nebenbetriebe. BB 1970, S. 1141-1142.

Dreier, Horst (Hrsg.): Grundgesetz. Kommentar. Band I (Art. 1-19). Tübingen 1996 (zitiert: Dreier-Bearbeiter).

Dreschers, Martin: Die Entwicklung des Rechts des Tarifvertrags in Deutschland. Eine rechtshistorische Untersuchung über den Verlauf der Durchsetzung des Kollektivvertragsgedankens. Frankfurt a.M., Berlin, Bern, New York, Paris, Wien 1994.

Dutti, Klaus: Die Überschneidung der Tarifzuständigkeit von Industriegewerkschaften. DB 1969, S. 218-221.

– Tarifgebundenheit bei Verbandswechsel. BB 1968, S. 1335-1338.

Dütz, Wilhelm: Arbeitsrecht. 3. Aufl., München 1997.

– Koalitionsautonome Regelung der Arbeits- und Wirtschaftsbedingungen – auf der Grundlage der bundesverfassungsgerichtlichen Rechtsprechung –. JA 1987, S. 405-415.

– Tendenzaufsicht im Vereinsrecht. Festschrift für Wilhelm Herschel zum 85. Geburtstag (Hrsg.: Peter Hanau, Gerhard Müller, Herbert Wiedemann, Otfried Wlotzke). München 1982, S. 55-76.

Düwell, Franz Josef: Arbeitnehmerüberlassung in Betriebe des Baugewerbes. BB 1995, S. 1082-1085.

– Umwandlung von Unternehmen und arbeitsrechtliche Folgen. NZA 1996, S. 393-399.

Ehrenwerth, Otto: Die mehrfache Tarifgebundenheit eines Arbeitsverhältnisses. Eine Untersuchung über Tarifkonkurrenz und verwandte Erscheinungen. Leipzig 1931.

Ehrich, Christian: Die Bedeutung der Wesentlichkeitstheorie im Arbeitskampfrecht. DB 1993, S. 1237-1239.

Ehrmann, Heinrich: Konkurrenz eines allgemeinverbindlichen mit einem gewöhnlichen Tarifverträge. AR Bd. 18 (1931), Sp. 5-14.

Eichhorn, Jochen: Tarifvertragliche Bestimmungsklauseln – Ein Weg zur Flexibilisierung von Tarifverträgen –. Frankfurt a.M. 1992.

Eickhof, Norbert: Eine Theorie der Gewerkschaftsentwicklung. Entstehung, Stabilität und Befestigung. Tübingen 1973.

Eisenhart Rothe, Rüdiger von: Probleme der Tarifzuständigkeit. Zugleich ein Beitrag zur Auslegung der Satzungen des Deutschen Gewerkschaftsbundes und der in ihm zusammengeschlossenen Industriegewerkschaften. Frankfurt a.M. 1969.

Enneccerus, Ludwig / *Nipperdey*, Hans Carl: Allgemeiner Teil des Bürgerlichen Rechts. Erster Halbband (Allgemeine Lehren, Personen, Rechtsobjekte). 15. Aufl., Tübingen 1959.

Erdel, Anton: Bedeutung der Verbandszugehörigkeit für das Tarifvertragsrecht. Schlw Bd. 3 (1921), S. 222-224.

– Das Arbeitsrecht. 1. Teil: Kollektives Arbeitsrecht. Leipzig 1923.

– Zwangsverbindlichkeit von Tarifverträgen. NZfA 1922, Sp. 73-88.

Erichsen, Hans-Uwe (Hrsg.): Allgemeines Verwaltungsrecht. 10. Aufl., Berlin und New York 1995 (zitiert: Erichsen-Bearbeiter).

Erman, Walter / *Westermann*, Harm Peter: Handkommentar zum Bürgerlichen Gesetzbuch in 2 Bänden. 1. Band (§§ 1-853 BGB). 9. Aufl., Münster 1993 (zitiert. Erman-Bearbeiter).

Esser, Josef: Grundsatz und Norm in der richterlichen Fortbildung des Privatrechts. 3. Aufl., Tübingen 1990 (zitiert: Esser, Grundsatz und Norm).

– Richterrecht, Gerichtsgebrauch und Gewohnheitsrecht. Festschrift für Fritz von Hippel zum 70. Geburtstag (Hrsg.: Josef Esser, Hans Thieme). Tübingen 1967, S. 95-130.

– Vorverständnis und Methodenwahl in der Rechtsfindung. Rationalitätsgarantien in der richterlichen Entscheidungspraxis. Frankfurt a.M. 1970 (zitiert: Esser: Vorverständnis).

Etzel, Gerhard: Die Entwicklung des Arbeitsrechts im Jahre 1990. NJW 1991, S. 3191-3202.

– Die Entwicklung des Tarifrechts in der Rechtsprechung des Vierten Senats des Bundesarbeitsgerichts unter Günter Schaub. Festschrift für Günter Schaub zum 65. Geburtstag: Tarifautonomie für ein neues Jahrhundert (Hrsg.: Monika Schlachter, Reiner Ascheid, Hans-Wolf Friedrich). München 1998, S. 173-191.

– Tarifordnung und Arbeitsvertrag, NZA 1987, Beilage Nr. 1, S. 19-31.

Fabricius, Fritz / *Kraft*, Alfons / *Kreutz*, Peter / *Oetker*, Hartmut / *Wiese*, Günther: Betriebsverfassungsgesetz. Gemeinschaftskommentar. Bd. 2 (§§ 74-132 mit BetrVG 1952). 6. Aufl. 1998, Neuwied, Kriftel 1998 (zitiert: GK-Bearbeiter, Bd. 2).

– Betriebsverfassungsgesetz. Gemeinschaftskommentar. Bd. 1 (§§ 1-73 mit Wahlordnungen). 6. Aufl., Neuwied, Kriftel, Berlin 1997 (zitiert: GK-Bearbeiter, Bd. 1).

Falkenstein, Hans: Der allgemeinverbindliche Tarif. Hauptfragen des Tarifrechts. Arbeitsrechtliche Seminarvorträge, Band II (Hrsg.: Walter Kaskel). Berlin 1927, S. 154-157.

Farthmann, Friedhelm / *Hensche*, Detlef: Die gemeinsamen Einrichtungen der Tarifvertragsparteien – aus der Sicht der Arbeitnehmerseite –. ArbRGegwart Bd. 9 (1972), S. 95-102.

Feger, Sandra: Flucht aus dem Arbeitgeberverband. AiB 1995, S. 490-505.

Fenn, Herbert: Der Grundsatz der Tarifeinheit – Zugleich zu Voraussetzungen und Grenzen richterlicher Rechtsfortbildung –. Festschrift für Otto Rudolf Kissel zum 65. Geburtstag: Arbeitsrecht in der Bewährung (Hrsg.: Meinhard Heinze, Alfred Söllner). München 1994, S. 213-238.

Fikentscher, Wolfgang: Methoden des Rechts in vergleichender Darstellung. Band IV. Dogmatischer Teil. Tübingen 1977.

Firnhaber, Ulrich: Das Günstigkeitsprinzip im Tarifvertragsrecht. Kiel 1951.

Fitting, Karl / *Kaiser*, Heinrich / *Heither*, Friedrich / *Engels*, Gerd: Betriebsverfassungsgesetz – Handkommentar. 19. Aufl., München 1998.

Flume, Werner: Allgemeiner Teil des Bürgerlichen Rechts. Erster Band, Zweiter Teil, Die juristische Person. Berlin, Heidelberg, New York, Tokyo 1983 (zitiert: Flume: Juristische Person).

– Allgemeiner Teil des Bürgerlichen Rechts. Zweiter Band, Das Rechtsgeschäft. 4. Aufl., Berlin, Heidelberg, New York, Paris, Tokyo, Hongkong, Barcelona, Budapest 1992 (zitiert: Flume, Rechtsgeschäft).

Forsthoff, Ernst: Der Entwurf eines zweiten Vermögensbildungsgesetzes. BB 1965, S. 381-392.

– Lehrbuch des Verwaltungsrechts. Erster Band. Allgemeiner Teil. 10 Aufl., München 1973.

Franzen, Martin: „Gleicher Lohn für gleiche Arbeit am gleichen Ort"? – Die Entsendung von Arbeitnehmern aus EU-Staaten nach Deutschland –. DZWir 1996, S. 89-101.

Frey, Erich: Das Schicksal des Tarifvertrags und seine Auswirkungen bei Wegfall einer Tarifvertragspartei. RdA 1965, S. 363-367.

Friauf, Karl Heinrich: Die verfassungsrechtlichen Vorgaben einer gesetzlichen oder tarifvertraglichen Arbeitskampfordnung. RdA 1986, S. 188-196.

Friedrich, Hans-Wolf: Nachwirkender Tarifvertrag und seine Ablösung durch einen Tarifvertrag eines anderen Arbeitgeberverbandes mit einer anderen Gewerkschaft – eine Fallstudie –. Festschrift für Günter Schaub zum 65. Geburtstag: Tarifautonomie für ein neues Jahrhundert (Hrsg.: Monika Schlachter, Reiner Ascheid, Hans-Wolf Friedrich). München 1998, S. 193-203.

Friedrich, Klaus: Probleme der Tarifverträge mit Auslandsberührung. RdA 1980, S. 109-116.

Frieges, Holger M.: Der Verbandsaustritt: Unwägbarkeiten und verfassungsrechtliche Grenzen der zwingenden Fortgeltung von Tarifbestimmungen. NZA 1998, S. 630-633.

– Wegfall der Tarifbindung und einzelvertragliche Bezugnahme von Tarifverträgen. DB 1996, S. 1281-1283.

Frölich, Armin: Eintritt und Beendigung der Nachwirkung von Tarifnormen. NZA 1992, S. 1105-1111.

Fromen, Wolfgang: Der gemeinsame Betrieb mehrerer Unternehmen – Der Versuch einer kritischen Analyse –. Festschrift für Dieter Gaul zum 70. Geburtstag (Hrsg.: Dietrich Boewer, Björn Gaul). Neuwied, Kriftel 1992, S. 553-580.

Fürst, Walther (Hrsg.): Gesamtkommentar Öffentliches Dienstrecht. Band V: Personalvertretungsrecht des Bundes und der Länder, erläutert auf der Grundlage des Bundespersonalvertretungsgesetzes unter Einbeziehung des Personalvertretungsrechts der Länder. Berlin 1995 (zitiert: GKÖD-Bearbeiter).

Galperin, Hans: Gleicher Lohn für Männer und Frauen. JZ 1956, S. 105-109.

Galperin, Hans /*Löwisch*, Manfred: Kommentar zum Betriebsverfassungsrecht in zwei Bänden. 6. Aufl., Heidelberg 1982.

Gamillscheg, Franz: Besprechung von „Otto Ernst Kempen, Ulrich Zachert: Tarifvertragsgesetz, Kommentar für die Praxis. 3. Aufl., Köln 1997“. AuR 1998, S. 200-201.

– Die allgemeinen Lehren der Grundrechte und das Arbeitsrecht. AuR 1996, S. 41-48.

– Die Differenzierung nach der Gewerkschaftszugehörigkeit. Berlin 1966 (zitiert: Gamillscheg, Differenzierung).

– Die Grundrechte im Arbeitsrecht. Berlin 1989 (zitiert: Gamillscheg, Grundrechte).

– Differenzierung nach der Gewerkschaftszugehörigkeit beim Vorruhestand. BB 1988, S. 555-557.

– Gem. Anm. zu BVerfG vom 24.5.1977 – 2 BvL 11/74 und BVerwG vom 3.11.1988 – 7 C 115/86, EzA § 5 TVG Nr. 9, S. 19-39.

– Kollektives Arbeitsrecht. Ein Lehrbuch. Band I: Grundlagen/Koalitionsfreiheit/ Tarifvertrag/Arbeitskampf und Schlichtung. München 1997 (zitiert: Gamillscheg, Arbeitsrecht).

– Tarifvertrag zu Lasten der Gewerkschaft? Festschrift für Karl Kehrmann zum 65. Geburtstag: Arbeitsrecht in der Bewährung (Hrsg.: Ursula Engelen-Kefer, Michael Schoden, Ulrich Zachert). Köln 1997, S. 247-262.

– Überlegungen zur Allgemeinverbindlicherklärung des Tarifvertrags. Festschrift für Hyung-Bae Kim (herausgegeben gemeinsam mit einem koreanischen Kollegium von Hans G. Leser). Berlin 1995, S. 35-54.

Ganter, Alexander: Die tarifvertragliche Regelung betrieblicher Fragen. Tübingen 1984.

Gaul, Björn: Anm. zu BAG vom 4.9.1996 – 4 AZR 135/95, EzA § 3 TVG Bezugnahme auf Tarifvertrag Nr. 7, S. 25-46.

– Das Schicksal von Tarifverträgen und Betriebsvereinbarungen bei der Umwandlung von Unternehmen. NZA 1995, S. 717-725.

– Die einzelvertragliche Bezugnahme auf einen Tarifvertrag beim Tarifwechsel des Arbeitgebers. NZA 1998, S. 9-17.

Gaul, Dieter: Anm. zu LAG Düsseldorf vom 7.10.1981 – 5 Sa 566/81, EzA § 3 TVG Nr. 3, S. 19-30.

– Der Betriebsübergang. 2. Aufl., Böblingen 1993.

– Die kollektiven und die kollektivrechtlichen Auswirkungen des Betriebsinhaberwechsels. DB 1980, S. 98-103.

– Erstreckungsinhalt und Umfang einer tariflichen Bezugnahmeklausel auf den BAT. ZTR 1991, S. 188-197.

– Schranken der Bezugnahme auf einen Tarifvertrag. ZTR 1993, 355-364.

– Tarifliche Friedenspflicht und Firmentarifvertrag. RdA 1966, S. 172-179.

– Zuständigkeitsregelung und kollektivrechtlicher Gestaltungsraum für Tarifvertragsparteien. ZTR 1991, S. 443-455.

Gentz, Manfred: Werden die geltenden Tarifverträge der betrieblichen Praxis gerecht? Festschrift für Günter Schaub zum 65. Geburtstag: Tarifautonomie für ein neues

Jahrhundert (Hrsg.: Monika Schlachter, Reiner Ascheid, Hans-Wolf Friedrich). München 1998, S. 205-217.

Gerhards, Thomas: Nachwirkung des Tarifvertrags bei Verbandsaustritt und Verbandswechsel des Arbeitgebers. BB 1997, S. 362-364.

– Tarifgebundenheit beim Verbandswechsel des Arbeitgebers. BB 1995, S. 1290-1292.

Gerken, Lüder / *Löwisch*, Manfred / *Rieble*, Volker: Der Entwurf eines Arbeitnehmer-Entsendegesetzes in ökonomischer und rechtlicher Sicht. BB 1995, S. 2370-2375.

Gick, Dietmar: Gewerbsmäßige Arbeitnehmerüberlassung zwischen Verbot und Neugestaltung. Berlin 1984.

Gitter, Wolfgang: Durchsetzungsfähigkeit als Kriterium der Tariffähigkeit für einzelne Arbeitgeber und Arbeitgeberverbände. Festschrift für Otto Rudolf Kissel zum 65. Geburtstag: Arbeitsrecht in der Bewährung (Hrsg.: Meinhard Heinze, Alfred Söllner). München 1994, S. 265-279.

Glaubitz, Werner: Zur Frage der Tariffähigkeit des Arbeitgeberverbandes mit tarifgebundenen und nicht tarifgebundenen Mitgliedern. Festschrift für Dieter Stege (Hrsg.: Landesvereinigung des Arbeitgeberverbände Nordrhein-Westfalen e.V.). Köln 1997, S. 39-48.

Gramm, Hans: Tarifkonkurrenz. AR-Blattei (D), Tarifvertrag XII (1969).

Gröbing, Karl: Das Koalitionsrecht der Arbeitnehmer in der Krise. AuR 1986, S. 297-302.

Grote, Otto: Tarifkonkurrenz. Hauptfragen des Tarifrechts. Arbeitsrechtliche Seminarvorträge, Band II (Hrsg.: Walter Kaskel). Berlin 1927, S. 158-165.

Grunsky, Wolfgang: Arbeitsgerichtsgesetz. Kommentar. 7. Aufl., 1995.

Gumpert, Jobst: Anm. zu BAG vom 22.2.1957 – 1 AZR 536/55, AP Nr. 2 zu § 4 TVG Tarifkonkurrenz, Bl. 4-5.

Anm. zu LAG Bremen vom 1.8.1956 – 1 Sa 51/56, AP Nr. 1 zu § 4 TVG Tarifkonkurrenz, Bl. 3R-4R.

– Geht der Verbandstarif dem Firmentarif vor? BB 1953, S. 115-116.

– Gem. Anm. zu BAG vom 19.12.1958 – 1 AZR 55/58 und 19.12.1958 – 1 AZR 109/58, BB 1959, S. 488-489.

– Ist die Besteuerung der Zuschläge für Sonntags-, Feiertags- und Nachtarbeit verfassungsgemäß? BB 1967, S. 1079-1081.

– Rechtsfragen des Firmentarifvertrags. BB 1958, S. 1316-1319.

Günther, Adolf: Arbeiterschutz und Arbeitsrecht. Berlin und Leipzig 1920.

Gussen, Heinz / *Dauck*, Andreas: Die Weitergeltung von Betriebsvereinbarungen und Tarifverträgen bei Betriebsübergang und Umwandlung. 2. Aufl., Berlin 1997.

Gusy, Christoph: Richterrecht und Grundgesetz. DÖV 1992, S. 461-470.

Haase, Rolf: Betrieb, Unternehmen und Konzern im Arbeitsrecht. NZA 1988, Beilage Nr. 3, S. 11-17.

Häberle, Peter: Die Wesensgehaltsgarantie des Art. 19 Abs. 2 Grundgesetz. Zugleich ein Beitrag zum institutionellen Verständnis der Grundrechte und zur Lehre vom Gesetzesvorbehalt. 3. Aufl., Heidelberg 1983.

Hagemeier, Christian / *Kempen*, Ernst Otto / *Zachert*, Ulrich / *Zilius*, Jan: Tarifvertragsgesetz. Kommentar für die Praxis. 2. Aufl., Köln 1990.

Hainke, Stefan: Vorgeschichte und Entstehung der Tarifvertragsverordnung vom 23. Dezember 1918. Kiel 1987.

Hamacher, Anno: Anm. zu BAG vom 18.6.1997 – 4 AZR 710/95, EzA § 1 TVG Fristlose Kündigung Nr. 3, S. 13-33.

Hanau, Peter: Arbeitsrecht und Mitbestimmung in Umwandlung und Fusion. ZGR 1990, S. 548-559.

– Das Arbeitnehmer-Entsendegesetz. NJW 1996, S. 1369-1373.

– Der Tarifvertrag in der Krise. RdA 1998, S. 65-71.

– Die Koalitionsfreiheit sprengt den Kernbereich. ZIP 1996, S. 447.

– Die Rechtsprechung des BAG im Jahre 1983. ZfA 1984, S. 453-605.

– Entwicklungslinien im Arbeitsrecht. DB 1998, S. 69-79.

– Gemeinsame Einrichtungen von Tarifvertragsparteien als Institut der Verbandspolitik. RdA 1970, S. 161-168.

– Probleme der arbeitsgerichtlichen Rechtsfortbildung. BlStSozArbR 1985, S. 17-21.

– Tarifautonomie in der Bewährung. GMH 1994, S. 129-141.

– Wie geht es weiter mit § 613a BGB? ArbRGegwart Bd. 34 (1997), S. 21-34.

– Zum Kernbereich des Koalitionswesens. AuR 1983, S. 257-265.

Hanau, Peter / *Adomeit*, Klaus: Arbeitsrecht. 11. Aufl., Neuwied, Kriftel, Berlin 1994.

Hanau, Peter / *Kania*, Thomas: Anm. zu BAG 20.3.1991 – 4 AZR 455/90, AP Nr. 20 zu § 4 TVG Tarifkonkurrenz, Bl. 5R-11.

– Die Bezugnahme auf Tarifverträge durch Arbeitsvertrag und betriebliche Übung. Festschrift für Günter Schaub zum 65. Geburtstag: Tarifautonomie für ein neues Jahrhundert (Hrsg.: Monika Schlachter, Reiner Ascheid, Hans-Wolf Friedrich). München 1998, S. 239-262.

– Gestaltung einer Gewerkschaftsfusion. AuR 1994, S. 205-214.

– Stufentarifverträge. DB 1995, S. 1229-1234.

Hanau, Peter / *Vossen*, Reinhard: Die Auswirkungen des Betriebsinhaberwechsels auf Betriebsvereinbarungen und Tarifverträge. Festschrift für Marie Luise Hilger und Hermann Stumpf (Hrsg.: Thomas Dieterich, Franz Gamillscheg, Herbert Wiedemann). Berlin 1983, S. 271-297.

Hartmann, Christian: Die privatautonome Zuordnung von Arbeitsverhältnissen nach Umwandlungsrecht. ZfA 1997, S. 21-42.

Hasford, Alfred: Die Wirkungen des rechtsgeschäftlichen Übergangs von Betriebsteilen auf bestehende Arbeitsverhältnisse. BB 1973, S. 526-528.

Hattesen, Michael: Arbeitsverhältnis und Betriebsübergang. Gruppe 1, Teilbereich 10. Handbuch zum Arbeitsrecht (Hrsg.: Wolfgang Leinemann). Neuwied 1994, S. 1325-1375 (zitiert: HzA-Hattesen).

Hauck, Friedrich: Arbeitsgerichtsgesetz. Kommentar. München 1996.

– Die Sozialkassentarifverträge des Baugewerbes in der aktuellen Rechtsprechung des Bundesarbeitsgerichts. Festschrift für Günter Schaub zum 65. Geburtstag: Tarifautonomie für ein neues Jahrhundert (Hrsg.: Monika Schlachter, Reiner Ascheid, Hans-Wolf Friedrich). München 1998, S. 263-274.

Haußmann, Katrin: Der Verbandswechsel des Arbeitgebers. Frankfurt a.M., Berlin, Bern, New York, Paris, Wien 1997.

Heckelmann, Dieter: Die Entwicklung des arbeitsrechtlichen Schrifttums im Jahre 1972. ZfA 1973, S. 425-505.

Heilmann, Joachim: Koalitionsfreiheit als normales Grundrecht. Gedanken zum Beschluß des Bundesverfassungsgerichts v. 14.11.1995. AuR 1996, S. 121-123.

Heimes, Jörg: BVerfG: Neues Profil der Koalitionsfreiheit. MDR 1996, S. 561-566.

Heinze, Meinhard: Arbeitsrechtliche Fragen bei der Übertragung und Umwandlung von Unternehmen. ZfA 1997, S. 1-20.

– Arbeitsrechtliche Probleme bei der Umstrukturierung von Unternehmen. DB 1998, S. 1861-1867.

– Ausgewählte Rechtsfragen zu § 613a BGB. Festschrift für Günter Schaub zum 65. Geburtstag: Tarifautonomie für ein neues Jahrhundert (Hrsg.: Monika Schlachter, Reiner Ascheid, Hans-Wolf Friedrich). München 1998, S. 275-294.

– Betriebsvereinbarung versus Tarifvertrag? NZA 1989, S. 41-48.

– Die Arbeitgeber-Nachfolge bei Betriebsübergang – Die Regelungsstruktur des § 613a BGB und rechtliche Konsequenzen, insbesondere im Konkurs –. DB 1980, S. 205-213.

– Kollektive Arbeitsbedingungen im Spannungsfeld zwischen Tarif- und Betriebsautonomie. NZA 1995, S. 5-8.

– Rechtsprobleme des sog. echten Leiharbeitsverhältnisses. ZfA 1976, S. 183-214.

– Tarifzuständigkeit von Gewerkschaften und Arbeitgebern/Arbeitgeberverbänden. DB 1997, S. 2122-2126.

– Wege aus der Krise des Arbeitsrechts – Der Beitrag der Wissenschaft. NZA 1997, S. 1-9.

– Zur Reform des Flächentarifvertrags. Festschrift für Alfons Kraft zum 70. Geburtstag (Hrsg.: Günther Hönn, Horst Konzen, Peter Kreutz). Kriftel, Neuwied 1998, S. 205-217.

Hellermann, Johannes: Die sogenannte negative Seite der Freiheitsrechte. Berlin 1993.

Henrich, Hermann: Das Verhältnis von tarif- und gesellschaftsrechtlicher Struktur der Gemeinsamen Einrichtungen der Tarifvertragsparteien – am Beispiel der Zusatzversorgungskasse des Baugewerbes Versicherungsverein auf Gegenseitigkeit. Frankfurt a.M. 1968 (zitiert: Henrich, Einrichtungen).

– Der Vorruhestand im System des Arbeitsrechts. ArbRGegwart Bd. 24 (1987), S. 19-42.

– Diskussionsbeitrag zu den Verhandlungen der Arbeitsrechtlichen Arbeitsgemeinschaft. Verhandlungen des 48. Deutschen Juristentags. München 1970, S. Q 73-82 (zitiert: Henrich, Verhandlungen).

Hensche, Detlef: Zur Zulässigkeit von Firmentarifverträgen mit verbandsangehörigen Unternehmen. RdA 1971, S. 9-17.

Henssler, Martin: Aufspaltung, Ausgliederung und Fremdvergabe. NZA 1994, S. 294-305.

– Flexibilisierung der Arbeitsmarktordnung – Überlegungen zur Weiterentwicklung der tariflichen Regelungsmacht –. ZfA 1994, S. 487-515.

– Tarifautonomie und Gesetzgebung. ZfA 1998, S. 1-40.

– Unternehmensumstrukturierung und Tarifvertrag. Festschrift für Günter Schaub zum 65. Geburtstag: Tarifautonomie für ein neues Jahrhundert (Hrsg.: Monika Schlachter, Reiner Ascheid, Hans-Wolf Friedrich). München 1998, S. 311-336.

Henssler, Martin / *Suckow*, Jens: Anm. zu BVerfG vom 4.7.1995 – 1 BvF 2/86, 1/87, 2/87, 3/87, 4/87, 1 BvR 1421/86, EzA § 116 AFG Nr. 5, S. 17-28.

Hentschel, Albrecht: Die betrieblichen Normen nach dem Tarifvertragsgesetz vom 9. April 1949. Bamberg 1972.

Herbst, Jens: Arbeitsrecht im neuen Umwandlungsgesetz. AiB 1995, S. 5-13.

Hergenröder, Curt Wolfgang: Internationales Tarifvertragsrecht. AR-Blattei SD, Tarifvertrag XV Internationales Tarifvertragsrecht 1550.15 (1993).

– Zivilprozessuale Grundlagen richterlicher Rechtsfortbildung. Tübingen 1995.

Herrmann, Klaus: Der gemeinsame Betrieb mehrerer Unternehmen. Konstanz 1993.

Herschel, Wilhelm: Ablösung betrieblicher Einheitsregelungen durch Tarifverträge. AuR 1984, S. 204-207.

– Anm. zu BAG vom 3.10.1979 – 4 AZR 979/77, AP Nr. 2 zu § 16 BMT-G II, Bl. 4-4R.

– Anm. zu BAG vom 4.6.1980 – 4 AZR 379/78, AP Nr. 32 zu § 1 TVG Tarifverträge: Bau, Bl. 4-4R.

– Der nachwirkende Tarifvertrag, insbesondere seine Änderung. ZfA 1976, S. 89-106.

– Die individualrechtliche Bezugnahme auf den Tarifvertrag. DB 1969, S. 659-663.

– Die rechtliche Bedeutung schutzgesetzlicher Vorschriften im Arbeitsrecht. RdA 1964, S. 7-12.

– Empfiehlt es sich, das Recht der gemeinsamen Einrichtungen der Tarifvertragsparteien (§ 4 Abs. 2 des Tarifvertragsgesetzes) näher gesetzlich zu regeln, ggf. wie? JZ 1970, S. 461-464.

– Gedanken zu Richterrecht und Tarifautonomie. AuR 1972, S. 129-135.

– Kernbereichslehre und Kodifikationsprinzip in der Tarifautonomie. AuR 1981, S. 265-269.

– Tarifdispositives Richterrecht. RdA 1975, S. 333-340.

– Zur Entstehung des Tarifvertragsgesetzes, ZfA 1973, S. 183-200.

Herzog, Roman: Gesetzgeber und Gerichte. Festschrift für Helmut Simon: Ein Richter, ein Bürger, ein Christ (Hrsg.: Willy Brandt, Helmut Gollwitzer, Johann Friedrich Henschel). Baden-Baden 1987, S. 103-112.

– Staat und Recht im Wandel. Einreden zur Verfassung und ihrer Wirklichkeit. Goldbach 1993.

Herzog, Willy: Der Geltungsbereich des Gesamtarbeitsvertrages und die Konkurrenz der Verträge (Tarifkonkurrenz). Zürich 1940.

Hess, Harald: Rechtsfragen zum „betriebsnahen Tarifvertrag" unter Berücksichtigung von Tarifpluralitäten, ZfA 1976, S. 45-78.

Hess, Harald / *Schlochauer*, Ursula / *Glaubitz*, Werner: Kommentar zum Betriebsverfassungsgesetz. 5. Aufl., Berlin, Neuwied, Kriftel 1997.

Hesse, Konrad: Grundzüge des Verfassungsrechts der Bundesrepublik Deutschland. 19. Aufl., Heidelberg 1993.

Heßhaus, Andrea: Kündigung und Wegfall der Geschäftsgrundlage im Tarifvertragsrecht. Konstanz 1997.

Hiemenz, Vorname unbekannt: Zu dem Entwurf eines Arbeitstarifgesetzes. Schlw Bd. 3 (1921), S. 220-222.

Hilger, Marie Luise: Änderung und Aufhebung betriebseinheitlich geltender Arbeitsbedingungen – Zur Rechtswirkung der betrieblichen Übung. BB 1958, S. 417-419.

Hill, Wolfgang: Die Bedeutung der normativen Wirkung der Regelung von gemeinsamen Einrichtungen der Tarifvertragsparteien. Köln 1970.

Hillebrand, Gerhard: Das Merkmal „Tarifzuständigkeit" als Wirksamkeitsvoraussetzung eines Tarifvertrags. Bestandsaufnahme und Neufassung des Merkmals unter Berücksichtigung der mitgliedschaftlichen Abhängigkeit und seiner Bedeutung als Frage des Umfangs der Vertretungsmacht. Aachen 1997.

Hillgruber, Christian: Richterliche Rechtsfortbildung als Verfassungsproblem. JZ 1996, S. 118-125.

Hoffmann, Ernst: Zur Ausbildungsbeihilfe für Lehrlinge. DB 1968, S. 616-618.

Höfling, Wolfram: Bauelemente einer Grundrechtsdogmatik des deutschsprachigen Raumes. Festgabe für Gerard Batliner zum 65. Geburtstag: Kleinstaat und Menschenrechte (Hrsg.: Alois Riklin, Luzius Wildhaber, Herbert Wille). Basel, Frankfurt a.M. 1993, S. 341-363.

– Grundelemente einer Bereichsdogmatik der Koalitionsfreiheit – Kritik und Reformulierung der sog. Kernbereichslehre –. Festschrift für Karl Heinrich Friauf (Hrsg.: Rudolf Wendt, Wolfram Höfling, Ulrich Karpen, Martin Oldiges). Heidelberg 1996, S. 377-389.

– Grundrechtstatbestand – Grundrechtsschranken – Grundrechtsschranken. Jura 1994, S. 169-173.

– Offene Grundrechtsinterpretation. Grundrechtsauslegung zwischen amtlichem Interpretationsmodell und privater Konkretisierungskompetenz. Berlin 1987.

Hofmann, Paul: Beiträge zum Arbeitsrecht. ZfA 1974, S. 333-356.

Hohenstatt, Klaus-Stefan: Problematische Ordnungsvorstellungen des BAG im Tarifrecht. DB 1992, S. 1678-1683.

Höpfner, Bernhard: Die normativen Wirkungen kollektivvertraglicher Inhaltsnormen. Verdrängung oder Vernichtung entgegenstehender einzelvertraglicher Regelungen? Frankfurt a.M., Berlin, Bern, New York, Paris, Wien 1995.

Horn, Norbert: Einführung in die Rechtswissenschaft und Rechtsphilosophie. Heidelberg 1996.

Horneffer, Ernst: Das soziale Problem. AG 1923, S. 2-6.

Hoß, Axel / *Liebscher*. Brigitta: Der Austritt aus dem Arbeitgeberverband – Eine Chance für die Betriebspartner? DB 1995, S. 2525-2530.

– Replik auf Krauss, DB 1996, S. 528 f. DB 1996, S. 529-530

Hottgenroth, Ralf: Die Verhandlungspflicht der Tarifvertragsparteien. Baden-Baden 1990.

Hoyningen-Huene, Gerrick Freiherr von: Die Allgemeinverbindlicherklärung der Vorruhestandstarifverträge im Baugewerbe. BB 1986, S. 1909-1914.

– Die Anwendung des branchenfremden Tarifvertrags. NZA 1996, S. 617-623.

– Die Bezugnahme auf den Tarifvertrag – ein Fall der Tarifbindung. RdA 1974, S. 138-157.

– Die Bezugnahme auf einen Firmentarifvertrag durch Betriebsvereinbarung. DB 1994, S. 2026-2032.

– Die Koalitionsfreiheit. AR-Blattei SD, Vereinigungsfreiheit/Koalitionsfreiheit I 1650.1 (1993).

– Kompetenzüberschreitende Tarifverträge zur Regelung unterschiedlicher Wochenarbeitszeiten. NZA 1985, S. 169-170.

– Rechtsfortbildung im Arbeitsrecht als Vorreiter und Vorbild? Festschrift der Juristischen Fakultät zur 600-Jahr-Feier der Ruprecht-Karls-Universität Heidelberg: Richterliche Rechtsfortbildung. Erscheinungsformen, Auftrag und Grenzen (herausgegeben von den Hochschullehrern der Juristischen Fakultät der Universität Heidelberg). Heidelberg 1986, S. 353-377.

Hromadka, Wolfgang: Anm. zu BAG vom 17.6.1997 – 1 ABR 3/97, AuA 1998, S. 75.

– Betriebsvereinbarungen über mitbestimmungspflichtige soziale Angelegenheiten bei Tarifüblichkeit: Zwei-Schranken-Theorie ade? DB 1987, S. 1991-1994.

– Gemeinsame Einrichtung der Tarifvertragsparteien. NJW 1970, S. 1441-1447.

– Reformbedarf im Tarifrecht? AuA 1996, S. 289-293.

– Reformbedarf im Tarifrecht? Festschrift für Otfried Wlotzke zum 70. Geburtstag: Entwicklungen im Arbeitsrecht und Arbeitsschutzrecht (Hrsg.: Rudolf Anzinger, Rolf Wank). München 1996, S. 333-355.

– Tarifvertrag und Arbeitsvertrag bei der Ausgründung von Betriebsteilen. DB 1996, S. 1872-1879.

Hromadka, Wolfgang / *Maschmann*, Frank / *Wallner*, Franz: Der Tarifwechsel. Tarifvertrag und Arbeitsvertrag bei Änderung von Verbandsmitgliedschaft, Betriebszweck und Betriebsinhaber. München 1996.

Huber, Ernst Rudolf: Wirtschaftsverwaltungsrecht. Zweiter Band. 2. Aufl., Tübingen 1954.

Hueck, Alfred: Das Recht des Tarifvertrags, unter besonderer Berücksichtigung der Verordnung vom 23. Dezember 1918. Berlin 1920 (zitiert: A. Hueck, Tarifvertrag).

– Handbuch des Arbeitsrechts. III. Buch: Das Tarifrecht. Stuttgart 1922 (zitiert: A. Hueck, Handbuch).

– Konkurrenz von Gesamtvereinbarungen, NZfA 1926, Sp. 385-406.

– Normen des Tarifvertrags über betriebliche und betriebsverfassungsrechtliche Fragen. BB 1949, S. 530-532.

Hueck, Alfred / *Nipperdey*, Hans Carl: Lehrbuch des Arbeitsrechts, Bd. 2. 1./2. Aufl., Mannheim, Berlin, Leipzig 1932 (zitiert: A. Hueck/Nipperdey, Bd. 2, 1./2. Aufl.).

– Lehrbuch des Arbeitsrechts, Zweiter Band (Kollektives Arbeitsrecht), Erster Halbband. 7. Aufl., Berlin, Frankfurt a.M. 1967 (zitiert: A. Hueck/Nipperdey, Bd. II. 1).

– Lehrbuch des Arbeitsrechts. Zweiter Band (Kollektives Arbeitsrecht). 6. Aufl., Berlin, Frankfurt a.M. 1957 (zitiert: A. Hueck/Nipperdey, Bd. II, 6. Aufl.).

– Tarifvertragsgesetz. Kommentar. 2. Aufl., München, Berlin 1951 (zitiert: A. Hueck/ Nipperdey, TVG, 2. Aufl.).

Hueck, Alfred / *Nipperdey*, Hans Carl / *Dietz*, Rolf: Gesetz zur Ordnung der nationalen Arbeit und Gesetz zur Ordnung der Arbeit in öffentlichen Verwaltungen und Betrieben. Kommentar. 3. Aufl., München, Berlin 1939.

Hueck, Alfred / *Nipperdey*, Hans Carl / *Tophoven*, Ernst: Tarifvertragsgesetz, Kommentar. 3. Aufl., München, Berlin 1955 (zitiert: A. Hueck/Nipperdey/Tophoven).

Hueck, Alfred / *Nipperdey*, Hans Carl / *Tophoven*, Ernst / *Stahlhacke*, Eugen: Tarifvertragsgesetz mit Durchführungs- und Nebenvorschriften. Kommentar, 4. Aufl., München, Berlin 1964.

Hueck, Götz: Anm. zu BAG vom 2.11.1960, AP Nr. 8 zu § 4 TVG Tarifkonkurrenz, Bl. 2-3R.

– Der Grundsatz der gleichmäßigen Behandlung im Privatrecht. München, Berlin 1958.

Hümmerich, Klaus: Flexibilisierung der Arbeitszeit durch Betriebsvereinbarung. DB 1996, S. 1182-1186.

Iffland, Hans: Verweisungen in Tarifverträgen und Betriebsvereinbarungen. DB 1964, S. 1737-1741.

Ingelfinger, Helmar: Arbeitsplatzgestaltung durch Betriebsnormen. Berlin 1996.

Ipsen, Jörn: Richterrecht und Verfassung. Berlin 1975 (zitiert: Ipsen, Richterrecht).

– Staatsrecht II (Grundrechte). Neuwied, Kriftel, Berlin 1997 (zitiert: Ipsen, Staatsrecht II).

– Verfassungsrechtliche Schranken des Richterrechts. DVBl. 1984, S. 1102-1107.

Isensee, Josef: Die verfassungsrechtliche Verankerung der Tarifautonomie. Die Zukunft der sozialen Partnerschaft, 23. Kolloquium, München, 18. bis 20. März 1985, Veröffentlichungen der Walter-Raymond-Stiftung. Köln 1986, S. 159-193.

Isensee, Josef / *Kirchhof*, Paul (Hrsg.): Handbuch des Staatsrechts der Bundesrepublik Deutschland. Band I, Grundlagen von Staat und Verfassung. Heidelberg 1987 (zitiert: HBdStR-Bearbeiter, Bd. I).

– Handbuch des Staatsrechts der Bundesrepublik Deutschland. Band III, Das Handeln des Staates. Heidelberg 1988 (zitiert: HBdStR-Bearbeiter, Bd. III).

– Handbuch des Staatsrechts der Bundesrepublik Deutschland. Band V, Allgemeine Lehren. Heidelberg 1992 (zitiert: HBdStR-Bearbeiter, Bd. V).

– Handbuch des Staatsrechts der Bundesrepublik Deutschland. Band VI, Freiheitsrechte. Heidelberg 1989 (zitiert: HBdStR-Bearbeiter, Bd. VI).

Jacobi, Ernst: Grundlehren des Arbeitsrechts, Leipzig 1927.

Jadesohn, Samy: Das gesamte Arbeitsrecht Deutschlands. Berlin 1923.

Jarass, Hans D.: Bausteine einer umfassenden Grundrechtsdogmatik. AöR Bd. 120 (1995), S. 345-381.

– Grundrechte als Wertentscheidung bzw. objektivrechtliche Prinzipien in der Rechtsprechung des Bundesverfassungsgerichts. AöR Bd. 110 (1985), S. 363-397.

Jarass, Hans D. / *Pieroth*, Bodo: Grundgesetz für die Bundesrepublik Deutschland. Kommentar. 4. Aufl., München 1997.

Jauernig, Othmar: Bürgerliches Gesetzbuch mit Gesetz zur Regelung des Rechts der Allgemeinen Geschäftsbedingungen. Kommentar. 8. Aufl., München 1997 (zitiert: Jauernig-Bearbeiter).

Jellinek, Georg: System der subjektiven öffentlichen Rechte. 2. Aufl., Tübingen 1905.

Joost, Detlev: Arbeitsrechtliche Angaben im Umwandlungsvertrag. ZIP 1995, S. 976-986.

Jung, Eberhard: Die Weitergeltung kollektivvertraglicher Regelungen (Tarifverträge, Betriebsvereinbarungen) bei einem Betriebsinhaberwechsel. RdA 1981, S. 360-364.

Junker, Abbo: Anm. zu BAG vom 23.10.1996 – 4 AZR 409/95 (A), SAE 1997, S. 172-182.

– Der Flächentarifvertrag im Spannungsverhältnis von Tarifautonomie und betrieblicher Regelung. ZfA 1996, S. 383-417.

– Die Tarifgeltung als Problem der deutschen Integration. RdA 1992, S. 265-272.

– Internationales Arbeitsrecht im Konzern. Tübingen 1992.

Junker, Abbo / *Wichmann*, Julia: Das Arbeitnehmer-Entsendegesetz – Doch ein Verstoß gegen Europäisches Recht? NZA 1996, S. 505-512.

Kaiser, Dagmar: Die Rechtsprechung des Bundesarbeitsgerichts im Jahre 1994. ZfA 1996, S. 115-264.

Kallmeyer, Harald: Umwandlungsgesetz. Kommentar. Köln 1997 (zitiert: Kallmeyer-Bearbeiter).

Kamlah, Wulf: Bestandsschutz und Ablösung von Kollektivverträgen bei Betriebsübergang. Bonn 1996.

Kammerer, Klaus: Koalitionsfreiheit und Arbeitsverhältnis (Zur Grundrechtsbegrenzung und Zulässigkeit arbeitsvertraglicher Sanktionen). AuR 1984, S. 65-78.

Kania, Thomas: Anm. zu BAG vom 28.5.1997 – 4 AZR 546/97, AP Nr. 26 zu § 4 TVG Nachwirkung, Bl. 8R-10.

– Tarifbindung bei Ausgliederung und Aufspaltung eines Betriebes. DB 1995, S. 625-631.

– Tarifeinheit bei Betriebsübergang? DB 1994, S. 529-534.

– Tarifpluralität und Industrieverbandsprinzip. DB 1996, S. 1921-1924.

Käppler, Renate: Die Rechtsprechung des Bundesarbeitsgerichts im Jahre 1993. ZfA 1995, S. 271-416.

Kaskel, Walter: Arbeitsrecht. 2. Aufl., Berlin 1925 (zitiert: Kaskel, 2. Aufl.).

– Arbeitsrecht. 3. Aufl., Berlin 1928 (zitiert: Kaskel, 3. Aufl.).

Kaskel, Walter / *Dersch*, Hermann: Arbeitsrecht, 5. Aufl., Berlin, Göttingen, Heidelberg 1957.

Katz, Alfred: Staatsrecht. Grundkurs im öffentlichen Recht. 13. Aufl., Heidelberg 1996.

Katz, Hanna: Lücken im Arbeitsvertrage. Mannheim, Berlin, Leipzig 1922.

Kempen, Otto Ernst: Betriebsübergang und Tarifvertrag. BB 1991, S. 2006-2011.

– Überraschungen bei der „Bildung gesamtdeutscher Gewerkschaften". AuR 1990, S. 372-375.

Kempen, Otto Ernst / *Zachert*, Ulrich: Tarifvertragsgesetz. Kommentar für die Praxis. 3. Aufl., Köln 1997.

Kemper, Michael: Die Bestimmung des Schutzbereiches der Koalitionsfreiheit (Art. 9 Abs. 3 GG). Heidelberg 1990.

Kettner, Hans-Joachim: Die gemeinsamen Einrichtungen der Tarifvertragsparteien – aus der Sicht der Arbeitgeberseite –. ArbRGegwart Bd. 9 (1972), S. 85-93.

Kirchhof, Ferdinand: Private Rechtsetzung. Berlin 1987.

Kirchhof, Paul: Der Auftrag des Grundgesetzes an die rechtsprechende Gewalt. Festschrift der Juristischen Fakultät zur 600-Jahr-Feier der Ruprecht-Karls-Universität Heidelberg: Richterliche Rechtsfortbildung. Erscheinungsformen, Auftrag und Grenzen (herausgegeben von den Hochschullehrern der Juristischen Fakultät der Universität Heidelberg). Heidelberg 1986, S. 11-37.

Kissel, Otto Rudolf: Die Zusatzversorgungskasse des Baugewerbes im Gesamtgefüge der Tarifautonomie. ZfA 1985, S. 39-52.

– Grenzen der rechtsprechenden Gewalt. NJW 1982, S. 1777-1785.

– Rechtsprechung und Tariffreiheit. ArbRGegwart Bd. 31 (1994), S. 21-36.

– Zur Funktion der Rechtsprechung. Festschrift für Günter Schaub zum 65. Geburtstag: Tarifautonomie für ein neues Jahrhundert (Hrsg.: Monika Schlachter, Reiner Ascheid, Hans-Wolf Friedrich). München 1998, S. 373-388.

Kittner, Michael: Anm. zu BAG vom 26.4.1990, EzA § 4 TVG Druckindustrie Nr. 20, S. 25-30.

– „Flucht aus dem Tarifvertrag" durch Austritt aus dem Arbeitgeberverband. AuR 1998, S. 469-473.

Kloepfer, Michael: Arbeitsgesetzgebung und Wesentlichkeitstheorie. NJW 1985, S. 1499-2505.

– Der Vorbehalt des Gesetzes im Wandel. JZ 1984, S. 685-695.

Knauß-Klug, Christa / *Ladwig*, Ulrich: Gem. Anm. zu LAG Niedersachsen vom 14.6.1990 – 14 Sa 1783/89, 14 (2) 1789/88 und 8.8.1990 – 4 Sa 874/90, AiB 1991, S. 28.

Knevels, Peter: Offenbarung der Gewerkschaftszugehörigkeit. BB 1965, S. 336-338.

Knigge, Arnold: Gesetzliche Neuregelung der Gleichbehandlung von Männern und Frauen am Arbeitsplatz. BB 1980, S. 1272-1276.

Knops, Eberhard: Der persönliche Geltungsbereich des Tarifvertrags und die Tarifbeteiligung. Aachen 1934.

Kobelt, Arnold: Die Tarifkonkurrenz. Marburg 1932.

Koch, Fritz: Anm. zu LG Leipzig vom 2.11.1920 – 200/20, JW 1921, S. 353-354.

Koch, Hans-Joachim / *Rüßmann*, Helmut: Juristische Begründungslehre. Eine Einführung in Grundprobleme der Rechtswissenschaft. München 1982.

Koch, Hartmut: Die Zusatzversorgungskasse des Baugewerbes. München 1994.

Köhler, Helmut: BGB Allgemeiner Teil. 23. Aufl., München 1996.

Kohte, Wolfhard: Anm. zu BAG vom 26.1.1994 – 10 AZR 611/92, SAE 1996, S. 14-18.

– Anm. zu BAG vom 4.9.1996 – 4 AZR 135/95, AuA 1997, S. 171-172.

Koller, Ingo: Die Zulässigkeit von Rationalisierungsschutzabkommen in Tarifverträgen. ZfA 1978, S. 45-74.

Koller, Peter: Theorie des Rechts. Eine Einführung. Wien, Köln, Weimar 1992.

Konertz, Wolfram: Tarifrechtliche Regelungsmöglichkeiten der Rationalisierung. Frankfurt 1983.

Konzen, Horst: Anm. zu BAG vom 24.9.1975 – 4 AZR 471/74, SAE 1977, S. 60-62.

– Anm. zu BAG vom 26.9.1979 – 4 AZR 819/77, SAE 1980, S. 66-68.

– Anm. zu BVerfG vom 26.6.1991 – 1 BvR 779/85, SAE 1991, S. 335-344.

– Anm. zu BVerfG vom 4.7.1995 – 1 BvF 2/86, 1/87, 2/87, 3/87, 4/87, 1 BvR 1421/86, SAE 1996, S. 216-224.

– Arbeitnehmerschutz im Konzern. RdA 1984, S. 65-88.

– Aussperrungstaktik und Organisationspolitik. Zur Unterstützungszahlung von Arbeitgebern an ausgesperrte Außenseiter. Festschrift 25 Jahre Bundesarbeitsgericht (Hrsg.: Franz Gamillscheg, Götz Hueck, Herbert Wiedemann). München 1979, S. 273-298.

– Der Arbeitskampf im Verfassungs- und Privatrechtssystem. AcP Bd. 177 (1977), S. 473-542.

– Der gemeinsame Betrieb mehrerer Unternehmen im Betriebsverfassungsrecht. ZIAS 1995, S. 588-599.

– Die Entwicklung der Rechtsprechung des Bundesarbeitsgerichts im Jahre 1970. ZfA 1972, S. 131-212.

– Die Rechtsprechung des BAG im Jahre 1977. ZfA 1978, S. 541-551.

– Die Tarifautonomie zwischen Akzeptanz und Kritik. Schriften des Vereins für Socialpolitik, Gesellschaft für Wirtschafts- und Sozialwissenschaften, Neue Folge Band 244: Die Tarifautonomie auf dem Prüfstand (Hrsg.: Werner Zohlnhöfer). Berlin 1996, S. 25-42 (zitiert: Konzen, Tarifautonomie) = NZA 1995, S. 913-920.

– Die Tarifeinheit im Betrieb, RdA 1978, S. 146-155.

– Die Tarifzuständigkeit im Tarif- und Arbeitskampfrecht. Festschrift für Alfons Kraft zum 70. Geburtstag (Hrsg.: Günther Hönn, Horst Konzen, Peter Kreutz). Kriftel, Neuwied 1998, S. 291-321.

– Europäische Sozialcharta und ultima ratio-Prinzip. JZ 1986, S. 157-163.

– Gem. Anm. zu BAG vom 8.12.1978 – 1 AZR 303/78 und 23.2.1979 – 1 AZR 540/77, AP Nr. 29 zu Art. 9 GG, Bl. 3R-6R.

– Grundlagen und Grenzen des vorbeugenden Rechtsschutzes unter Tarifparteien. Festschrift für Otto Rudolf Kissel zum 65. Geburtstag: Arbeitsrecht in der Bewährung (Hrsg.: Meinhard Heinze, Alfred Söllner). München 1994, S. 571-608.

– Koalitionsfreiheit und gewerkschaftliche Werbung im Betrieb. ArbRGegwart Bd. 18 (1981), S. 19-33.

– Normtatsachen und Erfahrungssätze bei der Rechtsanwendung im Zivilprozeß. Festschrift für Hans Friedhelm Gaul zum 70. Geburtstag am 19. November 1997 (Hrsg.: Eberhard Schilken, Ekkehard Becker-Eberhard, Walter Gerhardt). Bielefeld 1997, S. 335-356.

– Rechtsfragen bei der Sicherung der betrieblichen Mitbestimmung. Recht und Praxis der Betriebsverfassung (Hrsg.: Wolfgang Hromadka). Stuttgart 1996, S. 75-98 (zitiert: Konzen, Rechtsfragen) = NZA 1995, S. 865-873.

– Tarifbindung, Friedenspflicht und Kampfparität beim Verbandswechsel des Arbeitgebers, ZfA 1975, S. 401-436.

– Tarifvertragliche Kampfklauseln. ZfA 1980, S. 77-120.

– Teilstreik im Betrieb und Recht auf Betriebsstillegung. Festschrift für Tamás Prugberger zum 60. Geburtstag. Miskolc 1997, S. 155-168.

Konzen, Horst / *Weber*, Christoph: Anm. zu BAG vom 21.1.1987, EzA Art. 9 GG Nr. 42, S. 338a-338m.

Kornblum, Udo: Die Rechtsnatur der Bestimmung der Leistung in den §§ 315 bis 319 BGB. AcP Bd. 168 (1968), S. 450-469.

Kort, Michael: Anm. zu BAG vom 5.3.1997 – 4 AZR 532/95, SAE 1998, S. 72-75.

Kraft, Alfons: Abschied von der Tarifzuständigkeit. Festschrift für Ludwig Schnorr von Carolsfeld zum 70. Geburtstag (Hrsg.: Heinrich Hubmann, Heinz Hübner). Köln, Berlin, Bonn, München 1972, S. 255-272.

– Anm. zu BAG vom 17.2.1970 – 1 ABR 15/69, SAE 1971, S. 188-189.

– Gem. Anm. zu BAG vom 22.9.1993 – 10 AZR 207/92 und 26.1.1994 – 10 AZR 611/92, AuR 1994, S. 391-392.

– Tarifkonkurrenz, Tarifpluralität und das Prinzip der Tarifeinheit, RdA 1992, S. 161-169.

Kranig, Andreas: Lockung und Zwang. Zur Arbeitsverfassung im Dritten Reich. Stuttgart 1989.

Krauss, Stefan: Der Austritt aus dem Arbeitgeberverband – Keine Chance für die Betriebspartner – Erwiderung auf Hoß/Liebscher, DB 1995, S. 2525 ff. –. DB 1996, S. 528-529.

– Die neue Freiheit ohne Verbandstarif? DB 1995, S. 1562-1565.

Krebs, Peter: Gem. Anm. zu BAG vom 27.11.1991 – 4 AZR 211/91 und 18.3.1992 – 4 AZR 339/91, SAE 1993, S. 133-140.

Kreimer-de Fries, Joachim: Die Allgemeinverbindlicherklärung von Tarifverträgen. Ein unzeitgemäßes Instrument? Tarifpolitik im Umbruch. Was wird aus dem Flächentarifvertrag? (Hrsg.: Reinhard Bispinck). Hamburg 1995, S. 205-229.

Kreßel, Eckhard: Arbeitsrechtliche Aspekte des neuen Umwandlungsbereinigungsgesetzes. BB 1995, S. 925-930.

Kreuder, Thomas: Rechtliche Aspekte einer Tarifpolitik im Umbruch. Tarifpolitik im Umbruch (Hrsg.: Thomas Blanke, Eberhard Schmidt). München und Mering 1995, S. 37-52.

– Tarifsystem am Scheideweg. KritV 1994, S. 280-307.

Krey, Volker: Zur Problematik richterlicher Rechtsfortbildung contra legem. JZ 1978, S. 361-368, S. 428-432, S. 465-468.

Kroll, Axel: Der Außenseiter in der Arbeitsrechtsordnung. – Eine verfassungsrechtliche Untersuchung der tarif- und arbeitskampfrechtlichen Rechtsstatus des nichtorganisierten Arbeitnehmers –. Bochum 1992.

Kronberger Kreis (Wolfram Engels, Armin Gutowski, Walter Hamm, Wernhard Möschel, Wolfgang Stützel, Carl Christian von Weizsäcker, Hans Willgerodt): Mehr Markt im Arbeitsrecht. Bad Homburg vor der Höhe 1986.

Kronenberg, Kurt: Die Ausnahmen von der Unabdingbarkeit der Tarifnormen. Borna-Leipzig 1929.

Kronke, Herbert: Zu Funktion und Dogmatik der Leistungsbestimmung nach § 315 BGB. AcP Bd. 183 (1983), S. 113-144.

Kübler, Friedrich: Die Autorität der Sachnähe. Beobachtungen zum Verhältnis von Richter und Gesetz am Beispiel des kapitalersetzenden Gesellschafterdarlehens. Festschrift für Walter Stimpel zum 68. Geburtstag am 29. November 1985 (Hrsg.: Marcus Lutter, Hans-Joachim Mertens, Peter Ulmer). Berlin, New York 1985, S. 3-14.

Küchenhoff, Günther: Echte oder unechte Tarifkonkurrenz? AuR 1965, S. 33-36.

Kühling, Jürgen: Arbeitsrecht in der Rechtsprechung des Bundesverfassungsgerichts. AuR 1994, S. 126-132.

Kühne, Hans Martin: Die Tarifkonkurrenz und die Rechtsprechung des ReichsArbG. Eine kritische Würdigung der Entscheidungen des ReichsArbG, Bens. Samml. Bd. 1-14. Köln 1933.

Kuhnle, Hans-Joachim: Gemeinsame Einrichtungen der Tarifvertragsparteien als soziale Wirklichkeit und tarifrechtliches Problem. Zugleich ein Beitrag zur Frage des sachlichen und persönlichen Umfangs der Tarifmacht. Baden-Baden 1969.

Kunig, Philip: Das Rechtsstaatsprinzip. Überlegungen zu seiner Bedeutung für das Verfassungsrecht der Bundesrepublik Deutschland. Tübingen 1986.

Kunze, Gerhard: Tarifkonkurrenz. Düsseldorf 1932.

Kunze, Otto: Änderungen auf der Arbeitgeberseite von Kollektivvereinbarungen. RdA 1976, S. 31-35.

Kutscher, Stephan: Die Tarifzuständigkeit. Materielle Grenzen der Betätigungsfreiheit und Rechtsfolgen fehlender Regelungsbefugnis (am Beispiel der punktuellen Erweiterung des Organisationsbereiches). Münster, Hamburg 1993.

Lames, Peter: Rechtsfortbildung als Prozeßzweck. Tübingen 1993.

Lang, Klaus / *Schaaf*, Peter: Gewerkschaftslandschaft im Umbruch. GMH 1997, S. 305-317.

Larenz, Karl: Methodenlehre der Rechtswissenschaft. 6. Aufl., Berlin, Heidelberg, New York, London, Paris, Tokyo, Hong Kong, Barcelona, Budapest 1991 (zitiert: Larenz, Methodenlehre).

– Richtiges Recht. Grundzüge einer Rechtsethik. München 1979 (zitiert: Larenz, Richtiges Recht).

Larenz, Karl / *Wolf*, Manfred: Allgemeiner Teil des Bürgerlichen Rechts. 8. Aufl., München 1997.

Lauschke, Gerd: Betriebsnahe Tarifpolitik und Koalitionsschutz. AuR 1965, S. 102-110.

Lautner, Julius Georg: Probleme der Tarifrechtsreform. Mannheim, Berlin, Leipzig 1929.

Leinemann, Wolfgang (Hrsg.): Kasseler Handbuch zum Arbeitsrecht. Band 2, Besondere Arbeitsverhältnisse und Arbeitsverhältnisse mit erhöhtem Schutz, Kollektives Arbeitsrecht, Arbeitsgerichtliches Verfahren, Neue Bundesländer, Europarecht. Neuwied, Kriftel, Berlin 1997 (zitiert: KassArbR-Bearbeiter, Bd. 2).

Leipold, Dieter: Anm. zu BAG vom 29.1.1975 – 4 AZR 218/74, SAE 1976, S. 89-91.

Lerche, Peter: Verfassungsrechtliche Zentralfragen des Arbeitskampfes. Bad Homburg v.d.H., Berlin, Zürich 1968.

Lieb, Manfred: Arbeitsrecht. 6. Aufl., Heidelberg 1997 (zitiert: Lieb, Arbeitsrecht).

– Begriff, Geltungsweise und Außenseiterproblematik der Solidarnormen. RdA 1967, S. 441-448.

– Die Entwicklung des Arbeitsrechts im Jahre 1969. ZfA 1970, S. 197-239.

– Diskussionsbeitrag zu den Verhandlungen der Arbeitsrechtlichen Arbeitsgemeinschaft. Verhandlungen des 48. Deutschen Juristentags. München 1970, S. Q 40-43 (zitiert: Lieb, Verhandlungen).

– Mehr Flexibilität im Tarifvertragsrecht? „Moderne" Tendenzen auf dem Prüfstand. NZA 1994, S. 289-294, S. 337-342.

Liedmeier, Norbert: Die Auslegung und Fortbildung arbeitsrechtlicher Kollektivverträge. Berlin 1991.

Limmer, Hans: Die deutsche Gewerkschaftsbewegung. 2. Aufl., München, Wien 1968.

Link, Harald: Die Tarifzuständigkeit. München 1965.

Linnenkohl, Karl / *Rauschenberg*, Hans / *Reh*, Dirk A.: Abschied vom „Leber-Kompromiß" durch das Günstigkeitsprinzip? BB 1990, S. 628-631.

Lobscheid, Wolfgang: Der Wegfall einer Tarifpartei. AuR 1972, S. 289-308.

Lorenzen, Uwe / *Eckstein*, Karlfriedrich: Bundespersonalvertretungsgesetz. Kommentar. Ordner 1. Heidelberg 1992 (zitiert: Lorenzen/Eckstein-Bearbeiter).

Loritz, Karl-Georg: Aktuelle Probleme des Betriebsübergangs nach § 613a BGB. RdA 1987, S. 65-89.

– Anm. zu BAG vom 26.4.1990 – 1 ABR 84/87, SAE 1991, S. 245-256.

– Die rechtlichen Rahmenbedingungen für die Modernisierung des Bundes-Angestelltentarifvertrages. ZTR 1993, S. 91-99.

– Tarifautonomie und Gestaltungsfreiheit des Arbeitgebers. Dargestellt anhand der gewerkschaftlichen Forderungen nach tarifvertraglicher Regelung der Bemessungsvorgaben bei der Deutschen Bundespost. Berlin 1990.

Lotmar, Philipp: Empfiehlt sich die gesetzliche Regelung des gewerblichen Tarifvertrags? DJZ 1908, Sp. 902-909.

Louven, Christoph: Anm. zu BAG vom 25.9.1996 – 4 AZR 209/95, AP Nr. 30 zu § 5 TVG, Bl. 5-6R.

Löw, Friederike: Die Betriebsveräußerung im europäischen Arbeitsrecht. Frankfurt a.M. 1992.

Löwisch, Manfred: Anm. zu BAG vom 13.12.1995 – 4 AZR 1062/94, AR-Blattei ES, Tarifvertrag III Tarifgebundenheit 1550.3 Entscheidung Nr. 10, S. 4-6.

– Anm. zu BAG vom 18.12.1996 – 4 AZR 129/96, AP Nr. 1 zu § 1 TVG Kündigung, Bl. 7-11.

– Anm. zu BAG vom 23.10.1996 – 4 AZR 409/95 (A), AR-Blattei ES, Tarifvertrag III Tarifgebundenheit 1550.3 Entscheidung Nr. 12, S. 4-6.

– Arbeitsrecht. Ein Studienbuch. 4. Aufl., Düsseldorf 1996 (zitiert: Löwisch, Arbeitsrecht).

– Richterliches Arbeitskampfrecht und der Vorbehalt des Gesetzes. DB 1988, S. 1013-1015.

– Schutz der Selbstbestimmung durch Fremdbestimmung. Zur verfassungsrechtlichen Ambivalenz des Arbeitnehmerschutzes. ZfA 1996, S. 293-318.

– Tariföffnung bei Unternehmens- und Arbeitsplatzgefährdung. NJW 1997, S. 905-911.

– Taschenkommentar zum Betriebsverfassungsgesetz. 4. Aufl., Heidelberg 1996 (zitiert: Löwisch, BetrVG).

Löwisch, Manfred / *Rieble*, Volker: Anm. zu BAG vom 27.11.1991 – 4 AZR 211/91, AP Nr. 22 zu § 4 TVG Nachwirkung, Bl. 7-8R.

– Tarifvertragsgesetz, Kommentar, München 1992.

– Tarifvertragsrechtliche und arbeitskampfrechtliche Fragen des Übergangs vom Haustarif zum Verbandstarif. Festschrift für Günter Schaub zum 65. Geburtstag: Tarifautonomie für ein neues Jahrhundert (Hrsg.: Monika Schlachter, Reiner Ascheid, Hans-Wolf Friedrich). München 1998, S. 457-476.

Lübbe-Wolff, Gertrude: Die Grundrechte als Eingriffsabwehrrechte. Struktur und Reichweite der Eingriffsdogmatik im Bereich staatlicher Leistungen. Baden-Baden 1988.

– Zur verfassungskonformen Interpretation des § 823 BGB im Zusammenhang mit aktiv produktionsbehindernden Arbeitskampmaßnahmen. DB 1988, Beilage Nr. 9, S. 1-8.

Lucadou, Emil von: Struktur und Probleme des Bauhauptgewerbes. Wiesbaden, Berlin, 1960.

Lüke, Gerhard / *Walchshöfer*, Alfred (Hrsg.): Münchener Kommentar zur Zivilprozeßordnung mit Gerichtsverfassungsgesetz und Nebengesetzen. Band 1 (§§ 1-354). München 1992 (zitiert: MünchKommZPO-Bearbeiter).

Lund, Heinrich: Anm. zu BAG vom 3.9.1986 – 5 AZR 319/85, AP Nr. 12 zu § 4 TVG Nachwirkung, Bl. 2-5.

Lütgen, Gerd: Die Rechtsprobleme der Gemeinsamen Einrichtungen der Tarifvertragsparteien. Köln 1967.

Lutter, Marcus (Hrsg.): Umwandlungsgesetz. Kommentar. Köln 1996 (zitiert: Lutter-Bearbeiter).

Mann, Dietrich: Die Konkurrenz von Tarifverträgen. BB 1957, S. 549-551.

Mann, Thomas: Zeitliche Austrittsbeschränkungen in Tarifverbänden. Berlin 1995.

Mansfeld, W. / *Pohl*, W. / *Steinmann*, G. / *Krause*, A.B.: Die Ordnung der nationalen Arbeit. Kommentar. Berlin, Leipzig, Mannheim, München 1934.

Manssen, Gerrit: Staatsrecht I, Grundrechtsdogmatik. München 1995.

Martens, Klaus-Peter: Anm. zu BAG vom 19.11.1985 – 1 ABR 37/83, SAE 1987, S. 7-11.

– Anm. zu BAG vom 4.12.1974 – 4 AZR 819/77, SAE 1976, S. 83-85.

– Das betriebsverfassungsrechtliche Ablösungsprinzip im System der §§ 87, 88, 77 BetrVG. RdA 1983, S. 217-225.

– Die Arbeitnehmerüberlassung im Konzern. DB 1985, S. 2144-2150.

– Tarifvertragliche Konzernregelungen. RdA 1970, S. 173-182.

Martinek, Oswin: Die gemeinsamen Einrichtungen der Kollektivvertragsparteien. Festschrift Rudolph Strasser: Möglichkeiten und Grenzen der Rechtsordnung (Hrsg.: Walter Schwarz, Karl Spielbüchler, Oswin Martinek, Konrad Grillberger und Peter Jabornegg). Wien 1983, S. 425-449.

Mäßen, Christian / *Mauer*, Reinhold: Allgemeinverbindlicherklärung von Tarifverträgen und verwaltungsgerichtlicher Rechtsschutz. NZA 1996, S. 121-126.

Matthes, Hans-Christoph: Der Arbeitgeber als Tarifvertragspartei. Festschrift für Günter Schaub zum 65. Geburtstag: Tarifautonomie für ein neues Jahrhundert (Hrsg.: Monika Schlachter, Reiner Ascheid, Hans-Wolf Friedrich). München 1998, S. 477-485.

Maunz, Theodor / *Dürig*, Günter: Grundgesetz-Kommentar. Bd. I (Art. 1-12). München 1979 (zitiert: MD-Bearbeiter).

– Grundgesetz-Kommentar. Bd. II (Art. 12a-37). München 1980 (zitiert: MD-Bearbeiter).

Maunz, Theodor / *Zippelius*, Reinhold: Deutsches Staatsrecht. Ein Studienbuch. 29. Aufl., München 1994.

Maus, Wilhelm: Mindest- und Höchstarbeitsbedingungen in Tarifverträgen. RdA 1958, S. 241-247.

– Tarifvertragsgesetz, Kommentar, Göttingen 1956.

May, Matthias: Die verfassungsmäßige Zulässigkeit der Bindung von Außenseitern durch Tarifverträge. Eine Auseinandersetzung mit der Rechtsprechung des Bundesverfassungsgerichts zur Allgemeinverbindlicherklärung von Tarifverträgen. Frankfurt a.M., Bern, Neuwied, Paris 1989.

Mayer-Maly, Theo: Das Richterrecht zu Verweisungen in Tarifverträgen. Festschrift für Ernst Wolf zum 70. Geburtstag: Recht und Rechtserkenntnis (Hrsg.: Dietrich Bickel, Walther Hadding, Volker Jahnke, Gerhard Lüke). Köln, Bonn, München, Berlin, S. 473-481.

– Der Verhandlungsanspruch tariffähiger Verbände. RdA 1966, S. 201-207.

– Einführung in die Rechtswissenschaft. Berlin, Heidelberg, New York, London, Paris, Tokyo, Hong Kong, Barcelona, Budapest 1993.

– Gemeinsame Einrichtungen im Spannungsfeld von Tarifmacht und Organisationspolitik. BB 1965, S. 829-834.

– Nationalsozialismus und Arbeitsrecht. RdA 1989, S. 233-240.

– Sozialpartnerparität als Verfassungsgebot. Gedächtnisschrift Hans Peters (Hrsg.: H. Conrad, H. Jahrreiß, P. Mikat, H. Mosler, H.C. Nipperdey, J. Salzwedel). Berlin, Heidelberg, New York 1967, S. 938-950.

– Über die der Rechtswissenschaft und der richterlichen Rechtsfortbildung gezogenen Grenzen. JZ 1986, S. 557-563.

– Zur Problematik betriebsnaher Tarifpolitik. DB 1965, S. 32-33.

Meier-Krenz, Ulrich: Der Tarifvertrag. Heidelberg 1989.

Meik, Frank Andreas: Der Kernbereich der Tarifautonomie. Dargestellt am Funktionszusammenhang von Unternehmens-, Betriebs- und Tarifautonomie. Berlin 1987.

– Zu Problemen der Bildung und Entscheidung tariflicher Einigungsstellen bei konkurrierenden bzw. gleichlautenden Tarifverträgen. DB 1990, S. 2522-2526.

Meissinger, Hermann: Anm. zu LG Berlin vom 21.10.1921, JW 1922, S. 324-325.

– Das Fachprinzip in der Sozialen Selbstverwaltung. AuR 1953, S. 97-100.

– Das Fachprinzip in der Sozialen Selbstverwaltung. DB 1954, S. 1103-1104.

– Die Fernwirkung der Tarifverträge durch Allgemeinverbindlichkeit. NZfA 1921, Sp. 129-144.

– Die Rechtsprechung des ReichsArbG zum Tarifvertragsrecht. ArbG 1930, S. 370-372.

– Die Tarifhoheit der Fachverbände. DB 1950, S. 303, S. 313.

– Die Tragweite der allgemeinverbindlichen Tarifverträge. AG 1927, S. 289-292.

– Gewerkschaftsmonopol in der sozialen Selbstverwaltung? DB 1951, S. 445-447.

– Konkurrenz von Fachtarifen und Berufsgruppentarifen für berufsfremde Arbeiter, NZfA 1923, Sp. 33-40.

– Partner der sozialen Selbstverwaltung – Gefahren der Abspaltung von den Spitzenorganisationen. DB 1950, S. 513, S. 523.

– Reliefbild des Arbeitsrechts. München, Düsseldorf 1952.

– Soziale Selbstverwaltung. DB 1951, S. 230-232.

– Tarifhoheit in der sozialen Selbstverwaltung. RdA 1951, S. 46-49.

– Zwei Rechtsfragen aus der Wirkung der Verbindlichkeitserklärung von Schiedssprüchen. NZfA 1923, Sp. 473-476.

Melsbach, Erich: Besprechung von „Erich Becker: Die Tarifnormen-Kollision. Erlangen, Leipzig 1924". RArbBl. 1925 (NAT), S. 207-208.

Memminger, Gerhard: Die Konkurrenz von Tarifverträgen. München 1969.

Mengel, Anja: Umwandlungen im Arbeitsrecht: eine Untersuchung der arbeitsrechtlichen Vorschriften des Gesetzes zur Bereinigung des Umwandlungsrechts vom 28. Oktober 1994. Heidelberg 1997.

Mengel, Horst: Tarifautonomie und Tarifpolitik. Festschrift für Dieter Gaul zum 70. Geburtstag (Hrsg.: Dietrich Boewer, Björn Gaul). Neuwied, Kriftel 1992, S. 553-580.

Merten, Detlev: Das Recht auf freie Entfaltung der Persönlichkeit. JuS 1976, S. 345-351.

Merten, Philip: Das Prinzip der Tarifeinheit als arbeitsrechtliche Kollisionsnorm. Überlegungen zum Urteil des BAG vom 20.3.1991 und zur Bedeutung vertraglicher Bezugnahmeklauseln für die Auflösung der Kollisionslage. BB 1993, S. 572-579.

Meyer, Cord: Gem. Anm. zu BAG vom 18.12.1996 – 4 AZR 129/6 und 18.6.1997 – 4 AZR 710/95, DB 1997, S. 2334-2336.

– Anpassung von Tarifverträgen, RdA 1998, S. 142-155.

Meyer, Dirk: Zur Bedeutung der Allgemeinverbindlichkeitserklärung. JBSozW Bd. 43 (1992), S. 364-374.

Möhring, Walter: Die Tarifkonkurrenz. Zeulenroda 1931.

Molitor, Erich: Einiges zur Frage der Tarifkonkurrenz, NZfA 1930, Sp. 201-216.

– Kommentar zur Tarifvertragsverordnung vom 23. Dezember 1918/ 1. März 1928. Berlin 1930 (zitiert: Molitor, TVVO).

Moll, Wilhelm: Der Tarifvorrang im Betriebsverfassungsgesetz. Zur Abstimmung betrieblicher und tarifvertraglicher Regelungsmechanismen. Berlin 1980.

– Kollektivvertragliche Arbeitsbedingungen nach einem Betriebsübergang. RdA 1996, S. 275-286.

Möller-Lücking, Norbert: Leiharbeit contra Recht auf Arbeit – Die negativen Erfahrungen erfordern Konsequenzen! SozSich 1980, S. 202-204.

Monjau, Herbert / *Heimeier*, Wilhelm: Tarifvertragsgesetz. Düsseldorf 1950.

Monopolkommission: Zehntes Hauptgutachten der Monopolkommission 1992/93 vom 30.6.1994, in: Bundestags-Drucksache 12/8323, 12. Wahlperiode 1994, Bd. 512.

Mösch, Reinhold: Gilt der Grundsatz der Verhältnismäßigkeit im Arbeitskampfrecht? Pfaffenweiler 1991.

Möschel, Wernhard: Arbeitsmarkt und Arbeitsrecht. ZRP 1988, S. 48-51.

– Tarifautonomie – ein überholtes Ordnungsmodell? WuW 1995, S. 704-713.

Müller, Bernd: Arbeitsrecht im öffentlichen Dienst. 2. Aufl., München 1992.

– Tarifkonkurrenz und Tarifpluralität. NZA 1989, S. 449-453.

Müller, Friedrich: Richterrecht – rechtstheoretisch formuliert. Festschrift der Juristischen Fakultät zur 600-Jahr-Feier der Ruprecht-Karls-Universität Heidelberg: Richterliche Rechtsfortbildung. Erscheinungsformen, Auftrag und Grenzen (herausgegeben von den Hochschullehrern der Juristischen Fakultät der Universität Heidelberg). Heidelberg 1986, S. 65-84.

Müller, Gerhard: Ablösung betrieblicher Einheitsregelungen durch Tarifvertrag. Düsseldorf, Frankfurt a.M. 1983 (zitiert: G. Müller, Ablösung).

– Das Rangverhältnis zwischen allgemeinverbindlichen und dritten Tarifverträgen, DB 1989, S. 1970-1973.

– Die Tarifautonomie in der Bundesrepublik Deutschland, Rechtliche und ethische Grundlagen, Berlin 1990 (zitiert: G. Müller, Tarifautonomie).

– Die Tragweite der tariflichen Bezugnahmeklauseln. RdA 1990, S. 321-325.

– Gedanken zum Entwurf eines Mitbestimmungsgesetzes (MitbestG). DB 1975, S. 205-210.

Müller, Thomas / *Peters*, Harald: Anm. zu BAG vom 2.12.1992 – 4 AZR 277/92, AP Nr. 14 zu § 3 TVG Verbandszugehörigkeit, Bl. 6-8.

Müller, Thomas / *Thüsing*, Gregor: Anm. zu BVerfG vom 24.4.1996 – 1 BvR 712/86, EzA Art. 9 GG Nr. 61, S. 19-25.

Münch, Ingo von / *Kunig*, Philip: Grundgesetz-Kommentar. Band 1 (Präambel bis Art. 20). 4. Aufl., München 1992 (zitiert: von Münch/Kunig-Bearbeiter).

– Grundgesetz-Kommentar. Band 3 (Art. 70 bis Art. 146). 3. Aufl., München 1996 (zitiert: von Münch/Kunig-Bearbeiter).

Nauditt, Barbara: Die Eingriffsbefugnisse der Polizei im Arbeitskampf. AuR 1987, S. 153-161.

Nautz, Jürgen P.: Die Durchsetzung der Tarifautonomie in Westdeutschland – Das Tarifvertragsgesetz vom 9. April 1949. Frankfurt a.M., Bern, New York, Nancy 1985.

Neumann, Dirk: Der Schutz der negativen Koalitionsfreiheit. RdA 1989, S. 243-246.

– Kollektivvereinbarungen bei Unternehmenskonzentration. DB 1960, S. 60-61.

Neumann, Dirk / *Pahlen*, Roland: Schwerbehindertengesetz. Kommentar. 8. Aufl., München 1992.

Neuner, Jörg: Die Rechtsfindung contra legem. München 1992.

– Die Rückwirkung von Tarifverträgen. ZfA 1998, S. 83-104.

Nickel, Egbert: Die Entwicklung des Arbeitsrechts im Jahre 1978. ZfA 1979, S. 357-452.

Nikisch, Arthur: Arbeitsrecht (Betriebswissenschaftliche Bücher, Bd. 11). Berlin 1930 (zitiert: Nikisch, Arbeitsrecht)

– Arbeitsrecht (Grundrisse des deutschen Rechts). 2. Aufl., Tübingen 1944 (zitiert: Nikisch, Grundriß).

– Arbeitsrecht, 1. Aufl., Tübingen 1951 (zitiert: Nikisch, 1. Aufl.).

– Arbeitsrecht, Dritter Band (Betriebsverfassungsrecht). 2. Aufl., Tübingen 1966 (zitiert: Nikisch, Bd. 3).

– Arbeitsrecht, Erster Band (Allgemeine Lehren und Arbeitsvertragsrecht). 3. Aufl., Tübingen 1961 (zitiert: Nikisch, Bd. 1).

– Arbeitsrecht, Zweiter Band (Koalitionsrecht, Arbeitskampfrecht und Tarifvertragsrecht). 2. Aufl., Tübingen 1959 (zitiert: Nikisch, Bd. 2).

– Das Direktionsrecht des Arbeitgebers und seine Grenzen. BB 1950, S. 538-540.

Nipperdey, Hans Carl: Anm. zu RAG vom 19.1.1929 – RAG 270/28, ARS Bd. 5 (1929), S. 87.

– Anm. zu RAG vom 3.5.1930 – RAG 550/29, ARS Bd. 9 (1930), S. 268-269.

– Anm. zu RAG vom 30.1.1929 – RAG 255/28, JW 1929, S. 2298-2299.

– Beiträge zum Tarifrecht. Mannheim, Berlin, Leipzig 1924.

– Das Tarifvertragsgesetz des Vereinigten Wirtschaftsgebietes. RdA 1949, S. 81-89.

– Die Rechtsprechung des Reichsgerichts zum Tarifrecht (1919-1925), 2. Teil. NZfA 1926, Sp. 273-292.

Nömeier, Wolfgang: Bezugnahme auf Tarifinhalte im Einzelarbeitsverhältnis. Regensburg 1990.

Oetker, Hartmut: Anm. zu BAG vom 18.12.1996 – 4 AZR 129/96, JZ 1998, S. 206-209.

– Anm. zu BAG vom 25.9.1996 – 1 ABR 25/96, AP Nr. 4 zu § 97 ArbGG 1979, Bl. 8-11.

– Anm. zu BAG vom 28.5.1997 – 4 AZR 663/95, AP Nr. 6 zu § 1 TVG Bezugnahme auf Tarifvertrag, Bl. 7-10R.

– Die Beendigung der Mitgliedschaft in Arbeitgeberverbänden als tarifrechtliche Vorfrage. ZfA 1998, S. 41-82.

– Die Kündigung von Tarifverträgen. RdA 1996, S. 82-103.

– Gem. Anm. zu BAG vom 18.3.1992 – 4 AZR 339/91 und 27.11.1991, 4 AZR 211/91, EzA § 4 TVG Nachwirkung Nr. 15, S. 17-29.

– Nachwirkende Tarifnormen und Betriebsverfassung. Festschrift für Günter Schaub zum 65. Geburtstag: Tarifautonomie für ein neues Jahrhundert (Hrsg.: Monika Schlachter, Reiner Ascheid, Hans-Wolf Friedrich). München 1998, S. 535-556.

Oetker, Hartmut / *Busche*, Jan: Entflechtung ehemals volkseigener Wirtschaftseinheiten im Lichte des Arbeitsrechts. NZA 1991, Beilage Nr. 1, S. 18-26.

Oppholzer, Alfred / *Zachert*, Ulrich: Gesetzliche Karenztage und Tarifautonomie. BB 1993, S. 1353-1359.

Ostrop, Markus H.: Mitgliedschaft ohne Tarifbindung. Besondere Gestaltungsformen einer tarifbindungsfreien Mitgliedschaft im Arbeitgeberverband. Frankfurt a.M., Berlin, Bern, New York, Paris, Wien 1997.

Otto, Hansjörg: Die Änderung von Entlohnungssystemen – kollektiv- und individualrechtliche Aspekte –. Festschrift zum 70. Geburtstag von Eugen Stahlhacke (Hrsg.: Friedhelm Farthmann, Peter Hanau, Udo Isenhardt, Ulrich Preis). Neuwied, Kriftel, Berlin 1995, S. 395-416.

– Die Kündigung des Tarifvertrages aus wirtschaftlichen Gründen. Festschrift für Otto Rudolf Kissel zum 65. Geburtstag: Arbeitsrecht in der Bewährung (Hrsg.: Meinhard Heinze, Alfred Söllner). München 1994, S. 787-812.

– Die verfassungsrechtliche Gewährleistung der koalitionsspezifischen Betätigung. Eine Analyse des Beschlusses des Bundesverfassungsgerichts vom 17. Februar 1981 – 2 BvR 384/78 – zu Frage gewerkschaftlicher Zutrittsrechte zu kirchlichen Einrichtungen. Stuttgart 1982 (zitiert: Hj. Otto, Gewährleistung).

– Einführung in das Arbeitsrecht. 2. Aufl., Berlin New York 1997 (zitiert: Hj. Otto, Arbeitsrecht).

– Mitbestimmung des Betriebsrats bei der Regelung von Dauer und Lage der Arbeitszeit. NZA 1992, S. 97-112.

Otto, Hansjörg / *Schwarze*, Roland: Tarifnormen über gemeinsame Einrichtungen und deren Allgemeinverbindlicherklärung – Dargestellt am Beispiel von „Innovationsstelle und Förderungswerk für das holz- und kunststoffverarbeitende Handwerk" –. ZfA 1995, S. 639-698.

Otto, Sven-Joachim: Die rechtliche Zulässigkeit einer tarifbindungsfreien Mitgliedschaft in Arbeitgeberverbänden. NZA 1996, S. 624-631.

Özfirat, Adnan: Die Folgen von Untergang und Tariffähigkeitsverlust einer Tarifpartei. Bamberg 1978.

Palandt, Otto: Bürgerliches Gesetzbuch. Kommentar. 57. Aufl. 1998 (zitiert: Palandt-Bearbeiter).

Peter, Manfred: Gedanken zu dem Ruf nach dem Gesetzgeber im Arbeitsrecht. – Ein Beitrag zu den Methoden und Grenzen richterlicher Rechtsfortbildung –. RdA 1985, S. 337-346.

Peters, Hans / *Ossenbühl*, Fritz: Die Übertragung von öffentlich-rechtlichen Befugnissen auf die Sozialpartner unter besonderer Berücksichtigung des Arbeitsschutzes. Berlin 1967.

Picker, Eduard: Richterrecht oder Rechtsdogmatik – Alternativen der Rechtsgewinnung? JZ 1988, S. 1-12, S. 62-75.

– Richterrecht und Richterrechtsetzung. JZ 1984, 153-163.

Pieper, Rainer: Aspekte des gewerkschaftlichen Streikrechts. AuR 1987, S. 121-133.

Pieroth, Bodo: Die Anrechnungsbefugnis des Arbeitgebers gem. § 10 BUrlG zwischen Tarifvertragsrecht und Koalitionsfreiheit. AuR 1998, S. 190-194.

Pieroth, Bodo / *Schlink*, Bernhard: Grundrechte. Staatsrecht II. 13. Aufl., Heidelberg 1997.

Pietzko, Joachim: Der Tatbestand des § 613a BGB. Berlin 1988.

Pogge, Beate: Tarifbindung und Tarifausstieg. Festschrift für Dieter Stege (Hrsg.: Landesvereinigung des Arbeitgeberverbände Nordrhein-Westfalen e.V.). Köln 1997, S. 112-129.

Potthoff, Heinz: Das Deutsche Arbeitsrecht. Berlin 1935.

– Die Berufung auf einen Tarifvertrag. NZfA 1928, Sp. 729-738.

– Können Tarifverbände für ihre Mitglieder Abweichungen von einem allgemeinverbindlichen Tarifvertrag vereinbaren? AR Bd. 16 (1929), Sp. 579-583.

– Vorrangbestimmung oder Konkurrenzausschluß bei der Allgemeinverbindlicherklärung sich überschneidender Tarifverträge. Schlw Bd. 12 (1930), S. 65-69.

Preis, Ulrich: Die Rechtsprechung des BAG im Jahre 1990. ZfA 1992, S. 61-196.

Preis, Ulrich / *Steffan*, Ralf: Zum Schicksal kollektivrechtlicher Regelungen beim Betriebsübergang. Festschrift für Alfons Kraft zum 70. Geburtstag (Hrsg.: Günther Hönn, Horst Konzen, Peter Kreutz). Kriftel, Neuwied 1998, S. 477-491.

Protokoll der Verhandlungen des 11. Kongresses der Gewerkschaften Deutschlands (1. Bundestag des Allgemeinen Deutschen Gewerkschaftsbundes), abgehalten zu Leipzig vom 19.-24.6.1922, Berlin 1922.

Protokoll der Verhandlungen des 12. Kongresses der Gewerkschaften Deutschlands (2. Bundestag des Allgemeinen Deutschen Gewerkschaftsbundes), abgehalten zu Breslau vom 31.8.-4.9.1925, Berlin 1925.

Prütting, Hanns: Prozessuale Aspekte richterlicher Rechtsfortbildung. Festschrift der Rechtswissenschaftlichen Fakultät zur 600-Jahr-Feier der Universität zu Köln. Köln, Berlin, Bonn, München 1988. S. 305-323.

Pulte, Peter: Allgemeinverbindlichkeit des Tarifvertrags. AR-Blattei ES, Tarifvertrag X Allgemeinverbindlichkeit 1550.10 (1992).

– Gem. Anm. zu BAG vom 14.2.1991 – 8 AZR 166/80 und 18.3.1992 – 4 AZR 339/91, AR-Blattei ES, Tarifvertrag VI Rechtswirkungen 1550.6 Entscheidung Nr. 33, S. 2-3.

Quander, Thomas: Betriebsinhaberwechsel bei Gesamtrechtsnachfolge. München 1990.

Raisch, Peter: Juristische Methoden. Vom antiken Rom bis zur Gegenwart. Heidelberg 1995.

Raiser, Thomas: Richterrecht heute. Rechtssoziologische und rechtspolitische Bemerkungen zur richterlichen Rechtsfortbildung im Zivilrecht. ZRP 1985, S. 111-117.

Rebmann, Kurt / *Säcker*, Franz Jürgen (Hrsg.): Münchener Kommentar zum Bürgerlichen Gesetzbuch. Band 2, Schuldrecht Allgemeiner Teil (§§ 241-432). 3. Aufl., München 1994 (zitiert: MünchKomm-Bearbeiter).

– Münchener Kommentar zum Bürgerlichen Gesetzbuch. Band 1, Allgemeiner Teil (§§ 1-240, AGB-Gesetz). 3. Aufl., München 1993 (zitiert: MünchKomm-Bearbeiter).

– Münchener Kommentar zum Bürgerlichen Gesetzbuch. Band 4, Schuldrecht Besonderer Teil II (§§ 607-704). 3. Aufl., München 1997 (zitiert: MünchKomm-Bearbeiter).

– Münchener Kommentar zum Bürgerlichen Gesetzbuch. Band 5, Schuldrecht Besonderer Teil III (§§ 705-853, Partnerschaftsgesellschaftsgesetz, Produkthaftungsgesetz). 3. Aufl., München 1997 (zitiert: MünchKomm-Bearbeiter).

Rehbinder, Manfred: Zur Rechtsqualität des Richterspruchs im System kodifizierten Rechts. JuS 1991, S. 542-543.

Reichert, Bernhard / *van Look*:, Frank: Handbuch des Vereins- und Verbandsrechts, unter Mitarbeit von Franz Häuser. Neuwied, Kriftel, Berlin, 6. Aufl. 1995.

Reichold, Hermann: Anm. zu BAG vom 22.9.1993 – 10 AZR 207/92, SAE 1995, S. 21-23.

Reinemann, Susanne / *Schulz-Henze*, Ralf: Die Rechtsprechung des Bundesverfassungsgerichts zur Koalitionsfreiheit – Widerspruch zum klassischen Grundrechtsverständnis oder richtungsweisende Trendwende? JA 1995, S. 811-816.

Reuß, Wilhelm: Tarifvertragliche Wirkungen auf Außenseiter. DB 1964, S. 1410-1413.

Reuter, Dieter: Anm. zu BAG vom 19.11.1985 – 1 ABR 37/83, AP Nr. 4 zu § 2 Tarifzuständigkeit, Bl. 9R-11R.

– Anm. zu BAG vom 20.3.1991 – 4 AZR 455/90, JuS 1991, S. 1069-1070.

– Betriebsverfassung und Tarifvertrag. RdA 1994, S. 152-168.

– Das Verhältnis von Tarif- und Betriebsautonomie – Eine Nachlese zum arbeitsrechtlichen Thema des 61. Deutschen Juristentages –. Festschrift für Günter Schaub zum 65. Geburtstag: Tarifautonomie für ein neues Jahrhundert (Hrsg.: Monika Schlachter, Reiner Ascheid, Hans-Wolf Friedrich). München 1998, S. 605-637.

– Deregulierung auf dem Arbeitsmarkt. DZWiR 1991, S. 221-234.

– Die Fusion von Gewerkschaften. DZWir 1993, S. 404-411.

– Die Mitgliedschaft ohne Tarifbindung (OT-Mitgliedschaft) im Arbeitgeberverband. RdA 1996, S. 201-209.

– Die problematische Tarifeinheit – BAG, NZA 1991, 736. JuS 1992, S. 105-110.

– Möglichkeiten und Grenzen der tarifvertraglichen Gestaltung durch Betriebsnormen – Beispiel Arbeitszeit. DZWir 1995, S. 353-361.

– Möglichkeiten und Grenzen einer Auflockerung des Tarifkartells. ZfA 1995, S. 1-94.

– Zulässigkeit und Grenzen tarifvertraglicher Besetzungsregeln. ZfA 1978, S. 1-44.

RGRK: Das Bürgerliche Gesetzbuch mit besonderer Berücksichtigung der Rechtsprechung des Reichsgerichts und des Bundesgerichtshofs. Kommentar (herausgegeben von den Mitgliedern des Bundesgerichtshofs). 68. Lieferung: §§ 611a-620; Anh. III § 630: Kirchenarbeitsrecht. 12. Aufl., Berlin, New York 1992.

Richardi, Reinhard: Anm. zu BAG vom 24.2.1987 – 1 ABR 18/85, AP Nr. 21 zu § 77 BetrVG 1972, Bl. 8R-13.

– Betriebsverfassungsgesetz mit Wahlordnung. Kommentar. 7. Aufl., München 1998 (zitiert: Richardi, BetrVG).

– Das Günstigkeitsprinzip. AR-Blattei (D), Tarifvertrag VI A (1976).

– Empfiehlt es sich, die Regelungsbefugnis der Tarifparteien im Verhältnis zu den Betriebsparteien neu zu ordnen? Gutachten B für den 61. Deutschen Juristentag in Karlsruhe. München 1996 (zitiert: Richardi, Gutachten).

– Gem. Anm. zu BAG vom 17.2.1970 – 1 ABR 14/69 und 17.2.1970 – 1 ABR 15/69, AP Nr. 2 und Nr. 3 zu § 2 TVG Tarifzuständigkeit, Bl. 5-9R.

– Gewerkschaftsfusionen und Tarifautonomie. Festschrift für Alfons Kraft zum 70. Geburtstag (Hrsg.: Günther Hönn, Horst Konzen, Peter Kreutz). Kriftel, Neuwied 1998, S. 509-517.

– Kollektivgewalt und Individualwille bei der Gestaltung des Arbeitsverhältnisses. München 1968 (zitiert: Richardi, Kollektivgewalt).

– Rechtsprobleme einer betriebsnahen Tarifpolitik. JurAn 1971, S. 141-176.

Richardi, Reinhard / *Wlotzke*, Otfried (Hrsg.): Münchner Handbuch zum Arbeitsrecht. Band 1 (Individualarbeitsrecht I). München 1992 (zitiert: MünchArbR-Bearbeiter, Bd. 1).

– Münchner Handbuch zum Arbeitsrecht. Band 2 (Individualarbeitsrecht II). München 1993 (zitiert: MünchArbR-Bearbeiter, Bd. 2).

– Münchner Handbuch zum Arbeitsrecht. Band 3 (Kollektives Arbeitsrecht). München 1993 (zitiert: MünchArbR-Bearbeiter, Bd. 3).

Rieble, Volker: Anm. zu BAG vom 13.12.1995 – 4 AZR 1062/94, AP Nr. 3 zu § 3 TVG, Bl. 4-7R.

– Anm. zu BAG vom 14.6.1994 – 9 AZR 89/93, SAE 1995, S. 77-82.

– Anm. zu BAG vom 18.12.1996 – 4 AZR 129/96, EzA § 1 TVG Fristlose Kündigung Nr. 2, S. 19-54.

– Anm. zu BAG vom 22.3.1994 – 1 ABR 47/93, EzA § 4 TVG Geltungsbereich Nr. 10, S. 12-25.

– Anm. zu BAG vom 26.6.1991 – 1 BvR 779/85, EzA Art. 9 GG Arbeitskampf Nr. 97, S. 17-41.

– Anm. zu BAG vom 27.6.1995 – 1 AZR 1016/94, SAE 1996, S. 227-236.

– Anm. zu BAG vom 4.8.1993 – 4 AZR 499/92, SAE 1994, S. 158-160.

– Arbeitsmarkt und Wettbewerb. Der Schutz von Vertrags- und Wettbewerbsfreiheit im Arbeitsrecht. Berlin, Heidelberg, New York u.a. 1996.

– Die Bildung gesamtdeutscher Gewerkschaften. AuR 1990, S. 365-372.

– Krise des Flächentarifvertrags? RdA 1996, S. 151-158.

– Zur neuen Manteltariffähigkeit der Post-Bundesanstalt für die Post-Aktiengesellschaft. Festschrift zum 70. Geburtstag von Eugen Stahlhacke (Hrsg.: Friedhelm Farthmann, Peter Hanau, Udo Isenhardt, Ulrich Preis). Neuwied, Kriftel, Berlin 1995, S. 459-478.

Riesenhuber, Karl: Tarifbindung und Ausgliederung von Unternehmen. BB 1993, S. 1001-1007.

Röckl, Johannes: Auswirkungen einer Arbeitgeberverbandsfusion auf laufende Tarifverträge. BB 1993, S. 1653-1657.

Röder, Gerhard: Die Fortgeltung von Kollektivnormen bei Betriebsübergang gem. § 613a BGB i.d.F. vom 13.8.1980. DB 1981, S. 1980-1983.

Rose, Franz-Josef: Ist die Gerichtsbarkeit der bessere Gesetzgeber? – Zur Rechtsfortbildung der Arbeitsgerichte –. Festschrift für Dieter Stege (Hrsg.: Landesvereinigung des Arbeitgeberverbände Nordrhein-Westfalen e.V.). Köln 1997, S. 186-216.

Rosenberg, Leo / *Schwab*, Karl Heinz / *Gottwald*, Peter: Zivilprozeßrecht. 15. Aufl. 1993.

Rosenstock, Eugen: Die philosophischen Grundlagen des Arbeitsrechts. JW 1922, S. 560-562.

Rotter, Stephan: Nachwirkung der Normen eines Tarifvertrags. Eine dogmatische Untersuchung. Heidelberg 1992.

Ruberg, Bernd: Bauliche Leistungen – Zum betrieblichen Geltungsbereich der Tarifverträge über das Sozialkassenverfahren im Baugewerbe. KTS 1994, S. 321-334.

Rumpff, Klaus: Das Mitbestimmungsrecht des Betriebsrats bei Entgeltfragen, insbesondere beim Leistungslohn, nach dem Betriebsverfassungsgesetz 1972. AuR 1972, S. 65-82.

Rüssmann, Helmut: Normtatsachen. Ein vorläufiger Überblick. KritV 1991, S. 402-415.

Rüthers, Bernd: Die unbegrenzte Auslegung. Zum Wandel der Privatrechtsordnung im Nationalsozialismus. 5. Aufl., Heidelberg 1997.

– Nachwirkungsprobleme bei Firmentarifen desselben Arbeitgebers mit verschiedenen Gewerkschaften. Festschrift für Gerhard Müller (Hrsg.: Theo Mayer-Maly, Reinhard Richardi, Herbert Schambeck, Wolfgang Zöllner). Berlin 1981, S. 445-457.

– Richterrecht als Methoden- und Verfassungsproblem. Festschrift für Karl Molitor zum 60. Geburtstag: Sozialpartnerschaft in der Bewährung (Hrsg.: Franz Gamillscheg, Bernd Rüthers, Eugen Stahlhacke). München 1988, S. 293-307.

Sabin, Fritz: Anm. zu BAG vom 22.2.1957 – 1 AZR 536/55, SAE 1957, S. 112-113.

Sachs, Michael (Hrsg.): Grundgesetz. Kommentar. München 1996 (zitiert: Sachs-Bearbeiter).

Säcker, Franz Jürgen: Besprechung von „Eduard Bötticher, Die gemeinsamen Einrichtungen der Tarifvertragsparteien, Heidelberg 1966". BB 1966, S. 1031-1032.

– Das neue Entgeltfortzahlungsgesetz und die individuelle und kollektive Vertragsfreiheit. AuR 1994, S. 1-12.

– Die Tarifgebundenheit. AR-Blattei (D), Tarifvertrag III (1972).

– Grundprobleme der kollektiven Koalitionsfreiheit. Rechtsquellen und interpretationstheoretische Bemerkungen zur legislativen und judikativen Konkretisierung des Art. 9 Abs. 3 GG. Düsseldorf 1969 (zitiert: Säcker, Koalitionsfreiheit).

– Gruppenautonomie und Übermachtkontrolle im Arbeitsrecht. Berlin 1972 (zitiert: Säcker, Gruppenautonomie).

– Probleme der Repräsentation von Großvereinen. München 1986 (zitiert: Säcker, Repräsentation).

– Kollektivgewalt und Individualwille bei der Gestaltung des Arbeitsverhältnisses. RdA 1969, S. 291-302.

Säcker, Franz Jürgen / *Oetker*, Hartmut: Grundlagen und Grenzen der Tarifautonomie – erläutert anhand aktueller tarifpolitischer Fragen –. München 1992.

– Tarifeinheit im Betrieb? – ein Akt unzulässiger richterlicher Rechtsfortbildung? ZfA 1993, S. 1-21.

– Tarifliche Kurzarbeits-Ankündigungsfristen im Gefüge des Individualarbeitsrechts und des kollektiven Arbeitsrechts. ZfA 1991, S. 131-186.

Sahl, Karl-Heinz / *Bachner*, Michael: Die Neuregelung der Arbeitnehmerüberlassung im Baugewerbe. NZA 1994, S. 1063-1069.

Salfeld, Heinz: Zur Auslegung von § 2 Abs. 2 TVVO. AR Bd. 15 (1928), S. 691-694.

Salje, Peter: Anm. zu BAG vom 20.3.1991 – 4 AZR 455/90, SAE 1993, S. 79-82.

Sauter, Eugen / *Schweyer*, Gerhard / *Waldner*, Wolfram: Der eingetragene Verein. Eine gemeinverständliche Erläuterung des Vereinsrechts unter besonderer Berücksichtigung der neuesten Rechtsprechung. München, 16. Aufl. 1997.

Sbresny-Uebach, Barbara: Die Tariffähigkeit und die Tarifzuständigkeit. AR-Blattei (D), Tarifvertrag II A (1987).

Schaible, Jörg: Der Gesamtverein und seine vereinsmäßig organisierten Untergliederungen. Baden-Baden 1992.

Schaub, Günter: Aktuelle Fragen des Tarifvertragsrechts. BB 1995, S. 2003-2006.

– Aktuelle Streifragen zur Kostensenkung bei der Arbeitsvergütung. BB 1994, S. 2005-2011.

– Arbeitsrechtliche Formularsammlung und Arbeitsgerichtsverfahren. 6. Aufl., München 1994 (zitiert: Schaub, Arbeitsgerichtsverfahren).

– Arbeitsrechts-Handbuch. Systematische Darstellung und Nachschlagewerk für die Praxis. 7. Aufl., München 1992 (zitiert: Schaub, 7. Aufl.).

– Arbeitsrechts-Handbuch. Systematische Darstellung und Nachschlagewerk für die Praxis. 8. Aufl., München 1996 (zitiert: Schaub, Handbuch).

– Die Tarifverträge bei Umwandlung von Unternehmen. ZTR 1997, S. 245-247.

– Probleme der Tarif- und Betriebsautonomie in der Rechtsprechung des Bundesarbeitsgerichts. BB 1996, S. 2298-2302.

– Tarifautonomie in der Rechtsprechung. RdA 1995, S. 65-71.

– Tarifflucht im Spiegel der BAG-Rechtsprechung. AuA 1998, S. 44-47.

– Tarifkonkurrenz und Tarifpluralität. AuR 1996, S. 344-347.

– Tarifverträge und Umwandlungen beim Betriebsübergang und Umwandlung von Unternehmen. Festschrift für Günther Wiese zum 70. Geburtstag (Hrsg.: Peter Hanau, Egon Lorenz, Hans-Christoph Matthes). Neuwied, Kriftel 1998, S. 535-545.

– Wege und Irrwege aus dem Flächentarifvertrag. NZA 1998, S. 617-623.

Schelp, Günther: Gemeinsame Einrichtungen der Tarifvertragsparteien. Festschrift für Hans Carl Nipperdey zum 70. Geburtstag, Band 2 (Hrsg.: Rolf Dietz, Heinz Hübner). München und Berlin 1965, S. 579-607.

– Übersicht über gemeinsame Einrichtungen von Tarifvertragsparteien. BArbBl. 1964, S. 781-784.

Schiefer, Bernd: Rechtsfolgen des Betriebsübergangs nach § 613a BGB. NJW 1998, S. 1817-1827.

Schipp, Johannes: Arbeitsrechtliche Probleme bei der Privatisierung öffentlicher Einrichtungen. NZA 1994, S. 865-871.

Schlachter, Monika. Allgemeinverbindlich-Erklärung des Vorruhestandstarifvertrags im Baugewerbe. BB 1987, S. 758-760.

– Herausforderungen der Tarifautonomie – Länderbericht Deutschland und vergleichende Diskussion. ZIAS 1997, S. 101-122.

Schlemmer, Dieter: Verantwortung und Partnerschaft. Markierungen der Tarifpolitik in der chemischen Industrie. Festschrift für Karl Molitor zum 60. Geburtstag (Hrsg.: Franz Gamillscheg, Bernd Rüthers, Eugen Stahlhacke). München 1988, S. 309-331.

Schleusener, Axel Aino: Anm. zu BAG vom 28.5.1997 – 4 AZR 663/95, SAE 1998, S. 11-15.

– Der Begriff der betrieblichen Norm im Lichte der negativen Koalitionsfreiheit (Art. 9 Abs. 3 GG) und des Demokratieprinzips (Art. 20 GG). ZTR 1998, S. 100-109.

– Die Zulässigkeit qualitativer Besetzungsregelungen in Tarifverträgen. Berlin 1997.

– Überlegungen zur Reform des Tarifvertragsrechts. NJ 1998, S. 561-566.

Schlochauer, Ursula: OT-Mitgliedschaft in tariffähigen Arbeitgeberverbänden. Festschrift für Günter Schaub zum 65. Geburtstag: Tarifautonomie für ein neues Jahrhundert (Hrsg.: Monika Schlachter, Reiner Ascheid, Hans-Wolf Friedrich). München 1998, S. 699-714.

Schlüter, Wilfried: Tarifmacht gegenüber Außenseitern – Zur Verfassungsmäßigkeit der tariflichen Schlichtungsstellen (§ 78 Abs. 8 BetrVG) –. Festschrift für Rudolf Lukes (Hrsg.: Herbert Leßmann, Bernhard Großfeld, Lothar Vollmer). Köln, Berlin, Bonn, München 1989, S. 559-573.

Schmalz, Dieter: Methodenlehre für das juristische Studium. 3. Aufl., Baden-Baden 1992.

Schmidt, Eike: Der Umgang mit Normtatsachen im Zivilprozeß. Festschrift für Rudolf Wassermann zum sechzigsten Geburtstag (Hrsg.: Christian Broda, Erwin Deutsch, Hans-Ludwig Schreiber, Hans-Jochen Vogel). Neuwied, Darmstadt 1985, S. 807-818.

– Struktur- und Kompetenzanforderungen an einen zeitgemäßen Zivilprozeß. KritV 1989, S. 303-322.

Schmidt, Karsten: Gesellschaftsrecht. Köln, Berlin, Bonn, München, 3. Aufl. 1997.

– Universalsukzession kraft Rechtsgeschäfts. Bewährungsproben eines zivilrechtsdogmatischen Rechtsinstitutes im Unternehmensrecht. AcP Bd. 191 (1991), S. 495-525.

Schmidt-Bleibtreu, Bruno / *Klein*, Franz: Kommentar zum Grundgesetz, unter Mitarbeit von Hans Bernhard Brockmeyer. 9. Aufl., Neuwied, Kriftel, Berlin 1999 (zitiert: Schmidt-Bleibtreu/Klein-Bearbeiter).

Schmidt-Rimpler, Walter: Grundfragen einer Erneuerung des Vertragsrechts. AcP Bd. 147 (1941), S. 130-197.

Schmitt, Jochem: Anm. zu BAG vom 23.11.1988 – 4 AZR 419/88, SAE 1989, S. 272-274.

Schneider, Gerhard: Die Heranziehung und prozeßrechtliche Behandlung sog. Rechtsfortbildungstatsachen durch die Gerichte. Köln 1993.

Schneider, Gisela: Konkurrenz von Tarifverträgen. Tübingen 1974.

Schneider, Hans: Gesetzgebung. 2. Aufl., Heidelberg 1991.

Schneider, Ludwig: Der Schutz des Wesensgehalts von Grundrechten nach Art. 19 Abs. 2 GG. Berlin 1983.

Schnorr, Gerhard: Die gewerbsmäßige Arbeitnehmerüberlassung – Verbot oder Regelung? Wien 1979.

Scholz, Rupert: Anm. zu BVerfG vom 14.11.1995 – 1 BvR 601/92, SAE 1996, S. 320-323.

– Koalitionsfreiheit als Verfassungsproblem. München 1971.

– Tarifautonomie, Arbeitskampf und privatwirtschaftlicher Wettbewerb. Festschrift für Fritz Rittner zum 70. Geburtstag: Beiträge zum Handels- und Wirtschaftsrecht (Hrsg.: Manfred Löwisch, Christian Schmidt-Leithoff, Burkhard Schmiedel). München 1991, S. 629-650.

Scholz, Rupert / *Konzen*, Horst: Die Aussperrung im System von Arbeitsverfassung und kollektivem Arbeitsrecht. Berlin 1980.

Schrader, Peter: „Durchsetzungsfähigkeit" als Kriterium für Arbeitgeber im Tarifvertragsrecht. Bayreuth 1993.

Schreiber, Klaus: Anm. zu BAG vom 26.10.1983 – 4 AZR 219/81, SAE 1984, S. 342-343.

– Das Arbeitsverhältnis beim Übergang des Betriebes. RdA 1982, S. 137-149.

Schröder, Georg: Tarifkonkurrenzen. DB 1957, S. 632-633, S. 657-658.

Schröder, Paul Gerhard: Der inflationäre Einfluß unterschiedlich aufgebauter Gewerkschaftssysteme, dargestellt am Beispiel der industriellen Beziehungen der Bundesrepublik Deutschland und Großbritanniens. Bonn 1980.

Schulte Westenberg, Michael: Gewerkschafts- kontra Arbeitgeberinteressen: Gewerkschaftliche Mitgliederwerbung während der Arbeitszeit – Abschied von der Kernbereichstheorie. NJW 1997, S. 375-376.

Schulz, Heinz-Jochen: Umfang und Wirkung tariflicher Betriebsnormen. München 1965.

Schulze, Peter R.: Das Günstigkeitsprinzip im Tarifvertragsrecht. Frankfurt a.M. 1985.

Schulze-Nicolai, Johannes: Kollision von Tarifverträgen. Berlin 1930.

Schüren, Peter: Arbeitnehmerüberlassungsgesetz. Kommentar. München 1994 (zitiert: Schüren, AÜG).

– Die Legitimation der tariflichen Normsetzung. Untersuchung zur Teilhabe der tarifunterworfenen Gewerkschaftsmitglieder an der tarifpolitischen Willensbildung in Deutschland und den Vereinigten Staaten von Amerika. München 1990 (zitiert: Schüren, Legitimation).

– Tarifgeltung für Außenseiter? – „No Taxation without Representation!". RdA 1988, S. 138-149.

Schwab, Martin: Mindestarbeitsbedingungen nach Verbandsaustritt des Arbeitgebers. BB 1994, S. 781-785.

Schwabe, Jürgen: Probleme der Grundrechtsdogmatik. Darmstadt 1977.

Schwacke, Peter: Juristische Methodik mit Technik der Fallbearbeitung. 3. Aufl., Köln 1995.

Schwarze, Roland: Der Betriebsrat im Dienst der Tarifvertragsparteien. Berlin 1991.

– Die verfassungsrechtliche Garantie des Arbeitskampfes – BVerfGE 84, 212. JuS 1994, S. 653-659.

Schwerdtner, Peter: Anm. zu BAG vom 26.3.1981 – 4 AZR 640/84, EWiR 1986, S. 881-882.

Seibert, Ulrich: Auslegung und Inhaltskontrolle arbeitsvertraglicher Verweisungen. NZA 1985, S. 730-733.

Seibertz, D.: Zur Frage der Günstigkeit im Tarifrecht. BB 1950, S. 651-652.

Seiter, Hugo: Betriebsinhaberwechsel. Stuttgart, Wiesbaden 1980 (zitiert: Seiter, Betriebsinhaberwechsel).

– Beweisrechtliche Probleme der Tatsachenfeststellung bei richterlicher Rechtsfortbildung. Festschrift für Fritz Baur (Hrsg.: Wolfgang Grunsky, Rolf Stürner, Gerhard Walter, Manfred Wolf). Tübingen 1981, S. 573-592.

– Die Rechtsprechung des Bundesverfassungsgerichts zu Art. 9 Abs. 3 GG. AöR Bd. 109 (1984), S. 88-136.

– Streikrecht und Aussperrungsrecht. Ein Arbeitskampfrechtssystem auf der Grundlage subjektiv-privater Kampfrechte. Tübingen 1975 (zitiert: Seiter, Streikrecht).

– Tarifverträge und Betriebsvereinbarungen beim Betriebsinhaberwechsel. Zur bevorstehenden Novellierung des § 613a BGB durch das „Arbeitsrechtliche EG-Anpassungsgesetz". DB 1980, S. 877-883.

– Zur Gestaltung der Arbeitskampfordnung durch den Gesetzgeber. RdA 1986, S. 165-188.

Selmayr, Martin: Die gemeinschaftsrechtliche Entsendefreiheit und das deutsche Entsendegesetz. ZfA 1996, S. 615-658.

Siebert, Wolfgang: Kollektivnorm und Individualrecht im Arbeitsverhältnis. Festschrift für Hans Carl Nipperdey zum 60. Geburtstag (Hrsg.: Rolf Dietz, Alfred Hueck, Rudolf Reinhardt). München, Berlin 1955, S. 119-145.

Sinzheimer, Hugo: Der Korporative Arbeitsnormenvertrag. Eine privatrechtliche Untersuchung. Teil 1. Leipzig 1907. Nachdruck Berlin 1977 (zitiert: Sinzheimer, Arbeitsnormenvertrag, Bd. 1).

– Der Korporative Arbeitsnormenvertrag. Eine privatrechtliche Untersuchung. Teil 2. Leipzig 1908. Nachdruck Berlin 1977 (zitiert: Sinzheimer, Arbeitsnormenvertrag, Bd. 2).

– Ein Arbeitstarifgesetz. Die Idee der sozialen Selbstbestimmung im Recht. München, Leipzig 1916. Nachdruck Berlin 1977 (zitiert: Sinzheimer, Arbeitstarifgesetz).

– Grundzüge der Arbeitsrechts. 2. Aufl., Jena 1927 (zitiert: Sinzheimer, Grundzüge).

Sitzler, Friedrich: Tarifvertragsrecht (I. Abschnitt der Verordnung vom 23. Dezember 1918). Berlin 1921.

Sitzler, Friedrich / *Goldschmidt*, Heinz: Tarifvertragsrecht (Tarifvertragsordnung in der Fassung vom 1. März 1928). 2. Aufl., Berlin 1929.

Sodan, Helge: Verfassungsrechtliche Grenzen der Tarifautonomie. JZ 1998, S. 421-430.

Soergel, Hans-Theodor: Bürgerliches Gesetzbuch. Kommentar mit Einführungsgesetz und Nebengesetzen. Band 4, Schuldrecht III (§§ 705-853). 11. Aufl., Stuttgart, Berlin, Köln, Mainz 1985 (zitiert: Soergel-Bearbeiter).

– Bürgerliches Gesetzbuch. Kommentar mit Einführungsgesetz und Nebengesetzen. Band 1, Allgemeiner Teil (§§ 1-240). 11. Aufl., Stuttgart, Berlin, Köln 1978 (zitiert: Soergel-Bearbeiter, 11. Aufl.).

– Bürgerliches Gesetzbuch. Kommentar mit Einführungsgesetz und Nebengesetzen. Band 1, Allgemeiner Teil (§§ 1-240, HaustürWiderrufG). 12. Aufl., Stuttgart, Berlin, Köln 1987 (zitiert: Soergel-Bearbeiter, 12. Aufl.).

– Bürgerliches Gesetzbuch. Kommentar mit Einführungsgesetz und Nebengesetzen. Band 2, Schuldrecht I (§§ 241-432). 12. Aufl., Stuttgart, Berlin, Köln 1990 (zitiert: Soergel-Bearbeiter).

– Bürgerliches Gesetzbuch. Kommentar mit Einführungsgesetz mit Nebengesetzen. Band 10, Einführungsgesetz. 12. Aufl., Stuttgart, Berlin, Köln 1996 (zitiert: Soergel-Bearbeiter).

– Bürgerliches Gesetzbuch. Kommentar mit Einführungsgesetz und Nebengesetzen. Band 3, Schuldrecht II (§§ 516-704). 11. Aufl., Stuttgart, Berlin, Köln 1980 (zitiert: Soergel-Bearbeiter, 11. Aufl.).

– Bürgerliches Gesetzbuch. Kommentar mit Einführungsgesetz und Nebengesetzen. Band 4/1, Schuldrecht III/1 (§§ 516-651, Gesetz zur Regelung der Miethöhe, Verbraucherkreditgesetz). 12. Aufl., Stuttgart, Berlin, Köln 1998 (zitiert: Soergel-Bearbeiter, 12. Aufl.).

Söllner, Alfred: Der Flächentarifvertrag – ein Kartell? ArbRGegwart Bd. 35 (1998), S. 21-32.

– Der Richter als Ersatzgesetzgeber. ZG Bd. 10 (1995), S. 1-16.

– Der verfassungsrechtliche Rahmen für Privatautonomie im Arbeitsrecht. RdA 1989, S. 144-150.

– Einseitige Leistungsbestimmung im Arbeitsverhältnis. Mainz 1966 (zitiert: Söllner, Leistungsbestimmung).

– Grundriß des Arbeitsrechts. 12. Aufl., München 1998 (zitiert: Söllner, Grundriß).

– Mächtigkeit und Leistungsfähigkeit als typologische Merkmale der arbeitsrechtlichen Gewerkschaften. AuR 1976, S. 321-325.

– Zur Verfassungs- und Gesetzestreue im Arbeitsrecht. RdA 1985, S. 328-337.

Soltwedel, Rüdiger (et al): Regulierungen auf dem Arbeitsmarkt der Bundesrepublik. Tübingen 1990.

Sperner, Rudolf / *Brocksiepe*, Carl / *Egger*, Martin / *Henrich*, Hermann / *Unkelbach*, Ludwig (unter Mitarbeit von *Blumensaat*, Rudolf): Die Sozialkassen der Bauwirtschaft. Kommentar zu den tariflichen Regelungen. Hamburg 1976.

Spilger, Andreas Michael: Tarifvertragliches Betriebsverfassungsrecht. Rechtstatsachen und Rechtsfragen tarifvertraglicher Regelungen von Betriebsratsrechten. Berlin 1988.

Stahlhacke, Eugen: Tarifliche Zuschläge für Sonntags-, Feiertags- und Nachtarbeit. DB 1967, S. 1983-1988.

Staudinger, Julius von: Kommentar zum Bürgerlichen Gesetzbuch mit Einführungsgesetz und Nebengesetzen. Erstes Buch, Allgemeiner Teil (§§ 1-89, VerschollenheitsG). 12. Aufl., Berlin 1980 (zitiert: Staudinger-Bearbeiter, 12. Aufl.).

– Kommentar zum Bürgerlichen Gesetzbuch mit Einführungsgesetz und Nebengesetzen. Zweites Buch, Recht der Schuldverhältnisse (§§ 255-327). 12. Aufl., Berlin 1979 (zitiert: Staudinger-Bearbeiter, 12. Aufl.).

– Kommentar zum Bürgerlichen Gesetzbuch mit Einführungsgesetz und Nebengesetzen. Zweites Buch, Recht der Schuldverhältnisse (§§ 398-432). 12. Aufl., Berlin 1994 (zitiert: Staudinger-Bearbeiter).

– Kommentar zum Bürgerlichen Gesetzbuch mit Einführungsgesetz und Nebengesetzen. Zweites Buch, Recht der Schuldverhältnisse (§§ 611-615). 12. Aufl., Berlin 1989 (zitiert: Staudinger-Bearbeiter).

– Kommentar zum Bürgerlichen Gesetzbuch mit Einführungsgesetz und Nebengesetzen. Zweites Buch, Recht der Schuldverhältnisse (§§ 823-832). 12. Aufl., Berlin 1986 (zitiert: Staudinger-Bearbeiter).

– Kommentar zum Bürgerlichen Gesetzbuch mit Einführungsgesetz und Nebengesetzen. Erstes Buch, Allgemeiner Teil (§§ 21-103). 13. Bearb., Berlin 1995 (zitiert: Staudinger-Bearbeiter, 13. Bearb.).

– Kommentar zum Bürgerlichen Gesetzbuch mit Einführungsgesetz und Nebengesetzen. Einleitung zum Bürgerlichen Gesetzbuch, Erstes Buch, Allgemeiner Teil (§§ 1-12, Verschollenheitsgesetz). 13. Bearb., Berlin 1995 (zitiert: Staudinger-Bearbeiter, 13. Bearb.).

– Kommentar zum Bürgerlichen Gesetzbuch mit Einführungsgesetz und Nebengesetzen. Erstes Buch, Allgemeiner Teil (§§ 134-163). 13. Bearb., Berlin 1996 (zitiert: Staudinger-Bearbeiter).

– Kommentar zum Bürgerlichen Gesetzbuch mit Einführungsgesetz und Nebengesetzen. Zweites Buch, Recht der Schuldverhältnisse (§§ 293-327). 13. Bearb., Berlin 1995 (zitiert: Staudinger-Bearbeiter, 13. Bearb.).

– Kommentar zum Bürgerlichen Gesetzbuch mit Einführungsgesetz und Nebengesetzen. Einführungsgesetz zum Bürgerlichen Gesetzbuche (Art. 1-6, 32-218). 12. Aufl., Berlin 1985 (zitiert: Staudinger-Bearbeiter).

Stebut, Dietrich von: Anm. zu BAG 15.10.1986 – 4 AZR 289/85, SAE 1987, S. 203-205.

– Anm. zu BAG vom 19.3.1986 – 4 AZR 640/84, AP Nr. 49 zu § 613a BGB, Bl. 3R-6R.

Steffan, Ralf: Der praktische Fall – Arbeitsrecht: Ein (zu) langer Tarifvertrag. JuS 1993, S. 1027-1032.

Stein, Axel: Tarifvertragsrecht. Stuttgart, Berlin, Köln 1997.

Stein, Friedrich / *Jonas*, Martin: Kommentar zur Zivilprozeßordnung. Band 3 (§§ 253-299a). 21. Aufl., Tübingen 1997 (zitiert: Stein/Jonas-Bearbeiter).

– Kommentar zur Zivilprozeßordnung. Band 2 (§§ 91-252). 21. Aufl., Tübingen 1994 (zitiert: Stein/Jonas-Bearbeiter).

Steinmeyer, Hein-Dietrich: Anm. zu BAG vom 16.8.1990 – 8 AZR 439/89, EzA § 4 TVG Nachwirkung Nr. 9, S. 7-9.

Stern, Klaus: Das Staatsrecht des Bundesrepublik Deutschland. Band I, Grundbegriffe und Grundlagen des Staatsrechts, Strukturprinzipien der Verfassung. München, 2. Aufl. 1984.

– Das Staatsrecht des Bundesrepublik Deutschland. Band II, Staatsorgane, Staatsfunktionen, Finanz- und Haushaltsverfassung, Notstandsverfassung. München 1980.

– Das Staatsrecht des Bundesrepublik Deutschland. Band III, Allgemeine Lehren der Grundrechte, 1. Halbband. München 1988.

– Das Staatsrecht des Bundesrepublik Deutschland. Band III, Allgemeine Lehren der Grundrechte, 2. Halbband. München 1994.

Stöber, Kurt: Handbuch zum Vereinsrecht. Köln, 7. Aufl. 1997.

Stoll, Vorname unbekannt: Drei Fragen aus der Schlichtungspraxis. Schlw Bd. 10 (1928), S. 5-7.

Teubner, Gunther: Organisationsdemokratie und Verbandsverfassung. Rechtsmodelle für politisch relevante Verbände. Tübingen 1978.

Thüsing, Gregor: Anm. zu BVerfG vom 14.11.1995 – 1 BvR 601/92, EzA Art. 9 GG Nr. 60, S. 9-15.

– Anm. zu LAG Rheinland-Pfalz vom 17.2.1995 – 10 Sa 1092/94, LAGE Art. 9 GG Nr. 10, S. 10-17.

– Die Erstreikbarkeit von Firmentarifverträgen verbandsangehöriger Arbeitgeber. NZA 1997, S. 294-296.

– Die Mitgliedschaft ohne Tarifbindung in Arbeitgeberverbänden. ZTR 1996, S. 481-485.

Treber, Jürgen: Aktiv produktionsbehindernde Maßnahmen. Zur Zulässigkeit von Betriebsbesetzungen und Betriebsblockaden unter Berücksichtigung des Funktionszusammenhangs von Privatautonomie, Tarifautonomie und Arbeitskampfrecht. Berlin 1995.

Ullmann, Peter: Tarifverträge und Tarifpolitik in Deutschland bis 1914. Entstehung und Entwicklung, interessenpolitische Bedingungen und Bedeutung des Tarifvertragswesens für die sozialistischen Gewerkschaften. Frankfurt, Bern, New York, Paris 1977.

Unterhinninghofen, Hermann: Anm. zu ArbG Lübeck vom 15.8.1996 – 1 Ca 525/96, AiB 1997, S. 419-420.

– Anm. zu BAG vom 19.11.1996 – 9 AZR 640/95, AiB 1998, S. 115-116.

– Anm. zu LAG Düsseldorf vom 30.5.1995 – 6 Sa 1819/94, AiB 1997, S. 119-121.

Venrooy, Gerd J. van: Auf der Suche nach der Tarifzuständigkeit. Ein Beitrag zur „sinnvollen Ordnung des Arbeitslebens". ZfA 1983, S. 49-82.

Vogel, Joachim: Juristische Methodik. Berlin, New York 1998.

Vogg, Stefan: Anm. zu BAG vom 20.3.1991, EzA § 4 TVG Tarifkonkurrenz Nr. 7, S. 13-17.

Waas, Bernd: Der Betriebsübergang, § 18A. Handbuch des Arbeits- und Sozialrechts (Hrsg.: Manfred Weiss, Alexander Gagel). Baden-Baden 1994.

Waechter, Vorname unbekannt: Tarifeinheit und Tarifkonkurrenz. BlStSozArbR 1951, S. 138-139.

Walker, Wolf-Dietrich: Der rechtliche Rahmen für tarifpolitische Formen. ZTR 1997, S. 193-203.

– Möglichkeiten und Grenzen einer flexibleren Gestaltung von Arbeitsbedingungen. Das Spannungsverhältnis zwischen Tarifautonomie und Betriebsautonomie. ZfA 1996, S. 353-381.

Walz, Stefan: Multinationale Unternehmen und internationaler Tarifvertrag. Eine arbeitskollisionsrechtliche Untersuchung. Stuttgart 1980.

Wank, Rolf: Anm. zu BAG vom 26.1.1994 – 10 AZR 611/92, EzA § 4 TVG Tarifkonkurrenz Nr. 9, S. 15-21.

– Anm. zu BVerfG vom 10.1.1995 – 1 BvF 1/90, AP Nr. 76 zu Art. 9 GG, Bl. 8R 15.

– Anm. zu BVerfG vom 14.11.1995 – 1 BvR 601/92, JZ 1996, S. 629-632.

– Arbeiter und Angestellte. 1992 (zitiert: Wank, Arbeiter und Angestellte).

– Die Auslegung von Gesetzen. Köln, Berlin, Bonn, München 1997 (zitiert: Wank, Auslegung).

– Die Auslegung von Tarifverträgen. RdA 1998, S. 71-90.

– Die Geltung von Kollektivvereinbarungen nach einem Betriebsübergang. NZA 1987, S. 505-510.

– Empfiehlt es sich, die Regelungsbefugnisse der Tarifparteien im Verhältnis zu den Betriebsparteien neu zu ordnen? NJW 1996, S. 2273-2282.

– Grenzen richterlicher Rechtsfortbildung. Berlin 1978 (zitiert: Wank, Grenzen).

– Kündigung und Wegfall der Geschäftsgrundlage bei Tarifverträgen. Festschrift für Günter Schaub zum 65. Geburtstag: Tarifautonomie für ein neues Jahrhundert (Hrsg.: Monika Schlachter, Reiner Ascheid, Hans-Wolf Friedrich). München 1998, S. 761-791.

Wank, Rolf / *Ramrath*, Ulrich: Prozeßvertretung durch Vertreter von Koalitionen nach § 11 ArbGG. NZA 1993, S. 345-351.

Wassermann, Rudolf (Hrsg.): Alternativkommentar zum Grundgesetz für die Bundesrepublik Deutschland. Band 1 (Art. 1-37). 2. Aufl., Neuwied 1989 (zitiert: AK-Bearbeiter, Bd. 1).

– Alternativkommentar zum Grundgesetz für die Bundesrepublik Deutschland. Band 2 (Art. 38-146). 2. Aufl., Neuwied 1989 (zitiert: AK-Bearbeiter, Bd. 2).

Weber, Christoph: Das aufgespaltene Arbeitsverhältnis. Berlin 1992.

– Die Rechtsprechung des BAG im Jahre 1991. ZfA 1992, S. 527-677.

Weber, Werner: Koalitionsfreiheit und Tarifautonomie als Verfassungsproblem. Berlin 1965.

Well, Paul: Die Allgemeinverbindlichkeits-Erklärung von Tarifverträgen. Heidelberg 1926.

Weyand, Joachim: Anm. zu BAG vom 22.11.1988 – 1 ABR 6/87, SAE 1991, S. 323-326.

Wiedemann, Anton: Die Bindung der Tarifnormen an Grundrechte, insbesondere an Art. 12 GG. Heidelberg 1994.

Wiedemann, Herbert: Anm. zu BAG vom 11.11.1970 – 4 AZR 522/69, AP Nr. 28 zu § 2 TVG, Bl. 3R-7.

– Anm. zu BAG vom 14.2.1973 – 4 AZR 176/72, AP Nr. 6 zu § 4 TVG Nachwirkung, Bl. 4R-6.

– Anm. zu BAG vom 15.10.1986 – 4 AZR 289/85, AP Nr. 4 zu § 3 TVG, Bl. 3R-4R.

– Anm. zu BAG vom 15.12.1976 – 4 AZR 531/75, AP Nr. 1 zu § 1 TVG Arbeitsentgelt, Bl. 4-5.

– Anm. zu BAG vom 17.6.1997 – 1 ABR 3/97, AP Nr. 2 zu § 3 TVG Betriebsnormen, Bl. 4R-6.

– Anm. zu BAG vom 24.9.1975 – 4 AZR 471/74, AP Nr. 11 zu § 4 TVG Tarifkonkurrenz, Bl. 4 R-6.

– Anm. zu BAG vom 29.1.1975 – 4 AZR 218/74, AP Nr. 8 zu § 4 TVG Nachwirkung, Bl. 4R-7.

– Anm. zu BAG vom 29.11.1978, AP Nr. 12 zu § 4 TVG Tarifkonkurrenz, Bl. 3 R-4.

– Anm. zu BAG vom 4.12.1974 – 5 AZR 75/74, AP Nr. 2 zu § 3 TVG, Bl. 3-4.

– Anm. zu BVerfG vom 4.7.1995 – 1 BvR 2/86 u.a., EWiR Art. 9 GG 2/95, S. 889-890.

– Arbeitsrechtliche Probleme der Betriebsausgliederung. Festschrift für Hans-Joachim Fleck (Hrsg.: Reinhard Goerdeler, Peter Hommelhoff, Marcus Lutter, Herbert Wiedemann). Berlin, New York 1988, S. 447-463.

– Das Arbeitsverhältnis als Austausch- und Gemeinschaftsverhältnis. Karlsruhe 1966.

– Die deutschen Gewerkschaften – Mitgliederverband oder Berufsorgan? Gedanken zur Stellung der Gewerkschaften gegenüber der nichtorganisierten Arbeitnehmerschaft. RdA 1969, S. 321-336.

– Die Gestaltungsaufgabe der Tarifvertragsparteien. RdA 1997, S. 297-304.

– Rationalisierungsschutz, Tarifmacht und Gemeinsame Einrichtung. RdA 1968, S. 420-424.

– Tarifautonomie und staatliches Gesetz. Festschrift für Festschrift zum 70. Geburtstag von Eugen Stahlhacke (Hrsg.: Friedhelm Farthmann, Peter Hanau, Udo Isenhardt, Ulrich Preis). Neuwied, Kriftel, Berlin 1995, S. 675-692.

– Zur Tarifzuständigkeit. RdA 1975, S. 78-84.

– Zur Wirksamkeit der Allgemeinverbindlicherklärung von Vorruhestandstarifverträgen. RdA 1987, S. 262-269.

Wiedemann, Herbert / *Arnold*, Markus: Anm. zu BAG vom 14.6.1989, AP Nr. 16 zu § 4 TVG Tarifkonkurrenz, Bl. 6-7 R.

– Tarifkonkurrenz und Tarifpluralität in der Rechtsprechung des BAG. ZTR 1994, S. 399-410, S. 443-448.

Wiedemann / Herbert / *Müller*, Thomas: Anm. zu BAG vom 5.10.1993 – 3 AZR 586/92, AP Nr. 42 zu § 1 BetrAVG Zusatzversorgungskassen, Bl. 5-7.

Wiedemann, Herbert / *Stumpf*, Hermann: Tarifvertragsgesetz mit Durchführungs- und Nebenvorschriften. Kommentar. 5. Aufl., München 1977.

Wiedemann, Herbert / *Thüsing*, Gregor: Die Tariffähigkeit von Spitzenorganisationen und der Verhandlungsanspruch der Tarifvertragsparteien. RdA 1995, S. 280-287.

Wieland, Peter: Recht der Firmentarifverträge. Köln 1998.

Wiese, Günther: Mehrere Unternehmen als gemeinsamer Betrieb im Sinne des Betriebsverfassungsrechts. Festschrift für Dieter Gaul zum 70. Geburtstag (Hrsg.: Dietrich Boewer, Björn Gaul). Neuwied, Kriftel 1992, S. 553-580

– Zum Gesetzes- und Tarifvorbehalt nach § 87 Abs. 1 BetrVG. Festschrift 25 Jahre Bundesarbeitsgericht (Hrsg.: Franz Gamillscheg, Götz Hueck, Herbert Wiedemann). München 1979, S. 661-680.

– Zum Gesetzes- und Tarifvorbehalt nach § 87 I. BetrVG. Festschrift 25 Jahre Bundesarbeitsgericht (Hrsg.: Franz Gamillscheg, Götz Hueck, Herbert Wiedemann). München 1979, S. 661-680.

Willemsen, Heinz Josef: Arbeitsrecht im Umwandlungsgesetz – Zehn Fragen aus der Sicht der Praxis. NZA 1996, S. 791-803.

– Anm. zu BAG vom 26.9.1979 – 4 AZR 819/77, AP Nr. 17 zu § 613a BGB, Bl. 4-7.

Windbichler, Christine: Arbeitsrecht im Konzern. München 1989.

Winter, Engelbert / *Zekau*, Wolfgang: Außerordentliche Kündigung von Tarifverträgen. AuR 1997, S. 89-94.

Witting, U.: Die Tarifkonkurrenz. BArbBl. 1957, S. 544-548.

Witzig, Andreas: Der Grundsatz der Tarifeinheit und die Lösung von Tarifkonkurrenzen. Kiel 1992.

Wlotzke, Otfried: Arbeitsrechtliche Aspekte des neuen Umwandlungsrechts. DB 1995, S. 40-48.

– Das Günstigkeitsprinzip im Verhältnis des Tarifvertrags zum Einzelarbeitsvertrag und zur Betriebsvereinbarung. Heidelberg 1957.

Wonneberger, Wolfgang: Die Funktionen der Allgemeinverbindlicherklärung von Tarifverträgen. Heidelberg 1992.

Worpenberg, Stephan: Die konzerninterne Arbeitnehmerüberlassung. Frankfurt a.M., Berlin, Bern, New York, Paris, Wien 1993.

Zacher, Hans F.: Richterrecht für Verbände? – Die richterrechtliche Ausprägung der Tarifautonomie in der Bundesrepublik Deutschland. Festschrift für Ludwig Fröhler zum 60. Geburtstag: Verwaltung im Dienste von Wirtschaft und Gesellschaft (Hrsg.: Peter Oberndorfer, Herbert Schambeck). Berlin 1980, S. 509-536.

Zachert, Ulrich: Aufhebung der Tarifautonomie durch „freiwillige Regelungen" im Arbeitsvertrag? DB 1990, S. 986-989.

– Deregulierung des Tarifvertrags – ein taugliches Mittel zur Lösung der Arbeitsmarktprobleme? DB 1991, S. 1221-1226.

– Grenzen für eine gesetzliche Absenkung tariflicher Schutzstandards. NZA 1994, S. 529-534.

– Modernisierung oder Liquidation der Tarifautonomie? KJ 1997, S. 411-428.

– Möglichkeiten der fristlosen Kündigung von Tarifverträgen in den neuen Bundesländern. NZA 1993, S. 299-301.

– Rechtsfragen bei der Durchsetzung der Tarifzuständigkeit. AuR 1982, S. 181-185.

– Tarifvertrag. Eine problemorientierte Einführung. Köln 1979.

Zechlin, Lothar: Beeinträchtigungen der Koalitionsfreiheit durch Subventionszulagen. NJW 1985, S. 585-592.

Zeiss, Walter: Die gemeinsamen Einrichtungen der Tarifvertragsparteien in Praxis und Rechtsprechung. JR 1970, S. 201-204.

Zeller, Ernst: Treu und Glauben und Rechtsmissbrauchverbot. Prinzipiengehalt und Konkretisierung von Art. 2 ZGB. Zürich 1981.

Zeuner, Albrecht: Anm. zu BAG vom 25.1.1989 – 5 AZR 43/88, AP Nr. 5 zu § 1 GesamthafenbetriebsG, Bl. 6-7 R.

Ziegler, Karl-Heinz: Die Wertlosigkeit der allgemeinen Regeln des BGB über die sog. Wahlschuld (§§ 262-265 BGB). AcP Bd. 171 (1971), S. 193-217.

Zimmermann, W.: Tarifvertragskonkurrenz in gemischten Betrieben. SocPr 1920, Sp. 405-406.

Zippelius, Reinhold: Juristische Methodenlehre. Eine Einführung. 6. Aufl., München 1994.

Zöllner, Wolfgang: Anm. zu LAG Düsseldorf vom 19.9.1960 – 1 Sa 300/60, AP Nr. 1 zu § 4 TVG Lehrlingsskalen, Bl. 3R-5R.

– Arbeitsrecht. Ein Studienbuch. 3. Aufl., München 1983 (zitiert: Zöllner, Arbeitsrecht).

– Das Wesen der Tarifnormen. RdA 1964, S. 443-450.

– Der Begriff der gemeinsamen Einrichtungen der Tarifvertragsparteien. BB 1968, S. 597-601.

– Die Rechtsnatur der Tarifnormen nach deutschem Recht. Wien 1966 (zitiert: Zöllner, Rechtsnatur).

– Die Rechtsprechung des BVerfG zu Artikel 9 Abs. 3 GG. AöR Bd. 98 (1973), S. 71-102.

– Die Wirkung der Normen über gemeinsame Einrichtungen der Tarifvertragsparteien. RdA 1967, S. 361-370.

– Empfiehlt es sich, das Recht der Gemeinsamen Einrichtungen der Tarifvertragsparteien (§ 4 Abs. 2 TVG) gesetzlich näher zu regeln? Gutachten G für den 48. Deutschen Juristentag. München 1970 (zitiert: Zöllner, Gutachten).

– Tarifliche Differenzierungsklauseln. Düsseldorf 1967 (zitiert: Zöllner, Differenzierungsklauseln).

– Tarifmacht und Außenseiter. RdA 1962, S. 453-459.

– Veränderung und Angleichung tarifvertraglich geregelter Arbeitsbedingungen nach Betriebsübergang. DB 1995, S. 1401-1409.

Zöllner, Wolfgang / *Loritz*, Karl-Georg: Arbeitsrecht. Ein Studienbuch. 5. Aufl., München 1998.

Zunft, Manfred: Anm. zu BAG vom 20.3.1991– 4 AZR 455/90, EWiR 1991, S. 1129-1130.

Sachregister